KB057972

A
HISTORY
신장의 역사
OF
XINJIANG

신장의 역사

유라시아의 교차로

제임스 A. 밀워드 지음 | 김찬영·이광태 옮김

사계절

〈지도 1〉 신장 지역

카 자 흐 스 탄

발하슈 호

추 강

세 미 레 체

탈라스 강

일 리 강

쿨자

탈라스

비슈케크

발라사군

이시크쿨 호

바

키 르 기 스 스 탄

코칸드

우시 투루판

악수

타 지 키 스 탄

아르투시

카슈가르

타 클 라 마

엥기샤르

파미르 고원

야르칸드

타슈쿠르간

카 라 코 람 산 맥

호탄

타

케리야

카 슈 미 르

〈지도 2〉 신장과 중국, 유라시아

일러두기

1. 이 책은 James A. Millward의 *Eurasian Crossroads: A History of Xinjiang* (London: Hurst & Company, 2007)을 완역한 것이다.
2. 저자의 주는 후주로 처리했고, 옮긴이 주 가운데 간략한 용어 설명은 각주로, 서지의 내용이나 상세한 부가 설명은 후주에 '(옮긴이)'로 표시하여 처리했다.
3. 중국어 인명은 신해혁명을 기준으로 신해혁명 이전은 한자음으로 표기하고, 신해혁명 이후는 국립국어원의 중국어 표기법을 따라 표기했다. 중국어 지명은 중국어 표기법을 따르되 역사 지명이나 왕조 또는 나라의 이름, 황제의 묘호와 연호, 관직과 품계, 법명, 절 이름 등은 한자음으로 표기했다.
4. 그 밖의 외래어 고유 명사는 외래어 표기법을 따르되 예외적으로 학계의 관용을 인정하여 표기한 예가 있음을 밝힌다.

추천의 글

김호동(서울대 동양사학과 교수)

오늘날 중국의 가장 서북부에 위치한 '신장(新疆)'이라는 지역은 과거에 '서역(西域)'이라는 이름으로 널리 알려진 곳이기도 하다. '서역'이라는 말은 고대 중국인들이 자기들의 서쪽에 있다고 해서 그렇게 부른 것이지만 오늘날에 이르기까지 중국뿐만 아니라 우리나라나 일본에서도 널리 사용되고 있는 말이다. 그러나 이 용어는 지리적으로 명확하게 규정되기 어려울 뿐만 아니라 중국 중심의 입장에서 만들어진 것이기 때문에 객관성을 지닌 명칭이라고 하기는 어렵다. 한편 '신장'이라는 말은 18세기 중반 청나라 건륭제가 그곳을 군사적으로 정복하고 병합한 뒤 제국에 편입된 '새로운 강역'이라는 뜻에서 새로 만들어 붙인 한자어이기 때문에, 이 역시 고대와 중세 시대에 이란계 및 투르크계가 거주하며 중국의 지배를 받지 않고 나름대로 독자적인 역사를 만들어 온 이 지역의 명칭으로 사용하기에는 부족함이 느껴진다. 그래서 학자들은 '신장'이나 '서역'이라는 말보다는 개념도 비교적 분명하고 입장도 보다 중립적인 '동투르키스탄' 혹은 '중국령 투르키스탄'과 같은 명칭을 사용하고 있다. 이 책의 저자도 '중국령 투르키스탄'이라는 말을 선호하고 있지만, 책의 제목에는 미디어를 통해서 구미의 독자들에게 보다 친숙해진 '신장'이라는 용어를 사용한 듯하다.

역사적으로 볼 때 이 지역은 '유라시아의 교차로'라는 이 책의 부제가 시사하듯이 여러 문명들이 만나서 융합과 교류가 이루어지는 현장이었다. 동쪽에서는 중국에서 발흥한 강력한 제국과 고도의 문명이 힘을 행사했고, 서쪽에서는 이란-이슬람 문명권의 영향이 끊임없이 밀려들어 왔으며, 남쪽에서는 인도·티베트 문명이 그 힘을 발휘했다. 물론 톈산 산맥 북방에 거주하던 유목민들의 정치·군사적 압력과 지배도 이 지역의 역사를 움직인 중요한 요인 가운데 하나였다. 이처럼 중국령 투르키스탄의 역사는 그 주변 지역의 역사·문명과 긴밀하게 연관되어 있기 때문에, 그것을 올바로 이해하기 위해서는 그러한 요소들도 함께 적절히 고려하지 않으면 안 된다.

이러한 사정은 이 지역에 거주했던 민족들의 구성이 역사적으로 어떻게 변화해 왔는가 하는 것을 일견해 보아도 쉽게 알 수 있다. 상고 시대 이래 10세기 전후한 시기까지 중앙아시아 전역에는 인도유럽어족에 속하는 주민들이 살고 있었는데, 이는 그전에 북방에서 시작된 인도유럽어족의 이동의 물결이 이곳에까지 미쳤기 때문이었다. '누란의 미녀'를 위시하여 타림 분지 여러 곳에서 발견된 미라들은 이러한 사실을 분명히 보여 준다. 그러나 10세기경이 되면서 이 지역 주민들의 구성은 서서히 투르크계로 바뀌어 갔다. 그 까닭은 9세기 중반 몽골 초원에서 거대한 정치적 격변이 벌어져 그곳에 살던 유목 위구르인들이 톈산 산맥 방면으로 이동하게 되었고, 톈산 북방에 거주하던 많은 투르크계 유목민들이 위구르인들의 압력을 받아 그들과 함께 타림 분지로 이주하여 점차 정착 농경민으로 바뀌면서 그 주변에 있던 토착 이란계 주민들을 동화시켰기 때문이었다. 그런데 20세기 중반 이후 이러한 인구 지도는 다시 한 번 변화를 보이고 있다. 즉 중화인민공화국이 이곳을 통치하게 된 뒤 다수의 한인들이 이주하면서 주민 구성이 바뀌기 시작했고, 최근 철도 건설 및 서부 대개발 정책과 맞물려 이러한 추세는 더욱더 격화되고 있기 때문이다. 앞으로 100년 후 수적으로 한족이 위구르족을 누르고 가장 다수를 차지하는 민족이 된다고 해도 이상한 일은 아닐 것이다.

중국령 투르키스탄의 민족 구성에서 보이는 이러한 변화는 이 지역의 역사가 갖는 역동성을 단적으로 보여 주는데, 이러한 역동성은 비단 민족 구성뿐만 아니라 정치·경제·문화 각 방면에서 동시에 발견된다. 동아시아나 서아시아 혹은 북아시아에서 벌어진 정치적 변동은 이 지역에 즉각적으로 전달되어 영향을 미쳤으며, 그 세력 균형의 변화에 따라 이 지역의 운명이 바뀌었다. 한과 흉노의 전쟁, 당 제국과 이슬람 세력의 충돌, 중국과 러시아의 대립은 이들의 역사에 직접적인 영향을 주었다. 뿐만 아니라 인도에서 시작된 불교, 이란에서 일어난 조로아스터교와 마니교, 지중해 동부 연안에서 태동한 기독교, 아라비아의 이슬람교와 같은 종교들도 모두 중앙아시아에 전래되어 그 추종자들을 얻었다.

그렇지만 이 지역의 역사가 보여 주는 이러한 변화와 굴곡의 패턴이 주변의 강대국 혹은 강대 문명에 의해 일방적으로 영향을 받는 수동적인 것이라고 생각하면 큰 오해일 것이다. 우리는 중국령 투르키스탄을 포함하여 중앙아시아가 세계사에서 '소극적' 역할뿐만 아니라 '적극적'인 역할도 했다는 사실을 잊어서는 안 된다. 그곳의 주민들은 외래 종교의 수용자였지만 동시에 전달자이기도 했고, 새로운 문화의 창조자이기도 했다. 또한 유라시아 내륙의 원거리 무역을 주도했던 국제 상인들의 고향이기도 했으며, 초원이나 농경 지대를 지배한 제국들에서 핵심적인 역할을 담당한 인물들을 배출하기도 했다. 그런 점에서 중앙아시아의 역사에 대해서 '수동성'이나 '정체성'의 낙인을 찍어서는 안 될 것이다. 한 학자의 표현대로 이 지역의 역사적 역할은 장기판의 '졸(卒, pawn)'이 아니라, 오히려없어서는 안 될 '축(軸, pivot)'이라고 할 수 있다.

그러나 이제까지 중국령 투르키스탄에 대한 관심과 연구는 이 지역의역사와 문화가 갖는 이러한 역동성보다는 주변 문명을 연결하는 매개자로서의 역할에 보다 주목해 왔던 것이 사실이다. 이를 단적으로 보여 주는 것이 바로 '실크로드'에 대한 관심이다. 중앙아시아에 대한 연구의 상당 부분이 실크로드와 연관된 주제들로 이루어져 있는데, 이는 한국이나일본뿐만 아니라 구미 지역에서도 크게 다를 바 없는 현상이다. 물론 중앙아시아가 동서 문명의 매개자이자 전달자로서의 역할을 했다는 사실은누구도 부인할 수 없고 또 그 같은 역할이 세계사적으로도 중요한 의미를지닌다는 점도 인정할 수 있다. 그러나 문제는 그런 측면이 정도 이상으로 주목받고 강조되어, 중앙아시아의 역사 그 자체가 그 속에 묻히고 가려져 버리고 있다는 점이다.

이러한 현상의 원인은 물론 여러 군데에서 찾을 수 있겠지만, 무엇보다도 중국이나 이슬람권 혹은 유럽과 같이 정주 농경 문화나 '강대 문명'의관점에서 역사를 바라보고 이해하는 경향이 가장 큰 이유일 것이다. 그러다 보니 유목 문화 혹은 '주변 문명'에 대한 관심은 소홀할 수밖에 없다.이 때문에 대부분의 연구자들은 중국어·아랍어·페르시아어 등 소위 주요언어에 대해서는 많은 시간과 공을 들여 공부하지만, 소그드어·위구르어·몽골어와 같은 언어들에 대해서는 대체로 무관심해지게 되는 것이다.그러다 보니 중앙아시아 주민들이 자기 언어로 기록하여 남긴 자료를 직접 연구하기보다는, 중국이나 이란처럼 외부인의 눈을 통해 굴절되어 기록된 자료를 이용할 수밖에 없게 된다. 중앙아시아의 역사와 문화에 대해서 19세기 후반 이래 펠리오Paul Pelliot, 스타인Aurel Stein, 바르톨트Vasilii V.

Bartol'd와 같이 탁월한 학자를 배출한 구미 지역에서 변변한 역사적 개설서 하나 나오지 못한 이유도 아마 이런 상황과 무관하지 않을 것이다.

따라서 이 책의 출간은 아주 예외적이기는 하지만 매우 환영할 만한 일이라고 할 수 있다. 저자 제임스 A. 밀워드 교수는 청 지배하의 중국령 투르키스탄을 주제로 박사 논문을 쓴 뒤 그 결과를 『관문(關門)을 넘어서: 청대 중앙아시아의 경제·민족·제국, 1759~1864년 *Beyond the Pass: Economy, Ethnicity, and Empire in Qing Central Asia, 1759~1864*』라는 제목으로 1998년 미국 스탠포드 대학에서 출간했다. 제목의 Pass[관(關)]는 곧 중국 간쑤 성의 서쪽 끝에 위치한 자위관(嘉峪關)을 가리키며, 그 너머의 지역이란 곧 중국령 투르키스탄을 뜻한다. 이 책은 제목만 볼 때 청 제국의 신장 통치를 분석한 것처럼 생각되고 따라서 중국 중심의 관점에서 접근한 것으로 오해를 살 만도 하지만, 사실 그가 이 책에서 주장하는 내용의 핵심은 만주인들이 건설한 청 제국이 다른 한인 왕조와는 다른 세계관과 전략적 사고를 갖고 있었으며, 그러한 특징이 이 지역을 정복하고 통치·관리할 때 어떻게 발현되는가 하는 점을 보여 주는 데에 있다고 할 수 있다. 그런 점에서 그의 작업이 최근 미국의 일부 학자들을 중심으로 청 제국을 중국 중심의 시각에서 벗어나 다민족·다문화적 제국으로 파악하려는 소위 '신청사(新淸史, New Qing History)' 연구에서 중요한 업적으로 평가되는 것도 이상한 일은 아니다.

밀워드 교수는 미국 워싱턴의 조지타운 대학에서 교편을 잡고 강의를 하면서 중국령 투르키스탄의 역사에 지속적인 관심을 갖고 글을 발표해 왔는데, 그것들은 앞에서 언급했던 문제의식과 깊이 연관되어 있다. 즉 청 제국이 아니라 이제는 중화인민공화국에 편입되어 그 일부가 된 이 지역이 안고 있는 정치·경제·종교적 문제에 대한 그의 성찰의 결과들이다. 그는 특히 이 지역이 처해 있는 현재의 상황과 향후의 운명에 대해서 깊은 관심을 갖고 있는데, 그의 이러한 관심은 이 책의 구성에서도 잘 드러난다. 이 책은 결론을 포함해서 모두 8개의 장으로 이루어져 있는데, 이 가운데 1~3장이 고대에서부터 19세기 중후반까지 다루고 있고, 나머지 4~7장이 오늘날까지의 상황을 설명하고 있다. 즉 1880년대부터 약 1세기 남짓 되는 시대가 책 전체의 3분의 2를 차지하고 있어 서술의 중점이 근현대에 집중되어 있는 셈이다. 이러한 안배는 소련 붕괴 이후 중앙아시아의 정세 변화에 많은 관심을 갖고 있는 미국의 독자들에 대한 배려일 수도 있겠지만, 중국령 투르키스탄에 대한 저자의 현재적 관심을 반영하는 것이라고 할 수 있다.

밀워드 교수는 이 지역의 주민들이 중국이라는 정치적 틀 안에 머물면서 장차 맞이 하게 될 운명과 선택이 어떠할 것인지에 대해 자신의 입장을 드러내 놓고 말하지 않는다. 다만 결론 부분에서 세 사람의 각기 다른 삶을 제시함으로써 은근히 그 속내를 보여 주고 있는 듯하다. 그가 모델로 제시한 세 사람은 중국 당국에 저항하여 미국 망명의 길을 택한 '모든 위구르인의 어머니' 라비예 카디르, 이방인들의 땅에서 엄청난 재산을 모아 세계 굴지의 갑부가 된 한족 쑨광신, 그리고 최고난도의 상황에서 줄타기를 하면서 각종 기록을 경신하는 위구르족 줄타기 곡예사 아딜 호슈르이다. 그런데 필자가 보기에 저항과 이주의 길을 간 라비예 카디르나 외래인으로 들어와 초대형 갑부가 된 쑨광신도 밀워드 교수가 생각하는 신장의 미래는 아닌 듯하다. 그래서 그는 고향에 남아 최선을 다하는 아딜 호슈르를 마지막으로 제시한 듯하다. 신장의 미래는 아딜 호슈르처럼 균형과 위기 사이를 오가는 아슬아슬한 '줄타기'처럼 보이기 때문일 것이다.

필자는 밀워드 교수와 이미 오래전부터 친분을 갖고 학문적인 교유를 해 오고 있었다. 그러던 차에 그가 출간한 이 책을 보고 국내에도 소개되면 좋겠다는 생각을 하게 되었다. 따라서 실크로드와 중앙아시아에 관해

서 여러 권의 서적을 출판하여 이미 상당한 공력을 쌓은 사계절출판사가
이 책에 주목하여 번역을 기획한 것은 필자로서도 매우 반가운 일이 아닐
수 없었다. 더구나 번역을 담당하게 된 김찬영·이광태 두 사람은 당시 서
울대학교 동양사학과 대학원 석사 과정에서 중앙아시아사를 전공하고 있
었기 때문에, 이 책에 등장하는 전문적인 내용들을 정확하게 번역할 만한
능력을 갖추고 있었다. 옮긴이들은 전문성을 갖고 정확하게 번역을 했으
며, 더러 이해가 안 되는 부분은 저자에게 직접 연락을 취하여 확인하는
성실함도 보여 주었다. 그 결과 이제 우리는 중국령 투르키스탄의 역사에
관해서 신뢰할 만한 개설서를 우리말로 읽을 수 있게 된 것이다.

　이 번역서가 지니는 가치와 효용에 대해서는 굳이 부연하여 설명할 필
요가 없겠지만, 대학에서 교재로 혹은 연구자들의 참고서로 많이 활용될
것으로 보인다. 특히 여러 소수 민족들을 포함하고 있는 현대 중국을 올
바로 이해하기 위해서, 또 동서 문명의 교류와 실크로드의 역사의 현장을
제대로 이해하기 위해서도, 우리는 '유라시아의 교차로'였던 이 지역의 역
사에 대해서 보다 정확한 지식을 갖고 있어야 한다. 그런 의미에서 이 책
은 중앙아시아의 역사뿐만 아니라 세계사에 대한 우리의 지평을 넓혀 주
는 좋은 계기를 마련할 것이다.

차례

한국어판 서문

이 책을 쓰기 위해 신장에 대해 조사하고 글을 쓰면서, 저는 언제나 이 지역에 대한 학문적 연구와 현재의 사건 및 정치 사이의 관계에 대해 인식해 왔습니다. 물론 역사는 어느 지역에서나 정치적입니다. 하지만 중국에서 역사는 다른 지역의 그것보다 더욱 정치적이며, 특히 신장과 관련해서는 역사에 대해 의견을 표출하는 것 자체가 공식적으로는 분리주의와 외세의 개입에 대한 투쟁의 제일선에 서 있는 것으로 인식되고 있습니다. 저는 이러한 사실을 최근 몇 년 동안 개인적으로 강렬하게 경험했습니다. 무슨 이유에서인지는 모르겠으나 이 책은 (아직까지는?) 중국에서 특별한 비판의 대상이 되지는 않았지만, 이 책과 대단히 유사한 내용을 다루고 있으며 이 지역의 역사에 관해 제가 집필한 2개의 장을 포함하고 있는 또다른 책으로 인해, 이 민감한 지역에 대해 저술했다는 이유만으로 저와 몇몇 미국 학자들은 중국에서 요주의 인물이 되었습니다. 그로 인해, 그리고 어느 정도는 외국인들이 펴낸 저술에 영향을 받아 다양한 '신장 관련 프로젝트'가 중국에서 진행되고 있습니다. 이러한 신장에 관한 공식적인 연구 중 하나는 이미 동시에 여러 개의 언어로 번역되어 인터넷을 통해 유포되고 있습니다. 따라서 중국령 중앙아시아를 연구하는 학자들은, 심지어는 우리처럼 복잡한 역사적 상황을 설명하려고 하는 사람들조차도 싫든 좋든 간에 이념 전쟁에 휘말리게 됩니다. 그리고 이러한 이념 전쟁 속에서는 20세기 동(東)투르키스탄Turkestan 공화국의 성격에 대해서뿐만 아니라 10세기 카라한조의 부족 정체성에 대해서도 많은 논란이 벌어지고 있습니다. 2009년 6월과 7월에 있었던 위구르족과 한족 간의 충돌, 그리고 이 유혈 사태의 원인, 과정 및 결과에 관한 정보를 통제하려는 중국 정부의 노력은 신장 지역에 대한 보도라는 문제를 더욱 민감하게 만들었습니다. 소요가 일어난 후, 신장 전 지역에서 이메일, 인터넷, 그 외 다른 통신 수단을 차단한 중국 정부의 공식적인 조치는 중국 정부가 신장에 관한 정보를 통제하는 것을 얼마나 중요하게 생각하고 있는지를 잘 보여 줍니다.

저는 이 책이 한국어로 번역되어 출간된다는 사실을 대단히 기쁘게 생각하지만 놀라워하지는 않고 있습니다. 제가 놀라워하지 않는 이유는 한국과 내륙 아시아 간의 관계가 많은 사람들이 생각하고 있는 것보다 훨씬 더 깊기 때문입니다. 한국어와 알타이어 간의 구조상의 유사점을 제외하더라도, 실크로드를 통한 교류를 보여 주는 분명한 역사적·고고학적 증거들이 있습니다. 예를 들어, 위를 향해 뻗어 있는 첨단부와 샤머니즘적인 '곡옥(曲玉)' 장식을 갖춘, 경주의 신라 고분에서 발견된 금관은 카자흐스탄에서 발견된 '황금 인간'의 왕관에서 잘 드러나는 스키타이 예술과의 형식적인 연관성을 보여 줍니다. 물론, 유명한 석굴암 또한 인도 북부와 신장에서 발견되는 석굴과 대단히 유사합니다. 경주의 원성왕릉(元聖王陵) 입구를 지키고 있는 석조상들은 분명히 소그드인들 또는 아마도 위구르인들로 보이는데, 중앙아시아에서 동북아시아를 잇는 당(唐)의 광활한 영토를 가로지르던 투르크-소그드식 사회·문화적 환경을 감안해 볼 때, 이는 충분히 가능한 일이라고 생각합니다. 또한 한국의 벅수(장승)는 몽골, 중가리아Dzungaria, 카자흐스탄에서 발견되는 투르크식 발발,* 특히 새를 들고 있어서 사냥용 맹금류를 들고 있는 투르크의 칸들을 나타내는 것처럼 보이는 것들과 불가사의하게 닮아 있습니다.

여러 가지 언어에서 유래한 많은 용어와 단어를 고려할 때, 중앙아시아와 관련된 역사책을 번역하는 것은 쉬운 일이 아닙니다. 더욱이 이 용어들은 한국인들에게 더욱 익숙한 한자를 고려하여 다시금 한국어로 번역되어야 했습니다. 따라서 이 책을 한국의 독자들이 읽을 수 있도록 만드는 과정은 단순한 번역이라기보다는 하나의 연구라고 보아야 할 것입니다. 마지막으로 이 책이 한국어로 번역될 수 있도록 도움을 준 저의 동료이자 친구인 김호동 교수와 이 책을 능숙하고 꼼꼼하게 번역해 준 김찬영과 이광태에게 감사의 마음을 표합니다.

---

* 용사가 사람을 죽인 후 이를 기념해서 세우는 석상.

서문

이 책은 유라시아의 중앙에 위치한 지역의 개괄적 역사이다. 현재 신장(新疆)*이라고 알려진 이 지역은 과거에는 여러 가지 명칭으로 알려졌다. 옛 명칭 중 하나인 '중국령 투르키스탄Chinese Turkestan'이 이 책의 제목으로 잘 어울릴 수도 있다. '투르키스탄'은 중세의 이슬람 작가들이 중앙아시아의 북부와 동부―페르시아어를 사용하는 오아시스 거주민들과 대비되는, 투르크어를 사용하는 유목민들의 땅―에 붙인 용어였다. 마르코 폴로Marco Polo 역시 이 이름을 사용했다. 19세기 제정 러시아의 군대가 중앙아시아를 정복했을 때 이들은 제국이 새로이 얻은 영토를 '투르키스탄'이라고 부르며 선례를 따랐다. 이 시기 유럽의 작가들은 논리적이게도 러시아령 투르키스탄과 구분하기 위해 조금 더 동쪽에 있는 청조(淸朝) 치하의

---

* 글자 그대로의 의미는 '새로운 영토'라는 뜻으로 청이 18세기 중반 이 지역에 있던 중가르를 멸망시킨 이래 중국에 공식적으로 편입되면서 붙은 이름이다.

중앙아시아 지역을 '중국령 투르키스탄'이라고 불렀다.

비록 오래되기는 했지만 '중국령 투르키스탄'이라는 용어는 여전히 어느 정도 타당성을 가지고 있다. 신장은 1500년 동안 카자흐족과 키르기스족, 주로 위구르족으로 대표되는 투르크어를 사용하는 민족들의 영토였는데, 이들은 현재 이 지역에 있는 비한족(非漢族) 인구의 대부분을 이룬다. 한편으로 신장은 파미르 고원의 서쪽에 있는 중앙아시아 지역과는 달리 오래도록 중국과 밀접한 관계를 가졌으며, 18세기 중반 이후 대부분 동안 중국의 지배 아래 있었다. 따라서 신장은 투르크적인 동시에 중국적이다.

그러나 '중국령 투르키스탄'이라는 용어는 논쟁의 여지가 있다. 비록 중화인민공화국이 빈번히 '중국의 티베트'—심지어 이러한 제목의 선전용 영어 잡지를 출판하고 있다—를 언급하고 있기는 하지만, '투르키스탄'을 언급하는 것은 최근의 위구르 분리주의 단체의 이름은 물론 1930년대와 1940년대에 각각 생겼다가 단명한 '동투르키스탄 공화국'을 떠올리게 한다. 중화인민공화국이 공식적으로 신장이 1세기 이래 중국의 일부였다고 주장하고 있기 때문에 이 지역이 가진 과거의 정치적·민족적 정체성에 대해 언급하는 것은 환영받지 못한다. 중화인민공화국과 세계의 나머지 지역은 현재 이 지역을 18세기의 용어인 '신장'이라고 부르고 있으며, '투르키스탄'이라는 용어는 인용 부호로써 조심스럽게 격리되고 서구의 식민주의자들 혹은 현대 테러리스트들의 것으로 여겨질 경우에만 중국에서 사용되고 있다.

반면에 신장을 중국에 의해 부당하게 침입당하고 정복당한 자신들의 고향이라고 여기는 위구르 민족주의자들 역시 비록 정반대의 이유—이 용어는 이 지역의 근대적 중국성modern Chineseness을 명시한다—때문이기는 하지만 '중국령 투르키스탄'이라는 꼬리표를 거의 사용하지 않는다.

따라서 '중국령 투르키스탄'이라는 호칭은 이 지역 역사의 주요 특징—종족적 다양성과 문화 영역의 중첩 지역이라는 상황—을 반영하며 지난 세기의 대부분 동안 이 대륙의 교차로를 괴롭혀 왔던 종족적·정치적 정체성의 융화라는 문제를 구체화하고 있다.

나는 중국 민족주의자도 투르크 민족주의자도 아니다(오히려 나는 나 자신을 한족과 위구르족 모두의 친구로, 그리고 더 일반적으로는 중국의 친구로 생각하고자 한다). 마찬가지로 이 지역의 역사를 공부하는 학생 중 어느 누구도 오늘날 신장학(新疆學)을 뒤덮고 있는 정치적 문제로부터 벗어날 수는 없다. 이는 중화인민공화국의 출판물이건 위구르 웹사이트이건 간에 2차 저작에 널리 퍼져 있다. 중국 정부의 감시는 비한족 학자들조차도 공개적인 상황에서 자신들이 쓰고 말한 것에 대해 생각하고 다시 생각하도록 만들었다. (신장에 관한 서양 학자들의 논문을 모은 최신 서적의 초고가 중국으로 몰래 반입되어 번역되고 유통되었으며, 미국에서 출판되기도 전에 중국에서 내부적으로 반박을 당했다.) 미국은 중앙아시아를 향해 군사력을 확장했고, 신장의 불안을 '전 세계적 테러와의 전쟁'의 일부로서 활용했으며, 미국의 포로수용소에 위구르인들을 수용하고 관타나모에서 은밀하게 법적 제재를 가했다. 이는 위구르족과 신장에 대한 미국 정부의 관심 또한 점차 커지고 있다는 것을 나타내는데, 이러한 관심은 결국 중화인민공화국으로 하여금 미국의 의도를 의심하도록 만들었다. 신장 지역의 현실 정치와 역사적 사실을 구분하려는 시도는 이러한 정치적 이해관계로 인해 복잡해지고 있다. 더욱이 이 지역이 과거 어디에 귀속되었는지에 대한 엇갈리는 주장들—이 지역이 고대부터 '중국'이었는지 또는 '위구르'였는지 그도 아니면 다른 어떤 것이었는지—외에도 현대적 함의를 가진 다른 문제들이 있다. 이 지역에서 이슬람교의 역할과 그 특징은 무엇인가? 20세기 신장의 발전과 세계화의 장점과 단점은 무엇인가? 중화인민공화국에 있는 위구르족과 다른 소수 민족들은 중국 공산당의 정책 아래에서 어떻게 살아가고 있는가? 위구르족 반체제 인사가 국제적인 이슬람 테러 조직과 연결되어 있는가?

이어지는 지면에서 이와 유사한 문제를 다루겠지만, 이 책의 목표는 오늘날 신장을 둘러싼 정치적 문제에 대한 의견을 개진하는 것이 아니다. 오히려 나는 세계사에서 중요한 역할을 수행해 왔으나 영어로 된 훌륭한 입문서가 없는 이 지역의 역사에 대한 개관을 제공하고자 한다. 신장은 실크로드의 중심이자 유라시아의 다양한 민족과 문화가 접촉하는 지점으로서, 그 다양성과 이국적인 특징으로 인해 오래도록 독자들을 매혹시켜 왔다. 그러나 바로 이러한 이유로 인해 신장의 역사 연구를 위한 자료들은, 사막에서 발굴된 공예품과 동굴 벽화들로부터 중국어, 러시아어, 일본어, 프랑스어, 터키어, 독일어 및 다른 현대의 언어로 쓰인 중요한 2차 저작은 물론 토하라어, 투르크어, 소그드어, 티베트어, 몽골어, 만주어, 한문(漢文), 차가타이어와 페르시아어로 작성된 문서에 이르는 자료들에 대한 전문적인 지식과 이들의 활용을 요구하기 때문에 대단히 난해하다. 이 자료들은 세계 각지의 도서관과 박물관에 흩어져 있다. 더욱이 신장은 이러저러한 방식으로 중국은 물론 티베트, 아랍, 투르크, 몽골, 러시아 제국들 역사의 일부였으며, 따라서 신장의 역사 문헌에는 다양한 언어로 된 지명과 인명이 포함되어 있다. 이러한 역사 문헌 중 하나에 정통한 사람이라고 할지라도 다른 문헌에서 차용한 용어에는 고생할지도 모른다.

신장의 역사에 관한 영어로 된 중요한 전문 저작들이 있기는 하지만 전문가가 아닌 독자들에게 이 저작들은 상당한 배경 지식 없이는 이해하기 힘든 것들이다. 가장 큰 문제 중 하나는 이러한 배경을 제공해 줄 개괄적 역사가 없다는 것으로, 나는 이러한 문제를 신장에서의 청 제국에 대한 연구를 처음 시작한 몇 년 전 직접 경험했다. 이 책은 따라서 고대부터 현대에 이르는—혹은 티엔샤노사우루스Tienshanosaurus*부터 21세기까지라고도 할 수 있는—신장의 역사에 대한 종합적인 연구로써 이 간극을 메우고자 하는 시도이다. 나는 많은 내용 중에서 중요한 내용만을 선택하여 사람들의 관심을 모은 20세기를 포함한 최근의 역사를 더욱 상세히 기술하고자 한다. 나는 신장에 대해 더 많은 것을 알기 원하는 중국 혹은 중앙아시아 역사의 전문가들뿐만 아니라 학생, 여행자, 저널리스트, 정치가 및 정책 입안자를 비롯한 일반 독자들을 위해 이 책을 집필했다. 더욱이 신장의 전문가라고 할지라도 이 책에서 새로운 사실들을 발견할 수 있을 것이라고 생각하는데, 일례로 나는 역사학을 공부하기 시작한 1978년 이래 이 지역의 개괄적인 역사를 기술하는 최초의 역사서를 쓰기 위해 계속해서 노력해 왔다. 나는 가능한 모든 자료들을 찾으려고 애썼다거나 신장 역사의 모든 분야에 대한 전문가가 되고자 하지는 않았으나 최신의 정보를 내 연구의 근거로 삼고자 노력했다. 주석과 참고 문헌을 통해 원하는 사람은 누구나 특정 시대와 주제에 대한 전문적인 저작들로 들어갈 수 있을 것이다.

이 책의 주된 목적이 직접적으로 정보를 제공하는 것이기는 하지만, 이 책을 저술하는 과정에서 나는 신장의 역사를 관통하는 특정한 주제들을 확인했다. 이 책이 오랜 시간과 다양한 민족과 정치 체제를 다루고 있음에도 불구하고 이러한 주제들이 이 책에 어느 정도의 통일성을 부여할 것이라고 생각한다. 예를 들어, 앞서 언급했듯이 '중국령 투르키스탄'이라는 용어는 이 지역의 문화적·정치적 다양성, 즉 여러 문화와 정치적 영향력이 서로를 배척하기보다는 중첩되는 이 지역의 성질을 함의하고 있다. 실크로드의 교차로로서 신장은 지중해 지역, 페르시아, 인도, 러시아 그

---

* 신장 지역에서 그 유해가 발견된 공룡.

리고 중국을 연결하는 통로에 걸쳐 있다. 따라서 신장은 유라시아 전역의 예술과 기술, 사상 및 교역 물품이 이동하는 통로이자 용광로였다. 구석기 시대의 수렵·채집인들과 마찬가지로 이들의 뒤를 잇는 초기 유라시아의 농부들과 유목민들 역시 신장을 횡단했다. 그리고 승려와 선교사, 상인, 군인, 정착민 및 여행자가 그 뒤를 이었다. 신장은 또한 유목 사회와 정주 사회의 접점이자 초원 출신의 유목민인 흉노족, 투르크족 및 몽골족과 타림Tarim 분지 오아시스의 농민들이 만나는 공간이었다.

이와 같은 민족, 사상 및 물품 각각은 모두 이 지역 역사의 일부였다. 많은 민족과 문화가 이 지역에서 만났는데 현존하는 공예품과 이 지역 주민의 얼굴이야말로 이러한 조우의 흔적을 보여 준다. 20세기의 대부분 동안 신장은 세상과 동떨어진 곳처럼 보였지만 최근에는 전 세계적인 연결성이 급속히 확대되었으며 이 지역은 현재 범유라시아 네트워크는 물론 세계적인 네트워크 안에서도 확고하게 자리 잡았다. 그러므로 이후 살펴보아야 할 주요 주제 중 하나는 신장의 중간적 위치 및 도관(導管)으로서의 역할 그리고 다른 지역과의 연계성이다.

신장을 방문한 사람은 누구나 신장의 지리에 깊은 인상을 받는다. 건조하고 탁 트인 이 지역에서 광활한 사막, 높은 산맥, 넓은 초원, 눈 녹은 물이 흐르는 하천과 같은 지리적 특징들은 육안으로 잘 확인할 수 있을 뿐만 아니라 역사적으로도 눈에 띄는 영향력을 행사했다. 신장의 역사 중 특정한 패턴—특히 (말을 키울 수 있는) 북방에 기반을 둔 유목민들이 (곡물을 재배할 수 있는) 남쪽 오아시스들을 지배하고 이 지역에서 세금을 징수하는 경향—은 이 지역의 지리에서 생겨난 것이다. 1장에서 상세히 논의한 것처럼, 이와 같은 지리적 특징으로 인해 신장은 (신장의 북부와 손쉽게 연락을 취할 수 있는) 몽골에 기반을 둔 유목 세력과 중국의 북부에 자리 잡은 국가들 사이의 영속적인 경쟁 관계에 휘말려 들게 되었다. 그 밖에 농경과 정주 및 도시화를 뒷받침하고 제한하는 데 있어 용수의 역할이 이 지역의 역사에서 중요했다. 18세기의 개발은 과거의 지정학적 패턴과의 단절을 낳았으며, 유목 세력의 쇠퇴, 중국 북부에서 신장에 대한 통제가 더욱 손쉬워진 것 및 이 지역에서 한족의 정착이 늘어난 현상을 가져왔다. 그럼에도 불구하고 신장을 더욱 긴밀하게 중국과 통합하려는 노력은 여전히 용수의 공급에 좌우되는데, 이는 다시 이 지역의 분지와 산맥 지형에 종속되어 있다. 더욱이 지구 온난화는 현재 이러한 수원(水源)을 위협하고 있다. 지리와 환경의 역할은 따라서 이 책의 여러 곳에서 제기되는 두 번째 주제이기도 하다.

앞서 언급했듯이 근래 신장의 역사를 다룬 대부분의 저작은 현대의 민족주의적 의제들에 의해 구체화되었다. 그러나 냉정한 시각에서 볼 때, 신장을 더욱 '중국적'이라든지 더욱 '위구르적'이라든지 심지어는 '유럽인들'의 고향(타림 분지의 미라들로부터 영감을 받은 생각)이라고 주장하기 위해 역사를 이용하려는 시도는 얼토당토않은 것이다. 오늘날 우리가 익숙해져 있는 대륙적·민족적·국가적 범주는 역사 시대의 초기에는 쉽게 적용되지 않는다. 역사를 통틀어 신장의 민족들에게 붙인 이름들은 유전학보다는 역사 편찬의 관행에서 파생되었다. 역사의 대부분 동안 신장 남부에 위치한 인구 중심지는 신장 북부, 세미레체Semirech'e 혹은 몽골에 기반을 둔 유목 세력에 의해, 때로는 한족으로 때로는 내륙 아시아의 엘리트들로 구성된 중국 북방의 왕조들에 의해, 혹은 몽골 제국의 후예나 예언자 무함마드의 후예라고 주장하는 이슬람의 샤이흐Shaykh* 계층으로 이루어진 토착 지배 계층에 의해 지배되었다. 이러한 시기들을 표시하기 위해 관습적으로 학자들은 지도 위에 신장을 지배한 세력의 호칭 — 한(漢), 에프탈

---

* 이슬람교 수피 교단의 정신적인 지도자 내지는 교사.

Hephtalites, 서돌궐, 카라한조(朝)Qarakhanid, 카라 키타이Kara Khitai[서요(西遼)], 위구르, 야르칸드 칸국Yarkand Khanate, 중가르Zunghar, 청(淸) — 을 사용한다. 비록 새로운 지배자들로 인해 시간이 지나면서 토착 인구와 문화적 특징들이 늘어나기는 했으나, 신흥 정복 엘리트와 함께 피지배 계층이 변화한 것은 아니었다. 종교가 변천했으며(불교가 번성한 후 이슬람교에 자리를 양보했다) 과반수의 인구가 사용하는 언어도 (인도유럽어에서 투르크어로 그리고 다시 중국어로) 변화했다. 이러한 맥락에서 사회 조직과 정체성의 존재 방식은 다양하고 유동적인 지역에서 지배 세력들이 피지배층 주민들 사이의 민족-언어적, 종교적 그리고 사회 경제적 다양성을 조정한 방식만큼이나 그 자체로 흥미로운 분석의 대상이 된다. 이렇게 다양하고 유동적인 과거에 단순화된 민족적 정체성을 적용시키는 것은 무의미하고 무분별한 시도인데, 그 대상이 되는 민족들이 '위구르인'과 '중국인'처럼 정의하기 어렵고 역사적으로 진화한 개념일 경우에는 더욱 그러하다. 신장의 역사는 단일한 국가의 역사가 아니라 상호 작용하는 많은 민족들, 문화들 그리고 정치 체제들의 역사이다.

따라서 이후 이어질 이야기를 관통하는 세 번째 주제는, 신장의 민족들이 외부 세력에 의해 조직되었고 또 스스로를 조직했던 다양한 방식에 관한 것이다. 우리는 20세기 이전의 어느 시기에서건 신장의 민족들의 '정체성'을 상세하게 논의할 만한 적절한 자료를 가지고 있지 못하다. 그러나 이 지역의 정치-군사적 흥망과 다양한 문화적 영향력의 성쇠를 추적하고 있기 때문에 하나의 지배적인 민족적 정체성이 없었던 장소와 시대에 정치적 삶과 사회적 정체성이 어떻게 조직화되었는지를 이해하려고 노력해야 할 것이다. 비록 지역의 오아시스에 대한 정체성이 의심의 여지 없이 강하기는 했으나, 다수의 신장 주민들은 더욱 포괄적인 정체성을 가지고 있기도 했다. 여기에는 언어(토하라어, 투르크어, 중국어, 소그드어), 종교(대승 혹은 소승 불교, 조로아스터교, 네스토리우스 기독교, 이슬람교와 다양한 수피 교단 또는 특정한 성인과 그들의 성묘), 이전의 왕조(카라한조, 칭기즈칸과 그 후예들이 건설한 몽골 제국, 중가르, 카자흐) 및 제국의 수도(장안, 라싸, 발라사군Balasaghun, 모스크바, 베이징)에 대한 충성심 또는 널리 퍼진 상업적·혈통적 네트워크(소그드인과 중국인 상인 길드)에 대한 충성심에 기반을 둔 유사성이 포함된다. 신장의 역사는 20세기에 '투르크인', '위구르인' 그리고 '중국인'이라는 인종적 혹은 민족적 범주가 유행하기 이전에 다양한 종류의 중첩되는 정치적·사회적 집단화의 사례들을 제시해 준다.

지난 2000년 동안 신장이 여러 제국의 관할 아래에 있었고 다양한 역사 문헌에 기록되었기 때문에 이 지역의 장소들은 많은 이름을 가지고 있다. 예를 들어, 투루판Turfan이라는 도시는—혹은 현재 이곳과 대단히 인접한 곳에 있는 도시들은—다양한 시대에 다양한 언어로 거사(車師), 고창(高昌), 코초Qocho, 카라호자Qarakhoja, 그리고 토로번(吐魯番)으로 알려졌다. 남부 신장은 문헌 속에서 카슈가리아Kashgaria, 알티샤르Altishahr, 회부(回部), 남부(南部), 소(小)부하리아Bukharia, 타림 분지 및 동투르키스탄이라고 언급되었다. 심지어 오늘날에도 많은 도시들이 두 가지 이름과 두 가지 이상의 철자법을 가지고 있는데, 굴자Ghulja와 쿨자Kuldja/Kulja, 그리고 이닝(Yining/伊寧)은 모두 동일한 장소, 즉 신장 북서부의 대도시를 부르는 이름이다.

　신장의 지명이라는 난제에 대해 간단한 해결책은 없다. 역사적, 언어적, 정치적 이유로 인해 보편적으로 수용되는 기준이 없기 때문에 단순히 하나의 표준형을 골라 이를 따를 수는 없다. 일례로 내가 만일 이 책에서 신장의 남서부에 있는 주요 도시를 오늘날의 지도에 일반적으로 등장하는 중국식 명칭으로 부른다면 그것은 카스(喀什)가 될 것이다. 그렇다면 독자들은 이 도시를 마르코 폴로와 『뉴욕타임스』 및 대부분의 역사 문헌이 '카슈가르Kashgar'라고 부르는 것과 동일한 도시로 인식할 수 있을 것인가? 수정된 아랍 문자를 쓰는 현대 위구르어 철자 '케슈게르Käshgär'조차 아랍 문자로 기록된 옛 문헌 속의 형태와는 다르다.

따라서 나는 다음과 같은 절충안을 선택했다. 나의 주된 목표는 일관성을 유지하는 것이 아니라 전문가가 아닌 독자들이 신장 역사의 복잡한 고유 명사 숲을 빠져나오도록 안내하는 것이다. 따라서 나는 일반적으로 특정한 시대에 있어 가장 적절한 혹은 가장 잘 알아볼 수 있는 지명을 사용할 것인데, 이는 대개 그 시기에 대한 2차 저작에서 가장 보편적으로 사용된 명칭이다. 그러나 찾아보기와 각 장에서 처음 등장할 경우, 특히 투르크-몽골식 이름과 중국식 이름 모두가 하나의 도시에 사용될 경우에는 동일한 장소에 대한 다른 명칭들을 병기했다. 가능한 한 언어학적으로 정확한 전사(轉寫)를 사용했으나 발음 구별 부호는 대부분 사용하지 않았으며, 독자들이 쉽게 식별하고 발음하는 것보다 기술적인 정확성을 더 중요하게 여기지는 않았다. 비록 일부 사람들이 여전히 사용하고 있기는 하지만 1960년대에 중화인민공화국이 위구르인을 위해 도입한 로마자화 시스템(옝기 예지크yengi yäziq)에 기반을 둔 옛 철자법은 피했다. 이 표기 체계는 여러 문제점을 가지고 있으며 현재는 공식적으로 폐기되었다.

바로 이와 같은 우려 중 상당수는 인명에도 적용되는데 여러 문헌에서 인명은 그 철자법이 더욱 다양한 형태로 나타나고 있다. 이에 대해서도 역시 주된 원칙으로 사용자 편의성을 채택했다. 그러나 현대 위구르어에서 표준 철자법을 확인할 수 있을 경우 일관되게 아랍어나 중국어보다는 위구르어 형태로 현대식 위구르 이름을 전사하려고 했다.

이 책을 집필하는 과정에서 여러 기관과 사람들로부터 도움을 받았으며 조지타운 에드먼드 월시 국제·외교대학Edmund A. Walsh School of Foreign Ser-vice과 특히 그곳에서 제공해 준 여름과 안식년 동안의 후원에 감사한다. 그에 더해 조지타운 대학교의 유라시아·러시아·동유럽학 국립자료센터 CERES는 교육부에서 제공하는 국제교육프로그램 기금을 통해 두 차례에 걸쳐 이 프로젝트를 위한 나의 연구에 자금을 대 주었다.

우드로 윌슨 센터와 조지워싱턴 대학의 아시아 정책 장학금Asian Policy Fellowship은 2001~2002년 1년 동안 나를 강의에서 벗어날 수 있게 해 주었으며, 이 기간 동안 나는 이 책의 4개 장을 집필하고 (다른 책의 편집을 끝낼) 수 있었다. 내가 우드로 윌슨 센터에서 보냈던 그해의 절반 동안 재닛 스파이크스Janet Spikes는 국회 도서관에서 오래된 저서들과 논문들을 찾는 것을 도와주었으며 나의 인턴이었던 프루 헤일로Frew Hailou는 다른 자료들을 수집하는 것을 도와주었다. 그해의 후반기 동안 나는 조지워싱턴 대학 시거 아시아 연구 센터Sigur Center for Asian Studies의 대학 분위기를 즐겼으며 그곳의 브루스 딕슨Bruce Dickson, 마이크 모치즈키Mike Mochizuki 및 데이비드 샘보우David Shambaugh는 나를 심도 있는 논의로 이끌었고, 데비 토이Debbie Toy와 이쿠코 터너Ikuko Turner는 변함없이 친절했고 도움이 되었다. 우드로 윌슨 센터와 시거 센터 모두 관심 있는 독자들에게 저작을 소개할 기회를 주었다.

같은 해 이브 셰브리에Yves Chevrier는 파리에 있는 사회과학고등연구원 EHESS에서 세미나를 해 달라고 나를 초청했으며, 그곳에서 친절히 대해 준 렌다Renda 출신의 옛 급우 파올라 칼란카Paola Calanca를 비롯하여 중국의 변경에 관한 연구에 참여하고 있던 일군의 학자들을 만날 수 있어 기뻤다. 기메 박물관Musèe Guimet 사진 문서고의 직원들은 친절하게도 웹에 올릴 준비가 끝나기도 전에 펠리오Pelliot 컬렉션의 많은 사진을 미리 볼 수 있도록 해 주었다.

하칸 월퀴스트Hakan Walquist와 스테판 로젠Stefan Rosen 그리고 '스벤Sven 아저씨'는 스웨덴에서 나의 후원자였는데, 나는 스톡홀름 대학의 동양어 연구소에서 강연을 하고 중앙아시아 관련 서적을 소장한 군나르 야링Gun- nar Jarring 컬렉션 및 민족학 박물관Ethnografiska Museet 도서관에 있는 헤딘 Hedin 컬렉션을 견학할 기회를 가졌다. 스톡홀름에 있는 국립문서보관소 의 직원들은 카슈가르의 스웨덴 사절단에 대한 사진 보관소를 안내해 주 었다. 이 보관소는 관대하게도 내가 사무엘 프렌네 동투르키스탄 컬렉션 Samuel Fränne Östturkestan Samling의 사진 중 몇 장을 이 책에 무료로 넣을 수 있도록 해 주었다. 카슈가르에서 출생했으나 이후 야크의 등에 매달린 요 람에 실려 카슈미르Kashmir로 도피한 마르가레타 후크Margareta Höök는 나 에게 카레 요리를 대접하고 사절단이 신장에서 촬영한 멋진 슬라이드를 보여 주었다. 이후 룬드 대학의 에릭 니칸데르Eric Nicander는 내가 참고문 헌을 찾고 이 책에서 사용한 또 다른 삽화를 입수할 수 있도록 도와주었 다. 결론에 나오는 아딜 호슈르Adil Hoshur의 사진은 데보라 스트레이트먼 Deborah Stratman의 호의로 실렸으며 그녀는 또한 자신이 위구르 다와즈dawaz* 예술가와 함께했던 시간에 대해 많이 설명해 주었다.

그 밖의 다른 여행과 동료들 역시 이 책의 집필이 가능할 수 있도록 도 움을 주었다. 우루무치에 있는 신장 사회과학원의 먀오푸성(苗普生)과 쉐 쫑정(薛宗正) 및 다른 학자들은 나를 위해 급히 세미나를 조직했으며 나는 읽어야 할 자료에 대한 그들의 제안으로 공책을 가득 메웠다. 특히 나의 연구에 대해 의견을 준 판즈핑(潘志平)에게 감사하고 싶다. 신장 지역 문 서고는 내가 두 차례에 걸쳐 장서를 참고할 수 있도록 해 주었다. 베이징 에 있는 동안 나는 중국변강사지연구센터(中國邊疆史地研究中心)와 신장연

---

* 고공 줄타기.

구소의 마다정(馬大正)과 리성(厲聲)을 자주 만났으며 이들의 저작 및 이들이 속한 기관의 구성원의 출판물로부터 많은 도움을 받았다.

나는 인도 국립문서고의 크리슈나 데이Krishna Dey와 자야 라빈드란Jaya Ravindran 및 로이P. K. Roy의 도움에 감사하고 싶다. 그곳에서 나는 영국 영사관이 인도·파키스탄 영사관이 된 이후의 카슈가르의 상황에 대해 알게 되었다. 뉴델리에서 머무르는 동안 구디Gudi ·옴 말호트라Om Malhotra 부부는 그들의 집을 나에게 내주었으며 융숭하게 대접해 주었다. 사비타Savita는 아침 차를 가져다주었으며 사첸 말호트라Sachen Malhotra는 호우가 내린 뒤 물에 잠긴 라주팟 나가르Lajupat Nagar의 거리에서 나에게 차 안에서 술을 마시는[1] 위험한 유희를 가르쳐 주었다.

2004년과 2005년 일본으로 나를 다시 데리고 가서 나의 연구를 일본인 동료들에게 제시하고 일본에서 이루어진 신장에 대한 심도 있고 방대한 학문 성과를 이용할 수 있는 기회를 준 나카미 타츠오(中見立夫) 교수와 신멘 야스시(新免康) 교수에게 감사를 전한다. 신장 역사 분야를 연구하고자 하는 사람은 누구나, 내가 일본에서 했던 것 이상으로 일본의 학문 성과를 참조해야만 할 것이다. 스가와라 준(菅原純)은 근대 신장에 대한 지식과 그가 발견한 새로운 역사 자료들로 계속해서 나를 놀라게 하고 가르침을 주었다. 2000년대에도 여전히 카슈가르에서 오래된 문서를 대규모로 구매할 수 있을지 누가 알았겠는가? 조용한 노지리 호숫가에서 풍요롭고 유쾌하게 보낸 일본 알타이학회의 42회 '쿠릴타이'에 참가할 수 있도록 초청해 준 쿠스노키 요시미치(楠木賢道) 교수에게 감사하며 주오 대학에서 열린 도시와 환경에 대한 심포지엄에서 나의 연구를 발표할 수 있도록 허락해 준 세오 다츠히코(妹尾達彦) 교수에게도 감사의 말을 전한다. 스티브 통Steve Tong과 앤 캠벨Anne Campbell은 인심 좋게도 나의 아내와 내가 자신들의 식탁을 책상으로 바꿔 쓸 수 있도록 해 주었으며 도쿄에 있는 자신들의 집을 여름 동안 나의 가족과 함께 사용했다. 우리가 노트북 컴퓨터의 자판을 두드리고 있을 때 그들은 파미르 동쪽 최고의 카푸치노를 우리에게 대접해 주었다. 우리는 수년에 걸친 이들의 환대와 우정에 대단히 감사한다.

미 추 윈스Mi-chü Wiens와 국회 도서관 아시아 자료실Asian Reading Room의 직원들은 내가 워싱턴에 돌아온 이후 그곳에 방문할 때마다 많은 도움을 주었다. 또한 조지타운 대학 라윈저 도서관Lauinger Library의 참고 사서의 도움이 없었다면 온라인 자료를 그토록 쉽게 참고할 수 없었을 것이다. 조지타운 대학 정보자료실에 근무하는 나의 학생이었던 라이언 노턴Ryan Norton은 골치 아픈 컴퓨터 관련 문제들을 해결해 주었다. (그는 연구를 통해 문제를 해결했기 때문에 많은 다른 컴퓨터 기술자들보다 나았다.) 짐 클라크Jim Clark와 그의 유익한 웹사이트는 신장의 고생물학에 대해 어느 정도의 지식을 제공해 주었다. 조지타운대 생물학과와 화학과의 덕 이글스Doug Eagles, 스티브 핸넘Steve Hannum, 세라 피셔Sara Fisher 그리고 스티븐 싱어Steven Singer는 사막의 지하수와 혈액 및 낙타 오줌의 상대적 염도에 대한 활발한 이메일 토론—내가 엿들을 수 있도록 특별히 허락을 받은 대화였다—을 통해 역사학자 동료가 제기한 이상한 질문에 답변을 해 주었다.

가드너 보빙던Gardener Bovingdon, 제이 다우처Jay Dautcher, 알 디엔Al Dien, 루스 더널Ruth Dunnell, 투르디 고자Turdi Ghoja, 아블렛 카말로프Ablet Kamalov, 존 맥닐John McNeill, 존 올슨John Olson, 매슈 오레스먼Matthew Oresman, 알렉산더 파파스Alexander Papas, 피터 퍼듀Peter Perdue, 숀 로버츠Sean Roberts, 스탄 툽스Stan Toops, 누리 터켈Nury Turkel, 존 위텍John Witek 그리고 티에리 자르콘Thierry Zarcone은 수차례에 걸쳐 나에게 참고 문헌을 제공해 주었으며 질문에 답을 해 주었다. 내 이웃이자 친구인 주디 샤피로Judy Shapiro는 내가 준 삐거덕거리는 낡은 책장에 대한 보답으로 현대 신장과

중국의 무슬림에 대한 잘 분류된 연구 목록을 나에게 가져다주었다. 일디
코 벨러 한Ildikó Béller-Hann과 레이첼 해리스Rachel Harris는 2004년 가을 런
던의 아시아·아프리카학 대학원The School of Oriental and African Studies에서
열린 신장의 새로운 역사·고고학적 연구에 대한 유익한 심포지엄에 나를
초대했다. 이들 모두에게 감사의 말을 전한다. 나는 또한 미중관계위원회
National Committee on United States-China Relationship의 얀 베리스Jan Berris와 스티
브 올린스Steve Orlins의 도움에도 감사한다.

화리(華立)는 중국에 있든 일본에 있든 혹은 미국에 있든 간에 수년에
걸쳐 나에게 청의 역사와 신장에 대해 가르쳐 주었다. 나는 그녀가 준 모
든 도움과 우리의 우정에 대해 감사한다. 마찬가지로 친구인 나비잔 투르
순Nabijan Tursun으로부터도 많은 것―특히 위구르어와 러시아어로 된 역
사 문헌에 대해―을 배웠다. 그는 의심의 여지없이 현재 미국에서 거주하
고 있는, 20세기 초 신장에 대해 가장 정통한 학자이다.

알 디엔과 로라 뉴비Laura Newby는 이 책의 앞부분 몇 개의 장을 읽고
의견을 주었으며 캐럴 베네딕트Carol Benedict, 안드레아 골드만Andrea Gold-
man, 캉샤오페이(康笑菲), 에드 매코드Ed McCord, 토비 메이어 퐁Tobie
Meyer-Fong, 메리 랭킨Mary Rankin 그리고 키스 스코파Keith Schoppa는 완성되
지 않은 원고를 용감하게도 읽어 주었다. 이들의 의견은 내가 다른 동료
들로부터 얻은 제안이나 조언과 마찬가지로 정말로 반가운 것들이었으며
이 책을 더 낫게 만들어 주었다.

허스트 출판사Hurst & Co.의 마이클 드와이어Michael Dwyer는 몇 년 전 이
프로젝트와 관련하여 나와 교섭을 했는데 나는 수년 동안 이 책이 완성되
기를 기다려 준 그의 인내심에 감사한다. 컬럼비아 대학 출판부의 앤 루
튼Anne Routon 역시 언제나 용기를 북돋워 주었다. 또한 복잡한 지시와 아
주 긴 지명 일람표로부터 명료한 지도를 만들어 준 세바스찬 밸러드Sebast-

ian Ballard에게도 감사의 말을 전한다. 조너선 호어Jonathan Hoare는 엄청난 인내심과 기술로 원고를 편집해 주었다. 일반적인 실수에 대해서는 나 혼자 책임을 져야만 할 것이다.

나는 이전 저서를 결혼기념일에 완성했는데 이번에도 그렇게 되었다. 아내 매드훌리카Madhulika는 내가 어리석음에 대한 변명으로 이들 저서에 착수했다고 의심하고 있기는 하지만 늘어가는 저서와 (더 빠른 속도로) 늘어나는 기념일들에 대한 공로는 대부분 그녀의 것이다.

나의 딸들인 마야Maya와 프리야Priya 역시 이 책의 출판을 앞당기기 위해 그들이 할 수 있는 모든 일을 해 주었다. 그들은 참을성 있게 자전거 타러 가는 것을 기다려 주었으며 내가 다른 페이지를 완성할 때까지 저녁을 먹거나 이야기를 들었다. 또한 내가 일하고 있는 동안에는 절대로 소리를 지르거나 싸우지 않고 방해되는 일들을 하지 않았다. 그리고 말하지 않아도 알아서 옷을 갈아입고 양치질을 했으며 학교에 갈 준비와 숙제를 했고 피아노를 연습했다. 게다가 자원하여 문서 정리와 복사, 서재 장식품들의 먼지를 털어 주는 것과 같은 지루한 잡일로부터 나를 해방시켜 주기까지 했다. 하지만 이 모든 것은 나의 바람일 뿐, 딸들은 실제로는 거의 도움을 주지 않았다.

1장

....

고대의 마주침들
고대~8세기

작가들은 신장에 대해 여러 가지 비유를 사용했다. 이 지역은 실크로드의 중심지이자 아시아의 교차로였으며 또한 대륙의 중심부였다. 오언 래티모어Owen Lattimore─그는 탐험가이자 내륙 아시아 학자였으며, 상원의원 조지프 매카시Joseph McCarthy에 따르면 "미국 내에 있는 소련의 고위 스파이"다─는 신장을 "아시아의 축"이라고 불렀다.[1] 혹자는 20세기 중반에 이 지역의 지정학적 중요성에 대해 래티모어가 내린 평가에 의문을 제기할지도 모른다. 그럼에도 불구하고 폭넓게 바라본다면, 이러한 수식어들 뒤에 숨은 생각들은 충분히 명확하다. 즉 유라시아에서 신장이 중심적 역할을 해 왔고 물리적으로도 유라시아 대륙의 중간에 위치하고 있다는 것이다. 이 책은 장기적인 시점에서 이 지역의 '중심성'을 검토해 볼 것이다. 그 시작은 또 다른 형태의 긴 시야, 즉 21세기 초 지구 상공에 떠 있는 위성에서부터 출발하는 것이 좋을 것이다.

유라시아의 위성 이미지 또는 지형 지도를 살펴보면 대륙의 중앙부에

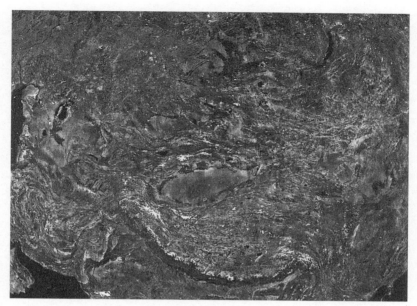

신장, 중앙유라시아와 그 주변의 위성 사진
© Google Earth

산맥들이 있다는 것을 알 수 있다. 이 산맥들이 우리가 알고 있는 모습대로 신장을 규정하는데, 이 지역은 3개의 분지, 즉 남쪽에 있는 타림 분지, 동남쪽에 있는 투루판 분지 그리고 북쪽에 있는 중가리아 분지가 대체로 삼각형의 모양을 이룬다. 쿤룬(崑崙) 산맥과 그 동쪽 지류인 알틴 타그 Altyn Tagh는 타림 분지의 남쪽 경계를 이루며, 톈산(天山) 산맥은 타림 분지를 중가리아와 구획하며 그 북쪽 경계를 이룬다. 알타이 산맥은 동북쪽에서 중가리아를 몽골과 나누어 놓으며, 동남쪽 방면으로는 톈산 산맥의 돌출부인 쿠루크 타그Quruq Tagh가 타림 분지와 투루판 분지를 나눈다.

이처럼 산맥에 의해 정의된 신장은 비교적 최근의 지리적 산물인데, 일례로 이는 신장에서 유해가 발견된 쥐라기 시대와 초기 백악기 시대의 티엔샤노사우루스Tienshanosaurus 또는 다른 공룡들에 의해 알려진 신장과는 다르다.[2] 사실상, 약 160만 년 전의 티엔샤노사우루스의 고향과 우리가 알고 있는 신장을 가장 극적으로 구별 짓는 것은 바로 아시아의 중심부에 있는 이 산맥들과 고지대이다. 세계에서 가장 높은 지대인 칭하이(靑海)-티베트 고원과 북극 및 남극과 함께 지구상에서 가장 많은 기후의 변화를 겪은 그 지형은 약 1억 년 전 인도 판(板)이 유라시아 밑으로 침강하고 인도 대륙이 곤드와나Gondwana 대륙에서 떨어져 나가면서 상승하기 시작했다. 인도는 북쪽으로 이동하여 6000만 년 전 빠른 속도로(1년에 15센티미터까지) 아시아 대륙과 충돌했는데, 그곳에서 비교적 최근에서야 서로 결합하여 유라시아 고원에서 자리를 차지하게 된 남중국 및 북중국과 만나게 되었다. 인도 대륙의 충돌은 북부 티베트의 창탕(羌塘) 고원을 치솟게 했으며 유라시아의 중심부를 가로지르는 일련의 습곡에서 산맥들을 형성하게 만들었다.

융기는 2200만 년에서 5000만 년 전쯤 아시아의 몬순 기후를 형성할 정도의 높이에 이를 때까지 계속되었다. 이러한 기후 순환에서 인도양과 태평양에서 온 따뜻하고 습한 공기는 봄과 여름 동안 인도 대륙과 동아시아로 모여들며 공기 덩어리를 티베트와 몽골 위로 상승시켜 장맛비를 뿌리게 된다. 가을과 겨울에는 고위도의 내륙 아시아 지역에 중심을 둔 차가운 고기압이 바다에서 오는 더 따뜻하고 습한 공기를 차단하고 이로 인해 아시아에서 상대적으로 건조한 겨울을 유발한다. 산맥들과 이들로 인해 형성된 몬순 기후는 농경에서부터 인도양과 남중국에서의 항해에 이르기까지, 그리고 논란의 여지가 있기는 하지만 동아시아와 남아시아의 사회적·정치적 구조에 이르기까지 모든 것에 영향을 주며 아시아의 역사에 심대한 영향을 미쳤다.

따라서 또 다른 비유를 덧붙일 수 있다. 만약 티베트가 세계의 지붕이라고 한다면 신장은 그 처마에 해당한다고 할 수 있다. 비록 해양 인근에 위치한 지역들과는 정반대의 방식이기는 하지만 이러한 지질 구조적인 그리고 산지의 변화 역시 신장의 역사를 형성했다. 즉, 신장을 둘러싼 산맥들과 동쪽의 낮은 산간 지역들은 남동풍과 중국과 인도의 기후에 영향을 미치는 몬순의 영향으로부터 타림 분지를 차단하는 장벽 효과를 만들어 냈다. 더욱이 장기간에 걸친 온난한 기후로의 변화가 중국의 나머지 지역에서는 강수량을 증가시킨 반면 신장에서는 건조함과 사막화를 진전시켜 왔다. 반대로, 기온의 하강이 중국의 동부에서는 건조함을 유발시켰으나 신장의 고지대에서는 강수량과 빙하 작용을 늘렸다. 따라서 산맥들은 신장 지역을 동아시아와 남아시아의 기후 상황에서 분리해 내는 것이다.[3]

사실상 신장은 유라시아의 몸통을 가로질러 뻗어 있는 두 개의 기후대의 중심점에 놓여 있다. 유라시아의 기후 지도는 연속적인 수평적 기후대를 나타내고 있다. 가장 북쪽에는 툰드라가, 그 아래에는 시베리아의 대부분을 이루고 있는 침엽수림, 즉 타이가 지대가 위치하고 있다. 다음의 기후대는 동쪽으로는 북부 몽골에서부터 서쪽으로는 헝가리에 이르는 초원 지대로, 이는 신장의 북부를 가로지르고 있다. 그 남쪽에는 고비 사막에서 카스피 해의 해안까지 이르는 그리고 아라비아 반도 및 북아프리카와 사하라 사막과 인접하고 있는 사막 지대가 있다. 이 기후대는 물론 신장의 남부를 관통한다.

세계사의 문명적 핵심을 형성해 왔고 인구 밀도가 높은 사회들은 대륙의 가장자리에 위치한다. 신장은 초원과 사막 지대에 걸쳐서 그리고 중국, 인도 및 지중해 유역의 인구 밀집 지역 각각으로부터 대략 동일한 거리에 놓여 있다. 나는 뒤에서 신장의 중심성의 기초가 되는 많은 지리적 사실을 언급할 것이지만 이를 내가 최초로 활용한 것은 아니다. 왜냐하면 기업가적인 마인드를 가진 중국의 지리학자들이 최근 유라시아의 '정확한' 지리적 중심이 우루무치의 관광호텔에서 가까운 거리에 있는 새로 개발된 테마 공원에 위치하고 있다고 확정했기 때문이다.

지리적 환경

166만 4900제곱킬로미터의 면적을 지닌 신장은 영국, 프랑스, 독일과 스페인을—혹은 텍사스, 캘리포니아, 몬태나, 콜로라도 주를—합한 것과 동일한 크기이다. 만약 이 지역이 국가라면 리비아보다는 작고 이란보다는 큰, 세계에서 16번째로 큰 국가가 될 것이다. 신장은 중화인민공화국 면적의 6분의 1을 이루고 있으나 2000년에는 중국 인구의 1.5퍼센트만이 이 지역에 거주했다.[4] 비록 공식적인 중화인민공화국의 자료들은 신장이 기원전 60년부터 중국의 일부였다고 주장하고 있으나 이 지역의 주민들은 겨우 지난 세기에 중국어를 말하게 되었고 중국의 기준에서 보자면 이 지역에는 여전히 사람들이 희소하게 거주하고 있다.

신장은 18세기에 이르러서야 현재의 경계선을 가진 통합된 정치 단위가 되었다. 그때까지 이 지역의 통제력은 대개 여러 오아시스의 토착 지배자들 내지는 교전 중인 제국들 사이에서 분할되었는데, 신장의 일부는 많은 경우 현재 중앙아시아의 여러 공화국에 속한 지역들과 함께 통치되었으며 다른 부분은 중국 혹은 티베트의 지배를 받았다. 그럼에도 불구하고 이 지역에는 아주 장기적인 관점에서 역사를 서술하는 일을 시도해 볼 수 있게 하는 지리적, 문화적 그리고 지정학적인 일관성이 있다.

눈 덮인 산맥들과 건조한 분지가 있는 신장에는 지구상에서 두 번째로 높은 지역과 두 번째로 낮은 지역이 모두 있다. 북동쪽으로는 알타이 산맥이 몽골과 경계를 이루며 4000미터 높이까지 솟아 있다. 이 지역의 중앙부를 동서로 가로지르는 톈산 산맥은 높이가 더 높은 서쪽 끝에 7000미터에 이르는 봉우리가 있는데, 이정표인 보그다Boghda 산(5445미터)은 드물게 날씨가 맑은 날에는 우루무치에서도 볼 수 있다. 남쪽으로 쿤룬 산맥은 신장을 티베트 고원과 나누며 세계에서 두 번째로 높은 봉우리인 고드윈오스턴Godwin Austen 산(K2, 8611미터)을 포함한다. 남서쪽으로는 파미르 고원을 넘는 도로들이 7500미터의 봉우리들의 가장자리를 지나 카슈미르, 파키스탄 그리고 아프가니스탄으로 이어진다.

신장의 북반부를 이루고 있는 중가르 분지 혹은 중가리아는 알타이와 톈산 산맥에 둘러싸여 있다. 비록 이 분지의 일부가 사막이기는 하지만 대부분은 최상급의 초지이며 일부 지역에서는, 특히 남서쪽의 비옥한 일리Yili 강 유역에서는 농경이 이루어지기도 한다. 일리 강은 서쪽으로 흘러 현재의 카자흐스탄에 있는 발하슈Balkhash 호수로 들어간다. 신장 북부에 있는 다른 주요한 강인 이르티시Irtysh 강 역시 서쪽으로 흘러 자이산Zaysan 호수를 채우며 계속해서 북서쪽으로 흘러 세메이Semey(세미팔라틴스크 Semipalatinsk), 옴스크Omsk를 지나 러시아령 시베리아에 이른다. 사실상, 중가리아 분지는 그 서쪽 가장자리의 대부분에서 카자흐스탄의 세미레체 (예티수Yettisu, '7개의 강'이라는 뜻) 지역과 장애물 없이 연결되어 있다. 중가리아의 초지는 역사를 통틀어 대체로 탈라스Talas 강, 추Chu 강 그리고 세미레체의 다른 강 유역과 함께 하나의 단위를 이루어 왔는데, 유목 세력들은 가축을 건강하게 유지해 주는 이 지역의 풍부한 목초지로 인해 현재는 우즈베키스탄, 타지키스탄 및 키르기스스탄으로 나누어진 신장 남부와 투르키스탄 서부의 중심 지역을 장악할 수 있었다.

톈산을 가로지르는 여러 통로는 상인과 전사의 통행을 가능하게 하며 북부와 남부 신장을 연결한다. 오늘날 우루무치 시가 위치하고 있는 동쪽에는 큰 회랑이 남쪽으로 톈산 산맥의 주요 지류와 쿠루크 타그라고 알려진 동남부의 봉우리—이는 투루판과 하미(Hami/哈密)를 신장 남부의 나머지 지역과 나눈다―사이에 펼쳐져 있는 투루판 분지와 연결되어 있다. 투루판 분지의 저지대에 있는 염호(鹽湖)인 아이딩 콜Ayding Kol(艾丁湖)은 해수면 아래 154미터에 위치하고 있는데 사해(死海)만이 이보다 더 낮다. 비록 투루판 주위의 사막이 가혹하고 여름 기온이 섭씨 50도에 이르지만 풍부한 물은 투루판과 주위의 오아시스를 비옥한 농경 지역으로 만들었으며 북부의 유목 세력들은 이 지역의 농산물과 공물을 탐냈다. 수 세기 동안 투루판 지역의 농부들은 산에서 흘러내린 빗물로 채워진 지하 저수지에서 물을 퍼내고 증발을 최소화하며 농지에 물을 대기 위해 카레즈karez라고 불리는 지하 수로를 파서 보존했다. 긴 사막 도로가 투루판에서부터 간쑤(甘肅) 회랑까지, 그리고 그곳에서부터 중국의 중심부로 이어진다. 몇몇 중국의 왕조는 이 회랑을 따라 성채들을 세웠는데 투루판 동쪽으로 약 700킬로미터 떨어진 자위관(嘉峪關)은 명대 만리장성의 서쪽 끝을 나타낸다. 다른 왕조들, 특히 한과 당은 투루판 분지 자체를 작전 기지로 삼기도 했다.

투루판의 서쪽과 쿠루크 타그 산맥의 저지(低地)는 알티샤르라고도 알려진 타림 분지이다. 신장의 남부 지역은 북, 남, 서 방향에서 비 그늘을 드리우는 산맥들로 둘러싸인 모래 구덩이인 광활한 타클라마칸 사막(32만 7000제곱킬로미터)이 차지하고 있다. 타클라마칸의 움직이는 사구(砂丘)들은 100미터 높이에 이르기도 한다. 침식하는 사막은 마을을 뒤덮었으며 카라 부란(qara buran, 검은 바람)이라 불리는, 계절에 따라 부는 모래 폭풍이 피난처를 찾지 못한 여행자들을 덮쳤다. 그러나 타림 분지에 비가 내리는 데 장애가 되었던 산맥들은 한편으로 삶의 근원이 되는 눈과 빙하에서 흘러내린 물을 공급한다. 호탄Khotan, 야르칸드, 카슈가르, 악수Aqsu 강 및 많은 조그만 강들이 타림 강으로 흘러 들어가는데, 타림 강은 남동쪽으로 흐르다 사막으로 유입되기 전 시계 방향으로 타림 분지의 서부와 북부를 흐른다. 타림 분지 주위로는 일련의 오아시스가 펼쳐져 있는데, 이 가운데 일부는 수원(水源)으로부터 발원한 것이며 나머지는 산에서 흘러내린 빗물로 유지되고 있다. 이 오아시스들은 군사 정복자들에게 바칠 공물뿐만 아니라 북쪽에서 온 유목민들이 필요로 하는 곡물과 다른 농작물도 공급해 왔고 무역을 용이하게 했다. 즉, 타림 분지의 남쪽 그리고 북쪽 가장자리를 따라 존재했던 고대 도시들을 가로지르는 대상로(隊商路)가 실크로드의 중앙 노선을 이루는 것이다. 파미르 고원과 카라코람 산맥을 지나는 통로들은 타림 분지를 키르기스스탄, 카자흐스탄, 우즈베키스탄, 타지키스탄과 같이 현재 통틀어 구소련 중앙아시아라고 불리는 지역뿐만 아니라 아프가니스탄, 인도, 파키스탄과도 연결한다. 역사적으로 그리스·로마 그리고 아랍의 고전들은 이 '스탄stan들'의 중심부를 '강—여기에서 강이란 옥수스Oxus 강, 즉 아무다리야Amu Darya를 지칭한다—너머의 지역'이라고 언급했다. 편의상, 나는 앞으로 타슈켄트Tashkent, 사마르칸트Samarkand, 부하라Bukhara 및 페르가나Ferghana 계곡을 포함하는 아무다리야와 시르다리야Syr Darya(다리야는 '강'을 의미한다) 사이의 지역을 지칭하기 위해 이 용어의 영어식 표현인 트란스옥시아나Transoxiana를 사용할 것이다.

연간 강수량이 겨우 20~150밀리미터인 타림 분지에서는 오늘날 쿤룬 산맥, 파미르 고원 및 톈산 산맥에서 내려오는 빙하와 눈 녹은 물을 대규모 관개 시설로 이용할 수 있는 산록 지역에서만 농경이 이루어지고 있다. 물의 수위가 현재에는 안정적이지만 과거에는 불안정했기 때문에 남부 타림 분지 거주에 큰 영향을 주었다. 니야(尼雅), 단단윌리크Dandan-oilik, 엔데레Endere의 유적과 타클라마칸 사막의 깊숙한 곳에 있는 다른 유적들은 현재의 발원지보다 훨씬 북쪽에 위치한 쿤룬 산맥으로부터 흘러나온 강들에 더 많은 양의 물이 흘렀던 시기가 있었음을 보여 준다. 3세기

마자르타그에서 본 타클라마칸 사막
사진: J. Millward, 1992

후반과 8세기 후반의 기후 변화는 이 도시들이 방치되어 사막이 되는 결과를 가져왔는데, 타클라마칸 사막 동남부의, 한때 선선(鄯善) 왕국의 수도이자 활기찬 무역의 집산지였던 버려진 도시 누란(樓蘭)은 남부 신장의 수계(水系)의 예측할 수 없는 변화를 잘 보여 준다. 330년경 타림 강과 콩췌(孔雀) 강의 수로가 동남쪽으로 바뀌었을 때, 이 강들의 종착지였던 로프노르Lop Nor 호는 사라졌으며 누란은 무덥고 건조해졌다. 누란은 주민들에 의해 방기된 채 20세기 전환기에 재발견될 때까지 움직이는 모래 더미 속에 묻혀 있었다.[5]

18세기 이래 청과 뒤이은 중국 정부는 수리 시설을 활발히 개발함으로써 타림 분지의 농업 생산력을 확장시켜 왔으며 이는 1949년 이후 가속화되었다. 그러나 타림 분지가 고대에는 바다였고 또한 완전히 내륙 배수지이기 때문에 경작 가능한 지역의 3분의 1은 염화와 알칼리화로 인해 문제를 앓고 있다. 이를 잘 보여 주는 흰색 잔류물이 농지의 지표 위에 서리처럼 내려앉아 있다. 사막 지역에서 지하수는 피보다 더 많은 소금기를 함유하기도 하는데,[6] 인류가 더 넓은 토지와 더 많은 하천을 개발함에 따라 야생의 식물 역시 고통을 받게 되었고 이는 결국 사막과 인접한 많은 지역의 사막화 현상으로 이어지게 되었다. 1970년대부터 2000년까지 상류의 물을 사용한 것이 타림 강을 고갈시켰고 결과적으로 사막으로 흘러 들어가는 물이 적어지거나 아예 없어지게 되었다. 하천이 사라져 소금기가 가득한 황무지에는 염분이 있는 물을 마시는 데 어떻게든 적응했으며 로프노르 지역에서 시행된 핵 실험을 피하고 생존한 야생 낙타들만이 살아가고 있다.[7]

선사 시대의 신장

신장의 지리적 환경을 특징짓는 산맥과 분지, 스텝과 오아시스 그리고 신장의 주거 환경을 결정하는 물과 토지라는 절대적인 요소들은 이 지역의 역사에 중대한 영향을 미쳐 왔다. 교통을 방해하는 거대한 산맥들에도 불구하고 신장 지역은 중심부에 위치해 있었기 때문에 선사 시대 이래로 사방에서 몰려든 세력들이 만나는 십자로였다. 동서 교통로로서의 신장의 위치는 특별히 주목할 만한데 이 지역에 관한 연구에 익숙하지 않은 독자들은 유럽계 인종들이 선사 시대 이래 신장에 거주했다는 사실에 놀라곤 한다. 신장의 지리 환경은 또 다른 축을 따라서도 이 지역에서의 역사 발전에 영향을 미쳤다. 타림과 투루판 분지의 농경 오아시스들은 세미레체와 중가리아의 스텝 및 톈산 산맥의 구릉 지역에 근거지를 둔 목축민들을 유인했고, 이는 교역, 약탈, 정복을 포함한 남북 간의 접촉을 더욱 촉진시키는 결과를 낳았다. 더욱이, 신장의 역사에서 이 남북 축의 역할은 타림과 투루판 분지의 오아시스들이 통상적으로 외부의 세력, 특히 톈산 산맥 북부에 본거지를 둔 유목민들에 의해 직간접적으로 통치되도록 만든 데 있다.

석기 시대

한 세기 전부터 여러 가지 형태의 고고학적 발굴이 신장에서 시작되었지만 이 지역에서 초창기에 거주했던 사람들의 삶에 대한 우리의 지식은 빈약하다. 시베리아 및 내륙·중앙 아시아의 다른 지역에서는 모두 구석기 인류 문화에 대한 증거들을 찾을 수 있으나 신장에서는 단지 몇몇 장소에서만 구석기 시대의 것일지도 모르는 목재, 박편 그리고 불을 사용한 흔적이 나타날 뿐이다.[8] 신장에는 약 2만 년에서 1만 5000년 전의 마지막 빙하기의 정점까지 거슬러 올라가는 인류의 흔적이 존재하는데, 이 시기에는 타림 분지의 남부가 오늘날보다 덜 건조했으며 산맥에 쌓인 눈에서 더 많은 수량의 물이 사막에 공급되었다. 남부 호탄에서 발견된 돌도끼와 여타의 간단한 타제 석기는 산록 지역에서 풍부한 동식물을 이용했던 사냥꾼-채집자가 있었음을 보여 준다. 호탄, 하미, 무레이(Mulei/木壘),[9] 선선 인근에 있는 중석기 시대의 것으로 보이는 다른 유적지들에서는 약 1만 년 전의 화살촉, 칼날, 완벽한 한 벌의 긁개 및 잘 만들어진 다른 석기들이 발견되었다. 신석기 시대(대략 1만 년에서 4만 년 전)의 것으로 추정되는 많은 공예품이 지표면에 노출된 채 신장 북부와 남부에 점점이 흩어져 있는 유적지들에서 발견되었는데, 이 지역에는 또한 사람들이 상주한 주거 흔적과 채색 토기 및 다양한 세석기, 절구와 공이를 비롯한 대형 타제·마제 석기가 존재한다. 이와 같은 신석기 주거지에서 인류는 아마도 계속된 사냥과 채집을 보완하기 위해 식용 작물을 경작하고 곡물을 가공했을 것이다. 그러나 이 시기에 축산업이 이루어졌음을 보여 주는 징후는 아직 나타나지 않으며, 서부 중앙아시아, 몽골 혹은 간쑤·칭하이 지역의 잘 연구된 신석기 문화와의 가능한 연관성에 대해서도 확신할 수 없다.[10]

청동기와 철기 시대

고고학자들은 아직 신장에서 석기 시대에서 청동기 시대로의 자생적인 발전을 보여 주는 증거를 발견하지 못했다. 그럼에도 불구하고 기원전 2000년기와 1000년기의 신장에 관한 연구들은 흥미로운 결과물들을 내놓았다. 신장의 남부와 북부의 여러 지역에서 발굴이 시작되었으며 특히 무덤 및 많은 공예품 그리고 인류의 유적이 재발견되었다. 비록 신장의 서로 다른 지역에서 발견된 것들 상호 간의 연관성 내지는 신장 외부의 발전과의 연관성은 불확실하지만, 신장의 고고학자들은 최근 이 지역의 고고학을 중국 고고학의 시대 구분이나 다른 가설들과 분리하는 데 성공했다. 중국에서 유입된 비단, 칠기 및 별보배 조개껍질들이 일부 무덤에서 발견된 것과 마찬가지로 호탄의 옥도 고대 중국에서 공통적으로 확인된다. 그러나 신장의 고고학적 기록에 대한 분석은 이와 같은 초기의 중국과의 접촉에도 불구하고 중가리아, 타림 분지 및 투루판 분지의 청동기 시대의 주요 역사가 서부 중앙아시아와 시베리아로부터 온 이주민들과 연관되어 있다는 것을 명백히 보여 준다. 기원전 2000년기 초기에 시작된 신장의 청동 야금술은 중앙아시아의 청동 야금술보다 선행하는 것으로 보이는데, 이 시기의 것인 신장의 고대 묘지 유적에서 발견된 목재 위에 남은 자른 흔적은 석기로 만들어진 것이라고 하기에는 매우 깊고 윤곽이 뚜렷하다.[11]

중앙유라시아의 청동기 시대는 기동성을 지닌 사람들의 출현으로 특징지을 수 있는데, 이들은 청동 야금술을 삶의 모든 측면에 적용했고 기원전 3000년기부터는 바퀴 달린 운송 수단—처음에는 무거운 사륜 짐마차였으나 결국에는 가벼운 전차로 바뀌었다—을 사용했다.[12] 신장의 청동기 시대는 (파미르 고원에 위치한) 타슈쿠르간Tashkurgan, 누란, 〔투루판 현(縣)의〕 아라거우(阿拉溝) 및 알타이와 톈산 산맥에 있는 유적들을 통해 알 수 있는데, 다양한 문화와 매장 형태를 대변하는 이 유적들에서는 농기구, 곡물 및 동물 뼈뿐만 아니라 다양한 직물, 도자기, 보석류, 장신구 및 작은 입상들이 출토되었다. 흥미롭게도 이 유적들에서 〔중국의 것처럼 큰 동기(銅器)가 아니라〕 다량의 작은 동기들이 발견되었지만, 이 시기의 농기구들은 여전히 돌로 제작되었다. 많은 유적에서 발견된 양·소·말의 뼈, 가죽, 모직물 및 펠트는 목축업이 아직 독자적인 경제 수단은 아니었으나 기원전 2000년기의 초반에 이르러서는 인류의 살림살이에서 중요한 부분이 되었다는 사실을 명확히 보여 준다. 신장의 주민들은 청동기 시대 동안 우랄 산맥에서 남부 시베리아까지 중앙유라시아에 널리 퍼져 있던 안드로노보Andronovo 문화*와 접촉하고 있었는데 이와 같은 접촉은 기원전 13세기 무렵 전차가 중국에 도입되는 통로가 되었을 것이다.[13]

신장에서 철제 물품은 기원전 1200년 무렵부터 출현하기 시작했는데, 이는 중국의 현재 국경 내의 다른 어떤 지역보다 빠른 것이었으며 서쪽의 철기 시대의 시작과 그 맥을 같이 하는 것이었다. 신장에 광산은 물론 제련을 한 흔적이 남아 있기는 하지만 야금술의 유입은 유라시아 초원 전역에 걸쳐 유목민들이 이주한 것과 관련이 있을 것이다. 중앙유라시아 전역에 퍼져 있던 철기 시대는 유목의 출현과 연관되어 있는데 이는 정주 혹은 반(半)정주 목축과는 대비되는 것으로서, 유목 집단은 농경 지역으로

---

* 유라시아 초원 지역의 중기 청동기 시대 문화로서, 그 대체적인 연대는 기원전 2000년기 중엽에서 1000년기 초에 해당한다.

침입할 수 있었던 더욱 군대화되고 사회적으로 계층화된 스텝 지역의 공동체였다. 이러한 '스키타이'식 문화는 금속 세공품이나 다른 매개체에서 보이는 역동적인 표현이 그 특징이다. 신장에서 발견된 몇몇 장신구는 타슈쿠르간의 샹바오바오(香寶寶) 묘지에서 발견된 청동 벨트 장식이나 역동적인 자세를 취하고 있는 호랑이와 사자를 본떠 만든, 아라거우에서 출토된 은제와 금제 장식들과 같이 이 시기 유라시아 스텝 전역에서 발견되는 '동물 문양'을 잘 보여 준다. 중가리아와 투루판-하미 지역의 유적들은 독자적인 유목의 징후를 보여 주는데, 이는 중앙유라시아의 전반적인 추세였던 농경에 부수적인 목축과는 대비되는 것이다. 그러나 유목과 정주 농업 사회 사이의 경계는 그다지 명확하지 않으며, 신장에서 출토된 선사시대의 유물들은 목축업자와 농부 간의 복잡한 상호 작용, 농경과 목축이 혼재된 토지 사용이라는 특징을 지닌 유목과 정주 농업 간의 모호한 관계를 잘 보여 준다.[14)

잘 보존된 유해로 인해 '누란의 미녀'라는 찬사를 얻었던 기원전 1800년경(좀 더 조심스러운 견해는 기원전 1000년기로 추정한다) 누란 인근의 케우리굴Qäwrighul(古墓溝)에 매장되었던 여인의 사례를 생각해 보자.[15) 이 여인은 모직물로 된 숄에 감싸져 있었으며 그녀와 다른 미라들이 묻혀 있던 묘지에서는 어떠한 농기구도 발견되지 않았는데, 이는 이 모래 지역에 거주했던 사람들이 농부가 아니라 목축업자나 사냥꾼, 낚시꾼이었다는 사실을 암시한다. 그러나 그녀는 키와 밀알과 함께 매장되었는데, 이는 이 사람들에게 농경이 상징적 중요성을 지녔다는 것과 이들이 아마도 경작자들과 밀접한 상호 작용을 했으리라는 증거가 된다. 마찬가지로 기원전 1000년에서 기원전 400년 사이의 것으로 추정되는 간쑤 서부와 신장 남부에 분포되어 있는 주요 고고학 유적지에서는 석제 및 금속제 농기구들이 유목민들이 일반적으로 선호하는 양식으로 제작된 청동 물품들과

함께 발견되었다.[16)]

    신장에서의 고고학적 성과가 비교적 초기 단계에 있다는 점을 감안할 때, 이 지역의 선사 시대는 풀리지 않는 수수께끼로 가득 차 있는 상태로 공예품과 인류 유적에서 발견된 자료들은 물론 역사언어학도 더 자세히 연구되어야 한다. 이와 같이 복잡한 상황을 종합하기 위해 노력해 온 학자가 바로 빅터 메어Victor Mair로, 그는 서양의 타림 분지 미라 연구 분야의 대가인데 잘생긴 남성 미라인 '체르첸의 사내'*와 놀라울 정도로 닮았다. 메어는 고대 인도유럽어족 전문가인 맬러리J. P. Mallory와 함께 연구하면서 청동기 시대의 초기(기원전 2000년)부터 이주민의 물결이 신장 지역으로 유입되었다는 학설을 세웠다. 메어는 최초의 이주민이 아마도 토하라어—기원전 1000년기의 것으로 추정되는 자료에서는 타림 분지 북부의 2개 방언에서만 확인되지만 훨씬 이전부터 이 지역에서 사용되었을 것으로 보이는 인도유럽어계 언어—의 사용자일 것이라고 추정한다. (역사언어학자들은 토하라어가 당시 흑해 북쪽의 러시아 초원 지대에 자리 잡고 있었을 것으로 추정되는 인도유럽어족의 본류에서 갈라져 나온 최초의 인도유럽어계 언어 중 하나일 것이라고 추측한다.) 기원전 2000년기 동안 후기의 인구 이동을 통해 서쪽과 북서쪽으로부터 다른 민족들이 신장으로 들어왔는데, 그들은 아마도 다양한 이란계 언어 사용자였을 것이다. (당시 이란계 언어는 유라시아 전역에 널리 퍼져 있었으며 막 페르시아어를 형성해 가고 있었다.) 이 이주민들은 대부분이 유목민이었으며 앞서 언급했던 철기 시대에 해당하는 최후의 이주 물결에는 진정한 유목민들이 포함되었다.

    다양한 이주민들은 경작 기술과 정주민들의 의례 문화를 타림 분지에 가져왔는데, 이는 (박트리아Bactria와 마르기아나Margiana라고 알려진) 아프가니

---

* 타림 분지에서 발견된 남성 미라로서 기원전 1000년기의 것으로 추정된다.

스탄 북부에서 아랄 해에 이르는 중앙아시아 농경 지대에서 유래한 것으로 보인다. 신장의 청동기 시대가 외부에서 유입되었다는 것을 보여 주는 하나의 증거는 곡물(보리와 밀)과 가축화된 양이 서방으로부터 유입되었다는 사실이다. 더욱이, 신장의 일부 청동기 시대 유적에서 고고학자들은 마황(麻黃)을 발견했는데 이는 당시 박트리아와 인도, 이란에서 의식에 사용했던 약초였다. 또한 앞서 보았듯이 신장에서 확인된 직조 기술과 야금술 역시 서방으로부터 유입되었다는 증거도 존재한다.[17]

이러한 이론에 따르면, 신장의 청동기 시대 문화는 신석기 문화로부터 자생적으로 발전한 것이 아니라 북부의 스텝 지역과 파미르 고원 너머에서 들어온 인도유럽어족과 기술에서 파생된 것이었다. 기원전 1000년기 후반에 이르면 신장의 고고학적인 기록에서 확인된 인도유럽어 사용자 중 일부는 역사적 증거 또는 화폐로부터 알려진 특정한 민족들과 연관시킬 수 있게 되었다. 그러나 중국의 역사에 나오는 이름과 그리스 및 서방의 사료에 나오는 이름을 일치시키는 것이 어렵기 때문에 이와 같은 연상은 많은 경우 이론에 그치고 있으며 심지어 논쟁의 여지도 있다.

신장이라는 무대에 일찌감치 출현했던 인도유럽어 사용자들 중 한 무리는 사카(saka/塞)족이다. 사카족은 특정한 국가 혹은 민족 집단에 대한 명칭이라기보다는 통칭이다. 사카족은 시베리아 및 신장에서 흑해에 이르는 중앙유라시아 초원 지대 전역에 퍼져 있던 초기 유목민의 문화적 연속체의 일부였다. 헤로도토스가 『역사』 4권에서 서술하고 있는 스키타이와 마찬가지로(사카는 그리스어 스키토스Skythos에 상응하는 이란어 단어로서 많은 학자들은 둘을 묶어서 사카-스키타이라고 부른다) 사카족은 전쟁에서 전차를 이용하고 말을 제물로 바쳤으며 죽은 사람을 쿠르간이라고 불리는 무덤 혹은 봉묘에 매장했고 이란어를 사용한 기마 유목민이었다. 왕의 무덤에는 흔히 '동물 양식'으로 장식된—유명한 예가 '황금 갑옷을 입은 전사Golden Man'라고 알려진 금제 모형으로 이 제품의 모조품은 현재 알마티 시내에 있는 기념탑 위에 서 있다—금속 공예품이 대량으로 포함되었다. 중앙유라시아 전역에 걸쳐 사카 유적지들이 남아 있으며 신장에서는 기원전 650년부터 기원전 1000년기 후반까지의 것으로 추정되는 사카 공예품과 유럽 인종의 유해가 발견된 유적들이 (카슈가르의 서쪽, 파미르 고원에 있는) 타슈쿠르간, 일리, 심지어 톈산 산맥 남쪽의 톡순(Toqsun/托克遜) 근처에서도 확인되었다. 기원전 5세기부터 기원전 2세기 사이의 것으로 추정되는 톡순 유적지에서는 끝이 구부러진 긴 원뿔형의 모자—페르시아 자료에서는 사카족과 연관되어 있는 머리 장식으로, 고전 그리스·로마 작품에서는 이것을 착용한 또 다른 스텝 지역 침입자들의 이름을 따 '프리지아Phrygia 모자'라고 알려져 있다—를 쓴 채 무릎을 꿇고 있는 작은 조상이 출토되었다. 펠트로 제작된 동일한 모자가 기원전 1000년경의 것으로 보이는 타림 분지 남부 체르첸 인근의 무덤과 기원전 4세기 혹은 3세기로 추정되는 투루판 분지의 수바시Subashi에 매장된 세 여인의 머리 위에서 발견되었다. 이와 매우 흡사한 모자들이 수 세기 후 중앙아시아인이자 이란어를 사용하는 상인들이었던 소그드인들에 대한 당(唐)의 묘사에서도 나타났다.[18]

신장의 초기 거주민 중 또 다른 집단은 기원전 2세기의 중국 자료에 월지(月氏)라는 이름으로 등장했다. 이 집단의 정체성과 이동은 고대 중앙아시아의 역사에 큰 난제 중 하나, 즉 월지는 본래 누구였으며 이들에게 결국 무슨 일이 일어났는가라는 문제를 제기했다. 많은 학자들은 월지와 토하라인들이 동일한 민족이라고 본다.[19] 맬러리와 메어는 월지의 조상이 처음에는 알타이 산맥과 예니세이 강 분지에 거주했으며 간쑤와 신장으로 남하하기 전 그곳에서 아파나시에보Afanas'evo 돌널무덤 문화라고 알려진 문화를 형성했다고 주장했다. 반면 나라인A. K. Narain은 월지가 역사상의 기술에 등장하기 오래전부터 간쑤의 둔황(敦煌)과 치롄(祁連) 산맥[20] 인근 지역에 거주한 토착민이었다고 생각했다. 어쨌든, 타림 분지의 최초의 미라—남부 신장의 청동기와 철기 시대의 거주민—는 월지의 선조 내지는 원형이었을 것이다.

우리는 한대 중국의 기록으로부터 기원전 2세기 몽골의 강대한 유목 세력이었던 흉노가 월지를 공격하여 그들을 고향에서 몰아냈다는 사실을 알고 있다. 월지 중 일부가 칭하이(코코노르Kokonor 또는 암도Amdo)로 이동하고 나머지 일부가 타림 분지로 조금씩 유입되는 동안 월지 지배 씨족의 본류는 우선 일리 계곡 상류로[이들은 그곳에서 이 지역에 있던 사카족을 몰아내거나 흡수한 오손(烏孫)이라는 다른 민족을 만나게 되었다] 이주했다. 다시금 공격을 받자 월지는 오늘날 아프가니스탄과 우즈베키스탄의 경계인 아무다리야로 이주했고 그곳에서 알렉산드로스의 동방 원정의 유산인 그리스계 국가 박트리아를 장악했다. 월지는 각기 수령(야브구yabghu)의 지휘 아래 있던 5개의 하위 집단으로 나누어졌는데 이 분파 중 하나가 나머지를 지배했다. 일부의 자료들은 여전히 월지라는 명칭을 사용했지만 중국의 자료들은 이 새로운 제국을 귀상(貴霜)이라고 불렀다. 반면 그리스의 자료들은 이 민족을 '토하로이Tokharoi'[21]라고 불렀는데 현재 이 제국은 쿠샨Kushan이라고 알려져 있다.

1세기에 쿠샨은 타림 분지의 서부 오아시스들에게 군사적·정치적인 영향력을 행사했다. 신장의 초기 언어사, 인구통계학사, 정치사에서 토하라적 요소의 정확한 특징과 비중에 대해 아직 결론이 내려진 것은 아니다. 하지만 토하라 방언은 토하라어를 사용하는 사람들이 선사 시대부터 계속해서 신장 남부에 정착해 있었기 때문이든 흉노가 공격했을 당시 월지가 그곳으로 피난을 갔기 때문이든 아니면 나중에 쿠샨 제국으로부터 영향을 받았기 때문이든 그것도 아니면 세 가지 가능성이 복합적으로 작용했기 때문이든 간에 기원후 1000년기 동안 타림 분지와 투루판 분지에서 사용되었다.[22] 어찌 되었든 여기에서 가장 중요한 사실은 월지/토하라인/쿠샨이 신장의 역사에서 계속해서 나타났던 현상, 즉 유목 귀족과 그의 추종자들이 연합체를 형성하여 정주 인구에 대한 지배권을 확립하는 초기 사례를 보여 준다는 점이다.

가장 오래된 타클라마칸 생존자

마지막으로 미라에 대해 이야기해 보자. 최근 잡지와 텔레비전의 특별 프로그램뿐만 아니라 신장의 고고학이 대중화되면서 타클라마칸 유적에서 '유럽계' 미라들이 대규모로 '발견'되었다. 저명한 유전학자를 비롯한 일부의 사람들은 심지어 이 미라들이 금발에 파란 눈이라고 생각한다.[23] (미라들이 여전히 안구를 가지고 있던가?)

잡지를 판매하고 연구 기금을 조성하기 위한 수단으로 이해할 수는 있지만 과대 선전은 두 가지 이유로 오해의 소지가 있다. 첫째로, 유럽과 중국의 학자들은 한 세기 동안 유럽계 미라들에 대해 알고 있었으며 따라서 이 '발견'의 참신함은 상대적이다. 둘째로, 이 사람들은 '유럽인'이 아니다! 미라들이 유럽인이라는 통속적인 생각은 주로 두 가지 요인, 즉 이들의 외모(이들은 몽골 인종이 아니었다)와 월지 혹은 이 지역에 있던 초기의 집단들이 인도유럽어인 토하라어를 사용했음을 보여 주는 여러 증거로부터 기인한다. 그러나 이러한 요인 중 어느 것도 미라들 혹은 그들의 조상 중 어느 누군가가 일반적으로 '유럽'이라고 이해되는 지역, 즉 보스포루스 서쪽의 유라시아 어디엔가 있었다는 실질적인 증거는 되지 못한다. 본래 인도유럽어를 사용했던 사람들은 아마도 흑해 이북의 스텝 지역에 거주했을 것이며 그곳에서부터 여러 지파가 동으로는 중앙아시아, 인도 및 이란으로, 남으로는 아나톨리아로 그리고 서로는 유럽으로 이주했을 것이다. 인도유럽어족의 서로 다른 지파들의 차이점과 언어학적 변화의 정도를 토대로 산정해 볼 때, 토하라어와 사카어(이란계) 사용자들은 원시 인도유럽 인종에서 가장 먼저 떨어져 나간 집단 중 하나였다. 만약 이들이 정말로 토하라어 사용자들이었다면, 월지는 실제로 대단히 이른 시기에—유럽의 거주자들이 인도유럽어를 사용하기 훨씬 이전에—동쪽으로 이주해 왔어야 했을 것이다.[24] 고대 타림 분지의 거주민들은 인도유럽어의 사용자들로서 후기의 유럽인들과 동일한 조상을 가지고 있었을 것이며, 이는 언어적 연관성 및 엘리자베스 바버Elizabeth Wayland Barber가 인식한 타클라마칸의 직물과 중부 유럽의 암염갱(岩鹽坑)에 보존된 고대의 직물 사이의 기술적인 유사성을 설명해 준다. 그러나 고대 타림 분지의 주민들을 '유럽인'이라고 부르는 것은 영국 혈통의 미국인을 '호주인'이라고 부르는 것과 마찬가지이다. 다른 식으로 말하면, 고대 타림 분지의 거주민들을 '유럽인'이라고 기술한다면 이란인과 인도인 역시 '유럽인'이라고 불려야 한다. 하지만 일반적으로 그렇게 부르지 않는다. 인도유럽인이 유라시아 전역으로 퍼져 나갔던 역사에 대해 알고 있는 사람이라면 신장에서 갈색 머리와 높은 콧날을 가진 미라들을—혹은 살아 있는 유럽계 사람들을—발견한다고 해도 크게 놀라지 않을 것이다. 그러나 이와 같은 미라들이 현재 중국의 일부인 곳에서 발견된다는 분명한 인종상의 불일치에 여전히 깊은 인상을 받고 있다면 이들을 단지 유럽 인종 혹은 코카서스 인종라고 불러야 하며 이들을 유라시아 대륙의 서쪽 끝과 연관시킴으로써 상황을 혼동해서는 안 된다.

선정적인 유럽 중심주의를 떠나, 미라들은 신장 지역의 역사에 대해 귀중한 자료들을 제공해 준다. 예비 미토콘드리아 디엔에이DNA 자료들은 고대 타림 분지 거주민들 중 일부가 서부 유라시아에서 기원했을 수도 있다는 주장을 뒷받침해 준다. 그러나 두개골을 비교한 결과는 또 다른 난제를 제기하는데, 이는 초기 미라 중 일부는 인더스 강 유역의 주민들과 유사성을 나타내는 반면 후기의 미라들은 아무다리야 유역의 주민들과 더 많은 유연성(類緣性)을 보이기 때문이다. 더욱이, 초기와 후기의 미라들은 서로 완전히 다르다. 비록 이러한 사실이 이야기를 더욱 복잡하게 만들기는 하지만, 이는 신장이 기원전 2000년기에 이미 다양한 주민들이 거주한 유라시아의 교차로였다는 사실을 보여 준다.[25]

고전 시대

20세기 초반 청조가 무너진 이후 새로 건립된 중화민국은 신장의 지도 위에 있는 많은 투르크-몽골식 지명을 변경했고 이 지명을 2000년 전에 쓰인 중국의 역사서에서 가져온 오래된 중국식 명칭으로 대체했다.[26] 중화인민공화국은 이 지명들 중 상당수를 이전으로 되돌렸지만 이러한 고유 명사 분야에서의 제국주의적 시도는 신장에 대한 중국의 이미지가 한대(기원전 206년부터 기원후 8년까지의 전한과 26년부터 220년까지의 후한)의 영속적인 영향력 아래에 있음을 보여 준다. 전통적인 문화주의 관점에서 볼 때 한은 야만의 경계를 밀쳐 냈으며, 근대 민족주의적 시각에서 볼 때 한은 중국 또는 적어도 중국의 상당 부분에 해당하는 제국을 '통일'했다.

바로 그 역사들이 우리에게 타림 분지와 중가리아의 사회와 정치적·군사적 부침에 대한 가장 상세한 정보를 제공한다. 더욱이, 한 왕조가 타림 분지로 진출한 것은 풍부한 문헌 자료 이외에도 19세기 후반 이래 타클라마칸 사막의 유적들에서 출토된 공예품과 그 시기 유라시아 전역에서 발견된 무역품을 통해 물질적으로도 입증된다. 이는 신장의 남부와 동부에 한의 거류지와 문화적 영향력이 존재하고 있었음을 보여 줄 뿐만 아니라 유라시아 대륙의 양단으로부터 사치품과 예술적 모티프의 교환이 있었다는 것을 나타낸다. '로만Roman' 글라스,[27] 중국의 비단 그리고 인도의 불교는 신장이 실크로드의 중심지라고 인식되도록 만들었던 교류의 형태들을 집약적으로 보여 준다. 기원전 2세기부터 기원후 3세기에 이르는 이 시기는 유라시아의 양끝을 간접적으로 이어 주던 육지와 바다의 교량이 처음으로 부상했던 시기이다. 그러나 여기에서는 이 기간 동안의 신장 지역의 또 다른 특징, 즉 중국에 기반을 둔 세력과 몽골에 기반을 둔 세력 간의 전략적 관계에서 신장이 한 역할에 초점을 맞출 것이다.

한과 흉노

신장에서 유목민과 정주 농경 사회의 관계는 흉노(匈奴, 유럽에서 훈족이라고 알려진 민족과 아마도 간접적으로 연관되었을 것으로 보이는 집단)라고 알려진 부족 연합이 몽골, 중국의 서북부 그리고 중가리아를 포괄하는 제국을 형성한 이후 그 고전적인 형태를 갖추게 되었다. 앞서 언급한 인도유럽계 집단들과 달리, 대부분의 흉노는 아마도 초기 형태의 투르크어를 사용했을 것이다.[28] 중국 '역사의 아버지'인 사마천(司馬遷)이 저술한 『사기(史記)』에는 흉노를 "풀과 물을 쫓아다니는"—이후 중국 측 자료에서 북방의 유목민들을 묘사하는 전형적인 문구가 되었다—순수한 유목민이라고 묘사한 장문의 민족지가 포함되어 있다. 사마천은 '안장에서 태어났다'고 할 수 있는 민족에 대해 기술한 부분에서 아이들은 말을 타고 더 큰 사냥감을 사냥하기 전에 쥐와 새에게 활을 쏘면서 양을 타는 법을 배웠다고 한다. 그러나 고고학자들은 만주에서 중가리아에 이르는 하천의 유역을 따라 흉노의 거주지와 성채 및 농경의 흔적들을 발견했다. 전적으로 말 위에서 생활하는 순수한 유목민으로서의 이미지는 대단히 과장된 것이다.[29]

한 왕조의 사료와 알타이 산맥의 파지리크Pazyryk 유적에 있는 얼어붙은 고분에서 알 수 있듯이, 기원전 500년경부터 투루판과 타클라마칸 지역의 작은 도시 국가들은 톈산 산맥의 북쪽에 기반을 둔 유목 군주들, 즉 흉노 혹은 그들의 전임자들과 교역을 했으며 이들에게 공물을 바쳤다.[30] 신장의 동남부 지역에 대한 흉노의 지배는 기원전 2세기 전반에 정치적으로 제도화되었는데 이 시기 흉노는 월지를 패퇴시키고 간쑤 회랑으로부터 몰아냈으며(기원전 175년) 현재의 북부 신장에서 이들을 다시 공격했다. 기원전 130년에 이르러 월지는 일리 강과 추 강의 비옥한 계곡을 다시 오손에게 내주고는 서남쪽으로 이주하여 아무다리야에 이르렀다. 흉노는 타림 분지를 지배하기 위해 톈산 남부 바그라슈Baghrash 호수〔보후(博湖) 혹은 보쓰텅(博斯騰) 호〕인근에〔중국의 사료에서는 '동복도위(童僕都尉)'*라고 불리는〕도위를 설치했으며 이 관서에서는 누란과 다른 타림 분지의 도시들로부터 세금을 징수하고 인력을 징발했다.

반면, 동쪽에서는 한 왕조가 흉노로 인해 골치를 앓고 있었다. 기원전 198년부터 한 조정은 강력한 북방의 유목민들과 현실적이나 어느 정도는 불명예스러운 관계를 맺기 시작했다. 화친(和親)이라고 알려진 이 관계는 필연적으로 흉노의 지도자인 선우(單于)를 중국의 황제와 동등한 지위로 인정해야 했는데, 이들이 황제의 딸들을 아내로 맞이할 수 있도록 해야 했으며 유목민들을 저지하기 위해 그들에게 공물을 바쳐야 했다. 그러나 공물의 비용이 계속해서 상승했으며 흉노에 투항한 한의 장군들과 흉노의 장군들 모두가 어쨌든 지속적으로 한의 영토를 약탈했다.[31] 평화를 확보하지도 못한 채 60여 년간 비단과 포도주, 곡물 및 공주들을 야만인들에게 보낸 이후, 한은 새로운 황제인 무제(武帝) 아래에서 공격적인 접근

---

* 흉노가 서역을 관할하고 이 지역으로부터 세금을 거두기 위해 언기(焉耆), 위수(危須) 및 위려(尉黎) 지역에 설치한 기관.

법으로 돌아섰다. 무제는 우선 책략을 써서 흉노의 군주와 그의 핵심 세력을 제거하려고 시도했으나 매복은 참담하게 실패했고 곧 전면전이 발발했다. 이 전쟁에서 한의 전략 목표는 투루판과 타림 분지에서 흉노를 축출함으로써 '흉노의 오른팔을 잘라 내는 것'이었다.

한에 사로잡힌 흉노의 포로는 흉노의 선우가 월지를 간쑤에서 축출하면서 월지의 왕을 살해하고는 그의 두개골로 술잔을 만들었다고 이야기했다. 한 조정은 월지가 흉노에 대항하기 위해 기꺼이 한과 동맹을 맺을 것이라는 그럴듯한 결론을 내렸으며, 무제는 월지와 이 문제에 대해 논의하기 위해 사자를 파견하기로 결정했다. 궁정의 시종이었던 장건(張騫)이 그 임무에 자원하여 기원전 131년에 100여 명의 사람들과 함께 한을 출발하여 흉노의 영역을 가로질러 일리 계곡에 있는 월지를 향해 나아갔다. 그 일행은 곧 흉노에게 사로잡혔는데, 그들은 장건을 고비 사막 북쪽에 있는 선우의 궁정에 포로로 잡아 두기는 했으나 장건에게 흉노족 아내를 주었고 그는 아들도 얻었다. 10년 후 장건은 아내와 부하 일부를 데리고 탈출해 서쪽으로 향했다. 이 시기 월지가 이미 일리와 추 강 유역을 떠났기 때문에 장건은 계속해서 페르가나[대완(大宛)], 소그디아나Soghdiana[강거(康居)]와 박트리아[대하(大夏)]로 여행했고 마침내 아무다리야 북쪽 기슭에서 월지를 발견했다. 물론 그 무렵 월지는 흉노에 대한 복수의 꿈을 이미 버렸다. 장건은 타림 분지 남부를 경유하여 귀환하고 다시 1년에 걸쳐 흉노에게 구류된 이후 한 조정으로 복귀하여 한의 저명한 '서역(西域)' 전문가가 되었다. 비록 그가 월지와의 군사 동맹을 맺지는 못했지만(기원전 116년에 있었던 이후의 임무에서도 오손과 동맹을 맺지는 못했지만) 장건이 여행에서 수집한 정보는 서쪽 지역에 대한 한의 지리적, 전략적 그리고 민족지적 정보의 핵심을 이루었다.[32]

한은 흉노에 연이어 승리를 거두고 기원전 120년 무렵 간쑤 회랑으로 진출하여 멀리 로프노르 지역까지 이르렀다. 이후 60년 동안 흉노와 한은 타림 분지를 두고 줄다리기를 벌였으며 이 지역의 작은 도시 국가들은 대단히 현실적으로 동맹을 변경하면서 지정학적인 격동을 견뎌 내기 위해 최선을 다했다. 일례로, 로프노르 부근에 있는 주요 교역 도시였던 누란은 한과 흉노의 궁정 모두에 인질을 보냈다. 톈산의 동쪽 끝자락을 통과하는 통로에 있던 거사[車師, 오늘날의 투루판과 짐사르Jimsar(짐사) 사이에 위치]는 한이 도시의 주민을 대량으로 이주시킬 때까지 수많은 흉노-한 전투의 무대가 되었다.

타림과 투루판 분지의 오아시스들, 특히 거사는 농업 생산품과 인력 및 공물 세입의 근원으로서 흉노에게 필수적이었다. 반면 한은 경제적인 이익이 아니라 전략적인 우위를 위해 싸웠다. 이러한 한의 원정의 특성은 휠세베A. F. P. Hulsewé와 뢰베M. A. N. Loewe가 잘 기술했다.

> (기원전 115년경부터)······ 기원전 60년까지 전한(前漢) 정부는 자신의 이익을 보장하기 위해 또는 그 이익을 증진시키기 위해 대담하고 폭력적인 행동을 취할 준비가 되어 있었다. 우리는 다른 민족들을 복종시키고 한이 선호하는 왕들을 그들이 수용하도록 강요하기 위해 계획된 두 차례의 군사 원정[대완과 구자(龜玆)], 한의 관원들이 현지의 왕을 살해하기 위해 음모를 계획했거나 이와 연루된 5개의 사례[사차(沙車), 욱성(郁成), 오손, 계빈(罽賓), 누란], 현지 주민 모두가 저항에 대한 보복으로 살해당한 경우[룬타이/윤대(輪臺)], 허수아비 왕이 세워지고 주민들이 거주 지역에서 쫓겨나 그 후 흉노에게 넘어간 사례(거사), 국가 권력과 주민에 대한 지배권이 2명의 현지 지배자 간에 나누어진 경우(오손)에 대해 알고 있다.[33]

중국의 전통적·근대적 역사 편찬 활동은 모두 중국의 중앙아시아 진출의 군사적 성격을 간과해 왔다. 국민당 지도자였던 장제스(蔣介石)는 전통적·근대적 역사 편찬 방식이 뒤섞인 자신의 저서에서 이 사건들을 한 왕조와 "서역"과의 직접적인 접촉이라고 기술했다. 그는 "파미르 고원 이동(以東)"의 민족을 비롯한 중국의 "다양한 민족들"이 무력[패도(覇道)]이 아니라 문화적 흡입력[왕도(王道)] 때문에 "융합"되었다고 했다. 다시 말해, "…… 그들은 이제 한 국가를 구성하는 부분이 되었으며 이 과정에서 군사력이 아닌 문화가 동력이 되어 왔는데 즉 정복이 아닌 도움의 손길을 내미는 것이 동화의 방법이었다"는 것이다.[34]

기원전 60년 이후 한은 흉노의 '동복도위'를 자신들의 '도호(都護)'로 대체하면서 타림 분지를 향해 손을 뻗었다. 더욱이, 유목 연합체를 남북의 파벌로 분열시킴으로써 한은 잠시 동안 흉노로부터의 압박을 덜어 낼 수 있었다. 한은 또한 현재의 중화인민공화국에 이르기까지 중국의 정권이 특히 신장에서 병참 문제를 해결하고 변경의 방어를 강화하기 위해 큰 변화 없이 사용해 왔던 제도인 군사 농업 식민지, 즉 둔전(屯田)을 설치하기 시작했다.

둔전은 한의 군인들에 의해 운영되는 국영 농장으로, 둔전으로 인해 한은 현지의 백성들에게 식량에 대한 부담을 주지 않고도 중국 내지로부터 보급을 받기에는 멀리 떨어진 지역에까지 충성스러운 군대를 주둔시킬 수 있게 되었다. 기원전 60년 이전에도 한은 룬타이와 (현재의 쿠차Kucha와 코를라Korla 사이에 위치한) 쿨리Quli에 둔전을 두었으며 후에는 수백 명에 달하는 일군의 군사들이 로프노르 인근의 투루판-하미 지역 및 타림 분지 남부의 동쪽에서 토지를 관개하고 경작했다. 기원전 1세기 중반 중앙아시아에서 한의 세력이 정점에 달했을 때에는 오늘날의 키르기스스탄의 이시크쿨Issyk-Kul 근처에도 둔전이 있었으나 한대의 후반기(25~220년, 후한) 동안 한 왕조는 오늘날의 하미 부근에 있는 이우(伊吾)에서만 둔전

을 유지할 수 있었다.[35]

제국 중심부의 내전 시기[8~25년, 왕망(王莽)의 제위 찬탈] 동안 한은 타림 분지의 오아시스들을 대체로 방기했다. 한 왕조가 (25~220년 후한으로) 복원되었을 때, 한은 처음에는 서역과 관계를 가지지 않았으며 오아시스 도시 국가들은 패권을 두고 서로 교전을 벌였다. 북흉노는 세력의 공백기를 이용하여 톈산 이남 지역에 대한 유목민의 종주권을 다시 확립했다. 결국 70~90년대 동안 한의 군사 공격이 재개되고 몽골에서 다른 유목 세력이 등장하면서 북흉노는 중가리아로 쫓겨났으며 그사이 한의 장군인 반초(班超)는 둔전을 다시 설치하고 타림 분지의 도시 국가들을 위협하여 이들이 한에 대한 신종(臣從)의 서약을 재개하고 상징적인 공물을 동쪽에 있는 한의 수도로 보내도록 했다. 반초의 열전(列傳)은 그가 1000여 명의 수급을 베었다고 기록하고 있으나 반초는 압도적인 군사력보다는 용기와 기계(奇計)로써 타림 분지의 재정복을 이루어 낸 것으로 유명하다. 유명한 일화에 따르면, 역심을 품은 카슈가르[소륵(疏勒)]의 왕 충(忠)은 한에 대한 신종을 재개한다고 약속했으나 실제로는 쿠차(구자)와 공모하여 반초를 기습하여 살해하기로 했다. 반초는 속은 척하며 충과 그의 부하들을 연회에 초대했다. 술이 한 순배 돌자, 반초는 충을 포박하여 참수하라고 큰 소리로 명했다. 그러고 나서 한의 군대는 700명에 달하는 충의 부하들을 살해했으며 이로 인해 타림 분지를 지나는 남도(南道)가 평정되었다.[36]

그러나 102년 반초가 동으로 귀환하자 한은 107년에서 125년까지 다시 한 번 타림 분지를 북흉노에게 넘겨주면서 또다시 움츠러들었다. 반초의 아들인 반용(班勇)은 이후 일련의 새로운 군사 원정에 착수했고 한은 127년에서 150년경까지 타림 분지에 대한 어느 정도의 통제력을 다시 확립할 수 있었다.[37]

그 이후 월지가—그들의 후예 쿠샨을 통해—다시 무대에 등장했다. 1세기 후반경부터 3세기 말까지 쿠샨은 타림 분지에서 한때 한이 누렸던 것과 동등한 정치적 영향력을 행사했던 것으로 보인다. 쿠샨 제국에서 사용된 인도계 방언과 문자(카로슈티)로 작성된 행정 문서들이 누란, 호탄 그리고 니야에서 발견되었으며 카로슈티 문자와 한자 2개의 문자로 작성된 동전도 있다.[38]

'서역'에 대한 한 제국의 관리는 후일 '실크로드'라고 명명된 길을 따라 동서에서 모여든 토산품과 사치품의 교역을 촉진했다. 한이 퇴각한 이후, 쿠샨은 중국, 인도, 로마를 연결하는 무역로에 자리한 박트리아에서 가지고 있던 영향력으로써 이 교역을 지지했고 여기에서 부를 얻었다. 쿠샨은 또한 불교 경전을 중국어와 다른 언어로 번역했으며 불교를 남부 신장과 중국에 전래하는 데 큰 역할을 했다.[39]

신장에서의 한과 흉노에 대한 기록에 접근하기

한대는 신장에서 중국의 통치가 시작된 시기로 공식 인용되고 있기 때문에 이쯤에서 상황을 신중히 살펴보기 위해 잠시 숨을 돌릴 필요가 있다. 기원전 162년(이 당시 흉노가 톈산 남부에 동복도위를 설치했다)과 기원후 150년(그 이후 한과 흉노 모두 남부에서 어떠한 영향력도 행사하지 못했다) 사이, 흉노는 약 70년 동안 한은 125여 년간 투루판과 타림 분지의 오아시스에 분명한 통제력을 행사할 수 있었다. 신장에 한과 흉노가 개입한 이 310년 가운데 나머지 기간은 이 지역에 대한 한 또는 흉노의 부분적인 통제력과 쟁탈전 그리고 이 두 세력 중 한 세력의 부침이 그 특징을 이루었다. 분명히, 이광리(李廣利)가 한혈마(汗血馬)를 얻기 위해 페르가나로 진격한 것(기원전 102년)이나 반초가 오아시스들을 돌아다니며 제압한 것(73~102년)과 같이 눈에 띄는 일시적인 한의 군사적 성공이 있었다. 한은 군사 식민지를 통해 어느 정도 타림 분지에 정착하거나 적어도 수비대를 주둔시켰다. 그러나 흉노는 신장 남부에 행정 중심지를 한 세기 이상 동안(이를 대체한 한의 도호부보다 더 오래도록) 지속적으로 유지했다. 더욱이, 한은 결코 중가리아(신장의 북부)에서 거점을 확보하지 못했는데 이 지역은 흉노와 오손이 이 시기 전반 동안 장악했다. 한 왕조 내내 신장의 모든 지역이 중국의 영토였다는 막연한 인상은 후대의 역사가들이 이와 같은 혼재된 기록의 특정한 부분만을 강조함으로써 생겨난 왜곡이다. 이 경우 역사가들은 군대보다도 더욱 강력하다.

그러나 우리에게 더욱 중요한 것은 한-흉노 투쟁의 기초가 되었던 두 가지 원동력이다. 우선 몽골과 중가리아에 있는 유목 세력은 식량과 세입을 위해 타림 분지와 투루판 분지를 이용했다. 다음으로 중국에 기반을 둔 세력들은 북방 민족과의 전쟁에서 유목 적대 세력의 자원 기반을 손상시켜 북중국을 침략할 역량을 감소시키기 위해 서쪽의 신장으로 군사 원정을 했다. 다시 말해 한의 '서역'으로의 팽창은 흉노와의 오랜 대립에서 기인한 것으로, 무역로나 새로운 영토를 확보하기 위한 열망이 아니라 안보에 대한 우려로부터 유발된 것이다.[40] 이는 다시 확인하게 될 패턴이다.

제한적인 자치와 지속되는 관계: 3~6세기

흉노의 쇠퇴와 한의 붕괴 이후 이어진 300년 동안 신장의 상황은 역사적으로 충분하게 기록되어 있지는 않다. 중국의 정치·군사적 혼란으로 인해 북중국에 기반을 둔 국가들은 타림 분지에 단지 제한적이고 간헐적으로만 개입할 수 있었다. 비록 이 시기가 중국에서는 종종 암흑의 시대처럼 다루어지고 있지만, 타림 분지에서는 교역 및 외교적·종교적 왕래가 여전히 활발했으며 심지어 중국의 서북부는 계속해서 인도 및 소그디아나와 연결되어 있었다. 실제로, 3~6세기 동안 소그드인의 상업적 네트워크는 타림 분지와 간쑤 회랑으로 확대되었으며 불교는 바로 이 연락망을 통해 발달하고 크게 융성했다.[41]

중국과 타림 분지의 연결은 한의 붕괴 이후 점차 약해지기는 했으나 결코 단절되지는 않았다. 중국의 연대기는 신장의 도시 국가와 그 너머 서쪽 지역에서 온 사절의 외교 방문을 기록하고 있다. 이 기간 동안 두 차례(324년과 382년)에 걸쳐 간쑤 지역의 지배자들은 카라샤르Kharashahr〔옌치(焉耆)〕와 구자(龜玆)를 정복하기 위해 군사를 파견했으며 투루판과 타림 분지의 작은 공국들을 위압하여 신종을 맹세하고 공물을 바치도록 했다. 두 번째 침입을 맡은 장군 여광(呂光)은 2년 후 동으로 귀환할 때 약탈물을 가지고 오기 위해 낙타 2만 마리를 필요로 했다. 투루판 인근에 있는 고창(코초, 카라호자)은 정치적인 독립을 누리기는 했으나 계속해서 공문서에 중국어를 사용했다. 타림 분지의 이서(以西)와 이동(以南)의 일부 지역에서는 고고학적 기록들이 박트리아(오늘날의 아프가니스탄 북부와 우즈베키스탄 남부)에 기반을 둔 쿠샨 제국의 영향력이 증대되고 있음을 나타내지만 니야에는 중국인이 계속해서 주재하고 있었거나 적어도 중국식 농경 거류지가 남아 있었다. 위(魏, 220~265)와 특히 서진(西晉, 265~316) 시대의 것으로 추정되는 로프노르 지역에서 발견된 중국의 공문서는 누란(크로라이나Kroraina)을 도읍으로 하는 선선 왕국의 법정을 통해 중국의 전초 기지가 존재했음을 증명한다. 중국의 상인들은 타림 분지의 남동부와 로프노르에 위치한 선선 왕국의 5개 주요 지역에서 비단과 보석을 취급했다.

그러나 399년 선선을 지나던 구법승 법현(法顯)은 그곳에 중국인이 없다고 기록했다. 더욱이, 그는 둔황에서 오는 길에 지났던 풍경을 다음과 같은 익숙한 표현으로 묘사했다.

> 사하(沙河) 중에는 많은 악귀와 열풍이 있다. 이들을 만나는 자는 모두 죽었
> 으며 온전한 자는 아무도 없었다. 위로는 날아가는 새도 아래로는 기어가는
> 짐승들도 없다. 온 사방을 둘러보며 건널 곳을 찾고자 했으나 헤아리는 바를
> 알지 못했다. 오로지 죽은 자의 백골만이 표식이 될 뿐이다.[42]

그러나 교역로가 언제나 그토록 위험하기만 했더라면 누란은 결코 둔황
과 호탄 사이에서 번영하는 물자의 집산지나 실크로드의 중심지가 되지
못했을 것이다. 사실상, 1세기 이후로 상황은 더욱 악화되었다. 50년경부
터 기후가 계속해서 온난하고 건조해졌으며 결과적으로 산맥에는 강수량
이 적어졌고 눈 녹은 물 역시 줄어들게 되었다. 카라동(Karadong/喀拉墩)과
고대의 니야를 비롯한 타림 분지 남단의 일부 도시들은 3세기 말엽 방기
되었는데 이는 아마도 쿤룬 산맥에서 발원하여 북쪽으로 흐르는 강들—
이 도시들은 이 강들에 의존했다—이 이전보다 사막 내부로 깊숙이까지
유입되지 못했기 때문일 것이다.[43] 앞서 언급했듯이, 타림 강과 콩췌 강
수계는 4세기 초반 경로를 바꾸었으며 이 강들이 흘러 들어와 누란을 지
탱하던 고대의 로프노르는 이들과 함께 '이동'했다. 4세기 혹은 5세기 전
반 동안 누란의 거주민들은 그 지역을 완전히 방기했다. 선선 지역의 다
른 도시들이 여전히 존속하고 있었고 새로운 도시들이 세워지기는 했으
나 이 시기부터 주된 동서 교역로는 타림 분지의 북단을 따라 쿠차와 악
수로 이동하기 시작했다.[44] 한대 이후 타림 분지의 동남부에서 중국의 영
향력은 분명히 기후·수리(水利)적 변화와 이로 인한 교역로의 지리적 재
조정을 이겨 내지 못했다.

이러한 변화가 일어나기 이전에도, 그리고 누란에 중국 수비대가 있었

고 북부 타림 루트에 때때로 중국이 개입했음에도 불구하고, 3세기와 4세기 동안 타림과 선선 지역의 큰 공국(公國)들은 통상적으로 현지의 지배자들에 의해 독립적으로 통치되었다. 누란과 민펑(民豊) 북부의 사막에 있는 유적인 카도타Cadh'ota에서 발견된 카로슈티 문자로 된 프라크리트Prakrit어 문서는 사치품 교역에 관한 것을 제외하고는 쿠샨 혹은 중국 어느 쪽과도 별다른 관련 없이 자신들의 사업을 했던 봉건적인 농경 왕국의 모습을 보여 준다. 엘리트인 관리는 감독을 했으며 반면 농노와 노예는 양과 염소를 기르고 주로 곡물(밀, 기장, 보리)과 (포도주를 만들기 위한) 포도를 재배하며 토지를 경작했다. 여자는 재산을 소유할 수는 있었으나, 노예나 양자와 마찬가지로, 남자보다는 더 자주 매매의 대상이 되었다. 주(州)와 군(郡)의 관리들은 복잡한 법 조항을 적용하여 분쟁을 판결하고 세금을 징수했다. 가장 부담스러운 과세 가운데 하나인 요역(徭役)은 주로 낙타 떼를 돌보는 것으로 이루어졌다. 소승 불교와 대승 불교 모두 왕국에서 번성했으나 승려는 사원에 거주하지 않고 지역 사회에 흩어져 있었으며 개인 재산을 소유하고 결혼을 할 수 있었으며 아이도 가질 수 있었다.[45)]

집 앞마다 서 있는 불탑, 14개의 큰 사원, 수를 헤아릴 수 없을 정도로 많은 작은 사원은 호탄 왕국 이서 지역의 대승 불교에 대한 열성적인 헌신을 잘 보여 준다. 법현은 진귀한 금속과 보석, 비단 깃발과 천개(天蓋)로 장식된 가마에 안치되어 보살들과 천사(天使)들의 수행을 받는 불상의 장엄한 행렬을 묘사했다.

상(像)이 문에서 백 보 떨어져 있을 때 왕은 보관(寶冠)을 벗고 새 옷을 입는다. 맨발로 걷고 꽃과 향을 들며 양 옆에 시종들을 이끌고 성을 나서 상을 맞이한다. 머리는 땅에 조아리며 꽃을 흩뿌리고 향을 피운다. 상이 성으로 들어올 때는 문루(門樓) 위의 부인과 채녀(采女)들이 갖가지 꽃들을 멀리 뿌려 분

분이 떨어지게 했다. 이처럼 장엄하게 공물이 바쳐졌다.[46)]

쿠차는 3세기와 4세기에 또 다른 거대한 불교 도시였다. 우리는 쿠차인들에 대해 다음과 같은 사실을 알고 있다.

> 성곽을 가지고 있었으며 성은 3중으로 되어 있다. 그 안에는 천 개의 불교 사원과 불탑이 있었다. 사람들은 경작과 목축에 종사했다. 남녀 모두 머리카락을 잘라 목에 드리우고 있었다. 왕궁은 장엄하고 아름다웠으며 신의 거처와 같이 빛났다.[47)]

쿠차는 중앙아시아에서 가장 중요한 불교의 중심지 중 하나였으며 인도인 아버지와 쿠차인 어머니 사이에서 태어난 저명한 승려 쿠마라지바 Kumarajiva〔구마라습(鳩摩羅什)〕의 출생지였다. 어머니가 비구니가 되겠다고 결심하자 19살의 쿠마라지바는 카슈미르까지 그녀와 동행했고 그곳에서 소승 불교의 몇몇 종파를 공부했다. 몇 달 후 모자는 카슈미르를 떠나 쿠마라지바가 대승 불교를 접하고 받아들이게 된 야르칸드를 비롯한 중앙아시아의 다른 불교 사찰의 중심지들을 거쳐 쿠차로 돌아왔다. 그들이 고향으로 돌아올 시기에 이르러 쿠마라지바는 불교 학자이자 여러 개의 언어에 능통한 사람으로서 국제적인 명성을 누리게 되었다. 그는 북중국에서도 유명했는데, 장군 여광은 쿠차를 정복한 이후 384년 그를 동쪽으로 데리고 왔다. 쿠마라지바는 그 후 제자들을 교육하고 불교 경전을 중국어로 번역하는 일에 착수했다. 중국어, 산스크리트어 및 다양한 불교 종파에 대한 지식을 지닌 그는 불법을 한문으로 번역하는 유능한 번역가가 되었으며, 그의 저작들은 중국의 불교에 깊은 영향을 남겼다. 현대의 한 인도인 학자의 자부심에 찬 표현을 빌리자면 "쿠마라지바는 중앙아시아와 인도 사이의 문화적 협력의 정신과 인도의 문화를 중국에 전파하기 위해 이 국가들의 불교 학자들이 했던 공동의 노력을 상징한다."[48]

쿠차 인근에는 키질Qizil의 석굴을 비롯하여 많은 불교 사원과 성소가 있었다. 키질 석굴은 동굴을 파내고 그림을 그려 성소로 이용하는 인도의 전통이 중앙아시아로 확대되었음을 나타내는데, 이러한 사원 형태의 다른 예로는 (아프가니스탄의) 바미안Bamiyan, (투루판 인근의) 베제클리크Bezeklik, (간쑤의) 둔황, (란저우의) 병령사(炳靈寺), (허난 성의) 룽먼(龍門)에 있는 석굴들이 있다. 적어도 3세기부터 7세기에 당이 정복할 무렵까지 현지의 귀족들과 부유한 상인들은 소그디아나, 간다라, 인도 및 이란으로부터 다양한 영향을 받아들이며 키질과 쿠차의 다른 장소에 있는 동굴들을 입체적인 불화, 부처의 생애 및 다른 불경의 장면들을 나타낸 프레스코화로 장식하는 것을 후원했다. 그러나 키질 프레스코화에서 두드러지는 녹색과 푸른색의 미적 취향은 쿠차의 고유한 것이다.[49]

3세기에서 7세기 동안, 실제로는 적어도 8세기 전반까지 실크로드의 상업은 대부분 소그드인 상인들의 손안에 있었다. 소그디아나(트란스옥시아나)에서 시작하여 신장과 간쑤 회랑을 지나는, 그리고 당 시기에는 북중국을 가로지르는 지대에 위치한 대부분의 주요 도시에는 소그드인 공동체가 있었다. '실크로드'라는 용어는 사실상 거의 잘못된 명칭이라고 할 수 있는데, 비단은 여러 교환 물품 중 하나였을 뿐이며 이러한 물품 중에서 중국으로 유입되는 서방의 수입품은 중국의 수출품만큼이나 중요했다. 그리고 단일한 무역로가 있었다기보다는 다양한 무역로가 존재했다. '소그드인 네트워크'가 덜 낭만적일지는 모르지만 더 좋은 용어일 것이다. 왜냐하면 이란어를 사용하는 이 상인들이 신장과 중국의 서부와 북부뿐만 아니라 세미레체, 박트리아, 인더스 강 상류 유역에 걸쳐 흩어져 있던 자신들의 공동체에서 동서 무역을 장악했기 때문이다. 결국 그들은 비잔

티움과의 교역 경로도 열었으며 소그드어는 단지 상업적인 환경에서만이 아니라 실크로드의 공용어가 되었다. 고창과 같이 더 큰 공동체에는 7세기 초반까지 상인뿐만 아니라 소그드인 농부와 예술가의 공동체도 있었다. 고창에서 나온 620년대의 세금 문서에 열거된 45개의 상업 거래 중 29개가 소그드인과 관련되어 있다.[50] 기후 변화로 인해 누란이 방기된 이후 선선 지역에 새로운 도시들을 설립한 사람들은 소그드식 이름을 가진 엘리트들이었다. 소그드인들은 상업에 종사하는 것 이외에도 외교 사절로 활동했으며 그들의 대상(隊商)들은 종종 순례자와 승려에게 루트를 제공했다. 대다수의 소그드인은 조로아스터교도였지만 일부는 불교를 받아들였으며 불교 경전과 주석을 중국어와 다른 언어로 옮기는 번역가 집단에 합류했다.

소그드인 네트워크는 4세기 초반에 이미 타림 분지와 간쑤 회랑 전역에 자리 잡고 있었다. 우리는 둔황에서 서쪽으로 90킬로미터 떨어진 위먼관(玉門關) 근처의 망루에서 발견된, 313년경의 것으로 추정되는 주목할 만한 편지들 덕분에 이 사실을 알고 있다. 소그드어로 쓰인 편지들은 훈족(흉노)에 의해 뤄양(洛陽)이 약탈된 것을 비롯하여 중국에서 발생하고 있는 혼란한 사건과 교역에 관련된 일을 논의하고 있다. 한 통의 편지는 간쑤에 주재하는 한 상인이 사마르칸트에 있는 자신의 '본사'에 보낸 사업상의 서신이었다. 편지에 언급된 교역품에는 금, 은, 포도주, 후추, 장뇌, 티베트산 사향, 화장품에 사용되는 납을 지칭하는 것으로 보이는 흰색 가루가 있었다. 다른 두 통의 편지는 한 여성이 자신의 어머니와 남편에게 보내는 개인적 서신이었다. 모든 편지는 규격화된 형태로 주소가 적혀 있고 포장되어 있었는데, 이는 사마르칸트, 호탄, 누란, 둔황 및 다른 지역에 있는 소그드인들이 기존의 우편 체계를 통해 의사소통을 할 수 있었다는 것을 나타낸다.[51] 소그드인들은 5세기와 8세기 사이 신장과 북중국에서 더욱 중요한 역할을 하게 되었다.

당, 돌궐[52] 그리고 티베트

고전 시대라고 명명한 시기 동안 북중국과 몽골에 있던 강력한 국가들 사이의 대립 관계는 마침내 신장으로까지 확대되었다. 7세기부터 8세기 전반에 걸쳐 마찬가지의 상황이 일어났는데, 이 시기는 이 지역에 대한 중국의 역사적 간섭에 있어서 또 하나의 중요한 시점이었다. 그러나 이번에는 주위의 다른 세력들도 타림 분지에 대한 통제권과 영향력을 위한 투쟁에 참가했다.

4세기 중반 무렵부터 새로운 유목 연합체인 유연(柔然)[53]이 거대한 흉노 제국의 잔재 속에서 흥기하여 결국에는 중가리아를 점령하고 톈산 남부의 오아시스 도시들로부터 막대한 공물을 거두어들이게 되었다. 한 세기 후 북중국에 기반을 둔 북위(北魏)로부터 공격을 받은 유연은 타림 분지의 통제권을 유목 제국인 에프탈에게 넘겨주었다. 에프탈은 대략 450년부터 560년까지 옛 쿠샨의 영토를 통치했으나 그 기원을 알 수 없다.[54] 에프탈은 소그디아나와 박트리아에 있는 본거지로부터 멀리 투루판에 이르기까지 남부 신장을 침공했으며 6세기의 처음 몇 년까지는 중국의 북부와 서북부에 위치한 위(魏)에 사신을 파견했다. 에프탈은 그들의 전임자들과 마찬가지로 타림 분지의 도시들을 정복한 이후에는 세금의 징수에 만족한 채 내정에는 거의 간섭하지 않았다. 에프탈은 560년경 몽골에서 온 신흥 초원 제국 쾩 튀르크Kök Türk[돌궐(突厥)]에 의해 무너질 때까지 남부 신장의 지배자로서 남아 있었다. 그사이 티베트와 아라비아에서 서부 투르키스탄에 이르는 서방에 기반을 둔 세력들은 신장의 남부와 북부를

둘러싼 새로운 지정학적 투쟁에 접어들었다.[55]

우선, 돌궐을 살펴보자. 현대 터키인들이 쾩 튀르크를 자신들의 선조라고 지칭하고 있기는 하지만 양자를 혼동해서는 안 된다. (두 단어가 동일한 것이기는 하지만 혼동을 피하기 위해 나는 6세기부터 9세기까지 있었던 제국에는 '돌궐Türk'이라는 명칭을, 이들의 지파에 대해서는 '투르크Turk'라는 일반 명사를 사용할 것이다. 따라서 '터키Turkey'와 '터키어Turkish'는 근대 국가와 그 언어를, '투르크의Turkic'는 터키, 위구르, 우즈베크, 카자흐, 키르기스 및 다른 민족들을 포함하는 좀 더 광범위한 민족적, 언어적인 범주를 지칭하는 데 사용할 것이다.) 돌궐은 처음에는 유연의 지배 아래 있던 부족이었다. 그들은 유연과 동일한 언어를 사용했으나 외모상으로는 아마도 차이가 있었을 것인데, 몽골 인종이었던 것으로 보인다.[56] 돌궐은 유연을 전복하고 국가를 건립했는데, 얼마 지나지 않아(583) 이 신흥 제국은 동돌궐 제국East Khaghanate(카간Khaghan은 황제를 지칭하는 알타이어계 단어로서, '칸Khan'보다는 더 엄격한 의미로 사용되기는 하지만 대체로 '칸'과 동의어라고 할 수 있다)과 서돌궐 제국West Khaghanate으로 분열되었다. 동돌궐 제국은 주로 몽골에 머물렀으나 서돌궐 제국은 중가리아, 페르가나 유역, 타림 분지 서부 및 아프가니스탄과 북인도의 일부를 지배했다. 이들은 비잔틴 제국과 외교 관계를 맺었으며 사산조 페르시아와는 전쟁을 벌였다. 앞으로 살펴볼 것처럼 돌궐 제국 연합의 분열은 이후의 중앙유라시아 역사에 수많은 투르크 부족들을 남겼는데, 이들의 언어와 정치 구조 그리고 군사력이 수 세기 동안 이 지역을 장악했다.

중국을 재통일한 수(隋, 581~618)를 필두로 하여 중국에 기반을 둔 세력들은 돌궐의 정치 및 신장에 긴밀하게 관여했는데, 수는 돌궐 내부의 파벌주의를 조장하고 하미(이우)와 타림 분지 남부의 뤄창(若羌, 선선), 치에모(且末)에 거점을 만들었다. 이와 같은 정책들은 수의 뒤를 이은 당 왕조(618~906) 아래에서도 지속되었다. 당은 북중국에 기반을 둔 다른 왕조들의 전례에 따라 외교적·군사적 수단을 통해 북쪽에 있는 유목 제국을 약화시키기 위해 노력했다. 그러나 한과 달리 당의 황실은 북방 민족들과 긴밀하게 연결되었다. 한의 멸망에 뒤이은 혼란기 동안 많은 유목 집단이 북중국에 왕조를 설립했고 그 결과 당의 창건자인 이씨(李氏) 가문을 위시한 중세의 중국 귀족들은 유목 정복자의 가문과 통혼을 하게 되었다. 이 현상을 민족주의적인 중국 역사 서술의 의도와 조화시키는 일반적인 방식은 북방 민족들이 철저하게 '한화(漢化)'되었다고 주장하는 것인데, 마찬가지로 중국의 귀족들이 '투르크화'되었다고도 말할 수 있을 것이다. 어느 쪽이든 간에 당 황실의 많은 일원들은 중앙아시아와 스텝 지역으로부터 받은 영향력을 보여 주었다. 그들은 승마를 했고 중국어보다 투르크어를 사용하는 것을 선호했으며 (심지어 여성도) 타구(打毬)를 즐겼다. 당의 엘리트들은 쿠차의 음악과 소그드의 호선무(胡旋舞), 소그드 상인들이 가져온 서방의 이국적인 물품에 빠져들었다. 당의 한 황자(皇子)는 유르트에서 거주하며 손님들에게 자신의 단검으로 잘라 낸 구운 양고기 덩어리를 대접했다. 당의 음악은 비파와 공후(箜篌), 중앙아시아와 인도의 타악기로 연주되었으며 시는 서역의 무희에 대한 열광을 노래했다. 이러저러한 이유들로 인해 당대는 중화 제국에서 가장 개방적이고 국제적인 시기 중 하나였다.

이와 같은 당의 '투르크화'는 북방에 있는 돌궐 제국을 상대하는 데 당이 성공했던 이유를 어느 정도는 해명해 준다. 630년까지 당은 동돌궐 제국의 카간을 포로로 잡고 있었으며 결과적으로 50년 동안 동돌궐 제국을 장악할 수 있었다. 당은 또한 승인과 결혼 정책을 교묘하게 차용하여 서돌궐 제국이 균형을 잃도록 만들었다. 서돌궐 제국을 약화시키고 실크로드의 교역로에 대한 통제권을 유지하기 위해 당은 동맹인 동돌궐 제국을 동원하여 투루판과 타림 분지에 있는 오아시스 도시 국가들을 정복하면서 서쪽으로 진출했다. 호탄[우전(于寘)]과 카슈가르(소륵), 야르칸드[사차(莎車)]는 630년대 동안 당의 종주권을 인정했으며, (투루판 분지에 있는) 고창 왕국과 쿠차는 640년대에 당에 봉사하고 있었던 돌궐의 왕자 아사나 사이(阿史那社爾)[57] 휘하의 대규모 군대에 의해 잔혹하게 진압당했다. 당은 타림 분지 도시 국가들의 토착 지배자들을 감독하기 위해 처음에는 투루판에, 후에는 쿠차에 행정 기관[안서도호부(安西都護府)]을 설치하면서 타림 분지를 간접적으로 통치했다. (쿠차에 설치된) 안서도호부 및 카라샤르, 카슈가르 그리고 호탄에 있던 다른 세 개의 기지들은 당의 '안서사진(安西四鎭)'을 형성했다.

뒤이어 당은 더욱 적극적으로 진출했다. 서돌궐 제국의 카간 하로(賀魯)는 잠시 동안 서돌궐을 재통합하고 멀리 떨어진 페르시아뿐만 아니라 타림 분지를 되찾는 데 성공했다. 그러나 당의 세력이 657년 (오늘날의 키르기스스탄에 위치한) 이시크쿨에서 서돌궐 제국을 물리치자 당의 황제는 광활한 서돌궐 제국을 통치하기 위해 2명의 경쟁자 칸을 세웠으며, 서돌궐 제국 전역에 당의 도호부와 수비대를 두었다. 따라서 당의 종주권은 미약하기는 하나 북쪽의 탈라스와 타슈켄트로부터 사마르칸트, 부하라, 카불, 헤라트로, 멀리 남서쪽으로 오늘날 이란의 자랑Zarang에 이르기까지 확대되었다. 그 결과 당은 팽창하던 아랍 제국과 국경을 맞대게 되었다. 지도 제작자들은 당의 역사 지도를 그릴 때 당의 최대 판도인 이 시기를 선택하는 경향이 있으나[58] 5년 후인 662년에 이르러서는 명목상으로 당의 도호부와 주(州) 아래에 있던 중앙아시아의 서북 지역은 반란 상태에 있었고 불과 몇 년 후에는 서돌궐 제국이 허수아비 칸을 몰아내고 자신들의 옛 영토 전역에서 독립을 되찾을 수 있었다. 당이 이후 이따금씩 서돌궐 부족들에 대한 영향력을 회복했고 북정(北庭, 비슈발리크. 오늘날의 우루무치 인근에 있는 짐사르의 북쪽)[59]에 있는 중가리아에서의 거점을 유지했지만 파미르 고원 너머에 대한 당의 직접적인 영향력은 일시적인 것이었다.[60]

남부 신장에서의 당의 지위는 다른 방면, 즉 당시의 중앙아시아 정세에서 팽창 세력이었던 티베트인들로부터도 위협을 받았다. 660년대 초기까지 티베트인들은 인도 북부와 박트리아, 트란스옥시아나 및 카라코람 산맥과 파미르 고원이 만나는 길기트Gilgit와 와한Wakhan 인근의 지역을 통치했다. 티베트는 돌궐 집단과 동맹을 맺어 카슈가르와 호탄을 정복했다. 이와 비슷한 시기에 티베트는 (몽골어를 사용하는) 토욕혼(吐谷渾)을 공격했으며 이들을 칭하이 지역 밖으로 몰아내 당의 보호 아래로 들어가게 했다. 이와 같이 전략적으로 우월한 지위로 인해 티베트인들은 서돌궐의 많은 지파를 복속시켰으며 670년에는 부탄 군대의 도움으로 타림 분지를 침공했다. 당은 안서사진을 포기했고 안서도호부도 투루판 분지로 퇴각시켰다. 중국의 연대기 편자들은 당의 공식 역사서 『구당서(舊唐書)』에 "(당의 황제) 고종(高宗)이 즉위했을 때 광활한 영토로 인해 백성들을 번거롭게 하기를 원하지 않았기 때문에 다시 관사(官吏)들에게 명을 내려 쿠차 등의 사진을 포기하고 안서(도호부)를 이전처럼 서주(西州)로 옮기도록 했다"[61]라고 기록하며 이 패배를 가능한 한 훌륭하게 윤색하고자 했다. 그러나 실상은 당이 실크로드의 통제권을 상실하고 중앙아시아에서 완전히 철수한 것이었다.

당은 693년에 이르러서야 티베트를 패퇴시키고 타림 분지에 재입성할 수 있었는데 당시 티베트 황제와 장군들 사이의 불화가 기회를 제공했다. 당은 (728년이 되어서야 카슈가르를 회복할 수 있었지만) 안서사진을 다시 설립하고 안서도호부도 서쪽에 있는 쿠차로 다시 옮겼다.[62] 그럼에도 불구하고, 돌궐과 티베트의 위협은 여전히 잔존하고 있었으며 타림 분지 남부

신장 남동부 미란에 있는 티베트 요새 유적
사진: J. Millward, 1992

에서의 계속되는 불안으로 인해 당은 파미르 너머 지역에 제대로 간섭할 수 없었기 때문에 8세기 초반 아랍은 박트리아와 페르가나 그리고 소그디아나로 진격했다. 714~715년 이시크쿨 인근에서 당의 지위가 회복되었음에도 불구하고 서돌궐 제국은 튀르게슈Türgesh 부족 아래에서 다시 흥기했으며[63] 1년 후에는 티베트 및 아랍 세력과 동맹을 맺어 타림 분지 북부의 도시들인 악수와 우시 투루판Ush Turfan을 포위했다. 인도 북부, 파미르, 페르가나 및 소그디아나의 소국들에 대한 일련의 외교적 행동과 작위 수여에도 불구하고, 당은 710~720년대에 파미르 너머 중앙아시아의 패권을 둘러싼 티베트-아랍-돌궐의 투쟁에서 직접적인 역할을 수행하지 못했다. 오히려 당의 전초 기지들은 티베트와 튀르게슈의 침입으로 인해 계속해서 피해를 입었으며 파미르에서 인도로 이어지는 교역로에 대한 당의 접근은 720년대에는 티베트의 압력으로 인해, 그리고 736년에는 파

미르 지역을 티베트가 완전히 정복함으로써 위협을 받았다.[64]

　신장과 중앙아시아에서 당은 한 가닥 남은 최후의 영광을 즐겼는데 730년대 쿠차와 북정에 군대의 배치를 늘리면서 타림 분지와 중가리아에서 자신의 입지를 공고히 했다. 당은 744년 튀르게슈 연합을 괴멸시켰고 다시 한 번 일리 유역과 이시크쿨 지역으로 세력을 확장했으며 그 결과 당시 당의 수비대를 지탱하는 통행세 수입의 원천이 되었던 톈산 남부와 북부의 교역로를 대부분 확보할 수 있었다. 북방을 장악한 채 고선지(高仙芝)는 파미르로 진격했고 유명한 군사 원정 동안 티베트인들을 파미르 고원의 국가들로부터 몰아냈다. 〔그는 '안서부도호(安西副都護) 겸 사진도지병마사(四鎭都知兵馬使)'로서 당에 봉사하던 고구려인이었다.〕[65] 몇 년 후 페르가나와 타슈켄트 사이에 전쟁이 일어나자 타슈켄트는 튀르게슈 부족의 잔존 세력과 동맹을 맺었고 페르가나는 당에게 원조를 요청했는데, 고선지의 군대를 배후에 둔 페르가나가 우세했다. 고선지는 타슈켄트를 함락시켜 토착 지배자의 항복을 받았으나 이후 그를 처형하고 당의 군대가 도시를 약탈하도록 허가했다. 이 불행한 타슈켄트 왕의 아들은 사마르칸트에 있는 아랍인들에게 도망쳤으며 아랍인들은 군대를 전선에 배치하고는 그를 대신하여 당의 영토를 향해 진격했다. 고선지는 사진에 대한 아랍의 공격을 막기 위해 또 다른 투르크계 부족인 카를루크Karluk[66] 군대가 증원된 자신의 군대를 동원했다. 투르크족 지원군을 가진 아랍과 당의 군대는 탈라스(오늘날 키르기스스탄의 타라즈와 카자흐스탄의 탈라스 인근) 부근에서 만났다. 카를루크 군대가 배반하고 후방에서 공격했기 때문에 전투는 고선지에게 불리하게 돌아갔다.[67]

　탈라스 전투(751)는 역사 연구에 있어 기념비적인 사건이었다. 중요한 결과 중 하나는 전투에서 사로잡혀 사마르칸트에 억류되었던 중국인 포로들이 대규모의 제지술을 소개하고 이후 종이의 사용이 (소그드 상인들

덕분에) 이슬람 세계 전역으로 퍼져나가 파피루스와 양피지 및 여타의 더 비싸고 불편한 매개물들을 대체했다는 것이다.

그러나 탈라스 전투는 주로 아랍과 중국 군대 간의 최초이자 최후의 교전으로 기억된다. 고선지가 패했음에도 불구하고 아랍인들이 신장으로 진격하지 않았기 때문에 이 전투는 그 자체로는 전략적으로 중요하지 않았다. 당을 중앙아시아로부터 몰아낸 이는 고선지가 아니라 당이 고용한 또 다른 외국인 장군인 안록산(安祿山)이었다. 755년부터 763년까지 이어진 그의 반란은 당의 영토를 갈기갈기 찢어 놓았고 위구르의 도움으로 겨우 진압되었다(아래 내용을 참조하라). 안록산은 반은 소그드인이고 반은 돌궐인이었다(소그드어로 '빛나는'이라는 의미를 가진 그의 이름 록샨Rokshan은 알렉산드로스 대왕의 소그드인 아내의 이름과 같다). 당 제국의 동북 지역에서 장군으로서의 그의 위치는 당 시기 북중국 전역의 상업과 행정에서 소그드인이 차지하고 있던 비중을 잘 보여 준다. 실제로 베시에르Étienne de la Vaissière는 당 치하의 북중국을 "투르크-소그드적 환경milieu turko-sog-dien"이라고 불렀으며 안록산의 반란은 여태까지 잘 알려지지 않았지만 소그드 상인들로부터 지원을 받은 소그드인 운동이었다고 주장했다. 안록산의 의례용 옥에는 황제를 지칭하는 중국식 호칭인 '황제(皇帝)' 이외에도 소그드식 왕호인 '자묵Jamuk'도 새겨져 있었다.[68]

본토에서 발생한 안록산의 난으로 당은 신장에 있던 전초 기지들로부터 퇴각해야 했다. 8세기 말까지 티베트는 신장의 남부를 장악했으며 신장의 동부와 간쑤를 두고는 위구르와 분쟁을 벌였다. 신장의 서부와 북부는 카를루크의 종주권 아래에 있었다. 비록 당조는 안록산의 난을 이겨내기는 했으나 다시는 서쪽으로 멀리 신장까지 세력을 확장하지 못했다. 이후 사실상 거의 1000년 동안 신장이 중국에 기반을 둔 국가들에 의해 직접적으로 통치된 적은 없었다.

신장에서의 당과 돌궐, 티베트에 접근하기

이후의 역사 서술에 중국의 자료가 미친 영향으로 인해 신장에서 당의 활동에 관한 기록을 총체적으로 재고해 볼 필요가 있다. 630년대 당이 이 지역에서 최초로 적극적인 노력을 했을 시기부터 안록산의 난까지 당은 거의 수백 년 동안, 비록 한동안 지속된 티베트의 지배로 인해 두 개의 시대로 나누어지고 돌궐과 티베트의 공격으로 인해 자주 교란되기는 했지만, 타림 분지의 도시 국가들에 대해 상대적으로 확고한 종주권을 향유했다. 이 시기에 당은 또한 대략 20년간 중가리아를 통제했는데, 이는 한 왕조가 결코 달성하지 못했던 것이었다. 확실히 얼마 동안 당은 톈산 북부에 근거지를 둔 서돌궐 부족 지도자들의 '복종'을 요구할 수 있었으며 또한 이 동맹 관계는 부족장들이 당의 이해관계를 적극적으로 침범하지 않는 한 어느 정도의 군사적·정치적 실체를 가지고 있었다고 할 수 있다. 그러나 투루판 지역의 동쪽 끝에 있었던 수비대를 제외하고는[69] 다수의 중국인들이 정착한 곳은 없었다는 사실을 덧붙여야 한다. 그와 반대로 당의 지배는 간접적이었는데, 토착 엘리트들은 원래의 지위를 유지했고 당의 수비대는 주로 투르크계 군인들로 채워졌으며 아사나사이나 고선지와 같은 비한족 사령관에 의해 지휘되었다. 중국과 신장 및 서역의 일부 지역 사이에서 교역을 하던 상인들은 대부분 소그드인이었는데 이들은 신장뿐만 아니라 북중국에서 한반도에 이르는 지역에서도 상업을 장악하고 있었다. 반면 중국의 상인들은 755년까지 당의 사료에서 "놀라울 정도로 부재했던 것"으로 유명하다.[70]

앞서 언급했듯이, 여기서 다시 외부 세력에 의한 타림 분지의 정치적 통제 패턴이 분명히 드러난다. 이 시기 티베트는 자주 신장의 남부를 장악했고 투르크계 유목민들은 중가리아를 통제했으며 중국에 기반을 둔 세력들은 투루판 지역과 간쑤 회랑을 지배했다. 한-흉노 간의 분쟁 시기와 마찬가지로 이 기간 동안 신장의 정치적·군사적 운명은 북중국의 평원과 몽골에서 거대 세력들이 거의 동시에 출현했다는 순환적 패턴과 다시 연결되었다. 엘즈워스 헌팅턴Ellsworth Huntington(1919), 오언 래티모어 Owen Lattimore(1940), 조지프 플레처Joseph Fletcher(1986), 세친 자그치드 Sechin Jagchid(1989), 토머스 바필드Thomas Barfield(1989), 니콜라 디 코스모 Nicola Di Cosmo(1999b)를 비롯한 여러 학자들은 몽골과 북중국 사이의 생태학적 경계선을 넘어 강력한 정주 국가와 유목 국가가 종종 동시에 등장하여 서로 영향을 미쳤던 사실에 대한 해석을 내놓았다. 자연 환경, 전략, 교역, 기술적 변화, 내부의 사회·정치적 동력, 외부의 압력, 역사적 기억 모두가 이 과정에서 역할을 했다. 14세기 아랍의 '사회학자'인 이븐 할둔 Ibn Khaldun은 잘 알려졌듯이 사막의 고된 환경으로 인해 생겨난 '집단 연대감(아사비야'asabiyya)'이 증가하고 감소하는 주기의 관점에서 유목민과 정주민 간의 관계를 분석했다.[71] 피터 퍼듀Peter Perdue는 최근에 이러한 모든 이론들에 대한 유용한 비교·분석을 제시했으며 중가리아와 만주에 대한 연구를 토대로 강력한 지도자들 또한 큰 역할을 했다는 사실을 일깨워 주었다.[72] 여기에서는 신장의 정치사가 중국-몽골의 국경 지대를 가로지르는 이러한 관계—몽골에 기반을 둔 국가들과 중국의 적대 관계는 중국의 세력들로 하여금 유목 세력의 농산물 공급, 상업 수입 및 공물의 원천을 끊기 위해 서쪽으로 확장하도록 만들었다—와 반복적으로 연관되었다는 사실을 언급하는 것만으로도 충분할 것이다.

신장 지역은 또한 국가 간의 권력 관계 및 경제적 교류와도 밀접한 연관성을 가지고 있었다. 비록 파미르와 카라코람의 봉우리들이 경외심을 불러일으키지만 그 아래로는 이를 따라 상인과 군대가 비교적 쉽게 이동할 수 있는 평원이 펼쳐져 있다. 쿠샨과 그 뒤를 이은 에프탈이 타림 분지로 세력을 넓혔고 아랍인들은 거의 그럴 뻔했다. 티베트와 당은 박트리아와 트란스옥시아나로 이어지는 통로들의 중요성 때문에 바로 이에 대한 통제권을 두고 전쟁을 벌였다. 중가리아와 탈라스 강 또는 이시크쿨에 기반을 둔 투르크계 세력들은 타림 분지의 서부와 페르가나를 장악하기 위해 경쟁을 벌였다. 동으로는 토욕혼, 티베트, 2장에서 살펴볼 탕구트〔서하(西夏)〕를 비롯한 칭하이에 기반을 둔 세력들이 간쑤 회랑과 둔황(이곳에서 실크로드가 남과 북으로 분기했다), 오늘날 신장 지역의 동부를 두고 중국과 다툼을 벌였다. 신장, 특히 타림 분지와 투루판 분지의 정치적·군사적 운명은 이 시기 동안 세 개의 영속적인 정치적·문화적 국경 — 중국과 몽골, 중국과 티베트, 중앙아시아의 동부와 서부를 나누는 파미르와 톈산 지대를 따라 발생한 투쟁들과 밀접하게 연결되어 있었다. 반면, 중앙아시아의 오아시스와 북중국의 도시에서 권력을 장악한 자와는 누구든 함께 일한 소그드인은 페르가나에서 만주에 이르기까지 상업 및 여타의 문화적 왕래를 유지할 수 있었다.

2장

중앙유라시아의 우위

9~16세기

오랜 기간 유지되고 영토적으로도 광범위한 제국은 지도 제작자들과 역사를 공부하는 학생들에게는 손쉬운 대상이다. 한 쌍의 연대와 하나의 이름만으로도 상당한 시간을 포괄할 수 있으며 지도 위에 펼쳐진 넓은 단색의 공간으로도 쉽게 표현될 수 있기 때문이다. 이와는 대조적으로 침입과 이주로 얼룩지고 정치적으로 불안정한 시기는 파악하기가 어렵다. 시간과 공간은 반복적으로 분할되고 또 세분되며 기억해야 하는 수많은 단명에 그친 군주들과 왕조들의 이름도 있다. 최전성기 로마 제국의 역사 지도—쉽게 알아볼 수 있는, 지중해를 에워싸고 있는 단색의 띠 모양—를 야만인들의 침입을 나타내는 뒤얽힌 화살표들이 마치 이어 붙인 퀼트를 가로지르는 뱀과 같이 꾸불꾸불한 모양을 하고 있는 고전 시기 이후의 유럽과 민족 대이동 시기의 지도와 비교해 보자.

이 장에서 다룰 세기 동안, 이 시기의 유목 세력들은 유라시아 주변 지역에 있던 농경 국가들에 대해 가장 큰 우위를 경험했다. 동으로는 위구르, 탕구트, 거란, 여진이 모두 농경 지역을 포함하는 거대 국가를 세웠으며, 서로는 카라한조, 가즈나조Ghaznavid, 셀주크조Seljuk가 그러했다. 다음으로 몽골은 유라시아 대륙 전역에 걸친 제국을 건설함으로써 이들 모두를 능가했다. 칭기즈칸의 계승자들은 이란에서 중국에 이르는 목축과 농경 지역을 지배하는 중앙유라시아 귀족 정치의 영속적인 패턴을 만들어 냈다. 투르크인이었던 티무르(Timur, 유럽에서는 태멀레인Tamerlane이라고 불렀다)는 일시적으로 몽골 제국의 서반부를 재현해 냈다.

중앙유라시아의 유목 세력들은 강성했기 때문에 제어하기가 어려웠다. 이들은 칸의 자리를 계승하기 위한 정치적·군사적 대결에서 누가 승리했느냐에 따라 (형제, 삼촌, 조카에게 이어지는) 방계 혹은 부계 계승 중 한쪽을 습관적으로 받아들였기 때문에 수많은 피비린내 나는 계승과 정치적 분열이 지속되었다. 내부의 분쟁 이외에도 부족 연합 간의 정복 원정과 전쟁은 국가와 지배 엘리트가 상대적으로 빨리 교체되게 만들었다. 오늘날의 투루판 지역에 기반을 둔 위구르인들의 국가와 같이 오랜 역사를 지닌 국가들조차 주변에 있는 유력 세력들과 수차례에 걸쳐 복잡한 정치적 관계를 맺고 청산했다.

따라서 이 장에서 다루는 사건들은 복잡하며, 군주들과 왕조들의 이름 및 지명도 당혹스러울 정도로 스쳐 지나간다. 아마도 이러한 이유로 인해 신장과 중앙유라시아의 역사에 대한 많은 기록이 이 시기를 다루지 않거나 대단히 간략하게 다루고 있다. 그러나 나는 이 시기가 이 책의 주제, 즉 신장의 지리적 환경으로 인해 타림 분지는 몽골과 중가리아 혹은 세미레체 지역에 기반을 둔 세력들이 서로 경쟁하던 전리품이 되었고 중국의 세력들은 이들을 저지하고자 했다는 점을 잘 보여 주기 때문에 다소 더 자세한 내용을 전달할 것이다. 지배 세력의 변화는 기저에 깔려 있는 인구와 문화의 변화보다 더욱 급속했으나, 그럼에도 불구하고 그 흔적을 남겼다. 타림 분지의 인구는 이 시기에, 언어적으로 그리고 이론의 여지가 있 겠지만, 유전학적으로 더욱 투르크-몽골화되었으며 또한 이슬람화되었 다. 비록 국가의 이름들이 빠른 속도로 잇달아 지나가기는 하지만—카를 루크, 카라한조, 카라 키타이(서요), 몽골, 차가타이조Chaghatayid, 모굴리 스탄Mogulistan, 야르칸드 칸국—이 시기 말에는 좀 더 친숙한 이름들, 즉 위구르, 카자흐, 키르기스, 우즈베크가 무대에 오르게 된다. 비록 이 명칭 들이 근대에 의미하게 될 실체들을 전적으로 나타내는 것은 아니지만 이 들의 출현은 몽골 제국 이후 근대적인 종교적·민족적 정체성의 씨앗이 뿌 려지기 시작했다는 것을 보여 준다. (이 책의 부록은 이번 장과 다른 장에 제 시된 명칭과 연대기를 따라오는 것을 돕기 위해 만들었다.)

중앙아시아에서 티베트, 아랍, 당 그리고 돌궐 간의 경쟁은 신장과 세 계의 역사에 복잡한 유산을 남겼다. 티베트 제국은 둔황에 있는 프레스코 화 및 마자르타그Mazartagh의 호탄 강 위에 있는 요새와 미란(米蘭)의 유적 을 위시한 타림 분지 남부의 건축 구조물에 자신들의 흔적을 남겼다. 아 랍인들이 8세기에 신장까지 진출하지는 않았지만 이슬람은 그 이후 수 세 기에 걸쳐 중앙아시아에서 신장으로 동쪽으로[1] 확대되었다. 투루판 지역 에 있던 당의 둔전과 거류지 그리고 당대 중국과의 밀접한 교류는 신장 동부의 토착 문화와 행정에 영구적인 흔적을 남겼다. 앞서 언급했던 중국 으로 수입된 물품 이외에도 당과 중앙·서부 유라시아 간의 교역 및 여타 의 교류 또한 중앙아시아와 서방에 문화적인 족적을 남겼는데, 당삼채(唐 三彩)는 이러한 사례 중 하나로 유라시아 전역의 도자기와 서쪽으로는 멀 리 동유럽의 도자기에서도 여전히 그 변형을 확인할 수 있다. 중국의 동 전은 신장에서 계속해서 광범위하게 유통되었다. 중가리아와 트란스옥시 아나에서 당의 군사 주둔지의 직접적인 영향력은 단명에 그쳤지만, 북중 국 국가들과의 연계는 이후의 투르크계 제국들에서도 권위의 원천이 되었다. 카라한조와 카라 키타이 제국의 칸들은 모두(아래의 내용을 참조하라) 스스로를 중국의 황제—이들이 '중국'을 지칭하기 위해 사용했던 용어인 타브가치Tabghach와 키타이Khitay가 실제로는 북중국에 국가를 세운 내륙 아시아계 정복자들의 명칭이기는 하지만—라고 불렀다.

이 시기 정치적·유전학적·언어적으로 가장 큰 영향력은 돌궐의 영향력이었다. 돌궐 제국과 그 붕괴는 역사상 가장 큰 민족 대이동 중 하나, 즉 투르크어를 사용하는 부족들이 신장으로 유입되어 중앙유라시아 전역으로 퍼져 나간 것으로 이어졌다. 당이 투르크 용병을 고용한 것 또한 투르크인들의 서방 이주를 촉진시켰다. 현재의 신장 지역의 오아시스를 포함한 중앙유라시아의 대부분이 인도유럽어를 사용했지만 7세기에는 언어적으로 투르크화가 진행되기 시작했는데, 이로 인해 결과적으로 타림 분지에서는 투르크어가 토하라어와 소그드어를 대체했으며 트란스옥시아나에서는 투르크어와 이란어 사용자의 근대적 분포도가 형성되었다.[2]

쾩 튀르크 이후의 스텝 제국들은, 이들의 엘리트가 투르크족이 아니라고 할지라도, 대부분 투르크 부족들로 이루어졌다. 돌궐 제국에 대한 기억은 뒤이은 국가들에게 이들을 모방하고 그 정당성의 상징 중 일부를 차용하도록 고취시키는 자체적인 동력을 가지고 있었는데, 이는 흉노의 경우보다 더욱 그러했다. 유라시아 전역에 있는 많은 민족과 국가는 이슬람의 부상과 돌궐 제국의 영토적 범위를 능가했던 몽골 제국의 흥기에도 불구하고 계속해서 자신들을 투르크라고 규정해 왔다.

신장의 위구르 왕국

신장에서 그 다음으로 중요한 정복 세력이었던 위구르는 그들의 전임자들과 마찬가지로 오르콘Orkhon 강 유역의 몽골 중심부(지도 2 참조)에서 기원했다. 위구르라는 용어로 (그리고 '9개의 부족'이라는 의미의 토쿠즈 오구즈Toqquz Oghuz를 비롯한 다른 명칭들로)[3] 알려진 부족들은 돌궐 제국의 이전 구성원이었으며 돌궐인들이 사용했던 언어와 실질적으로 동일한 언어를 썼다. 또한 이들은 처음에는 신체적으로 몽골 인종─몽고주름이 있고 얼굴에 솜털이 듬성듬성한 여타의 동방 알타이 민족과 닮았다─이었으며, 코가 오뚝하며 수염을 기른 이란계 민족─당시 타림 분지의 주요한 주민이었으며 신장의 역사 인구에서 계속해서 주요 구성원이었다─은 아니었다. 투루판 인근의 베제클리크 9호 사원의 벽에 묘사된 위구르인 후원자들은 신장의 위구르 귀족들이 동부 이란계 토착 주민들과 수 세기에 걸쳐 통혼하기 이전의 초창기에는 어떤 모습이었는지에 대해 충분한 인상을 준다. (12세기 중국의 사신은 위구르 지역의 오아시스 주민들이 "고수머리와 깊이 파인 눈, 곧고 짙은 눈썹을 가지고 있었으며 많은 사람들이 곱실거리는 수염을 가지고 있었다"고 묘사했다.)[4]

위구르 카간국의 위구르인들은 그들의 수도 오르두 발리크Ordu Baliq〔문자 그대로는 왕의 궁장(宮帳) 도시라는 뜻이다〕[5]와 같은 장엄한 도시들을 건설했고 일부가 농경에 종사하기는 했지만 주로 유목민이었다. 그들은 무슬림이라기보다는 마니교도였다. 이후 신장의 동부에 있던 위구르 국가는 도시 주민들 사이에 유행하던 불교와 기독교는 용인했으나 이슬람은 반대했다. 따라서 투루판 분지로 이주한 위구르 카간국의 귀족들은 확실히 현대 위구르인의 조상 중 하나이기는 하지만 그들의 유일한 선조는 아니다. 이들과 다른 투르크계 이주민들은 현대 위구르인들의 유전학적 구성 중 일부를 이루고 있다. 위구르 칸국 출신의 위구르인들은 또한 20세기에 이르러 자신들을 '위구르'라고 지칭하게 된 18~19세기 타림 오아시스의 정착 농경민인 무슬림 투르크인들과 문화적으로 어느 정도 거리

투루판 인근 베제클리크 고분 벽화에 묘사된 위구르인 왕공들
제9호 석굴, 8~9세기, 베를린 인도예술박물관 컬렉션, MIK III 6876a

가 있었다.

앞서 언급했듯이, 돌궐 제국의 일원이었던 위구르는 동돌궐 제국을 전
복하는 데 카를루크 및 바스밀Basmil과 연합했으며 카를루크와 위구르는
이후 바스밀의 칸을 축출했다. 744년 위구르는 카를루크를 서쪽으로 몰
아냈으며 몽골 중부에 근거지를 두고 중국의 북서부와 중가리아의 일부
로, 때로는 서쪽으로 멀리 페르가나에 이르기까지 영토를 확장한 제국의
최상부에 자신의 위구르 왕가를 세웠다. 이 위구르 카간국은 당 왕조가

안록산의 난을 이겨 낼 수 있도록 군사적 원조를 제공했으나 그에 대한 막대한 대가를 요구했다. 안록산과 싸우는 과정에서 위구르는 중국의 도시인 뤄양을 약탈했으며 심지어 사람들이 피난처로 삼은 사원들을 불태우기도 했다. 이후 수십 년 동안 이들은 당과 한 필의 말을 평균 38필의 비단과 교환하는 터무니없이 비싼 견마(絹馬) 무역을 계속했다. 한 아랍 여행자는 위구르 왕의 천막이 금으로 만들어졌으며 성 꼭대기에 세워졌다고 묘사했다. 그는 이 군주가 중국으로부터 매년 50만 필의 비단을 공물로 받는다고 말했다.[6]

소그드인들은 위구르 국가의 흥기에 깊이 관여했다. 이들의 상업 네트워크는 북중국, 몽골 및 신장과 연계되어 있었는데, 이 지역 모두에서 위구르인들은 이해관계를 갖고 있었다. 더욱이 소그드인들은 당과의 견마 무역에서 중개인으로 일했을 뿐만 아니라 위구르 카간국이 부족 세력에서 유목민과 정주민 모두를 통치하는 광활한 제국으로 변모하는 데 있어 결정적인 문화·행정적 모델을 제공했다. 이와 같은 종합적인 문화적 차용물에는 소그드 문자(기본적으로 아람어에서 파생되었다)가 포함되었는데, 이 문자는 오아시스에 대한 제국의 행정과 정주 궁정 생활에 필요한 차용어휘들과 함께 소그드 문자와는 관련이 없는 위구르어를 기록하기 위해 채택되었다. 여기에는 또한 마니교라는 조직화된 종교도 포함되어 있었다. 762년 혹은 763년 위구르의 뵈귀Bögü〔모우(牟羽)〕 카간은 뤄양에 있는 소그드인들과 접촉한 이후 마니교로 개종했으며 많은 소그드인은 행정 능력으로써 위구르인들에게 봉사했다.[7]

위구르인들이 택할 수 있었던 사항들을 감안해 볼 때 그들이 군사 동맹이자 말의 공급원으로서 당과 관계를 맺고 있었음에도 불구하고(혹은 어쩌면 그러한 관계를 맺고 있었기 때문에?) 자신들의 문화적·정치적 토대로서 중국의 모델이 아닌 소그드의 모델을 선택했다는 것은 흥미롭다. 동돌궐 제국이 당에게 어떠한 방식으로 흡수·병합되었는지에 대한 기억은 의심의 여지없이 여전히 생생했다. 실제로 돌궐의 퀼 테긴Kül Tegin[8]은 겨우 30년 전 오르콘 계곡에 있는 자신의 기념비에 돌궐 백성들에게 남부의 사람들에게 흡수되어서는 안 된다는 분명한 경고를 새겨 두었다. 중국인들의 "달콤한 말과 부드러운 물자"를 주의해야 한다고 기록했으며 이는 위구르인들이 마음에 새겼던 경고였다.[9]

또 다른 부족 연합체 키르기스가 오늘날의 투바Tuva 지역에서 남하하여 20년간의 투쟁 끝에 위구르인들을 오르콘 강 유역에서 몰아내고 840년 위구르 국가의 초원 수도를 파괴하여 그 부족들은 사방으로 흩어졌다. 몽골 제국의 페르시아 역사가인 아타 말리크 주바이니Ata-Malik Juvaini는 위구르의 디아스포라를 생생한 용어로 기술한다.

> 위구르 부족과 백성들은 말, 낙타, 개, 맹수, 소, 양의 울음소리와 새의 지저귀는 소리, 아이들의 울음소리가 들리자, 이 소리 속에서 "움직여, 움직여!"라는 외침을 들었으며 그들의 휴식처에서 이동했다. 그리고 그들이 어디에서 멈추건 간에 "움직여, 움직여"라는 외침이 귀에 들렸다. 마침내 그들은 자신들이 후에 비슈발리크를 건설하게 된 평원에 도착했고 이곳에서 그 외침이 잦아들었다.[10]

일부의 위구르인들은 남쪽으로 도망쳐 중국으로 갔으며 다른 사람들은 티베트와의 국경 지대인 간쑤-칭하이로 이동하여 1030년경 탕구트에게 흡수될 때까지 존속한 왕국을 그곳에 건설했다. 또 다른 무리는 신장의 동북부로 이주하여 동도(冬都, 이곳에서 유목 부족민들은 가축을 방목하기 위해 일 년 내내 머물렀다) 비슈발리크와 하도(夏都) 코초에 근거를 둔 국가를 세웠다. 가옥과 궁전, 사원으로 이루어진 코초의 인상적인 유적들은 오늘

코초(고창)의 유적
사진: J. Millward, 2004

날에도 여전히 볼 수 있을 것이다. 〔투루판 인근에 있는 이 고대 수도의 유적은 고창, 화주(火州), 카라호자로도 불린다.〕 코초 위구르국의 영역은 동으로는 하미까지 서로는 쿠차에 이르기까지 확대되었다.[11]

9세기부터 13세기까지 존속한 코초 위구르국은 이 지역에 있었던 이전의 다른 제국 세력보다 더 오래도록 유지되었다. 1130년대 이들은 카라키타이(서요. 아래의 내용을 참조하라)를 종주국으로 받아들였고 왕족을 이 새로운 왕조의 궁정에 볼모로 보냈다. 1209년 위구르국은 흥기하는 몽골 제국에 재빨리 신속(臣屬)했으며, 그 결과 1370년대까지 현지에서의 권위를 보장받았지만 마침내 몽골에 의해 멸망당하고 병합되었다. 위구르인들은 봉신이기는 했으나 칭기즈칸의 제국에 강력한 문화적 영향력을 행사했다. 그 무렵 내륙 유라시아 오아시스와 스텝의 전통이 혼재한 위구르인들은 소그드인들이 이전에 위구르 칸국에게 그러했듯이 몽골에 문서 체계와 이를 사용할 수 있는 관원들을 제공했다. 위구르인은 칭기즈칸의 아들들에게 위구르 문자로 읽고 쓰는 법을 가르쳤다.[12]

초기에 위구르국은 신장의 역사에서 우리가 이미 확인했던 실용주의적 형태, 즉 인도유럽계의 오아시스 농경민을 톈산 너머에서 간접적으로 지배한 투르크–몽골 유목 세력과 닮았다. 그러나 위구르인들은 투루판 분지에 있는 행정 수도(코초)를 유지하기에 충분할 정도로 남쪽으로 깊숙하게 진출했다. 더욱이 시간이 흐르면서 유목 지배자와 오아시스 피지배민의 인구와 문화가 혼합되었고 소그디아나, 인도 및 중국의 종교적·정치적·문화적 영향력도 마찬가지로 유입되었다. 코초의 위구르 지배자들은 '신성한 군주'를 의미하는 이디쿠트idiqut(이두쿠트iduqqut)를 위해 '칸'이라는 호칭을 버렸다. 위구르국은 중국에 기반을 둔 당과 오대(五代) 시기의 북중국 국가들 및 송(宋), 요(遼), 금(金)과 좋은 관계를 유지했는데, 위구르인들과 도처에 존재하던 소그드 상인들은 이들 국가들과 다양한 목축·농경 제품 및 광물을 교역했다. 위구르의 지배 아래 있던 지역인 (코초 인근의) 베제클리크와 (쿠차 지역) 키질의 프레스코화들은 위구르인들이 마니교와 불교 및 네스토리우스 기독교를 후원했다는 증거를 보여 준다. 바로 이 그림들은 다양한 종교적 심상, 의복 및 (땋은 머리, 쪽진 머리, 단발 머리, 묶지 않은 긴 머리를 비롯한) 머리 모양을 통해 복잡하고 다양했던 사회의 모습을 보여 준다.[13] 따뜻한 기후와 톈산에서 내려오는 눈 녹은 물을 이용할 수 있었던 덕분에 코초의 농업은 번성하여 다양한 과일과 채소의 생산뿐만 아니라 곡물의 이모작도 가능했다. 면화는 이 지역에서 수 세기 동안 재배되었는데 이 섬유가 아직 중국에서는 널리 보급되지 않았기 때문에 면직물은 동으로 수출되는 물품 중 하나였다. 포도는 현재와 마찬가지로 당시에도 지역의 특산물이었으며 포도주는 물물 교환되었고 코초

정부에 의해 세금으로 징수되었다.[14]

984년 코초로 여행했던 송나라 사신의 기술은 이 도시의 다양성과 풍요로움을 엿볼 수 있게 해 준다.

> 이곳에는 비와 눈이 내리지 않으며 대단히 무덥다. 매번 여름 중 가장 무더운 시기가 되면 주민들은 모두 땅에 굴을 파고 (그곳에) 거주한다.…… 그 지역은 오곡을 생산하지만 오직 메밀만 없다. 귀인(貴人)들은 말고기를 먹으며 나머지 사람들은 양고기와 야생 오리 및 기러기를 먹는다. 음악은 대개 비파, 공후(로 연주하며) 담비와 백전(白氈), 문양이 수놓인 화예포(花蕊布)가 생산된다. (그들의) 풍속은 기사(騎射)를 좋아한다.…… (그들은) 개원(開元) 칠년력(七年曆)을 사용한다.…… 은이나 놋쇠로 대롱을 만들어 물을 저장하고 흘려보내 서로 물을 분사하거나 물을 뿌리는 것을 유희로 삼는데, 이를 양기를 누르고 병을 쫓아 보내는 것이라고 말한다. 산보하는 것을 좋아하는데 (산책을) 가는 사람들은 반드시 악기를 품에 안고 간다. 불사는 50여 채가 있었는데 모두 당조가 사액한 것이다. 사원에는 대장경, 당운(唐韻), 옥편, 경음(經音) 등이 있으며 주민들은 봄에 대개 무리지어 그 사이를 돌아다닌다.…… 칙서루(敕書樓)가 있어 당 태종과 명황[明皇, 현종(玄宗)]이 직접 쓴 조칙이 보관되어 있는데 출입을 통제하는 것이 대단히 엄중하다. 또 마니교 사원이 있었는데 페르시아의 승려들이 각기 그 법을 지키고 있으니 (이것이 바로) 불경에서 일컫는 외도자(外道者)이다.…… 나라에는 가난한 자가 없으며 끼니가 없는 자들은 모두 진휼을 받는다. 사람들은 대개 장수하여 백여 살에 이르며 요절하는 사람이 없다.[15]

다소 즐거운 생활 방식처럼 보이는 것들 외에 위의 서술에서 주목할 만한 점은 자신들의 고유한 종교와 관습을 가진 유목 위구르 엘리트들의 지배 아래에서도 불교에 대한 존숭과 당대 중국 통치의 유산들이 지속되었다는 것이다.

이 시기 페르시아의 지리학은 몇 가지 세부적 사실을 혼동하고 있기는 하지만 '차이니스탄Chinistan'(중국)의 서쪽에 있는 위구르 혹은 '토구즈구즈Toghuzghuz'(토쿠즈 오구즈Toqquz Oghuz) 왕국의 전반적인 모습에 대해 동일한 내용을 전해 준다. 그 출전인 『후두드 알 알람 Hudud al-'Alam〔세계경역지(世界境域志)〕』은 토구즈구즈 왕들을 한때 투르키스탄(대략 돌궐 제국의 영역에 해당) 전역의 지배자이자 사향과 모피, 뿔이 산출되는 북방 초원의 유목민으로 살아가는 호전적인 인물로 묘사했다. 수도인 코초는 흥미롭게도 여기에서는 "중국의 마을"이라고 불렸는데 이 지역은 겨울에는 쾌적하지만 여름에는 대단히 무덥다고 기록되었다. (여름에 투루판으로 여행한 사람은 누구나 이를 입증할 수 있다.) "다섯 마을"(5개의 주요 위구르인 마을을 지칭하는 표준 용어)에는 소그드인들이 거주하며 이들 중에는 기독교도, 조로아스터교도 및 이교도 ─ 아마도 불교도를 지칭하는 듯하다 ─ 들이 있었다.[16] 다양한 소그드어 기독교 문헌이 투루판 분지에서 발굴되었다.[17]

이 위구르 왕국의 남쪽과 동쪽에서는 티베트 제국이 붕괴하고 있었으며, 10세기에 이르러 위구르는 타림 분지와 톈산 산맥의 북단을 이들 세력으로부터 확실하게 빼앗았다. 938년까지 호탄의 도시 국가는 외교 사절을 중국의 궁정으로 계속해서 보냈다. 그러나 990년대에 탕구트(서하)국이 황허(黃河)의 오르도스Ordos 만곡부에 있는 근거지에서부터 서쪽으로 확장했으며 간쑤 회랑과 칭하이에서 모습을 드러냈다. 1030년대에 탕구트는 간쑤 위구르를 흡수하는데 여기에는 아마 둔황도 포함된 듯하다. 이 강력한 불교 국가에 대한 불충분한 기록에 따르면 위구르 승려와 심지어 공주까지 탕구트 지역에 있었다고 하지만, 이 '백고대하국(白高大夏國)'은 코초와 중국에 기반을 둔 송, 요, 금 조정 사이의 왕래를 방해했다.[18]

카라한조

코초 위구르국의 서쪽에서는 오르콘 위구르국의 흥기와 붕괴로 인해 서방으로 쫓겨 온 카를루크, 야그마Yaghma 및 여타의 투르크계 부족들의 소용돌이 속에서 9세기에 새로운 연합체가 등장했다. 이 부족들은 마침내 카슈가리아, 세미레체, 트란스옥시아나에서 제국을 형성했으며 근대의 학자들에게는 카라한조라고 알려지게 되었다.

카라한조의 흥기를 이해하기 위해서는 제국의 핵심 지역 특히, 오르콘 비문[19]에 언급된 외튀켄Ötükän 숲과 이시크쿨 인근의 추 강에 위치한 서돌궐 제국의 수도인 발라사군, 투르크식 왕호(王號)의 정치-종교적 중요성에 대해 알아야 한다. 돌궐 제국을 전복시키기 전까지 위구르와 카를루크의 지배자들은 자신들을 돌궐 왕가[아사나(阿史那)]의 후손임을 나타내는 칭호인 '야브구yabghu'라고 불렀다. 반면 돌궐의 지배자들은 카간(칸)이었는데 이 용어는 동돌궐 혹은 서돌궐의 성스러운 금구(禁區)를 관할하는 사람들에게 부여된 것이었다. 오르콘에 기반을 둔 제국의 통치를 확립한 이후 위구르인들은 스스로 카간이 될 수 있었다. 그러나 키르기스가 이들을 성스러운 오르콘의 중심부로부터 몰아낸 이후 위구르의 지배자들은 더 이상 칸이라는 호칭을 사용할 수 없었으며 키르기스 역시 이 용어를 차용하지 않았다. 그러나 카를루크 및 그들과 연합한 부족들은 쾩 튀르크 제국의 적법한 계승자의 지위를 차지했는데, 그들의 지배자들은 추 강에 위치한 성스러운 금구의 서부를 점령하고 있었던 덕에 칸(카간)이라는 칭호를 채택할 수 있었다. 왕가가 두 개의 지파로 분열되자 한 계통의 칸들은 아르슬란arslan, 즉 사자 칸이 되었고, 다른 한 계통은 부그라bughra, 즉 수낙타 칸이 되었다. 이슬람의 자료에서 이들의 정치 체제는 알 하카니야(al-khaqaniyya, 칸의 가계) 혹은 알 하니야[al-khaniyya, 칸(왕)의]

라고 알려졌다.[20] 흥미롭게도, 카라한조는 또한 '중국의 칸'을 의미하는 '탐가즈Tamghaj(타브가치) 칸'이라는 칭호를 차용했다.[21]

이전 시기와 마찬가지로, 오늘날 신장으로 알려진 이 지역은 9세기부터 13세기까지 다시 한 번 여러 개의 영역, 즉 비슈발리크 서쪽으로 멀리 쿠차에 이르는 타림 분지 북부의 도시들을 지배한 동북부의 위구르국, 남부와 동남부를 장악한 탕구트, 서부를 통치한 카라한조로 쪼개어졌다.

투르크의 이슬람화

카라한조를 통해 타림 분지의 서부는 트란스옥시아나의 이슬람 세계와 긴밀하게 연결되었다. 위구르국이 현대의 위구르인들에게 민족명을 제공한 반면 카라한조는 이들이 이슬람교를 받아들이는 데 있어 주된 원인을 제공했다. 카슈가르 지역의 유사 전설은 투르크의 이슬람화를 다음과 같은 사건 때문이라고 기록하고 있다. 트란스옥시아나에 위치한 이란계-이슬람 국가인 사만조Samanid 군주의 형제 중 하나가 카슈가르에서 통치하고 있던 카라한조의 소종(小宗) 부그라계의 일원인 오굴차크Oghulchaq에게 도피했다고 한다. 부그라 칸은 이 지체 높은 사만조의 망명자를 카슈가르 바로 외곽의 중요한 대상 거점이었던 아르투시Artush의 지사로 임명했고 새로운 지사는 그곳에 모스크를 건설했다. 얼마 후 오굴차크의 조카 사투크Satuq는 아르투시에서 대상의 물품을 조사했는데, 그때 그는 무슬림 상인들이 무에진*의 외침을 듣자마자 기도하기 위해 모든 생업을 중단한다는 사실을 알아차렸다. 이 광경에 깊이 감명을 받아 사투크는 스스로

----
* 모스크의 탑에서 기도 시간을 알리는 사람.

쿠란을 공부하기 시작했다. (또 다른 판본에는 사투크가 어느 날 사냥을 하러 나갔다가 샤이흐로 변하여 그에게 "알라 이외에는 신이 없으며 무함마드는 그의 사도이다"를 반복하도록 권유한 말하는 토끼를 만났다고 한다.)

개종 이후 사투크는 숙부인 부그라 칸과 싸워 그를 패퇴시켰으며 이후 아마도 사만조의 도움을 받아 발라사군을 점령하고 대종(大宗)인 아르슬란 칸을 폐위시켰다. 사투크 부그라 칸은 자신의 백성들에게 이슬람교를 장려했다. 이슬람의 자료에 따르면, 신장에서의 이슬람화는 사투크가 죽은 지 5년 후인 960년 "20만 장(帳)의 투르크인들"이 개종하면서 비약적인 발전을 이루었다고 한다. 사투크 부그라 칸은 아르투시와 카슈가르 지역에서 지금도 존경받는 인물이다. 대학과 성묘가 결합된 그의 묘지는 야쿱 벡Ya'qub Beg에 의해 재건축되고 재원이 조달되었으며(3장 참조) 현재 다시 재건 중이다.*[22]

이러한 영웅적인 전승에도 불구하고 카라한조의 개종은 좀 더 점진적으로 일어났을 것이다. 카라한조의 궁정에 있던 무슬림 학자 칼리마티Kalimati가 이 무렵 영향력을 발휘했을 것이며 샤이흐들과 초원의 신비주의자들 및 각지에 침투해 있던 무슬림 상인들도 마찬가지로 중요했다.[23]

카라한조가 사만조를 멸망시키고(1000) 이슬람교를 받아들인 트란스옥시아나를 완전히 장악했기 때문에 투르크가 이슬람교로 개종한 것은 세계사적으로 중요한 사건이었다. 이들은 이슬람 세계를 통치한 여러 투르크계 왕조 중 첫 번째 왕조였다. 그러나 근대 위구르 민족주의적 관점에서 볼 때, 카라한조와 코초 위구르국 각각의 개별 역사는 문제를 야기한다. 현대 위구르인들이 자신들의 이름을 위구르 제국과 (이슬람 자료에는 위구리스탄Uyghuristan이라고 알려진) 코초국에서 따온 반면 이슬람을 받아

---

* 이 재건 작업은 이미 끝났다.

들인 것은 바로 오늘날의 전형적인 위구르 도시 카슈가르를 비롯하여 신장의 북부와 타림 분지의 서부에 있던 카라한조였다.

많은 위구르 학자들과 일부의 한족 학자들은 카라한조와 사투크 부그라 칸의 기원에 대해 서로 다른 견해를 보인다. 카를루크와 카라한조 및 카라한조를 이루고 있던 다른 부족들 사이의 관계는 확실하지 않지만, 840년 위구르 오르콘국이 멸망한 이후 서방으로 달아난 토쿠즈 오구즈 부족 중 하나인 야그마가 초기에 카슈가르를 점령했다고 알려져 있다. 더욱이, 야그마의 지배자들은 '부그라 칸'이라는 칭호를 사용했으며 이는 이후 카슈가르의 카라한조에 의해 차용되었다. 앞에서 언급했듯이 토쿠즈 오구즈 부족은 위구르와 긴밀하게 연관되어 있다. 따라서 러시아의 동양학자 엘리아스N. Elias가 말했듯 "일라크 칸Ilak Khans의 왕조(즉, 카라한조)는 …… 가장 신빙성 있는 출처에 따르면 위구르인이었다"라고 할 수 있으며, 또는 적어도 피터 골든Peter B. Golden이 표현했듯이 야그마는 위구르 왕가의 후신이라고 주장할 수도 있다.[24] 따라서 코초 위구르국과 카라한조 모두 그 지배 가문의 조상이 위구르 오르콘 칸국까지 거슬러 올라갈 수 있다는 점에서 '위구르'라고 할 수 있다. 다른 사람들은 야그마와 오르콘 위구르 및 카라한조 사이의 관계를 논의하며 다른 주장을 편다.

어느 경우이건 9세기와 10세기 투르크 부족의 정체성(중화인민공화국에서는 학문적으로 격렬하고 정치적으로 민감한 문제이다)[25]에 대해 얼버무리는 근본적인 이유는 오늘날 중국의 위구르 민족의 정체성과 신장 지역에 대한 이들의 역사적인 '권리 주장'을 현대의 민족주의자들이 우려하기 때문이다. 그러나 이 문제에 대한 논의는 호도된 것처럼 보인다. 코초 위구르와 카라한조 정권 모두 외부의 정복 엘리트들에 의해 수립되었는데, 이 엘리트 집단은 토하라인과 이란인을, 경우에 따라서는 인도인을 그리고 코초에서는 중국인 주민들을 지배했으며 이들과 통혼했다. 유전학적 유산 이외에도 이 제국의 궁정은 정치적, 역사적 그리고 문화적 유산을 이 지역과 자신들이 지배한 백성들에게 남겼다. 정복 부족이 어떠한 이름으로 알려졌건 간에―카라한조의 경우는 후일 역사가들이 부여한 명칭이다―이러한 유산 모두가 후일 이 지역에 거주했던 사람들에게 전해졌고 그들과 함께 역사의 일부가 되었다. 위구르의 역사에 대한 잘 정돈된 단선적인 서술을 재구성할 수는 없지만, 이것이 어떠한 서술도 불가능하다든지 특정한 지파들을 임의대로 배제할 수 있다는 것을 의미하지는 않는다.

현대 위구르인의 조상에 대한 이와 같은 포괄적인 개념과 부합되는 것이 바로 위구르의 민족적·문화적 영웅들이 모인 신전에서 카라한조의 인물들이 차지하고 있는 높은 위상이다. 이러한 인물들 중 하나가 마흐무드 카슈가리Mahmud Kashghari로, 그는 카슈가르의 할리크 마드라사Halik madrasa (대학)에서 공부한, 여행 경험이 풍부하고 교양 있는 카라한조 지배층의 일원이었다. 그는 후일 아바스Abbas 칼리프의 바그다드 궁정으로 갔으며, 1070년대에 그곳에서 다양한 투르크어 방언을 대단히 상세하게 서술하고 비교한 아랍어-투르크어 사전을 집필했다. 그의 『투르크 제어(諸語) 집성Divanu lugat-it-Türk』은 이슬람 세계가 일반적으로 아나톨리아Anatolia와 중국 사이의 초원과 산맥을 배회하는 야만인들의 조악한 언어라고 경멸하던 것을 연구하는 데에 아랍의 정교한 사전 편찬 기술을 도입했다. 칼리프조가 막 셀주크 투르크조의 보호령이 되었다는 사실이 아마도 카슈가리가 이 시기에 사전을 편찬한 것과 연관성이 있을 것이다. 어쨌든 카슈가리는 투르크인의 자아 개념을 분명히 보여 주었는데, 그는 아랍어와 페르시아어에 능통했음에도 불구하고, 페르시아어와 뒤섞이지 않았기 때문에 위구르와 카라한조의 방언이 투르크계 방언 중 "가장 우수하고" "순수한" 것이라고 정의 내렸다. 언어학적 가치 이외에도 카슈가리가 저작에서 인용한 용어와 운문, 격언은 문학·역사·문화적 정보의 풍부한 저장고

이며 11세기 투르크인의 삶에 대한 생생한 느낌을 전달한다.[26)

유수프 하스 하지브Yusuf Khass Hajib는 카라한조 시기 위구르의 또 다른 문학 영웅이었는데 그 역시 할리크 마드라사 출신이었다. 1069년 카슈가르에서 편찬된 그의 『복락지혜(福樂智慧, Kutadgu Bilig)』는 국정 운영의 지침서이자 군주를 위한 귀감으로 투르크 지배자를 위해 작성되었다. 이 책은 수피즘Sufism의 가치관과 오래된 이슬람-이란의 전통으로부터 아이디어를 차용했고 이들을 투르크 시가의 형태로 만들었다. 『복락지혜』는 각기 정의, 성공, 지혜와 인간의 최후(종교)라는 원리들을 대변하는 우의적인 이름을 가진 4명의 등장인물—왕, 재상, 현자, 고행자—간의 대화로 구성되어 있다. 책의 후반부에 나오는 ['각성(覺醒)'이라는 이름을 가진] 수행자가 참여한 대화들은 당시 이슬람 세계에서 유행하던, 공동체와 국가의 사무에 능동적으로 참여하는 것이 바람직한가 아니면 산으로 물러나 자신의 종교적 묵상에 전념하는 것이 더 좋은가라는 문제에 대한 토론을 다룬다.[27) 다음에서 살펴보겠지만, 신장의 수피들은 이후 영적인 관심과 세속적인 관심을 조화시키는 것, 신과 왕을 모두 섬기는 것이 가능하다는 사실을 발견했으며 열렬하게 이를 실행했다.

마흐무드 카슈가리와 유수프 하스 하지브 모두 오늘날 신장에서 민족적인 영웅으로 칭송된다. 카슈가리의 묘가 복원되었고 유수프를 기리기 위해 현대적인 성묘가 건설되었는데, 두 장소 모두 카슈가르의 관광 일정에 포함된다.

호탄의 개종

당시 카라한조 혹은 위구르의 통제로부터 여전히 독립적이었던 타림 분지의 도시 국가는 카슈가르와 야르칸드의 주민들처럼 이란계 사카어를 사용하던 불교 왕국 호탄이었다. 호탄의 자생적 왕조(이들의 왕호는 모두 인도어에 기원을 두고 있다)는 9세기 말/10세기 초에 약 400여 개의 사원—이는 630년경 현장(玄奘)이 기록한 것보다 4배나 많다—을 가지고 있던 불교 도시 국가를 열정적으로 통치했다. 호탄은 둔황의 불교 중심지와 긴밀한 관계를 가지고 있었는데, 호탄의 왕가는 둔황의 엘리트들과 통혼하고 둔황의 불교 사원을 방문하고 후원했으며 자신들의 초상화를 막고굴(莫高窟) 벽에 그리도록 돈을 기부했다. 10세기 전반에 걸쳐 호탄의 어진(御眞)은 점차 많은 수의 신들과 함께 동굴 속에 그려졌는데,[28] 이는 호탄의 왕족들이 곤경에 처해 있다는 것을 스스로 알고 있었음을 나타낸다.

문제는 바로 카라한조였다. 사투크의 아들인 무사Musa는 900년대 중반 호탄을 압박하기 시작했으며 카슈가르의 유수프 카디르 칸Yusuf Qadir Khan은 1006년 이전에 이 도시를 포위 공격하여 함락시켰다. 무슬림 투르크들이 불교 도시인 호탄을 정복한 것—이와 관련해서 많은 다채로운 전설이 있다—은 타림 분지의 이슬람화와 투르크화에 있어 또 다른 분수령이 되었으며, 또한 이 타림 분지 남부 도시 국가의 자치에 종지부를 찍었다. 이와 비슷한 시기에 카라한조는 트란스옥시아나(당시 아랍과 페르시아의 자료에서 '강 너머의 땅'이라는 뜻의 마와란나흐르Mawarannahr라고 불렸던 지역)에 있던 사만조를 멸망시켰다. 따라서 카라한조는 이슬람화된 중앙아시아를 지배한 첫 번째 투르크계 왕조가 되었고, 이들은 이슬람교 울라마'ulama*의 지지를 얻어 이 지역을 통치했다. (카라한조는 자신들과 마찬가지로 투르크계 중앙아시아 세력이었던 가즈나조 및 셀주크조와 계속해서 투쟁을 벌였다.) 카라한조가 트란스옥시아나와 함께 서부 타림 분지 및 중가리아

---

* 무슬림 법학자.

의 서부를 완전히 정복한 사건은 세미레체 지역에 기반을 둔 세력들이 트란스옥시아나 및 페르가나와 함께 신장, 특히 신장의 서부 지역을 지배하는 시대를 열었다. 물론 이들 영역은 이전 서돌궐 제국 치하에서도 간헐적으로 통합된 적이 있었기 때문에 이슬람 측 사료들은 트란스옥시아나와 신장을 아우르기 위해 '투르키스탄'이라는 총칭을 사용했다. 이후 수 세기 동안, 심지어 유목 세력의 분파주의적 경향으로 인해 단일한 지배자가 사마르칸트와 카슈가르를 지배하는 일이 드물었던 시기에도, 신장의 역사는 트란스옥시아나와 밀접하게 연관되어 있었다.

카라 키타이

또 다른 지배 왕조, 카라 키타이('검은 키타이')가 신장에 나타나면서 한 군주가 또 다른 군주를 제거하는, 이제는 익숙해진 드라마가 다시 펼쳐지게 되었다. 키타이 혹은 키탄[거란(契丹)]은 907년부터 1125년까지 요(遼) 왕조라는 이름으로 북중국에서 통치한 몽골어 사용자였다. (투르크어와 몽골어는 알타이어족의 주요 지파로서 각 언어의 초기 사용자들은 오늘날의 외몽골 지역에 기반을 두고 있었다. 거란인들이 '몽골어'를 사용했다고 말하는 것은 시대착오적인 관습이다. 왜냐하면 이 시기, 즉 칭기즈칸이 부상하기 이전에 몽골은 몽골어를 사용하는 여러 부족 중 하나에 불과했기 때문이다.) 덧붙여 말하자면, 이슬람과 러시아의 자료를 통해 우리에게 전해지는 거란 지배층의 호칭은 '카타이Cathay'로 이는 중국을 지칭하는 중세와 근대 초기의 유럽식 명칭이었다.

요는 여진(女眞)에 의해 멸망당하고 (많은 수의 사람들이 이들에게 흡수당했는데) 이들은 요를 대신하여 금(金)을 건국한 만주 출신의 민족이었다.

그러나 거란의 왕족 중 한명인 야율대석(耶律大石)은 1120년대 후반에 몽골에 있는 요의 최북방 주둔지 가돈(可敦)으로 도주했으며, 그곳의 부족민들 가운데 추종자들을 규합하고 요 황실의 목마(牧馬)를 장악했다.[29] 그 뒤 키르기스에 대한 공격이 실패한 이후 야율대석은 서쪽으로 진격하여 비슈발리크에 이르렀고 이곳에서 그는 큰 부족들의 수장들을 소집하여 위구르인들을 비롯한 더 많은 지지자들을 규합했다. 그는 발하슈 호바로 동쪽의 이밀Imil에 천막으로 된 수도를 건설하여 서방을 압박했고, 이후 동·서 카라한조의 지배자들로부터 발라사군, 카슈가르, 호탄, 마침내는 사마르칸트와 트란스옥시아나를 탈취했다. (카라 키타이는 중앙아시아 원정 중 일부에서 성채로 둘러싸인 도시를 포위 공격하기 위해 코끼리를 사용했다.)[30] 1142년까지 야율대석과 그의 뒤를 이은 구르칸(gurkhan, 칸 중의 칸)들은 서쪽으로는 아무다리야(옥수스 강)와 (아프가니스탄 북부의) 발흐 및 호탄에서부터, 남동쪽으로는 탕구트(서하) 그리고 북동쪽으로는 강력한 몽골 부족인 나이만Naiman의 영토에 이르는—오늘날의 신장, 키르기스스탄, 우즈베키스탄, 타지키스탄 및 카자흐스탄의 남부에 해당하는—영역을 지배했다.[31] 카라 키타이에 완전히 복속한 것은 아니지만 아랄 해에 위치한 이슬람 왕국 호라즘Khorezm도 구르칸들에게 조공을 바쳤다.

카라 키타이로 인해 중앙아시아 정치 체제의 민족–역사학적 정체성은 더욱 복잡하게 되었다. 두 세기 동안 북중국을 지배했다는 배경으로 인해, 이들은 중국의 통치 기술과 제도에 대한 지식을 중앙아시아로 가지고 왔다. 일례로 이들은 중국식 관직명을 사용했으며 한자로 호칭과 재위 기간을 쓴 동전을 주조했다. 아마도 중국의 제국이라는 배경 때문에 돌궐 제국 및 카라한조와 달리 제국을 동부와 서부로 나누지 않았으며 또한 황자들에게 봉지를 나누어 주지도 않았다. 이로 인해 현대의 한 중국인 학자는 카라 키타이가 '봉건주의적' 제도를 피했다고 높이 평가했다.[32] 그럼에도 불구하고, 야율대석은 투르키스탄에 중국식 중앙 집권적 제국을 세우지 않았다. 그와 반대로 봉신 국가들에 대한 카라 키타이의 지배는 철저히 간접적이었다. 토착 지배자들은 구르칸에게 세금과 조공을 바치는 한 거의 완전한 자치를 누렸으며 군대를 유지할 수도 있었다. 제국 전역에 걸쳐 농업, 목축업 및 상업이 큰 변화 없이 지속되었다. 위구르의 이디쿠트들은 두 수도인 코초와 비슈발리크에서 권력을 유지하고 있었으며, 카라한조의 칸들은 여전히 카슈가르와 호탄을 다스리고 있었다. 비록 카라 키타이의 군주들이 정복지의 궁정에 재정 관리들을 파견하기는 했으나 반란을 진압하기에 필요한 군대만을 파견했을 뿐 이 지역에 군대를 주둔시키지는 않았다. 더욱이 (위구르의 영역에서처럼) 중국어가 행정적인 목적과 위신을 위해서 사용되기는 했으나 페르시아어와 투르크어 및 토착 거란어와 문자도 사용되었다. 야율대석이 중국어에 대해 교양이 있기는 했으나 지배층의 일원인 거란인들이 중국어를 실제로 어느 정도로 사용했는지는 의문이다.

그러면 카라 키타이를 어떻게 정의 내려야 하는가? 카라한조와 중앙유라시아 초원의 많은 제국이 그러하듯이 시대와 세력 범위에 따라 구분한 꼬리표는 오해의 소지가 있을 수 있다. 왜냐하면 이와 같은 표지가 지배 계층을 지칭하는 편의적인 호칭에 지나지 않을 뿐인데다 타림 분지 또는 트란스옥시아나의 피지배 정치 체제의 백성들은 물론이거니와 카라 키타이 정복 엘리트의 민족적, 언어적 혹은 부족적 정체성조차도 완전히 포괄하지 못하기 때문이다. 야율대석은 겨우 80~200명의 추종자만을 거느리고 중국에서 도주했고 가돈에서 1만 명의 지지자들을, 중가리아의 여러 부족에서 비슷한 수의 사람을 끌어모았다. 그는 뒤이어 발라사군에 있던 대략 1만 6000명의 전직 거란 용병들을 규합했으며 현지의 투르크계 부족민들을 징집했다. 결국 그가 중앙아시아로 이끌고 간 군대에는 거란어, 투르크어, 몽골어, 탕구트어, 이란어, 중국어, 아마도 만주어를 사용하는 군인들이 포함되어 있었으며,[33] 행정 관료 중에는 위구르인(위구르인 재판관이 야율대석의 자식들에게 개인 교수를 했다)은 물론 중국인도 있었다. 더욱이, 야율대석은 동·서 투르키스탄의 정주 지대 전역에서 이란어, 투르크어 사용자 및 잔존하고 있던 토하라어 사용자를 다스렸다.[34] 카라 키타이는 그 뒤를 이은 몽골 제국과 마찬가지로 특정한 민족적 혹은 인종적 집단이라기보다는 다민족 정치 체제였다.[35]

쿠출루크의 카라 키타이 정복

주바이니는 카라 키타이 제국에 대해 이슬람의 영토를 칭기즈칸으로부터 보호하는 "강력한 벽"이라고 묘사했다. 카라 키타이의 쇠퇴는 몽골의 부상에 관한 이야기에서 중요한 부분을 이룬다. 12세기 말엽에 이르러 허약한 구르칸들이 잇달아 즉위하면서 카라 키타이의 관원들은 자신들의 감독 아래 있는 백성들을 착취했고 이로 인해 중가리아와 타림 분지 및 트란스옥시아나 전역에서 사회적 불안이 야기되었다. 카슈가르에 있던 카라한조의 칸은 13세기 초반 구르칸에게 저항했으나 반란이 실패한 후 이밀에 투옥되었다. 서쪽으로는 (아랄 해의 남서 해안에 위치한) 호라즘의 새로운 샤Shah, 알라 앗 딘 무함마드'Ala ad-Din Muhammad가 카라 키타이의 봉신으로서 부하라와 사마르칸트를 다스리고 있던 카라한조를 공격함으로써 트란스옥시아나에서의 카라 키타이의 종주권에 도전했다. 코초에서는 위구르인들이 1209년 고압적인 카라 키타이의 감시자를 공격하여 머리를 베었으며 이를 탑의 창문 밖으로 내던졌다.[36] 이디쿠트였던 바르추크Barchuq는 이후 재빨리 칭기즈칸과 동맹을 맺었다(그는 칭기즈칸과 동맹을 맺은 최초의 국가 원수였다). 바르추크는 호라즘 샤와 탕구트에 대한 몽골의 원정에 군대를 제공하고 심지어 스스로 참가함으로써 충실한 봉신임을 입증했다. 칭기즈칸은 바르추크를 자신의 딸과 결혼시켰으며 그에게 '다섯 번째 아들'이라는 영예로운 호칭을 주었다. 바르추크는 위구리스탄의 이디쿠트로서 남게 되었다.[37]

이 시점까지 칭기즈칸은 12세기 몽골의 홉스Hobbes적 세계에 있던 많은 부족을 제압하고 통일하느라 분주했다. 1208년 성장하고 있던 칭기즈칸의 연합체는 나이만과 메르키트Merkit 부족 연합을 격파하여 나이만의 수장 쿠출루크Küchlük가 서방으로 도망쳐 카라 키타이 구르칸의 보호 아래로 들어가게 만들었다. 도주한 쿠출루크는 교활함과 카리스마를 발휘하여 고립된 카라 키타이의 구르칸이 나이만과 메르키트 부족민들로 이루어진 군대를 다시 모으는 것을 허락하도록 만들었다. 구르칸이 트란스옥시아나에서 호라즘 샤의 군대와 교전하고 있을 때 쿠출루크는 세미레체 지역에 전략적인 거점을 확보했고, 1211년 무렵에 이르러서는 카라 키타이의 통치권을 효율적으로 탈취했다.

카라 키타이의 구르칸들은 자신들의 초원과 오아시스 제국 내에 있는 다양한 종교에 대해 개방적이었다. 카슈가르는 네스토리우스파 주교의 관할구였으며 기독교 또한 유대교가 사마르칸트에서 번영했던 것처럼 추강에 위치한 북도(北都) 인근에서 번성했다. 비록 이전 카라한조의 영역 내에 있던 무슬림들은 불교도인 카라 키타이를 이교도라고 간주했지만 이슬람에 대한 정책 역시 관대했다. 그러나 쿠출루크가 카라 키타이를 장악하자 이 현명한 정책을 뒤엎었다. 그 자신이 기독교에서 개종한 불교도였던 쿠출루크는 새로운 영토에 있는 무슬림들에 대한 대학살을 시작했다. 3년간의 통치 기간 동안(1211~1213) 수확철에 카슈가르를 약탈하기 위해 군대를 보내 항복할 때까지 그 도시를 굶주리게 했다.[38] 박해는 호탄에서 특히 심각했는데, 이 도시는 2세기 전 카라한조에게 함락되었을 때 이미 한 번 강압적으로 개종한 바 있었다. 주바이니의 표현에 따르면, 쿠출루크는 이 타림 분지 남부의 도시를 정복하면서

> …… 주민들에게 기독교 또는 우상 숭배의 교리를 받아들이든지 아니면 키타이인들의 옷을 입든지 두 가지 대안 중 선택을 하라고 하면서 그들에게 무함마드의 종교를 포기하도록 강요했다. 그리고 또 다른 종교로 개종하는 것은 불가능했기 때문에 절박한 필요성으로 인해 그들은 키타이인의 의복을 입었다.…… 기도하라는 무에진의 외침과 일신론자 및 신자들의 예배는 중단되었다. 학교가 문을 닫았으며 파괴되었다. 어느 날 호탄에서 그는 위대한 이맘imam*들을 평원으로 내쫓고 그들과 종교에 대해 토론하기 시작했다.

이맘 중 한 사람인 호탄의 알라 앗 딘 무함마드(동명의 호라즘 샤와 혼동해서는 안 된다)는 "정직의 허리둘레에 진실의 허리띠를 두르고" 이 종교 논쟁에서 나이만의 부족장을 모독하는 일에 몰두했다. 율법 학자는 자신의 발표를 저주("흙먼지가 신앙의 적이며 저주받을 쿠출루크 그대의 입속에 있으라")로 끝맺었으며 쿠출루크는 그를 대학의 문 위에서 십자가형에 처했다. 그러나 정의는 가까이에 있었으니 "전능하신 신께서 쿠출루크의 악을 제거하기 위해 곧 그를 향해 몽골군을 보내셨기 때문이다."[39]

실제로 칭기즈칸은 쿠출루크에 대해 개인적인 원한을 품고 있었으며 1216~1218년 자신이 신임하는 장군 제베(Jebe, '무기'라는 뜻)를 그에게 보냈다. 제베는 (오늘날의 쿨자 인근에 있는) 알말리그Almaligh를 점령하고 중가리아와 세미레체의 부족들로부터 평화적인 항복을 받아 냈다. 쿠출

---

* 이슬람 사회의 정신적·종교적 지도자.

루크는 남으로 도주하여 파미르를 넘어 도망치려다 사망했다.

몽골 제국 시기

쿠출루크의 종교적 불관용 정책 이후 신장의 무슬림들은 예배에 대한 권리를 회복시켜 주고 약탈을 삼간 해방자로서 제베와 몽골인들을 환영했다. (몽골의 정복에서 주목할 만한 측면 중 하나는 샤머니즘 신자이자 기독교와 불교 또한 우대한 몽골인들이 무슬림 투르크 영토를 장악하게 되면서 이슬람이 중가리아의 초원에서 덜 우세하게 되었다는 것이다.) 카라 키타이의 구르칸과 쿠출루크가 사망하자 일리와 탈라스 및 추 강 유역, 타림 분지 남서부의 카슈가리아와 북동부의 위구리스탄 모두가 '세계 정복자'의 제국에 편입되었다. 트란스옥시아나와 아프가니스탄 그리고 페르시아를 향한 몽골의 서방 원정로가 열리게 되었다.[40]

1227년 사망하기 전에 칭기즈칸은 광활한 제국을 자신의 아들들을 위한 울루스(ulus, 칸국에 해당하는 토지와 사람의 단위를 지칭)[41]로 분할했다. 장남인 주치 Juchi는 중앙유라시아 서부에서 "몽골의 말발굽이 미치는 지역까지"(아직 정복되지 않았던 지역도 포함하는데 이곳에서 주치의 아들 바투 Batu는 제국을 개척했다) 받았다. 둘째 아들인 차가타이 Chaghatai의 울루스는 본래 알말리그(쿨자) 부근에 근거를 둔 옛 카라 키타이의 영토로 이루어졌고, 이론상으로는 투루판에서 사마르칸트에 이르는 오아시스 지대까지 포함했다. 셋째 아들이자 칭기즈칸이 후계자로 지명한 우구데이 Ögödei의 영토는 신장 북부에 있는 오늘날의 타청(塔城, 추구차크 Chughuchaq, 타르바가타이 Tarbaghatai) 인근의 이밀과 이르티시 강을 따라 펼쳐진 초원 지대와 함께 중앙 시베리아 및 동부 중가리아를 포함했다. 관습에 의해 '화덕의 주인'*인 막내아들 톨루이Tolui는 칭기즈칸 군대의 대부분과 함께 자신의 울루스로서 오르콘 계곡에 중심을 둔 몽골 본토를 받았다.

이와 같은 배치는 겉으로 보기에는 말끔한 것 같으나 특히 옛 카라 키타이의 영토와 관련해서는 수 세기에 걸친 불안정의 씨앗을 뿌렸다. 이시크쿨과 일리 계곡 인근에 기반을 둔 차가타이인들에게 트란스옥시아나의 오아시스와 신장의 남부를 통치하는 것은 당연한 일이었다. 그러나 이 무슬림과 위구르인의 도시에서 나오는 재원 및 이 지역의 지배자와 주재 관리를 임명하는 권한은 여하튼 멀리 동쪽에 있는 대칸의 특권이었다. 호탄이 1375년경까지 그러했던 것처럼 위구리스탄(사료들은 현재 코초 위구르 왕국을 이러한 명칭으로 부른다)은 14세기 초반까지는 대도(大都, 현재의 베이징)에 있는 몽골의 대칸에게 복종하고 있었다.[42]

또 다른 내재된 갈등의 근원은 톨루이가 상징적으로 중요한 오르콘 계곡 지역—우구데이는 이곳에 실제로 몽골 제국의 수도인 카라코룸을 건설했다—을 차지한 반면 우구데이는 대칸이라는 최고위직을 계승했다는 사실에서 생겨났다. 그리하여 우구데이가와 톨루이가는 대칸의 지위를 두고 경쟁하게 되었으며, 몽골에 남아 있던 몽골인들과 중국에서 통치하고 있던 몽골인들 사이에서도 후일 분쟁이 발생했다. 이 모든 사건으로 인해 신장은 동쪽의 몽골 제국 중심부에서 벌어지는 정치 문제에 휘말려 들게 되었으며, 또 다시 한과 흉노, 당과 돌궐 간의 경쟁 관계 아래에서와 같은 지정학적 역할을 수행하게 되었다. 서쪽에서는 이론상으로는 차가타이가의 유산 중 일부인 트란스옥시아나의 풍요로운 도시들이 한 시기에는 타림 분지 및 중가리아와 함께 통치되다가 또 다른 시기에는 그 지

---

* 유목 민족은 장성한 자식이 분가하는데, 막내아들은 끝까지 부모의 곁을 지키며 생활의 중심인 화덕, 즉 불을 지키기 때문에 그를 화덕의 주인이라고 불렀다.

역에 기반을 둔 몽골의 후손들 및 투르크족 실력자들의 손에 떨어지곤 했다. 신장에 근거지를 둔 칸들은 반복적으로 아프가니스탄과 인도의 북부를 약탈했다. 일반적으로 몽골과 돌궐의 분열적인 경향과 기회주의적 동맹 관계 및 내전은 투르키스탄과 인근 지역 전역에 걸쳐 길고도―이 지역의 역사를 공부하는 학생들에게는―당혹스러운 군사적 변화의 시기를 가져왔다.

몽골 제국 시기 신장의 주요 정치적·군사적 사건들을 요약하면 다음과 같다. 칭기즈칸의 사망(1227) 이후 차가타이 가문은 1251년까지 신임 대칸인 우구데이(1229~1241년 재위) 및 그의 후계자들과 긴밀한 동맹 관계, 심지어는 종속적인 관계를 유지했다. 몽골의 요구 사항―친조(親朝),* 인질을 몽골 조정에 보낼 것, 호구 조사, 세금과 비정기적 부세(賦稅)의 납부, 군대의 징발 및 역참의 설치가 포함된다[43]―을 관철시키기 위해 몽골의 '주재 관리'(몽골어로는 다루가darugha,[44] 중국어로는 관인(官人)]가 도시에 머무르면서 위구리스탄과 타림 분지의 정주 지역은 이제 몽골 제국의 나머지 지역들과 동일한 행정 체제 아래에 놓이게 되었다. 호라즘 출신의 무슬림 마흐무드 얄라바치Mahmud Yalavachi는 트란스옥시아나와 타림 분지를, 그리고 우구데이의 치세에 이르러서는 위구리스탄까지 관할하는 다루가로서 종사했다. 아들 마수드 벡Mas'ud Beg이 그의 뒤를 이었다. 페르시아어 자료들은 일관된 세금 체제를 만들고 몽골의 정복으로 인해 파괴된 도시와 경제를 복구한 이들의 현명한 통치를 칭송했다.[45]

우구데이의 자리는 그의 미망인이 감국(監國, 섭정)으로서, 그리고 아들이 2년 동안, 이후 아들의 미망인이 계승했다. 격렬한 투쟁 이후 새로운 가문이 대칸의 자리를 차지했다. 뭉케Möngke는 톨루이의 아들로 그의 치

---

* 국왕이 직접 몽골의 황제를 찾아와 신속을 표명하는 것.

세 이래로 톨루이가는 1368년 명(明)에 의해 축출되기 전까지 대칸의 지위와 중국 황제의 자리를 장악했다. 1251년 정권을 장악한 이후 뭉케는 차가타이가의 성인들을 죽이거나 유배 보내고 그들의 아이들은 자신의 궁정에서 키우면서 우구데이가와 차가타이가의 경쟁자들을 매정하게 축출했다. 그는 미망인이 된 차가타이의 며느리 오르가나Orghana를 그녀의 어린 아들 무바라크 샤Mubarak Shah(그는 칭기즈칸의 일족 중 최초의 무슬림이다)의 감국으로 선택했다. 이후 뭉케는 러시아 대초원에 위치한 금장(金帳) 칸국[46]의 칸 바투와 밀약을 맺고 세미레체를 지나는 경계를 따라 초원을 분할했다.

따라서 신장은 완전히 대칸의 통제 아래로 들어가게 되었으나 이는 단지 몇 년 동안에 지나지 않았다. 뭉케의 사망 이후 톨루이가는 칸의 자리를 두고 경쟁하고 있던 몽골의 아리크 부케(Ariq Böke, 1260~1264년 재위)와 중국의 쿠빌라이(Khubilai, 1260~1294년 재위)를 동시에 칸으로 세우면서 분열했다. 이와 같은 세력과 지형의 나열에 이제는 익숙해져야 한다. 쿠빌라이가 중국으로부터 오는 곡물의 운반을 끊어 버린 이후 신장은 몽골에 근거지를 둔 아리크 부케에게 핵심적인 곡물과 공물의 출처가 되었다. 위구리스탄이 계속해서 충성을 다했지만, 쿠빌라이는 타림 분지와 중가리아를 정복하는 데는 결국 실패했다. 아리크 부케는 차가타이의 손자 알구Alghu를 보내 차가타이 울루스를 관할하도록 했고, 알구는 카슈가르에서 차가타이가의 제왕(諸王)들을 규합한 이후 금장 칸국으로부터 트란스옥시아나를 되찾았으며 아프가니스탄과 페르시아의 동부까지 세력을 확장했다. 그러나 알구는 결코 고분고분한 꼭두각시가 아니었다. 그는 자신의 옛 후원자 아리크 부케에게 대항했는데, 아리크 부케는 중가리아 유목민들의 지지를 상실했고 동쪽으로 되돌아가 쿠빌라이에게 항복해야 했다. 알구는 오래도록 권좌를 유지하고 있던 (죽은 삼촌의 아내) 오르가나와 결혼했으나 트란스옥시아나와 타림 분지 및 중가리아에서 재건되고 강화된 차가타이 칸국의 지위를 누려 보기도 전에 사망했다. 그리하여 오르가나의 아들인 무바라크 샤는 1264년 차가타이 울루스의 상속인이 되었다.

쿠빌라이는 수도인 대도에서 무바라크 샤의 사촌 바라크Baraq를 차가타이 울루스의 공동 통치자로 임명한다는 칙령과 함께 파견함으로써 투르키스탄을 장악하기 위해 다시 한 번 움직였다. 바라크는 재빨리 트란스옥시아나에서 권력을 장악하고 무바라크 샤와의 경쟁에서 승리했다. 이후 늘 그렇듯이 바라크는 쿠빌라이에게 반기를 들었는데, 그는 옥수스와 타림 분지에서 쿠빌라이의 군대를 격퇴시켰으며 한때 쿠빌라이의 도시였던 호탄도 약탈했다. 이제 신장의 영역 중에서 오직 위구리스탄만이 중국에 있는 대칸에게 복속한 상태로 남아 있게 되었다.

그사이 우구데이 가문의 새로운 경쟁자가 북쪽에서 세력을 규합했다. 카이두Khaidu는 알구에 대항하기 위해 서방의 금장 칸국으로부터 지원을 얻었으며 알구가 사망한 이후에는 바라크와 쿠빌라이 군대 사이에 전쟁이 벌어진 틈을 이용하여 탈라스 강 유역의 평원에 대한 통제권을 장악했다. 1269년 어울리지 않게 평화로웠던 쿠릴타이Khuriltai[*47)]가 있은 후, 카이두와 바라크, 금장 칸국의 대표자는 트란스옥시아나를 분할했으며 모든 유목 군주들은 간섭하지 않고 마수드 벡이 도시를 관리하도록 내버려두자는 데 합의했다. 카이두는 자신이 우구데이가 출신이기 때문에 차가타이가의 왕자들을 공식적인 칸으로 지지하기는 했으나, 1271년경 바라크가 사망하자 이후 30년 동안 차가타이 칸국 전체의 사실상의 지배자가 되었다. 카이두가 권력을 장악한 이후에는 서방에 있는 금장 칸국의 칸들이나 몽골이 점령한 중국〔원(元)〕의 칸 겸 황제들 모두가 신장 혹은 트란스

---

* 제왕을 비롯한 고위 인사들이 모여 제국의 대소사를 논의하던 대회의.

옥시아나에 영향력을 행사하지 못했기 때문에 그의 통치는 일종의 분수령을 이루었다. 토머스 올슨Thomas Allsen은 '서역'에서 한과 당의 세력을 잠식했던 것과 동일한 재정적·군사적 딜레마로 인해 원이 이 지역을 장악할 수 없었다고 지적했다. 즉 중가리아와 몽골의 유목 세력들이 손쉽고 유익하게 신장의 동부를 침공하고 이 지역에 세금을 부과할 수 있었으며 또한 실제로 이 지역에서 얻을 수 있는 곡물과 통상 관계에 의존할 수 있었던 반면 북중국에 근거지를 둔 세력들은 간쑤 회랑을 통해 이 지역에 도달하고 방어하기 위해서는 이곳의 생산만으로는 보충할 수 없는 막대한 계속적인 지출을 감당해야만 했다는 것이다.[48]

몽골 시기의 위구르

칭기즈칸과 카이두 통치기 사이의 90년 동안 위구르인들과 위구리스탄은 몽골 제국 내에서 독특한 위치를 차지했다. 위구르인들이 칭기즈칸에게 일찍이 신속하게 그리고 계속해서 충성했기 때문에 위구르의 이디쿠트들은 상당한 자율성을 누릴 수 있었다. 칭기즈칸은 위구리스탄을 그의 아들 중 누구에게도 울루스의 일부로서 주지 않았으며, 우구데이의 치세가 되어서야 몽골의 주재 관리가 이곳에 머물렀다. 중국에서부터 당시 칭기즈칸이 주둔하고 있던 아무다리야 부근에 이르는, 장춘진인(長春眞人)의 서방 여정을 기록한 이지상(李志常)은 이전의 기록들이 주목했던 것과 동일한 코초의 특징들, 즉 더위, 카레즈에 의해 관개되는 비옥한 경작지, 과일과 풍족한 포도주에 대해 언급했다. 코초와 비슈발리크에서 여행 중이던 도가(道家)들은 많은 불교 및 마니교 사제들은 물론 유가(儒家)들도 만났는데, 이는 이러한 종교들이 계속해서 지역에서 유행했음을 나타낸다.

그러나 위구리스탄이 몽골의 계승 분쟁으로부터 영향을 받지 않았던 것은 아니다. 우구데이의 사후 이디쿠트 살린디Salindi는 우구데이의 손자인 시레문Shiremün을 지지했으나 시레문은 결국 뭉케에게 패배했다. 1251년 뭉케가 성공적으로 대칸의 자리를 차지하자 그는 살린디와 몇몇 위구르 귀족들을 재판하고 처형했다. 살린디에 대한 혐의 중에는 그가 금요일 기도 시간 중 위구리스탄의 무슬림을 학살하기 위해 (감국이자 시레문의 모친인) 오굴 카이미시Oghul Khaimish와 공모했다는 설도 있었다. 그 배경과 진정한 동기가 불분명하기는 하지만 이 사건은 이슬람이 13세기 중반까지는 신장의 동부까지 진출했다는 사실을 보여 준다.

코초의 위구르인들은 카라 키타이와 탕구트, 나이만 및 주변의 다른 세력들에게 그러했던 것처럼 유목민들이 제국을 건설할 때 핵심적인 통치기술들을 제공하는 "초원의 지식층steppe intelligentsia"[49]으로서 몽골에 봉사했다. 이전에 나이만에서 서기로 일했던 위구르인 타타통아Tatar Tongga는 칭기즈칸의 새 제국에 위구르 문자(몽골어를 기록하기 위해 차용되었으며 내몽골 지역에서는 오늘날에도 계속해서 사용되고 있다)를 도입했을 뿐만 아니라 조세 기록에서 처음으로 관인(官印)을 사용했다. 위구르인들은 몽골 황제들의 가정교사였으며 제국 전역에서 다루가로서 그리고 다른 공식적인 지위에서 복무했는데 많은 위구르인들이 높은 관직에까지 올랐다.[50] 그러한 인물 가운데 하나가 비슈발리크 인근 마을 출신의 위구르인이자 기독교도로 보이는 쿠르구즈Körgüz(그의 이름은 영어식으로는 '조지George'에 해당한다)이다. 주바이니는 그의 간략한 이력과 몽골 제국 시기 야심만만하고 학식이 있는 위구르인에게 어떠한 일들이 일어날 수 있는지를 알려 준다.

쿠르구즈의 아버지는 그가 어릴 적에 사망했는데 관습에 따르면 그는 미망인이 된 계모와 결혼해야 했지만, 그녀는 이를 거부하고 이후 다른 사람과 결혼할 준비를 했다. 자신의 세습 권리가 위기에 처하자 쿠르구즈는 이디쿠트에게 갔고, 그는 계모에게 명하여 쿠르구즈에게 재산으로 배상하도록 했다. 쿠르구즈는 이후 위구르 문자를 배웠고 학생들을 가르치기 시작했다. 그럼에도 불구하고 형편이 넉넉하지 못했기 때문에 그는 자신을 노예로 팔았고 그 돈으로 말을 사서 금장 칸국의 칸인 바투의 야영지로 갔다. 그는 바투에게 목동으로 고용되었으나 곧 학식과 지혜로 인해 인정을 받았으며 가정교사에서 호라즘 총독의 서기로, 마침내는 페르시아 동부의 호라산Khorasan을 통치하는 총독으로 승진했다. 쿠르구즈가 이러한 지위를 얻을 수 있었던 데에는 어쩌면 위구르인이거나 적어도 투르크인이었던 유력한 아미르amir* 친카이Chinqay의 후원이 큰 도움이 되었다.[51] 쿠르구즈는 경제를 부흥시키고 공정하게 통치했다고 전해진다. 그는 국고를 원상회복시키고 징세 체제에서 부패를 줄였으며 역참을 설치하여 백성들의 말이 임의로 관마(官馬)로 징발당하지 않도록 했다. 그의 재임 기간 중 지역의 엘리트들은 자신들의 토지에 있는 지하 관개 시설에 투자하고 바자르(시장)를 재건축해도 좋을 것이라는 충분한 확신을 다시 갖게 되었다. 그럼에도 불구하고 쿠르구즈는 몽골 정쟁의 희생양이 되었다. 처음에는 친카이의 경쟁자가 연루된 음모에 휘말려 들었으며 이후 1240년대에는 차가타이가의 아미르를 모욕하고 우구데이의 미망인에게 무례한 태도를 취했다고 한다. 이로 인해 그는 입을 돌로 채워 죽이는 형벌에 처해졌다.[52]

이처럼 정치적인 변화에 취약하기는 했지만 위구르인들과 위구리스탄은 트란스옥시아나보다 몽골 통치기를 잘 견뎌 냈다. 이들은 많은 중앙아시아의 도시들을 무너뜨리기 직전까지 몰고 간 파괴적인 정복과 뒤이어 발생한 정적들 간의 투쟁을 모면할 수 있었다. 그러나 위구르 왕국은 카

---

* 이슬람 사회에서 장군, 지휘자 혹은 고위 관료를 지칭하기 위해 사용했던 용어.

이두의 통치기 동안 그 운이 다하고 말았다. 13세기 후반 비슈발리크에서 하미에 이르는 영역은 카이두와 쿠빌라이의 통치 아래 있는 원나라 사이의 전투에서 최전선이 되었다. 카이두 및 그와 연합한 차가타이계 제왕들에 의한 약탈은 투루판 분지의 건조한 열기 속에서 작물을 재배하는 데 핵심이 되는 수력 기반 시설에 큰 손실을 입혔다. 불안감으로 인해 위구르 왕가는 처음에는 비슈발리크에서 코초로, 이후에는 다시 동쪽의 간쑤 회랑으로 퇴각했고 이곳에서 그들과 많은 수의 위구르 피난민들은 원에 종속되었다. 그사이 위구리스탄의 옛 수도들은 처음에는 원의 군사 전초기지로 변모하여 몽골과 중국인 병사에 의해 식민지로 개척되었으며, 이후 14세기에는 차가타이가에 점령당했고 이들은 친차가타이 노선의 이디쿠트를 왕위에 앉혔다.[53]

카이두는 1301년 카라코룸에 대한 공격이 실패한 이후 사망했고 이후에는 차가타이가의 칸들이 스스로 신장과 트란스옥시아나를 통치했다. 이들은 또한 아프가니스탄과 인도 북서부로 진격하여 페르시아의 일 II 칸국과 전쟁을 벌였다. 그러나 1340년대에 이르러 차가타이 칸국이 둘로 분열된 것은 또 다른 역사-지리적 분수령이 되었다. 이러한 분열의 원인 중 하나는 종교적인 것이었다. 1320년대 후반 트란스옥시아나에 있는 근거지로부터 인도의 북부를 약탈한 차가타이가의 칸 타르마시린Tarmashirin은 이슬람으로 개종한 사람이었다. 1333~1334년 이시크쿨과 일리 지역의 불교와 기독교, 샤머니즘을 숭상하던 유목민들이 그에게 반란을 일으켜 새로운 칸을 옹립했다. 타르마시린 계열의 차가타이가는 트란스옥시아나에서 지속되었고 이들은 그곳에서 투르크계 유력자들에 의해 칭기즈칸 가문의 명목적인 칸으로 옹립되었다. 다른 분파는 오늘날 '모굴리스탄Moghulistan'이라고 불리는 지역—시르다리야와 발하슈 호수 사이의 초원지대와 중가리아를 포함하는 지리적인 개념이다—에서 타림 분지와 투루판 분지를 통치했다. 모굴리스탄의 차가타이가 역시 트란스옥시아나에 있는 자신들의 형제 및 사촌 들과 마찬가지로 다른 사람들에게 이용당했다. 부유하고 강력한 몽골계 두글라트Dughlat 씨족은 오늘날의 신장 지역에서 차가타이가의 왕족을 두고 킹메이커 역할을 하면서 아미르로 활동했다.[54]

모굴리스탄: 무슬림 차가타이가

1340년대 후반 두글라트 부(部)는 차가타이가의 왕자라고 알려진 투글루크 티무르(Tughluq Timur, 1347~1363년 재위)를 칸으로 선포했다. 그는 이슬람 개종과 정복자로서 유명하다. 청년 시절 투글루크는 자신에게 신앙의 의미와 '무슬림의 의무'를 설명해 준 '호자Khwajas파(派)의 일원'[55] 샤이흐 자말 앗 딘Jamal ad-Din을 만났다. 감명을 받은 투글루크는 자신이 만약 칸이 된다면 이슬람을 수용할 것이라고 약속했다. 몇 년 후 투글루크는 정말로 칸이 되었다. 자말 앗 딘은 사망했지만 그의 아들 아르샤드 앗 딘Arshad ad-Din이 아침 일찍 투글루크의 천막 밖에서 기도문을 소리 내어 읽으면서 모습을 드러냈다. 갑작스레 잠에서 깨어났기 때문에 그는 처음에는 격노했다. 그러나 그 성자가 누구인지를 알게 되자 투글루크는 자신의 개인적 약속을 지켰을 뿐만 아니라 모든 제왕들 역시 개종시키거나 개종하지 않으면 그들을 죽이겠다는 데 동의했다. 자라스Jaras를 제외한 모든 제왕들이 순종했는데, 자라스는 샤이흐가 자신의 측근 중 하나인 씨름선수—두 살배기 낙타를 집어 던진 것으로 유명한 거인이었다—를 패배시켜야만 신앙을 받아들이겠다고 했다. 내륙 아시아의 종교적 시합에 관한 이야기들이 그러하듯[56] 성자는 기적적으로 승리했고 씨름 선수는 의

쿨자 외곽의 훠칭에 위치한 투글루크 티무르의 마자르(영묘)
사진: J. Millward, 1990

식을 되찾자마자 이슬람의 교리를 암송했다. 그러자 곧 "사람들이 큰 환호성을 질렀고 그날 16만 명의 사람들이 자신들의 머리카락을 자르고 무슬림이 되었다. 칸은 할례를 받았으며 이슬람의 빛이 불신의 그늘을 사방으로 흩어 버렸다."[57] 비록 이야기가 신화화되기는 했으나, (페르시아어 사료에는 무갈Mughal인이라고 기록된) 차가타이 칸국의 몽골인들은 유라시아 전역에 걸쳐 몽골 제국 시기의 말기인 14세기 중엽에 이르러서는 대규모로 이슬람화되었다. 중국과 몽골의 밖에서 몽골인들은 이미 모두 무슬림이 되었다.

정복자 투글루크 티무르는 트란스옥시아나와 아프가니스탄으로 출정했으며 일시적이나마 파미르 고원의 양쪽에서 차가타이 칸국의 통일을 이루었다. 그러나 투글루크 이후 차가타이가는 또다시 한때 차가타이 울루스였던 지역의 각지에서 꼭두각시 칸과 여러 정권이 난립하는 혼란 속으로 빠져들었다. 서쪽에서는 티무르(1370~1405년 재위. 태멀레인Tamerlane 또는 티무리 랑Timur-i Lang*이라고도 부른다)가 칭기즈칸 가문의 명목상의 칸 치하의 아미르로서 인도에서 중동 그리고 러시아 초원으로 이어지는 단명한 제국을 건설했다. 이로 인해 그의 후손들은 트란스옥시아나를 두고 잔존하던 차가타이가와 경쟁하게 되었다. '무굴'이라고 알려지게 된 제국을 인도에 건설한 사람은 바로 티무르와 차가타이의 후손인 바부르Babur 였다. (사실상 바부르와 그의 후계자들은 자신들을 티무르계라고 생각하기를 선호했는데 '모굴Moghul'이라는 용어는 그들이 거짓 무슬림이자 투박한 시골뜨기라고 생각한 모굴리스탄의 차가타이계 군주들을 지칭하는 것이었다.)

그사이 모굴리스탄 후방에서는 두글라트의 아미르 카마르 앗 딘Qamar ad-Din이 1363년 투글루크 티무르가 사망한 이후의 칸의 자리를 찬탈했으며 투글루크의 자손들 대부분을 살해했다. 티무르가 그러했듯이 다른 두글라트인들이 차례로 모굴리스탄과 알티샤르에서 카마르의 통치에 도전했다. 티무르의 군대는 1389년 멀리 카슈가르까지 진격하여 카마르를 알타이 산맥으로 쫓아 버렸다. 투글루크 티무르의 살아남은 아들 중 하나인 흐즈르 호자Khizr Khwaja는 그를 성인이 될 때까지 보호해 준 또 다른 두글라트인에 의해 이후 왕위에 올랐다. 1390년대 흐즈르는 개인적으로 '키타이'에 대한 성전(聖戰)에 착수하여 위구리스탄의 핵심부인 투루판과 코초(이 당시까지는 카라호자라고 불렸다)를 정복했고 소문에 의하면 위구리스탄의 민중들을 개종시켰다고 한다. 실제로 투루판에서 토착 불교가 사라지는 데는 어느 정도 시간이 걸렸다. 15세기 초 투루판의 통치자들은 불교 승려가 이끄는 사절단을 베이징에 파견했다. 중도에 투루판과 카라호자를 통과하여 1420년 7월 명에 도착한 티무르조의 사신인 하피즈 아브

---

* '절름발이 티무르'라는 뜻이다.

루Hafiz Abru는 '이교도 사원'의 부유함과 그 수, 이목을 끄는 석가모니의 조상에 대해 언급했다. 1450년대가 되어서야 여행객들의 기록에 대서특필될 만큼 이 지역에서 모스크가 흔하게 되었다.[58] 그럼에도 불구하고 흐즈르의 위구리스탄 정복은 투루판 분지에 대한 위구르인들의 통치가 끝나고 차가타이가 혹은 모굴의 통치가 시작되었음을 나타냈다.

흐즈르는 또한 티무르와 휴전 협정을 체결하여 자신의 여동생을 그에게 시집보냈다. 이로써 티무르는 칭기즈칸 가문과의 연고를 얻게 되었고 스스로를 (칸의) '사위'라는 명예로운 호칭으로 부를 수 있게 되었다. 그러나 이 가족 관계로 인해 티무르조가 타림 분지를 침공하지 않았던 것은 아니다. 티무르의 손자인 미르자 이스칸다르Mirza Iskandar[59]는 1399~1400년에 카슈가르와 야르칸드 및 악수를 공격했고 악수의 주민들은 도시의 부유한 '중국' 상인들을 미르자에게 바침으로써 겨우 도시를 약탈에서 구할 수 있었다.[60]

정치·군사적 서술은 14세기 말부터 17세기까지 이러한 맥락으로 이어지는데, 페르시아와 중국 자료의 연대기를 조화시키는 것이 어렵기 때문에 그 내용은 더욱 복잡해진다. 그러나 군주 개개인과 그 가문의 불안정한 운명을 제외한다면 4개의 중요한 발전이 신장의 역사에서의 모굴리스탄 시기를 특징짓는다. 차가타이계 모굴들의 쇠퇴와 소멸, 카자흐와 키르기스 및 오이라트(Oirat, 중가르)의 신흥 지역 세력으로의 부상, 중국과 트란스옥시아나 및 인도를 잇는 무역의 부활, 다음 장에서 다루어질 신장에서의 종교적·정치적 세력으로서 이슬람의 부상이 그것이다.

차가타이가의 몰락과 새로운 민족의 형성

차가타이가는 지배자로서의 지위를 트란스옥시아나에서는 빠르게, 그리고 자신들의 옛 영토였던 동부 지역에서는 좀 더 서서히 상실했다. 서부의 차가타이가는 티무르조의 치세 아래에서 손쉽고도 정당성을 갖춘 꼭두각시 역할을 했다. 그러나 티무르조를 트란스옥시아나에서 몰아낸 우즈베크인들(샤이바니조, 1500~1599)은 (칭기즈칸의 장자인 주치의 아들 시반 Shiban을 통해) 자신들이 칭기즈칸 가문의 혈통임을 주장했고, 따라서 차가타이의 후손을 필요로 하지 않았다. 신장에서는 차가타이가의 칸들이 여전히 군림했으며 몇몇 지역은 실제로 통치하기도 했다. 그러나 14세기 후반부터 17세기까지 이 지역은 북쪽의 모굴리스탄과 알티샤르('여섯 개의 도시'라는 의미. 자료들은 카슈가르와 타림 분지를 이렇게 언급하기 시작했다)[61] 및 투루판 분지에 있는 독자적인 소왕국들이나 도시 국가들로 세분되어 있었다. 이따금 한 명의 군주가 이 지역 전체를 통일하는 데 성공하기도 했으나 대부분의 경우 경쟁 관계에 있던 차가타이가의 후손들이나 두글라트 부, 혹은 호자들—다음에서 논의하겠지만 이들은 꼭두각시 차가타이가의 칸들을 통해서나 또는 자신들이 직접 통치했다—이 이 지역과 도시를 개별적으로 통치했다. 노회한 모굴 칸들의 권력이 쇠퇴하면서 이들은 유목민들에 대한 통제력도 상실하게 되었으며 새로운 부족 연합들이 초원과 산악 지대에서 출현했다.

이러한 부족 연합 중 하나가 카자흐인들의 것으로 이들은 대략 오늘날의 카자흐스탄 영토와 신장 북부에 해당하는 중가리아와 세미레체 및 트란스옥시아나 북부의 초원에서 유목 생활을 했다. 부족적·정치적 실체로서의 카자흐인들은 칭기즈칸이 장자 주치에게 물려 준 칸국인 금장 칸국〔백장(白帳) 칸국이라고도 알려져 있다〕[62]의 생존자들 사이에서 발생한 계승 분쟁의 와중에서 출현했다. 15세기 주치의 후손 두 명이 칸의 계승을 두고 경쟁을 벌였는데, 아불 하이르Abu'l Khayr 칸이 경쟁자인 바라크 칸을 살해하고 칸으로서 승리했다. 아불 하이르의 손자인 무함마드는 계속해서 트란스옥시아나를 정복하고 우즈베크 정권이라고 알려진 것을 건설했다. 반면, 바라크 칸의 아들인 자니베크Janibek와 기레이Giray는 20만 명의 추종자들과 함께 세미레체와 중가리아로 도주했다. 1520년대에 이르러 부족민의 수가 100만 명에 달했던 이들의 연합체는 카자흐Kazakh라는 이름으로 알려졌으며 남서쪽으로 시르다리야까지 영향력을 확대했다. 카자흐 부족은 18세기에 이르러 서에서 동으로 소(小)오르다, 중(中)오르다, 대(大)오르다—또는 '백(百)'이라는 의미의 단어인 쥐즈를 사용해서 카자흐인들 사이에서 알려졌던 것처럼(키시 쥐즈Kishi Jüz, 오르타 쥐즈Orta Jüz 그리고 울루 쥐즈Ulu Jüz)[63]—라는 3개의 구역을 형성했다.[64]

키르기스가 새로운 민족은 아니지만 많은 키르기스인들이 이 시기 모굴리스탄 서부의 새 영토로 이주해 왔다. 시베리아 남부 예니세이 강 유역 출신으로 투르크어를 사용하는 키르기스는 9세기 중반 오르콘 위구르 칸국을 멸망시켰다. 이들은 1세기 후에는 거란에 의해 오르콘 유역에서 쫓겨났는데 이 시기에 일부의 키르기스가 북쪽으로 귀환했으나 나머지는 남서쪽으로 이주하기 시작했다. 키르기스는 카라 키타이와 몽골 제국의 서방 원정에 참여했으며, 다수는 13세기 후반 카이두의 군대에 합류하기도 했다. 15세기에 이르러 톈산과 이시크쿨 지역 및 파미르는 키르기스의 근거지가 되었고 이들은 오이라트의 팽창(아래의 내용을 참조하라)에 맞서 이 지역을 방어했다. 16세기와 17세기에 키르기스 부족민들은 수피 샤이흐들의 공통적인 선교 활동의 대상이었고, 18세기에 이르러서는 카슈가르와 페르가나 계곡 인근의 빈번한 종교·정복 전쟁에서 다양한 교파에게 군사력을 제공하는 열성적인 무슬림이 되었다. 산악 요새에 거주하던 이들은 대개 공격을 받지 않았으며 20세기가 되어서야 외부 정치 세력의 직접적인 통제 아래에 들어가게 되었다.

독특한 서부 몽골 방언을 사용하는 비(非)칭기즈칸 가문의 한 무리의 몽골인 역시 15세기부터 중가리아에서 세력을 장악했다. 오이라트(오이라드Oyrad, 욀뤼드Ölüd, 엘레우스Eleuth, 페르시아 자료에는 칼미크Kalmyk, 칼무크 Qalmuq/Kalmuk 등으로 알려져 있다)는 1400년대 초반 몽골에 대한 통제력을 두고 명과 경쟁하며 이들을 압박했다. 17세기에 들어서 오이라트 부의 하위 연합인 중가르는 최후의 차가타이가로부터 모굴리스탄에 대한 통제력을 빼앗았으며 세계 역사에서 마지막으로 거대한 초원의 제국을 건설했다(3장 참조). 차가타이가에 관해서 우리가 가지고 있는 최선의 자료는 겨우 16세기 중반까지만을 다루고 있다. 비록 세부적인 사실들은 불충분하지만 차가타이가의 제왕들이 이후 청조의 궁정을 방문했으며 적어도 명목상의 지도자로 존속했다는 사실을 알고 있다. 또한 16세기 중반 이후로는 어떠한 차가타이가의 인물도 큰 지역적 단위로 통치하지 못했으며, 개개의 도시를 지배하는 경우에도 호자(3장 참조)라고 알려진 종교 지도자들의 지배 아래 있었다.

중국-중앙아시아의 관계와 동서 대상 무역

티무르가 사망하고(1405) 이와 함께 극동 지역을 정복하겠다는 그의 열망이 사라진 것은 중앙아시아와의 외교와 교역 관계에 개방적이었던 명의 영락제(永樂帝, 1403~1424년 재위)가 등극한 것과 그 시기가 일치했다. 영락제는 헤라트Herat에 있는 티무르조의 새로운 술탄과 사실상 평등한 입장에서 서한과 사신을 교환하면서[65] 1406년 투루판에 있는 차가타이가의 군주에게 비단을 선물로 보냈고 그는 이듬해 답례를 했다. 1408년 명의 조정은 불교 승려가 이끄는 투루판의 사절단을 맞이했다. 이 시기부터 선물과 무역의 기회에 대한 답례로 '공물'을 바치기 위해 중국의 조정으로 파견된 사절들은 두 세기 이상 동안 투루판과 중국 사이의 관계에서 초점이 되었다. 실제로 알티샤르의 도시들과 사마르칸트, 헤라트는 투루판을 거쳐 명에 사신을 파견하고 명과 교역을 했다.

이와 같은 물품의 교환은 중국 역사를 공부하는 학생들에게는 익숙한 '조공 체제' 모델의 범주에 포함되는데, 이를 통해 명은 선물에 대한 대가로서 중앙아시아로부터 말과 옥 및 다른 물품들을 받아들였다.[66] 명 조정이 사절단의 비용을 부담하고 강력한 이웃 국가들을 위해 관시(關市)을 열었으며 또한 표면적으로만 순종하는 방문객들로 하여금 '공물'을 바치도록 만들기 위해 이들이 가져온 물품에 대해 의도적으로 후한 값을 치렀다는 사실은 일반적으로 인정되는 바이다. 이와 같은 외교상의 선물을 뜻하는 한자인 공(貢)은 일반적으로 '공물tribute'이라고 번역되지만, '공물'은 실재하지 않았던 종속적이고 착취적인 관계를 나타내므로 이러한 물품들을 '선물gifts'이라고 부르는 것이 더 나을 듯하다.[67] 당시의 모든 사람들이 이 뻔한 속임수를 꿰뚫어 보았지만 중국의 공식 연대기들은 선물을 가지고 온 사신들이 명의 황제에게 신종(臣從)을 서약했다는 공식적인 입장을 피력했다. 오늘날 중화인민공화국의 일부 작가들은 신장에 대한 중국의 역사적인 위신과 주장을 강화하기 위해 15세기 투루판과 중국 사이의 관계에 대해 다음과 같이 선물을 헌상한 사절단이 중국의 봉신(封臣)이었다는 허구를 여전히 주장한다.

비슈발리크와 투루판에 있던 후기 차가타이가의 제왕들이 반복적으로 명 조정에 공물을 바치려고 노력했다는 사실은 우리에게 첫째, 그들이 자신들을 중화 민족의 일원인 명의 번속(藩屬, 변방의 속국)으로 여겼다는 것과 둘째, 동시에 경제적으로 이들이 공통적으로 (중국으로부터) 분리될 수 없었다는 것을 보여 준다……[68]

1460년대 이후 명과 중앙아시아 간 무역 관계의 발전은 투루판의 통제권을 둘러싼 명과 차가타이가 사이의 분쟁으로 인해 잠시 중단되었다. 1460년대와 1470년대 (이제 악수에 수도를 둔) 모굴리스탄과 투루판 지역은 티무르조의 도움을 받은 유누스 칸(Yunus Khan, 1426~1481년 재위)에 의해 재통일되었다. 유누스는 페르시아어에 대한 소양이 있었으며 대단히 세련된 인물이었다. 트란스옥시아나 출신의 방랑 사제는 모굴의 부족장이 "사막에 있는 여타의 투르크족과 동일한 풍습과 풍속을 지닌 턱수염이 없는 사람"일 것이라고 예상했으나, 그를 만나고는 그가 "타지크인들에게서도 좀처럼 찾아볼 수 없을 정도로 풍성한 턱수염과 타지크인의 얼굴, 세련된 화술과 예절을 갖춘 우아한 몸가짐을 가진 인물"임을 발견하고는 놀랐다.[69] 유누스는 명이 생각한 것보다 더 세련되고 강력한 인물이었으며, 이러한 이유로 명은 그의 교역 사절단을 제한하고 사조용포(四爪龍袍, 발톱이 4개가 달린 용의 형상이 그려진 곤룡포)와 같이 높은 신분을 의미하는 물품에 대한 그의 요구를 거절했다. 더욱이 명은 투루판의 지역 세력들 간의 균형을 이루기 위해 하미를 명 조정이 임명한 지도자들 아래에 있는 군사 전초 기지〔위소(衛所)〕로 유지하고자 했다. 그 결과 16세기 중반까지 투루판과 명은 하미를 두고 대결했으며 이 지역은 반복해서 정복되고 약탈당했다. 그럼에도 불구하고 무역은 대체로 중단되지 않고 계속되었는데, 명도 마필(馬匹)이 필요했던 것이다.[70]

무역은 1514년 이후 훨씬 용이해졌는데 이 당시 유누스의 손자인 차가타이가의 사이드 칸(Sa'id Khan, 1514~1533년 재위)은 서쪽에서의 권력을 차지하기 위한 차가타이가와 두글라트 부 경쟁자들 간의 다툼을 잠시나마 종식시키고 '카슈가리아'(카슈가르, 야르칸드 및 호탄)에서 자신의 입지를 굳혔다. 그는 모굴리스탄과 투루판—일리 지역과 악수, 쿠차, 카라샤르 및 투루판—에서 세력을 떨치던 자신의 형제 만수르(Mansur, 1503~1543년 재위)와 합의에 도달했다. 사이드의 치세는 위구르와 한족 학자들이 사이디야Sa'iddiya 왕조 혹은 야르칸드 칸국—타림 분지의 남서부를 지배한 독자적인 왕조로 여타의 차가타이 가문들은 다른 지역을 계속해서 통치하고 있었다—이라고 부르는 것의 시작을 알렸다. 일반적으로 서방의 사이드와 북부·동부의 만수르 사이의 우호적 협약은 이 시기에 대한 주요 자료인 『라시드사(史)』[71]가 지적한 것처럼 상대적 안정이라는 대단히 보기 드문 일이 도래했음을 알렸다.

> 두 형제 사이의 평화와 화해가 사람들에게 안정과 번영을 가져다주었기 때문에 사람들은 카물Kamul(하미) 또는 키타이(중국)와 페르가나 지역 사이를 여행용 식량과 폭행에 대한 두려움 없이 혼자 여행할 수 있었다.[72]

명은 만수르의 조부인 유누스와 그러했듯이 처음에는 만수르와도 다투었으나 마침내는 굴복하여 더 크고 더 빈번한 무역 사절을 허락했다. 일례로, 명의 연대기는 1536년 중국의 수도를 방문한 사마르칸트, 투루판, 메카 및 다른 지역에서 온 150명의 '제왕'들을 나열했다.[73] 16세기에 이르러 정기적인 상업과 외교 관계 같은 것들이 다시 한 번 중앙아시아와 명을 연결했으며 신장의 남부와 북부(모굴리스탄과 알티샤르)는 어느 정도의 정치적 통합을 누릴 수 있었다.

이름이 잘못 붙여진 '조공 체제'의 상징적인 측면에 대해서는 많은 논의가 이루어지기는 했으나, 이 제도를 외교적·전략적 수단으로 활용하기 위해 국가가 해외 무역을 독점하고자 했던 시도로 바라보는 것이 더욱 유용할 것이다. 중앙아시아에 대한 명의 이와 같은 정책의 부작용 중 하나는 사실상 신장의 군주들에게도 대단히 많은 이윤이 남는 동방과의 무역에 대한 독점권을 제공했다는 것이다. 이러한 사실은 예수회 수사 벤투 데 고에스Bento de Goes의 기록에서 분명히 드러난다. 그는 마르코 폴로와 다른 중세의 여행가들에 의해 유럽에 알려진 '카타이'가 예수회가 최근 그 궁정에 자리 잡은 바로 그 '중국'과 동일한 지역인지를 확인하기 위한 사절로서 1603년 인도에서 출발하여 타림 분지를 여행했다. 고에스는 카불에서 출발한 이후 동쪽으로 향하는 대상들과 합류하기를 기다리면서 야르칸드에서 1년 동안 머물렀다. 이 휴지 기간 동안 카슈가르-야르칸드 지역의 차가타이가 군주 무함마드 술탄은 대상의 인솔자로 일할 수 있는 권리를 매물로 내놓았다. 가장 높은 금액의 입찰자(2백 자루의 사향을 지불했다)는 다른 구성원들을 고용했는데 이들 역시 그의 관할 아래 있는 대상에 합류하기 위해 돈을 지불했다. 결국 고에스는 (최근에 호탄에서 얻은) 옥을 가지고 법령에 따라 72명으로 구성된 대상에 합류하게 되었다. 상인들은 이후 이들을 자신의 '사절'로 임명한 야르칸드의 칸이 발행한 통행증을 가지고 명의 국경으로 향했다.[74] 따라서, 투루판이 명과 화해를 한 이후, 중앙아시아와 명 사이의 장거리 교역은 엄밀히 말해 문제가 없었던 것은 아니었지만 다시금 정례화되었다. 〔고에스는 쑤저우(肅州, 간쑤)에 있는 중국 국경에서 사망했는데 아마도 어리석게도 그가 많은 돈을 빌려 준 동료 여행자들에 의해 독살당한 것으로 보인다.〕더욱이 명이 교역에 대해 공식적으로 비난했음에도 불구하고 국경에서는 활발한 교역이 이루어졌던 것처럼 보인다. 마테오리치Matteo Ricci는 17세기 중엽 카슈가르 및 다른 서방의 도시들과의 교역을 중개하기 위해 중앙아시아 무슬림 공동체가 쑤저우에 설립되었다고 기록하고 있다.[75]

근세의 실크로드

세계 역사학계에서 일반화된 가정 ─인도양과 남중국해에서 유럽인들의 해상 무역이 활발해진 것이 중앙유라시아의 오랜 쇠퇴의 시작을 알리면서 이 지역을 가로지르는 실크로드에 조종을 울렸다는 것─에 비추어 볼 때 15세기 초기부터 (그리고 단절이 있기는 하지만 청대까지) 원거리 무역이 부흥했음을 알려 주는 역사적 기록들은 흥미롭다. 부고 담당 기자들이 두 세기가 넘는 시기의 다양한 시점에서 환자의 사망을 추정했기 때문에 이 조종은 한동안 울려 퍼졌다. 즉,『케임브리지 이슬람사 *Cambridge History of Islam*』의 저자들은 "중앙아시아는 16세기 초반부터 고립되었으며…… 그리고…… 세계사의 변방에 존재하게 되었다.…… 동아시아로 이어지는 해상 루트의 발견으로 인해 실크로드는 점점 불필요하게 되었다……"라는 입장을 고수했으나,[76] 닐 스틴스고르Niels Steensgaard는 "아시아로 이어지는 해상 루트의 발견이 전통적인 대륙 간 무역로에 미친 파괴적인 영향력은 한 세기가 완전히 지나가기 전까지는 감지되지 않았다.…… 그리고 16세기 말 대륙을 횡단하는 대상 루트는 아마도 역사적 정점으로 간주될 수 있는 수준에 도달했다"는 의견을 피력했다. 반면 이센비케 토간Isenbike Togan은 "실크로드의 폐쇄"를 17세기 후반 부상하고 있던 중가르와 청, 러시아 세력들이 독립적인 상업 중개인들을 억압하면서 발생한 것으로 보았다.[77]

상당 부분은 어떠한 의미로 '실크로드'라는 용어를 사용했느냐에 따라─대륙의 한쪽 끝에서 다른 한쪽 끝으로 이동하는 상품만을 고려하는지 아니면 '실크로드'에 대한 개념 속에 중국, 중앙아시아, 러시아, 인도 또는 중동 지역으로 이루어진 유라시아의 무역망을 포함시키는지 혹은 유라시아 대륙의 정치·인구 중심지 사이의 '과(跨)문명적trans-civilisational',

'동서 간의' 사치품 교역뿐만 아니라 정주 사회와 유목민 사이의 '과생태적trans-ecological', '남북 간' 생필품 교역도 포함시키는지 여부에 따라[78]— 많은 것이 좌우된다. 중국산 비단은 13세기 무렵에는 이미 유럽에서 중동산 비단에 비해 열등한 것으로 인식되었으나, 그럼에도 불구하고 몽골 제국 시기는 실크로드의 정점이라고 여겨지고 있다.[79] 확실히 교역은 전쟁과 정치적 분열에 의해 여러 번 중단되었는데 이러한 요소들은 여행을 불안하게 만드는 한편 보호 비용도 상승시켰다. 그럼에도 불구하고 15세기에서 19세기에 이르는 장기적인 관점에서 볼 때 해상 루트를 따라 발생한 경쟁이 유라시아 중앙에서의 육상 무역량에 영향을 미쳤다는 증거는 없으며 육상 무역이 16세기 또는 17세기부터 장기적인 쇠퇴에 접어들었다는 징후 역시 거의 없다. 오히려 '조공 무역'에 대한 명의 기록들은 대규모의 대상들이 16세기 후반까지 신장을 가로지르는 사막 루트와 초원 루트를 통해 트란스옥시아나와 북중국 사이를 왕복했다는 풍부한 증거들을 제시한다. 그 후 사절단의 수는 줄었지만 사절단의 파견이 이루어졌다.[80] 또한 다음 장에서 살펴볼 것처럼 17세기 중반 중국의 명·청 교체 혼란기에 뒤이은 청, 중가르 및 러시아의 통일과 확장은 교전 중인 작은 칸국들을 진압하여 이 지역 전반에서 경제적 활동을 증진시켰다.

3장

이슬람과 중국 사이에서

16~19세기

❖❖

1장과 2장에서 살펴보았듯이 신장의 역사는 초기부터 이주에 의해서건 무역이나 제국의 정복에 의해서건 다른 지역들과의 상호 작용의 역사였다. 이번 장이 시작되는 16세기에 이르기까지 몽골 제국의 붕괴 이후 발생한 혼란 속에서 새롭고 더 거대하며 통합적인 국가들이 중국, 인도, 페르시아, 러시아와 같은 유라시아 대륙 주변의 농업 지대에서 출현했다. 중앙유라시아에서도 마찬가지로 티베트와 트란스옥시아나 및 몽골 집단들 사이에서 그리고 만주에서 다시 통일하려는, 심지어는 제국을 재건하려는 다양한 시도들이 있었다. 이러한 노력들은 권력의 정치·군사적인 측면과 종교·이데올로기적 측면 모두를 동원하는 것을 내포하고 있었다.[1] 중앙유라시아의 인종적, 종교적인 지형은 점차 근대의 지형을 닮아 가게 되었는데 투르크어족, 이란어족, 몽골어족, 무슬림, 티베트 불교도, 몽골인, 카자흐인, 키르기스인, 위구르인, 중국인 등의 집단이 어느 정도 우리가 지금 알고 있는 각자의 터전에 안착하게 된다. 신장은 문자 그대로 이 모든 변화의 중심에 있었는데 이 시기에 발생한 사건들은 오늘날까지 이어진 두 가지 전통을 남겼다. 이 중 하나는 신장의 정주 및 유목 인구들이 거의 이슬람화되었다는 것이며, 또 다른 하나는 몽골, 만주 그리고 중국에서 제국의 재건을 두고 경쟁을 벌인 결과 신장이 앞선 어느 시대보다 중국에 기초를 둔 왕조에 더 밀접하게 병합되고 통합되기에 이르렀다는 것이다.

신장은 17세기에 이르러 이슬람화가 완성되었다. 이 과정은 이전부터 시작되었는데 그 시작은 앞선 장에서 논의했던 것처럼 10세기 사투크 부그라 칸Satuq Bughra Khan과 "20만 장(帳)의 투르크인"들의 개종을 통해 알려졌다. 하지만 중앙아시아 투르크인들이 대부분 이슬람으로 개종하고 있던 반면(여기서 이슬람은 유목민들의 필요에 따라 변용되었다), 몽골인들이 13세기에 새로이 등장했다. 비록 일부가 티베트 불교를 따랐고 다수의 영향력 있는 몽골인들이 네스토리우스파 기독교도였지만, 이들은 일반적으로 샤먼들이 교감할 수 있는 보편적인 하늘의 신(텡그리tengri)과 여러 다른 정령들을 믿은 정령 숭배자들이었다고 할 수 있다. 14세기 차가타이가의 투글루크 티무르가 이슬람을 수용한 것은 이 시기 이슬람이 신장 지역의 몽골인들 사이에 들어오고 있었다는 것을 보여 주지만, 유목민들이나 신장의 오아시스 주민들 사이에서 완전한 이슬람화가 이루어졌다는 것을 나타내지는 않는다. 명의 사신 진성(陳誠)은 1414년 투루판을 통과하면서 이 도시와 근교에 많은 승려와 불교 사원이 있다고 밝혔고,[2] 그보다 수년 전에는 투루판에서 승려를 명에 사신으로 파견하기도 했다. 심지어 더 서부에 있는 모굴리스탄의 산악과 스텝 지역의 '펠트 천막에 사는 자들'도 아직 진정한 무슬림으로 간주되지 않았다. 15세기 중엽에 이르기까지 무슬림은 '모굴인'을 이교도로 여겨 합법적으로 노예로 삼을 수 있었다. 하지만 16세기 초에 이르러 옛 위구르 왕국이 있던 투루판 분지의 주민들은 타림 분지 오아시스 도시들의 주민들을 따라 무슬림이 되었다. 사실 수십 년 만에 타림 분지 내 오아시스 도시에 대한 통제권은 선조들이 부하라 출신인 샤이흐들의 수중에 떨어졌으며 모굴 칸들은 단지 명목상의 통치자로서 군림했다.

이슬람화의 결과 신장 지역은 문화적으로 그 서쪽 지역, 곧 중앙 및 남아시아의 광범위한 페르시아 또는 차가타이 투르크어 문화 지대와 연결되었다. 그러면서 동시에 신장은 전략적으로 여전히 북중국에 기반을 둔 세력과 몽골에 기반을 둔 세력 사이의 역학 관계에 얽혀 있었다. 앞서 언급했던 패턴에는 하나의 단계가 더 있었는데, 북중국에 기반을 둔 세력은 초원 제국에 대한 원정의 일환으로 신장을 향해 서진(西進)했다는 사실이다. 그러나 이러한 패턴의 반복에도 불구하고 역사 그 자체가 반복되는 것은 아니었다. 이러한 패턴의 마지막 귀결로서 청은 이전의 왕조들보다 새로워진 기술력, 더 확대된 농업 지역의 물자, 더 확대된 병참 범위, 더 효율적인 상업 집단의 협조, 그리고 다른 이데올로기를 가지고 중가르와 전쟁을 벌였는데, 이는 중국과 스텝 지역 양측의 역사적 성과와 제도를 융합하고 초월한 것이었다. 그 결과 신장은 한, 당, 원의 치하보다 훨씬 더 긴밀하게 중앙 집권화된 중국 기반의 왕조로 통합되었다.

한편, 다른 제국들도 중앙유라시아로 속속 진출하고 있었다. 청의 신장 점령과 함께 러시아 제국의 동진 및 영국령 인도의 북진은 신장 및 중앙유라시아의 나머지 부분을 완전히 에워쌌으며 이로 인해 초원 유목 제국은 종말을 고하고 이 지역은 전례가 없을 정도로 세계의 다른 지역과 접촉을 갖게 되었다.

타림 분지에서의 수피 교단의 포교

두글라트 부족에 의해 모굴 칸국의 칸으로 옹립된 차가타이가의 후손 무함마드 오글란 칸Muhammad Oghlan Khan은 이슬람 개종을 심각하게 고려하기 시작했다. 그는 1416년 카슈가르에서 몽골 유목민이나 지도층 인사 가운데 터번을 두르지 않는 자는 말발굽 박는 못을 머리에 박을 것이라는 취지의 조서를 내렸다. 『라시드사』를 저술한 무함마드 하이다르는 '신께서 그에게 선한 것으로 되갚아 주시기를'이라고 기원했다.[3]

다른 이들은 그보다는 교묘한 접근법을 택했다. 이슬람 신비주의자인 수피Sufi들은 중앙아시아의 오아시스 전역뿐만 아니라 카자흐 초원, 중가리아, 톈산 산맥, 파미르 고원에 거주하는 투르크 및 몽골 유목민들 사이에서 이슬람을 전파했다. 예언자 무함마드의 후손이라는 그들의 주장과 종교 관습 전래에 관한 전승 관계, 숙박 시설의 네트워크, 상인 및 통치자와의 밀접한 관계, 순례지가 된 영묘(靈廟) 및 상당한 재산은 야사위파 Yasawiyya나 낙슈반디파Naqshbanidyya[4]와 같은 대규모 수피 교단(타리카 tariqa)이 몽골 제국 또는 그 이후 시기에 종교, 정치적인 영향력을 갖춘 강력한 단체로 변모한 원인이었다. 유명한 수피 샤이흐들에 관한 이야기는 치유의 능력과 그들이 만들어 낸 기적을 강조하는데, 이는 그들의 선교사로서의 성공을 좌우했다. 아르샤드 앗 딘(모굴 칸국의 칸 투글루크 티무르를 개종시킨 샤이흐)이 거인 같은 씨름 선수를 물리친 것은 이러한 기적의 한 가지 예다. 이스하크 왈리 호자(Ishaq Wali Khoja, 1599년 사망)의 삶도 많은 다른 기적의 사례들을 보여 준다. 그는 몇 년 동안 카슈가르, 야르칸드, 호탄, 악수에서 신앙을 설파했고, 인근 산악 지대의 샤머니즘 신자와 불교도인 키르기스 부족민들 사이에서도 이슬람을 전파했다. 일설에 따르면 이스하크가 한 제자를 중병에 걸린 키르기스의 수장 세르요프 키르기스

Seryop Qirqiz의 장중(帳中)에 보냈다. 그의 추종자들은 샤머니즘 의식을 통해 병을 치료해 보려는 노력으로서 우상들에게 헌물을 바치고 있었다. 그 제자는 키르기스인들로 하여금 우상—은으로 만들어진 것 한 개와 돌이나 나무로 만들어진 수천 개—을 스승 이스하크에게 가져가도록 했고 이스하크는 이러한 우상의 무용(無用)함을 설파했다. 그리고 그의 제자와 함께 기도를 하자, 키르기스의 수장은 갑작스럽게 재채기를 하더니 벌떡 일어나 무슬림의 신앙 고백—"알라 이외에 신은 없고 무함마드는 신의 사도이자 예언자임을 나는 증언한다"—을 소리쳤다. 이후 키르기스인들은 그때부터 한 사람도 예외 없이 이슬람을 받아들였고, 우상을 부수어 그 은을 수피들에게 바쳤다고 한다.[5]

치유력을 보여 주고 마법을 통해 전투를 결정짓거나 불로 하는 시험에서 살아남음으로써 수피들은 유라시아 전역에 걸쳐 투르크-몽골 지도자와 관련되어 있던 샤먼처럼 행동했다.[6] 사실 어떤 면에서 수피 선교사들이 수 세기 동안 활동하면서 신장 지역에 뿌리내린 대중적인 이슬람의 형태는 기존 신앙이나 종교 풍습을 제거하지 않은 채 그 위에 덧씌워진 것이었다. 이는 신장 지역에 있는, 유명한 역사적인 인물이 아니라 이름 없는 '호자' 혹은 수피 지도자에게 봉헌된 다수의 소규모 영묘에서도 알 수 있다.[7] 그러한 영묘 가운데 하나는 쿠마르타그Qumartagh〔뉴자오 산(牛角山)〕의 언덕 위에 있는 것으로 호탄 남쪽 카라타슈Qaratash와 유룽카슈 Yurongkash 강 유역을 굽어보고 있다. 이 눈에 띄는 장소는 한때 불교도들에게 신성시되었으나, 지금은 뱀의 혼령의 도움을 받은 후 이 장소에 예배의 장소를 세우겠다고 약속했던 한 사냥꾼을 기리고 있다. 현장에 있는 무덤은 그 사냥꾼과 그의 부모 및 뱀의 것으로 여겨지는데, 몽골이나 티베트의 돌무덤과 흡사하며 샤먼의 풍습을 연상시키는 막대기나 깃발, 양의 뿔, 야크의 꼬리 등을 묶어 장식해 놓았다. 이는 분명히 쿠마르타그의 옛 전승이 이슬람의 것으로 재해석된 것으로, 이 지역 곳곳에 있는 다른 영묘의 사정도 이와 크게 다르지 않다.[8]

민간 신앙도 이와 비슷한 과정을 보이는데 16세기 『라시드사』에 기록된 전설에 따르면, (훗날 투글루크 티무르 칸을 만나게 되며 아들이 칸을 개종시킨) 자말 앗 딘 호자는 투루판과 호탄 사이 로브 카타크Lob Katak라고 알려진 도시에 살며 포교했다고 한다. 하지만 주민들은 그를 경홀히 여겼다. 어느 날 그는 설교 중에 신께서 도시에 재앙을 곧 내리실 것이라고 선언했다. 자말 앗 딘과 한 무에진은 이후 함께 도시를 떠났는데, 어느 정도 거리를 간 후에 무에진은 마음을 바꾸어 몇 가지 마지막 업무를 처리하고자 도시로 돌아갔다. 그가 마지막으로 기도 시간을 알리기 위해 소리를 외치는 동안 모래가 하늘로부터 비처럼 내리기 시작했다. 그는 미너렛(minaret, 첨탑) 위에 있었기 때문에 재앙을 피할 수 있었으나 도시는 완전히 모래에 파묻히고 말았다. 그는 다시 자말 앗 딘과 합류했고 즉시 도망치듯 그곳을 떠났다. 자말 앗 딘은 "신의 진노로부터 거리를 두는 것이 낫다"고 말했다.

7세기 중국의 불교 구법승 현장(玄奘)은 『대당서역기(大唐西域記)』에서 이와 매우 유사한 이야기를 전한다. 타림 분지 남쪽 갈로락가성(曷勞落迦城)에 놀랍게도 백단향으로 만들어진 불상이 날아들었으나 도시 주민들은 이를 무시했다. 그런데 한 이방인 아라한(나한)이 불상을 숭배하기 위해 도착하자 사람들은 그를 모래에 파묻고는 굶겼다. 앞서 이 불상에 예불하곤 했던 주민 한 사람이 그 아라한을 불쌍히 여겨 몰래 음식을 가져다주었다. 그러자 아라한은 그 친절한 자에게 도시가 곧 모래에 파묻힐 테니 떠날 준비를 하라고 일러 주고는 갑자기 사라져 버렸다. 이 남자의 친척과 이웃들은 앞으로 닥칠 재앙에 대한 그의 경고를 무시했고, 일주일 후에 모래폭풍이 닥치자 이 남자만 준비해 두었던 땅굴을 통해 피할 수 있었다. 신비롭게도 그 불상은 이후 그가 도주했던 인근의 비마성(媲摩城)

호탄 남부의 쿠마르타그에 있는 성묘
사진: J. Millward, 1992

에 다시 나타났다.

불교와 이슬람식 버전의 이야기는 둘 다 신장 남부의 도시들—로프노르 호수의 이름을 연상시키는 로프Lop—과 연관되어 있으며, 지금은 메마른 그 호숫가에 있던 누란(크로라이나)의 운명[9]을 반영하고 있는 것처럼 보인다. 좀 더 시기가 늦은 이슬람의 전설은 현장의 시대에도 이미 상당히 오래되었던 기존의 전승 위에서 만들어졌다.

낙슈반디 교단과 호자들

이처럼 민간 종교 신앙이 지속되었음에도 불구하고, 15세기부터 카슈가리아, 위구리스탄과 모굴리스탄에서 활동하고 있던 수피들은 남부의 도시 거주민들과 불교도인 오이라트를 제외한 모든 유목민들의 이슬람화를 촉진한 새롭고도 강력한 세력이었다. 낙슈반디 교단의 분파들은 타림 분지와 투루판에서는 심지어 정치적·군사적 업무들을 장악할 수 있었다.

낙슈반디 교단은 그 지도자들의 계보를 예언자 무함마드에게까지 연장했다. 이러한 종교적인 위세와 함께 기적을 일으키고 종교 권위자로서 명성을 얻게 되면서 이들은 중앙아시아에서 세속 통치자들의 자문역으로 활동하게 된다. 교단의 이름은 바하 앗 딘 낙슈반드Baha' ad-Din Naqshband에서 비롯되었는데, 그는 이후 낙슈반디 교단의 특색을 이루게 되는 세 가지 혁신적인 가르침을 베풀며 부하라 북동쪽의 한 마을에서 '종교 지도자들'(호자) 교단에 새로운 활력을 불어넣었다. 첫째로 바하 앗 딘은 우와이시uwaysi라고 불리는 어떤 수피들은 살아 있는 스승뿐 아니라 죽었거나 제자들로부터 멀리 떨어진 종교 지도자들로부터도 지도를 받을 수 있다고 설파했으며 이를 몸소 보여 주었다. 〔이 개념은 죽은 라마들의 의식 속에 묻혀 있으나 그 환생과 후계자들의 마음으로 전달되는 '비장(秘藏) 문헌'이 비슷한 시기의 개혁과 티베트 라마승들에 의해 '발견'된 것을 떠올리게 한다.〕 바하 앗 딘은 또한 수피가 신과의 신비한 관계를 유지하기 위해 공동체로부터 벗어나 운둔할 필요는 없다고 가르쳤다. (이 문제는 11세기에 거듭 토론된 주제였는데 당시 유수프 하스 하지브는 『복락지혜』에서 현세와 내세 사이의 모순을 다루었다.) 바하 앗 딘은 추종자들이 세속적인 문제에 적극적으로 개입하는 것을 정당화함으로써 15세기 낙슈반디 교단이 샤리아shari'ah*의 엄격한 준수를 주창하는 토대를 마련했다. 이들은 또한 열렬한 수니파 행동주의자들로서 사파비조 페르시아에서 융성하던 시아파 세력에 맞섰다.[10] 바하 앗 딘의 세 번째 혁신은 묵언의 지크르〔dhikr/zikr, 념(念)〕의 사용을 주

---

* 이슬람 종교법.

장했다는 것이다. 이러한 형태의 기도는 보통 이슬람 탁발승 무리들이 '알라 이외에 다른 신은 없다'라는 어구를 함께 외치는 것으로 이루어져 있다. 하지만 낙슈반디 교단은 지크르가 마음속에서 스스로에게 되뇔 수 있는 것이라고 믿었다.

낙슈반디 교단은 페르가나, 부하라, 사마르칸트, 헤라트 및 다른 여러 지역에서 빠르게 교세를 확장했다. 이는 낙슈반디 수피들이 각 지방 통치자 가문과 혼인 관계를 맺고, 여러 영묘와 학교, 종교 사업을 후원하기 위해 헌금을 거둘 권리와 토지를 축적했기 때문이었다. 바하 앗 딘의 계승자 가운데 가장 영향력 있는 인물은 아흐라르 호자Ahrar Khoja였다. 그는 티무르조의 통치자 아부 사이드Abu Said와 술탄 아흐마드Sultan Ahmad를 도왔고 모굴 칸들과도 제자들의 네트워크를 통해 관계를 유지했으며, 또한 사마르칸트 및 헤라트 등지에서 자선 기부 자산(와크프waqf)과 가업을 경영함으로써 낙슈반디 교단의 재화와 토지를 비약적으로 확대한 위대한 종교 지도자였다. 아흐라르 문파의 영향력은 1500년 중앙아시아에서 티무르조를 대체한 샤이바니조(우즈베크) 치하에서도 계속되었다.[11]

아흐라르의 제자 중 한 사람인 타즈 앗 딘 호자Taj ad-Din Khoja는 모굴 칸국의 아흐마드 칸Ahmad Khan과 그를 계승한 만수르 칸Mansur Khan의 조정에서 핵심 인물이었다. 만수르 칸은 하미를 두고 명과 거듭해서 전쟁을 벌였으며 자신의 형제와 함께 타림 분지의 무역로를 활성화시키는 데 기여한 투루판의 통치자였다. 『라시드사』는 이 칸들이 타즈 앗 딘의 제자라고 했는데, 그에 대한 다음과 같은 대단히 우호적인 서술을 보면 어떻게 이러한 종교 지도자들이 남부 신장 지역에서 활동했고 권력을 얻게 되었는지 그 상황을 짐작할 수 있다.

그(타즈 앗 딘)는 (두 차가타이 칸을) 50년 동안 보좌했다…… 그는 이 기간 동안 칸이나 술탄이나 장군이나 농부나 상인이나 누구에게서 온 것이건 간에 어떠한 헌물이나 선물도 받지 않았다. 호자는 또한 스스로 상업 및 농업에 종사했다. 그리고 지고하신 신께서 축복하셔서 이를 통해 그는 거대한 부를 축적하게 되었다. 그가 칸이나 아미르들에게 보이지 않았던 고상함은 과연 어떤 것이었던가! 가난하고 극빈한 자들뿐 아니라 농부, 도시민, 예술인과 상인들 모두 (그의 부로 인해) 혜택을 입었다. 이러한 이유로 어느 누구도 그의 요구를 거절하지 않았고, 왕국의 모든 사안이 그 앞에 자세히 펼쳐졌다.[12]

타즈 앗 딘 호자는 분명 막대한 토지와 많은 다른 재화를 소유한 사람이었으며, 모굴리스탄과 투루판의 국가 사무에 관여하고 있는 정치·군사 지도자들에게 존경받는 정치 고문이었다. (그가 어떤 선물도 받지 않았다는 주장은 대부분의 호자들이 그러했다는 증거로 읽혀야 할 것이며 어떠한 경우에건 그의 요구가 거절당하지 않았다는 점과는 모순된다.) 타즈 앗 딘이 칸들의 사무에 얼마나 간여했는지는 1533년경 그가 사망한 방식, 즉 명과의 전투에서 사망했다는 사실에서 잘 알 수 있다.

타즈 앗 딘은 또한 1세기 전 투글루크 티무르 칸과 모굴인들을 이슬람으로 개종시킨 샤이흐 부자 자말 앗 딘과 아르샤드 앗 딘의 직계 후손이었다. 아마도 야사위에서 비롯된, 아르샤드 앗 딘의 수피 교파의 지도자 계보는 15세기 초 낙슈반디 교단의 성인 계보로 변모했으며 오아시스 지대뿐 아니라 신장의 유목민들 사이에서 이슬람을 계속 전파했다.[13] 앞에서 언급했듯이 1400년대 초반에만 해도 불교 사원이 투루판 일대에 여전히 산재해 있었고, 승려들은 사신의 자격으로 투루판에서 명 조정에 파견되었다. 하지만 16세기 초엽 만수르와 타즈 앗 딘의 시기가 되면 옛 위구리스탄은 실질적으로 모두 이슬람화되었다.

카슈가리아에서는 낙슈반디 교단의 또 다른 일파가 칸에게 조언을 하고 그를 개종시켰을 뿐 아니라 최종적으로는 스스로 권력을 장악하게 되었다. 이 일파의 시조인 아흐마드 카사니Ahmad Kasani, 즉 마흐두미 아잠 Makhdum-i A'zam은 낙슈반디 지도자였던 아흐라르 호자의 또 다른 제자였다. 마흐두미 아잠의 영향력은 생전에 이미 트란스옥시아나에서 타림 분지까지 퍼져 나갔으나 마흐둠자다(Makhdumzada, 마흐두미 아잠의 후손)들이 신장으로 진출한 것은 그의 아들 이스하크 왈리—키르기스인들에게 기적을 행했던 바로 그 샤이흐—에서부터 시작되었다. 이스하크 호자는 수피 지도자로서 트란스옥시아나에서 높은 명성을 누렸으며 그곳에서 몇몇 우즈베크 칸의 후원을 받았다. 16세기 후반 이스하크 왈리는 제자들과 함께 타림 분지를 두루 다녔고, 수년 후 이스하키야Ishaqiyya(이들의 교단은 이러한 이름으로 알려졌다)를 카슈가르 지역에 설립했다. 이스하크는 카슈가리아의 차가타이계 칸 무함마드 술탄(Muhammad Sultan, 1592~1609년 재위)을 자신의 제자로 삼게 된다(무함마드 술탄은 중국 국경으로 향하는 벤투 데 고에스의 대상을 준비해 준 통치자였다). 심지어 이스하크는 사망 직전에 무함마드 술탄을 낙슈반디 교단의 종교 지도자—자신의 종교적 후계자—로 지명했으며 이를 통해 이 지역에서 이스하키야의 지속적인 지위를 보장될 수 있었다.

얼마 지나지 않아 마흐두미 아잠의 장남의 후손 무함마드 유수프 호자 (Muhammad Yusuf Khoja, 1653년 사망) 역시 동부로 왔다. 그는 투루판과 타림 분지의 여러 도시들 및 중국 서부에서 설교 활동을 했다. 이스하크의 후손들은 유수프 호자의 성공을 질투하여 그를 독살했고, 유수프 호자의 사역은 그의 아들 히다야트 알라(Hidayet Allah, 1694년 사망), 즉 아파크 호자 Afaq Khoja의 지도 아래 그의 제자들에 의해 이루어지게 되었다. 신장에서 이들 마흐둠자다 낙슈반디의 교파는 아파키야Afaqiyya라고 알려졌다.

아파크 호자는 1670년대까지 카슈가르에서 강력한 존재를 과시했고,

카슈가르 외곽에 위치한 중요한 낙슈반디 무덤이자 관광지인 아파크 호자의 영묘
사진: J. Millward, 2004

그는 심지어 야르칸드에 수도를 두고 있던 압드 알라 칸'Abduallah khan 치세에는 카슈가르의 총독으로 봉직했다. 하지만 압드 알라가 메카 순례를 떠나자 그의 아들 이스마일 칸Isama'il Khan은 이스하키야와 연합하여 아파크 호자를 카슈가르에서 축출했다. 아파크는 카슈미르로 도주했고 이후 라싸로 가서 달라이 라마의 개입을 요청했다. 아파크의 성자전(聖者傳)에 따르면 달라이 라마를 '브라만의 샤이흐'로 묘사하고 있는데, 그와의 조우에 대해서는 다양한 버전의 이야기가 전해지고 있다. 어떤 버전에는 두 사람은 기적의 대결을 벌였고 거기서 아파크의 공력이 더욱 뛰어났다고 한다.[14]

오늘날 티베트의 최고 성직자가 가지고 있는 명성이나 정치적인 지위는 크게 변화했지만 17세기 제5대 달라이 라마는 강력한 지도자였다. 그는 티베트 불교의 개혁주의 겔룩파Gelugpa/dGe-lugs-pa〔황모파(黃帽派)〕를 다

른 교단이나 티베트 여러 왕들보다 우월한 지위로 이끌었으며 자신의 정치적인 영향력을 캄(Khams, 동부 티베트), 칭하이(암도 또는 코코노르) 지역으로 확대했다. 그는 심지어 중가리아와 몽골에 있던 오이라트, 할하Khal-kha, 차하르Chahar와 다른 몽골 부족들에게도 영향을 미쳤다. 조용하고 평화로운 종교라는 티베트 불교에 대한 오늘날의 인상은 17세기와 18세기 내륙 아시아에서 일어난 사건들로는 입증되지 않는다. 사실 조지프 플레처는 득세해 가는 겔룩파를 낙슈반디와 비교하여 양측 다 개혁주의 성향을 가지고 세속적인 문제에 개입하고 있었다는 점을 지적했다.[15]

아파크 호자는 달라이 라마에게 자신이 카슈가리아의 정통적인 세속 통치자라고 밝혔고, 이에 달라이 라마는 17세기 초 이래 중가리아라고 알려진 톈산 이북 지역에 스텝 제국을 형성해 온 중가르, 즉 오이라트 몽골 부족 연합의 지도자 갈단Galdan에게 지원을 요청함으로써 그에게 도움을 주기로 합의했다. 달라이 라마는 갈단에게 "이스마일 칸이 (아파크의) 나라를 빼앗았다"는 서신을 보냈고, 그는 매년 공물을 받는 대가로 1678년 타림 분지를 정복하고 아파크와 그의 아들들을 권좌에 앉힘으로써 기꺼이 도움을 주었다.[16] 하지만 중가르가 다른 지역에 몰두해 있는 사이, 아파키야와 이스하키야 사이의 경쟁은 계속되었다. 예를 들어, 아파크 호자의 사망 이후 그의 아내는 그녀가 이스하키야와의 피비린내 나는 분쟁을 억압했던 방식으로 인해 '살육자 여왕(잘라드 하눔Jallad Khanum)'이라는 별명을 얻었다. 서부 타림 분지를 감싸는 산악 지대에 거주하는 키르기스 부족들은 갈등 관계에 있는 양측에 가담했고, 이러한 이유로 서로 다른 지역에 있는 키르기스 파벌의 이름을 따라 이스하키야는 카라타글리크〔Qarataghliq, 흑산당(黑山黨)〕, 아파키야는 아크타글리크〔Aqtaghliq, 백산당(白山黨)〕로 불리게 되었다.[17]

이후 17세기 말과 18세기 초에 타림 분지는 이전의 패턴, 즉 오아시스의 현지 통치자들(이제는 수피 가문)이 톈산 산맥 북방의 유목 군주들에게 조공을 바치는 구조를 다시금 답습하게 되었다. 더구나 이전 시기처럼 톈산 산맥을 가로지르는 이러한 정치적인 역학 관계는 더 큰 지정학적인 구도, 즉 북방의 유목 세력(중가르)과 중국의 지배 세력(만주족의 청조) 및 겔룩파 달라이 라마 휘하의 티베트 세력 사이의 경쟁 관계의 일부에 불과했다. 하지만 서쪽에서 발흥하고 있는 또 다른 대륙 제국 러시아는 청과 함께 스텝을 둘러싼 역학 관계를 궁극적으로 변화시켰으며 그와 함께 중앙 유라시아에서 신장의 위치도 변화하게 되었다.

중가르-만주의 대결과 청 치하 '신장'의 탄생

'중가르'는 정치적인 용어로, 17세기 초 북부 신장에서 중가르 부(部) 지도층 휘하 초로스Choros, 두르베트Dörböt, 호이트Khoit 부 등이 연합하여 형성된 오이라트 부족 연맹을 가리킨다. 용어 사용에 관해 상당한 혼동이 있는데, 오이라트와 중가르라는 용어가 [그 변형인 웨이라(衛拉), 어루터(額魯特/厄魯特), 웨이루터(衛魯特), 웨이라터(衛拉特), 올루드Ölöd, 엘레우스Eleuth, 중가르Junghar, 제윈 가르Jegün Ghar, 중가르Dzunghar, 준가얼(准噶爾) 등과 함께] 혼용되고 있다. 이슬람 측 사료와 러시아 측 사료는 모두 오이라트인들을 '칼미크Kalmyk'(칼무크Qalmuq)라고 불렀으며, 때로는 동몽골인이나 만주인을 지칭할 때도 이 용어를 사용하기도 했다.

중가르인이 오이라트인이라고 해도 모든 오이라트 사람이 중가르 사람인 것은 아니었다. 사실 두 오이라트 부족 중 많은 사람들이 1620년대와 1630년대 중가리아의 토지와 사람들의 통제를 둘러싼 격렬한 투쟁을 피해 다른 지역에 있는 목초지를 찾아 떠났다. 호쇼트Khoshuut인들은 오늘날 우루무치 남부의 목초지를 떠나 칭하이와 티베트로 이주했고, 거기서 겔룩파를 위해 무력을 제공했다. 토르구트Torghut인들은 신장 북부의 타르바가타이 지역에서 볼가 강 유역까지 이동했다. 이들은 그곳에서 칼무크라고 불리면서 토착 무슬림 노가이 투르크족 위에 군림했으나, 결국 러시아 제국의 통치 아래에서 납세의 의무를 지고 오스만 제국과의 전쟁에도 동원되었다. 러시아의 압제를 피해 1771년 약 15만 명에 달하는 토르구트인들이 청의 보호를 받고자 동쪽으로 되돌아오기 시작했다. 이들은 대대적인 환영을 받고 신장 북부 지역에 다시 정착하게 되었다. 이 일화는 흉노가 월지를 대체했던 것을 연상시키는 파급 효과와 함께 역사상 중앙유라시아 전역의 유목 민족들이 보여 준 거대한 '당구공'의 움직임 가운데 최후의 것이었다.

17세기와 18세기 전반부에 중가르는 세력을 얻고 강력한 국가를 건설했다. 이들은 돌로 된 성벽으로 둘러싼 도시를 건설하는 한편 티베트 불교를 수용하고 러시아 및 청과의 무역도 확대했다. 궁극적으로는 낙타 등 위에 조그만 대포를 얹은 화약 무기를 도입했는데, 심지어 이동 가능한 '탱크'를 전선에 배치하기도 했다. 비록 탁 트인 전장에서는 기마병보다 군사적으로 덜 효과적이나 대포와 총포는 도시를 공격하는 데 유용했으며 상당한 크기의 소음을 만들어 냈다. 피터 퍼듀가 지적한 대로, 낙타 등 위에 대포를 설치한 것은 중가르인들이 단순한 유목민 약탈자가 아니라 오히려 대규모의 제국 건설 사업에 참여했음을 보여 준다.[18]

중가르는 실제로 지도자인 바투르 홍타이지Batur Khongtaiji 휘하에서 카자흐를 물리치고 세력을 확장하여, 1635년 러시아와 영토, 관할권 및 팽창하는 두 제국의 영토 사이에 끼어 있는 예니세이 키르기스Yenesei Khirghiz와 같은 부족들의 조공 징수권을 두고 협정을 체결했다. 러시아 제국은 16세기부터 시베리아를 가로질러 동쪽으로[19] 확장해 오고 있었는데, 담비나 다른 동물의 모피를 얻기 위해 온 상인들과 난폭한 변경 개척자들의 뒤를 이어 러시아 제국의 군대와 관리들이 따라왔다. 오래지 않아 일련의 변경 요새들과 무역 도시들이 시베리아의 주요 강변을 따라 건설되었다. 중가르는 러시아인들이나 러시아 군대에 복무하던 스웨덴인들로부터 총기 주조 기술과 지도 제작법을 배웠다. 중가르 국가는 또한 남부 신장 지역으로부터 노동력 및 물품을 공급받았고, 철광석, 구리, 은, 금, 강철과 화약 제조에 쓰이는 여러 광물들을 채굴했다. 신장의 광산에서 채굴한 구리를 사용하여 아랍 문자로는 주조지인 '야르칸드'가, 오이라트 문자로는 칸의 이름이 새겨진 동전을 주조했다. 종이를 제작하고 오이라트 몽골어의 음을 옮기기 위해 티베트 승려에 의해 특별히 고안된 토도Todo 문자로 된 서적을 출판했다. (이 티베트 승려는 수 세기 전 또 다른 티베트 라마가 칭기즈칸 가문에 제공한 봉사를 반복한 셈이다.)

티베트와의 연결 관계는 중가르 국가의 성장과 정통성의 측면에서 매우 중요했다. 비록 몽골 제국 시기 일부 칭기즈칸 가문의 몽골인들이 불교를 받아들였으나(특히 쿠빌라이는 티베트 불교와 밀착되어 있었다), 티베트 불교가 몽골에 거주하던 부족들 사이에서 지배적인 종교가 된 것은 16세기 중반 겔룩파의 정치 활동과 선교 활동이 동서 몽골의 여러 집단의 지도자들을 포섭하면서부터였다. 1640년 바투르 홍타이지는 티베트 라마들을 비롯하여 할하 및 칭하이에서 온 호쇼트와 볼가 유역에서 온 토르구트의 대표자들이 참여한 몽골·오이라트 부족의 쿠릴타이, 즉 대회의를 개최했다. 이 회의에서 티베트 불교를 몽골인들의 종교로 규정한 범몽골적 법규가 반포되었으며 바투르와 토르구트 및 호쇼트의 지배 부족을 연결하는 혼인이 성사되었다. 티베트 불교 승려들에게는 정략적인 결혼이 불가능했지만, 바투르의 아들 중 하나인 갈단이 수련승으로서 라싸에 가게 됨으로써 이와 유사한 관계가 성립되었다. 〔그의 이름은 '미륵불(彌勒佛)'의

도솔천(兜率天)'을 뜻하는 티베트어 '갈단Dga'ldan'의 몽골어식 명칭이며, 또한 겔룩파를 창시한 혁신적 인물이 라싸에 세운 유명한 사원의 이름이기도 하다.)

따라서 1640년의 쿠릴타이는 티베트 불교의 기치 아래 몽골을 통합하고 내륙 아시아에 새로운 몽골 제국을 세울 중가르의 잠재력을 나타낸 것이다. 1670년 갈단이 중가리아로 돌아와 몇 년 전 바투르 홍타이지가 사망한 후 지속되었던 계승 분쟁을 해결하고 이러한 전망을 실현하기 시작했다. 1678~1680년 갈단은 타림 및 투루판 분지를 달라이 라마의 축복 아래 점령했다. 달라이 라마는 갈단에게 신성한 은혜를 받은 칸이라는 뜻의 '보슉투 칸Boshugtu Khan'의 칭호를 내렸고, 이는 갈단이 칭기즈칸의 후손이 아님에도 불구하고 칸의 칭호를 사용할 수 있도록 실질적으로 인가하는 역할을 했다. 이제 남쪽에 있는 오아시스의 세금 기반을 장악하게 되자 갈단은 동쪽에서 여전히 칭기즈칸 가문의 칸들의 지배를 받고 있던 몽골인들, 할하의 문제에서 이익을 추구하기 시작했다. 이로 인해 갈단은 만주족이 창건한, 흥기하고 있던 또 다른 내륙 아시아의 세력인 청 제국과 직접적인 경쟁 관계에 놓이게 되었다.[20]

북중국, 한반도, 시베리아 사이의 변경 지역에서 발흥했을 당시부터 만주족은 몽골 집단들과 밀접한 관계를 맺고 있었다. 명을 겨냥해 배치되었으며 결국에는 베이징을 함락시킨 부족 연합군〔'팔기군(八旗軍)'〕에는 다수의 몽골인들이 포함되어 있었다. 1630년대 청은 내몽골의 부족과 토지를 장악했으며, 베이징을 점령한 시기(1644)에 이르러서는 북쪽에 있는 할하에도 상당한 영향력을 행사했다. 따라서 1644년 갈단이 외몽골로 진출한 것은 청에게는 직접적인 도발로 간주되었다. 청의 강희제(康熙帝, 1662~1722년 재위)는 이러한 위협에 외교적, 군사적 수단을 함께 동원하면서 철저히 대응했다. 그는 러시아인들과의 관계를 공고히 했다. 이들은 북동 지역에서 청과 충돌하고 있었으며 아무르Amur 강〔헤이룽(黑龍) 강〕의 알바진Albazin에 건설된 이들의 요새를 청이 두 차례(1685년과 1686년)에 걸쳐 철저히 파괴했다. 네르친스크Nerchinsk 조약(1689)에서 청과 러시아는 교역 관계를 정례화하고 동부 국경의 경계를 정했으며 변경 지역의 비정착민들을 관할하는 규정을 세웠다. 강희제는 또한 중가르 세력을 피해 청조 관할 지역으로 이주한 약 14만 명의 할하 몽골인들의 항구적인 충성 관계를 확보하기 위한 조치를 취했다. 청은 곡물, 가축 및 기타 물품을 피난민들에게 제공했다. 할하의 칸들과 최고위 라마가 청과 러시아 중 어느 쪽에 자신을 의탁할지 고민하고 있을 때, 청 조정의 라마들은 러시아와는 달리 청이 겔룩파 교단을 후원하고 있다는 사실을 강조하면서 청을 적극적으로 지지했다. 결국 할하인들은 청 측에 가담하게 되었고 1691년 베이징 북쪽 250킬로미터쯤에 위치한 돌론노르Dolonnor에서 이를 축하하는 거대한 연회가 열렸다. 할하의 새로운 인적 예비 자원은 특히 청의 내륙 아시아 원정에서 청 군대의 기간으로서 활약했다. 더구나 할하의 칭기즈칸 후손들이 만주 황제의 신하가 됨으로써 청은 내륙 아시아에서 정치적인 정통성을 확보하게 되었고, 칭기즈칸의 후계자이자 겔룩파 교단의 후원자이자 보호자의 역할을 자임할 수 있게 되었다. 마지막으로 강희제는 갈단에 대한 군사 원정을 시작했고 청의 군대는 1696년 (오늘날 울란바토르 동쪽 툴라Tula 강변에 위치한) 자오모도Jao Modo에서 중가르군을 격파했다. 자신의 군대로부터 버림받은 갈단은 이듬해 사망했는데, 남아 있던 소수의 추종자들에 의해 독살당했거나 갑작스러운 질병의 희생양이 된 것으로 보인다. 청의 조정과 역사가들은 갈단이 스스로 목숨을 끊었다고 주장하며 의도적으로 청 제국의 신화를 위해 기록을 조작했다.[21]

한편 타림 분지의 서남부에서는 이스하키야와 아파키야, 잔존하고 있던 차가타이가의 후손들과 키르기스 집단들 사이에서 전쟁이 지속되었으며, 이로 인해 중가르의 새로운 칸 체왕 랍단Tsewang Rabdan은 1713년 재차 침공하여 오아시스 지역으로부터 세금 징수를 재개했다. 중가르는 양측 호자 분파의 지도자들을 포로로 잡아 북부 쿨자로 끌고 갔는데 수년 후 이들은 이스하키야를 중가르의 봉국(封國)으로서 알티샤르에 다시 세웠다.[22]

중가르인들은 자신들에 앞서 카라 키타이가 했던 것처럼, 타림 분지를 통치하지 않고 이 지역으로부터 물자만을 취했을 뿐이었다. 하지만 우리는 카라 키타이의 시기보다는 이 시기에 대해서 이러한 중가르인들의 행위가 정확히 무엇을 의미하는지에 대해 더 많은 정보를 가지고 있다. 『타즈키라이 호자간 Tazkira-i Khwajagan』*의 기록에 따르면 중가르인들이 카슈가르에 매년 4만 8000온스의 은을 세금으로 부과했으며 다른 도시들도 마찬가지로 세금을 현금으로 지불했다고 한다. 18세기 중반 청의 관리는 카슈가르가 매년 중가르에 4만 898온스의 은과 6만 7000파트만patman(1파트만은 240킬로그램 남짓이다)의 곡물을 지불했다고 기록했다. 이러한 세금 이외에도 곡물과 면화, 사프란이 납부되었으며 강제 노역이 징발되고 증류, 제분, 상업에 대한 세금이 징수되었다. 세금은 자의적으로 이루어졌고, 중가르인 무리들은 세금을 징수하기 위해 수확기마다 왔고 이들에게는 술과 음식 및 여자들이 제공되었다.[23]

신장을 통치하는 중가르의 통치 방식 중 이전의 유목 세력과 달랐던 한 가지 점은 중가리아의 농업 잠재력을 개발하기 위해 노력을 기울였다는 것이다. 포로로 잡힌 카자흐족, 키르기스족 및 서투르키스탄과 중국 출신의 죄수들은 일부의 중가르인들과 함께 관개 시설을 건설하고 비옥한 중가리아의 하천 유역과 우루무치 지역의 농토를 경작했다. 이들 가운

---

* 무함마드 사디크 카슈가리Muhammad Sadiq Kashghari가 1768~1769년에 걸쳐 작성한 유명한 수피 지도자들의 이야기를 다룬 역사서.

데 가장 많은 수를 차지한 이들은 서부 타림 지역에서 일리 강 유역으로 이주되어 농부, 즉 타란치taranchi*가 된 무슬림들이었다.[24] 이는 곡물과 다른 농산물의 원천을 조직화하는 것을 중가르가 얼마나 중시했는지를 보여 준다. 이 정책은 우연히 실시되었으나 이후 대단히 큰 의미를 갖게 되는데, 20세기에 이르러 위구르인들이라고 불리게 되는 남부 출신의 투르크어를 사용하는 비유목 무슬림들이 중가리아에서 거주하게 되는 과정의 시발점이 되었던 것이다.[25]

무역은 세입뿐만 아니라 비단, 차, 면직물을 비롯해 중가르인들이 스스로 재배하거나 만들 수 없는 물품들을 얻을 수 있는 또 다른 원천을 제공했다. 고가의 수자(繡子)와 차는 서쪽으로 다시 옮겨져 비싼 값에 팔렸으며 직물과 질이 좋지 않은 전차(磚茶)는 중가리아의 일반 유목민들이 소비했다. 남부 신장을 차지한 이후 중가르는 또한 차가타이 칸들과 타림 오아시스 도시들의 다른 통치자들의 특권이었던, 대상에 허가를 내주는 권한을 독점했다. 중가르 대상의 상인들은 사료에는 '부하라인들'로 알려져 있기도 하는데, 이들은 타림 분지와 투루판 내지는 서부 중앙아시아 출신일 가능성이 높다. 〔예를 들어, 중국 측 사료는 1744년 베이징으로 파견된 중가르의 사절단을 이끌었던 '대표'의 이름을―몽골식 이름이 아닌 투르크식 이름인 투르디Turdi를 한자로 음사한―투얼두(圖爾都)라고 적고 있다.〕 이 상인들과 계약을 맺음으로써 중가르는 서쪽으로는 타슈켄트와 동쪽으로는 청과 물품을 교역했다. 평화 시에 중국과의 무역은 명대의 패턴을 따랐으나, 중가르의 대상들이 베이징으로 가는 '조공 사절'과 간쑤 성 쑤저우에 위치한 관시(官市)에서 자신들에게 할당된 교역량을 초과했기 때문에 명대와 동일한 문제를 야기하기도 했다. 중가르인들은 또한 라싸의 사원에 차를

---

* '씨 뿌리는 사람'이라는 뜻으로 본래는 오아시스의 농민을 지칭.

바치기 위한 순례를 가장하여 티베트와도 교역을 했는데, 청은 관리들이 난처할 정도로 이러한 무역을 승인하고 심지어는 보조금을 지급해야 했다. 이처럼 중가르는 대상 무역이 내륙 아시아 유목 국가에서 갖는 중요성에 대한 훌륭하고 잘 기록된 사례를 제시한다.[26]

갈단 사망 이후 50년 동안 중가르와 청의 관계는 공개적인 전쟁과 긴장된 휴전 사이를 오갔다. 두 세력은 이제 우리에게 익숙해진 패턴을 따라 이 도시들과 주민들에 대한 통제권을 서로 주고받으며 신장 동부(하미, 투루판, 우루무치 지역)를 두고 공방전을 벌였다. 이러한 갈등은 중가르가 달라이 라마의 계승을 둘러싼 정치 문제에 개입하게 된 1717년에는 티베트로까지 확산되었다. 1720년 청에 의해 티베트에서 중가르 세력이 패퇴한 것은 티베트에서 청의 보호령이 시작되는 계기가 되었다. 중가르는 1723년 서투르키스탄을 침입하여 타슈켄트와 다른 도시를 약탈했으며 중가르의 공격으로 카자흐의 중오르다와 대오르다 세력은 크게 약화되었고, 그 결과 러시아의 중앙아시아 침투가 용이하게 되었다. 중가르는 또한 러시아와도 주기적으로 싸웠는데 러시아의 요새화된 전초 기지는 중가르의 영토를 압박했으며, 러시아는 중가르에 이미 복속한 부족들로부터 신속과 조공을 요구했다.

중가르에 대한 중국 측 사료의 입장은 17~18세기 청의 황제들이 이들을 신뢰할 수 없으며 호전적이고 반역을 일삼는다고 비난한 이래로 거의 변화하지 않았다. 하지만 훨씬 중립적인 시각도 가능한데, 중가르는 청, 제정 러시아 및 다른 유럽 국가들과 마찬가지로 자강 노력과 국가 건설을 시도하고 있었다고 할 수 있다. 그러나 피터 퍼듀가 지적했듯이 18세기 러시아와 청이라는 거대한 대륙 제국들은 중가르가 타림 분지와 중가리아에서 그러했던 것보다 더 넓은 농업 기지와 중앙 집권적인 통치 체제를 가지고 있었으며, 이 제국들은 또한 시베리아의 주민들로부터 나오는 전

략적 물자와 공물에 중가르가 접근하려는 것을 효과적으로 저지할 수 있었다.[27)]

18세기 중엽에 이르러서는 모든 유목 제국의 숙명적인 약점이었던 계승 분쟁이 중가르를 치명적으로 약화시켰다. 갈단 체링(Galdan Tsering, 1727~1745년 재위)의 사망 이후 발생한 내전은 중가르 연맹을 분열시켰다. 1752년 부족장인 아무르사나Amursana와 다와치Dawachi가 당시 권력을 장악하고 있던 칸 후보를 암살했다. 다와치가 스스로 칸에 오르자 아무르사나는 그와 전쟁을 벌였으나 결국 패배하여 2만여 추종자와 함께 동쪽으로 도망쳐 청에 귀순했다. 청의 건륭제(乾隆帝, 1736~1795년 재위)는 이를 좋은 기회로 보고 몽골의 국경에 위치한 청더(承德) 피서산장(避暑山莊)에서 큰 환영식을 열어 망명한 또 다른 오이라트의 수령 체렝Tsereng과 함께 아무르사나를 직접 영접했다. (내륙 아시아의 지도자들은 천연두에 걸릴 확률이 높은 베이징을 방문하지 않으려고 했다.)

청의 군대는 새로운 동맹자를 앞세워 중가리아로 진격했고, 1755년 이를 쉽게 점령했다. 이것은 원시적인 무기에 대해 화기(火器)가 승리를 거둔 것이 아니었다. 청 조정에 있던 예수회 선교사들이 묘사한 것처럼 전투에 대한 문서 기록들은 양측이 모두 활과 화살뿐 아니라 대포와 소화기(小火器)를 사용했음을 보여 준다. 그러나 청은 자신의 농업, 경제 및 군사 자원을 더 효율적으로 동원할 수 있었다. 더욱이 수년간의 자중지란 이후 약화된 중가르 연맹은 거의 저항하지 못했다.

다와치를 사로잡고 쿨자를 전투 없이 점령한 이후, 청은 대부분의 병력을 철수시키는 데 불안함을 느끼지 않았다. 애초에 건륭제는 중가르 연맹을 쪼개어 4개의 주요 오이라트 부족에 초지와 사람들을 나누어 주고, 각 부족마다 칸을 두어 통치하도록 하려 했다. 청이 몽골을 평정한 것과 유사한 이 방식에 따라 아무르사나는 호이트 부의 칸이 될 예정이었다.

하지만 아무르사나는 스스로 중가르의 옛 백성들과 목초지를 모두 통솔하기를 희망했다. 그는 청 조정에 바치는 상주문에 이러한 의도를 밝히고 쿨자에 남아 있던 청의 군대를 학살했다. (아무르사나는 중국의 역사에서는 불성실한 반역자로서 취급되고 있지만 몽골 공화국에서는 영웅이며, 울란바토르에는 그의 이름을 딴 거리도 있다.)

격분한 건륭제는 아무르사나의 오만방자한 서신을 인쇄하여 중국 내 모든 관리에게 회람하게 하고는, 중가르 문제를 매듭짓기 위해 대규모의 보복 원정을 개시했다. 건륭제는 내켜 하지 않는 장군들을 거듭 독려하여 만주와 다른 몽골기(旗)의 노예가 될 여자와 아이 및 노인을 제외하고는 모든 중가르인들을 멸종시키도록 했다. 초토화 전략과 천연두, 생존한 중가르 노예들의 부족 정체성을 억누른 것이 중가르 민족의 멸절과 중가리아의 인구 감소로 이어졌다. 중가르라는 이름 자체가 사멸되었는데, 남은 오이라트인들은 있어도 중가르인은 없었다. 퍼듀는 이 사건을 청의 관행상 전례 없던 정교한 민족 학살, 즉 중국의 서북 변경 문제에 대한 "최종적 해결책final solution"*이라고 불렀다.[28]

청의 군대가 1755년 처음으로 쿨자를 점령했을 때 이들은 중가르인들이 그곳에 인질로 억류하고 있던 두 명의 아파키 호자 형제 부르한 앗 딘Burhan ad-Din과 자한 호자Jahan Khoja를 발견했다. 만주인들은 타림 분지를 되찾을 수 있도록 부르한에게 군사적 원조를 제공했으며 이로써 그를 남부에 피보호자로 세우고자 했다. 하지만 아무르사나가 반란을 일으키자 자한 호자는 남쪽으로 도주하여 형제인 부르한 앗 딘과 합세했다. 이들은 청에 대한 복속 관계를 파기하고 사신을 처형했으며 타림 분지에 독립적인 아파키야 정권을 다시 세우고자 했다. 따라서 청은 그러할 의도가 없

---

* 나치 독일의 유대인에 대한 계획적 학살.

었음에도 톈산 이남의 오아시스들 각각에 대해 원정을 해야 했는데, 이는 중가리아에서 톈산 너머로 그리고 중국의 서북부로부터 고비 사막을 가로질러 신장으로 인력과 곡물, 가축, 은 및 다른 물자들을 운반해야 하는 막대한 병참상의 노력을 요구하는 사업이었다. 청의 팔기군이 야르칸드와 카슈가르를 점령하자 호자들은 서쪽으로 도주하여 협곡을 가로질러 바다흐샨Badakhshan으로 갔다. 청의 군대는 중가르와 중가르를 지원하던 카자흐, 호자에 대한 원정을 진행하던 도중 1750년대 후반 키르기스의 산악 목초지와 그 너머의 페르가나 계곡으로 진출했다. 분견대 하나는 탈라스 시에 이르렀는데, 이는 1000년 전의 유명한 전투가 있었던 이래로 처음 중국 측 군대가 이 지역에 도달한 것이었다. 또 다른 분견대는 코칸드Khoqand 시에 도착했으며 다른 분견대는 타슈켄트 외곽에 진주했다. 파미르 고원 너머에서의 이러한 무력시위는 일시적인 것이었으나 소기의 목적은 달성했다. 위협감을 느낀 지역 군주들이 서둘러 청이 도망자들을 체포하는 것을 도왔다. 특히 술탄 샤Sultan Shah는 막강한 군사력을 앞세운 청의 요구에 굴복하여 우선 자한 호자의 머리를, 이후 부르한 앗 딘의 유해를 자신의 인사와 함께 동쪽으로 돌려보냈다.[29]

이렇게 청은 동북아시아와 중국 및 몽골에 이미 가지고 있던 광대한 영토에 중가르 제국을 병합하면서 제국의 통치를 무슬림 중앙아시아로까지 확대했다. 건륭제는 원정과 '황무지'라고 판단한 영토를 보유하는 데 드는 비용을 우려한 관료들의 내부적인 저항에도 불구하고 원정을 강행했다. 특히, 황제와 조정은 재정적·전략적인 측면에서 원정을 정당화했는데, 이들은 군대를 전방에 배치하면 팔기군이 가축을 기를 수 있고 (결코 실현된 적은 없지만) 이론상으로는 중국 내지의 주민들에게 부담을 주지 않고 자급할 수 있는 초원 지역에 주둔할 수 있다고 주장했다. 확실히 한, 당, 명, 원 및 북중국에 기반을 둔 여타의 국가들에게 가장 심각한 전략적 문제였던 중국 북부 초원으로부터의 위협은 청이 외몽골을 병합하고 신장을 정복한 이후에는 더 이상 문제가 되지 않았다. 건륭제는 신장을 확보하는 것이 재화를 절약하고 안보를 증진시킨다고 주장했다. 많은 관료와 지식인은 처음에는 이 주장에 여전히 의문을 품었으나 이후 수십 년에 걸쳐 이러한 사고방식에 익숙해졌다. 이러한 맥락에서 몽골이 수도 베이징의 안보에 필수적이고, 신장은 몽골 방어에 필수적인 방패막이며, 궁극적으로 신장이 중국의 핵심적이고 떼어 낼 수 없는 일부라는—19세기 이전에는 어떠한 중국인도 주장한 적이 없는—논리가 생겨났다.

청 치하의 신장

청이 신장에서 한과 당의 몇몇 선례를 따르기는 했지만, 신장에 대한 청의 통치 체계는 톈산 북부의 중가리아에 있던 기지로부터 타림 분지의 오아시스를 통치한 카라 키타이 혹은 다른 유목 세력들이 보여 주었던 통치 방식을 연상케 한다. 이는 신장의 동부에 자신들의 본부를 두었던 한 왕조, 심지어는 당 왕조와도 달랐다. 이 '새로운 강역(疆域)'(이는 18세기 말 처음으로 도입된 '신장'이라는 용어의 문자 그대로의 의미이다)에 배치된 청의 군사력은 대개 초원의 생활 방식에 익숙해져 있던 팔기군이었으며, 이들 중 절대 다수는 자신들의 마필이 풀을 뜯고 식량과 운송 수단을 위한 가축을 기를 수 있는 톈산 북부의 초지에 거주했다. 남부 오아시스 지대의 현지 정부는 무슬림 엘리트들의 손 안에 있었으며 청은 신장 통치의 첫 1세기 동안(1760~1864)에는 현지의 이슬람 법체계나 종교적 문제에 크게 관여하지 않았다. 더구나 중가르 및 다른 앞선 왕조들과 마찬가지로 청은 북부의 점령군을 유지하기 위해 타림 분지와 투루판 분지의 농경민들에게 현금과 현물로 세금을 부과했으며 반란은 철저하게 진압했다. 청은 또한 남부와 북부 모두에서 농업을 장려했으나, 전반적으로 볼 때 남부 신장의 '무슬림 지역[회부(回部)]'이라고 불리던 지역 사회에 대한 개입은 비교적 적었다.[30]

그러나 이전 유목 통치자들과 비교하는 것은 오해의 여지가 있을 수 있다. 왜냐하면 다른 측면에서 볼 때 신장에서의 청의 통치는 중가리아로부터 타림 분지를 통치하던 이전의 군주들과는 구별되기 때문이다. 사실 청은 과거에 중국, 몽골, 티베트에 기반을 두었던 세력과 신장 사이의 관계를 특징지었던 지정학적 교착 상태를 타개했는데, 이는 청조가 몽골과 중가리아, 칭하이 및 티베트를 병합했거나 적어도 통제하고 있었기 때문에 가능했다. 더욱이 동일한 지역을 정복했던 칭기즈칸 치하의 몽골 제국과는 달리 청은 내륙 아시아를 분봉지로 분배하지 않았으며, 오히려 중국에서 유래한 관료주의적 방식과 청의 지배 엘리트의 내륙 아시아에 대한 언어적, 문화적, 역사적, 군사적 경험을 결합하여 내륙 아시아 전역을 중앙 집권화된 제국으로서 통치했다. 따라서 청 치하의 신장은 마치 유목민들의 게임인 보즈 카시boz-kashi 속 염소 시체처럼 교전 중인 열강들 사이에서 왔다 갔다 하지 않았으며 도리어 단일한 세력 치하에서 (어느 정도의 단절이 있었지만) 안정된 1세기를 보냈다.

중가리아 및 타림 분지에 대한 통제권을 공고히 하기 위해 청은 통신 및 농업 기반 시설을 확충하고 통화 체계를 만들었으며, 신장 일부 지역에 한족과 중국계 무슬림[퉁간Tungan 또는 회족(回族)]을 이주시켰다. 청조는 또한 제국의 통치를 위해 신장에 대한 지식을 수집하고 이를 책으로 발간하는 프로젝트에 착수했다. 따라서 청의 신장 통치는 여러 면에서 흉노, 돌궐, 몽골 또는 중가르와 같은 이전의 내륙 아시아 정치 체제의 통치 방식보다는 유럽의 열강들과 러시아의 제국의 통치 방식을 닮았다.

방어와 행정

1880년대까지 신장에서의 청의 행정은 중국 내지의 행정과 다른 형태를 띠고 있었다. 청은 신장을 중국 '내지'의 성(省)에서와 같이 행정 장관 치하의 주(州)와 현(縣)으로 나누기보다는 군사 인력의 요구를 해결하고 토착 엘리트들이 운영하는 지역 정부를 감독하는 포괄적인 행정 체제를 만들어 내기 위해 팔기(八旗) 체제의 계급 제도를 차용했다. 이러한 이유에서 몇몇 서구 학자들은 신장을 청조의 '보호국' 또는 '봉신국'이라고 부르며, 이 지역이 완전히 청의 일부가 된 것은 아니라고 보았다. 마찬가지로 신장은 칭하이, 몽골 및 만주와 함께 역사 지도상에서 중국 내지와 이 지역들을 구분하는 방식으로 묘사되어 왔다. 비록 (한때 '중국령 타타르Chinese Tartary'—서구에서 만주와 몽골 지역을 지칭하기 위해 사용했던 용어—라고 불렀던) 청의 내륙 아시아 지역과 중국의 성들 사이에는 중요한 차이점이 있지만, 이 지역들 모두는(티베트라는 부분적인 예외가 있기는 하지만)[31] 청 제국의 완전한 일부라고 간주되어야 한다. 칭하이, 몽골, 신장 및 만주 대부분의 지역에서 행정의 기본적인 형태는 기(旗) 체제의 위계 제도였다.

청은 처음에는 신장에 약 4만 명의 병력을 주둔시켰는데 19세기 중반에 이르러서는 그 수를 약 5만으로까지 늘렸다. 당초 배치된 병력은 반 정도가 만주와 몽골 팔기군이었으며 이들 중 다수는 정복 이후 서쪽으로 이주했다. (참찰Chapchal[차부차얼(察布査爾), 캅카르Qapqar] 시보(錫伯) 자치현에 거주하는 시버Sibe[시보(錫伯)]족은 오늘날 만주 방언을 모국어로 사용하는 마지막 남은 사람들로, 청에 의해 만주에서 중가리아로 이주한 만주 혈연 부족의 후손들이다.) 나머지 절반은 한족 부대였다. 이러한 군사력은 신장 전역에 불균형하게 분포되어 있었는데, 중가리아에 배치된 병력(이들은 주로 일리 유역과 우루무치를 따라 축조된 9개의 성에 주둔하고 있었다)이 남부 신장의 병력보다 네 배 정도 많았다. 더욱이 북부의 병력들이 가족과 함께 항구적으로 주둔하며 스스로 지속 가능한 병력이 되어야 했던 반면 카슈가르, 야르칸드, 호탄 및 남부의 다른 도시들에 주둔하고 있던 군대는 3년간의 파병 근무 이후에는 순환 배치되었다. 이렇게 카슈가리아에 적은 수의 군대가 주둔했던 것—이는 이후 큰 약점이라는 것이 밝혀졌다—은 북부가 남부를 통제하는 신장의 전통과 중가리아의 풍부한 가축 사료 그리고 무슬림 도시 거주민들에게 과중한 부담을 지워 청의 통치를 불안하게 만들지 않겠다는 욕망을 반영하는 것이었다.

군정(軍政) 혜원〔惠遠, 오늘날의 이닝(伊寧)〕에 근거지를 둔 일리장군(伊犁將軍)은 신장 전역에 대한 최고 권한을 가졌으며, 베이징에 있는 황제와 청의 최고위 집행 기관인 군기처(軍機處)에 직접 책임을 졌다. 일리장군의 휘하에서 일리, 타르바가타이와 카슈가르/야르칸드에 주둔하고 있던 참찬대신(參贊大臣)들은 신장 성의 중요 지역들을 관리했으며, 대신들은 각 도시들을 관할했다. 1880년대까지 극소수의 만주화된 한족〔한군(漢軍)〕과 위구르인들을 제외하고는 만주인이나 몽골인들만이 이러한 고위직을 맡았다. 이 관리들은 만주어로는 암반amban, 중국어로는 대신(大臣)이라고 알려졌는데, 19세기와 20세기 초에 신장을 여행한 유럽인들은 청의 관헌들을 '다진' 등으로 불렀다.

자사크 체제 청 치하 신장의 지방 정부는 피통치민들의 민족적 구성과 정치적 배경에 따라 바뀌었다. 몽골과 칭하이에서처럼 신장의 유목 집단들은 무리를 이루고 자사크Jasak〔자사커(扎薩克)〕라고 알려진 지도자들에 의해 통치되었는데, 이들은 청 정부를 위해 봉사했으며 그 지위는 세습되었지만 교체될 수도 있었다. 약 5만 명에서 7만 명에 이르는 토르구트와 호쇼트 몽골인들이 볼가 지역에서 돌아와 청에 망명하자 청은 이들을 보스팅 호 북부를 비롯한 신장 지역 곳곳에 무리를 지어 정착시켰다. (이러한 이유로 인해 중화인민공화국의 지도자들은 토르구트의 이전 거주지와 몽골인들이 거의 진출하지 않았던 타클라마칸 사막의 일부를 포괄하는 거대한 바인 골Bayin Gol 몽골 자치주를 만들어 냈다.) 중가리아의 자사크 체제 아래에는 차하르, 오이라트, 카자흐로 이루어진 다양한 집단이 있었다. 투루판과 하미의 도시들 역시 그 '왕'들이 청의 신장 정복을 원조했기 때문에 동일한 자사크 체제 아래에서 통치되었다. 투루판의 지배자 아민 호자Amin Khoja는 남부 신장 원정 중에 청 팔기군과 함께 자신의 병력을 이끌었으며 청이 카슈가르와 야르칸드를 점령한 이후에는 하미의 왕과 함께 이 도시들을 관할했다. 자사크는 상당한 자치를 누렸으며, 중국어로 '왕'이라고 알려진 하미와 투루판의 지배자들은 국가에 세금을 내는 것이 면제되었고 청 황실의 구성원과 같은 칭호가 하사되었으며 가신을 소유할 수 있었고 또한 자신의 영토 안에 있는 백성을 농노(엔치yǎnchǐ)로서 부릴 수 있었다.

벡 체제 남부 신장 기타 지역과 위구르인들이 타란치 농부로 이주한 일리 유역 일부 지역에서는 벡beg이라고 알려진 무슬림 관리들이 현지 통치를 맡았다. 벡은 '고귀한'이라는 뜻을 가진 위구르어로 모굴인들의 후손인 토착화된 귀족들을 지칭하며 청은 이 계층과 협력하기를 원했다.[32] 청은 타림 분지에서 기존의 행정 칭호를 차용하고 거기에 벡이라는 단어를 덧붙여 중국식으로 각 지위에 상하 관계를 두었으며, 이들에 대한 감독권과 임명권은 청 중앙 정부에서 파견한 암반들이 장악하는, 현지 엘리트들로 구성된 비교적 체계적인 관료 체계를 조직했다. 최고위 벡 직위인 하킴 벡hakim beg은 청의 오랜 동맹자들로서 신장 정복 시기 청과 연합했던 투루판과 하미의 지배층 가문의 후손이었으며, 모든 도시—비록 자신들이 거주하고 있는 도시에 대해서는 그런 권한이 없었지만—에서 위구르인의 사무를 관할하는 주요 직위에서 근무했다. 하위 계층의 벡—이들에게는 징세, 서기 업무, 관개, 역참, 치안, 법률과 형사 문제, 상업 관련 업무 및 종교·교육 관련 직무를 다루는 30개 이상의 서로 다른 관직이 주어졌다—은 이론적으로는 자신들의 마을 밖이나 그 인근에 배정되었다. 벡은 청 정부로부터 약간의 봉급을 받았으며 직위에 따라 토지와 토지를 경작할 농노를 하사받았다. 신장 지역 전체에 거의 300명의 벡이 있었다.

청은 벡 이외에도 울라마'ulama, 즉 이슬람 식자층과도 관계를 유지했는데, 이들은 현지 문제를 해결하는데 사용되었던 샤리아shari'ah 법률과 관련된 재판 업무를 담당했다.

중국식 행정 체제 마지막으로 우루무치와 바르콜Barkol, 우루무치 북부의 새로운 거류지 및 중가리아의 다른 여러 곳에서 한족 농민과 상인의 인구가 증가하자 청은 현, 주 및 도(道)를 설치하고 지방관을 임명했다. 이러한 지방 행정 조직은 지방관의 대부분이 만주인이나 몽골인이라는 점을 제외하고는 중국 내지의 성들과 대체로 유사했으며, 이 지역의 조(租)는 중앙으로 보내는 대신 군대를 유지하기 위해 지역에서 보유했다. 신장에서 중국식 행정 체제는 투루판 지역에서처럼 다른 형태의 행정 체제와 나란히 존재하거나 중첩되기도 했다. 비록 지리적으로는 일리장군의 관할 지역 내에 있었으나 신장의 중국식 행정 체제 내의 민정관(民政官)들은 이론적으로 섬감총독(陝甘總督)에게 책임을 졌다.

이런 식으로 신장에서의 청의 행정 체제는 복잡하면서도 중층적이었으며, 앞서 이 지역을 통치했던 어떤 국가의 제도보다 정교한 것이었다. 이는 군사력에 대한 독점을 유지하면서도 일정 정도의 현지 자치를 허용했고, 청 관리들의 감독 아래 지역의 관리 계층을 육성하고 채용했다. 청의 행정 체제는 다양한 행정·법률 체제를 통해 민족적 다양성을 관리했으며, 개종을 시키거나 문화적으로 동화시키려는 시도를 하지 않았다. 신장이 비록 제국의 수도에서 멀리 떨어져 있었으나 그 행정 체제는 만주어와 중국어로 쓰인 장문의 상주문—잘 정비된 역로(驛路)를 오가는 준마들이 운반했다—을 통해 중앙 정부와 긴밀한 관계를 유지했다. 청 제국의 문서고에는 신장에서 온 수만 건의 문서가 보관되어 있는데, 신장의 행정 체제는 다른 지역의 관료 제도와 마찬가지로 문서를 기반으로 이루어졌다.[33]

실제로 신장 내 청의 통치 체제는 다양한 행정 체계를 갖추고 현지인에 의존했다는 점에서 영국의 인도 통치 및 러시아의 중앙아시아 통치 체제와 많은 유사점을 가지고 있다. 유럽 국가들의 통치 체제 초기보다 청의 신장 통치가 더 효과적이었다든지 덜 효과적이었다든지, 혹은 더 선하거나 악했다고 할 만한 어떠한 증거도 없다. (유럽 제국주의가 산업 권력의 지지를 받아 '문명화의 임무'라고 하는 수사학적인 임무를 수행하던 19세기 후반이 되면서 이들은 본질적으로 청의 것과 구별되기 시작했다.) 물론 부정부패는 청 전역에 걸쳐, 내륙 아시아뿐만 아니라 중국 내지에서도 만연해 있었다. 지방 관리들은 권력을 강화하기에 유리한 입장에 있었고 종종 수지타산을 맞추기 위해 금품을 착복하는 것이 필요했다. 그러나 이러한 횡령과 백성들에 대한 '수탈'이 한도를 넘지 않는 이상 감독관들은 이를 무시했고 지역의 주민들도 반란을 일으키지 않았으며 관리들은 체포되지 않았다. (다음에서 논의할) 한 가지 눈에 띄는 예외를 제외하면 신장의 군정과 벡 체제 및 다른 행정 체제는 결코 절대적으로 공정하다거나 문명화되지 않았음에도 불구하고, 경제 발전이 지역의 반란을 억제할 수 있을 정도로 충분히 효율적인 방식으로 수십 년 동안 작동했다고 할 수 있다. 그러나 19세기 중반이 되면 이 지역은 불붙기 직전의 마른 장작과 같은 위태로운 상태가 된다.

사회 기반 시설과 경제 발전

중가르 세력을 척결하는 과정에서 뜻하지 않은 결과로서, 거의 우연하게 신장을 정복하게 된 청은 중국의 농업 중심지로부터 너무나도 멀리 떨어진 이 지역 통치에 필요한 자금을 조달해야 한다는 지속적인 과제에 직면했다. 18세기의 60년 동안 청을 통치했던 건륭제는 사실상 청이 내륙 아시아를 정복하고 통제함으로써 중국의 납세자들이 '평화 배당금'을 누리고 있다고 주장함으로써 이 문제를 교묘히 빠져나가려고 했다. 이 주장이 일면 사실이기는 하지만 신장은 이 지역을 지배하는 데 필요한 군사력을 완전히 지탱하기에 충분한 세입을 올리지 못했으며 군대의 봉급을 지불하기 위해 매년 수백만 온스의 은이 중국에서 신장으로 운반되어야 했다. (7장에서 살펴볼 것처럼 신장은 오늘날에도 여전히 중앙 정부의 상당한 보조금을 필요로 한다.) 필요한 보조금을 줄이고 타림 분지와 중가리아에서 청의 통치를 강화하기 위해 청의 관리들은 다양한 사회 기반 시설 계획과 통상 사업에 참여했고 수공업과 농업 생산을 장려하기 위한 계획을 시행했다. 이들은 필요로 하는 곡물을 공급하기 위해 (다음에서 논의할) 둔전(屯田)을 개척했으며 고기를 제공하기 위해 가축을 사육했다. 청의 관리들은 남부 신장에서 북쪽으로 운반되어 기(旗)들에 공급되었던, 필요한 가축을 얻기 위해 카자흐 유목민들과 교역되었던 면화의 생산을 장려하기 위해 조세 정책을 이용했다. 이들은 철과 구리 광산을 개발하고 통화 안정을 위해 구리를 국유화했으며, 그리고 나서 은화와 동화의 교환 비율을 국가에 유리하도록 조정했다. 또한 다른 수입원을 창출하기 위해 전당포, 매점, 포목상, 목재소, 약국 및 부동산 대여업에 잠깐 손을 댔으며 개인 상인들과 동업하여 차와 다른 물품을 이윤을 남겨 공급했다. 이들은 호탄 남부의 산악 지역과 하천에서 베이징으로 운송할 옥을 채집했다.

이러한 시도는 청이 신장의 도로와 노변의 여숙(旅宿), 저수지 그리고 중국과 몽골에서 이어지는 주요 도로 및 타림 분지와 중가리아 곳곳의 주요 도로에 있는 역참을 정비함으로써 촉진되었다. 주요 통로를 통행 가능하도록 유지하는 것은 군사 업무에 필수적이었으나 이러한 개선으로 인해 상인들 역시 혜택을 받았다. 중국의 상방(商邦)들은 몽골에서 이어지는 초원 루트를 경유하여 간쑤 회랑을 따라 장거리 무역에 종사했는데, 이들은 군대에 필요한 물품을 조달하거나 신장의 큰 도시들에 지점을 설치했다. 많은 수의 소규모 상인들 역시 행상을 하거나 옥이 통제 물품이었던 신장으로부터 옥이 자유롭게 거래되던 사치품이었던 중국 내지로 옥을 밀반입했다. (국경 수비대는 이중 바닥을 만든 수레에 숨기거나 바지 속에 꿰매어 옥을 밀반입하는 자들을 종종 붙잡았다.) 그에 더해, 중앙아시아 및 인도의 상인들은 카슈가르, 야르칸드와 호탄에 모여들어 차와 중국의 약재, 은을 자신들이 가져온 보석, 가축, 가죽, 모피, 아편 및 다양한 물품들과 교환해 갔다.

신장에서 청의 개발 정책의 초점은 오래된 둔전 모델에 기반을 둔 농업 발전에 맞추어져 있었다. 한은 신장에 둔전을 설치한 최초의 왕조로 알려져 있다. 이후 중국에 기반을 둔 세력들은 멀리 떨어진 서역에 군대를 주둔시킬 때 같은 방법을 사용했다. 청은 둔전 모델을 전례가 없을 정도로 강화하여 시행했는데, 이는 전통에 기반해 구축된 것인 동시에 20세기 신장의 정치범 수용소 및 국영 농장, 즉 신장 생산건설병단(生産建設兵團)의 직접적인 선례이기도 하다.

청의 군대는 아직 중가르와 교전 중이던 1700년대 신장의 동부에 최초의 둔전을 설치했다. 1759년 이후 청은 다양한 종류의 둔전을 설치했는데, 청 관헌은 한족 군인들로 하여금 토지를 경작하게 했을 뿐만 아니라 유형에 처해진 죄수들과 한족 및 회족(무슬림) 이주자 그리고 현지 위구르인들도 고용했다. 중가르를 패퇴시킨 이후 신장 북부는 한 작가의 말을 빌리자면 "인적이 없는 1000리(里)에 이르는 텅 빈 평원"[34]이었다. 따라서 대부분의 둔전은 비옥하고 관개가 잘 되는 토지는 있었지만 주민들은 거의 없었던 중가리아, 특히 우루무치 인근에 있었다. 하지만 청 역시 위구르인들을 조직하여 타림 분지의 일부 도시들과 일리 유역에 둔전을 만들었다. 멀리 떨어진 북부의 타르바가타이(타청)에서조차도 정착민들은 초원 위에 둔전을 개간하려고 시도했다.

오늘날 일부의 사람들은 한족의 신장 이주에 관한 논쟁을 감안하여 청의 농업 식민지를 위구르인들을 그들의 고향으로부터 몰아내려는 노력의 일환이라고 생각해 왔다. 그러나 사실상 대부분의 농지가 생겨나고 신장에서 한족 인구가 약 15만 5000명까지 증가한 1760년에서부터 1830년까지 청 당국은 중국인들이 영구적으로 정착하거나 타림 분지로 가족을 데리고 오는 것을 금지했다.[35] 단지 수백 명의 중국인들—이들 중 대다수는 상인들이었다—만이 이 시기 동안 타림 분지의 오아시스에 거주했으며 오히려 중국인 정착민들은 여전히 소수의 위구르인들만이 거주하고 있었던 우루무치(당시에는 신도시였다)와 중가리아에 집중되어 있었다. 비록 둔전의 주된 목표가 전략적이었음에도 불구하고 이는 대단히 성공적이었다고 말할 수 있다. 주로 중가리아에 주둔하고 있던 청의 군대는 곡물을 필요로 했고 둔전은 이러한 곡물과 잉여 곡물도 제공했는데, 많은 경우 중국 내지보다 청 치하의 신장에서 곡물의 공급이 더 많았고 가격 역시 더 저렴했다.

1831년 이후 청은 한족들이 타림 분지로 이주하는 것을 허가하고 장려했으며 가솔들과 함께 상비군도 이 지역에 주둔시켰다. 타림 분지에 한족을 이주시키는 것은 당시 일부 치국 사상가들 및 도광제(道光帝)의 큰 염원이었으나, 이 혼란스러운 시기에 멀리 떨어진 타림 분지의 도시들까지 오려는 한족 농부들은 거의 없었다. 1840년대〔영국과의 아편 위기를 제대로 다루지 못했다는 이유로 광저우(廣州)에서 신장으로 유배를 온] 임칙서(林則徐)가 시행한 이용 가능한 토지에 대한 주요 조사는 신장 남부의 대부분 지역에서 국가가 개간한 새로운 경작지들은 이 토지들을 경작할 한족들이 이 지역에 없기 때문에 현지의 위구르인들에게 주어 세수 기반을 높여야 한다고 결론을 내렸다. 카라샤르와 (카슈가르 외곽의) 바르추크Barchuq에서 몇몇 한족 이주자들은 이 시기 동안 기반을 공고히 했으나 이들은 대부분 1860년대에 일어난 소요에서 살해당하거나 쫓겨나고 말았다. 다음 장에서 살펴보겠지만 위구르인들 역시 결국 1879년 청이 신장을 재정복한 이후 개간을 장려한 토지들을 경작하게 되었다. 신장 현지의 청 관리들은 무엇보다도 세입과 안정에 관심이 있었다. 1831년 이후 청 관헌들이 한족 이주민들을 이러한 목표를 달성하기 위한 이상적인 수단으로 보았지만 새로운 토지나 버려진 토지에 위구르 농민들을 정착시키고 이들에게 세금을 거두는 것 역시 동일한 목적을 달성하는 데 도움이 되었다.[36]

제국주의 이데올로기

최근 몇 년 동안 몇몇 역사가들은 이데올로기와 수사학, 즉 제국주의 세력이 자신과 그들이 식민화한 주민들 및 이들의 상호 관계를 어떠한 방식으로 생각하고 말했는지 그리고 제국이 어떻게 묘사되고 기념되었는지에 대해 연구함으로써 유럽 제국주의라는 주제에 접근해 왔다. 계몽주의와 자연 세계 전반에 대한 새로운 시각을 반영하는 자연 과학의 발전에 뒤이어, 유럽인들은 유라시아와 아프리카 및 아메리카에서 그들이 조우하게 된 토지와 사람들에 대해 새로운 개념과 기술을 적용했으며, 마르코 폴로가 수 세기 전에 그러했던 것과는 대단히 다른 방식으로 이들에 대해 생각했다. 제국의 정치적, 경제적인 목표(영토의 확장, 부의 추출) 이외에도 근세와 근대의 유럽인들은 또한 새로이 자신들의 통치 하에 들어온 지역의 동·식물과 지형, 문화 및 언어를 조사, 분류하여 그 목록을 작성했다. 이 시기는 현대 지도 제작술, 인류학, 역사언어학이나 비교생물학과 같은 학문이 식민지에서 획득한 방대한 자료를 기반으로 탄생한 시기이다. 이러한 노력은 '제국의 응시imperial gaze' 또는 '제국 문서고imperial archive'의 수집으로 묘사되었다. 에드워드 사이드Edward W. Said는 식민자와 피식민자 사이의 권력 관계의 불균형에 의해 왜곡된 이슬람 세계와 아시아에 대한 유럽의 학문적 저작들을 기술하기 위해 '오리엔탈리즘Orientalism'이라는 용어를 만들어 냈다. 이 용어는 다른 지역의 유사한 현상을 설명하는 데 사용될 수 있다.[37]

청 또한 신장의 점령을 통제하고 재정 지원을 하기 위한 실제적인 노력과는 별도로 이와 유사한 제국적인 프로젝트를 벌였다. 청 조정은 신장에 대한 지식을 집대성하기 위해 방대한 서적을 출판했는데, 여기에는 신장의 지명 사전과 이 지역 지도층의 가계도, 분량이 긴 역사·지리 저작 및 현지에 대한 기술, 청 조정에 있던 유럽 예수회 선교사들의 감시 아래 최신의 지도 제작 기술로 만든 대규모 지도, 군사사가들이 당시의 무기들을 연구하기 위해 이용하는 정복 전쟁의 주요 전투들을 묘사하는 매우 세밀한 일련의 판화들 그리고 신장에 있는 다양한 민족에 대한 민족지 보고서들이 포함되어 있다. 이러한 저작들이 지식을 수집하는 것뿐만 아니라 신장의 정복을 기념하기 위한 것이었다는 사실은 조정이 후원한 저작들의 서문 역할을 한 청 황제의 승전기(勝戰詩)를 통해 잘 알 수 있다. 또한 큰 석비에 새겨진 글들과 공을 세운 장군들의 초상화, 서정시 그리고 개선 의식 및 중앙아시아의 '반란자'에 대한 처형도 있었다. 비록 뉘앙스가 다르고 청이 신장에서 '문명화의 사명'이나 '명백한 운명'과 같은 수사들을 채택한 적은 거의 없지만(이후 중화민국이나 중화인민공화국 치하에서는 채택되었다) 청과 다양한 유럽의 제국주의 프로젝트 사이에는 이러한 비교

를 뒷받침해 주는 많은 유사점이 있다.[38]

그렇다면 중화주의 이데올로기는 어떠했는가? 최근까지 많은 중국의
역사가들은 (2장에서 논의한) 조공 체제와 한화(漢化)의 과정이 중국과 인
근 국가들 및 비한족의 관계를 규정했다는 개념을 아무런 의심 없이 받아
들였다. 그러나 한화라는 개념은 문제의 소지가 있는 것으로 적어도 2가
지 의미로 사용되어 왔다. 첫째로 이 개념은 주변의 민족들과 중국을 정
복한 민족 모두 일단 중국의 문화와 조우하게 되면 우월한 중국 문화에
자연스럽게 동화된다고 가정한다. 중국 고전에서 기원한 이 사고방식은
경험적·이론적 기반 모두에서 무시되거나 고도로 제한되었다.[39]

'한화'의 두 번째 의미는 비중국적인 문화 요소들을 제거하고 특정 민
족이나 지역을 중국적인 방식으로 변환시키려는 국가의 직접적인 노력을
지칭한다. 청의 관리들은 때때로 이러한 동화 정책을 중국 남서부의 묘족
(苗族)에게 시행하곤 했다.[40] 위구르인 망명자 집단들과 이들의 지지자들
은 중화인민공화국 정부가 오늘날 신장에서 이러한 프로젝트를 시행하고
있다고—이는 우리가 아래에서 다룰 문제이다—종종 비난하고 있으며,
일부의 사람들은 청도 동일한 정책을 시행하는 데 관심이 있었다고 생각
한다. 그러나 앞에서도 언급했듯이 사실상 청은 19세기 중반 이전에는 이
지역의 투르크계 무슬림, 몽골족과 한족 주민들에게 서로 다른 행정·법률
체계를 시행했으며, 한족 농부들이 신장의 북부와 동부로 이주하는 것을
제한하며 느슨한 민족 분리 정책을 고수했다. 이는 타림 분지에서 중국의
영향력과 이 때문에 혹시 일어날 수 있는 갈등을 제한하기 위한 의도적인
정책이었다. 더욱이 이와 같은 접근 방식은 티베트와 몽골 지역에서는 중
국식 황제로서가 아니라 칭기즈칸의 혈통으로부터 유래하는 정통성을 가
진 내륙 아시아의 대칸 및 겔룩파 티베트 불교의 후원자로서 통치하고자
했던 청 군주들의 노력과 보조를 맞추는 것이었다. 한족이 타림 분지에 정

착하는 것을 장려한 1830년대의 정책은 이러한 입장의 변화가 시작되었음을 알리는 것이었는데, 19세기 말에 이르러 몇몇 중국의 지식인들은 영토를 공고히 하기 위한 수단으로서 신장을 중국의 규범에 완전히 동화시킬 것을 주장했으며 청 조정도 점차 이러한 접근 방식에 동조하게 되었다.

하지만 그 이전에도 청 제국은 타림 분지에서 정통성의 문제로 인해 어려움을 겪고 있었다. 돌궐의 카간이나 특히 몽골의 칭기즈칸과 같은 대칸 가계로부터 내려오는 혈통은 신장에서 오래도록 지도자들의 정통성을 뒷받침해 주는 중요한 요소였다. 청의 황제들은 이러한 칭기즈칸 가계로부터 전해지는 정통성을 주장할 수 있었는데, 이들은 현지 무슬림 사료에서는 카간 이 친(Khaqan-i Chin, 중국의 카간) 또는 울루그 칸(Ulugh Khan, 대칸)이라고 알려져 있었다.[41] 하지만 카라한조 이래로 칭기즈칸의 가계는 예언자 무함마드의 가문이나 수피 성자, 특히 마흐둠자다의 혈통을 주장하는 이들의 종교적인 카리스마의 도움을 받아야 했고 결국에는 이 종교적 카리스마에 묻히게 되었다. 조지프 플레처와 김호동이 지적한 것처럼, 만주인들은 비무슬림으로서 이슬람의 유적을 보호하고 현지 이슬람의 백관료들을 채용했음에도 불구하고 이슬람적인 정당성의 원천을 자신의 것으로 만들 수는 없었다.

우시 투루판 봉기

18세기 중엽 신장에서 청의 지위는 이데올로기의 빈약함 이외에도 두 가지 심각한 약점을 노출했다. 첫 번째 약점은 신장 남부에 충분한 군사력이 배치되지 않았다는 것이며, 두 번째 것은 신장의 조세 기반이 청의 군정을 충분히 지탱하지 못했고 필연적으로 봉급으로 지급할 은이 부족했다는 것인데, 점점 곤궁해지는 재정 상황에서 청조는 19세기 초엽에 이르러서는 이를 제대로 지급할 수 없었다. 이러한 결함들 중 첫 번째 것으로 인해 타림 분지 남서부는 중앙아시아로부터의 침입에 취약하게 되었으며, 청은 많은 돈을 들여 신장의 다른 지역이나 중국 내지로부터 군대를 동원해야만 이를 격퇴할 수 있었다. 두 번째 결함으로 인해 이러한 반복적인 군사력의 동원은 청 중앙 정부의 관점에서 볼 때는 매력적이지 않은 선택지가 되었으며, 또한 이는 카슈가리아에서 군사력을 증가시키는 것 역시 재정적으로 실행하기 어렵고 이를 유지하기도 어렵게 만들었다.

하지만 청의 신장 정복 이후 신장에서 발발한 첫 번째 소요는 이러한 요소들과 직접적으로 연관된 것은 아니었으며, 오히려 정복 이후 초기 수년간 지방 관리들에 의해 자행된 학정 및 착취와 관련되어 있었다. 하미 통치자의 동생이었던 압드 알라 ʿAbd Allah는 타림 분지 서부 우시 투루판 Ush Turfan의 하킴 벡으로 임명되었다. 그와 그의 가신단은 지위를 이용하여 주민들로부터 돈을 수탈했다. 한편 만주인 암반 소성(素誠)과 그의 아들은 현지의 무슬림 여성들을 주둔지로 납치하고는 이들을 수개월 동안 그곳에 구류했다. 한 만주인이 기록한 대로 "우시 투루판의 무슬림들은 (소성과 그의 아들의) 가죽 위에서 잠을 자고 그들의 살을 먹기를 오랫동안 고대했다."[42] 1765년 소성이 공물을 베이징으로 운반하는 공식 상단(商團)에 합류하기로 결정하고 240명의 주민들을 무력으로 강압하여 자신의 화물을 나르게 하자 짐꾼들과 도시의 주민들은 반란을 일으켰다. 반란의 이유를 알게 된 청 조정은 처음에는 이에 공감했고 상황이 곧 정상으로 돌아올 것이라고 예상했다. 그러나 요새 도시가 수개월 동안 청군의 포위를 막아 낸 후 황제는 격노하고 학살을 명했다. 결국 도시의 주민들이 기아로 인해 지도자들을 청 측에 넘기고 성의 문을 열자, 살아남은 약 2350명의 성인들은 처형되었고 8000여 명의 여인들과 아이들은 일리로 보내져 노예가 되었으며 도시의 인구는 급감했다. 청은 이후 벡 체제를 개혁하여 요역을 줄이고 상급 벡들의 권한과 그들이 청의 군 관료들과 공모할 기회를 제한했으며 감독을 강화했다.[43] 청 조정은 신장의 위구르 관리들 뿐 아니라 만주, 몽골 관리들에게도 엄중한 경고와 질책을 내렸다.

호자와 코칸드의 침입

1864년 이전 신장에서 청의 통치에 주된 위협 요인은 사실상 위구르 주민들 자체가 아니라 중앙아시아로부터 야기되었다. 우시 투루판 학살을 야기한 청의 불안감이 고조된 이유 중 하나는 우시 투루판 반란의 주동자들이 원조를 기대하면서 다른 오아시스 도시 및 중앙아시아의 무슬림 군주들과 연락을 취하고 있다는 소문들이었다. 포위 기간 동안 청의 군대는 유목민들이 반란에 가담하는 것을 방지하기 위해 인근 키르기스 부족의 지도자들을 일제 검거하기까지 했다. 1760년대 초 중앙아시아의 국가 및 유목 세력들은 청이 자신들의 코앞까지 진출한 것에 대해 놀라움과 '이교도들의 공격으로부터 무슬림 세계를 구원하기 위한' 성전에 대한 논의로 대응했다. 청 군대의 진출이 5세기 반 전에 있었던 몽골의 트란스옥시아나에 대한 살육의 재판처럼 비추어졌던 것인가? 어쨌든 강력한 세력을 갖추고 있던 아프가니스탄의 아흐마드 샤Ahmad Shah는 군대를 소집하고 함께 저항하기 위해 다른 중앙아시아의 지도자들과 소식을 주고받았다. 이러한 노력은 청이 파미르 고원에서 진출을 멈춘 것에 만족한 것처럼 보이자 무위로 돌아갔다. 아흐마드 샤는 부하라와 연합하여 바다흐샨을 침공하고 그 지도자를 살해했는데, 이를 정당화하기 위해 바다흐샨의 술탄 샤가 부르한 앗 딘과 자한 호자를 청에게 팔아먹었다는 사실을 예로 들었다.[44]

이와 같은 새로운 정세에서 이득을 얻은 중앙아시아의 세력은 카슈가르 서쪽 관문 너머의 페르가나 계곡에 중심지를 두고 있던 코칸드Khoqand였다. 청의 정복으로 인해 군사적 위협이자 중국과의 교역에 있어서 매개자였던 중가르가 멸망하자 중국의 물품이 바로 코칸드의 배후지까지 도

카슈가르의 성곽(1926)
사진: W. Bossnard, 스웨덴 국립문서고 사무엘 프렌네 동투르키스탄 컬렉션 9번 함 120번 사진

착하게 되었다. 코칸드의 통치자들은 스스로를 칸이라고 칭하고 영토를 확장하기 시작했다. 이들은 청에게 무역의 특권을 달라고 청원했으나 호칭에 있어서 언제나 적절한 존칭어를 차용했던 것은 아니었는데, 신장의 통역관들은 문서를 수도로 전달할 때 이 사실을 숨겼다. (코칸드의 통치자들은 자신을 '칸'이라 칭했으며 대단히 불경스럽게도 청의 황제를 도스트dost, 즉 '친구'라고 불렀다.) 중국산 물품의 교역은 청이 몽골-러시아 국경의 캬흐타Khiakhta에 있던 관시를 폐쇄한 1785년부터 1792년까지 특히 많은 이윤을 남겼는데, 코칸드는 중국산 차와 대황(大黃)을 가져와 낙담한 러시아의 구매자들에게 공급했다. 대황, 보다 정확히 말하자면 간쑤와 칭하이의 고지대에서 가장 잘 자라는 대황의 한 종의 뿌리를 노랗게 말린 것은 근세의 유럽에서는 효과 좋은 지혈용 수렴제이자 하제(下劑) 및 만병통치약

으로 높이 평가되었으며 차만큼이나 중요한 교역품이었다.[45]

이미 1760년 코칸드의 통치자들은 상인들을 청의 관세로부터 보호하고자 했으며 이후 수십 년 동안 이러한 요구들을 반복했다. 이후 이들은 카슈가리아에서 코칸드 및 다른 비한족 상인들에 대해 세금을 징수할 권리를 얻고자 했다. 더욱이 코칸드에 거주하고 있는 아파키 호자의 후손들이 자신들의 통제 아래 있었고 이들이 카슈가리아 인근과 이 지역 내에서 추종 세력을 거느리고 있었기 때문에 코칸드는 청을 상대함에 있어서 어느 정도의 영향력을 가지고 있었다. 코칸드와 더불어 타림 분지에 대한 선조의 영향력을 되찾고자 했던 아파키의 실지(失地) 회복론자들은 1860년대까지 신장에서 불안정한 상태를 유발한 주된 요인이었다.

부르한 앗 딘 호자의 아들 사림사크Sarimsaq는 1780년대 신장 내의 추종자들과 서신을 주고받으며 자금을 모으기 시작했다. 그러나 사림사크의 아들 자한기르Jahangir의 시대에 이르러서야 비로소 카슈가리아에 대한 호자들의 공개적인 침공이 시작되었다.[46] 1820년 자한기르는 탈출하여 북부 산악 지대에 거주하던 키르기스 무리를 이끌고 카슈가르 지방을 습격했다. 그는 청의 군대에 격퇴되었고 2년 후 지진이 있은 후에야 비로소 가택 연금에서 탈출했으며 1825년에는 또 다시 실패로 끝난 습격을 이끌었다. 자한기르는 카슈가르 외곽의 산악 지대에 위치한 본거지로부터 카슈가리아의 아파키야 세력과 은밀히 접촉을 계속했고 이들은 그에게 군자금을 제공했다. 1826년 여름 자한기르와 키르기스 및 코칸드인들로 이루어진 대규모 군대가 다시 침공하자 이들은 현지인들의 지지를 얻었다. 자한기르는 사투크 부그라 칸(이슬람으로 개종한 카라한조의 군주. 2장 참조)의 성묘를 참배하기 위해 아르투시에서 머무른 후 카슈가르 구성(舊城)을 함락했으며 현지 무슬림의 도움으로 옝기사르Yengisar(옝기샤르Yengishahr/옝기히사르Yengihissar), 야르칸드, 호탄 및 악수도 점령했다. 각 도시에 있는 청의 주둔군 요새는 잠시 동안 저항했으나 오랜 포위 공격 끝에 악수를 제외한 모든 도시의 요새들이 함락되었고, 청의 군대와 한족 상인 및 위구르 벡은 살육당했다. 이듬해 봄 청의 지원군이 마침내 북부와 동부로부터 도착하여 자한기르의 군대를 격퇴시켰으며 결국에는 밀정의 도움으로 그를 산악 지역에서 붙잡을 수 있었다.

자한기르는 베이징으로 호송되어 능지처참형에 처해졌다. 신장으로 파견된 흠차대신(欽差大臣) 나언성(那彦成)은 이후 이 지역의 재정, 군사 및 행정 체제를 재검토했다. 그리고 재검토 결과 카슈가리아에 주둔하는 병력 수준을 증강하고 보복 조치로서 코칸드와의 교역을 거부하는 등의 주요한 변화가 생겨났다. 코칸드의 상인과 현지의 자한기르 지지자들로부터 몰수한 돈으로 청은 최서단의 도시들을 재건했으며, 마을의 옛 무슬림 거주지에서 어느 정도 떨어진 곳에 흙으로 다진 높은 토벽 너머로 더 튼튼한 요새를 건설했다. 한족 상인들은 이후 구성(舊城)과 신성(新城) 사이에 정부가 대여해 준 토지 위에 가게와 집을 세웠다. 이러한 거주 형태의 오랜 영향력은 오늘날에도 여전히 카슈가르에서 볼 수 있다. 이드 카Id Kah 모스크 주변의 구 시가지로부터 동쪽으로 갈수록 주변이 점점 신식으로 바뀌어 가고 한족들이 더 집중적으로 거주한다. 분명히 청은 이러한 도시들의 토착 위구르인 거주 지역을 보호하기 위해 어떠한 조치도 취하지 않았다.

코칸드와의 교역 거부로 야비한 외교 정책이 실패했음이 입증됐다. 3년 후 호자들이 이번에는 자한기르의 형제인 무함마드 유수프 호자Muhammad Yusuf Khoja의 이름을 빌려 다시 돌아왔다. 자한기르의 침공과는 달리 1830년의 이 침공은 주로 코칸드의 소행이었는데, 이들은 코칸드의 장군들을 실질적인 지휘관으로 삼고 유수프를 코칸드 상인과 카슈가르에서 온 피난민으로 구성된 군대의 명목상의 지휘관으로 임명했다. 이번에는 침략자들이 카슈가르의 구 무슬림 거주 지역을 약탈하기는 했으나 야르칸드의 위구르인들은 단호하게 저항했으며 두 도시 어느 곳에서도 청의 요새는 함락되지 않았다. 야르칸드는 오랫동안 반(反)아파키를 표방하는 이스하키야의 지파 마흐둠자다 호자(앞의 내용을 참조)의 보루였으며, 카슈가르의 이스하키야 추종자들은 실제로 청의 요새로 피난했다. (그곳에서는 지나치게 열정적인 중국인 상인들로 구성된 민병대가 그만두라는 만주인 관료들의 명령에도 불구하고 '좋은 무슬림'과 '나쁜 무슬림'을 구별하지 않은 채 많은 이스하키야 추종자들을 학살했다.) 청 조정이 정책을 변경하여 타림 분지에 항구적인 한족 거류지와 농장을 허용하게 된 것은 상당 부분 카슈가르와 야르칸드의 한족 상인 사회가 코칸드와 아파키 호자 침입자들에 저항할 때 보여 준 그 흉포함 때문이었다(앞의 '사회 기반 시설과 경제 발전' 참조).[47]

이러한 실패를 겪은 이후 청은 다시 한 번 코칸드에 대한 정책을 재점검하지 않을 수 없었다. 야르칸드 방위를 감독하던 청의 관리가 상황을 분석했듯이 "카슈가리아의 관리들은 말하자면 양치기이고, (위구르) 무슬림들은 양이다. 코칸드는 늑대이며 우리를 둘러싼 키르기스는 개들과 같다. 1826년과 1830년에 코칸드는 다시 국경을 침범했고, 개들도 늑대를 따라 우리 양을 잡아먹었다. 따라서 개들이 짖는 소리도 믿을 바가 못 된다."[48]

따라서 문제는 위구르인들 사이의 소요에서 주로 발생한 것이 아니라 코칸드로부터 비롯된 것이었으며, 이는 대외 무역과 변경의 방어와도 연관되어 있었다. 1827년부터 청 조정과 관계(官界)는 (멀리는 악수까지) 타림 분지 서부 절반 지역에서 철수하는 문제를 논의했는데, 도광제조차도 이 방안을 한때는 조심스럽게 지지했다고 한다. 그러나 카슈가르 이동 지방에 새로운 국경을 세울 만큼 안전한 장소는 없다는 결론이 내려졌다.[49]

청은 코칸드의 요구를 받아들이지 않을 수 없었는데 이것이 병력을 긴급히 동원하는 것보다 비용이 훨씬 적게 들었다. [1830~1831년의 군사 원정으로 국가는 800만 온스의 은을 지출했으며 곡물, 역축(役畜) 및 수레의 군사적 징발은 신장 전역에 큰 어려움을 가져다주었다.] 1832년과 1835년 사이에 청은 정책 도구로서 무역 제재를 포기한 채 카슈가르의 코칸드 지지자들을 사면하고 코칸드 상인들의 몰수된 토지와 재화를 배상해 주었으며, 또한 코칸드와 다른 외국 상인들에게 신장에서 세금 없이 무역할 수 있는 권리를 주었다.

비록 강요된 것이기는 하지만 이 협정이 청에게 실제로 불이익이 되었던 것은 아니었다. 사실상 카슈가르의 청 관헌들은 바자르의 관할권이 청의 통제를 받는 벡들의 손아귀에서 코칸드 측이 고용한 악사칼aqsaqal*에게 넘겨주는 것을 허용했다. 양 세력은 이제 국경의 안정과 원활한 무역의 진행에서 공통의 이해관계를 갖게 되었으며, 이는 향후 20년에 걸친 이 지역의 상대적인 평온에서 잘 드러난다. 신장으로 유입되는 물품에 대한 청의 관세는 여하튼 1760년 이래로 거의 존재하지 않았다고 할 정도로 낮은 수준이었으며, 청은 또한 신장의 수출품에 대해서도 세금을 부과하지 않았다. 사실상 청은 타림 분지의 도시들에 상점을 설립한 한족 상인들에게 임대료와 재산세를 부과함으로써 신장을 통과하는 상당한 규모의 실크로드 무역에 대한 세금을 간접적으로만 징수했다. 위구르인 상인들과 외국 상인들은 언제나 현지의 상세를 면제받았다.[50] 따라서 청은 코칸드가 신장 남서부에서 자유롭게 무역하도록 허가했다고 해도 잃은 것이 거의 없었다.[51]

조지프 플레처는 1832년 코칸드와의 협정 조건이 1839~1841년 영국과의 아편 전쟁 이후 청이 서구의 상인들에게 허용해 준 특권에도 반영되었다고 보았다. 더욱이 자한기르의 동란 당시 신장에 있던 바로 그 청 관

---

* 흰 수염이라는 뜻으로 기로(耆老), 즉 연로하고 덕이 높은 사람을 의미한다.

리들 중 다수가 영국과 맺은 난징(南京) 조약의 조건들을 협상하고 시행하는 데 개입되어 있었다. 그는 더 나아가 치외법권, 최혜국 대우 및 관세 징수권을 외세에게 양도하는 것을 비롯한 이러한 '불평등 조약'의 주요 요소들이 사실상 1840년대에도 새로운 것이 아니었으며, 10년 동안 카슈가리아에서 시도되었고 실행 가능했음이 밝혀졌다고 주장했다. (로라 뉴비Laura Newby는 청의 공문서 자료를 활용하여 여러 자료에서 코칸드가 이러한 권리를 주장하는 것처럼 보이기는 하지만 청은 결코 신장의 외국 상인들로부터 세금을 징수할 권리를 코칸드에게 양도한 적이 없다고 주장했다.)[52] 오만함이나 힘이 정의를 만든다는 서구 제국주의자들의 태도를 간과해서는 안 될 것인데, 이들은 고상한 원칙을 주창했음에도 불구하고 서구의 마약 판매상들에게 중국 시장을 개방하기 위해 결코에는 함선을 사용했으며 열정적으로 본국에 부정한 이윤을 축적했다. 그럼에도 불구하고 이 사건에 대한 플레처와 뉴비의 연구는 청이 코칸드 및 영국과 협정을 체결하는 데 있어 상당한 영향력을 발휘했음을 보여 준다. 청은 중국이 전통적으로 대외 무역과 외국의 상인들을 다루기 위해 사용했던 기술들로부터 차용한 요소들을 조약에 삽입할 수 있었다. 이러한 의미에서 영국인들은 배를 가진 붉은 얼굴의 악사칼에 불과했다.[53]

청이 코칸드와 적절히 협정을 체결했음에도 불구하고 호자 측의 실지 회복론자들은 계속해서 문제를 일으켰다. 왈리 한 호자Wali Khan Khoja와 다른 인물들의 휘하에 있던 카슈가르 출신 유랑 집단과 키르기스인들은 1847년, 1852년, 1855년 및 1857년에 카슈가르에 대한 공격을 감행했다. 호자들의 마지막 공격에서 왈리 한은 코칸드와 키르기스 용병들로 구성된 부대를 이끌고 카슈가르로 향했으며, (아편을 흡입하고 있던) 청의 수비대를 기습하고는 카슈가르의 쿰 다르와자Qum Darwaza, 즉 모래 문을 거쳐 카슈가르 구성으로 진입했다. 한족 상인들에 대한 일상적인 학살이 뒤이어 일어났고, 그들의 상품과 여자들은 왈리 한의 부하들에게 배분되었다. 청의 군대가 도착하기 전 7일 동안 왈리 한은 카슈가르 및 인근 도시의 요새들을 함락시키지는 못했지만 자신이 군림한 짧은 기간을 최대한 이용했다. 그는 후궁들을 모으고 마리화나에 취해 있었으며 키질 강가에 (한 유럽인의 것도 포함된) 두개골 더미를 쌓아 올렸다. 청의 증원 부대가 도착하자 왈리 한은 도주했으며, 청의 군대는 현지의 무슬림 수백 명을 처형함으로써 피에 대한 욕망을 달랬다. 아르투시에 있는 사투크 부그라 칸 영묘의 관리자인 아흐마드 샤이흐Ahmad Shaikh는 "발꿈치부터 머리까지 접히고 내장이 제거되었다. 아직 숨이 남아 뛰고 있던 심장은 뽑혀 개들에게 던져졌다. 그는 이후 참수되었으며, 그의 머리는 한족들의 복수에 희생된 많은 다른 사람들의 머리와 함께 도시로 이어지는 주도 위에 놓인 우리 속에 전시되었다."54)

침입자들의 약탈과 청의 병사 및 한족 민병대의 보복은 현지의 위구르인들이 호자들에게 등을 돌리도록 만들었다. 김호동의 연구에서 드러나듯, 이슬람의 자료들은 왈리 한이 쌓아 올린 두개골 첨탑을 혐오스럽게 바라보며 그의 잔인함에 치를 떨었다. 코칸드의 칸은 동료 무슬림들을 학살했다는 이유로 왈리 한을 처형하겠다고 위협했으며, 왈리 한이 예언자의 후손인 사이드sayyid라는 이유로 울라마가 개입한 이후에야 비로소 그의 형을 연기해 주었다. 코칸드와 카슈가리아의 민중들로부터 지지를 받지 못했고 무차별한 살육과 약탈로 인해 성전의 명분이 퇴색했기 때문에 호자 측의 주장은 외면받고 잊히게 되었다. 신장에서의 청과 중국의 통치에 대한 이후의 저항 운동들은 1826~1857년의 저항들과는 직접적인 연관성을 가지고 있지 않았다.55)

1864년 반란과 야쿱 벡의 아미르국

통상적인 오해와 달리, 타림 분지에서 청의 세력은 통치 기간의 대부분 동안 현지 위구르인들의 혹독한 저항에 직면하지 않았으며 우시 투루판 반란(과 뒤따른 개혁)으로부터 자한기르의 침략까지의 60년 동안 큰 사건은 없었다. 1820년대에서 1850년대에 이르는 코칸드/호자의 침입은 처음에는 카슈가르의 아파키 세력으로부터 지지를 받았으나 다른 지역에서는 거의 지지를 얻지 못했다. 호자들의 타림 분지 점령이 청에 대한 반란 기회를 제공했을 때조차도 타림 분지 전체를 두고 보면 그러한 일은 일어나지 않았다. 코칸드와의 분쟁이나 호자 실지 회복론자들의 카슈가르에서의 활동을 제외한다면 처음 100년 동안 신장의 다른 지역에서 청의 통치는 안정적이었다고 할 수 있다. 상대적인 평온과 농경의 확장, 현지 교역과 장거리 무역의 번성 및 위구르인과 중국인 인구의 증가를 감안한다면 신장은 좋은 상태였다고도 말할 수 있을 것이다.

이 모든 것이 1850년대에 뒤바뀌고 만다. 앞에서 언급했듯이 곡식을 자급자족할 수 있었음에도 불구하고, 신장에서 청의 통치는 병사와 관리의 봉급을 지급하기 위해서 한족 상인들에 대한 세금은 물론 중국 내지의 성에서 오는 은 보조금에 의존하고 있었다. 타림 분지 서부에서 사업을 하고 있던 한족 상인들 중 다수는 1820년대에서 1840년대 사이에 살해당했으며 이후 몇 년 동안 이들을 대체하기 위해 온 사람들은 거의 없었다. 외국의 상인들은 바자르에 중국산 물품이 없다고 불평했으며, 군대의 관리들은 곡물 부족으로 고통을 겪었다. 더욱 심각한 것은 1853년에 이르러서는 청 중앙 정부의 국고가 바닥났으며, 각 성의 조세 기반이 반란, 특히 중국의 곡창이자 비단 산업의 중심지인 풍요로운 양쯔 강 중남부의 성들이 태평천국 운동으로 인해 황폐해졌다는 점이다. 이해부터 신장에 지급되는 은 보조금은 연체되었으며 곧 지급이 완전히 중단되었다. 이에 대응하여 신장의 청 당국은 처음으로 비축해 놓은 재원을 사용하고 전당포 주인들에게 이자를 붙여서 자금을 투자했으며 위구르 노동자들을 귀금속 채굴에 동원하기 시작했다. 이들은 또한 한족과 위구르인들에게 새로운 세금을 부과했으며 벡들도 새로운 세금을 부과할 수 있도록 했다. 관직은 최고 입찰자에게 판매되었고 이들은 이후 자신들의 투자금을 회수하기 위해 관할 하에 있는 백성들을 착취했다. 벡들은 청 당국에 뇌물을 제공한 대가로 자유로이 권력을 휘둘렀다. 이와 동시에, 타림 분지의 주민들이 점차 동요하고 있었음에도 불구하고 신장 북부와 남부의 청 팔기군은 노쇠해졌으며 질병과 기아, 아편 중독으로 인해 병력이 손실되고 사기도 떨어졌다.

1864년 반란

1864년 신장 반란의 시발점은 (투르크계 무슬림인) 위구르인이 아니라 (중국계 무슬림인) 퉁간 또는 회족으로부터 비롯되었다. 청에 대한 퉁간의 반란은 1862년 이래 간쑤 성과 산시(陝西) 성에서 맹위를 떨쳤다. 본래 이 지역 출신인 수만 명의 퉁간들은 당시 신장에서 농경과 소규모 사업을 하거나 청의 군대에서 복무하고 있었다. 퉁간과 한족, 몽골족과 청 관헌 사이의 긴장 관계는 신장에서도 고조되었으며, 1864년 6월에 이르러서는 청의 동치제(同治帝)가 관헌에게 예방 조치로서 신장의 도시들에 있는 퉁간을 학살하라는 명을 내렸다는 소문이 돌았다. 퉁간은 쿠차에서 처음으로 반란을 일으켰고 이어 우루무치, 야르칸드, 카슈가르와 옝기사르에서도 급속히 반란이 일어났다. 이후 수개월에 걸쳐 마나스Manas, 창지(昌吉), 쿠투비Qutubi, 짐사르와 구청(古城) 그리고 우루무치의 동쪽과 북쪽 지역에서 봉기가 일어났다. 쿠차에서 파견한 원정대가 투루판–하미 지역과 카라샤르, 우시 투루판, 바이Bai[바이청(拜城)] 및 악수에 있는 청의 거점들을 쓰러뜨리는 것을 도와주자 다른 도시들도 함락되었다. 1864년 11월 일리 계곡에 있는 여러 도시에서도 퉁간과 타란치가 청 관헌을 공격했으며 퉁간이 거의 없었던 호탄에서는 거의 비슷한 시기에 위구르인들이 반란을 일으켰다. 사실상 퉁간이 먼저 봉기했지만 어디에서나 투르크계 무슬림들이 곧 이들의 뒤를 따랐으며 현지 반란을 주도한 세력은 퉁간이 다수인 동부의 도시들을 제외하고는 곧 퉁간들로부터 현지의 투르크계 엘리트들로 넘어갔다.

1864년의 반란은 현재 많은 경우 위구르인들의 독립 운동 중 하나로 다루어지고 있다. 의심의 여지없이 청 체제와 벡들에 대한 적개심이 그 원동력이었고 물라 무사 사이라미Mulla Musa Sairami와 같은 무슬림 역사가들에 의해 성전이라는 수사를 얻기는 했지만, 1864년의 반란에 대한 이와 같은 묘사는 다양한 상호 적대적인 행위 주체들을 비롯한 복잡하고 혼란스러운 일련의 사건을 대단히 단순화시키는 것이다. 더욱이 야쿱 벡Ya'qub Beg은 위구르인 독립 투사가 아니라 타림 분지의 백성들에게 자신의 통치를 강요한 코칸드인이었다.

대부분의 도시들에서 퉁간들이 먼저 반란을 일으켰고 이후 투르크계 무슬림들이 합류하여 이들을 대체했다. 그 후 지역의 권력을 노리는 다양한 후보군이 지도부에 선출되었다. 여기에는 퉁간 출신의 군부 지도자, 위구르족과 퉁간 및 아프간 귀족 가문의 후손, 수피 샤이흐, 이전의 벡들 그리고 제왕이나 칸이 되려고 하는 사람들이 포함되어 있었는데, 대부분은 종교적인 경력을 가지고 있었다. 주목할 만한 것은 아파키 호자는 없었다는 사실이다. 반란의 결과는 도시마다 달랐는데, 타르바가타이에서는 무슬림 반란 세력이 승리했으나 이후 남쪽으로 도주했고 도시는 한 무리의 몽골인들이 장악했다. 일리에서는 퉁간 반란이 1871년 러시아의 개입 시까지 지속된 타란치 정권에게 굴복했다(타란치는 중가르와 청이 일리 계곡을 경작하기 위해 타림 분지에서 이주시킨 투르크계 무슬림을 지칭하기 위해 사용되었던 용어이다). 아르샤드 앗 딘의 후손인 라시딘 호자Rashidin Khoja의 지도 아래 있던 쿠차는 다른 오아시스들을 점령하려고 했는데 동으로는 멀리 하미까지, 서로는 멀리 카슈가르까지, 남으로는 야르칸드와 호탄까지 군대를 파견했다.[56] 통일된 움직임과는 거리가 먼 1864~1865년의 신장은 군벌·민족·지역 간 대립 관계에 있었던, 소련 붕괴 직후의 아프가니스탄을 더욱 연상하게 한다.

또한 이러한 반란이 주로 종교적인 이해관계에 의해 촉발된 것이라고 보아서도 안 된다. 이슬람이 아주 잠시 동안이기는 하나 퉁간과 투르크계 무슬림 및 다른 오아시스들의 지도자들을 이어 준 단일 이데올로기를 제공한 것은 사실이며 동시대의 무슬림 사가들은 이 전쟁을 신장에서 이교도 점령자들을 몰아내기 위한 성전이라고 묘사했다. 그러나 신장의 무슬림들은 이 사건이 발생하기 전 1세기 동안 청의 통치 하에서 상대적으로 평온하고 안정적인 삶을 살았으며, 같은 시기 동안 이슬람에 대한 신앙이 소요로 이어지지도 않았다. 이 반란의 기초가 되는 조건을 만들어 낸 것은 바로 1850년대부터 시작된 경제적 빈곤과 학정이었다.[57]

야쿱 벡의 아미르국

파미르 고원 이서의 세력들은 타림 분지에서 청의 정치 체제가 붕괴하는 것을 면밀히 지켜보았으며 이 상황을 이용하고자 했다. 최근 부하라의 통치에서 벗어난 코칸드의 지배자 알림 쿨리Alim Quli는 1865년 군대의 장교인 야쿱 벡의 지도 아래 마흐두미 아잠의 후손 부주르그Buzurg 호자를 군대와 함께 파견하여 카슈가르의 무슬림 시가지를 포위·약탈하고 있던 키르키스족과 합류하도록 했다.

야쿱 벡
1898년 베셀롭스키의 삽화

야쿱 벡의 경력에 대한 자세한 내용은, 그가 젊은 시절 찻집에서 무동 (舞童)으로 일했으며 중요한 무역 거점의 벡으로 임명된 이후에는 러시아의 아크 마스지드Aq Masjid 침입에 맞선 영웅적인 저항 운동에서 지역의 군대를 이끌었다는 등의 신화 같은 이야기들에 가려져 있다. 이러한 이야기들의 진실성이야 어쨌든 그는 곧 부주르그를 축출하며 자신이 카슈가리아에서 성공적인 군 지휘관이자 영민한 통치자임을 입증했다. 야쿱 벡은 1865년 카슈가르에서 평판이 좋지 않은 키르기스인들을 몰아냈으며, 곧이어 옝기샤르를 점령했다. (이 도시가 함락되었을 때 야쿱 벡은 자신의 후원자인 알림 쿨리에게 전통적인 투르크-몽골 방식에 따라 공물을 9의 배수로—중국 대포 9문, 매력적인 중국인 처녀 9명, 중국 소년 9명, 은 81온스, 말 81필 및 도자기 81개—바쳤다.)[58] 그는 도시 내부의 퉁간들과 비밀 협정을 체결한 이후 마침내 카슈가르에 있는 청의 요새를 함락시켰다. 그의 군대는 수천 명의 한족 상인과 민병대를 학살했으며 만주인 관리들은 화약고와 함께 자폭했다. 이듬해 야쿱 벡은 수천 명의 위구르 수비대가 사망한 호탄을 비롯하여 남동부의 도시들을 정복했고 이후 동북부의 도시들을 점령했는데, 이곳에서 그는 쿠차의 통치자 라시딘 호자의 남계(男系) 친척들 사이에서 발생한 내분으로 인해 더 빨리 진격할 수 있었다.

쿠차는 1876년 봄 함락되었으며, 몇 년 후에는 야쿱 벡과 우루무치 및 투루판 지역의 통간 정권 사이에서 갈등이 생겨났다. 야쿱 벡의 우루무치 점령으로 이어진 사건들은 이 시기 신장의 다양한 행위자들 사이의 군사 동맹에 큰 영향을 주었던 기회주의를 잘 보여 준다. 1870년 야쿱 벡이 통간들이 장악하고 있던 우루무치를 처음으로 공격했을 때 비무슬림 한족 민병대의 지도자인 서학공(徐學功)이 야쿱 벡에게 가담했는데, 그는 통간 반란 이후 1500명의 군대와 함께 구릉 지역으로 퇴각한 인물이었다. 우루무치의 통간 지도자인 타명(妥明, 다우드 할리파Daud Khalifa)은 포위 공격 끝에 투항했는데, 그는 이후 야쿱 벡에 대해 재차 반란을 일으켰으며 이번에는 서학공과 한족 게릴라들이 통간들과 힘을 합쳤다. 1871년 초여름 야쿱 벡은 우루무치를 다시 한 번 점령한 이후 카슈가르에서 투루판에 이르는 남부 신장 전역을 지배하게 되었다.[59] 그는 또한 중가리아에서 유목 생활을 하던 몽골인들 사이에서도 어느 정도의 영향력을 가지고 있었으나 일리 계곡만은 '타란치인 알라 한'Ala Khan'이 다스리던 별개의 무슬림 정권 치하에 있었다.

야쿱 벡은 자한기르의 침입 이후 청이 건설한 카슈가르의 '신성'에 자신의 오르다(orda, 원래는 야영지라는 뜻이나 여기에서는 궁정을 의미함)―현지에서는 굴바그gulbagh, 즉 장미 정원이라고 알려진 여러 개의 성문을 갖춘 요새―를 세웠다. 아탈리크 가지(Ataliq ghazi, 위대한 성전사)―야쿱 벡은 이러한 이름으로도 알려졌다―를 찾아오는 외국의 방문객들은 비단으로 된 예복을 입은 수행원들의 인도를 받으며 다양한 민족으로 구성된 그의 개인 호위병들의 감시 하에 궁정의 안뜰을 가로질러 화분에 심은 포플러 나무와 격자로 된 벽이 있는 천막으로 안내되었고, 이곳에서 야쿱 벡은 중앙아시아식과 유럽식이 뒤섞인 의식으로 이들을 접견했다. 한 무리의 영국 사신들이 차와 과일, 견과류, 빵으로 이루어진 전통 식사를 하기 위해 자리에 앉자 이들을 위해 15발의 예포가 발포되었다. 야쿱 벡의 세 하렘 구역 중 하나가(나머지 하렘들은 카슈가르 시내와 옝기샤르에 있었다) 성채 내의 멀지 않은 곳에 있었는데, 그는 이곳에 "동으로는 중국의 도시들에서부터 서로는 콘스탄티노플의 시장에 이르는, 그리고 북으로는 몽골의 초원에서부터 남으로는 히말라야의 계곡에 이르는 지역 출신의 거의 모든 민족의 대표들로 구성된," 통설에 따르면 그의 근위병만큼이나 다양한 200명의 아내와 후궁을 거느리고 있었다고 한다.[60] 이 인상적인 궁정에서 야쿱 벡은 지방 장관(하킴)과 여타의 관리를 임명하여 남부 신장 전역에 있는 성과 읍[61]을 통치하는 한편 이 지역에서 치안을 유지하고 세금을 거두도록 했다.

야쿱 벡은 자신을 신앙의 수호자이자 이교도인 키타이(중국인)에 대한 성전사라고 선전하면서 엄격한 이슬람주의 정책을 추구했다. 그의 관리들은 청 치하의 바자르에서는 일상적이었다는 남녀 매춘과 음주 및 고양이·개·쥐·돼지·당나귀 고기의 판매를 일제 단속하며 이슬람 율법을 엄격히 시행했다. 카디 라이스(Qadi Ra'is, 종교 재판관)[62]는 제대로 베일을 착용하지 않은 여성이나 터번을 쓰지 않은 남성을 매질하고 샤리아를 유지하기 위해 여러 무리의 경찰과 함께 거리를 순찰했다. 야쿱 벡은 또한 카슈가르 지역에 있는 주요 영묘들, 즉 아파크 호자와 사투크 부그라 칸 및 비비 미리얌Bibi Miriyam(현지에서 존경받는 성인이자 카라한조의 아르슬란 칸들의 보호자로서, 대천사 가브리엘이 천막에 난 연기 구멍을 통해 방문했을 때 이들의 선조를 처녀의 몸으로 임신했다고 한다)의 묘지를 복원하고 기금을 기부

했으며 이곳들을 참배했다.[63)

현지 위구르인들이 이러한 변화를 전적으로 환영한 것은 아니었다. 이들은 야쿱 벡이 정통성을 얻기 위해 시행한 이슬람 율법을 엄격히 준수하는 데 익숙하지 않았을 뿐만 아니라 많은 사람들이 더 무거워진 세금 부담과 회복이 더딘 경제로 인해 고통을 받았다. 1864~1867년의 혼란으로 인해 중국과의 무역은 완전히 끊어졌으며, 이로 인해 중국산 차와 은 및 다른 물품들을 재수출하는 중요한 중개 무역 사업은 끝나 버렸고 옥 광산마저도 폐기되었다. 더욱이 전쟁의 와중에서, 특히 일리와 야쿱 벡 정권의 영역인 동부 지역에서 인구가 감소했다. 경제 위기는 높은 세율로 인해 악화되었는데, 성과 도시의 관리들은 봉급을 받지 못했고 따라서 주민들에게 생계를 의지하게 되었다. 야쿱 벡 정권은 대략 4만 명의 병력을 유지했는데, 그의 군대는 주로 중가리아에 주둔하며 중국 내지로부터 은을 지급받았던 청의 군대와 달리 알티샤르에서 자체적으로 부양해야 했으며, 이로 인해 백성들의 부담이 가중되었다. 사실상 야쿱 벡의 정권은 대체로 점령군 정부였다. 그는 오아시스의 도시들을 통제하면서 1864년 반란 직후 권력을 장악한 현지의 종교 지도자들을 제거했다. 지방 장관의 대다수와 군대의 핵심은 코칸드인이었으며, 카슈미르인, 바다흐샨인, 아프가니스탄인, 키르기스인, 몽골족, 퉁간, '새로운 무슬림(옝기 무술만Yengi Musulman)'이라고 알려진 최근 개종한 중국인들 일부가 여기에 추가되었다. 1870년대 전략적·경제적 이유들로 인해 야쿱 벡 정권에 관심을 보였던 영국의 외교 사절들은 주민들이 우즈베크식으로 옷을 입고 말을 탄 코칸드 근위병들에게 겁을 먹고 굴복하는 것처럼 보인다고 기록했다.[64) 비록 주민들이 여전히 증오심을 가지고 청을 기억하고 있었으며 이슬람 세력의 통치를 환영했지만, 일부의 사람들은 적어도 마지못해하면서도 청 치하에 있던 시절이 더 좋았다는 사실을 인정했다.

지금 당신이 시장에서 보는 것은…… 키타이인(중국인)들의 시절에 있었던 삶과 활동에 비하면 아무것도 아니다. 오늘날 소작인들은 가금류와 달걀, 면화와 방사(紡絲) 또는 양·소·말을 팔기 위해 가지고 온다. 그리고 이들은 날염된 면직물이나 가죽 모자 또는 도시에서 만든 장화, 그들이 필요로 하는 모든 가내 생필품을 가지고 언제나 든든한 식사를 한 채로 돌아간다. 그 다음에 우리는 가게 문을 닫으며 상품은 고객들이 다시 찾아오는 다음 주 장날 때까지 잘 쌓아 둔다. 우리 중 일부는 그 사이에 작은 물품을 가지고 주변의 시골 장시(場市)를 다녔으나 우리에게 최고의 날은 도시의 장날이었다. 키타이인들의 시절에는 상황이 대단히 달랐다. 당시에는 사람들이 매일 물건을 사고 팔았으며 장날은 훨씬 들떠 있었다. 기도하러 가지 않은 사람들을 매질하기 위해 디라dira로 무장한 여섯 명의 무흐타십muhtasib을 거느리고 다니는 카디 라이스가 없었고 여인들을 거리에서 몰아내지도 않았으며 어느 누구도 술을 마시고 금지된 고기를 먹는다는 이유로 매질을 당하지 않았다. 군중들 사이를 돌아다니며 사람들을 즐겁게 해 주는 악사들과 곡예사들, 점쟁이들 및 이야기꾼들이 있었다. 가게의 정면에는 깃발과 현수막 및 각종 그림이 걸려 있었으며 고객을 기쁘게 하기 위해 얼굴에 화장을 하고 비단과 레이스로 치장한 잘라브(jallab, 매춘부)도 있었다.…… 그뿐 아니라 건달들과 도박꾼들 역시 많았으며 사람들이 술에 취해 지갑을 소매치기 당하기도 했다. 이들은 지금도 그렇게 하지만 현재 이슬람 치하에 있고 샤리아가 엄격하게 집행되기 때문에 공개적으로 그러지는 못한다.[65]

사투크 부그라 칸 영묘의 관리인조차 무슬림들이 청만큼이나 잔인하며 두 체제 사이의 중요한 차이점은 이전 시기에 무역이 번성했다는 것이라는 사실을 인정했다. 그는 키타이인들에 대해 "나는 그들이 싫습니다. 하지만 그들은 나쁜 통치자는 아니었습니다. 우리는 당시에 모든 것을 가지

고 있었지만 이제는 아무것도 없습니다"라고 이야기했다.[66]

야쿱 벡은 타림 분지와 우루무치 및 투루판까지 자신의 권력을 확대하고 이를 공고히 할 수 있었지만 많은 위협에 직면해 있었다. 그는 중앙아시아의 정치 체제가 그러하듯이 자신의 정부와 군 내부에 있는 잠재적인 경쟁자들을 경계했다. 1850년대와 1860년대에 코칸드를 비롯한 트란스옥시아나(투르키스탄)를 점령한 러시아가 국경 너머에서 부상하고 있었는데, 실제로 러시아는 1871년 단 며칠 사이에 타란치 지도자들을 제거하고 일리 계곡을 합병했다. 그러나 주된 위협은 예정된 청 군대의 귀환이었으며 이러한 우려로 인해 야쿱 벡의 기민하면서도 중앙아시아 지역의 통치자로서는 전례 없는 대외 정책이 추진되었다. 비록 그와 러시아의 관계가 긴장 상태를 유지하기는 했지만 그는 결국 러시아의 상인들과 무역 대표들이 도시에 체재하는 것을 허용하는 통상 조약을 체결했다(1872). 그는 적극적으로 영국과의 우호적인 관계를 추구했는데, 영국의 사절단을 환대하여 1873~1874년에는 350명으로 이루어진 사절단을 접대했고 영국 국민들의 활동을 보장하는 무역 협정을 체결하고 런던에 대사를 주재시켰다. (수십 년 후 이를 달성하기 위해 필사적으로 노력한 티베트와 달리 야쿱 벡 정권은 영국으로부터 완전한 외교적 승인을 누렸다.) 영국은 그 답례로 국제적인 지지와 은밀한 군사 원조를 제공했다. 야쿱 벡은 이슬람 세계에서 이교도와 싸우는 전사로서 유명해졌고 나중에는 오스만 제국이 하사한 아미르 지위를 받아들였는데, 이는 두 지도자 모두의 명성에는 기여했으나 야쿱 벡의 자치권에는 아무런 영향도 미치지 않았다. 오스만 제국 정부는 영국보다 더 많은 군사 원조를 제공했는데, 이들은 대포와 수천 정의 신·구형 소총 및 군 장교들을 보내 오스만 제국이 유럽으로부터 습득한 새로운 훈련 방식으로 군대를 훈련시킬 수 있도록 도와주었다.

야쿱 벡은 매력적인 전환기의 인물이었다. 한편으로 그는 친숙한 유형의 중앙아시아 실력자였는데, 그는 티무르의 혈통을 주장하고 종교 시설을 후원했으며 부족장처럼 집단 사냥에서 자신의 군대를 지휘했다.[67] 그러나 다른 한편으로 그는 또한 중앙아시아가 팽창하는 영국·러시아와 쇠퇴하는 청·오스만 제국 사이에서 자리를 확보하기 위해 투쟁하도록 만든 새로운 전략적인 상황을 인지하고 있었다. 칭기즈칸 가문의 혈통과 이슬람적 정통성 및 개인에게 충성하는 추종 집단만으로는 이러한 상황에서 정권을 유지하기에 충분하지 않다는 사실을 잘 인식하고 있었기 때문에, 그는 제국주의 세력들과 원거리 외교 관계를 맺었으며 자신의 군대에 근대적 무기와 기술들을 갖추려고 했다. 의도적이었던 그렇지 않았던 간에 그는 중앙아시아뿐만 아니라 유럽에서도 국제적인 지명도를 얻었다. 야쿱 벡 치하에서 신장은 처음으로 전 세계의 주목을 받았고 제국주의 팽창과 국제화라는 더 큰 드라마 속으로 녹아들게 되었다.

4장

제국과 민족 사이에서

19세기 후반~20세기 초반

❖❖

청의 신장 수복은 쇠락해 가는 청 제국이 감행한 최후의 군사 원정이었으며, 청이 결국 신장을 회복했다는 사실은 당시 서구인들을 놀라게 했다. 그 이후 서구의 역사가들은 신장을 재정복하겠다는 청의 결정을 낙후된 대륙적 사고의 한 예이자, 해안 지역에서 더 중요한 일들이 발생하고 있던 시기에 나타난 내륙 아시아 지역에 대한 시대착오적인 전략의 반영이라고 생각했다. 그러나 청의 신장 수복은 새로운 사건, 즉 중국을 중앙아시아로 확장시키려는 시도의 서막이었다. 지금까지 이 책에서 필자는 '청 제국'과 '중국'이라는 용어를 신중하게 구분해 왔으나 19세기 후반부터는 이러한 구분이 희미해져 갔다. 이러한 관점에서 청의 만주·몽골 통치 엘리트들은 더 이상 신장의 투르크계 주민들과 한족 이주민 및 상인들 사이의 이해관계를 가운데서 중재하지 않았다. 1878년의 재정복과 1884년의 신장 성(省)의 건설 이후, 신장의 청 관헌들은 그들 스스로가 한족이었고 따라서 신장에서 청의 정책들은 비록 완전하게 실현된 것은 아니었지만 한화(漢化)라는 행동 지침을 반영했다.

　그사이 신장은 그 서부의 지역들과 경제적·문화적으로 연결되어 있었다. 러시아 제국은 트란스옥시아나와 카자흐 초원에서 자신의 통제력을 공고히 했으며 산업 사회의 대량 생산된 근대적 제품이 러시아 및 러시아령 투르키스탄으로부터 신장으로 유입되었다. 신장 남부에서는 일부의 인도산 제품이 러시아산 공산품과 경쟁했으나 중국산 제품은 그 속에서 우위를 점할 수 없었다. 사상도 바로 이 무역 루트를 따라 전파되었는데, 이는 몇몇 종교들이 소그드인 대상을 따라 동진했던 것이나 수피들이 상인과 유목민 사이에서 포교 활동을 벌였던 것과 비슷한 양상이었다. 식민 통치 하에 있던 전 세계의 다른 민족들과 마찬가지로 중앙유라시아의 무슬림들과 투르크계 민족들은 자신들의 상황에 대해 새로운 방식으로 생각했다. 이들은 자신들의 전통의 양상에 의문을 제기하고 지식에 대한 새로운 접근법을 제안했으며 또한 정치 개혁을 지지했다. 신장은 중앙유라시아에 퍼진 이러한 새로운 담론의 소용돌이에 속하게 되었는데, 이는 점차 관심의 대상을 헬크(khälk, 민족) 또는 밀레트(millät, 국가)로 규정했다. 민족주의는 2가지 방향에서 신장에 나타났다.

재정복

여러 가지 면에서 신장의 재정복에서 가장 힘겨운 싸움들은 청의 병사들이 처음으로 이 지역으로 진군하기 이전에 이루어졌다. 이는 원정이 시작되기 전에 필요한 정치·군수·경제적 지원을 위한 싸움이었다. 다시 한 번, 먼 곳에서 발생한 문제들로 인해 청의 많은 관리들은 제국 내에서의 신장의 위상과 그 가치를 두고 의구심을 품게 되었다. 반대파를 제압하는 한편 주저하는 청 조정에 신장을 수복해야 한다고 확신시키기 위해 신·구 논쟁 및 격렬한 로비 활동이 이루어졌다. 신장 재정복을 주창한 주요 인물이자 원정군의 총사령관이었으며 전후의 재건을 주도한 인물은 바로 좌종당(左宗棠)이었다.

좌종당은 후난(湖南) 성 샹인(湘陰) 출신의 학자로서, 과거 급제를 통해서가 아니라 후난 성 출신의 병사들로 이루어진 현지의 군대를 조직하고 지휘하여 중국 남부에서 발생한 반란 세력과의 전투에서 승리함으로써 명성을 얻었다. 그는 만주 팔기군이 중국 내의 반란 세력을 제압하는 데 효율적이지 않다는 사실이 드러났던 19세기 중반에 이름을 떨친 〔이홍장 (李鴻章)과 증국번(曾國藩)을 위시한〕지방군의 한족 지휘관 중 하나였다. 이들이 부상한 후 자포자기한 청 조정이 이들에게 영향력을 양도할 수밖에 없었던 바로 이 상황은 제국 전역에 대해 청 조정이 가지고 있던 중앙 집권적 권력이 유력한 한족 장군과 관리들 휘하의 지방 분권적 합의체로 이양되는 과정을 나타냈다.

좌종당은 태평천국(太平天國) 운동과 염군(捻軍)에 대한 군사 원정에서 승리를 거둔 이후 1868년 11월 상군(湘軍)을 데리고 중국 서북부의 산시 (陝西)-간쑤 성 총독〔섬감(陝甘)총독〕의 지위에 취임했다. 그곳에서 그는 산시 성과 간쑤 성, 칭하이 성에서 발생한 퉁간 반란을 진압하기 시작했다.[1] 좌종당은 〔4000만 량(兩)이라는 비용을 들여〕1873년까지 반란 진압을 완수했으나 서쪽으로 진군하여 신장으로 들어가려는 그의 계획은 그 실익에 대한 조정의 우려로 인해 연기되었다. 1874년 일본의 타이완 침공은 청 조정에 해안에 대한 방어가 불충분하다는 사실을 환기시켰으며, 이홍장이 주도하는 일군의 관리들은 신장에 대한 원정이 연기되어야 하며 이를 대신하여 해군의 발전에 재원이 배분되어야 한다고 주장하기 시작했다. 〔이홍장은 당시 경사(京師)* 지역인 직예(直隸)의 총독이었으며 청과 서구의 외교

관계에서 활약하고 있었다.] 그 이후 이매뉴얼 쉬Immanuel Hsü가 "중국의 거대한 정책 토론: 해방(海防) 대 새방(塞防)"이라고 부른 것이 일어났는데, 이는 1750년대 건륭제 치세 당시 중가리아와 알티샤르의 정복과 함께 시작된 신장을 둘러싼 오랜 논쟁의 마지막 에피소드라고 할 수 있다. 그러나 이전 시기와 다른 점은 서구의 국가들과 일본으로부터 오는 해양에서의 위협이 (이제는 몽골족이 아니라 러시아에 의해 현실화된) 북부 및 북서 변경에 대한 전통적인 안보 문제와 거의 비슷했다는 것이다.

'해방'파는 신장은 항상 문제가 많은 지역이기 때문에 막대한 비용을 들여 이 지역을 다시 점령할 만한 가치가 없다는 중화주의적인 관점을 따랐다. 신장은 불모지였으며 신장 정부는 건륭제 시기 이래로 중국 내지로부터 매년 보조금을 요구했다. 좌종당과 신장의 수복을 지지한 사람들은, 해안을 따라 중국을 위협하는 국가들은 침입이나 영토 정복이 아니라 주로 교역을 위한 주변 기지를 설립하는 데 관심이 있는 반면 영국과 특히 러시아의 신장에 대한 열망은 더 위험한 것이라며 맞섰다. 새방을 옹호하는 사람들은 본질적으로 "신장이 무너지면 몽골이 무너지고 몽골이 무너지면 베이징이 무너진다"라고 논쟁하며, 신장을 회복하는 것은 함선의 건조나 해안에 포대를 건설하는 것—이를 위한 상비 자금은 어쨌든 준비되어 있었다—보다 수도의 방어에 더 필수적이라고 주장했다. 결국 베이징이 해양에 비교적 가까이 위치해 있지만 일리로부터는 덴버에서 뉴욕만큼이나 또는 모스크바에서 런던만큼이나 멀리 떨어져 있다는 사실은, 새방을 주장하는 사람들에게는 신장을 수복하는 데 실패하는 것이 현임 황제인 동치제의 입장에서는 그의 걸출한 조상들에 대한 불효 행위에 해당한다는 대답하기 곤란한 도덕적인 관점보다 덜 중요했다.[2]

---

* 수도에 속하는 지역을 의미하는 성급 행정구.

양측은 황제에 대한 반응에서 육체적인 비유를 차용했는데, 이들은 변경과 해안으로부터의 위협 중 어느 것이 심복지환(心腹之患)에 해당하고 어느 것이 사지의 질병에 해당하는지에 대해 논쟁을 벌였다. (로비스트들이 사망 또는 사지의 절단이라는 용어로서 왕조의 선택을 표현했다는 사실은 당시의 절망감을 반영하는 것이다.) 러시아가 통제하고 있던 일리 유역이 단검처럼 청의 심장부를 겨누고 있다는 생각이 억지인 것처럼 보이기는 하지만 이러한 관점은 내륙 아시아에 대해 청이 초기에 두고 있던 전략적 중요성과 일맥상통하는 것이었으며, 좌종당은 결국 1874년의 논쟁에서 승리했고 1879년 일리 지역을 포기하자는 이홍장의 주장도 누를 수 있었다.

영어로 된 저작들에서 이 논쟁은 종종 청의 전략적·외교적 사고가 가진 이른바 낙후성을 강조하기 위해 사용되어 왔다. 이홍장은 유명한 중국 자강(自强)의 주창자였으며 중국 역사를 연구하는 서구의 학자들에게는 그가 해방과 함선의 건조를 옹호한 것이 상대적으로 근대적인 것으로 인식되었다. 일례로 페어뱅크John King Fairbank는 『동아시아의 전통과 전환East Asia Tradition and Transformation』에서 1874년의 논쟁에서 좌종당이 이홍장 및 다른 '자강주의자'들에게 승리를 거두고 뒤이어 신장을 수복한 것으로 인해—비록 좌종당 자신은 서구화되어 가는 방법들, 즉 근대적 군사 훈련과 공장 및 근대적 무기를 생산하기 위한 병기고와 서구로부터의 차관을 장려하고 차용했음에도 불구하고—보수주의자들이 자아도취되어 서구화에 반대하게 되었다고 기술했다. 러-청 관계에 대한 페인S. C. M. Paine의 최신 연구는 심지어 좌종당의 "전통적인" 주장과 대비하여 이홍장의 주장을 "논리적"이라고 불렀다.[3] 반면 중국어로 된 역사 문헌들과 모든 이데올로기 지형에서 좌종당은 커다란 역경에 맞서 신장의 재정복을 이루어 낸 영웅이었으며 이는 현재에도 그러하다. 더욱이 일부의 사람들은 대륙 안보에 대한 강조가 적어도 1960년 중소(中蘇) 관계의 단절 이후 1990년대까지의 중화인민공화국 정책에서도 특색을 이루고 있다고 부언하기도 한다. 인민해방군이 해군력 증강에 진지하게 초점을 맞추기 시작한 것은 최근의 일이다.

1875년 4월 좌종당은 신장의 군사 업무를 다룰 흠차대신으로 임명되었으며 여태껏 만주 및 몽골 관리들의 고유 영역이었던 이 지역을 관할하는 최초의 한족 관리가 되었다. 좌종당은 이후 신장 원정을 치밀하게 준비했는데, 6만 명의 병력과 노역 인력으로 구성된 부대를 선별하여 잘 훈련시켰으며 서구에서 수입한 무기와 중국에서 자체 제작한 서구식 무기로 무장시켰다. 1874~1876년 원정을 준비하는 동안 병사들은 농경에 종사하여 부대의 곡물 비축량을 높였다. 나머지 곡물들은 좌종당이 동원한 대규모 군수 조직을 통해 유입되었는데, 간쑤 회랑과 하미, 바르콜에 있는 집결지로 약 1600만 킬로그램의 예비 곡물을 운반하여 비축하기 위해 5000대의 수레와 2만 9000마리의 낙타, 5500마리의 나귀와 노새가 이용되었다. 그는 심지어 시베리아의 한 러시아 공급자로부터도 곡물을 사들였다.

좌종당의 가장 큰 문제는 자금을 확보하는 것이었다. 다방면에서의 반대에도 불구하고 청 조정은 해상 무역에 대한 관세와 중국 내지의 성들로부터 나온 재원을 그에게 제공했다. 그에 더해 조정은 좌종당이 외국계 은행인 홍콩상하이 은행Hongkong and Shanghai Banking Corporation으로부터 850만 량을 빌릴 수 있도록 허가해 주었다. 전체적으로 좌종당은 1855년부터 1877년까지의 기간 동안 군사비로 2650만 량을 지출했으며, 1878~1881년에는 재건 작업에 추가로 1800만 량을 사용했다. 비록 최초 예산 내에서 재원을 운영했음에도 불구하고, 1876년부터 매년 청 국고 전체 연간 지출의 6분의 1에 해당하는 금액을 소모했다.[4]

치밀한 준비를 끝낸 이후 청군은 좌종당이 직접 간쑤에서 작전을 지휘

하는 가운데 거의 아무런 어려움 없이 서쪽으로 진군했다. (좌종당의 후난
성 출신 동료인) 유금당(劉錦棠) 휘하의 상군 부대를 비롯한 청의 부대는
1876년 여름 신장 북부로 진입했다. 청군은 처음에는 우루무치 북부의 농
경 지대에 있는 마을들을 점령했는데, 이 지역들은 3년 전 좌종당이 칭하
이에서 몰아낸 백언호(白彦虎)와 우소호(于小虎)의 추종자들을 비롯한 퉁
간들이 주로 방어하고 있었다. 우루무치를 방어하던 퉁간들은 도주했으
며 청군은 하루 만에 도시를 점령했다. (8월 18일) 신장 북부 전역에서 오
직 마나스 시만이 저항했는데, 목숨을 걸고 싸운 이 도시의 퉁간 방어군
들은 야쿱 벡으로부터 어떠한 증원도 받지 못했다. 청군 전체가 두 달 반
동안 포위 공격한 끝에 마나스는 마침내 1876년 11월 초 함락되었다. (러
시아의 통제 하에 있던 일리 유역을 제외한) 중가리아의 재정복에는 단지 3개
월이 소요되었을 뿐이다.[5]

　야쿱 벡은 동부와 북부의 방어를 퉁간들에게 맡겨 두기로 결정했다.
사실상 야쿱 벡은 청군과 직접 교전하기를 원하지 않았으며 오히려 청과
외교적 합의에 이르기를 희망했다. 1873~1874년 야쿱 벡은 이 문제를
영국 사절 포사이스T. D. Forsyth와 논의했다. (청의 근대적 외교 사무국인) 총
리아문(總理衙門)의 이홍장과 공친왕(恭親王)을 비롯하여 '해방'을 선호한
청의 관리들은 신중하게 이러한 조정을 지지했던 것처럼 보이는데, 이홍
장은 1876년 포사이스에게 야쿱 벡이 청에게 공식적으로 '복속'할 의사가
있는지 여부를 물었다. 영국 측은 런던에 있는 야쿱 벡의 전권대사와 중
국 대사 곽숭도(郭嵩燾) 사이의 회담을 주선했다. 양측이 모든 세부 사항
을 조정한 것은 아니었지만, 1877년 6월 야쿱 벡이 카슈가리아에 대한 통
제권을 보유할 수 있다면 중국의 종주권을 인정하겠다는 데 원칙적으로
합의했다. 이러한 밀약은 1758년과 이후 1830년대에 청이 도출해 낸 선
택 사항과 일맥상통하는 것으로, 청은 타림 분지를 기꺼이 조공을 바치고

청의 종주권을 인정할 의사가 있는 현지 세력 치하에 두기를 원했다. 이홍장과 공친왕 및 곽숭도는 최소한 처음에는 야쿱 벡과 조약을 체결할 가능성을 열어 두고 있었다. 이 제안은 한때 군기처(軍機處)에서 논의되었으며 베이징 주재 영국 대사 웨이드Thomas Wade도 이를 지지했다. 좌종당은 당연하게도 이러한 생각에 냉담했다.[6]

여하튼 1877년 봄에 이르러서는 신장 남부의 새로운 군사적 상황으로 인해 청 조정이 마음을 돌리게 되었다. 1877년 4월 청군은 투루판, 벽전〔闢展, 현재의 산산(鄯善)〕, 다반청(達板城), 톡순을 큰 저항 없이 점령했다. 사실상 투루판의 무슬림 지휘관 하킴 한Hakim Khan은 2만 명의 병력을 보유하고 많은 군량을 비축하고 있었음에도 불구하고 청군이 도착하기도 전에 도주해 버렸다. 다반청에서 포위된 방어군은 야쿱 벡이 증원군을 보내 주기를 헛되이 기다리고 있었으며, 야쿱 벡이 1년 전 새로운 요새를 건설하고 한때는 자신의 본진으로 삼기도 했던 톡순은 유금당의 부대가 도시에 도착하기도 전에 방기되었다.

김호동은 야쿱 벡의 군대에서 이처럼 저항이 없었던 것은 압도적인 청의 군세 때문이 아니라―무슬림 군대의 수는 청의 부대의 수와 대략 비슷했다―야쿱 벡이 청과의 교전을 피하라는 명령을 내렸기 때문이라고 (이러한 사실은 무슬림 측 사료에는 기록되어 있지만 중국 측 사료에는 기록되어 있지 않다) 지적했다. 야쿱 벡은 여전히 런던에서 열리는 협상이 합의에 이르기를 분명히 희망하고 있었으며, 따라서 청과 대립하는 것을 피하고자 했다. 그러나 그의 군대는 이 명령으로 인해 사기가 저하되고 혼란을 겪게 되었다. 더욱이 야쿱 벡이 5월 말 코를라에서 아마도 뇌졸중으로 인해 갑작스럽게 사망하자 남아 있던 청에 대한 조직적인 저항도 붕괴되어 버렸다. 청 측 자료는 야쿱 벡이 자살했다고 기록하고 있지만 이는 스스로를 미화하는 중화 제국의 일상적인 기술 방식일 뿐이다(이들은 갈단에 대해서도 동일하게 기술하고 있다). 김호동은 야쿱 벡이 유금당의 병력에 맞서 자신의 군대를 파견하지 않았기 때문에 그가 사망했을 당시 패배당한 것은 아니었다고 지적했다.[7]

야쿱 벡의 사망에 뒤이어 몇 명의 경쟁자들이 카슈가리아에서 그의 자리를 잇기 위해 경쟁했다. 여기에는 그의 아들인 벡 쿨리Beg Quli와 하크 쿨리Haqq Quli가 포함되며, 코를라에서는 병사들이 살아남은 최후의 아파키 호자 중 한 명이자 (카타 한Katta Khan의 아들이고) 지휘관인 하킴 한을 옹립했다. 야쿱 벡과 코칸드인들의 통치에 불만을 품고 있던 전전(戰前) 알티샤르의 벡 중 하나인 니야즈 벡Niyaz Beg은 호탄을 장악했다. 벡 쿨리는 1877년 10월에 이르러서는 독립적인 퉁간 부대가 여전히 활동하고 있기는 했지만 자신의 투르크계 경쟁자들을 압도했다. 그사이 청의 대군이 밀어닥쳤다. 10월 초 유금당은 톡순에서 카라샤르로 군대를 보냈으며, 퉁간의 지도자 백언호는 개도하(開都河)의 제방을 터트려 카라샤르-코를라 지역을 침수시켰다. 이러한 방해에도 불구하고 청은 10월 7일 카라샤르를 점령했으며 부구르Bugur도 얼마 지나지 않아 함락되었고 서쪽으로 향하는 도로의 연변에 있는 다른 도시들도 신속하게 점령되었다. 백언호와 그의 추종자 수천 명을 몰아낸 이후 청은 10월 말 무렵에는 멀리 우시 투루판에까지 이르렀다. 백언호와 그의 추종자들은 국경 너머로 도주했으며 그곳에서 이들은 오늘날 키르기스스탄과 카자흐스탄에서 소수 민족으로 남아 있는 러시아 퉁간 주민들의 핵심을 형성했다. 벡 쿨리는 그때까지 카슈가르를 재점령하고 퉁간 마달루야(Ma Daluya/馬大老爺)로부터 자신의 친척들을 해방시키기 위해 수도인 카슈가르를 포위 공격하고 있었으나 별다른 성과를 거두지 못했으며, 청의 선봉대가 이 지역에 도착한 12월 중순에는 페르가나로 도망쳤다. 1878년 1월 청이 호탄을 점령함으로써 신장의 재정복은 완료되었다.

청은 코를라에서 카슈가르에 이르는 전 지역을 70일 만에 재점령했는데, 이는 김호동이 지적한 것처럼 대상이 평시에 이 루트를 여행하는 데 소요되는 시일인 35일의 겨우 2배에 불과한 기간이었다.[8] 이처럼 청은 야쿱 벡이 청의 군대와 교전하지 말라고 명령하고 자신의 투르크 군대를 파견하는 데 주저했던 것, 그의 사후 이어진 혼란과 가혹한 코칸드계 정권에 대한 위구르인들의 불만으로 인해 거의 아무런 방해를 받지 않고 진격했다. 알티샤르의 많은 현지 주민들은 청군이 이 지역으로 진격해 오자 투항해 버렸다.

재건

청은 폐허가 된 지역을 재정복했다. 구청에서 카슈가르에 이르기까지 요새와 성벽은 허물어졌고 마을은 불에 탔으며 관개 수로는 메워졌다. 카라샤르 주변의 드넓고 이전에는 비옥했던 지역은 개도하에 침수되었으며 도시 자체도 물 속 몇 피트 아래로 잠겨 버렸다. 신장 전역에 걸쳐 토지가 사용되지 않는 동안 피난민들은 정처 없이 방황하고 있었다.

더욱이 물질적인 피해 이외에도 전투와 야쿱 벡 정권으로 인해 신장에서 청 통치의 제도적 기반들이 일소되었다. (청이 등용한 현지의 세습 관리들인) 벡 가운데 다수가 살해당하거나 교체되었으며 또한 토지를 박탈당했다. 마찬가지로 투루판과 쿠차에서도 청으로부터 봉토를 받은 무슬림 왕공들이 잔존하기는 했으나 이들은 자신들의 생계의 원천, 즉 경제·정치적 권력의 근원인 토지와 농노를 거의 다 상실했다. 과거 신장에서 청 군사력의 근간이었던 만주족과 몽골족 기인(旗人)들은 사망하거나 흩어졌다. 구청의 새로운 관직에 취임한 청의 관리는 겨우 10여 명 남짓의 병사만이 남아 있는 이 지역의 팔기 주둔지를 '한 줌의 지푸라기'에 비유했다. 우루무치로 진격했을 때 청군은 청의 요새가 어디에 있었는지를 알려 줄 파편조차 남아 있지 않은 채 완전히 파괴되었으며 또한 단 한 명의 만주인 병사만이 이전의 주둔지에 남아 있었다는 것을 발견했다. 다수의 만주인과 몽골인 팔기군이 한때 주둔했던 북쪽의 일리 유역은 당시에는 물론 러시아에 점령된 상태였으나, 청이 마침내 일리 지역을 수복했을 때(아래의 내용을 참조하라) 청의 관리들은 예전의 청 거류지와 병영, 초소 및 곡물 창고 등이 남부 지역만큼이나 훼손되었다는 것을 알게 되었다.[9] 쿨자는 더 이상 신장의 성도(省都)로서 기능할 수 없었다.

모든 중국인이 전쟁의 와중에 도망을 가거나 목숨을 잃었던 것은 아니었다. 1873~1874년 야르칸드와 카슈가르에 파견된 영국 사절단과 동행한 벨류H. W. Bellew는 많은 중국인 개종자들, 즉 '새로운 무슬림들(옝기 무술만)'이 야르칸드와 옝기히사르의 바자르를 자주 방문했으며, 야쿱 벡에게 고용된 퉁간들 및 '새로운 무슬림들'로 구성된 사병 조직도 있었다고 기술했다.[10] 그리고 여전히 많은 수의 퉁간들이 특히 동부 지역에 거주하고 있었다. 그러나 한족 피난민과 새로운 이주민 및 좌종당의 군대 중 일부가 신장에 재정착한 이후에도 1878년 우루무치 북쪽 농업 정착지의 농경 인구는 반란 이전의 겨우 10분의 1에서 4분의 1 사이의 수준에 불과했으며,[11] 이로 인해 병사들에게 식량을 공급하고 이 지역의 정부 기구를 지탱할 청의 능력은 제약을 받았다.

초대 신장 성 순무(巡撫)가 된 유금당(1884~1891년 재임)은 한 세기에 걸친 청 통치의 폐허를 수심에 잠겨 바라보며, "혼란 이후 옛 체제는 완전히 없어져 버렸고 이를 완전히 복구하는 데에는 많은 어려움이 따른다"라고 술회했다.[12] 그와 다른 사람들은 초기 투자가 필요하기는 하지만 신장 행정 체제의 전반적인 개혁만이 장기적인 관점에서 이 지역에서의 청의 통제력을 공고히 할 수 있다고 생각했다.

재정복이 완료되기 전 좌종당은 이미 공식적으로 신장의 건성(建省)을 건의했는데, "비용을 절약하고 노력을 줄이기 위해 또한 신장에서의 영속적인 평화와 안정을 담보하는 정책을 입안하고 조정의 우려를 덜기 위해…… (우리는) 건성을 해야 하며 군현(郡縣) 형태의 행정 체제로 변화해야만 한다"는 것이었다.[13] 이처럼 좌종당은 청 군정의 감독 아래 위구르인 백과 왕공 및 몽골인 자사크가 현지를 통치하는 옛 체제를 유교적 소양을 갖춘 민정 관리들 휘하에 군과 현 등을 두는(중국어로는 군현제라고 알려진) 체제로 대체하여 신장 전역을 중국 내지의 성들과 동일한 행정적 기반 위에 둘 것을 건의했다. 신장의 건성에 대한 생각은 후난 성 출신의 공자진(龔自珍)이 그의 유명한 글에서 신장에 소요되는 비용을 통제하기 위한 방법의 하나로서 제기한 1820년대 이래로 유행했다. 좌종당도 40년 전 쓴 시에서 신장의 건성에 대해 언급한 적이 있었다. 그러나 1870년대에 청 조정은 신장의 재정복이 완료되기 전이고 일리 유역에 관한 문제도 해결되지 않은 시점에서 이러한 급격한 개혁을 시행할 준비가 되어 있지 않았다. 그럼에도 불구하고 청 조정은 좌종당이 신장 남부와 북부의 사후 재건 정책의 일환으로서 신장에서 중국식 행정 체제의 첫걸음을 내딛는 것을 승인했다.[14]

따라서 재건의 기치 아래 청군은 하미에서 카슈가르에 이르는 신장 남부에 처음으로 중국식 행정 체제의 기초를 건설하기 시작했는데, 세금을 징수하고 곡물, 뽕나무와 누에의 생산을 촉진하며 촌락 단위로 보갑(保甲)* 제도를 조직한 특별한 재건 기구들이 있었다. 더 일반적인 사업들로는 도시 방어 시설과 정부 기관, 병영, 교량, 도로와 수로의 건설, 토지 소

---

* 농촌의 자경을 위해 송·명·청 등에서 시행한 향촌 조직.

유권의 분류 그리고 새로운 화폐의 주조 및 학교의 개교가 있었다. 이러한 사업은 전후 신장에 주요 통치 기구가 부재했기 때문에 좌종당 휘하의 후난 성 출신 병사들과 관료들에 의해 수행되었으며 중국 내지로부터 자금을 지원받았다. 다음에서 살펴볼 것처럼 재건 계획은 재정적 압박으로 인해 즉시 실현되지는 못했지만 이러한 노력은 무슬림 지역의 지방 단위 사무들을 전적으로 벡에게 맡겨 두었던 이전의 청의 정책으로부터 완전히 벗어났음을 의미한다.[15]

일리 유역의 수복

야쿱 벡 아미르국이 순식간에 붕괴되고 청이 신장을 신속하게 수복한 것은 심지어 외국의 관찰자들조차도 깜짝 놀라게 했다. 러시아령 투르키스탄 총독 카우프만Konstantin Petrovich Kaufmann 장군이 1871년 반란의 혼란으로부터 시민들의 생명과 재산을 보호한다는 명분으로 일리 유역으로 군대를 파견했을 당시 그는 분명히 8년 후 이 지역의 반환을 두고 청과 논의할 것이라고는 예상하지 못했을 것이다. 사실 러시아인들은 쿨자에 오래도록 머무를 의도가 있었던 것처럼 보이는데, 이들은 주요 관개 수로들을 복구하고 병원을 건설했으며 2개의 언어로 교육을 하는 학교 및 러시아 정교회를 비롯한 다른 문화 시설들을 세웠다.[16] 그러나 러시아는 점령한 모든 청의 영토를 무조건적으로 반환하겠다고 처음부터 공언했기 때문에, 러시아가 청으로부터 할양을 받으려고 해도 협상할 여지가 매우 적었다. 더욱이 러시아는 급속한 제국의 팽창이 가져온 부담을 느끼고 있었는데, 이들은 막 오스만 제국과 전쟁을 시작했기 때문에 중앙아시아에서 또 마른 마찰을 감당할 에너지와 자금이 거의 없었다. 게다가 전쟁에서 승리한 청군이 국경 바로 너머에 있었고 이들은 일리에 주둔하고 있는 러시아의 군대보다 그 수가 훨씬 많았다.

이처럼 모든 요건이 청에게 유리했음에도 불구하고 청 측 대표 숭후(崇厚)는 수치스러울 정도로 불리한 조건으로 리바디아Livadia 조약(1879)을 체결했다. 이로 인해 그는 베이징으로 귀환하자마자 곧 사형 선고를 받았으며 국제 외교 사회의 청원이 있은 후에야 겨우 형 집행을 모면할 수 있었다. 청 조정이 비준하기를 거부한 이 조약은 1871년 러시아가 점령한 일리 유역의 부분적인 반환만을 약속했다. 더욱이 이는 러시아가 신장과 몽골에 7개의 새로운 영사관의 설치와 무관세 무역을 허가했으며, 러시아 상인들에게 베이징과 양쯔 강 유역에서 중국 내지 전역으로 확대되는 무역 루트를 사용하도록 했다. 또한 이 조약은 만주의 숭가리Sungari〔쑹화(松花)〕 강에서 러시아 선박들이 항해하도록 허가했으며 러시아에게 500만 루블(280만 량)에 달하는 배상금을 지불하도록 했다.

이러한 외교적 대실패에 대한 통상적인 설명은 청 측 사료를 따를 경우, 숭후가 경험이 없었으며 협상을 마치고 빨리 중국으로 돌아가기를 바랐기 때문이라는 것이다. 그러나 중국-러시아 국경을 둘러싼 외교사에 대한 최근의 연구에서 페인은 숭후가 실제로는 30년이 넘도록 프랑스, 영국, 미국에서 수차례에 걸쳐 서구의 국가들을 상대해 본 경험이 있는 노련한 외교관이었으며 집을 그리워할 만한 사람도 아니라는 사실을 밝혀냈다. 더욱이 리바디아 조약에서 러시아에게 양보한 것, 특히 중국 내지에서의 육로 무역 특권과 관련된 내용들은 너무나 어처구니없었기 때문에(러시아는 심지어 다른 열강들의 반대를 두려워하며 조약의 내용을 비밀에 부치려고 했다) 제정신을 가진 청의 관리들은 어느 누구도, 설령 이 내용에 동의한다고 하더라도, 조정이 이를 수용할 것이라고 기대하지 않았다. 따라서 페인은 숭후가 베이징으로 돌아오기 전에 총리아문의 누군가로부터 조약의 조건에 대해 승인을 받았을 것이라고 보았다. 서태후(西太后)가 전체 관리들로부터 이 조약에 대한 평가를 물은 이후에야 비로소 스캔들이 터졌는데, 아연실색한 관리들이 러시아와의 전쟁을 요구했기 때문에 승후는 처음에는 조정에 의해 황급히 그리고 시간이 지나면서는 역사가들에 의해 희생양이 되었다.[17]

1880년 2월 청 조정은 리바디아 조약의 비준 거부를 공표했다. 양측 모두 전쟁 준비를 시작하기는 했으나 어느 누구도 전쟁을 원하지는 않았다. 청이 일리의 반환을 재협상하기 위해 주 영국 공사와 주 프랑스 공사를 역임한 증기택(曾紀澤)을 러시아에 사절로 파견하면서 교전을 피할 수 있었다. 1880년 하반기와 이듬해 초에 걸쳐 증기택과 러시아 대표 뷰초프 E. K. Biutsov는 그 배후에 양측 조정이 제국의 위엄을 걸고 있어 대체로 양립 불가능한 조건들에도 불구하고 새로운 합의에 이르기 위해 노력했다. 궁극적으로 러시아는 현금을 필요로 했고 청은 영토의 할양과 무역상의 이권을 축소하는 것에 대한 보답으로 금전적으로 막대한 배상금을 지불할 의사가 있었기 때문에 (1881년 2월) 상트페테르부르크Saint Petersburg 조약이 체결되었다. 이 조약으로 인해 청은 호르고스Khorgos 강 이동의 일리지역에 대한 대가로 900만 루블을 지불했으며, 러시아는 청의 보복을 두려워하여 차르에게 자신들을 신민으로 받아 줄 것을 요청한 약 5만 명의 퉁간과 타란치인(쿨자의 위구르인들) 난민들을 재정착시킬 수 있는 일리유역의 최서단부를 계속해서 보유하게 되었다.[18] 무역상의 이권은 (리바디아 조약에 의해 규정된 7곳의 영사관 설치와는 달리) 곧 설치될 예정인 2개의 러시아 영사관에만 주는 것으로 제한되었고, 나머지 영사관들은 추후에 설치하기로 했다. 러시아 상인들은 신장과 몽골에서 무관세 교역권을 얻게 되었으나, 중국 내지에는 이러한 권한이 허용되지 않았다. (몽골의)호브도Khobdo에서 카슈가르에 이르는 신장의 다른 지역에서의 국경 문제는 현지 조사를 한 이후 다섯 차례의 보조 조약에서 개별적으로 결정하기로 했다. (따라서 증기택은 러시아 지도에 기초하여 영토 문제를 결정한 숭후의 실수를 피할 수 있었다.)

당대의 청나라인들과 후대의 서구 학자들 모두 상트페테르부르크 조약을 청의 외교적 승리로 평가했는데, 재앙에 가까웠던 리바디아 조약과 비교하면 확실히 그러했다.[19] 증기택은 러시아인들을 설득하여 이미 점령한 영토에서 철수하게 한—이는 중앙아시아에서 러시아 팽창의 역사상 유례없는 일이었다—견문이 넓고 콧대 높은 협상가였다. 그럼에도 불구하고 러시아는 무력으로 점령한—본래는 신장에서 반란이 진압되는 대로 아무런 대가 없이 공개적으로 반환하겠다고 약속한—영토의 일부를 반환하는 대가로 상당한 영토와 교역상의 이득을 얻을 수 있었다. 러시아에게 할양한 영토의 정확한 면적은 청 치하 신장 국경의 최서단이 조약 이전에는 어디까지였는지에 대한 평가에 달려 있는데, 이에 대한 관점은 상이하다. 이매뉴얼 쉬의 지도는 비교적 길고 좁은 땅 덩어리를 보여주는 반면, 20세기 후반의 중국 역사 지도는 청의 영토가 본래 발하슈 호와 그 너머의 지역까지 포함하고 있었으며 가장 끝 지점은 일리에서 서쪽으로 900킬로미터 정도 떨어진 (오늘날 카자흐스탄의 중남부에 있는) 바이카담Baykadam에 이른다고 주장한다. 상트페테르부르크 조약의 부칙으로 시행된 국경 조정에 대한 불만을 근거로, 오늘날 중국인들은 이 조약을, 중국이 7만 제곱킬로미터의 영토를 러시아에게 상실한 '불평등 조약'이라고 본다. 더욱이 중국의 역사가들은 러시아와 소련의 역사가들이 '난민'이라고 부른 일리 주민들 중 다수는 러시아에 의해 강제로 이주된 것이라고 기술했는데, 이것이 이후 일리 지역에서의 농업 발전을 지연시킨 인력 부족을 초래했다고 한다.[20]

신장의 건성

상트페테르부르크 조약으로 인한 배상금과 다른 이권들을 러시아에 지불해야 했음에도 불구하고, 청 조정과 관리들은 1881년 인구가 가장 밀집되어 있고 전략적으로도 중요한 일리 유역 일부에 대한 통제권을 되찾은 것을 기뻐했다. 특히, 일리 지역의 반환은 신장 성의 완전한 건설로 가는 길을 열었다.

앞에서 살펴보았듯이, 좌종당은 이 변경 지역에 중국 내지의 군현 제도를 수립하겠다는 궁극적인 목표를 가지고 재정복과 동시에 신장의 행정 체계를 개혁하기 시작했다. 좌종당은 상트페테르부르크 조약이 체결되기 이전에 서북 지방으로부터 소환되었으나, 자신의 후계자 유금당과 함께 계속해서 건성을 주장했다. 이는 많은 초기 자본이 들지만 이론적으로는 장차 청의 조정과 중국의 다른 성들에게 재원의 절약을 보장하는 개혁이었다. 청 조정이 전체 관료들로부터 이 문제에 대한 의견을 구하자 몇몇 청의 주요 관리들, 특히 해방파는 계속해서 건성이나 신장에 대한 더 이상의 지출에 반대했다. 이홍장은 이 문제에 대해 공개적으로 상주(上奏)하지는 않았으나 주영 대사 곽숭도를 비롯하여 지인들에게 보낸 서신에서 자신이 "쓸모없는 신장"이라고 부른 이 지역에 성의 지위를 부여하는 것을 반대했다.[21] 이와 같은 반대는 익숙한 것이었는데, 청군은 이 지역에서 매우 취약하고 중국인들도 소수이며 완전한 군현 체제나 필요한 규모의 군대를 지탱하기에는 비옥한 토지가 불충분하다는 것이었다.[22] 그러나 조정은 결국 신장의 건성에 대한 유금당의 수정안에 동의했다.

청 조정과 관계는 신장의 건성을 논의하고 있던 것과 동시에 일본의 위협 아래 놓인 타이완에도 마찬가지로 성의 지위를 부여해야 하는지의 여부를 두고 토론을 벌였다. 카타오카 카즈타다(片岡一忠)에 따르면 이 논쟁에서 이홍장과 다른 사람들이 타이완과 신장의 차이점을 강조한 반면, 당시 중국의 남부에 주재하고 있던 좌종당은 둘의 유사성을 주장했다고 한다. 조정이 결국 양측의 제안을 받아들여 1884년에는 신장에서 그리고 1887년에 타이완에서 건성을 시행했다는 사실[23]은, 상당한 규모의 비한족 인구가 거주하는 지역에 한족의 이주를 장려하고 중국식 제도를 시행하는 것을 수반하는 변경 지역에서의 건성은 모든 변경 지역에서 입지를 굳건히 하기 위한 곤경에 빠진 청조의 노력의 일환이었다는 사실을 잘 보여 준다. 〔유사한 목적에서 펑톈(奉天), 지린(吉林), 헤이룽장(黑龍江) 성이 1907년 동북 지역 장성 너머의 영토에 설립되었다.〕 타이완이 성으로 승격된 것이 신장의 건성과 연결되어 있다는 사실은 오늘날 타이완의 공식적인 독립을 주창하는 사람들과 위구르인과 티베트인의 권리를 요구하는 사람들이 비공식적으로 연합하고 있다는 것을 고려해 볼 때 흥미로운 점이다. 청 제국의 팽창이 남긴 여운은 계속해서 울리고 있는 것이다.

몇몇 역사가들은 1884년 신장의 지위가 변화한 것을 잘못 해석하여 이를 '중국'의 신장—당시까지 이 지역은 '단순한 속령' 내지는 '보호령'이었다—'병합'을 상징하는 것으로 보았다.[24] 신장의 분리주의 문제의 배경에 대해 저술하는 저널리스트들도 종종 동일한 실수를 반복한다. 중국이 1884년 신장을 '병합'했다고 하는 것은 틀린 말인데, 무엇보다도 신장의 지위를 바꾼 것은 중국이 아니라 청 제국이기 때문이다. 둘째로 이러한 해석은 1759년부터 1864년까지 신장이 청 제국의 일부라기보다는 중국의 일부였다는 잘못된 인상을 준다. 3장에서 살펴본 것처럼 신장은 대부분 다른 체제 하에서 통치되기는 했지만, 몽골, 만주의 북부 및 다른 변경 지역들과 마찬가지로 중국 내지와 동등한 제국의 일부였다. 신장의 건성은 이전의 보호령을 '중국'이 합병했음을 의미하는 것이 아니라 오히려 청 제국 전체의 통치 원칙에 근본적인 변화가 있었음을 나타내는 것이다. 청

조는 말기에 불규칙하게 뻗어 있는 제국의 핵심 농경 지대에서 채택하고 있던 행정 모델을 차용하여 이를 생태학적으로나 문화적으로 전혀 다른 주변부에 적용했다. 따라서 건성의 실효성에 대한 논쟁들은 청 제국의 성격과 인구학적으로 한족들이 압도하고 있는 지역에서 만주족과 몽골족, 다른 내륙 아시아인들의 위상을 둘러싼 더 중대한 문제들을 암시하는 것이었다. 건성을 주창한 사람들은 개혁에 의해 실현될 재정 절감과 병사 수의 감소를 강조했고 조정이 건성을 승인한 것도 바로 이러한 이유들 때문이기는 하지만, 이러한 주장의 근저에는 인구학적으로 그리고 문화적으로 중국 내지와 더 유사해진 신장이 통치하기에 더 쉽고 비용도 더 적게 들 것이라는 가정이 깔려 있었다. 이와 같은 사고방식은 1820년대 공자진의 글에서 이미 나타났는데 이는 1870년대의 논쟁에서 더 강화되었다. 예를 들어 변경 문제를 다룬 방대한 저작집에서 신장의 건성을 찬성하는 글을 출간한 주펑지아(朱逢甲)는 청 중기 신장의 군정이 백성들을 겨우 보호할 수 있었던 반면 중국식의 성 체제는 이들을 통치하고 교화할 수 있다고 주장했다. 일단 현이 수립되자 군현 체제 아래서 "공자의 가르침이 교습되고 법도가 세워지며 의례도 번영할 수 있도록" 경전을 가르칠 학교가 있어야 했다.[25] 따라서 신장 정부는 효율을 위해 교화(敎化)와 동화(同化)를 강조해야 했다. 이 이론에 따르면 현지 비한족 주민들의 한화는 건성과 함께 진행되는 것이었다.

입안자들은 동부 출신 중국인들의 신장 정착을 후원함으로써 달성될 수 있는 또 다른 형태의 한화에도 희망을 걸었다. 조세 기반을 늘리고 황폐화된 토지에 주민들을 정착시키며 '변경에 대한 통제력을 공고히 하기 위해' 유금당은 정착민들에게 토지를 제공해 주고 종자와 농기구 및 역축을 빌려 주는 민간 농업 개간 사업에 중국 내지 출신의 유형자들과 이주민들을 참여시켰다. 정착민들은 3년 차에 이르러서는 대부금을 상환하고 세금을 내기 시작해야 했다. 국가에서 후원한 정주 장려 정책은 대부분 신장의 북부에 집중되었지만 20세기 초에는 남부 지역으로도 확대되었다.[26]

행정 개혁

신장의 건성은 청 조정과 한족 관리들이 큰 기대를 걸고 있던 웅대한 사업이었으며 이 계획은 신장의 행정·군사 체계를 재조직하는 것에 기반을 두고 있었다. 1884년부터 노(路)*·주(州)·부(府)·현(縣)이 신장의 북부와 남부에 설치되었다. 유금당은 새로운 성도인 우루무치에 본부를 둔 신장 성 초대 순무로 임명되었으나 이론상으로 그는 간쑤에 주둔하고 있던 섬 감총독겸관신강(陝甘總督兼管新疆)에게 책임을 지고 있었으며, 신장의 예산 보조금도 이를 거쳐 들어왔다. 이러한 변화로 인해 만주인 또는 몽골인으로서 황제와 군기처에 직접 책임을 지고 있었던 신장의 옛 최고 직위인 일리장군은 상당한 정도의 권위를 잃게 되었다. 신장 주둔군의 대부분은 이제 일리장군이 아니라 우루무치에 있는 순무의 지휘를 받게 되었다. 전체 병력의 숫자도 (청 중기 4만이었던 것과 비교해 볼 때) 3만 남짓으로 줄었으나, 더 많은 병력이 1860~1870년대의 전쟁 이전에 비해 타림 분지 지역에 항구적으로 주둔하게 되었다. 주둔군의 숫자를 줄이기 위해 재정 복에 동원된 5만 명이나 되는 대규모 병력이 동원 해제되었으며 토지 개간 사업에 참여하게 되었다.

이처럼 많은 행정 단위가 신설됨으로 인해 직위를 충원할 관리들이 필요하게 되었고, 이는 새로운 신장 성에서 발생한 가장 눈에 띄는 변화 가운데 하나였다. 청 중기 신장의 군정 하에서 고위직이 주로 만주인, 몽골인 혹은 일부 위구르인들에 의해 충원되었던 반면 이제 공식적인 관료직

---

* 성 밑의 행정 구역 명칭.

은 거의 대부분 한족들이 차지하게 되었다. 더구나 좌종당의 상군이 재정
복 군대의 핵심을 구성하고 있었기 때문에 유금당은 관리를 임명할 때 동
향 출신인 후난 성 인사에게 의존했고, 그 결과 1884년부터 1911년까지
신장의 관리 중 평균 55퍼센트가 후난 성, 그중에서도 주로 좌종당과 유
금당의 동향 출신 인사들로 채워졌다. 게다가 이들 중 어느 누구도 과거
시험 제도에서 가장 높은 등급인 진사(進士) 자격—이론적으로 지방관이
소지해야 한다고 여겨졌다—을 가지고 있지 않았다. 가장 낮은 등급인
생원(生員) 자격이 있는 사람조차도 극히 드물었다. 다시 말해 청이 제국
전역에서 과거 제도를 폐기하기 30년 전, 후난 성 출신 인사들이 신장을
장악하고 있었기 때문에 이 지역에서는 이 제도가 출신지에 따른 후원 관
계에 의해 거의 대체되었다.[27]

　이러한 중국식 관료 조직 체계의 구축은 청이 신장의 한족 거주 지역
뿐만 아니라 비한족 거주 지역에서도 지역 단위로 직접 통치하려고 한 전
례 없는 시도를 의미한다. 이로써 이전 체제에서는 상위층의 위구르 벡들
이 지고 있던 책임을 새로운 중국인 행정관들이 맡게 되었다. 그럼에도
불구하고, 이러한 개혁들로 인해 현지의 투르크계 관리들이 완전히 사라
져 버린 것은 아니었다. 건성을 제안한 일부 이상론자들의 희망적 관측에
도 불구하고, 군현제의 실시가 신장의 투르크계 주민 대부분이 중국어를
몰랐으며 후난 출신의 관리와 다른 한족 관리들도 위구르어를 할 수 없었
다는 문제를 일거에 해결할 수는 없었다. 18세기 이래 청은 통역 및 법령
의 시행, 세금 징수, 치안 업무, 사소한 분쟁의 판결과 기타 여러 가지 서
기·행정 업무를 처리하기 위해 벡과 아훙(ahong/阿訇, 무슬림 성직자)에게
의존해 왔다. 더욱이 고위직의 하킴과 이시카가ishiqagha는 도시를 관할하
고 황제와 직접 연락을 취하는 주요 인사들이었는데, 이들은 대체로 한족
이 아닌 만주족과 몽골 엘리트들이 누리고 있던 청 귀족들의 직함과 장식

물을 지니고 있었다.

　1884년 이후 신설된 주·현의 관리들보다 고위직이었던 하킴과 이시카가는 (비록 처음에는 명예로운 직함과 녹봉을 그대로 유지할 수 있었지만) 유금당에 의해 직무를 박탈당했다. 그러나 다른 측면에서는 약 3300명의 투르크족 관리들이(이들 중 다수는 1864년 이전에 벡으로서 근무하던 사람들이거나 혹은 그 후손들이었다) 관청의 서기로서, 현장에서 공무를 수행하는 '서리'로서 그리고 촌락의 지도자로서 여전히 복무하고 있었는데, 이는 이들이 겨우 82개의 공식 관직에 임명되었던 것과는 큰 대조를 이룬다. 중국어로 현지의 관리들은 더 이상 공식적으로 백극(伯克, 벡)이라고 불리지 않게 되었으며 오히려 서기 또는 중국 내지에서 촌장(村長)을 지칭하기 위해 사용되었던 용어인 향약(鄕約)이라고 불리게 되었다. 하지만 이들은 위구르어에서는 일반적으로 벡, 온바시[onbashi, 십호장(十戶長)], 유즈바시[yüzbashi, 백호장(百戶長)] 등과 같은 전통적인 용어로 여전히 불리고 있었다.[28] 좌종당은 현지의 업무를 처리하는 데 유용했던 벡들을 계속 유지하기를 원했지만 "이들은 이(吏)일 뿐 관(官)은 아니다"라고 구별 지었다(이는 다시 한 번 고위층의 벡들은 청의 관리였던 이전 관행으로부터 벗어난 것이었다).[29] 중국의 관리들은 분명 지위가 격하된 벡들을 그에 맞게 다루었을 것이다. 20세기 초 타림 분지 남부를 방문한 한 영국인은 중국인 '암반'들이 '토착 관리'들을 멸시했다고 기록했는데, 이들은 토착 관리들을 전두(纏頭, 터번을 두른 머리)라는 경멸적인 용어로 불렀으며 이들과는 사회적 관계를 거의 맺지 않았다. 그는 "암반이 토착 관리들에게 말할 때 취하는 태도를 만약 영국인이 인도 현지인에게 그대로 사용했다면, 이는 적어도 '비타협적'이라고―현지 언론에서는 아마도 더 강한 용어로―묘사되었을 것이다.…… 아시아인들을 대하는 우리 자신의 방식에서 판단컨대 이러한 태도는 상호 이해를 저해함으로써 중앙의 권위를 약화시킬 것이다"

라고 기술했다.[30]

하지만 외국 여행객들의 기록은 이들 새로운 벡들이 각자의 직책에서 지역의 한족 관리들에 의해 관리·감독을 받기는 했으나 여전히 상당한 정도의 자치권을 유지하고 있었다는 사실을 분명히 밝히고 있다. 이들은 관할 하에 있는 호구(戶口)들로부터 봉급을 거두었는데 이는 다분히 착취가 발생할 여지를 남겨 두었다. 또한 문화적·언어적 장벽으로 인해 한족 지방관들은 벡을 면밀하게 감시하지 못했다. 따라서 유교적인 이상주의에도 불구하고 신장 남부에서는 개혁된 행정 체제 아래에서조차도 중앙 정부의 관리들과 주민 및 실제 업무 사이에 괴리가 존재했다.

물론 중앙 정부는 청대 전반에 걸쳐 언제나 관리들을 고향에서 멀리 떨어진 직책에 임명했고, 이들은 이곳에서 종종 생소한 언어(중국어의 여러 방언은 서로 의사소통이 되지 않는다)와 새로운 환경에 직면했다. 이는 신장에서뿐만이 아니라 중국 전역에서도 마찬가지였다. 기본적인 해결책은 계급 연대와 전통적인 교육 활동에 의존하는 것이었는데, 지역 엘리트의 자식들은 과거 시험을 준비하기 위해 유교식 학교에서나 개인 교사로부터 유교 경전에 대한 교육을 받았으며, 이러한 교육으로 인해 이들은 지역에 임명된 관리들과 문화적 숙어를 공유하게 되었다. 이들은 또한 베이징 관화(官話)로 의사소통하는 법도 배웠다. 따라서 주펑지아가 지적했듯이 군현(성)제를 통해 행정 체제는 유교 교육 및 과거 제도와 밀접하게 연관되었다. 그러나 재정복 이후의 무슬림 신장은 지역의 엘리트들, 곧 벡들을 배출한 가문이 그 자녀들을 유교적 전통이 아닌 이슬람적 전통에 따라 가르쳤다는 점에서 차이가 있었다. 이를 바꾸기 위해 청 조정은 신장 전역에 유교식 학교를 설립하는 계획에 착수했다.

중국식 교육의 도입

정복 후의 신장을 겨냥하여 좌종당은 자신이 계획한 개혁의 이면에 있던 한화에 대한 열망에 발맞추어 무슬림들을 중국식으로 교육할 것을 주창 했는데, 이는 "만약 우리가 그들의 독특한 풍습을 바꾸고 이들을 중국의 방식〔화풍(華風)〕에 동화시키고자 한다면 의숙(義塾)을 세우고 무슬림 아 이들이 (중국의) 책을 읽고 한자에 익숙해지며 구어를 이해할 수 있도록 만들어야 한다"는 것이다.[31] 또 다른 목표는 관리들과 백성들 사이의 의 사소통을 돕기 위해 현지인 통역과 사무관의 공급을 보충하는 것이었다. 이에 따라 청군이 신장의 각 도시들을 점령하자마자, 재건 기구들은 유교 식 학교들을 건립했다. 1883년에 이르러서는 신장에 이러한 학교가 77개 있었으며 이들 중 50개는 (악수, 카슈가르, 야르칸드, 호탄 등을 비롯하여) 주 로 투르크계 무슬림들이 거주하는 지역에 있었다. 각 학교에는 한 명의 교사가 있었으며, 8세 이상의 아이들 15~20명 정도가 출석했다. 원칙적 으로 학생들은 학비를 내지는 않았으나 재건 기구로부터 책과 종이 등을 구입해야 했다. 교사들은 등록자 수에 기초하여 공용 토지에서 거둔 수익 에서 봉급과 물품을 제공받았다.

이러한 학교의 교과 과정은 고전을 한 글자씩 기계적으로 암기하는 것 을 통해 읽는 법을 배웠던 중국 내지 학교들의 교과 과정과 유사했다. 하 지만 신장에서는 취학 학생들 중 다수가 중국어를 말할 수조차 없었으며, 따라서 표준적인 교수법에 훨씬 더 많은 어려움이 있었다는 점에서 어느 정도의 적절한 수정이 필요했다.[32] 관리들은 『삼자경(三字經)』, 『효경(孝 經)』, 『주역(周易)』, 『논어(論語)』를 비롯한 기본적인 저작들 이외에도 〔16 개 조(條)로 이루어진 강희제의〕 성훈(聖訓)을 중국어와 위구르어로 병기한 것이나 『한회합벽(漢回合壁)』이라는 용어집 등 2개의 언어로 된 다양한 교 재를 준비했다.[33] 1879년 재건 기구 중 한 곳은 『주석회자양본(注釋回字樣

本)』500부를 출간하여 투루판 지역(40부)과 신장 동부 4개의 도시 및 서부 4개의 도시(각 230부씩)에 배포했다.[34]

교사들은 학생들에게 중국어 이름을 만들어 주었다. 이름을 한 음절씩 한자로 길게 음역하는, 오늘날의 중화인민공화국 공식 문서에서 사용되는 위구르어 이름의 중국식 버전과는 달리 3개의 한자로 이루어진 일반적인 형태를 취했다. 오늘날 중국어를 공부하는 외국인 학생들에게는 익숙한 것이지만, 원래의 외국 이름의 발음을 모사하기 위해 차용된 이름은 이상한 특징을 가지고 있거나 또는 한자의 의미나 그 음의 말장난을 통해 교훈적인 의미를 전달하는 경우가 많았다. 벡의 후손으로 1883년 투루판 인근의 중국식 학교에 입학한 10살짜리 학생은 아이쉐슈(愛學書, '책을 읽는 것을 사랑하라')라고 불렸으며 그의 반 친구들 중에는 비더밍(必得名, 과거 시험 등에서 '반드시 이름을 날려라')과 투이다룬(推大論, '위대한 논어의 가르침을 받들어라')이 있었다.[35]

북중국에서 의화단 운동(1900년)이 발생한 후, 서태후는 청조를 되살리고자 하는 절박한 노력으로 일련의 개혁을 승인했다. 이 가운데 가장 중요한 것이 과거 시험을 폐지하고 국력을 강화하기 위해, 특히 서양의 청 영토와 교역 주권 침탈과 관련하여 필요하다고 생각되는 과학, 수학, 외국어, 서양 국가, 체육 및 기타 과목을 포괄하는 '근대적인' 학교를 설립한 것이었다. 근대적 학교는 1907년 두통(杜彤)이 신장 제학사(提學使)로 임명된 이후 신장에 도입되었다. 그는 당시 청의 많은 개혁 운동의 모델이 되었던 일본에서 교육학을 공부했으며, 신장에 광범위한 초·중등학교와 직업학교를 설립하여 중국어와 신체 단련뿐만 아니라 근대적인 과목들에 대해서도 교육을 제공하고자 했다. 1911년 무렵에 이르러 이 계획으로 인해 학교의 수가 (600개 이상으로) 크게 증가했으며 취학 학생의 수도 (약 1만 5000명 정도로) 10배가량 늘어났다. 주로 위구르 귀족들의 자제를 정부의 관리로 양성할 목적으로 설립되었던 유교식 학교들과는 달리 근대식 학교들은 보다 광범위한 사회적·정치적 목표를 가지고 있었다. 따라서 이 학교들은 '상층'(엘리트) 학교뿐만 아니라 '보통' 학교들도 포함하고 있었으며, 도시 지역뿐만 아니라 촌락에도 위치했다. 취학은 이론상으로는, 적어도 남자아이들에게는 의무적이었다.

신장 정부는 최초의 '유교식' 학교 단계와 두 번째 '근대적' 학교 단계에서 모두 진지하게 교육적 노력을 기울였다. 19세기 말에는 교사들이 모든 학생의 계절 단위 성적 증명서를 정부 조직을 통해 위로 신장 성 순무에게까지 보고했다. 이들 보고서는 중국어 이름에 따라 학생들의 이름을 나열하고 학생들의 능력과 발전 사항에 대해 논평했으며, 심지어는 이들이 성공적으로 암기한 본문과 정확한 문장까지도 언급했다. (어느 정도의 사투리 억양이 있기는 해도) 중국어를 정확하게 구사할 수 있는 학생들의 숫자에 기초하여 교사들에게 보너스를 지급하자는 제안도 있었는데, 비록 신장 순무 유금당이 이 안을 거부했지만 학생들이 개선되지 않는 학교들은 조사할 것이라고 위협했다.[36]

성은 물론이고 국가 수준에서도 관심을 기울였음에도 불구하고 신장의 무슬림들을 교육시키려는 계획은 어느 단계에서도 성공을 거두지는 못했다. 신장의 마지막 순무는 1911년 청이 무너지기 직전에 유교식 학교가 20년 동안 운영되었으나 고작 '물라mullah'들—여기에서는 서기로 일할 수 있을 정도인, 겨우 실생활에서 읽고 쓸 수 있는 능력을 갖추었을 뿐 그 외에는 아무런 능력도 없는 사람을 다소간 조롱하는 방식으로 지칭하는 용어이다—을 양성하는 기능만을 해 왔을 뿐이라고 인정했다. 한때 예견되었던 대대적인 문화적 동화는 가망성 없는 전망으로 남게 되었으며 더욱이 중국식 학교들이 교육시키고자 했던 바로 그 사람들 편에서도 이 학교들에 대한 거센 저항이 있었다. 교사들에 따르면 취학한 학생들이 공부에 거의 열의를 보이지 않았다고 한다. 물론 교사들 자체도 뛰어나지는 않았는데, 이들 대부분은 과거 시험에 실패하고 최후의 수단으로 어쩔수 없이 신장에서 학생들을 가르치게 된 가난하고 사회에 적개심을 품고있던 한족들이었다. 1907년 이후 근대적 교과 과정의 시행은 대부분의 가용 교사들이 교육을 받았다고 하더라도 전통적인 교과 과정에만 숙련되었다는 사실로 인해 지연되었다.[37]

사실상 엘리트 위구르 가문은 아이들을 중국식 학교에 보내는 것을 피하려고 했다. 왜냐하면 학교에서 아이들은 무슬림들이 우상 숭배라고 여기던 유교 의식에 참석하도록 강요되었기 때문이다. 부유한 가문은 가능한 한 자식을 숨기거나 가난한 소년을 고용하여 대신 학교에 다니도록 했다. 위구르 분리주의 운동의 지도자인 이사 유수프 알프테킨Isa Yusuf Alptekin은 청 말의 중국식 학교 제도와 관련된 자신의 부친의 경험에 대해 이야기했다. 이사의 조부는 위구르인들이 중국식 학교에 보내질 것이라는 소문을 처음 접하고는 이사의 아버지를 타클라마칸 사막에 숨기고 그를 대신해 가난한 이웃을 학교에 보내도록 손을 썼으나, 지방관이 그 계략을 알아내자 이사의 아버지는 강제로 학교에 다니게 되었다. 학교에서 그는 중국식 이름을 부여받았으며 머리를 변발한 채 청의 의복을 입어야 했다. 그 후 이사의 아버지는 이 의복을 갈아입은 후에야 집 안으로 들어올 수 있었으며 (이사의 조모인) 그의 어머니는 길게 변발한 모습을 견딜 수 없어 아들에게 애정을 보일 수 없었다고 한다.[38]

신장 제학사 두통은 신장의 위구르 주민들을 교육하는 것에 대해 상당히 자유주의적인 태도를 취했는데, 그는 농업과 직물 산업을 증진하기 위한 식자(識字) 능력과 기술 교육이 우선인 반면 위구르인들의 풍습을 변화시키고 이슬람에서 개종시키는 것은 시급한 업무가 아니라고 기술했다. 새로운 국립 학교 중 일부에서는 새로운 교과 과정의 과목들뿐만 아니라 쿠란도 가르쳤다. 더욱이 두통은 교사가 학생들을 체벌하는 것을 금지시켰다. 그럼에도 불구하고 1907년 이후에도 국가 교육 정책, 특히 초등 교육 수준에 대한 투르크계 무슬림들의 저항은 지속되었다. 그 문제 중 일부는 새로운 교육 프로그램의 비용과 실행 방식에 있었는데, 성 정부가 새로운 학교를 설립하는 비용 중 일부를 책임질 의무가 있기는 했지만 실제로 이러한 지원은 주로 한족들이 거주하고 있던 북쪽 지구에 집중되었다. 다른 곳에서는 새로운 학교를 위한 기금을 조성하기 위해 특별세가 징수되었는데, 카타오카는 새로운 촌락의 학교 중 다수가 사실상—이 목적을 위해 사용 가능한 유일한 건물이었던—지역의 모스크와 마드라사에 있었으며 이것이 아마도 분노를 자아내는 요인이 되었을 것이라는 사실을 밝혀냈다. 더구나 두통은 처음에는 위구르어를 교육의 매개체로 이용하려고 했지만 1908년경부터 '보통의' 예비 학교들은 위구르어로는 한족 교사들과 "의사소통을 할 수 없으며"[어언불통(語言不通)], 이로 인해 한족과 위구르인들 사이의 골이 깊어지고 있다는 이유로 중국어로만 교습하는 방향으로 선회했다. 이 때문에 자녀들이—이들 중 일부는 학교에서 기숙 생활을 하고 있었다—통역 없이는 더 이상 부모와 이야기를 할 수 없다는 불만이 생겨났다. 전반적으로 신장 남부에서는 세금, 징세에 관여한 한족 관리들의 부패 및 한화를 목적으로 하는 신교육의 의도와 관련하여 상당한 동요가 있었다. 몇몇 가족은 아이들을 중국식 학교에 보내지 않기 위해 러시아령 투르키스탄으로 도주했다.[39]

청 치하 신장의 이슬람식 교육

중국식 학교는 물론 교육적인 진공 상태에서 도입된 것은 아니었다. 토착 교육 제도의 역할과 의미를 이해하는 것은 왜 청대의 유교식 학교들과 특히 새로운 중국식 근대적 학교들이 많은 위구르인들에게 혐오의 대상이 되었는지를 해명해 준다. 19세기 말의 무슬림 신장에서 이슬람식 교육은 마크타프maktap(메크테프mäktäp)라는 전통적인 기관을 통해 대략 6세에서 16세 사이의 소년들을(그리고 19세기 말에 이르러 일부 지역에서는 12세 이하의 소녀들도) 그 대상으로 했다. 마크타프는 모스크와 교사의 자택 또는 공동체의 부유한 구성원의 저택 안에 설립된 비공식적인 지역 학교였는데, 글을 읽고 쓰는 남자라면 누구나, 일반적으로는 물라 또는 쿠라〔qurra, 쿠란 독경자(讀經者)〕 중 어느 한쪽이 교사가 될 수 있었으며 이들은 학부모가 간혹 현물이나 현금으로 내놓는 기부금으로 보수를 받았다. 교과 과정은 종교 의식과 특정한 쿠란의 구절, 투르크어와 페르시아어로 쓰인 시문(詩文)에 대한 교육을 비롯하여 주로 종교적이고 구술적인 것이었다. 아랍 문자는 어떤 의미에서는 교육되었으나 언어로서 교육된 것은 아니었는데, 이는 쿠란에 대한 학습 대부분이 이해를 하지 않고 기계적으로 암기하는 형태를 띠고 있었기 때문이다. (마크타프에서의 교육은 유교식 학교에서의 교육과 유사했다.) 신장의 외국인 관찰자들과 동시대 부하라의 마크타프에 대한 아디브 할리드Adeeb Khalid의 연구에 따르면 이러한 교육은 학생들에게 최소한의 읽기 능력만을 제공할 뿐 작문 능력은 제공하지 못했다고 한다. 또한 학생들은 공부가 끝날 무렵에도 자신들이 암기한 텍스트만을 읽을 수 있을 뿐 그 이외의 것들은 읽지 못했다. 그러나 학생들이 마크타프에서 보낸 시간 동안 실제로 얻었던 것은 "나이가 많고 학식 있는 사람과의 교류를 통해 문화의 기본적인 요소들과 행동 방식"을 습득한 것이었다. 마크타프는 중앙아시아 지역 전반에서 그러하듯이 타림 분지에서는 보편적이었는데, 1930년 이전 카슈가르에는 약 70개에서 80개의 마크타프가 있었다. 마크타프 내에서 이루어지는 학생과 교사의 교류를 국가가 운영하는 기관으로 대체한 것은 신장 남부의 세대 간 전승의 관습에 근본적인 방식으로 개입한 것이었다.[40]

신장 남부의 대규모 오아시스들 또한 마드라사, 즉 성묘(聖廟)에 부속된, 기부된 토지(와크프waqf) 수입으로 유지되는 자선 재단으로 운영되는 대학을 후원했다. 19세기 말 수십 년 동안 야르칸드에는 수십 개의 마드라사가, 카슈가르에는 몇 개의 마드라사가, 악수에는 두 곳의 마드라사가 있었다. 신장의 대학에서 가르쳤던 물라들 다수는 부하라에서 공부를 했는데, 이곳은 20세기까지 학문의 중심지로서 타림 분지의 오아시스들을 위시한 중앙아시아 전역과 이슬람 세계의 다른 지역들로부터 학생들을 끌어모았다.

카슈가르와 악수, 야르칸드의 마드라사는 신장 전역에서 (15세 이상의) 청년들을 유치했는데 이들은 대학 내의 작은 방에서 거주했다. 유복한 학생들은 학비를 지불했으나 가난한 학생들은 학비를 마련하기 위해 일을 했으며 때로는 대학의 자선 재단에서 나오는 재정적 지원을 받을 수 있었다. 교과 과정은 몇몇 시문과 함께 이슬람 율법과 아랍어 문법, 논리학 및 교의(敎義)와 관련된 텍스트의 학습에 중점을 두었다. 마크타프와 마찬가지로 마드라사도 구술과 청각에 의한 교습 및 학습 방법을 채택했다. 학생들은 마드라사에서 얼마간의 시간을 보낸 뒤 쿠란을 암송하고 그 내용을 적어도 부분적으로는 이해할 수 있었으며, 또한 아랍어와 페르시아어로 (그리고 짐작건대 투르크어로도) 글을 읽고 쓸 수 있었다. 20세기 초에 이르러서는 일부 마드라사의 교과 과정에 이슬람의 역사와 천문학, 지리학, 문학, 의학도 포함되었는데, 이는 이러한 전통적인 기관들조차도 자디드 Jadid— '새로운 방식'이라는 의미—운동(아래의 내용을 참조하라), 그리고 아마도 새로운 중국식 교과 과정의 영향력을 받고 있었음을 보여 준다.

신장의 마드라사 교육의 질에 대한 의견은 장소와 시간, 관찰자의 견해에 따라 다양하지만(대부분의 이용 가능한 정보는 서구인들로부터 나온 것들이다) 일부의 대학이 도시의 빈민과 종신 학생 및 여타의 기식자들을 위한 숙소에 불과했던 반면, 최소한 몇몇 대학은 영향력 있는 물라들이 학생들에게 이슬람 법학을 광범위한 영역에서 가르침으로써 신장의 투르크계 무슬림들을 부하라로 대변되는 더 넓은 세계의 지적 흐름과 연결시켰던 학문의 중추였다. 마드라사에서 교육을 받음으로써 물라가 될 수 있었으며, 또한 이를 통해 (청의) 벡 관료 조직에서 재판관(카디 라이스Qadi Ra'is)으로 혹은 마드라사에서 교사로 채용될 수 있는 길이 열리기도 했다.[41]

1878년 청은 신장을 재정복한 이후 이 지역에 대한 접근 방식을 보다 동화적이고 한화적인 방향으로 바꾸었다. 정치적·군사적 최고 권력을 가진 인사들이 최초로 만주족, 몽골족 또는 위구르인들이 아니라 한족들 위주로 채워졌다. 벡 관리들은 여전히 중요했으나 그 등급이 격하되었다. 국가는 처음에는 위구르 엘리트들을 대상으로 한 유교 교육을 통해, 그리고 이후에는 실현되지는 않았으나 이론적으로는 모든 위구르인들을 대상으로 한 '근대적인' 중국어 교육을 통해 중국 내지와 동일한 교육 내용 및 교수법을 토대로 한 교육 체제를 시행하고자 했다. 두 개의 교육 계획 모두 이미 자리 잡고 있던 현지의 교육 체제와 연결되었으며 어떠한 측면에서는 여기에 도전을 제기했다. 사실상 이슬람 교육을 근대화하고자 하는 이와 유사한 노력들은 크림 반도와 중앙아시아의 자디드 운동 및 오스만 제국 내부의 발전으로부터 영감을 받아 이미 1880년대와 1890년대부터 신장에서 나타났다. 신장의 자디드 교육과 그 영향력을 다음에서 검토해 볼 것이지만('이슬람식 근대 교육' 참조) 우선은 신장 건성과 청조의 붕괴 이후 이어진 정치적 격변의 결과들을 살펴보도록 하겠다.

건성의 완성

신장 성의 건설 및 이에 수반된 행정 개혁과 기타 개혁들은 18세기 중엽 시작된 제국 내에서의 신장의 지위와 위치에 대한 논쟁으로부터 발생했다. 좌종당과 그의 후계자들은 19세기 초 공자진이 제안한 모델을 대체로 따르면서 신장을 성으로 만드는 것이 서북 변경의 안보 대 비용이라는 딜레마를 가장 잘 해결할 수 있다는 이유로, 조정의 소극적인 태도와 다른 관리들의 반대에도 불구하고 건성을 위해 열심히 로비 활동을 펼쳤다. 건성은 이 지역에서 안정성을 증진시키고 외부 세력의 잠식을 방어하는 동시에 한족의 신장 이주를 장려하여 토착 주민의 동화를 촉진하고 더 효율적인 과세를 가능하게 하여 신장을 통제하는 중앙 정부의 비용을 감소시킬 것이라고 기대되었다. 그러나 신장 성은 치안의 증대와 비용 절약이 실현되기 전까지는 연간 운영비 이외에도 상당한 초기 투자를 요구했다.

몇 가지 이유로 인해 이러한 투자는 현실화되지 못했다. 앞서 기술했듯이 교육 운동은 광범위한 동화를 달성하지 못했는데, 이는 부분적으로는 현지의 저항 때문이며 또한 어느 정도는 재원의 부족으로 인해 신장 남부에 중국식 학교 제도를 건설하는 재정 부담이 주민들에게 전가되었기 때문이다. 더욱이 신장의 재정복과 건성을 주창한 사람들의 장대한 예언 중 1884년 이후의 수십 년 동안 완전히 실현된 것은 거의 없었다. 이러한 문제들의 핵심은 계속해서 신장의 재정이 취약했다는 점이었다.

재정적 문제

신장 성이 수립(1884)된 이후 국고와 중국 내지의 성들로부터 받는 신장의 연간 보조금은 1901년까지 공식적으로 (간쑤-산시-신장 총독에게 보내진 480만 량 중 매년 이월된) 340만 량으로 고정되었다. 이는 좌종당과 그의 군대가 1876년 이래 군사비와 재건 비용으로 인출한 연평균 1100만 량에서 상당히 감액된 금액으로, 신장 정부와 군대의 봉급 및 운영비를 겨우 감당할 수 있을 뿐이었다. 340만 량의 재원으로는 신장 성 정부가 현지에서 사용할 수 있는 재원을 장기적인 관점에서 증가시킬 수 있는 재건을 계속하거나 사회 기반 시설을 증대시킬 수 없었다. 더욱이 러시아가 일리를 포기하자(1881) 조정은 신장의 위기가 해소되었다고 생각하고는 주된 관심을 다가올 재앙, 즉 안남(북부 베트남)을 둘러싼 프랑스와의 긴장 관계로 돌렸다. 프랑스와의 전쟁이 1884~1885년 남부에서 발발했고, 이는 해안 방어에 대한 필요성을 높였다. 그 후 신장에 투자되어야 할 추가적인 재원이 더 이상 지급되지 않았는데, 일례로 조정은 일리장군이 새로이 수복한 일리 지역에서 재건 작업을 하기 위해 190만 량을 요청한 것을 거부했으며 필수적이지 않은 작업은 모두 보류되었다. 더욱이 조정은 배당된 보조금 이하로 비용을 삭감하라고 신장 순무를 압박했으며 예산으로 배당된 340만 량 역시 지급된다고 하더라도 항상 제때에 도착하지는 않았다.

1900년 의화단 운동의 실패로 인해 이후 39년 동안 중국은 외세에 매년 3000~4000만 량의 배상금을 지불해야 하는 부담을 떠안게 되었으며, 조정은 이 배상금을 상세 및 관세 수입과 성 예산의 삭감을 통해 지급했다. 신장 성은 만성적인 적자 상태에도 불구하고 배상금 지불액의 할당량으로 연간 70만 량을 부담했다. 이러저러한 예산 삭감의 결과 신장의 연간 보조금은 1901년 340만 량에서 258만 량으로 감소했다. 그러나 사실상 상황은 이보다 더욱 좋지 않았다. 카타오카 카즈타다는 1900년 이후 신장 성에 실제로 전달된 금액이 이 감소된 금액에도, 때로는 100만 량 이상 미치지 못했다는 사실을 입증했다. 일례로 1900년 신장 성은 고작 178만 량을, 1909년에는 겨우 121만 량을 받았을 뿐이다.[42]

1884년 이후 청 치하의 신장에서 시행된 성 행정과 군대의 규모 축소에 대한 계획은 더 적은 비용으로 더 높은 치안을 유지하겠다는 약속과 마찬가지로 중국인의 이민 및 토지 개간과 발맞추어 현지의 재원도 늘어날 것이라는 가능성에 토대를 둔 것이었다. 그러나 청-프랑스 전쟁은 신장 재건에 사용될 재원을 전용했으며, 의화단 운동 배상금은 이후 신장성의 기본 운영 예산을 반토막 냈다. 이는 청에 대한 서구와 일본의 군사적·외교적 압박이 내륙 아시아 변경에서 청조의 안보에 직접적으로 영향을 미쳤던 방식 중 하나였다. 손실된 재원을 벌충하기 위해 1902년 이후 신장 정부는 세율을 올리고 다양한 부가세를 부과했다. 1910년에는 같은 기간 동안 경작 가능한 총 토지 면적이 실제로는 1148만 190무(畝)(약 174만 에이커)에서 1055만 4705무로 감소했음에도 불구하고, 토지세〔전세(田賦)〕로 거둬들인 총 세입은 1887년과 비교하여 네 배로 증가했다. 내부 관세〔이금(釐金)〕*를 비롯한 다양한 상세 역시 재원의 증가를 가져왔다. 지역의 재원은 이와 같이 확장되었으나 세금을 지불하는 농민들에게 가해지는 부담도 크게 증가했다.[43)]

토지 개간과 재정착

경작 가능한 토지를 확대하고 중국인들의 이주를 장려하는 것이 신장 재건과 건성 계획에서 우선 사항이었으나 1880년대와 1911년 사이에 이러한 계획의 성과들은 서로 엇갈렸으며 다소 예상 밖이었다. 초기에 한족 인구가 신장으로 쇄도하기는 했으나 이주민들 중에는 영원히 정착하겠다는 계획 없이 간쑤에 있는 황폐해진 고향을 피해 한시적으로 도망친 농민들이 다수 포함되었다. 이들은 이미 상대적으로 인구가 밀집하여 정착해

---

* 청대 상품의 지방 통과세.

있던 신장의 동부와 북부 지역을 선호하고 더욱 가혹한 기후의 먼 지역에 정착하는 것을 꺼렸다. 더욱이 여러 가지 이유로 인해 후난과 간쑤 지역 출신의 퇴역 군인들과 유형(流刑)에 처해진 죄수들은 훌륭한 농부가 되지 못했다. 1880년대에 개간된 토지 중 다수가 이후 방기되었으며 이러한 이유로 인해 경작 중이라고 등록된 총 토지 면적은 세기의 전환점에 이르러서는 실제로 감소했다. 1949년 이후에야 비로소 한족들이 신장에 집중적으로 거주하게 되었다.

그러나 신장에서는 다른 종류의 중요한 인구학적 변화가 일어나고 있었다. 전쟁으로 인해 아무도 살지 않게 된 북부와 동부의 비옥한 토지에 이끌린 가난한 위구르인들은 남부로부터 일리 지역, 타청(타르바가타이), 쿠르 카라 우수Kur Kara Usu, 징허(精河)와 우루무치, 심지어는 (이전에는 거의 전적으로 중국인들이 거주한) 우루무치에서 치타이(奇臺)에 이르는 일련의 거류지로 이주하기 시작했다. 위구르인들 가운데 일부는 정부의 보조를 받아 타림 강의 하류 지역과 로프노르 지역 및 오늘날의 뤄창(若羌) 인근에 있는 거의 비어 있는 토지로 이주했다. 포창성(蒲昌城)[44]이라는 성곽 도시는 이 지역의 늘어나는 인구를 관리하기 위한 행정 중심지로서 1893년 건설되었다. 20세기 초 순무였던 도모(陶模)는 중국인을 재정착시키기 위한 집중적인 시도를 멈출 것을 요구하는 상주문에서 이러한 사실과 재정복 이후 중국인 재정착 계획에 대한 엇갈린 기록을 모두 인정했다. "터번을 둘러 쓴 백성들(위구르인들)은 수 세대 동안 변경에서 생활했습니다.…… 그들의 신체는 토지에 길들여져 있으며 그들의 심장은 일에 만족하고 있습니다.…… 만약 우리가 (위구르인) 한 가구를 재정착시킨다면 우리는 한 가구만큼의 결과를 얻을 것입니다." 그는 만약 그 가구가 크다면 두 가구만큼의 결과를 얻을 것이라고 덧붙였다. 정부는 간쑤에서부터 펼쳐진 수백 킬로미터에 달하는 사막 전역에 주민들을 재배치하는 데 드

는 상당한 금액의 비용을 아낄 수 있었다.[45]

위구르인들이 타림 분지 서부의 도시들로부터 신장 성 전역으로 확산된 것은 장기적으로 중요한 결과를 가져온 청대의 획기적인 사건 중 하나였다. 청이 중가리아와 알티샤르를 정복하고 통치한 것은 궁극적으로 중국의 민족주의자들이 가지고 있는 '신장'(새로운 강역)이라고 알려진 영토가 중국 본토의 일부라는 신념을 낳았다. 그러나 청 제국 시기의 경험은 위구르라고 알려진 타림 분지 오아시스의 투르크어를 사용하는 정주민들에게도 유사한 영향을 미쳤다. 청은 중가르를 멸망시키고 북부의 유목 인구를 축소했으며 단일한 명칭과 정치적 비호 아래 중가리아와 타림 분지를 행정적으로 통일했다. 또한 청은 일리 유역을 경작하기 위해 위구르족들을 타림 분지로부터 이동시키고 신장 북부와 동부 지역의 삼림과 방목지를 농경지로 전환하는 것을 장려했으며 신장 전역에서 교통·통신 시설을 개선했다. 이러한 요소들이, 1867년과 1878년 사이에 많은 중국인이 사망하고 도주한 것과 함께, 위구르인 농민과 상인 들이 신장의 서남부로부터 이전에는 거의 거주하지 않았던 북부와 동부 및 동남부로 퍼져 나가도록 만들었다.[46] 19세기 말과 20세기 초에 이르러서도 여전히 위구르인들의 인구는 신장 성의 서남부에, 중국인들의 인구는 동북부에 집중되어 있었지만 타림 분지와 투루판 및 하미 너머의 신장 전역은 위구르족들의 고향이 되어 가고 있었다.

전반적으로 신장의 인구는 1860년대와 1870년대의 혼란에서 회복되고 있었으며, 18세기 중반에 시작된 증가의 패턴도 다시 시작되고 있었다. 1887년 진서(鎭西)-적화(迪化), 악수 및 카슈가르의 3개 로(路), 즉 사람이 거의 살고 있지 않은 일리-타르바가타이 로를 제외한 신장 전역에서 시행된 인구 조사에 따르면 총 인구는 (약 6만 6000명의 한족과 3만 3114명의 퉁간, 111만 2000명의 위구르인을 포함한) 123만 8583명이었다. 당시 한족과

신장의 동남부로 이주해 온 한족 이주민을 관리하고 보호하기 위해 1893년에 건설된 성곽 도시인 포창성
사진: J. Millward, 1992

중국계 무슬림의 수는 전쟁 전, 즉 19세기 초반의 수준을 훨씬 밑돌았으며, (중국계 무슬림을 포함한) 약 15만 5000명의 한족 정착민이 신장에 거주했다. 반면 여러 가지 문제에도 불구하고 위구르인의 인구는 19세기 전반에 걸쳐 급속하게 증가하여 1831년 이래로 거의 두 배가 되었다.[47] 1907~1908년에 이르러 4개 로의 총 인구는 165만 명에서 200만 명 사이였는데(이에 대해서는 이용 가능한 2개의 자료가 일치하지 않는다), 165만에서 200만이라는 이 후대의 수치는 민족에 따라 분류되어 있지는 않지만 인구의 태반(140만~180만 명)은 대부분 악수와 카슈가르 로에 거주하고 있었으며 주로 위구르인이었다.[48] (신장의 인구에 대해서는 7장 '공작이 서부로 날아가다' 참조.)

치안

군사 업무는 초기에 건성을 지지하던 사람들의 기대가 전혀 충족되지 못했던 또 다른 문제였다. 신장과 간쑤의 군사력은 1890년대 간쑤에서 발생한 무슬림(살라르Salar) 반란을 효과적으로 대처했다. 그러나 1850년대 그리고 1860년대와 마찬가지로—이 당시에는 중국에서 발생한 태평천국 운동 및 다른 반란들로 인한 비용 때문에 신장에 주둔한 청의 팔기들이 의존하고 있던 은의 운송량이 줄어들었다—의화단 운동의 배상금이 부과된 이후 신장의 예산이 긴축되었기 때문에 다시 한 번 극서 지역에서 청의 군사력은 공동화되었다. 1910년대 영국인 방문객들은 신장과 간쑤의 도시 전역에 주둔하고 있던 청 병사들의 수가 적고 그 상황 또한 열악하다고 언급했는데, 이들은 러시아가 신장을 병합할 것이라는 만성적인 두려움으로 인해 병력 수준에 각별히 주목했다. 이들의 논평은 각 도시에 주둔하고 있을 것으로 추정되는 군사들의 서류상의 정원과 현존하고 있는, 그리고 소집할 수 있는 실제 수치 사이에 커다란 불일치가 있었음을 보여 준다. 재정 위기와 부패, 아편 중독, 군사 인구의 노화, 지역 정부가 현지의 위구르인 군대를 징집하는 것을 꺼린 것 모두가 이러한 군사적 미비의 요인이었다.[49] 건성에 뒤이어 그리고 1910년대의 '신정책'과 더불어 단행된 군사 개혁은 군사 감축을 통해 비용을 절감하는 것을 목표로 했으나 실질적인 효과는 거의 없었다. 더욱이 명령 체계가 통일되지도 않았으며 [1905년 이후 일부 부대가 '신군(新軍)'이라는 이름을 차용하기는 했지만] 군사력이 완전히 근대화되지도 못했다.[50]

상업과 무역

청의 정복 이래로 상업은 신장의 경제에서 점점 더 중요한 비중을 차지하게 되었다. 이는 어느 정도는 청의 인력 및 증가하는 인구가 식량을 필요로 했기 때문이며, 또 어느 정도는 이 지역에서의 평화로 인해 다양한 배경을 가진 상인들이 중국과 인도, 중앙아시아와 최근 들어서는 러시아 사이의 상업 통로로서 신장이 차지하고 있던 전통적인 지위를 회복시켰기 때문이다. 그러나 신흥 중국 상인 집단들이 이전에 가장 적극적으로 활약하던 상인 집단들을 대체하면서, 그리고 러시아 상인들이 이 지역에서 유력한 지위를 차지하면서 1864~1878년 동안 청의 세력이 잠시 주춤한 이후 상업의 양상은 어떠한 측면에서는 변화했다.

　18세기와 19세기 초의 신장에서 가장 중요한 상인 집단은 산시(山西) 상인이었으며, 이들의 가족 소유의 사업은 중국과 신장 사이의 원거리 무역을 지배했다. 산시 상방(商邦)은 소매상과 전당포를 운영했으며 사적·공적 자금의 이동을 용이하게 하는 송금 서비스를 제공했다. 1879년 이후 산시 상방은 많은 이윤이 남는 차 전매 사업에서 지분을 상실하게 되었는데, 이는 후난 출신의 인물들이 장악하고 있던 신장 정부가 통제가 느슨한 차 사업을 후난 상인들에게 넘겨주었기 때문이다. 〔그러나 산시 상인들은 계속해서 전차(磚茶)를 운송해 와서 신장의 몽골족과 카자흐족 소비자들에게 판매했다.〕 더욱 심각한 도전은 베이징-톈진(天津) 파벌 또는 팔대가(八大家)라고 알려진 직예 출신의 상인들로부터 제기되었다. 이들은 본래 좌종당의 신장 수복 원정에 납품하기로 계약되어 있었고 이 기회를 활용하여 신장의 각 도시에 상점을 개설했다. 이들은 건채소와 해산물, 직물 및 기타 가공품과 같은 값비싼 물품을 운반하면서 고비 사막 루트와 치타이를 경유하여 수도와 해안 지역(톈진)을 신장과 연결시켰다. 직예 상인들은 20세기 중국 내지에서 신장으로 지급되는 은 보조금이 줄어들고 이러한 은의 이동을 다루던 산시 전장(錢莊)*들이 사업에 실패하게 된 후에 산시

---

* 환전을 주업으로 하던 중국의 전통 상업 금융 기관.

상인들을 앞질렀다. 1930년대에 이르러 베이징-톈진 파벌은 신장과 중국 나머지 지역 간의 국내 무역 중 약 60퍼센트를 장악하게 되었다.

또 다른 변화는 퉁간 상인들과 연관되어 있었다. 많은 중국계 무슬림들은 청대 초기에는 소규모 상인들이었다. (1930년대 저술 활동을 한 신장의 중국인 역사가) 쩡원우(曾問吾)에 따르면 신장의 재정복과 건성 이후 퉁간 상인들은 1910년대까지 교역 사업을 쓰촨(四川)과 베이징 그리고 심지어는 해외로까지 확대하면서 고도로 자본화된 사업을 발전시켰다고 한다.[51] 뒤에서 언급하게 될 무사 바이Musa Bay(무사바요프Musabayov) 형제와 같은 일부의 위구르 상인들 역시 사업을 러시아와 유럽으로 확장해 나갔다.

러시아와의 교역

그러나 이 시기 가장 극적인 상업 발전은 중국 상인이 아닌 러시아 상인들과 연관되어 있었다. 러시아의 백성들(중앙아시아인들과 일부의 위장한 유럽계 러시아인들)은 1800년대 초반부터, 대개는 일리와 타르바가타이의 지정 구역에서 벌어지는 연례 박람회에 참여한 카자흐족들을 통해, 신장에서 교역을 해 왔다. 1851년 이 교역은 (일리-타르바가타이 통상 조약이라고도 알려진) 중국-러시아 쿨자 조약에 의해 성문화되었다. 이 협정은 러시아 상품들이 신장에 무관세로 통관되는 것을 인정(이러한 이유로 인해 중국인들에 의해 '불평등 조약'이라고 간주되었다)했을 뿐만 아니라 러시아 상인들이 러시아 영사의 감독 아래 상품을 보관하고 교역하면서 연중 얼마 동안 거주할 수 있었던 일리와 타르바가타이의 지정된 구역에서만 무역을 허가함으로써 청이 교역을 더욱 면밀히 감시할 수 있도록 했다. 대개 청은 러시아산 가축과 가죽, 모피 및 공산품을 수입하는 대신 전차와 얼마간의 직물을 수출했다.[52]

중국인 광부들은 타르바가타이 서남부의 분쟁 지역에 있는 금광을 두고 러시아인들과 충돌을 빚은 후 1855년 타르바가타이의 러시아인들의 창고를 약탈하고 불태웠다. 청의 관리들은 재빨리 긴장을 완화시키려고 했는데, 군 장교이자 탐험가, 학자이자 근대 카자흐족의 영웅인 발리하노프Chokan Chingisovich Valikhanov와의 협상 이후 청은 결국 타르바가타이의 무역 지대를 원상회복시키고 손실된 상품에 대해 러시아인들에게 배상하는 데 동의했다. 근대 중국의 학자들은 이 사건을 러시아 제국주의에 대한 애국적 저항이라고 묘사했으나 눈에 보이는 대중들의 불만은 거의 없는 채로 교역은 이후 계속해서 성장했다.[53]

1860년대 중반의 반란 및 오아시스 간의 교전은 러시아와의 교역을 비롯한 신장의 거의 모든 대외 무역을 중단시켰다. 러시아와의 교역은 이후 점차 회복되어 1870년에서부터 1871년까지는 60만 루블 이상으로 2배 넘게 증가했다. 러시아는 1872년 야쿱 벡과 통상 조약을 체결하고 이후 무역량은 100만 루블로 증가했다.[54]

상트페테르부르크 조약(1881)으로 인해 신장은 러시아 상인들에게 더욱 개방되었으며, 이듬해에는 타르바가타이와 일리, 카슈가르에, 4년 뒤에는 우루무치에 새로 영사관이 세워졌다. 가장 중요한 사실은 이 조약이 러시아 상인들의 무관세 상태를 연장했다는 것이다. 이는 이금(釐金)이 중국 전역에서 성의 주요 수입원이었던 당시 대단한 이점이었다. 러시아의 백성들(또는 일부의 위구르인들을 비롯하여 러시아인 행세를 했던 사람들)이 세금을 내지 않았던 반면 세금을 냈던 중국의 상인들은 분명히 불리한 위치에 있었는데, 이들은 신장의 관헌들이 계속해서 세금을 징수할 경우 그 부담으로 인해 시장에서 완전히 퇴출될 수밖에 없었다. 더욱이 도중에 몇 차례에 걸쳐 이금을 지불하며 수백 킬로미터에 달하는 대상로를 통해 상품을 운송해야 했던 중국 상인들과 비교해 볼 때 러시아인들은 시베리아 횡단 철도의 완공(1904)으로 인해 지리적 인접성이 더 높아진 이점을 신장에서 누릴 수 있었다. (1929~1930년에 완공된 투르키스탄-시베리아 철도는 신장 국경 가까이를 지났기 때문에 접근성이 더욱 높아졌다.) 러시아산 주류와 금속 제품, 직물, 램프, 도자기, 시계, 담배 등은 신장의 시장에 있는 중국산 제품보다 훨씬 저렴했다. 이는 이 무렵부터 20세기까지 수입된 서구의 많은 근대적 상품에 대한 위구르어 명칭들—람파lampa(석유 램프), 샤르파sharpa(스카프), 필라티pilati(서구식 여성용 드레스), 네피트nefit(가솔린), 페치네pechinä(비스킷)—이 러시아어에서 차용되었다는 사실에서 잘 드러난다. 루블화는 카슈가르의 바자르에서 자유롭게 유통되었다.

러시아 상인들은 신장의 최대 면화 생산지인 투루판의 면화 수확량의 60퍼센트를 비롯하여 신장에서 주로 원자재를 수입했다. 면화에 대한 러시아의 수요는 컸는데, 1902년에 카슈가르는 300만 루블에 달하는 대(對)러시아 총 수출액 중 대략 135만 루블어치의 면직물을 수출했다. 일리, 우루무치, 카슈가르의 러시아 영사관은 1902년에서 1904년까지 연간 약 590만 루블어치의 상품이 러시아로 수출되었고 신장으로는 340만 루블에 달하는 러시아 상품이 수입되었다고 기록했다. 러시아 혁명기 동안 교역이 단절될 때까지 대러시아 무역은 신장 경제에서 중요한 비중을 차지했으며 이후 다시 회복되었다.[55]

중국의 역사가들은 일반적으로 신장에서 성 제도가 시행된 것을 대단히 긍정적인 시각에서 바라보고 있다. 몇몇 저명한 신장 전문 중국 역사가들에 의해 집필된 최근의 종합적 역사서에서 왕시룽(王希隆)은 건성 이후 "신장과 중국의 나머지 지역(내지)과의 정치·경제적 연관성이 더욱 긴밀해졌으며 객관적으로 볼 때 신장의 사회·경제적 발전과 다민족 통일 국가의 발전을 위해 이것의 중요성을 낮게 평가해서는 안 된다"라고 기술했다. 반면 일반적으로 1884년을 중국의 신장 '병합' 시기로 언급하는 위구르 자치 혹은 독립을 주장하는 사람들은 신장의 건성에 대해 부정적인 입장을 보인다. 이들은 만약 청이 신장을 재정복하지 않고 이 지역이 러시아의 통제 아래 있었다면 오늘날 동투르키스탄이 구소련의 중앙아시아 공화국들과 함께 독립되었을 것이라고 생각한다.[56]

청 제국의 관점에서 볼 때 신장의 재정복과 건성은 상징적으로는 중요했으나 긴밀한 통합과 재정 자립이라는 목표에는 미치지 못했다. 청조를 무너뜨린 1911년 '혁명' 직전 신설된 신장 성은 청 중기의 군정보다는 더 많은 간섭을 했지만 지역의 사무를 처리하기 위해서는 여전히 토착 엘리트들에게 의존한 중국식 행정 조직 아래에서 통치되었다. 중국인들에 의한 신장의 재식민화는 예상보다 느리게 진행되었으며 대규모로 지역 주민들을 중국화하는 작업은 전혀 진척되지 않았다. 실제로는 보조금의 부족이 특별 세금과 부패의 증가로 이어지기는 했으나, 이론상으로는 재정적인 측면에서 신장 정부는 여전히 다른 성들과 조정에서 지급하는 보조금에 의존했다. 또한 군대는 명시된 군사력을 유지할 수 없었다. 상트페테르부르크 조약에서 일리 계곡을 반환받는 것에 대한 대가로 러시아와 체결한 파우스트적 거래로 인해 신장 성은 러시아 상인들의 진출에 무방비 상태로 노출되었으며 이는 중국 내지와의 상업적 통합을 심각하게 저해했다.

20세기 전환기 타림 분지 오아시스에서의 삶

투르크족 사회가 야쿱 벡의 치세와 청의 재정복 이후 수십 년 동안 정체되었다거나 활기가 없었던 것은 아니지만 이 시기 신장의 위구르족 또는 카자흐족의 삶이 어떠했는지 그리고 무엇이 변화했는지에 대한 지식은 자료의 종류와 질에 의해 제약을 받고 있다. 위구르 측 자료는 아직 학자들이 쉽게 이용하고 있지는 않다. 또한 청대 후기의 중국 측 자료들은 이러한 면에서 큰 도움이 되지 않는다. 왜냐하면 이 시기의 중국인 저자들은 현지의 삶을 거의 서술하지 않았으며, 서술했더라도 피카레스크 소설형식으로 묘사하거나 지방지라고 알려진 현지 조사서의 구절을 양식화된형태로 간략히 차용하고 종종 이를 표절했기 때문이다.[57] 유럽의 저자들은 자신들의 정형화된 사고방식에 빠져 있었다. 19세기와 20세기 초 '토착민' 또는 '아시아인'에 대한 서구인들의 환상 속에서 흔히 그러했던 것처럼, 신장의 남부를 찾은 영국인 방문객들—심지어는 카슈가르에 오래도록 주재한 영국 대표 조지 매카트니George Macartney조차도—은 타림 오아시스의 주민들이 무기력하고 냉담하다고 생각했다. 또한 프랜시스 영허

야르칸드 강 위의 나룻배(1920)
스웨덴 국립문서고 사무엘 프렌네 동투르키스탄 컬렉션 19번 함 142번 사진

즈번드Francis Younghunband 대령은 이들을 "동요하지 않는 범인(凡人)들의 정수"라고 불렀다.[58]

　제국주의자들의 자기만족적인 인종 차별주의가 액면 그대로 받아들여져서는 안 되겠지만, 그럼에도 불구하고 반란과 야쿱 벡 시기의 빈번한 유혈 사태와 눈에 보이는 사회적 불안을 거친 후 20~30년 동안 타림 분지의 오아시스 도시들이 평온한 시기로 접어들었다는 점은 분명히 의식할 수 있다. 주민들의 생활은 그늘이 드리운 안뜰이 있는 낮은 흙벽돌집뿐만 아니라 시장과 모스크, 마자르(mazar, 수피 영묘)를 중심으로 이루어졌다. 가옥들은 도시에서는 밀집해 있었으나 촌락에서는 버드나무 그늘이 드리운 길을 따라 간격을 두고 더 안락하게 위치해 있었다. 대부분의 위구르인들은, 도심과 격리된 또는 어느 정도 거리를 둔 요새화된 '신식' 혹은 '중국인(키타이) 도시'에 거주하고 있던 중국인 관료들과는—병사들의 호위를 받으며 가마를 타고 밖으로 나온 청의 암반을 바라보는 경우를 제외하고는—거의 접촉하지 않았다. 바자르에는 물론 중국인 상인과 퉁간 상인, 주사위와 카드를 가진 노름꾼도 있었다. 그리고 1900년 무렵 카슈가르에서 좋은 보수를 받은 두 명의 기우사(祈雨師)들이 너무 많은 비를 내리게 하여 업무 태만으로 매질을 당하고 중국인 감방에 수감되었던 것과 같이 아주 드물게 중국인 행정관 앞으로 법적 소송이 제기되기도 했다.[59] 조세 부담은 가볍지 않았으나 적어도 재정복 직후에는 야쿱 벡 치하에서보다는 적었다는 징후들이 있다. 인두세와 판매세 및 기타 세금을 징수했던 온바시와 다른 벡들로부터 (좌종당 부대에서 퇴역한 후난 출신의 전직 장교 등의) 중국인 관리들에 이르기까지 부패는 어디에서나 만연해 있었다. 관리들은 종종 직위를 얻기 위해 돈을 지불했고 전임하거나 퇴임하기 전에 투자에 대한 수익을 얻기 위해 노력했다.[60] 신장 정부의 재정적 토대가 더욱 불안정해짐에 따라 20세기 초 일반 백성들에 대한 조세와

솜을 잣는 소녀(왼쪽), 두타르(가운데)와 다프(오른쪽)를 연주하는 소녀
1930년 주 카슈가르 영국 영사관 인근의 치니 바그
스웨덴 국립문서고 사무엘 프렌네 동투르키스탄 컬렉션 17번 함 147번 사진

뇌물의 부담은 증가했다.

　신장 남부에서는 많은 사람이 강물로 관개되는 농장에서 면화를 재배
하여 이것으로 실을 자아 직물을 만들어 수출했는데, 이 수출은 대개 낙
타 대상을 통해 이루어졌다. 또는 밀과 쌀을 재배했고 채소 그리고 특히
과일이 풍부했다. 얇은 빵(난nan)과 차를 곁들인 살구, 아몬드, 복숭아, 포
도로 이루어진 간단한 식사가 보편적이었으며 이러한 식사는 손님을 접
대하는 기본적인 예법의 역할을 했다. 매일 양고기를 먹을 여유가 있는
사람은 거의 없었으며 야크와 말고기가 큰 하천에서 잡은 물고기처럼 값
싼 대체제가 되었다. 양의 비계, 당근, 양파를 넣고 찐 폴루(polu, 필라프 혹
은 비르야니)는 축제 음식이었는데, 메슈레프mäshräp라고 알려진 촌락 혹
은 도시 인근의 사교 모임에 속한 사람들이 차례로 개최하는 밤샘 축제에
서는 폴루를 바치는 것이 대미를 장식했다. 밤새 음식을 먹고 차를 마시

카슈가르의 중국인 도시 한청(漢城) 외곽에서 팔리고 있는 러시아산 직물
스웨덴 국립문서고 사무엘 프렌네 동투르키스탄 컬렉션 25번 함 145번 사진

며 음악과 춤을 즐긴 후 구리로 된 접시에 담긴 폴루를 손가락 끝으로 먹었으며 새벽 기도 시간에 맞춰 떠나기 전에 손에 묻은 유지로 부츠를 문질렀다.

　남녀 모두 (물라들의 반대에도 불구하고 여전히 기념되고 있는) 고대 페르시아의 새해 첫날인 노루즈Nawruz나 장날과 같은 축제 기간 중에 밖으로 나와 '구경'을 했는데, 이들은 한가롭게 거닐며 친구들과 인사했고 시장 또는 지붕이 있는 바자르에서 무슨 일이 벌어지는지를 지켜보았다. 바자르 안의 각 구역에는 식료품, 차, 철물, 카펫, 잡화, 염료, 의약품, 수입된 인도산·러시아산 직물과 공산품이 있었으며 이외에도 마을 문 옆에는 거지와 남녀 점쟁이가 있었고 즐길 만한 다양한 여흥 거리가 있었다. 이들 중 하나는 유명한 놀이 기구의 수동식 형태로, 꼭대기에 마차 바퀴가 달린 높은 장대를 땅 속 깊이 세운 것이다. 사람들은 바퀴에 매달린 줄을 잡고 주위를 돌았는데 바퀴가 장대 꼭대기에서 빠른 속도로 회전하면 이들은 공중으로 날아올라 장대 주위를 돌게 되었다. 재담꾼과 노래를 부르는 사람이 있었으며 연주자는 무용수가 땅 위에 펼쳐진 넓은 카펫 위를 도는 동안 악기를 연주했다.

때로는 바자르에서 동물 쇼가 벌어지기도 했는데, 한 남자는 염소가 높은 장대 위의 단상에서 균형을 잡을 수 있도록 훈련을 시켰으며 또 다른 사람은 쇠사슬에 묶인 채 춤을 추는 곰을 데리고 왔다. 다른 사람들은 짐수레 위에 사슴과 닮아 보이기 위해 뿔을 머리에 동여맨 당나귀를 세워두기도 했다. 경극은 도시의 성벽 밖에서 상연되었으며 위구르인들조차도 붉은 수염과 격렬한 몸짓으로 인해 관우를 알아볼 수 있었다. 결혼식이나 기타 특별한 경우에 청년들은 오글라크 타르티시oghlaq tartish,* 즉 '새끼 염소 경기'를 했다. 이는 중앙아시아 전역에 널리 퍼져 있는(이 지역에서는 보즈 카시라고도 알려져 있다), 사람들이 말을 타고 경쟁을 벌이는 일종의 럭비로 말 위에 올라탄 선수들이 새끼 양의 시체를 붙잡아 이를 결승선까지 끌고 가는 것으로 승부를 가렸다.

오아시스의 영적 세계도 활발했다. 악령(진jin)과 유령, 악마의 눈을 가진 사람들은 어디에나 존재했으며 특히 아이들을 위협했다. 이에 대한 대비책으로는 모자에 쿠란의 구절을 새겨 넣는 것이나 부적, 음악적인 액막이 의식 또는 악령을 불러들이기 않기 위해 아이들을 ('도둑'과 같이) 호의적이지 않은 호칭으로 부르는 것들이 있었다. 많은 사람들이 신의 도움을 얻어 소원을 이루기 위해 카슈가르 외곽의 하즈라티 아파크Hazrat-i Afaq (아파크 호자) 마자르와 같은 영묘를 방문했다. 이러한 성인들의 영묘에서

---

* 위구르어 오글라크는 어린 염소, 타르티시는 당기다라는 뜻.

1926년경의 구 카슈가르
스웨덴 국립문서고 사무엘 프렌네 동투르키스탄 컬렉션 22번 함 120번 사진

(3장 참조) 건강과 자녀를 위해 또는 다른 기적을 얻기 위해 눈물 어린 기도를 했다. 또한 영묘는 작은 연못과 차를 마실 수 있는 그늘을 드리우는 나무가 있는 즐거운 휴양지이자 회합의 장소였다. 젊은 남녀는 이곳에서 만날 궁리를 했으며 이 중립 지역은 종종 중개업자들에 의해 사업의 장소로 이용되었다.

모스크에서의 공식적인 기도와 예배는 남성에게 제한되어 있었으나 일부의 여성들은 제자가 되겠다고 맹세를 바친 여주인과 함께 예배당(하니카khaniqa)에서 열리는 신앙 모임에 참석하기도 했다. 모임은 옆으로 몸을 흔드는 것과 활기차게 숨 쉬는 것, 찬송 및 종교 서적의 구절을 읽고 쿠란에 나오는 아랍어 시가를 암송하는 것으로 이루어져 있었으며 정력적인 춤이 그 뒤를 이었다. 카슈가르 남성들의 기도 의식에 대한 상세한 정보가 있다.

하네카khaneka, 즉 창문과 천장이 없는 진흙으로 만들어진 오두막에서……
모든 연령대의 남성들이 모였다. 이샨ishan[61](지도자)은 존경할 만한 지위를
가지고 있었다. 그의 제자들(무리드murid)은 그에게 음식이나 돈을 헌납했다.
이들은 모인 후 두타르dutar와 수타르sutar(둘 다 모두 목인 긴 류트), 칼론kalon(해
머 덜시머)과 같은 현악기의 반주와 함께 종교 성가를 불렀다. 그 후 다프
dap[틀북]와 클라리넷(수르나이surnai)의 소란스러운 연주가 뒤를 이었다. 음악
이 멈추면 형언할 수 없을 정도로 야성적인 춤이 이어졌는데 사람들은 진짜
로 미친 사람처럼 뛰어오르고 달렸다. 이들 중 많은 사람들이 격렬한 활동으
로 인해 의식을 잃고 쓰러졌다. 다른 사람들은 춤추는 사람들 주위에 원을 이
루어 앉아 있었으며 리드미컬하게 몸을 흔들거나 소란스럽고 씩씩거리는 소
리와 함께 숨을 내쉬고 내뱉었다. 이 소리는 ('오 하느님!'을 의미하는 아랍어 야
후와ya huwa를 연상시키는) 야 후ya-hu와 유사했다. 춤이 멈추면 음식이 제공되
었고 그 후 사람들은 모두 드러누워 잠을 갔다.[62]

청의 멸망

1911~1912년 신해 혁명기의 사건들은 중국 어디에서도 광범위하고 깊
은 사회적 격변이나 철저한 정치적 숙청을 야기하지 않았다. 직접적인 영
향력이 군사와 정부의 상층부로만 제한되었으며 대중적 운동이나 행정
조직에서의 큰 변화와 연관되지 않았던 신장에서는 훨씬 더 그러했다. 그
러나 청 조정이 몰락하고 베이징에 있던 강력한 중앙 권력이 사라지면서
이미 상당 부분 감소하여 재원으로서는 신뢰할 수 없게 된 청 정부의 신
장 보조금도 끝나 버렸다(이는 중화인민공화국 치하에서 되살아났다). 이후
38년 동안 이 지역의 새로운 지도자들은 마음대로 활용할 수 있었던 현지

의 재원이나 러시아 혹은 소련의 원조에 의존해야 했다.

신장에서의 1911년 '혁명'

1911~1912년 신장의 주요 선동자들은 중국의 다른 지역에서 동시에 발생한 사건들의 주요 선동자들, 즉 비밀 결사 조직의 구성원들과 긴밀하게 협력하고 있던 신군(新軍) 내부의 혁명 분자들이었다. 좌종당의 상군 내에는 18세기에 기원하여 반청의 열망을 가지고 있던 비밀 단체, 가로회(哥老會)의 구성원들 다수가 포함되어 있었다. 심지어는 좌종당도 자신의 군대를 이끌고 서북 지역에 군사 원정을 가기 전에 어쩔 수 없이 '대룡두(大龍頭)'로서 가로회에 가입하게 되었다는 이야기도 있다.[63] 가로회는 일단 신장에 자리를 잡게 되자 신장 수복 이후 약 3만 명의 군대가 감축될 당시 소집 해제된 구성원들을 통해 군 너머로 퍼져 나갔다. 이 군인들 중 다수가 정착하여 새로운 토지를 경작하도록 정부의 지원을 받았지만 많은 사람들이 농경에 실패하고 토지를 떠났다. 이들은 많은 경우 가로회에 의지했고 조직범죄, 특히 아편의 재배와 판매에 연루되었는데, 이는 신장 동북부의 치타이 지역에서 주요 사업이 되어 버렸다. 다른 사람들, 즉 일반 정착민들도 마찬가지로 아편 사업과 가로회에 강하게 끌렸다. 가로회는 퉁간들로부터도 신입 회원을 보충했는데, 나중에 신장 성 주석이 된 양쩡신(楊增新)에 따르면 이들은 투르크계 무슬림들로부터도 신입 회원을 모집했다고 한다. 그러나 대부분의 경우 한족 군인과 새로운 정착민들이 가로회가 제공하는 일자리와 상호 원조 네트워크를 가장 환영했다.

혁명론자들은 청 말 신정 개혁의 일환으로 일리와 우루무치에 창설된 신군 부대의 병사들 내부에서 주로 활동했다. 일리장군 장경(長庚)은 개혁의 강력한 지지자였으며 후베이(湖北)에서 이전해 온 신군 부대의 핵심 대대 주위에 신식 보병 여단을 설립했다. (당시에는 '문명으로 인도하다'라는 뜻의 적화(迪化)라고 불렸던] 우루무치에서는 신장 순무 리안쿠이(聯魁)가 서양과 일본식 모델에 따라서 자신의 군대를 훈련시키기 시작했고 이 군대는 '신장 육군(陸軍)'이라고 개명되었다. 일리와 우루무치 모두 사관학교를 개설하고 중국 내지에서 교관들을 고용했다. 장경은 일리에 있는 자신의 신군을 지휘하기 위해 은밀히 반청 혁명 동맹[동맹회(同盟會)]의 일원이었던 일본 사관학교 졸업생 양짠수(楊瓚緒)를 고용했다. 중국 중부의 신군 내에서 선전 활동을 한 경험이 있는 수십 명의 다른 혁명론자들도 청의 탄압으로 인해 후베이 성에서 쫓겨난 이후 양짠수와 함께 일리에 왔다. 이들 중에는 저널리스트이자 자강학당(自强學堂)의 졸업생이었으며 우한(武漢)에 있는 일지회(日知會)의 일원 펑터민(馮特民, 펑이(馮一)라고도 알려져 있다]도 있었다. 일리에서 펑터민과 다른 공모자들은 신군과 연관된 다양한 기관에 관여하고 있었으며, 특히 『일리 백화(白話)일보』를 중국어, 만주어, 몽골어, 위구르어 판본으로 출판했다. 이 신문은 이 지역에 있는 군인과 상인, 가로회 조직원과 무슬림을 정치화하는 데 효과적이었다. 투르크계 무슬림들을 겨냥한 선전 활동에서 혁명론자들은 신장 재정복 기간 동안 발생한 좌종당의 무슬림 학살과 17세기 청이 중국을 정복할 때 발생한 유명한 양저우(揚州)와 자딩(嘉定) 학살 사건 사이에서 연관성을 도출해 냈다. 여기에 함축된 의미는, 좌종당은 한족이기는 하지만 만주인들의 학살을 대신한 것뿐이며 따라서 무슬림들은 공동의 압제자를 쓰러뜨리기 위해 한족과 연합해야 한다는 것이었다.[64] 이처럼 신해 혁명을 중국 전역에서 공통적인 주제였던 반만(反滿)으로서 정의한 것은 이후 수정되어야 했는데, 이는 1911년 혁명의 가장 중요한 이데올로그였던 쑨원(孫文)[65]이 신장이 합법적으로 '중국의 것'이냐는 문제를 제기하지 않고는 청 제국과 좌종당의 신장 수복을 쉽게 비난할 수 없다는 사실을 발견하게 되었기 때문이다.

우루무치에서 혁명의 주요 조직자는 일본에서 공부하고 돌아온 후난 출신의 인물 류셴준(劉先俊)이었다. 그는 친지의 소개로 신장 순무 위안다화(袁大化)를 위해 일하려고 신장에 왔다. 위안다화는 처음에는 류셴준을 자신이 감시할 수 있는 직위에 임명하려고 했고 그 이후에는 그에게 차비를 주어 동부로 돌려보내려고 했으나 그는 가로회의 구성원들과 관계를 구축하고 군 내부에서 선동 활동을 하며 계속해서 우루무치에 머물렀다.

1911년 10월 우창(武昌) 봉기와 그 뒤를 이은 중화민국 창립 선언은 신장에서 긴장을 고조시켰다. 우루무치에서는 류셴준의 쿠데타 계획이 위안다화에게 누설되었고, 그는 류셴준의 공모자 중 두 명을 체포하여 처형했다. 류셴준은 어쩔 수 없이 12월 말 고작 100~120여 명의 군대만으로 서둘러 행동해야 했으며 나머지 군대가 가담할지 확신할 수 없었다. 청의 군대는 수일 내 반란을 진압했다. 그러나 지도자들을 처형한 이후 위안다화는 류셴준의 지지자 중 다수를 우루무치 외곽의 농지로 돌려보냈으며 나머지 사람들도 별다른 처벌 없이 신장의 남부로 이주시켰다. 이는 가로회의 구성원들과 혁명의 영향을 신장의 남부로 확산시키는 결과를 가져왔다.

일리에서는 1909년 정력적인 장경이 산시-간쑤로 전직되고 일리장군이 광푸(廣福)로 교체된 이후 군대 내의 불만이 커져 갔는데, 그는 전임자들의 군사 개혁을 일관되게 시행하지 못했으며 군대 내 일반 병사들 사이에서의 부패, 불평등 및 혁명 정서의 정도를 의식하지 못할 정도로 교양이 부족했던 인물이었다. 광푸는 1911년 다시 강경한 만주족 지지자이자 광서제(光緒帝)의 두 후실의 사촌이었던 즈루이(志銳)로 교체되었다. 즈루이는 중국 혁명론자들이 양쯔 강 유역 너머로 영향력을 확대할 경우 몽골과 신장, 간쑤의 외부에 다시 만주 국가를 세우겠다는 은밀한 계획에 가담했다고 전해진다. 따라서 즈루이는 장경, 위안다화 및 다른 사람들과 함께 외몽골의 새로운 수도에서 선통제[宣統帝, 푸이(溥儀)]를 맞이하여 청조를 계속해서 유지하려고 했다.[66]

즈루이는 취임한 이후 양짠수가 신군 내부에서 벌이던 혁명 활동을 발각했고 즉시 이를 해산시켰다(그는 잔존하고 있던 팔기군을 계속해서 직접 지휘했다). 즈루이는 또한 병사들에게 한겨울에 멀리 떨어진 고향으로 돌아가기 전에 공식적으로 지급된 가죽옷을 반환할 것을 강요했다. 이 명령은 당연하게도 모든 신군 세력이 즉시 혁명 세력 측으로 돌아서게 만들었다. 양짠수가 행동을 촉구하자 1912년 1월 펑터민과 공모자들은 반란을 이끌었으며 군 부대와 남부의 주요 병기고를 담당하고 있던 관리들, 가로회, 퉁간과 현지 위구르인들까지도 포함하는 쿨자(이닝)의 중요한 집단들이 실질적으로 모두 반란에 가담했다. 양짠수가 '오족공화(五族共和)'*의 이름으로 휴전 협정을 알선하고 이를 보장하겠다고 광푸를 설득한 후 최후의 보루, 즉 만주 주둔군 1개 사단이 결국 항복했다. 쿨자의 오래된 고루(鼓樓) 앞에서 즈루이를 처형한 이후 1912년 1월 8일 명목상의 수장[도독(都督)]인 광푸 및 양짠수와 혁명 지도자들이 장악한 주요 각료들로 이루어진 성 정부가 수립되었다.[67]

양쩡신이 정권을 장악하다

유일무이한 상황은 아니었지만 신장에는 이제 2개의 라이벌 정부, 즉 일리에 있는 공화 혁명주의자 정부와 위안다화가 이끄는 우루무치의 청 정부가 존재하게 되었다. 이들 사이에서 곧 교전이 발생했고 1912년 초 수개월 동안 혹독한 겨울에 주요 전투가 발발했다. 위구르인 기병을 비롯한

---

* 신해 혁명 이후 채택된 일종의 정치적 슬로건으로 한족, 만주족, 몽골족, 회족, 장족의 5족 연합을 기반으로 중화민국을 건설하자는 것.

위안다화의 병력은 1월과 2월에 징허에서 일리의 군대를 패배시켰으나 자신의 군대를 이끌고 온 양짠수가 3월에 대승을 거둔 이후 교착 상태가 지속되었다.

2월에 이미 베이징의 융유(隆裕)태후는 선통제가 퇴위하도록 손을 썼으며 위안스카이(袁世凱)가 신생 중화민국을 사실상 장악했다. 우루무치에서 위안다화는 중화민국을 승인했고 곧이어 순무 지위에서 물러났다. 신장 성 내에서 권력을 배분하기 위한 일리 세력과의 회담이 시작되면서 얽히고설킨 분쟁이 잇따라 일어났다. 일리의 지도자들과 연락을 취하고 있던 가로회는 4월과 5월 진서, 카라샤르〔옌치(焉耆)〕, 악수〔원쑤(溫宿)〕, 쿠차, 룬타이, 카슈가르에서 12명의 전임 청 관리를 암살하며 공포 전략을 시행했다. 희생자 중 한 명인 위안홍유(袁鴻佑)는 위안다화가 신장 도독으로 선택한 후계자였다.[68] 가로회의 구성원이기도 했던 군 인사들은 남부를 장악하기 시작했다.

그사이 전임 우루무치 도대(道臺)* 겸 제법사(提法使)**였던 양쩡신이 조용히 성도를 장악했다. 양쩡신은 윈난(雲南) 출신으로 신장으로 파견되기 전에는 간쑤와 닝샤(寧夏)에서 도대와 지현(知縣)을 역임했다. 이 지역들에는 중국계 무슬림들이 대단히 밀집되어 있었는데 양쩡신은 이들과 좋은 관계를 유지했다. 위안다화의 우루무치 군대가 일리의 혁명론자들과의 교전에 발목이 잡혀 있는 동안 양쩡신은 유형수인 마푸싱(馬福興)에게 명하여 자신에게만 충성을 바치는 약 2000명의 퉁간들을 모집하도록 하고, 이 사병들로 위안다화를 압박하여 그가 자리에서 물러나 신장을 떠나도록 만들었다. 양쩡신은 그 후 위안스카이로부터 신장 도독 겸 포정사

---

* 도(道)를 관할하던 최고 관리.
** 순무 아래에서 사법 행정을 담당하던 관리.

(布政使)로 임명을 받았다. 양쩡신은 일리 집단과 타협했으며 6월에는 일리 집단의 지도자들을 설득하여 연립 성 정부에서 직위를 수락하도록 했다. 일례로, 양짠수는 카슈가르의 제독(提督)이 되었으며 펑터민은 외교사(外交司) 총장이 되었다.

이후 3년 동안 양쩡신은 신장 성 전역에서 자신의 통제력을 공고히 했는데, 이를 위해 그는 동향인 윈난 출신 사람들과 친척들을 다수의 직위에 임명했으며 자신에게 직접 보고하는 성의 스파이 네트워크를 조직하는 한편 일리의 혁명론자들과 가로회를 효과적으로 제거했다. 그는 처음에는 경쟁자들을 정부로 편입시키고 이들을 성 전역의 직위로 분산시킨 후 재빨리 이들을 체포하고 하나씩 처형함으로써 일리의 혁명론자들과 가로회를 제거할 수 있었는데 그는 훗날 이 수완을 다시 한 번 차용했다.[69]

하미와 투루판 봉기

청 말기에는 서부 지역이 상대적으로 조용한 상태였던 반면 동부의 하미와 투루판 지역이 신장의 새로운 분쟁 지대가 되었다. 이러한 불안의 원인 중 하나는 조상들이 건륭제의 원정을 원조했던 것처럼 신장 재정복 과정에서 좌종당을 도왔던 하미(쿠물 Qumul)의 칸 혹은 왕과 연관되어 있었다. 청 정부는 이에 대한 보답으로 1884년 신장 건성 이후 하미의 칸이 소유하고 있던 농노와 토지를 청의 세습적인 정치-군사 체계 아래에서도 계속해서 보유할 수 있도록 했다. 하미의 칸은 13개의 [화살을 뜻하는 몽골어 수무(sumu/蘇木)로 명명된] 부락에 소속된 약 6500명의 백성들에 대한 농경, 목축, 종교 및 법률 관련 사무를 감독했으며 자신의 토지와 광산에서 일하는 사람들에게 강제 노역을 요구했다. 그는 그 무렵 강제 노역을 매달 3일에서 7일로 크게 늘렸고 그의 신복(臣僕)들도 농민들에게 동일한 양의 부역을 하라고 강요했기 때문에 농민들은 자신의 농지에서 일할 시간이 부족했다. 또 다른 긴장의 근원은 청 당국에 농업세는 지급하지만 요역으로부터는 면제된 중국인 이주민들이 하미와 투루판 지역으로 유입된 것이었다. 1907년 1000여 명의 위구르 농민들이 자신들을 왕의 농노가 아닌 소작료 지불인으로서 중국인 농부들과 동등하게 취급해 줄 것을 요구하며 왕부(王府)로 몰려들었다. 이러한 전례 없는 요구는 분명 중국인의 이주와 투루판의 면화에 대한 외국의 수요 증가로부터 기인한 것이었으며, 또한 다른 민족 집단들에 대해서는 다른 행정 제도를 차용하는 청의 구제도를 문제 삼는 최근의 변화들도 이에 기여했다. (마르크스주의적 관점에서 기술한 중국의 학자들은 당연하게도 이 사건을 청의 '봉건' 사회에 대한 위구르인들의 불만을 나타내는 것으로 강조한다. 중국의 역사 문헌들은 중국의 전 제국 시기를 포괄하기 위해 '봉건'이라는 용어를 남용한 것 때문에 비웃음의 대상이 되어 왔지만, 이 경우에는 '봉건'이라는 단어가 칸과 수무 사이의 관계에 대체로 잘 들어맞았다.)

청은 하미 왕이 반란을 진압하도록 도와주었으며 주모자들을 처형하기 위해 우루무치로 압송했다. 하미 왕은 청으로부터 요역을 감면하라는 어느 정도의 압력이 있었음에도 불구하고 1912년 초까지는 그 상황을 유지할 수 있었다. 이 시기 하미의 위구르인들은 순무 위안다화의 군대와 관심이 일리 혁명군과의 전투에 사로잡혀 있는 사이에 다시 반란을 일으켰다. 이번에 그들은 티무르라는 이름을 가진 지도자 아래에서 성 정부가 이들을 진압하기 위해 파견한 병력을 성공적으로 격퇴시키고 하미 북동쪽의 산악 지역에 있는 기지로 물러났다. 이듬해 양쩡신은 티무르의 요새에 퉁간 부대의 지휘관인 리서우푸(李壽福)를 특사로 파견하여 반란 세력과 협상을 시작했다. 리서우푸는 산악 지역 밖으로 나오면 하미 위구르인들은 요역에서 해방될 것이라고 쿠란에 손을 두고 맹세했으며 이 맹세에 의거하여 조약을 체결했다. 이 조약으로 인해 티무르와 500명의 부하들은 우루무치에 주둔하는 기병 부대로서 성군(省軍)에 흡수되었다.

투루판의 오아시스 또한 쉽게 통제되지 않았다. 1910년 초 위구르인 농부들은 흉작이 들어 곡물 가격이 폭등한 이후 폭동을 일으켰다. 이들은 칼과 농기구로 무장한 채 청과 투루판 칸의 군대에 의해 진압되기 전까지 곡물과 돈, 말을 훔치며 한족 거류지를 공격하고 불태웠다. 2년 뒤 이와 유사한 폭동이 다시 발생했고 양쩡신은 하미 반란을 처리했던 것처럼, 즉 반란의 지도자인 무이덩(穆依豋)을 끌어들이고 그의 추종자들을 성군에 편입시킴으로써 이를 처리했다. 이처럼 양쩡신은 명백히 회유적인 접근 방법을 통해 성공적으로 하미와 투루판의 상황을 해소했다. 그러나 사실 상 양쩡신은 하미 칸에게 요역의 부담을 줄이라고 압박한 적이 결코 없었으며 티무르와 무이덩을 면밀히 감시했다. 이들의 부하들은 학대에 대해 불평했다. 위구르인들이 1913년 9월 다시 반란을 일으키려고 공모하자—또는 양쩡신이 이러한 혐의를 날조했을 가능성도 있다—양쩡신은 두 명의 지도자와 약 200명의 위구르 군인들을 체포하고 처형할 구실을 얻게 되었고 이를 통해 신장에서 그의 통치에 저항하는 또 다른 근원을 제거할 수 있었다.[70]

이슬람식 근대 교육

하미와 투루판의 사변들은 투르크계 농민들의 경제적 번영과 관련된 지역적 문제들에 집중되어 있었다. 하미에서 중국인들의 조세 지위에 대해 언급한 것이나 투루판에서 중국인들을 공격한 것이 민족적 자각의 요소가 있었음을 암시하기는 하지만 20세기 초의 이러한 소요와 반란은 청 또는 중국의 지배를 벗어던지기 위한 시도가 아니었다. 만약 이들이 그러한 성격의 것이었다고 한다면 반란 세력이 양쩡신의 군대 내 직위를 수락한 것은 어리석을 뿐만 아니라 우스운 일이었을 것이다. 또한 이와 같은 반란은 신장에서 발생한 1911년 '혁명'의 사태들과도 체계적으로 연관되어 있지는 않았다. 청 제국의 붕괴로 인해 토착 엘리트들이 신흥 국가, 즉 중화민국으로부터의 민족 독립을 선언한 티베트나 몽골에서와는 달리 신장에는 이러한 선언을 할 만큼 충분히 두드러지는 위치에 있었던 엘리트들이 없었으며 청의 붕괴에 대한 위구르인들의 통일된 대응도 없었다.

그럼에도 불구하고 신장의 좀 더 세속적인 투르크계 무슬림들 사이에서는 민족주의적 사고의 동요가 있었다. 이러한 경향은 신장 성에 신식 투르크 학교가 설립된 것에 가장 잘 나타나 있었는데, 이는 몇몇 도시에 거주하는 부유하고 자주 여행을 다니는 상인들이 선도한 운동이었다. 이 운동의 기초가 되는 여러 가지 영향이 있었다. 해외 무역에 종사하는 신장의 상인들은 진보적인 무슬림 지식인들과 접촉하고 있었으며 (크림 반도의) 카잔Kazan과 다른 러시아 도시들의 교육 동향에 대해서도 잘 알고 있었다. 이들은 그곳에서 1890년대와 1910년대 중앙아시아에서 마크타프와 마드라사에 토대를 둔 지배적인 이슬람식 교육에 저항한 근대적 학교를 지지하는 자디드 운동에 대해 알게 되었다. 위구르 상인들이 방문했던 오스만 제국에서도 수학, 역사, 지리를 비롯하여 전통적인 이슬람 학교의 교과 과정 밖의 과목들을 교육함으로써 주민들을 계몽시키려는 유사한 노력이 진행되고 있었다. 더욱이, 러시아령 중앙아시아 출신의 상인들, 특히 크림 타타르인Crimean Tartar들이 상트페테르부르크 조약으로 인해 신장의 북부와 서부에 많이 주재하고 있었다. 부하라의 마드라사와 신장 서부의 울라마들 사이의 긴밀한 관계는 우술리 자디드usul-i jadid(아래의 내용을 참조하라)를 비롯하여 이슬람식 교과 과정을 개혁하기 위한 새로운 과목들과 사상들이 청의 영토로 유입되는 또 다른 통로가 되었다. 마지막으로 1907년부터 신장 성 전역에 설치된 신정(新政) 시기의 중국식 학교들은 일본식 모델에서 차용한 근대적 교육 모델을 변형시켜 이를 신장의 도시와 촌락에 도입했다. 중국어에 중점을 두었다는 한계와 비대중성에도 불구하고 이와 같은 새로운 학교들이 제시한 도전은 확실히 위구르인들 사이에서 자신들의 공동체가 지니고 있는 과학적 또는 '근대적' 지식수준에 대한 우려를 높이는 결과를 가져왔다.

　신장의 이슬람식 학교들을 근대화하려는 최초의 노력은 카슈가르 인근의 아르투시에 근거지를 둔 부유한 상인 후세인 무사 베이 하지Hüsäyin Musa Bay Haji(후센 무사바요프Hüsän Musabayov)와 그의 형제 바하우둔베이 Bahawudunbay(바하 알 딘Baha' al-Din/바우둔 무사바요프Bawudun Musabayov)가 시도했다. 후세인은 아르투시에 무역 회사를 설립하는 과정에서 파리, 베를린, 모스크바, 이스탄불을 비롯하여 여러 지역을 여행했고 쿨자에 공장도 가지고 있었다. 그는 이 여행을 통해 카슈가르의 후진성을 깨닫고는 1885년 아르투시에 전통적인 마크타프와는 다른 방식으로 조직된 초등학교를 설립했다. 최초의 교사 집단은 현지인이었으나 그중에는 몇 년 전 종교 과목들과 함께 근대적 과학을 가르치려고 했던 카슈가르의 마크타프를 졸업한 교사도 한 명 포함되어 있었다. 후세인은 이후 현지의 교사들을 카잔에 보냈는데, 이들은 그곳의 사범대학에서 수학하고 아르투시로 돌아와 초등학교를 확장했다. 아르투시 학교의 교과 과정은 자디드파의 프로그램에서 영향을 받은 같은 시기 카잔과 이스탄불의 교과 과정을 따랐는데, 언어와 문학, 산수, 역사, 지리, 자연, 예술, 체육 교육, 러시아어, 아랍어가 포함되어 있었으며 결국에는 중국어도 포함되었다. 후세인은 또한 유능한 학생들을 상급학교로 진학시키기 위해 해외로 보냈다.[71]

　1913년 후세인은 오스만 제국 외부의 범투르크주의와 범이슬람주의를 진흥하는 조직을 담당하고 있던 메흐메드 탈라트 파스Mehmed Talat Pas

에게 근대적 교육을 받은 교사들을 보내 달라고 요청하기 위해 카슈가르에서 이스탄불로 사절단을 파견했다. 메흐메드는 아흐메드 케말Ahmed Kemal을 파견했는데, 그는 이탈리아인들이 1912년 로도스Rhodos 섬을 차지했을 때 섬에 있는 고향에서 추방되었으며 이후 이스탄불에서 교습을 했다. 1914년 3월경 아흐메드 케말은 카슈가르에 도착했다.

아흐메드 케말은 바하우둔베이와 함께 일하면서 처음에는 카슈가르 시에 근대적인 학교를 설립하려고 했다. 그러나 이들의 시도는 중국 당국의 반응을 두려워한 또 다른 부유한 상인 우마르 아훈드 베이'Umar Akhund Bay에 의해 좌절되었다. 따라서 신식 학교, 즉 사범학교는 후세인이 제공한 기금으로 인근의 아르투시에 설립되었고 학교를 지속적으로 후원하기 위해 조성된 자선 재단도 함께 만들어졌다. 신식 학교의 목적이 근대적인 교사들을 빠르게 양성하는 것이었기 때문에 아흐메드 케말은 이미 훌륭한 아랍어와 페르시아어 구사 능력을 보여 준 우수한 학생들을 현지 마드라사에서 선발했고 이들은 아르투시의 영향력 있는 가문 출신의 청년들과 함께 교육을 받았다. 이후 이 학교는 여학생들을 대상으로 한 프로그램도 제공했다.

후세이니예 메크테피Husäyniyä Mäktäpi, 즉 아르투시 사범학교의 교수법은 자디드파의 교과 과정과 당시 터키에서 유행하던 범우랄알타이어족 이데올로기를 모두 반영했다. 아흐메드 케말은 이스탄불에서 제작된 교재를 사용했다. 학생들은 종교 과목과 역사, 지리를 배우는 것 이외에도 아흐메드 케말이 각본을 쓴 연극에서 연기를 했으며 오스만 제국의 행진곡을 노래했다. 교복은 오스만 궁정의 의상을 변형한 것이었으며 학생들은 오스만 제국의 술탄이 최고 지도자라고 교육받았다.

이와 같은 혁신은 양쩡신에게 초등학교와 사범학교를 폐쇄시켜 달라고 청원한 우마르 아훈드를 비롯한 지역의 보수적 인사들을 불안하게 만들었다. 양쩡신은 카슈가르 현지 당국에 학교의 폐쇄를 명령했으며, 1915년 여름 학교와 연관되어 있던 아흐메드 케말과 다른 인물들을 체포하였다. 그러나 이 결정은 상당한 지역의 동요를 야기했다. 더욱이 카슈가르의 신임 지사이자 간쑤의 낙슈반디 지도자 마위안장(馬元章)의 조카인 마샤오우(馬紹武)가 신식 학교들을 위해서 양쩡신에게 개인적으로 호소했다. 이 호소 (및 바하우둔베이의 재정적 기여) 덕분에 양쩡신은 마음이 누그러져서 중국어와 신체 훈련을 교과 과정에 포함한다는 조건으로 바하우둔베이가 학교를 다시 열도록 허가했으며, 이를 통해 이 학교들의 형태는 중국 신식 학교의 그것에 더욱 근접하게 되었다.

바하우둔베이는 이번에는 카슈가르의 중심지에 학교를 다시 열었다. 비록 학생들의 숫자가 이 직후 감소했다고 전해지나 카슈가르의 학교와 아르투시의 자매 학교는 학생들이 다른 공동체들로 퍼져 나가 신식 학교를 설립하고 가르치게 되면서 그 영향력을 유지할 수 있었다. 체육 교육은 분명히 이후 유행하게 되었는데, 위구르 신식 학교의 학생들은 스웨덴 선교사들과 영국 영사관 직원들로 구성된 팀들과의 축구 경기에서 연거푸 승리를 거두었다. 영국 영사는 현지인들에게 패배하는 유럽인들을 보는 것이 너무 불쾌한 나머지 승리 팀에게 말과 안장을 주겠다는 약속을 지키지 않고 현장을 떠났다고 한다. 경쟁자가 당혹해하는 것을 이용할 기회를 얻은 러시아 영사가 끼어들어서는 당당하게 카슈가르인들에게 축하의 말과 새 축구공을 전했다.[72]

오스만 제국에서 카슈가르까지 아흐메드 케말을 수행하거나 따라온 몇몇 투르크인들은 신장의 여러 도시에 학교 교사로 정착했는데 1차 대전 동안 영국과 러시아의 영사들을 이를 우려했다. 중국이 1917년 연합군에 가담하고 독일과의 관계를 끊은 이후 오스만 제국은 신장에서 이전에는 독일이 대신해 주었던 외교 대표부를 상실했다. 양쩡신은 이후 아흐메드 케말을 우루무치로 데려왔는데, 전쟁 말미에 다른 전쟁 포로들과 함께 본국 송환을 위해 상하이로 보내질 때까지 그는 양쩡신의 통역관으로서 분주하게 활동했다.[73]

우루무치에서도 카슈가르에서와 마찬가지로, 현지인과 외국 상인들, 지식인들이 뒤섞인 집단이 중국의 통치 아래 있는 투르크족의 계몽을 장려하기 위해 활동했다. 이들은 이를 위해 대외 무역과 이슬람 자선 사업 및 민족주의 간의 관계를 이용했다. 20세기 초 신장 북부에는 자디드파의 근대화 이데올로기로부터 강하게 영향을 받은 타타르족을 비롯하여 수천 명의 러시아 주민들이 있었는데, 쿨자의 타타르족 상인들은 일찍이 1908년에 여학생들에게 터키어를 가르치는 학교를 열었다. 우루무치에도 마찬가지로 수천 명의 부유한 상인들이 있었다. 양쩡신의 경계심 어린 눈초리 아래에서도 아흐메드 케말은 자신에게 타타르 정기 간행물과 다른 자료들을 제공해 주었던 이 공동체와 연락을 계속했다. 그가 교신을 주고받았던 사람 중 하나가 후일 국민당과 중국 공산당 통치 사이의 과도기에 신장 성 주석이 되었던 타타르족 부르한 셰히디(샤히둘라)Burhan Shähidi(Shahidullah) 였다. 부르한은 1940년대 후반에는 중화 민족주의를 신봉하게 되었으나 1920년대에는 신장 북부의 다른 타타르족들과 함께 투르크 민족에 대해 걱정하고 있었다. 아흐메드 케말은 자신의 비망록에 자신과 부르한이 "쇠퇴의 원동력으로부터 자신들의 국가를 방어하기 위해" 제휴했다고 기록했다.[74] 또한 이러한 비망록들로부터—이후 중화인민공화국에서 출판된 부르한 자신의 비망록으로부터는 아니지만—부르한이 자디드 운동의 타타르족 창시자인 이스마일 베이 가스프린스키Ismail Bey Gasprinskii의 독자이자 팬이었으며, 그가 우루무치에서 (투르크족의 중앙아시아 영토를 낭만적으로 지칭하는 용어인) 『투란*Turan*』이라는 정기 간행물을 발간했다는 사실을 알 수 있다.

부르한과 현지의 다른 러시아계 투르크 상인 및 지식인 역시 교육에 정력을 쏟았다. (많은 경우 순무의 부추김을 받은) 보수적인 위구르 물라들과 상인들의 비판에도 불구하고 1920년대 우루무치에 있던 투르크 진보주의자들은 모스크에 근대적인 학교를 열기 위해 돈을 투자했으며 학비와 교사들의 봉급을 위해 재원을 기부했다. 처음에는 남학생을 위한 학교였으나 이후에는 여학생들에게도 별도의 교육을 제공한 이 학교는 교재와 신문, 정기 간행물 그리고 문학과 예술에 관한 책을 보유한 작은 도서관을 갖추고 있었다. 학교는 또한 교사 양성 과정도 운영했는데, 이 과정의 학생 중에는 위구르족뿐만 아니라 카자흐족도 포함되어 있었고 이들은 과정이 끝나자마자 산악 지역으로 돌아가 자신들의 유르트에 학교를 열었다.[75]

이슬람과 투르크 근대주의는 쿨자, 야르칸드, 호탄, 악수, 쿠차, 산산, 후투비(呼圖壁), 치타이, 하미에 설립된 신식 투르크 학교에서도 분명히 드러났으며 이 학교들을 통해 확산되었다. 이러한 학교들 중 가장 영향력 있던 것 중 하나는 막수드 무히티Maqsud Muhiti가 투루판 바로 외곽의 아스타나Astana에 설립한 학교였다. 부유한 집안의 자손이었던 무히티는 우루무치, 타르바가타이, 세미팔라틴스크, 카잔, 모스크바 및 러시아의 다른 지역들—그는 이 지역들에서 투르크 민족 자결주의의 이상과 접하게 되었다—로 교역을 위해 여행을 떠나기 전에는 마크타프와 마드라사에서 교육을 받았다. 1911년 이후 무히티와 동료들은 신장에 현지 학교를 설립하기 위해 난징에 대표단을 파견하여 쑨원에게 로비 활동을 하도록 했다. 난징 정부의 지원 약속은 위안스카이 치하에서는 결코 실현되지 않았다. 따라서 1913년 무히티는 카잔에서 교사 한 명을 모집하여 자신의 집 맞은편에 있는 (당시의 상황과 지역에서는) 호화로운 2층 건물에 학교를 열었다. 이 학교에는 칠판과 학생용 책상들이 비치되었는데 이와 같은 장비들은 틀에 박힌 마크타프의 교육 과정에서는 찾아볼 수 없었지만 교양 있는 학생들을 양성하겠다는 새로운 목표를 달성하기 위해서는 꼭 필요한 것들이었다.

이 '반항적인 학교'는 현지의 저항을 샀으며 따라서 남녀 학생들은 처음에는 아스타나가 아닌 투루판과 우루무치, 치타이와 같이 좀 더 큰 도시들에서 선발되었다. 1917년 10월 혁명 이후 무히티는 다시 러시아로 여행을 떠났으며, 자신이 투루판 도심과 구청, 우루무치, 타르바가타이에 설립한 학교들에서 가르칠 교사들을 모집했다. 이러한 교사들과 학생들 중 몇 명은 이후 신문 발행에 관여하거나 관직에 임명되었다. 1930년대에는 작은 촌락인 아스타나 출신의 학생 18명이 소련에서 계속해서 공부를 했다.[76]

신장의 자디드 운동과 투르크 민족주의

우리가 알고 있는 한 신장에 설립된 투르크 신식 학교의 교과 과정은 러시아령 중앙아시아에 세워진 자디드파 학교들과 유사한 것으로 보인다. 이 학교들은 수학과 지리, 자연 과학 이외에도 별도 과목으로 이슬람교와 현지의 투르크 언어를 가르쳤다. 아디브 할리드가 지적했던 것처럼 중앙아시아의 마크타프와 마드라사에서는 아랍어와 페르시아어로 된 교재를 반복함으로써, 즉 그 자체가 목표인 모방 훈련을 통해 교습되어야 하는 이슬람교만이 교육의 주안점이었다. 반면 신식 학교들은 이슬람교를 별개의 학과로서 구분했다. 보수적인 울라마들은 암시적으로 이슬람교를 다른 형태의 지식들과 동등하게 취급한 이러한 접근 방식에 반대했다.[77]

1910년대와 1920년대에는 오래된 방식에 명백히 도전하는 여러 변화가 일어나려고 했다. 야르칸드의 전통주의적 이슬람 학자, 굴람 무함마드 한Ghulam Muhammad Khan은 이러한 위험한 해악의 목록을 편찬했는데, 그의 생각에 따르면 이 모두는 그 참신함으로 인해 동일한 부류로 분류되어야 하는 것들이었다. 그가 편찬한 목록에는 부하라와 중국의 볼셰비키들(그가 자디디 키타이야르jadidi Khitaylar, 즉 중국의 자디디들이라고 부른 1920년대의 국민당), 술탄의 퇴임을 강요하고 하렘을 대중의 시야에 노출하고 터번의 착용을 금지한 투르크인들, 현재 메카와 메디나를 점령하고 있으며 영묘를 파괴하고 사당에서의 예배를 금지시킨 와하브Wahab파 신도들이 포함되어 있었다. 아마도 여러 해악들 중에서 가장 최악의 것은 이븐 사우드Ibn Saud와 그의 아들이 프랑스어를 할 수 있다고 알려진 사실일 것이다.[78]

위구르어를 가르치고 토착 투르크어로 쓰인 교재를 사용한 것은 성장하고 있던 투르크 민족주의와 밀접하게 연관된 또 다른 혁신이었다. 일례로 아스타나에 설립된 막수드 무히티의 학교에서는 학생들이 민족어를 찬양하는 노래를 불렀다.

> 모국어! 오 아름다운 언어여
> 우리 조상들의 지혜가 그 근원이다.
> 나는 당시의 사건들에 대해 많이 알고 있어요.
> 모두 당신의 신비한 언어 덕분에

역설적이게도 '민족' 언어에 대한 이 찬가의 가사는 위구르어가 아닌 타타르어로 쓰여 있었다.[79] 이는 1910년대와 1920년대 신장의 투르크 상인들과 지식인 엘리트들 사이에서 생겨난 자디드파의 담론이, 그것이 장려한 '민족'의 실제적 본질과 근원에 대해서는 여전히 명확하지 않았다는 사실을 잘 보여 준다. 이는 '위구르 민족'의 국가에 초점을 맞추고 있지 않았는데, 이 용어의 대중화와 동일화는 후일 이루어졌다. 도리어 이 국가는 투르크계 중앙아시아 무슬림들의 국가였으며 상인들과 지식인들은, 이들이 러시아의 백성이건 중국의 백성이건 간에, 자신들이 이 국가에 소속된다고 생각했다. 더욱이 식민 지배로부터 자유로운 민족 국가는 신장의 교육자와 선전 담당자의 명확한 목표가 아니었다. 러시아 자디드 운동의 지침이 되기는 했으나 여러 지역을 여행한 상인들—이들은 신장에서 신식 교육을 장려했다—은 주로 투르크족의 국가를 근대화시키고 청년들이 현재의 정치적·상업적 환경에서 효과적으로 기능할 수 있기를 희망했다. 따라서 학교가 발전하게 되면서 이들은 새로운 과목에 중국어, 러시아어, 투르크어, 회계를 포함하게 되었다.

그럼에도 불구하고 이는 포괄적인 투르크 민족주의가 중국령 신장의 경계 내에 '동투르키스탄'을 수립하고자 하는 열망으로 크게 진척된 것은 아니었다. 그러나 1930년대의 반란과 독립 운동의 지도자들 중 다수는 1910년대와 1920년대의 개혁적 교육 운동과 연관되어 있었다.[80]

5장

중국과 소련 사이에서

1910년대~1940년대

❖ ❖

1933년 할리드 셸드레이크Khalid Sheldrake 박사(본명은 버트럼 윌리엄Bertram William. 무슬림 개종자이자 서구 이슬람 협회Western Islamic Association의 종신 회장, 이슬람 문화 연합Islamic Cultural Union의 명예 회장, 런던의 범이슬람 협회Pan-Islamic Society의 명예 회장, 서구 이슬람 운동Western Islamic Movement의 창시자, 『더 미너렛 The Minaret』의 주필, 주 에콰도르 영국 명예 영사였으며 때로는 페컴Peckham의 모스크에서 기도를 주재하기도 했다)는 국제적인 순회 연설을 시작하기 위해 아내 가지아Ghazia(본명은 시빌Sybil)를 남부 런던의 집에 남겨 두었다. 그는 중국령 투르키스탄에서 온 대표단이 그해 여름 자신이 머물고 있던 베이징 호텔에서 자신에게 접근하여 그들의 군주가 되어 달라고 간청했다고 기록했다. 그는 동의했고 이후 아시아 전역의 신문 기사와 강연회에 "이슬람 영토의 할리드 왕 전하His Majesty King Khalid of Islamestan"로서 등장했다.[1]

할리드 왕은 실제로는 신장에 가려고 애쓰지 않았으며 그곳의 사람들이 그의 존재를 알았을 것이라고 생각할 만한 이유도 없다. 그러나 19세기 말부터 20세기 중반에 이르기까지 점점 많은 수의 유럽인 고고학자와 지리학자, 외교관, 선교사, 스파이 그리고 탐험가들이 신장을 찾았다. 그리스계 아르메니아인 수피이자 최면술사, 신비주의 사기꾼이며 제정 러시아의 스파이었던 구르지예프Georgii Ivanovich Gurdzhiev는 동료를 잃은 슬픔을 추스르고 총상을 치료하기 위해 케리야Keriya와 엥기샤르에 머물렀다.[2] 스벤 헤딘Sven Hedin, 오렐 스타인Aurel Stein, 알베르트 폰 르코크Albert von Le Coq, 오타니 고즈이(大谷光瑞) 백작 및 다른 사람들은 황량한 신장의 토양으로부터 이 지역의 초기 역사에 대한 문서 기록을 보완할 수 있는 풍요로운 고고학적 유물을 수확할 수 있었다. 이 유물은 인도, 중국과 지중해 사이의 물품과 사상의 놀랄 만한 초기 왕래—'실크로드'라는 용어로 표현된 문화 간의 교류의 역사—에 대한 최초의 물적 근거를 제공했다. 이 시기의 혼란에도 불구하고 카슈가르의 스웨덴 선교사들과 밀드레드 케이블Mildred Cable, 프란체스카 프렌치Francesca French, 헌터G. W. Hunter를 비롯한 선교사들은 중국 내지 선교회Chinese Inland Mission와 함께 학교를 열고 인쇄소를 운영하고 고아들을 돌봤으며 많은 사람들이 영적인 치료는 아니지만 자신들의 의학 치료를 환영한다는 것을 발견했다. 외국 정부—그레이트 게임Great Game*의 당사자인 영국과 러시아가 가장 주목할 만하다—의 요원들과 이들의 인도, 카자흐 및 우즈베크 대리인들과 현장에서 사망한 최초의 미국 중앙정보부CIA 요원은 지도를 작성하고 언어를 습득했으며 현지의 고위 인사들과 식사를 하고 자국 제품의 판로를 넓혔으며 신장의 몇몇 도시들의 영사관들로부터 정보를 수집했다. 유럽인 여행자들은 평범하지 않은 여행(신장 여행이라는 맥락에서는 별다를 것이 없지

---

* 19세기 말, 20세기 초 영국과 러시아가 중앙아시아의 패권을 두고 벌이던 경쟁을 지칭.

만 유럽의 독자들을 대상으로 쓰일 때는 대단한 것처럼 들리는 여행)을 하기 위해 부족한 식량과 소금기가 있는 식수, 언제나 말썽을 일으키는 낙타들을 참아 냈다.

이들은 많은 저서를 집필했다.[3] 이러한 책들은 멀리 떨어져 있고 이국적으로 보이는 배경 덕택에 대단히 잘 팔렸다. 그러나 1870년대와 1940년대 사이에 신장('중국령 투르키스탄')에 관한 수많은 저작이 유럽과 러시아, 미국, 일본에서 출간되었다는 사실 자체가 대단히 다른 무언가, 즉 신장이 점점 더 국제적인 사건과 추세에 연결되고 있다는 것을 의미한다. 근대 통신 수단(철도와 전신)의 확장은 신장을 동쪽과 특히 서쪽에 있는 정치·상업·문화적 중심지와 더 밀접하게 만들었는데, 민족주의와 근대화 그리고 사회주의라는 새로운 이데올로기는 이 지역에 있는 투르크계와 한족 엘리트 모두에게 영감을 주었다. 동시에 영국과 러시아의 경쟁 관계, 러시아와 중국에서의 혁명 그리고 두 차례의 세계 대전은 정치·경제적 상황의 변화를 가져왔으며, 이로 인해 신장의 정치적 지위에 대한 새로운 모델이 나타나게 되었다. 여기에는 중국의 군벌들이 쇠약해진 중국의 중앙 정부와 전도유망한 터키 공화국 및 소련의 위성국들에게 입에 발린 말을 한 것이 포함된다. 그러나 중국의 군벌과 투르크 민족주의자 모두 외부의 영향력, 특히 소련의 영향력으로부터 벗어날 수 없었으며 이 지역의 정치적 운명은 결국 현지 주민의 열망과 노력보다는 중소 관계의 변화에 좌우되었다.

양쩡신의 통치

1912년 이후 신장을 장악한(4장 참조) 윈난 출신의 관료 양쩡신은 엇갈린

1935년경의 주 카슈가르 영국 영사관
사진: Sigrid Larsson, 스웨덴 국립문서고 사무엘 프렌네 동투르키스탄 컬렉션 43번 함 144번 사진

평가를 받고 있다. 일부의 사람들은 그가 안정된 통치와 성공적인 대외 정책을 수행했으며 이를 통해 불안정한 시기 동안 안정을 유지할 수 있었다고 평가한다. 양쩡신의 후계자를 위해 일한 중국인 관료 우아이천(吳藹宸)은 양쩡신의 통치 아래 있던 신장을 심각한 범죄와 강도 사건이 완전히 사라져 버린 '지상 낙원'이라고 불렀다. 1922년부터 1944년까지 주 카슈가르 영국 총영사였던 스크라인Clairmont Percival Skrine 경조차 양쩡신이 세율을 낮추고 법과 질서를 유지했으며 유럽인들이 이 지역을 더욱 안전하게 여행할 수 있도록 해 주었다며 칭송했다. 래티모어는 신장에 만연한 부패와 톈진과 마닐라에 부를 축적하려는 양쩡신의 계획을 알고 있었음에도 그를 "오랜 관료적 기준에 의거해 볼 때 정직하고 유능한 관리"라고 평가했다.[4] 그러나 중화인민공화국의 학자들과 (영어로 작성된 1920년대~1940년대 신장에 대한 가장 상세한 보고서의 저자인) 포브스Andrew Forbes를 비롯한 다른 사람들은 양쩡신을 '봉건 군벌' 그리고 권력에 대한 탐욕과

열망을 자신의 이익에 도움이 되는 유교적 도덕주의라는 허울로 가린 독재자라고 비난했다. 확실히 양쩡신은 대부분의 문제에 있어서 은밀한 것을 선호하기는 했으나, 대단히 잔인한 통치 형태를 공공연하게 드러내고 방대한 출판물로 자신의 행동을 기록하고 정당화하는 것을 주저하지 않았다. 사실상 그의 전제적 통치는 청 치하의 어떤 '관리'보다도 거의 제약을 받지 않았다.

피비린내 나는 연회

한 유명한 일화는 냉혹한 현실 정치를 요약적으로 보여 주는데, 양쩡신은 이를 통해 17년 동안 신장을 장악할 수 있었다. 그는 후일 "쥐를 잡을 때 고양이는 울음소리를 내지 않는다. 새를 공격할 때 매는 자신을 드러내지 않는다"라는 속담으로 자신의 전략을 묘사했다.[5] 1915년 신생 중화민국의 총통이었던 위안스카이가 스스로 제위에 올라 군주제의 부활을 선포하자 중국 전역의 정치가, 관리, 장군 들이 그에게 반기를 들었다. 윈난 출신의 장군 차이어(蔡鍔)는 위안스카이를 향해 반란을 일으켰으며, 신장에 있던 윈난 출신의 진보적인 군 내 인사 다수가 여기에 참여하기로 계획했다. 그러나 양쩡신은 공화제 형태의 정부가 중국에 적합하다는 것을 믿지 않았으며 위안스카이에 대한 지지를 선포했다. 그러자 신장에 있던 한 무리의 윈난 출신 관료들은 양쩡신에 대한 음모를 꾸미기 시작했다. 쓰촨 출신의 관료인 셰원푸(謝文富)가 이 음모를 양쩡신에게 알리자 그는 이들의 충성심을 직접 확인하기 위해 윈난 출신 수하들을 불러들여서는 이러한 음모를 믿지 않는 척했다. 물론 이들은 양쩡신에게 자신들의 충성심을 다시 확인시켜 주었다. 양쩡신은 이후 "관리들의 마음을 평안하게 하기 위해" 셰원푸를 처형했으며 안전을 위한다는 명목으로 관리들이 자신의 가족들을 도독 관서 내로 이사하게 했다.

얼마 지나지 않은 1916년 2월, 양쩡신은 바로 이 관리들을 이당(二堂)*
에서 열린 정월 대보름 연회6)에 초청했다. 술이 몇 순배 돈 후 양쩡신은
신호를 보냈고, 그의 근위병들은 세 명의 음모 주동자, 즉 리인(李寅), 샤
딩(夏鼎) 그리고 마이(馬一)의 머리를 이들이 앉아 있던 자리에서 베어 버
렸다. 양쩡신은 이후 침착하게 저녁 식사를 마쳤다. 〔양쩡신은 아마도 자신
을 근대의 반초(班超)―서역을 평정하는 과정에서 마찬가지로 저녁 식사를 빙자
해 매복 공격을 시도했던 한의 장군―라고 생각했을 것이다.〕 이후 양쩡신은
음모에 연루되었던 70여 명의 윈난 출신 군사 학교 졸업생들을 중국 내지
로 추방했다.7)

4장에서 살펴보았듯이 양쩡신은 가로회와 일리의 공화주의 혁명 세
력, 하미·투루판의 투르크 반란 세력을 비롯한 자신의 경쟁자들의 의표를
찌르고 이후 이들을 제거함으로써 신장에서 권력을 장악했다. 신장에서
양쩡신의 가장 큰 목표는 자신의 개인적 권력을 유지하고 확대하는 것이
었다. 따라서 그는 처음에는 친척들과 동향인 윈난 출신 사람들, 중국계
무슬림으로 이루어진 자신의 개인 군대에 크게 의존했다. 그는 윈난 출신
회족인 믿음직스러운 측근 마샤오우를 쿠차의 군사령관으로 임명했으며,
자신이 권력을 잡을 수 있도록 도와준 지휘관이자 또 다른 윈난 출신 무
슬림인 마푸싱을 카슈가르의 책임자로 두었다. 그러나 양쩡신은 연회에
서 윈난 출신의 관료들을 처형한 사건이 보여 주듯이 필요할 때면 자신의
맹우(盟友)를 완전히 저버릴 수 있었다. 일례로, 마푸싱은 카슈가르에서
제왕으로 군림하며 위구르 여성들로 이루어진 하렘을 모으고 사익을 위
해 지역 경제를 조작했으며 도시의 성문에 죄수와 저항 세력의 사지를 절
단하여 걸어 두었다. 1924년에 이르러 마푸싱의 사악한 전제주의가 남부

---

* 관아의 큰 건물 뒤에 있는 작은 건물.

를 동요하게 만들자 양쩡신은 군대를 파견하여 신중하게 계획된 쿠데타를 통해 그를 체포하고 처형했다.[8]

양쩡신은 또한 이처럼 다양한 지역적·민족적 이해관계가 엇갈린 지역에서 중앙 집권화된 통치를 유지하기 위해서는 다양한 엘리트들을 후원하고 이들 사이의 균형을 유지하며 일정한 한도 내에서는 이들이 통제하는 지역에서 스스로 배불리는 것을 용인해야 한다는 사실을 깨달았다. 양쩡신은 토착 투르크계 무슬림 목축업자(이들은 청대 벡의 제도적 후예였다)와 유목 부족의 족장 그리고 하미와 투루판의 칸들에게 주민들로부터 스스로를 배불릴 수 있는 자유를 주었다. 그의 저작들이 신장의 비한족들에 대한 배타주의적인 견해를 밝히고는 있으나 그는 새로운 한화(漢化) 정책을 시행한다거나 대대적으로 토착 지배자들과 비한족 지도자들을 한족으로 대체하려고 하지 않았다. 오히려 그는 각 집단들이 서로 적대하도록 만들었는데, 일례로 몽골족에 대항하여 카자흐족을, 자디드파에 대항하여 보수적인 이슬람의 울라마를 후원했다.

양쩡신의 고립주의

양쩡신은 특히 외부의 경제적·지적 영향력이 자신의 영토로 침투하는 것을 방지하는 데 열중했다. 따라서 그는 신장 성의 재정 자금을 성 간 도로 건설 계획에 사용하는 것을 거부했으며, 신장과 북중국을 연결하는 도로를 건설하려는 개인적인 노력을 적극적으로 방해했다. 그는 우편물을 검열하고 전신을 엄격히 통제했으며(신장 최초의 전신망은 1890년대에 건설되었다[9]) 중국과 소련 영토에서 발간된 신문 및 다른 출판물이 신장에 유입되지 않도록 노력했다. 그는 권력을 장악한 이후 성의 신식 중국어 학교 중 다수를 폐교하고 나머지 신식 학교들은 고사하도록 방치하거나 유교식 교육만이 지속될 수 있도록 했으며, 보수적인 무슬림들이 자디드파 학교를 폐쇄할 수 있도록 허용했다. 정부가 훈련받은 인력을 급박하게 필요로 하여 사범대학과 성의 중학교와 러시아어 법정(法政) 전문학교를 열 수밖에 없었지만, 이 학교들에 100명 이상의 학생들이 등록했던 적은 없었다. 실제로 위구르인과 중화인민공화국 역사가들 모두 양쩡신의 '우민(愚民) 정책'이 그의 정부의 가장 해로운 측면 중 하나였다고 생각한다.[10]

양쩡신은 고립주의라는 자신의 목표에 발맞추어 성의 재정이 확충되는 방식으로만 신장의 사회 기반 시설과 경제 발전을 후원했다. 따라서 그는 1915년과 1918년 사이에 관개 체계를 개선했고, 그 결과 에이커당 곡물 수확량이 40퍼센트 정도 늘어났으며 곡물 생산도 모두 합쳐 140만 헥토리터(세제곱미터)가 증가했다.[11] 그는 또한 신장 내부에 자동차 전용 도로망을 건설했으며 운송용 자동차와 트럭을 구매했다. 그러나 양쩡신은 신장의 의료 시설과 의사를 확충하기 위해서는 거의 아무것도 하지 않았으며, 1912년부터는 남부 신장에서 역병이 창궐했다. 카슈가르의 영국과 러시아 영사관 관리들이 대사관을 통해 베이징의 외교부에 불평한 후인 1917년에야 양쩡신은 마지못해 때늦게 불충분한 재원으로 의료 인력을 양성하기 위해 노력했다. 그는 산업과 통상의 발전을 공개적으로 요구했지만 철과 강철, 석유와 전력, 금·구리 및 다른 광물 자원의 채굴 그리고 면직물 생산과 같이 상당한 자원이 요구되고 도입 기술이나 대외 시장에 의존해야 하는 산업들은 1910년대와 1920년대 동안 정체되어 있었다. 1927년 양쩡신의 통치 말기에 이르러서야 건설과 통신에 대한 투자가 보고된 신장 연간 예산의 겨우 0.13퍼센트에 이르렀는데 반면 군사 부분은 72퍼센트를 차지했다.[12]

양쩡신의 재정 정책은 청이 멸망하고 중국 내지로부터 지급되는 연간 보조금이 중단된 이후 이어진 만성적인 재정 적자를 해결해야 할 필요성 때문에 추진되었다. 그는 세금 징수에서 폐단을 없앰으로써 세수에서 정부의 몫을 늘리는 데 어느 정도 성공을 거두었다. 그러나 적자가 계속되자 그는 화폐를 찍어 냈는데, 서로 다른 교환 비율을 가진 (액면가가 량인) 4개의 지폐가 각각 우루무치, 투루판, 일리, 카슈가르 지역에서 유통되었다. 그럼에도 불구하고 연간 적자는 심화되었으며 양쩡신의 재임 기간 동안 누적된 성의 채무는 1927년에는 약 5000만 인민폐에 달하게 되었다. 비록 불환(不換) 지폐의 발행이 만성적인 예산 부족에 거의 아무런 도움이 되지 못했고 높은 인플레이션을 낳았지만, 복수의 화폐 제도는 양쩡신이 교환 비율을 조작하고 신장의 대외 무역을 통제할 수 있도록 했다. 양쩡신 정부는 상인들—심지어는 스벤 헤딘의 지휘 아래 있던 중소 지리·고고학 탐사단—에게 신장에서 사업을 하기 위해서는 정화(正貨)를 신장의 통화로 바꿀 것을 강요했다. 금괴 중 다수는 양쩡신과 성의 고위 관료들의 수중에 떨어졌으며 이들은 이를 다시 중국 내지 및 다른 지역으로 운반했다. 양쩡신 자신도 미국의 보호 아래 있던 필리핀에 은행 계좌를 개설했다고 전해진다.[13]

　　이러한 사실 모두는 양쩡신이 같은 시기 중국에 있던 다른 군벌들과 다를 바 없었다는 사실을 보여 줄 뿐이다. 그러나 한 가지 중요한 차이점은 신장이 중국의 정치·군사적 중심지로부터는 멀리 떨어져 있었고 러시아 및 소련과는 상대적으로 인접해 있었다는 사실이다. 양쩡신은 국민당 정부에 명목상의 충성을 언명하면서 분열된 중국의 최강자로부터 실질적인 자치를 누릴 수 있었으나 다른 편 국경 너머의 영향력으로부터는 크게 자유롭지 못했다.

러시아/소련으로부터의 영향력

양쩡신은 1912년 권력을 장악한 지 얼마 되지 않아 최근 독립한 몽골로부터 위협을 받게 되었는데, 새로운 몽골의 지도자 젭춘담바 쿠툭투Jebtsundamba Khutukhtu의 추종자들은 신장과의 접경 지역인 호브도(호브드Khovd)에서 중국인들을 학살했다. 양쩡신은 알타이 지역에 방어를 강화했으며 그 과정에서 이 유목 지역에서 자신의 통제력을 공고히 했다. 얼마 지나지 않아 1912~1914년의 제정 러시아의 이주 정책과 1916년의 반란 시기에 수만 명의 카자흐족이 러시아 영토를 떠나 신장으로 도주했다. 이후 1920년대에는 소련의 집산화 정책으로 인해 카자흐 소비에트 사회주의 공화국Kazak Soviet Socialist Republic으로부터 양쩡신의 지배 아래 있던 신장으로 대규모 이주가 일어났다. 이와 같은 여러 난민 위기 동안 양쩡신은 러시아 혹은 소련 당국과 송환 협약을 협상했다. 그는 몽골족과 균형을 이루고 외몽골로부터의 잠재적 위협을 상쇄하기 위해 신장 북부와 동부에 있는 카자흐족을 무장시켜 유목민들이 서로 적대하도록 만들었다.[14]

10월 혁명과 뒤이은 내전으로 인해 총 3만 명에서 4만 명의 러시아 난민과 무장한 백군(白軍)들이 중가리아로 유입되었으며, 여기에는 안넨코프Annenkov 장군과 바키치Bakich 장군 휘하의 패잔병도 포함되어 있었다. 이들 군대 중 약 2만 명은 쿨자와 타르바가타이(추구차크, 타청) 지역에 주둔했는데, 이들은 소련에 대한 보복 공격을 계획하며 몽골에 있는 백군 세력과 교신하고 현지에서 문제를 일으키고 있었다. 양쩡신은 자신이 장악하고 있는 신장 성을 이 지역에 대해 품었던 역사적 의도가 잘 알려진 강력한 이웃 국가의 대항 세력에게 기지로 제공하기를 원하지 않았다. 따라서 그는 국경을 폐쇄하고 백군과 피난민들이 유입하는 것을 막으려고 했다. 이러한 조치가 효과가 없자(양쩡신은 마음대로 부릴 수 있는 군대가 거의 없었다) 그는 적을 분산시키고는 오랜 시간에 걸쳐 이들을 개별적으로 상대하는 자신의 장기를 활용했다. 그는 안넨코프와 그의 군대를 우루무치로 초대했고 이들은 여기에 있는 동안 옛 러시아 무역 지구[15]에 머물렀다. 이후 양쩡신은 안넨코프를 연금하고 결국에는 중국 내지를 통해 소련 영토로 귀환시켰는데 그곳에서 그는 처형당했다. 양쩡신은 바키치의 군대를 처리하기 위해 소련의 적군(赤軍)을 불러들였는데, 타르바가타이에 대한 공격을 통해 백군을 알타이로 몰아냈으며 두 번째 침공에서는 이들을 철저히 패퇴시켰다. 잔당들은 몽골의 호브도로 도주했으며 적군은 북쪽으로 물러났다. 양쩡신은 결국 일련의 난민 위기를 성공적으로 해결했다.

러시아 및 소련과 인접해 있다는 것은 경제적인 문제에서도 어려움을 야기했다. 러시아가 신장에서 가지고 있는 교역에 대한 관심은 19세기 중반 이후 점차 커졌으며 상트페테르부르크 조약(1881) 이래로 신장의 원자재를 러시아의 공산품과 교환하는 것이 신장의 경제에서 큰 역할을 담당했다. 그러나 1914년 이후 러시아의 정치적 상황이 악화되면서 무역이 쇠퇴했다. 러시아 루블화의 붕괴는 인플레이션 상승과 재정 문제에 일조하며 신장의 량을 위태롭게 했다. 1919년에 이르러 러시아와의 교역은 거의 단절되었고 이로 인해 면제품과 목축 제품이 판로를 잃고 러시아산 수입 면직물, 도자기, 금속 제품, 설탕, 연료의 공급이 부족해졌기 때문에 신장의 경제는 막대한 타격을 입었다. 소련과의 무역은 1920년대 다시 회복되었으며, 양쩡신은 중화민국이 소련 정부를 인정하기도 전에 소련과 임시 통상 협정을 체결했다. 이 협약들로 인해 러시아 상인들은 더 이상 관세 면제나 치외 법권을 누리지 못했다. 중화민국과 소련이 관계를 회복하자 양쩡신은 쿨자, 타르바가타이, 우루무치, 카슈가르, 알타이의 샤라수메Sha-rasume에 소련 영사관이 설치되는 것을 허가하면서 협정을 최종적으로 승인했다(1924). 제한적 '무역 박람회' 제도가 폐지되고 이들 도시는 상인들에게 완전히 개방되었다. 더욱이 처음으로 중국은 알마아타Alma-ata, 타슈켄트, 세미팔라틴스크, 안디잔Andijan, 자이산Zaisan에 상호 영사관을 설치했다. 신장과 소련의 무역은 번창했고 1928년에 이르러서는 총 금액이 신장과 중국의 교역량의 거의 10배인 2400만 루블 이상에 달했다. 북부 신장은 가장 인접한 소련의 철도 종착역으로부터 육로로 며칠이면 갈 수 있는 거리에 있었으므로 소련산 제품들은 3개월에 거쳐 대상이 운반해야만 신장에 도달할 수 있는 중국산 제품보다 훨씬 저렴했다. 1929년 신장의 국경과 평행하게 놓여 있는 투르키스탄-시베리아 철도가 세미팔라틴스크에서 프룬제(Frunze, 오늘날 키르기스스탄의 비슈케크Bishkek)까지 완공된 이후 남부 신장에서도 철도를 통한 운송이 가능하게 되었다. 인도 및 아프가니스탄과 얼마간의 교역이 있었고 중앙아시아와도 지속적으로 소규모의 교역이 이루어졌지만, 신장은 소련 경제권으로 점차 끌려 들어갔다.[16]

양쩡신의 몰락

비록 이 기간 동안 신장이 평화로웠던 것은 아니었으나, 양쩡신은 무자비한 통치와 광범위한 정보망, 간계와 폭력을 기꺼이 사용함으로써 17년이 넘도록 자신의 통치에 대한 도전들을 물리칠 수 있었다.[17] 그와 중앙 정부의 관계는 우호적이었으며, 그는 신장의 상황 및 자신의 정책과 관련된 상세한 문서들을 제출했다. 그럼에도 불구하고 그는 중앙 정부의 실질적인 정치적 영향력으로부터 자유로웠다. 반면 투르크계 주민들을 터키와 러시아 및 중앙아시아로부터 유입되는 지적 사조로부터 격리하려는 그의 시도는 그다지 성공적이지 못했는데, 이는 주로 소련과의 교역과 통신이 상대적으로 개방되어 있었고 상인, 난민, 이주 노동자, 학생 및 여타의 사람들에게 국경이 열려 있었기 때문이다. 마지막으로 양쩡신의 전제적인 통치는 마르크스주의 역사가들이 '모순'이라고 부르는 것을 그의 각료와 관리, 주민 그리고 중국인과 비중국인 사이 모두에서 증대시켰고, 이는 그와 신장 전체를 파멸로 몰고 갔다.

양쩡신의 실각은 성 정부 내부의 정치적 파벌주의에서 기인했다. 1916년 윈난 파벌을 진압한 이후 그는 점점 더 간쑤 및 산시와 같은 북서 지역

성 출신의 관료 집단에 의존했으며, 후난과 후베이 출신의 경쟁 파벌은 근대주의자이자 중화민국 정부의 지지자인 판야오난(樊耀南)이라는 관료 주위에 결집했다. 판야오난은 리위안홍(黎元洪) 총통의 개인 추천장과 베이징의 중화민국 정부가 다루기 힘든 양쩡신 대신 그를 신장 성의 장으로 세우고자 한다는 암묵적인 합의를 가지고 신장으로 오기 전 도쿄의 와세다 대학에서 법률을 공부했다. 양쩡신은 집안이 좋고 교양이 있는 판야오난이 일련의 하급 직위를 거쳐 결국에는 우루무치의 도윤(道尹)*이 되도록 했으나, 어떻게든 판야오난에게는 실질적인 권력을 주지 않으려고 줄곧 애썼다. 판야오난은 이러한 처우에 실망하고 경쟁자들에 대한 잔인한 처우로 유명했던 양쩡신 치하에서 불안감을 느낀 나머지, 수차례에 걸쳐 사직서를 제출했으나 양쩡신에 의해 반려되었다. 양쩡신은 판야오난이 베이징으로 돌아가 자신의 통치에 대한 험담을 하는 것보다는 곁에다 두고 '호랑이를 기르는 것'을 선호했다.

1928년 장제스의 북벌군(北伐軍)은 군벌들을 패배시키거나 흡수하여 난징에 국민당 치하의 중앙 정부를 수립했다. 양쩡신은 즉시 새 정부에 대해 충성을 선언하고 국민당의 용어와 어울리도록 직함도 바꾸었으며, 신장 정부 조직의 지면상의 개혁을 단행했다. 이는 물론 뻔한 속임수에 지나지 않았으나 난징 국민 정부는 베이징의 여러 군벌 정권보다는 신장 문제에 더 직접적으로 관심을 갖겠다고 약속했다. 이러한 전국적 정치 지형의 변화라는 배경을 바탕으로 판야오난은 양쩡신을 제거하기로 결심했다.

그해 러시아어 법정 전문학교의 졸업식이 있은 후 양쩡신과 판야오난 및 선별된 관리들, 소련 영사 부부는 연회에 참석했다. 식사 도중 판야오난은 의미심장하게도 술이 준비되었냐고 물었다. 한 동료가 그렇다고 대

---

* 관할 현(縣)의 행정 사무를 총괄하던 관리.

답하고는 식탁 위의 술병을 세게 쳤다. 다음 축배에서 군인들이 나타나 양쩡신에게 수차례 총격을 가했다. (이 암살 사건은 7월 7일에 발생했기 때문에 7·7 사건이라고 알려졌다.) 마오쩌둥(毛澤東)은 "혁명은 손님을 청해 식사를 대접하는 것이 아니다(革命不是請客吃飯)"라는 유명한 말을 한 적이 있으나, 신장의 역사는 연회에서 벌어진 쿠데타로 가득 차 있다.

판야오난은 스스로 신장의 통치권을 장악하는 데는 실패했다. 그와 그의 지지자들은 관인을 차지하기 위해 재빨리 신장의 아문(衙門)으로 진입했으나, 그곳에서 양쩡신의 부사령관이자 신장 민정청장(民政廳長)인 진수런(金樹人)에게 충성하는 정부군에게 포위당했다. 진수런은 판야오난과 그의 지지자들을 처형하고 스스로 신장 성 주석 겸 사령관이 되었는데, 난징의 국민당 정부는 5개월 후 공식적으로 그에게 이 직함을 부여했다.[18]

대홍수: 1930년대의 대립

양쩡신의 오랜 통치 기간과 진수런의 악정 동안 누적된 중국의 군벌 정부에 대한 불만, 자디드파 교육을 받은 두 세대의 학생들 사이에서 배태된 투르크 민족주의, 그리고 간쑤의 회족과 백군 및 소련의 적극적인 개입은 1930년대의 신장을 반란과 민족 간 유혈 사태라는 협곡으로 밀어 넣었다. 비록 근대 위구르 민족주의와 분리주의에 단일한 진원지가 있는 것은 아니지만 이 시기는 중요한 이정표이다.[19]

주석 진수런

본래 간쑤 출신인 진수런은 1908년 신장에 왔으며 양쩡신의 추종자로서 관직에서 승진을 거듭했다. 권력을 장악한 이후 그는 전례를 따라 자신의 친척과 동향인을 주요 군직에 앉혔다. 자신의 후원자만큼이나 혹은 그 이상으로 안보 문제에 사로잡혀 있었으나, 그럼에도 불구하고 그에게는 양쩡신의 자제력—이 단어가 그와 같은 사람에게도 적용될 수 있는지 모르겠지만—과 절제가 결여되어 있었다. 양쩡신이 1000만 량 상당의 불환 지폐를 발행했던 반면 진수런은 치솟는 적자를 만회하기 위해 그 금액을 1억 4500만 량으로 늘렸다. 그는 세금을 올리고 많은 분노를 산 가축의 도축세와 같은 새로운 세금을 추가했다. 진수런은 금, 옥, 양가죽 및 다른 사업들을 자신의 사익을 위해 독점했으며 개인적으로 착복한 돈을 베이징으로 보냈다. (이 피비린내 나는 시기에 중국령 투르키스탄을 통과한 유럽의 여행가 중 한 명인) 피터 플레밍Peter Fleming은 진수런을 "탐욕스러움이 행정적 재능에 의해 충분히 뒷받침되지 못한 관료"라고 평가했다.[20]

그러나 신장에 가장 치명적이었던 것은 진수런이 19세기 중반 공자진에 의해 처음으로 구현되었으며 청 정부가 신장의 재정복과 건성 이후 수년 동안 시행하려고 시도한 한화적 접근법으로의 회귀를 지지하며, 지역의 비한족 엘리트들에 대한 양쩡신의 세심한 조정 행위를 방기한 것이었다. 양쩡신이 청 초기의 전례를 따라 토착 엘리트들을 흡수했던 반면 진수런은 그의 정책으로 인해 이들 중 다수와 소원해졌다. 신장의 무슬림들이 성지 순례를 떠나는 것을 금지하는 것과 같이 문화적으로 선동적인 조치를 취한 것 이외에도 토착 비한족 지도자들을 한족 관리들로 대체하고자 했다. 그가 산악 지역에 거주하는 몽골과 키르기스 유목민을 관리하기 위해 한족 관리를 임명한 것이 무장 저항을 촉발했다. 또 (티베트의 달라이 라마나 몽골의 젭춘담바 쿠툭투와 같이 성스러운 존재인) 토르구트 몽골의 지도자를 한족 관리로 대체하려고 했다. 또한 하미의 '칸국' 지위를 박탈했는데, 이 세 번째 움직임은 큰 반발을 야기했다.

앞선 장에서 논의했듯이 하미와 투루판(투루판 칸국은 룩춘Luqchun이라고 알려졌다)의 투르크족 칸들(중국에서는 왕이라고 불린다)은 청의 대준가르 전쟁에 조력했기 때문에 청대 이래 특전을 누렸다. 이들은 자신들에게 매년 가축세와 노역을 바쳐야 하는 무슬림 투르크족 백성들과 함께 자신의 영토를 사적 술탄령으로서 보유했다. 제국 전역에 몽골 귀족들과 다양한 비한족 부족장들〔토사(土司)〕이 개인적으로 보유한 영토가 있었던 것처럼 청은 하미와 투루판의 칸국에 제국 내에서 준(準)독립적인 지위를 허용했다. 이는 청이 용인했을 뿐만 아니라 장려했던 내륙 아시아의 제도였다. 하미 칸국은 19세기 대규모 반란의 와중에도 청에 충성을 유지한 이후 1884년 신장을 성의 지위로 전환함에 따른 행정적 변화 속에서도 살아남았다. 그러나 청 이후 중국의 지도자들은 국가 권력을 확대하고자 했으며, 새로운 영토와 잠재적인 세원에 대한 통제력을 확보하기 위해 청이 비한족들이 거주하는 변경 지역에 만들어 놓은 임시방편적인 지역 체제를 개토귀류(改土歸流)*라고 알려진 정규 행정 체제로 대체하고자 했다. 1917년 여행자인 셰빈(謝彬)이 하미에서 며칠간 머물렀을 때, 그는 이 지역에 '개간되지 않은 토지'가 많다고 기록하고 하미에서 청과 좌종당의 군대가 시행한 것과 같은 이주·개간 계획을 제안했다. 〔투루판의 한 관리는 19세기 초 이러한 토지들을 한족 이민자들에게 개방할 것을 제안했으나, 만주인 관리 화녕(和寧)은 그렇게 할 경우 위구르인과 한족 사이의 관계를 망쳐 놓을 것이라는 이유로 반대했다.〕[21]

양쩡신 치세에 그리고 진수런이 처음 취임했을 당시 하미의 칸(하미 왕)은 차가타이조의 후예라고 알려진 막수드 샤Maqsud Shah였다. 그는 청대에 황제를 알현하기 위해 정기적으로 베이징을 방문했으며 또한 하미

---

* 토사를 폐지하고 중앙에서 정식으로 임명한 관리를 직접 파견하여 지방을 다스리게 하던 제도.

과(哈密瓜)*를 공물로 바쳤다. 그는 중국어에 능통했고 베이징의 정원을 모방하여 궁전의 정원을 설계했으며, 자신의 위구르인 근위병을 지원하기 위해 중국인 수비대를 제공해 준 중국 당국을 잘 다루었다. 그는 세금을 징수하고 위구르인과 중국인이 혼재된, 번화한 상업의 교차로였던 도시의 다른 업무들을 처리하기 위해 막료를 두었다. 막수드가 부과하는 무거운 노역은 부담하지 않고 지대(地代)와 세금만을 부담하는 한족과 회족의 이민은 1907년과 1912년 위구르 백성들의 분노와 반란에 일조했다(4장 참조).[22]

막수드는 1930년 사망했고, 광활한 하미 지역에 우루무치 정부의 통제력을 행사하고 싶어 한 진수런은 칸국을 폐지하고 그 대신 3개의 새로운 행정 구역─하미(哈密), 이허(宜禾), 이우(伊吾)─을 설치했다. (이 지명들은 과거 이 지역에 설치되었던 한 왕조의 전초 기지의 명칭이었다. 토착 투르크-몽골식 지명을 역사적인 중국식 명칭으로 대체하는 것은, 중화인민공화국에 의해 부분적으로 번복되기는 했지만, 민국 시기 신장에서는 일반적인 관행이었다.)

처음에는 칸의 지배와 강제 노역이 끝난 것을 환영하는 위구르인들도 일부 있었지만, 진수런 정부가 칸국을 폐지한 첫해에 농업세를 이중으로 부과하자 희망은 사라졌다. 설상가상으로 당시 중국인 난민들이 간쑤의 기근과 전쟁을 피해 신장의 동부로 피난을 왔다. 정부는 위구르인 농부들이 휴경하고 있는 농지를 강제로 수용하여 한족 이민자들에게 개간해야 할 '황무지'로 주었으며, 더욱이 이들에게 농기구와 종자를 제공해 주고 첫 2년 동안은 세금을 연기해 주었다. 이에 대한 보상으로 위구르인들은 사막과 인접하고 있는 경작과 관개가 되지 않은 토지를 받았다. 새로운 현 정부가 이 지역 전역에 배치한 중국인 군대의 부패와 착취, 곡물과 가

---

* 신장의 하미에서 생산되는 멜론의 일종.

축의 징발은 위구르인들을 한층 실망하고 분노하게 만들었다.[23]

1931년 하미 반란

1931년 2월 하미 외곽에 있는 샤오푸(小堡)라는 마을의 징세관이자 경찰서장인 장(張)씨인 중국인[24]은 신장 남부를 불타오르게 한 반란을 촉발시켰다. 그는 위구르인 가장에게 딸을 자신에게 시집보내라고 강요했고, 그와 부하들이 결혼식에서 흥청거리는 동안 분노한 위구르인 무리가 이들을 공격하여 살해했다. 군중들의 수가 점차 늘어나 각자 무기를 집어 들고 미움을 받고 있던 현 전역의 경찰 수비대를 공격했다. 이들은 약 100가구의 간쑤 출신 중국인들을 살해하고 이 이주민들의 머리를 자신들의 밭에 묻었는데, 이로써 최근에 중국인들이 하미에 정착한 것에 대한 감정을 분명하게 표현했다. 하미의 무슬림 마을 역시 함락되었으나 우루무치에서 파견한 구호군이 곧 반도들을 산악 지역으로 퇴각하게 만들었다.

이 시점에서 반란의 성격이 농민 반란에서 좀 더 조직화된 운동으로 변화했고 하미 왕정의 복고를 목표 중 하나로 채택했다. 이 사실은 중국의 마르크스주의 역사학자들을 망설이게 했다. 왜냐하면 이들은 농민 반란을 진보적인 것으로 인식할 수밖에 없었던 반면 중국식 성 정부에 우선하여 '봉건' 지도자를 복위시키겠다는 열망은 이들의 관점에서 볼 때 확실히 반동적인 것이었기 때문이다.[25] 물론 역사적 유물론은 차치하고, 중국의 군벌 정부에 대한 민족적 우려와 분노가 막수드 샤에 대한 하미 위구르인들의 향수를 충분히 설명해 준다. 반란은 이제 칸의 전임 두 대신이었던 호자 니야즈Khoja Niyaz와 율바르스 칸Yulbars Khan이 주도하게 되었다.

이후 몇 달 동안 진수런은 심각할 정도로, 특히 양쩡신이 20년 전 하미와 투루판의 반란을 다루었던 수완과는 대조적으로 상황을 잘못 처리했다. 하미를 다시 점령한 이후 진수런의 군대, 특히 여단장 슝파유(熊發友)

는 중국인 사상자에 대한 보복으로 무슬림 마을 주민들을 학살하며 사정없이 공격했다. 항복이 죽음을 의미한다는 것이 명백해지자 인근 지방의 위구르 반란 세력들은 계속해서 싸울 수밖에 없다는 것을 깨달았다. 카자흐족과 키르기스족, 회족을 비롯한 다른 불만 세력들도 반란에 가담했다. 신장 성 군대와 군사적 균형을 맞추기 위한 노력의 일환으로 율바르스는 원조—그의 비망록에 따르면 명백히 난징 국민 정부로부터의 원조—를 구하기 위해 동쪽으로 이동했다. 그러나 결국 그는 마중잉(馬仲英)이라는 젊은 회족 군벌에게 도움을 청했다.[26]

마중잉

마중잉은 1920년대에 거의 완전히 황폐해져 버린 간쑤와 칭하이 지역이 낳은 '산물'이었다. 이 지역은 지진, 가뭄, 기근, 아편, 난민의 쇄도 그리고 한족 군벌 펑위샹(馮玉祥)과 일부 회족 군벌—이들은 모두 마(馬)씨이며 대부분 마중잉과 연관되어 있었다—간의 전쟁으로 인해 황폐해졌다. 마중잉(본명은 마부잉(馬步英))은 중국 북서부를 장악한 악명 높은 마씨 일족 중 하나인 마부팡(馬步芳)의 사촌이었다. 마중잉은 많은 생생한 보도에 영감을 제공했다(케이블과 프렌치는 그를 '어린 사령관Baby General'*이라고 불렀으며 헤딘은 그에게 '대마(大馬, Big Horse)'**라는 별칭을 붙여 주었다). 그는 1920년대 겨우 십대였음에도 불구하고 칭하이, 간쑤, 닝샤, 수이위안(綏遠)에 주둔하고 있던 숙부 마치(馬麒)의 휘하에 있던 군대를 지휘하며 일찍부터 카리스마 넘치는 지도자로서 등장했다. 일부의 기록에 따르면 마중잉은 간쑤로 돌아와 자신의 회족 군대를 다시 모으기 전인 1929년 혹은

---

* 중국어로는 소사령(尔司令).
** 그의 성이 마씨라는 데에 착안한 별명.

1930년에 난징에 있는 국민당 사관학교에서 잠시 동안 공부했다고 전해진다. 그가 실제로 사관학교에 다녔건 그렇지 않건 간에 국민당 정부는 사실상 중국의 서북부에 실질적인 권위를 행사하지는 못했지만 그를 '제36사단의 사단장'으로 임명했다. 그의 높은 직함에도 불구하고 1931년 봄에 이르러 마중잉은 자신의 사촌들의 인내심을 바닥나게 했으며 이들은 그를 멀리 서북부의 간쑤로 몰아냈다. 그곳에서 율바르스 칸은 그가 새로운 방향으로 움직이기를 열망하고 있으며 진수런에 대항하는 것을 도와줄 것이라는 사실을 알아차렸다.[27]

1931년 여름, 약 500명의 제대로 무장을 하지 못한 마중잉의 기병 부대는 하미로 이어지는 서향 도로 위에서 진수런의 군대와 일련의 성공적인 교전을 펼침으로써 무기와 신병을 모으고 악명을 쌓을 수 있었다. 이들은 니야즈 호자 휘하의 위구르인들과 세력을 합친 후 하미의 중국인 마을을 포위하고 인근의 바르콜을 점령하기 위해 출격 부대를 파견했다.

진수런은 하미의 포위를 풀기 위해 1000명의 군대를 파견했으나 마중잉의 부대가 매복하고 있다가 이를 격파했다. 진수런이 가진 선택지는 빠르게 줄어들었고 코를라 지역에 있던 토르구트 몽골에게 도움을 요청했으나, 그들은 토르구트의 지도자를 한족 관리로 교체했던 진수런의 이전 정책에 분개하고 있었으므로 이에 간여하지 않았다. (진수런은 이후 연회에서 토르구트의 지도자를 처형했다.) 마지막으로 노련한 250명의 백군이 포함된 북쪽 일리의 성군(省軍)이 10월 장페이위안(張培元)의 지휘 아래 남하하여 하미와 우루무치 사이에서 마중잉과 조우했다. 마중잉은 교전 중 부상을 입고 자신의 군대 대부분과 함께 간쑤로 퇴각했다. (선교사인 케이블과 프렌치는 그곳에서 그의 상처를 돌봐 주었다.) 장페이위안은 하미의 한족들을 구원했는데, 이들은 마지막에 가서는 아편과 삶은 가죽, 모직물 그리고 매몰된 청의 무기고에서 꺼낸 화전(火箭)을 가지고 수비를 했다.

이제 신장의 전쟁에서는 규범이 되어 버린 것처럼 장페이위안의 부하들은 하미와 인근 마을의 무슬림들 사이에서 끔찍한 보복을 자행했다. 살아남은 반란 세력들은 하미 칸의 옛 여름 궁전 위에 있는 산악 요새로 도주하여 수개월 동안 성군을 상대로 게릴라전을 펼쳤다.

투루판에서의 반란

회복 기간 동안 마중잉은 중대장인 마스밍(馬世明)을 신장으로 파견하여 니야즈 호자 및 율바르스 칸과 함께 싸우도록 했다. 이 시기를 다루는 여러 기록은 1932년 후반 동부 신장의 도시들에서 발발한 반란의 원인이 이 연합 세력에 있다고 생각했다. 그러나 (자디드파 학교의 창시자인 막수드의 동생) 마흐무트 무히티Mahmut Muhiti와 투루판 칸의 아들 및 우루무치-치타이-투루판 전역에서 정보를 수집한 아르투시 출신의 낙타 몰이꾼을 비롯한 몇몇 사람들로 이루어진 비밀 조직 역시 1932년의 투루판 반란에 깊이 개입했다. 투루판 반란 과정에서 반란 세력들은 비난의 대상이었던 사령관 숭파유를 사로잡아 살해했다. 얼마 지나지 않아 회족 지도자들에 대한 마흐무트의 의심에도 불구하고 그와 마스밍은 벽전(闢展, 산산)에 대한 공격에서 함께 군대를 지휘했다.[28]

1932~1933년 겨울 동안 반란은 급속하게 신장 성 전역으로 퍼졌다. 이러한 사건들은 때때로 양자 간의 단순한 충돌이나 무슬림 대 이교도 지배자 또는 중국 당국에 대한 위구르인들의 종족-민족주의 반란으로 묘사되기도 한다. 일례로, 위구르인들을 지지하는 많은 웹사이트에 올라와 있는 위구르인들의 간략한 역사는 "외부의 지배로부터도 자유롭기를 원한 위구르인들이 이 기간(1911~1949) 동안 중국 국민당의 지배에 저항하여 수차례 반란을 일으켰다. 1933년과 1944년 두 차례에 걸쳐 위구르인들은 독립적인 동투르키스탄 공화국을 설립하는 데 성공했다"고 기록하고 있

다.[29] 비록 공동체적·민족적 이해관계가 1930년대 중반 신장의 분쟁에서 중요한 요소였고 확실히 분쟁의 유혈성에 일조했으나 현실은 복잡하고 다면적인 것이었다. 실제로 회족과 위구르족이 함께 싸우기는 했으나 투르크계 무슬림과 중국계 무슬림 사이에도 분쟁이 있었다. 성 정부에 맞선 세력에는 위구르족과 회족 이외에도 카자흐족, 키르기스족 및 다른 중국인 지휘관들과 군대가 포함되어 있었다. 더욱이 외부의 영향력과 간섭 역시 역할을 했는데, 국민당 정부는 '수정공서주임(綏靖公署主任)'*과 국민당 요원들을 파견하고 신장 성 정부와 싸우고 있는 회족들을 인정하고 이들에게 공식 직함을 선사함으로써 사태를 혼란하게 만들었다. 회족과 위구르족의 반란 운동에 치명적이었던 것은 특정 중국인과 위구르인 집단들을 위한 소련의 지원과 군사 개입이었다. (1930년대 신장의 반란 집단들에 대한 일본이나 영국의 중요하고도 실질적인 영향력 내지는 후원에 대한 주장은 과장된 것이다.)[30] 당시는 민족적, 종교적 그리고 정치적 연합이 얼마든지 바뀔 수 있는 시기였으며 신장 정부가 고용한 '백군'조차도 1934년에 이르러서는 주로 소련이 지휘하고 무장시켰다.

1932~1934년의 사건들은 이들을 2개의 '현장'—교전이 우루무치에 집중된 북부와 동부 지역 그리고 다양한 초기의 반란이 이후 카슈가르의 통제권을 둘러싼 투쟁과 독립적인 투르크 국가의 선언으로 수렴된 타림 분지—으로 나눔으로써 가장 쉽게 다루어질 수 있다.

북부 신장과 동부 신장

1932년 말 투루판의 함락 이후 마스밍과 니야즈 호자 휘하의 회족과 위구르족 연합 부대는 다반청의 협곡을 경유한 우루무치 공략을 준비하기 위

---

* 중화민국 시기 민국혁명군을 관할하던 관리.

해 투루판, 톡순, 벽전 지역에 결집했다. 다른 회족 세력은 북쪽에서 우루무치로 접근했다. 회족과 위구르족 반란 세력들은 백군을 비롯한 신임 동로(東路) 비적(匪賊) 토벌 총지휘관〔동로초비총지휘(東路剿匪總指揮)〕성스차이(盛世才) 휘하의 성군과 자주 교전을 벌였다.

본래 랴오닝(遼寧) 성 출신인 성스차이는 (만주의) 군벌 장쭤린(張作霖)의 막료로서 그리고 이후 1928년의 북벌에서 장제스의 휘하에서 일하기 전에 와세다 대학 및 일본과 광둥의 사관학교에서 공부했다. 1년 후 그는 신장의 군대를 재조직하는 것을 돕기 위해 난징의 관료들을 모집하고자 한 진수런 정부에서 파견된 사절단에게 추천되었고 1930년 초 우루무치에서 일자리를 잡았다.

1933년 1월부터 3월에 이르기까지 반란군들은 우루무치 지역을 공격했고 난민들이 도시로 밀려들었는데, 이로 인해 식량이 부족해지고 질병이 창궐했다. 3월 하순 소련은 1931년 일본의 중국 북동부 침공 이후 소련 영토로 도주한 약 2000명의 경험 많은 중국인 군대를 송환시켰다. 성스차이 자신도 북동 지역 출신으로 일본의 점령에 의해 좌절을 맛보았기 때문에 이 동북의용군(東北義勇軍)과 친밀한 관계를 쌓았다. 신장 성의 군대를 증강해 준 이 전투에 단련된 사람들로 인해 성스차이는 성공적으로 성도를 구할 수 있었다.

여느 때와 마찬가지로 진수런은 이 새로운 동맹자들과 본의 아니게 소원하게 되었는데, 이들은 마찬가지로 고초를 겪고 있던 진수런 정부 내의 백군과 한족, 4월 12일 그를 향해 쿠데타를 단행한 국민당 정부의 대표들과 공모했다. 성스차이는 이 '4·12 정변' 동안 자신의 손을 더럽히지 않았으며 심지어 중국인 주모자를 처형하기까지 했으나, 결국에는 공식 군사령관이자 신장 성 정부의 실질적 지도자로서 부상했다. 우루무치에 있던 러시아인 망명자들은 쿠데타 이후 전통적인 부활절 인사에 재담—"그리스도가 부활하셨네, 신장도 봉기했네"—을 곁들이며 서로 해후했다.[31] 분명 소련의 대표들은 일본에 대단히 적대적인 지도자가 우루무치를 장악했다는 사실에 기뻐했을 것이다.

다음으로 마중잉이 직접 싸움에 다시 개입했고 일리 출신의 중국인 지휘관 장페이위안은 성스차이에 저항했다. 1933년 봄·여름에 이르러 우루무치의 성스차이는 남쪽과 동쪽의 회족 적대 세력 및 북쪽의 장페이위안과 대치하게 되었다. 그러나 여전히 불분명한, 그러나 소련 측의 유인책이 개입되었을 것으로 보이는 이유들로 인해 니야즈 호자와 마흐무트 무히티 및 그들의 위구르인 군대는 6월 진영을 바꾸었다. 이들은 성스차이에 대한 지지를 선언했으며 쿠차의 새로운 기지에서 온 회족들과 간헐적으로 교전을 벌이기 시작했다. 이와 같은 변절에도 불구하고 1933년 겨울까지 중가리아 전역의 회족들은 교전을 벌였고, 마중잉이 그의 핵심 부대와 함께 우루무치에 대한 공격을 이끌고 있는 동안 마스밍은 북쪽 변경 도시인 타르바가타이를 점령했다.

남부 신장

1932년 후반부터 소요와 반란의 움직임이 2개의 주요 궤적을 따라 타림 분지 전역으로 퍼져 나갔다. 회족 중 한 지파는 카라샤르에서부터 타림 분지의 북단을 따라 서쪽으로 진격했으며 이들은 당시 쿠차를 장악하고 있던 티무르[32]가 지휘하는 위구르인들과 힘을 합쳤다. 이후 마잔창(馬占倉)과 티무르 휘하의 회족과 위구르족은 바이와 악수로 진격했으며 카슈가르의 도대였던 마샤오우가 파견한 군대와 전투를 한 후 결국 카슈가르에 입성했다.

타림 분지의 남단을 따라 호탄의 채금자(採金者) 사이에서 시작된 반란은 한동안 호탄에서의 반란을 조직해 온 무함마드 에민 부그라Muhammad

Emin Bughra와 그의 두 형제에 의한 이슬람 정부 선포로 이어졌다. 부그라 형제들은 자신들을 신흥 국가의 '아미르amir'라고 일컬었다. 무함마드 에민은 이슬람 학자 사회의 일원이었고 카라샤르 마드라사의 장이었으나, 신멘 야스시(新免康)에 따르면 또한 자디드파 교육 운동의 근대화된 추동력에 호의적이었으며 중국의 통치를 전복하기 위해 활동하는 비밀 조직에 속해 있었다고 한다.[33] 호탄 정부는 반란이 그 세력을 인근의 치라Chira[*] 현과 니야Niya[**] 현, 케리야Keriya[***] 현으로 확대한 이후 수립되었으며, 야르칸드를 향해 확장하여 이곳에서 군대를 축출하고 키르기스의 도움으로 1933년 4월에 중국인과 회족 군인을 학살했다.

1933년 봄부터 가을까지 무슬림 도시인 카슈가르는 당혹스러울 정도로 자주 주인이 바뀌었다. 우선, 5월 초에는 마샤오우가 애초에 도시를 방어하는 것을 돕도록 한 오스만 알리Osman 'Ali의 키르기스 군대가 카슈가르를 점령했다. 그 후 얼마 지나지 않아 티무르와 그가 이끄는 위구르 군대가 도착했으며, 곧 마잔창의 회족 군대가 그 뒤를 이었다. 이 불안한 시기 동안에는 어느 민족에 속하느냐 하는 것이 어떤 정치적 신념과 종교를 가지고 있느냐보다 더욱 중요했다. 회족들은 신장 성 정부와 2년에 걸쳐 전쟁을 벌이고 있었던 마중잉과 동맹을 맺어야 한다고 주장했지만, 이들은 결국 당시 자신의 아문(衙門)에서 스스로를 방어하고 있던 도대이자 (같은 회족인) 마샤오우와 합류하기 위해 이동해야 했다. 이후 모든 회족들과 중국인들은 무슬림 구 시가지로부터 몇 킬로미터 떨어진 (한청(漢城) 혹은 수러(疏勒)라고 알려진) 성벽으로 둘러싸인 시가지로 퇴각했다. 그곳에서 이들은 투르크계 집단들에 의해 포위당했으며 때때로 공격을 받기도

---

* 처러(策勒).
** 민펑(民豊).
*** 위톈(于田).

했다. 이후 위구르족, 티무르와 키르기스족, 오스만 사이의 관계가 악화되었는데, 오스만은 이미 카슈가르를 약탈했기 때문에 6월 하순 자신의 부하들을 이끌고 산악 지역으로 돌아갔고 티무르는 그를 추격했으나 사로잡는 데는 실패했다. 티무르는 8월에 귀환하다가 마잔창 군대의 1개 연대와 마주쳤는데, 이들은 그를 살해하고 그의 머리를 카슈가르의 이드 카 모스크의 담장 못에 걸어 두었다. 오스만은 카슈가르로 돌아왔고 다시 중국인 숙영지를 맹렬하게 공격했으나 별다른 성과를 얻지 못했고 이후 한 번 더 구성을 약탈했다.

그사이 호탄 정부는 대표들을 이처럼 분주한 이웃 지역들로 파견했다. 1933년 7월 초 무함마드 에민의 형제 압드 알라 보그라 'Abd Allah Boghra는 몇 년 전 메카에서 돌아오는 도중에 무함마드 에민 부그라를 만난 아르투시 출신의 출판업자이자 저자 사비트 다물라Sabit Damulla와 함께 카슈가르에 도착했다. 티무르는 이 두 사람을 체포했으나 8월 티무르가 사망한 이후 이들은 석방되어 '호탄 정부 카슈가르 관리국(호탄 이다라시Khotan Idarasi)'를 개설했다. 이곳에서 사비트 다물라는 진보적인 견해를 가진 위구르인들과 서투르키스탄 사람들을 긁어모았다. 9월 이 집단은 동투르키스탄 독립협회로 변모했으며, 10월 오스만은 다시 한 번 자신의 산악 야영지로 물러났다. 그리고 1933년 11월 사비트 다물라는 동투르키스탄 공화국(이에 대해서는 아래의 내용을 참조하라)의 수립을 공표했다. 이 신흥 국가의 헌법은 니야즈 호자를 부재중인 '종신 총통'으로 선포하고, 사비트 다물라와 그의 내각은 마잔창과 회족 군대가 여전히 카슈가르의 중국인 시가지에 버티고 있는 상황에서 한동안 카슈가르를 장악했다.

소련의 개입

진수런은 양쩡신이 차용한 대소(對蘇) 관계 모형을 지속했다. 그는 중앙아시아의 '중국' 영사관을 신장 성의 통제로부터 벗어나게 하려는 난징 국민 정부의 시도를 저지했고, 1931년에는 소련산 제품에 낮은 관세를 적용하는 대신 소련의 비행기와 군사·경제적 원조를 받는 새로운 무역 협정을 소련과 체결했다(난징 정부에는 이 협정이 1년 후에나 알려졌다). 신장이 원자재(양모, 면화, 가축 및 가죽)를 소련의 공산품과 교환하면서 교역은 신장과 소련 영토 사이에서 계속해서 확장되었고 신장은 소련과 지속적인 무역 불균형을 이루었다.

이러한 경제적 이해관계 이외에도 만주와 내몽골에 대한 일본의 침입 이후 신장에서 소련의 전략적·정치적 이해관계 역시 급속도로 발전했다. 일본의 범투르크주의·범이슬람주의적 선전 활동은 일본이 중국과 소련 사이에 내륙 아시아 완충 지대를 만들기 위해 신장으로 밀고 들어올 것이라는 소련의 두려움을 자극했다. 일본이 마중잉에게 군사적 원조를 할 것이라는 소문과 마중잉의 수행원들 사이에서 일본인 한 명이 발견된 것(그에게는 터키인 보좌관도 있었다)은 이러한 우려에 무게를 실어 주었다. 소련은 일본인들이 신장을 장악하게 되면 이들이 소련과의 무역을 중단시킬 뿐만 아니라 바쿠Baku의 정유 시설을 공습하기 위한 전진 기지로서 신장을 이용할 것이라고 생각했다. 더욱이 소련 정부는 종교적 영감을 받아 일어난 바스마치Basmachi 게릴라 운동[34]에 대한 기억이 아직도 생생한 중앙아시아 영토의 국경 너머에 있는 신장 남부에 독립적인 이슬람 공화국이 수립되는 것을 바라지 않았다.[35] 소련이 이 지역에서 자신의 전략적 이익을 추구하기 위해 취한 첫 번째 조치는 동북항일의용군(東北抗日義勇軍)을 신장으로 이동시키고 송환시킨 것이었다. 일단 일본에 적대적인 성스차이가 이 군대의 도움으로 성의 권력을 장악하게 되자 다음번 조치는 그와 우루무치를 회족들로부터 구출한 것이었다. 1933년 10월 성스차이는 우루무치 주재 총영사 가레긴 아프레소프Garegin Apresoff에게 군사 원조를 요청했다. (몇 달 전 성스차이는 우루무치에서 우루무치 주재 소련 영사를 저녁 식사에 초대하여 자신의 서가에 있는 『자본론』, 『공산당 선언』, 『레닌주의의 제 문제』를 자랑스럽게 보여 줌으로써 이러한 요구를 위한 준비 작업을 했다.)[36] 1934년 1월 소련군 2개 여단이 쿨자와 타르바가타이를 거쳐 신장으로 들어왔으며 신장 북부에 있던 장페이위안과 회족 군대를 재빠르게 진압했다. 2개월에 걸친 격렬한 전투 끝에—이 기간 동안 소련의 항공기가 마중잉의 군대에 화학 무기를 투하했다—회족들은 우루무치 지역에서 남서쪽으로 쫓겨났다. 신장 성의 군대가 이들을 추격했으며 소련의 장교들이 이제 백군을 지휘하게 되었다.

회족들은 도주하면서 위구르인 군대가 점령하고 있던 영토로 들어갔다. 1934년 1월 니야즈 호자는 신생 동투르키스탄 공화국의 총통으로서 이들을 따뜻하게 맞이하기 위해 카슈가르에 도착했고, 그의 부관인 마흐무트 무히티는 중국인 도시의 회족과 한족에 대한 공격을 재개했다. 그러나 마중잉의 회족 군대 부대들은 니야즈 호자보다 뒤떨어지지 않았다. 2월에 이들은 난징 국민 정부의 이름으로 카슈가르를 공격했다. 니야즈 호자와 동투르키스탄 공화국 정부를 옝기샤르로 몰아낸 이후 한청(漢城)의 회족들은 구 카슈가르를 다시 점령하고 계속해서 위구르족 민간인들을 학살했는데, 주요 소식통은 4500명이 사망했다고 추산했다.[37] 4월 마중잉이 카슈가르에 입성하여 이드 카 모스크에서 지역 주민들에게 난징의 국민 정부에 충성심을 보일 것을 권고하는 연설을 했다.

이후 6월 초 마중잉은 대단히 이상한 결정을 내렸다. 그는 '36사단'의 태반을 호탄에 파견하고 자신과 280명의 부하들은 소련 대표단과 함께 국경을 넘어 소련 영토로 들어갔다. 이들은 짐작건대 군사 훈련을 하기 위해 모스크바까지 이동한 듯하다. 그는 이후 서신과 음성 녹음 그리고 소련 적군의 기병 장교 제복을 입고 있는 자신의 사진을 호탄 지역에 있는 동지들에게 보냈으나 1937년 이후로는 더 이상 어떠한 소식도 들리지 않았다. 무슨 일이 일어난 것일까? 최근의 중국 측 자료는 현재 유통되고 있는 3가지 해설을 나열하고 있다. 그가 전투기 조종사가 되기 위해 훈련을 받다가 죽었거나, 스페인 내전에서 또는 나치의 공격으로부터 소련을 방어하는 군인으로 사망했다는 것이다. 서구의 자료들은 단지 스탈린이 그를 제거했음을 시사하지만 아직 미결로 남아 있다.[38]

그사이 타슈쿠르간 인근 국경에서 소련 측 요원과 접촉한 니야즈 호자와 마흐무트 무히티는 엥기샤르와 야르칸드로 이동했으며 그곳에서 우연히 사비트 다물라와 다른 몇몇 동투르키스탄 공화국 각료들을 만났다. 호자 니야즈는 이후 자신을 종신 총통으로 지명한 바로 그 사람을 포로로 잡았다. 니야즈와 무히티는 자신들을 추적하는 회족들을 피해 동투르키스탄 공화국의 전임 지도자를 악수에 있는 소련군의 관리 아래로 보냈다. 동투르키스탄 공화국 정부의 다른 구성원들은 아프가니스탄과 인도로 도주했다. 성스차이는 니야즈 호자를 신장 성 정부의 부주석에 임명했으며 마흐무트 무히티는 카슈가르에 주둔하고 있는 신장 성군 사단의 본부에서 남부 신장 군구(軍區)의 부사령관이 되었다. 회족 군대의 잔존자들은 성스차이와 휴전 협정을 체결하고 마중잉의 배다른 형제인 마후산(馬虎山)의 지휘 아래 남부 타림 분지에 자신들만의 탐욕스러운 정부를 수립했다.[39] 성스차이는 무히티를 면밀히 감시하고 다양한 방식으로 그의 권위를 조금씩 잘라 냈다. 1937년 무히티가 아프가니스탄으로 도주하고 남부의 위구르족과 회족이 다시 봉기하자 성스차이는 소련군에 의존하여 위구르족과 독자적인 회족 모두를 진압했으며, 이로써 신장 성 전역에 대한 통제권을 확보했다.

동투르키스탄 공화국: 1933~1934년

1933년 11월 12일 카슈가르에 동투르키스탄 공화국, 즉 동투르키스탄 이슬람 공화국이 수립된 것은 위구르 민족주의의 발전에서 거대한 역사적 순간을 나타내는 사건이었다. 또한 정확하게 어떠한 방식으로 '이슬람' 국가가 될 것인가에 대한 혼란으로 인해, 하미 칸의 전임 재상이자 신장 성 군벌의 현 동맹자인 니야즈 호자를 총통으로 임명한 공화국의 이상한 행동 때문에, 또한 공화국 정부가 발전할 기회를 충분히 갖기 전에 마중잉의 회족 세력에 의해 멸망했기 때문에 그 성격이 불명확하다.

정치적인 중국 측의 자료들은 현재 판에 박힌 듯이 위구르 분리주의를 종교적 극단주의 및 외세의 자극과 동일시한다. 일례로 2002년 초 중화인민공화국 국무원 브리핑실(國務院新聞辦公室)이 발표한 문건은 "20세기 초반, 소수의 광신적인 신장 분리주의자들과 극단적인 종교적 요소들이 옛 (유럽의) 식민주의자들에 의해 만들어진 궤변과 논리적 오류에 관점에서 '동투르키스탄'이라는 신화를 날조했다'라고 주장했다. 이는 명백히 정치적인 선전이지만 이 시기에 대한 영어로 된 주요 저작들 역시 1933~1934년의 동투르키스탄 공화국이 가진 이슬람적인 측면을 강조하고 있다. 이들은 동투르키스탄 공화국이 마드라사의 교사인 무함마드 에민 부그라를 통해 호탄으로부터 영감을 받고 통제되었다고 주장했으며, 호탄의 반란 이후 호탄의 새로운 정치 체제가 기독교 선교사들을 학대했다고 지적했다.[40]

신멘 야스시는 다양한 위구르어 출판물과 동투르키스탄 공화국의 문건, 동시대의 비망록, 카슈가르 주재 영국 영사관의 보고서들을 토대로 한 연구에서 전혀 다른 그림을 제시했다.[41] 그는 동투르키스탄 공화국은 그 헌법에 반영된 것처럼, 이슬람뿐만 아니라 1910년대와 1920년대의 자

동투르키스탄 공화국의 군인들(1933~1934년 추정)
스웨덴 국립문서고 사무엘 프렌네 동투르키스탄 컬렉션 37번 함 144번 사진

디드 운동이 가지고 있던 근대적·민족주의적 이상 위에서 수립되었다고
주장했다. 실제로 이와 같은 불명확한 성격은 신흥 국가에 대한 명칭을
둘러싼 혼란에서도 반영되는데, 일부의 주요 자료들이 이 국가를 '동투르
키스탄 이슬람 공화국'이라고 부르기는 했으나 공화국 헌법 자체를 비롯
하여 다른 곳에서는 단순히 '동투르키스탄 공화국'이라고 명명했다.[42]

또한 종족-민족적인 모호함도 있다. 새 정부는 위구리스탄 공화국
Republic of Uyghuristan/Uyghuristan Jumhuriyiti의 이름으로 첫 번째 동전을 발행
했으나 이후 동전과 여권은 '동투르키스탄 공화국'이라는 꼬리표를 달고
있었다.[43] 당시 한 남성에 따르면 공화국 정부는 얼마간의 토론을 거친
후, 신장과 새로이 수립된 정부에 위구르족을 제외한 다른 투르크계 민
족들도 있다는 이유로 국명을 '동투르키스탄 공화국'이라고 결정했다고
한다.[44]

이 새로운 국가의 종족-민족적 정체성에 대한 혼란은 호탄의 아미르들과 회족 군대, 친소 성향의 성군 사이에서 신생 정부가 지닌 불안정한 지위로 인해 발생한 것일 수도 있다. 어찌 되었든, 동투르키스탄 독립협회의 구성원과 뒤를 이은 동투르키스탄 (이슬람) 공화국의 지도부에 대한 신멘 야스시의 분석은 의미심장하다. 만약 무함마드 에민 부그라가 독립 운동의 배후에 있었다고 한다면 그 지도부의 대부분이 호탄 출신일 것이라고 예상할 것이나, 사실상 극히 일부의 사람들만이 그러했다. 오히려 동투르키스탄 지도자들 중 많은 사람들은 카슈가르-아르투시 지역 출신의 교육자 혹은 부유한 상인이었으며 1910년대~1920년대 '위구르 계몽' 운동과 연관되어 있었다. 우선 지도자들 가운데 아르투시에서의 출판 사업이 양쩡신에 의해 중지되었던 수상 사비트 다물라가 포함되었다. 또 다른 사람은 농업 대신 아부하산Abuhasan으로, 그는 아르투시와 카슈가르에 최초의 자디드파 학교를 설립한 상인 자본가 무사 베이 형제의 동생이라고 한다. 와크프(모스크와 성묘의 기금 재산) 대신 샴스 알딘 다물라Shams al-Din Damulla는 아르투시 학교의 전임 교사였으며, (무사 베이가 초빙해 온 터키인 고문) 아흐메드 케말의 회고록에는 1910년대의 근대 교육 계획에 참가한 진보적 인사라고 언급되어 있다. 국제 무역상인 막수드 무히티에 의해 시작된 투루판의 자디드 교육 운동에 참가했던 인물들 역시 동투르키스탄 공화국에 참여했다. 투루판 출신의 농민 유누스 백Yunus Beg은 막수드의 비밀 조직의 서기였는데, 동투르키스탄 공화국에서는 내무 대신의 지위를 맡고 있었다. 이후 막수드의 형제인 마흐무트 역시 잠시 동안 동투르키스탄 공화국에서 직책을 맡았다.[45]

이러한 인적 증거 외에도 1933년 11월 12일의 독립 선언을 둘러싼 정치적 상황은 공화국의 창립자들이 공화국에 대해 가지고 있던 비전을 더 잘 보여 준다. 주로 지역 학교의 학생들과 교사들을 중심으로 한 약 7000

명의 군인들과 1만 3000여 명의 사람들이 투만(吐璊) 강 기슭에서 열린 대
규모 집회에 참석했다. 이 지역 주위의 거리들은 '동투르키스탄 이슬람
공화국'이라고 쓰인 파란색 현수막으로 장식되어 있었다. 사비트 다물라
는 주요 대신들이 연설한 그 집회를 주재했다. 정오에 대포가 44번에 걸
쳐 발사되었고 군중들은 동투르키스탄 깃발을 흔들며 "아멘, 아멘!"이라
고 소리쳤다. 사범대학의 학생들은 그 후 "우리의 깃발은 푸른색 깃발, 우
리의 오르두(우리의 사람들, 우리의 칸국이라는 의미)는 금색 오르두, 투르키
스탄은 우리 투르크 민족의 고향, 우리의 것이 되었네"라는 가사의 노래를
불렀다.

　이 의식 후 사비트 다물라는 마을로 되돌아가는 행렬을 이끌었으며 군
중들은 구 카슈가르의 중심에 위치한 이드 카 모스크 앞의 광장에서 재집
결했다. 동투르키스탄 공화국의 공식 선포가 포함된 이날 행사가 인쇄된
일정표에서 새 정부는 평화와 치안 회복이라는 목표를 서약했으며 카슈
가르에 있던 외국인들에게는 새 정부가 이들의 활동에 개입하지 않을 것
이라고 보장했다. 성명서는 처음과 끝에 신의 이름을 부르고 있으나(평균
적인 미국 대통령 취임 연설보다는 그 빈도가 다소 낮다) 어조는 전반적으로
종교적이지 않았다. 신멘 야스시는 여기에서 이용된 대중 동원 기술이 이
지역의 역사에서 전례가 없던 것이라고 지적했다. 과거에도 사람들이 분
기하여 반란과 성전을 일으키기는 했지만 인쇄된 연설문과 정치적 약속
의 공표, 학교 학생들 및 군인들의 가두 행진 그리고 국기와 국가의 도입
은 모두 근대 민족주의의 레퍼토리로부터 차용한 것이다.[46]

　'동투르키스탄 공화국'(헌법의 표제에서 사용된 호칭)의 헌법[47] 역시 개
념화의 과정에서 국가의 이슬람적인 특성을 강조하고 있기는 하나 근대화
되고 민족주의적인 이데올로기를 반영했다. 첫 번째 조문에서 동투르키스
탄 공화국의 헌법은 새로운 국가가 샤리아에 따라 설립되었고 통치될 것

1933년 발간된
『이스티크랄Istiqlal』의 표지.
여기에는 동투르키스탄 공화국이
제안한 정치 프로그램이
포함되어 있다.
룬드 대학 도서관 야링 컬렉션 PKF 1993:1

이라고 선언했으며, 다음 조문은 공화국이 되고자 하는 새 정부의 민주주의적 특징과 상태를 강조했다. 전반적으로 볼 때 동투르키스탄 공화국 헌법은 교육의 중요성을 강조하고 외국학에 대한 지원과 외국 전문가들의 모집, 도서관 건립과 출판 진흥을 약속하면서 정부 수립자들의 개혁적이고 발전적인 목표들을 강조했다. 또한 의료 및 다른 사회 기반 시설에 대해서도 동일한 접근법을 취했다. 이 헌법에서 규정된 국가는 의심의 여지 없이 대단히 중앙 집권적이었다. 분명한 언급은 없지만 국회는 중앙의 행정 기관들만큼 상세하게 규정되어 있지는 않았으며, 특히 어떻게 언제 국회가 소집될 것인가에 대한 지시가 없었다. 마찬가지로 동투르키스탄 공화국이 주장하는 영역(이론적으로 악수, 카슈가르와 호탄을 포함한다) 내의 지역 정부 또는 지역 대표 기구에 대한 세목을 거의 제시하지 않았다.

물론, 야심찬 목표를 실행할 만한 자원이 거의 없었기 때문에 새로운 정부는 주로 생존에 초점을 맞추었다. 군대의 징발, (마을의 유일한 인쇄소를 운영하는 스웨덴 사절단의 협조를 얻은) 새 지폐의 발행과 앞으로 닥쳐올 회족과 소련 군대로부터의 위협 모두가 급등하는 인플레이션에 일조했다. 1933년 10월과 12월 사이에 식품의 가격은 두 배가 되었으며, 더욱이 새 정부는 국제적인 승인이나 해외 원조를 받는 데 실패했다. 터키로부터 연대에 대한 언명이 오기는 했으나 군사적·경제적 원조는 오지 않았다. 소련은 자신의 문 앞에 있는 독립적인 투르크계 혹은 이슬람 공화국을 적극적으로 반대했다. 중국 측 자료들은 틀에 박힌 듯이 영국이 동투르키스탄 공화국을 지원했다고 주장했고 역사가들 역시 주 카슈가르 영국 영사관이 사비트 정부와 접촉했고 이들에게 흥미와 강한 관심을 보였다는 증거를 찾아내기는 했으나, 이들은 모두 영국 영사관이 사비트 정부에 물적인 지원을 했다는 증거를 발견하지는 못했다. 오히려 국민당 정부와의 관계를 훼손시키지 않으려는 인도 총독부와 영국 정부 측의 이해관계가 이러한 물적 지원을 억제했던 요인으로 작용한 것처럼 보인다.[48] 물론 난징의 국민당 정부는 동투르키스탄 공화국의 합법성을 부인하고 신장에서 성스차이와 마중잉, 마잔창 및 다른 중국계 무슬림들을 공식적인 대표로서 인정했다. 사실상 국민당 정부는 언제나 서로를 맹렬히 공격하고 신장성 백성들에게도 피해를 입히고 있던 이들에 대해 실질적인 통제력을 가지고 있지 못했다. (물론 돌이켜 보면, 중국 정부의 입장에서는 어떠한 상황에서도, 심지어는 실질적인 영향력이나 재정적인 투자가 없었음에도 불구하고 신장에 대한 자신들의 권리를 공격적으로 주장한 정책은 성공적이었다.)

성스차이의 시대

성스차이는 소련의 군사적 원조뿐만 아니라 경제적 원조도 받았다. 그는 신장, 특히 신장의 통신 시설과 채굴 산업을 발전시키기 위해 총 750만 루블에 달하는 2개의 차관을 협상했고 무기를 구매하기 위해 국채를 사용했다. 이렇게 함으로써 그는 자신의 정부와 신장을 스탈린에게 거의 저당 잡히다시피 했다. 소련은 중가리아에 풍부하게 매장되어 있는 금과 텅스텐, 망간, 주석, 우라늄 및 다른 광물에 대한 유용한 채굴권을 획득했고, 곧 이 자원들을 채굴하여 수출하기 시작했다. 소련의 기술자들은 우루무치 북서쪽의 우쓰(烏蘇)에서 두산쯔(獨山子) 유전을 개발했다. 대규모 조사팀과 소련의 군사, 경제, 정치, 기술 고문 수백 명이 신장에 왔으며, 소련의 인력들은 신장의 군대 내부로 진입하여 국가보안위원회KGB의 방침에 따라 성스차이의 다양한 치안 기관(비밀 경찰)을 조직하는 데 도움을 주었다. 소련 내무 인민 위원부NKVD의 1개 연대는 일본의 침입을 우려하여 이를 방어하기 위해 하미 인근에 주둔했다.[49] 국민당 열성 당원들과 일본인들은 성스차이의 신장이 '적화'되고 있다고 불평했다.[50]

성스차이 치하의 민족 정책

성스차이는 소련의 선례를 따라 자신이 세운 신장 정부는 청과 청 이후에 들어섰던 여러 정권들보다 더욱 두드러지게 비한족 집단들을 포괄한다는 공식적인 입장을 취했다. 많은 비러시아계 민족에 대한 소련의 정책은 분리주의적·민족주의적 충동을 약화시키기 위해(이들의 '공화국'의 경계를 멋대로 재편하는 것과 같이) 다른 방식으로 움직이는 한편 이들을 분류하고 문화적 정체성, 심지어는 정치적 정체성까지도 진흥하는 것이었다. 성스차이는 중화인민공화국이 이후 중국 전역에서 여러 소수 민족에게 적용한 것과 동일한 접근법인 스탈린주의적 민족 분류법을 신장에 도입했다.

국민당 정부가 어떠한 방식으로 중국의 민족적 다양성을 구상했는지에 대해 간단히 언급함으로써 성스차이가 가져온 변화의 중요성을 강조할 수 있을 것이다. 쑨원은 '중국의 다섯 민족', 즉 한족, 만주족, 몽골족, 티베트족, 회족(무슬림. 쑨원의 연설 영어판에서는 이상하게도 '타타르'라고 번역되었다)에 대한 자신의 구상에서 유목민과 정주민, 중국계 무슬림과 투르크계 무슬림 모두를 하나의 '민족'이라고 간주했다. 자신의 저서 『중국의 운명(中國之命運)』에 상술되어 1940년대에는 공식적인 노선이 된 장제스의 견해도 동일한 다섯 가지 범주를 채용했다. 그러나 고대 신화와 근대 민족주의적 사고가 이상하게 결합된 장제스의 이론에서, 그는 이들이 모두 실제로는 본래 중국 민족의 지파, 즉 황제(黃帝)의 후손이었으나 지리와 역사라는 불행한 사건으로 인해 분기되었을 뿐이라고 주장했다.[51]

소련의 영향 아래 성스차이는 신장에서 14개의 민족 범주—위구르족, 타란치족, 카자흐족, 키르기스족, 우즈베크족, 타타르족, 타지크족, 만주족, 시버족, 쒀룬(索倫)족, 한족, 회족(퉁간 혹은 중국계 무슬림), 몽골족, 러시아인—를 공인하기 위해 국민당의 이데올로기로부터 탈피했다. 이는 남부 신장의 투르크계 언어를 사용하는 비유목 주민들을 지칭하기 위해 처음으로 '위구르'라는 용어가 공식적이고 보편적으로 사용되었다는 것을 의미한다. 반면 오늘날 자신들을 위구르라고 부르는 북부 신장의 주민들에게는 '타란치'라는 용어를 계속해서 사용했다. 19세기 후반 러시아의 동양학자들은 신장 오아시스의 무슬림 거주민들은 투루판 위구르 왕국과 카라한조의 후예들이므로 위구르족이라는 견해를 제시했다. 1910년대부터 제정 러시아와 소련의 통제를 받던 페르가나와 세미레체의 위구르족은 이러한 역사적 연관성을 받아들였다. 타슈켄트에서 열린 1921년 회의에서 '알티샤르와 중가리아의 노동자·농민 협회'는 '혁명 위구르 협회'라는 새로운 명칭을 채택했다. 러시아 및 소련과 연계되어 있던 투루판 지역의 일부 활동가들 역시 1920년대와 1930년대 동안 (시인 아브두할리크 Abdukhaliq의 시 「위구르」[52]에 등장한)이 명칭을 받아들였으며, 앞서 보았듯이 1933~1934년의 동투르키스탄 공화국은 스스로를 '위구리스탄'이라고 부르는 것을 고려했다. 그러나 성스차이 시기까지 중국 정부는 일부의 위구르인 남성들이 쓴 터번에 빗대어 투르크계 무슬림을 '덮어쓴 머리(纏頭)' 혹은 '터번을 두른 무슬림(纏回)'이라고 부르면서 이들을 중국계 무슬림과 구별했다. 성스차이는 처음으로 '위구르'라는 용어를 공식적으로 유포했다.

위구르와 같은 민족적 범주들은 오늘날에는 자연스러운 것처럼 보이며, 이들은 많은 경우 신장 주민 공동체들 사이의 실제적인 문화적, 언어적 차이 그리고 때로는 신체적인 차이를 반영하고 있기 때문에 1930년대 말과 1940년대에 일반적으로 수용되었다. 성스차이 정부는 14개의 범주를 토대로 성 의회에서의 대표권을 할당하고 각각에 대한 공식적 문화 협회를 창설하면서 이러한 범주들을 강화했다.[53] 그러나 포괄적으로 정의된 '투르크'의 개념으로부터 편협하게 도출된 범주로 변화한 것은 무슬림과 투르크계 주민을 상호 적대적으로 분열시키겠다고 위협하는 정치적 함의를 가지고 있었다. 실제로 무함마드 에민 부그라는 충칭(重慶)(호탄에서 첫 번째로 도주한 이후 그는 이곳에 자리 잡았다)의 새 집에서 '투르크' 혹은 '투르크어족'이 신장의 투르크계 무슬림에 대한 충분한 호칭이 될 수 있다고 주장하면서 성스차이가 이러한 범주들을 차용한 것을 비난했다.[54] 그러나 성스차이의 범주화가 적용되지 않는 몇 가지의 예외가 있기는 했으나, 중화인민공화국에 의해 지속되고 있듯이, 민족에 대한 그의 구분 방식은 이 지역에서 여전히 '소수 민족' 정책의 근간으로 남아 있다.

성스차이의 민족 정책은 어떠한 측면에서는 자유주의적인 것처럼 보이기도 한다. 그의 주요 정책 성명서 각각(1934년의 '8대 선언', 1935년의 '9 개 항목의 새로운 임무', 1936년의 '6대 정책')은 소련과의 우호에 대한 서약과 함께 신장의 다양한 민족 간의 평등을 보장한다는 표현이나 왕공, 아홍, 라마, 즉 비한족 엘리트들의 지위와 권익을 보호할 것을 약속한다는 표현을 포함하고 있었다. 그는 (호자 니야즈와 마흐무트 무히티의 사례에서 나타나듯 진실성이 의심스럽기는 하지만) 저명한 비한족들을 자신의 정부에 임명했다. 소련에서처럼 문자 해독 프로그램의 주된 목적이 선전 활동의 범위를 넓히는 데 있기는 했지만, 성스차이는 중국어가 아닌 다른 언어로 된 출판과 교육을 진흥했다. 다른 측면에서도 성스차이는 몇 가지 긍정적인 결과를 얻었다. 그는 화폐 개혁을 시행하고 농업의 복구를 장려하고 학교와 도로를 건설하고 의료 시설을 확대했다. 소련의 투자와 재개된 교역은 경제 회복, 특히 북부에서의 경제 회복으로 이어졌다.

신장의 스탈린주의

이와 같은 친소로의 변화가 가져온 어두운 측면은 신장에서 스탈린주의가 만개한 것이다. 성스차이와 그의 소련인 고문들은 잠재적인 경쟁자들, 특히 민족주의적 경향을 가지고 있다고 의심되는 투르크족 지도자들을 감시, 구금하고 제거하기 위해 정교한 첩보·비밀 경찰 조직망을 만들었다.[55] 스탈린은 1937년 성스차이가 남부 신장에서 (마흐무트 무히티의 추종자인) 투르크족 군대와 (마후산 휘하의) 회족 군대로부터 새로이 통치에 대한 위협을 받게 되자 중앙아시아 공화국의 투르크족 정치 엘리트들과 지식인들을 숙청했다. 성스차이는 5만 명으로 추정되는 반란군들을 살해하면서 소련군의 도움으로 군사적인 위협을 해결했고, 이후 '변절자', '범투르크주의자', '인민의 적', '민족주의자', '제국주의 스파이'에 대한 일련의 숙청을 시작했다. 이러한 구류와 처형은 (일본을 위한 간첩 행위로 고발된) 니야즈 호자와 마샤오우 및 성스차이가 권력을 장악할 수 있도록 도와준 다수의 백군 장군들을 비롯한 위구르족과 회족의 지적·정치적 지도자 집단을 쓸어 버렸다. 이후의 숙청 물결에서 성스차이는 본래 소련 정부가 파견한 한 무리의 한족들을 '트로츠키파'로서 체포했다. 이와 같은 공포 정치 와중에 성스차이는 모스크바로 여행을 떠났고, 그곳에서 스탈린과 몰로토프Vyacheslav Mihailovich Molotov는 그를 후하게 대접하고 소련 공산당에 가입시켰다. 성스차이의 숙청에서 살해당한 사람은 5만 명에서 10만 명 정도로 추정된다.[56]

성스차이는 철저하게 숙청을 단행한 이후 신장 성 정부에 인력이 부족하다는 사실을 깨달았고, 옌안(延安)에 있는 중국 공산당에 접근했다. 공산당은 국민당과 협력한 전시의 '통일전선'과 같은 정신으로 신장에 간부 수십 명을 보내 주었다. 중국 공산당 구성원들은 성스차이의 6대 정책을 시행하는 것과 소련과의 교신 루트—중국 공산당이 가지고 있는 옌안으로부터의 개방된 루트 중 하나—를 유지하는 것을 도우면서 우루무치, 카슈가르, 호탄 및 기타 지역에서 대개 행정·행정·교육·문화 방면의 고위직에서 근무했다. 마오쩌둥의 동생인 마오쩌민(毛澤民)은 성스차이의 신장 정부에서 재정청 부청장을 역임했다.

성스차이의 실수

성스차이는 카슈가르의 투르크족 지도자들이 주 아프가니스탄 일본 대사와 간접적으로 접촉을 하고 있었다는 증거가 있었으므로 정치적 선전 활동에서 있을지도 모를 일본의 위협을 강조했다. 일본에서 교육을 받았음에도 불구하고 (또는 그 때문에) 성스차이는 중국 동북부에 있는 자신의 고향을 일본이 점령한 이후 일본에 대단히 적대적이었다. 사실상, 이러한 반일 전력으로 인해 1930년대 후반 성스차이는 소련의 매력적인 동맹자가 되었다.

그러나 세계적인 강대국들 사이에서 균형을 유지하고 있었기 때문에 신장의 상황은 전략적인 제휴의 변화에 대단히 민감했다. 1939년의 나치-소련 평화 협정 체결과 소련의 독일에 대한 원자재 공급으로 인해 히틀러는 유럽에서 세력을 확장할 수 있었다. 그러나 1941년 4월 소련은 서쪽에서 다가올 위협에 집중하는 한편 동부를 보호하기 위해 일본과 불가침 조약을 체결했다. 6월 히틀러는 300만의 군대로 소련을 침공했으며, 12월 미국은 중국 남서부에서 여전히 버티고 있는 국민당 정권을 지원하면서 대일본 전쟁에 참여했다. 신장을 장악하기 위해 외부의 원조에 의존하고 있던 성스차이는 형세가 자신의 후원자인 소련에게 불리하게 변했다고 생각하고는 국민당과의 채널을 다시 열었는데, 이들은 미국의 도움으로 인해 지금까지 신장에서 자신들이 가지고 있다고 생각해 온 이론상의 통치권을 주장할 수단을 가지게 되었다. 1942년 봄을 기점으로 성스차이는 신장과 소련 간의 무역을 중단했으며 이로써 지역에 큰 경제적 타격을 가했다. 그는 중국 공산당원들과 친소적인 투르크계 무슬림들을 숙청하기 시작했으며, 결국 마오쩌민과 다른 사람들을 감옥에서 처형했다. 1942년 한여름*에 이르러서는 장제스의 부인[쑹메이링(宋美齡)]이 신장에서 연회에 참석함으로써 성스차이는 국민당과의 협정을 마무리 지었다. 국민당은 신장으로 군대를 이동시키기 시작했으며 성스차이를 공식 의장으로 하는 신장 국민당 지부를 설립했다. 1943년 봄 충칭 국민당 정부의 초청을 받아 미국이 우루무치에 영사관을 개설했으며 가을까지 소련은 군부대와 고문들 및 기술팀을 철수시켰다. 이들은 두산쯔 유전을 봉쇄했으며 시추 장비를 가지고 갔다.

---

* 정확히는 1942년 8월 29일이다.

성스차이의 변덕스러운 이력은 마지막으로 다시 한 번 급변했다. 소련이 1943년 2월 스탈린그라드 전투에서 최종적으로 독일군에게 승리하자 그는 또 다시 후견인을 바꾸려고 했다. 그는 신장에 있는 국민당 대표들을 체포하고 스탈린에게는 이들이 일본의 스파이라고, 장제스에게는 이들이 공산당이라고 알리는 편지를 썼다. (이처럼 성스차이는 마지막으로 전향하는 동시에 1930년대 후반부터 1940년대 초반까지 모든 유파의 정치적 인물들을 구금했다.) 그러나 이미 스탈린은 성스차이에게 진절머리가 나 있었는데, 그는 원조 재개에 대한 성스차이의 요구를 거절하고는 성스차이의 편지를 장제스에게 건네주었다. 이로 인해 성스차이는 다시 국민당 정부에게 굽실거려야 했으며 국민당 정부는 1944년 8월 마침내 그를 신장에서 제거했다. 그는 50만 위안을 국민당 정부의 국고에 기부하고 나서야 처형을 모면할 수 있었다고 전해진다. 성스차이는 충칭에서 농림 대신으로 전시를 보냈으며 1949년 국민당과 함께 타이완으로 퇴각했다.[57]

국민당 치하의 신장

난징 국민당 정부의 신장 정책이 취했던 방향성은 1942년 성스차이가 여전히 우루무치에서 권력을 장악하고 있던 시기에 이미 명확했다. 같은 해 국민당 정부는 중국의 서북부를 개발하고 이 지역에 주민들을 거주시키기 위한 캠페인을 발표했다. 이 캠페인의 목표는 일본에 저항하기 위해 서북 지역에 대한 국민당 정부의 통치력에 경제적 기반을 제공하는 것과 이 빈곤한 지역에서 공산당 조직의 기반을 약화시키는 것이었다. "서북 지역으로 오라!(到西北來!)"와 같은 표제를 가진 잡지들은 1930년대 이래로 이주를 장려했다. 영향력 있는 학자인 구제강(顧頡剛)은 간쑤와 칭하이에서 광범위한 현지 조사를 했으며 서북 변경의 다양한 민족색이 중국을 구원할 최고의 희망이라고 저술했다. 1942년 '서북 개발' 프로그램에서 국민당 정부는 행정가와 교사 및 기술 전문가로서 근무할 1만 명의 관리와 그들의 가족이 신장으로 이주하는 것에 보조금을 지급하겠다고 제안했다. 1943년 국민당 정부의 보고서는 적어도 100만 명의 중국인 난민들이 불편 없이 신장에 재정착했다고(이 지역의 총 인구는 당시 400만 명 이하였다) 주장했으며, 정부는 골드러시 이전의 캘리포니아와 알래스카에 비해 훨씬 적극적으로 신장의 식민지화를 장려하기 시작했다. 한족에 의한 도시 정주와 토지 개간에는 '유목민을 반농반목(半農半牧) 경제로 전환시키려는' 프로그램이 수반되었다. 1942~1943년 허난(河南)에서의 기근을 피해 이주한 약 4000명의 한족들은 치타이와 우루무치로 왔으며(이들 중 약속받은 15에이커의 토지를 얻은 사람은 거의 없었다) 또 다른 7000명이 1944년 7월까지 하미에 도착했다.[58]

19세기 전반 중국의 경세 사상가인 공자진은 신장에서 청 제국이 중국인의 이민과 중국식 행정, 중국식 농경 및 유교 교육을 통해 구원될 수 있을 것이라고 생각했다. 좌종당과 유금당은 1880년대 재정복과 건성 이후 동일한 정책을 시행하려고 시도했다(4장 참조). 30년간의 단절기 이후 이 지역에 대한 중앙의 통제력을 회복했음에도 불구하고 신장에 대한 국민당 정부의 접근 방식은 여전히 이러한 견해를 반영했고, 또한 신장 비한족 주민들—이들은 피비린내 나는 전쟁 속에서 살아 왔고 소련의 이론에 의해 그 윤곽이 형성되었으며 또한 성스차이의 무자비한 통치라는 혹독한 시련을 견뎌 내야 했다—의 종족적·민족적 정서를 무시했다.

신임 국민당 신장 성 주석 우중신(吳忠信)은 그의 첫 번째 주요 연설에서 자신이 최우선시하는 2가지가 "종족 간의 상호 신뢰를 증진하고" "종교적 자유를 보장하는" 것이라고 주장했으나, 같은 연설에서 청 제국 치하의 비한족 주민들이 민족적으로 모두 중국인이었으며 성스차이 치하의 신장에서 새로이 차용되었던 민족 정체성의 다양한 범주들(카자흐, 위구르, 키르기스 등)이 실제로는 존재하지 않는다는 장제스의 이론을 되풀이했다. 물론 우중신은 이 지역을 안정시키고 중국 중앙의 통제력을 강화시키는 임무를 맡고 있었다. 그는 신장을 경제적으로 중국 내지와 통합시키고 신장에서 약 10만 명 규모의 한족과 회족 군대를 유지하며 지역의 모든 민족주의적 운동을 억누름으로써 이를 달성하고자 했다.[59]

성스차이의 급전향 및 중국과의 재통합 과정은 신장의 경제에 치명적이었다. 소련 국경의 봉쇄로 인해 목축 생산자와 농업 생산자, 특히 북부 신장의 목축 생산자와 농업 생산자 들은 자신들의 1차 시장으로부터 단절되었으며 이는 또한 공산품의 부족으로 이어졌다. 신장에서 적자가 누적되자 이를 해결하기 위해 새로운 국민당 정부는 거리낌 없이 화폐를 발행했다. 1944년 여름 인플레이션이 발생하기 시작했는데, 주요 식품의 가격이 7월과 8월 사이에는 2배 이상이 되었으며 가을에는 4배로 치솟았다. 가장 심각한 타격은 신장의 통화를 중국 국민당 화폐—신장의 통화보다 훨씬 더 큰 인플레이션에 시달리고 있었다—로 대체하겠다는 계획으로 인해 발생했다. 강압적인 교환 비율은 신장의 통화를 가지고 있던 사람들에게 대단히 불리했으나 중국 상인들은 크게 이익을 보았다고 전해진다.[60]

새 정부는 세금도 인상했다. 주 우루무치 미국 영사 로버트 워드Robert Ward는 대개의 경우 실제 토지의 가치보다 더 높이 책정되어 있었던 토지세가 곳곳에서 9년치까지 미리 징수되었다고 보고했다. 국민당은 외국 여행에 필요한 공식 출국 서류에 부과되는 요금을 급격히 인상했는데, 이는 소련과의 교역에 익숙해져 있던 위구르인들과 다른 투르크족 사업가들에게 직접적인 영향을 미치는 정책이었다. 더욱이, 신설된 여러 세금은 국민당 화폐가 아닌 노역 또는 현물로만 징수되었다. 늘어난 재원은 거대한 주둔군을 부양하기 위해 그리고 소련이 떠날 때 신장 정부에 매각한 항공기 공장에 대한 상환금을 위해 필요했다. 1944년 10월 우중신은 거의 380억 위안(75억 신장 위안)에 달하는 성의 적자를 보고했다.[61]

중가리아에서의 반란

국민당 정부가 신장으로 군대를 이동시켰을 때 카자흐족들은 이미 북쪽에서 반란을 일으키고 있었다. 카자흐 부족들은 18세기 중반 청이 중가르를 멸망시킨 이후 신장 북부로 이주했다. 이들은 청 당국 및 중국의 사상(私商)들과 교역을 했으나 관시에 왔다가 중가리아에서 겨울을 보내고 봄에는 다시 청의 경계 초소를 넘어 북으로 돌아갔고, 청대에는 자치를 유지했다. 이와 같은 지위를 유지하는 것은 대오르다와 중오르다의 카자흐족들이 세력을 확장하고 있던 청과 제정 러시아 사이에 끼이고 두 제국 정부 모두와 협약을 맺도록 강요당했기 때문에 시간이 지나면서 점점 어려워졌다. 제정 러시아와 청은 각기 이러한 협약들을 카자흐족들이 자신들의 배타적인 주권을 받아들였다는 증거로서 해석했다. 청과 러시아가 19세기 후반 자신들의 국경을 획정했기 때문에 그리고 카자흐족에 대한 러시아와 소련의 정책들이 20세기 초반 점점 가혹해졌기 때문에 많은 수의 카자흐족이 타르바가타이와 알타이로부터 하미 북부와 치타이 인근의 톈산 산맥으로 남하했다. 20세기에도 여전히 국경을 넘는 카자흐족의 이주는 문제가 되었다.[62]

성스차이의 정책, 특히 소련 국경의 봉쇄는 많은 카자흐족, 특히 톈산 지역의 사람들을 분노하게 만들었는데, 국민당도 이들의 불만을 완화하기 위해 아무것도 하지 않았다. 카자흐족은 1930년대와 1940년대 빈번하게 한족 거주지와 군사 초소를 약탈했으며, 이는 물론 성군의 보복을 야기했다. 1940년 유목민들은 알타이 지구에 있던 소련 조사팀을 공격하여 팀의 우두머리를 살해하고 차량에 불을 질렀다. 1939~1940년 성스차이는 카자흐족을 무장해제 시키려고 노력하기 시작했다. 그는 대부분의 카자흐족이 사냥에 사용하고 있는 것들을 비롯해 개인적으로 소유하고 있는 소화기를 압수하기 위해 각 야영지로 부대를 파견했다. (양쩡신은 1910년대와 1920년대 이 지역에 거주하고 있는 몽골족에 대한 장벽으로서 알타이의 카자흐족이 무장하는 것을 도왔다.) 무장해제 법률은 불안과 적대심을 불러일으켰는데, 특히 성스차이가 납치와 협박 등을 통해 이를 강행하려고 했기 때문이다. 이 법령을 피하기 위해 도주한 사람들은 사실상 '도적 떼'가 되었다. 신장과 소련 사이의 무역을 중단시킨 것 역시 모직물과 가축에 대한 주요 시장을 상실한 카자흐족에게 어려움을 안겨 주었다. 이후 1943~1944년에 성스차이는 명백히 국민당의 대일본 전쟁을 위해 말의 '징발'을 요구했다. 모인 1만 필의 말 중 태반은 북부 신장의 유목민들로부터 징발된 것이었으며 다른 사람들은 (말의 시장가보다 높은) 700달러를 '기부'해야 했다. 더욱이, 1943년 국민당의 주도로 치타이 인근의 카자흐족 초지에 한족 피난민을 정착시킨 것은 이 토지로부터 유목민들을 강제로 퇴거시키는 것을 야기했는데, 래티모어는 비협조적인 카자흐족의 야영지들이 국민당 군인들이 탄 트럭으로부터 기관총 세례를 받았다고 기록했다.[63]

1943년 가을부터 아산(阿山, 알타이 산) 지역과 톈산 북록의 카자흐족들은 외몽골을 통해 소련의 군사 원조를 받았으며 알타이 지역에 독자적인 국가를 수립하고자 했던 부족장 오스만 바투르Osman Batur(우스만 바투르'Uthman Batur)의 주도 아래 신장 성의 목표물들에 대한 게릴라 공격을 시행하며 산발적으로 반란을 일으켰다. 1944년 9월 성스차이가 신장을 떠날 때까지 신장 성 정부는 북동 중가리아에 대한 통제력을 상실했으며 사회적 불안은 일리 계곡까지 퍼져 나갔다.

삼구(三區)* 혁명과 제2의 동투르키스탄 공화국

1944년 10월 〔쿨자/이닝 남부의 공하(鞏哈) 혹은〕 닐카〔Nilka, 니러커(尼勒克)〕라는 작은 마을에서 반란이 발발하여 지역의 수부(首府)인 쿨자로 진격했다. 반란군은 반란을 조정하기 위해 소련에 의해 훈련·무장되고 귀환된 신장 출신의 도망자 부대를 위시한 지지자들을 규합했다. 11월 초 이슬람의 기치 아래 싸우던 반정부군은 성스차이와 국민당 군대가 단단히 수비하고 있던 쿨자로 모여들었다. 국민당은 도시를 방어하기 위해 준비하면서 충성심이 의심스러운 수백 명의 사람들을 체포했다. 11월 7일 공격이 시작되었고 14일에 이르러서는 반란군들이 우세를 점했다. 국민당 경찰본부의 우물에서 약 200구의 훼손된 시체가 발견된 후 반란 세력은 도시에 남아 있던 한족들을 학살하기 시작했고, 이후 이들은 일리 지구의 다른 지역에서도 이와 유사한 대학살을 자행했다.[64]

11월 12일 우즈베크 출신이라고 알려진 이슬람 학자이자 카리스마 넘치는 웅변가였던 알리 한 퇴레Ali Khan Töre는 다음과 같이 선언했다.

> 투르키스탄 이슬람 공화국이 조직되었다. 알라의 다양한 축복에 대해 그분을 찬양하라! 알라를 찬양하라! 알라의 도움은 우리에게 억압자인 중국인 정부를 전복할 용기를 주셨다.[65]

---

* 신장의 일리, 타르바가타이, 알타이 지역을 지칭하는 용어.

이 선언은 카슈가르의 동투르키스탄 공화국이 수립된 지 정확히 11년 후 이루어진 것이었다. 마찬가지로 동투르키스탄 공화국이라고 불렸으며 초기에는 알리 한 퇴레가 주도한 이 신흥 정부는 국민당과 격렬한 전쟁을 치렀다. 오스만 바투르는 반중국 공세에 합류했으며 타르바가타이와 아산 지구의 주요 도시들을 점령했다. 타슈쿠르간〔포리(蒲犁)〕과 카슈가르 너머 파미르 고원의 소련 국경 그리고 악수 및 옌치 지역에서 동시에 교전이 발발했다. 1944~1945년의 혹독한 겨울 동안 쿨자를 되찾으려는 국민당의 시도를 막아 낸 후 새로 조직된 일리 민족군(이들의 튜닉에 달린 단추에는 러시아어로 동투르키스탄 공화국을 뜻하는 'BTP'라는 키릴 문자가 새겨져 있었다)은 그해 여름 우쑤와 징허에 있는 중국 야전군에 대해 성공적으로 공군력을 사용하며 국민당을 남동쪽으로 밀어냈다. 1945년 9월에 이르러 동투르키스탄 공화국은 신장의 북부를 장악하게 되었으며 성도인 우루무치로부터 머지않은 마나스 강을 경계로 국민당 군대와 마주했다. 동투르키스탄 공화국 군대는 또한 남부의 악수를 점령했으며, 키르기스족은 국민당을 카슈가르 너머 파미르 고원에 있는 타슈쿠르간의 국경 초소로부터 몰아냈다.[66] 장제스는 란저우에 있는 서북 군사령부의 사령관을 역임한 장즈중(張治中)을 우루무치로 파견하여 상황을 해결하도록 했는데 그는 이후 우중신을 대신하여 신장 성 주석이 되었다.

우루무치에 도착한 직후 장즈중은 소련 총영사 아바소프Abasoff와 접촉했다. 동투르키스탄 공화국 정부는 그 후 곧바로 충칭의 국민당 정부에 휴전을 요청하는 전보를 보냈는데, 이는 분명히 소련으로부터 그렇게 하도록 요구받았기 때문일 것이다. 양측은 연합 정부를 수립하기 위한 협상을 시작했으며 동투르키스탄 공화국 지도부는 독립된 투르크 국가에 대한 자신들의 사명을 폐기하고 '동투르키스탄 공화국'이라는 명칭을 지리적 명칭인 '동투르키스탄'으로 바꾸겠다고 약속했다.

소련의 개입으로 휴전이 이루어진 직후 1945년 8월 14일에 중국과 소련이 우호 동맹 조약을 맺은 것은 결코 우연이 아니었다. 이 조약의 기초가 된 것은 미국, 영국, 소련 사이에 체결된 1945년 2월의 알타 협정이었다. 알타에서 스탈린은 1905년 이후 러시아가 자신의 세력권을 일본에게 상실한 중국 동북부(만주)에서 공동으로 주요 철도를 운영할 권리 및 사할린과 쿠릴 열도에서의 영토 할양에 대한 대가로 대일본 전쟁에서 미국에 합류하는 데 동의했다. 장제스는 이 협약의 직접적인 당사자가 아니었으나, 미국은 사실상 중국과 소련 당사자들 사이에서 정확한 조건이 논의되었을 때 그가 이를 수용하도록 설득하겠다고 약속했다. 우호 동맹 조약은 이 목적을 위한 협상의 결과물이었는데, 쌍방의 외무 장관들에 의해 교환된 문서 중 하나에서 소련은 '중국의 내정'이라고 언급한 신장에서의 위기에 간섭하지 않겠다는 의도를 표명했다.[67]

연합 정부

장즈중은 지역의 모든 경쟁자들에 의해 실질적으로 인정받았으며 심지어는 역사가들의 존경도 받고 있는 주석으로서 신장의 근대사에서 독특한 존재이다. 국민당의 관점에서 볼 때 그는 청렴하고 파벌에 얽매이지 않았으며 암흑가와의 유착으로부터 자유로웠다. 또한 그에게 오늘날 다문화적 감수성이라고 불리는 것이 있었다고 생각할 수도 있다. 장즈중은 신장 주민의 대다수가 한족이 아니라는 사실뿐만 아니라 이에 반하는 수사적인 주장들은 도움이 되지 않는다는 것도 인정했다. 대단히 놀랍게도 그는 "우리 중국인들은 신장 인구의 단지 5퍼센트만을 구성하고 있다. 왜 우리는 나머지 95퍼센트를 이루고 있는 위구르족과 다른 민족들에게 정치권력을 넘겨주지 않았는가?"라고 기술했다.[68] 유감스럽게도 비중국적 변경 지역에 대한 국민당의 접근 방식의 특징을 이루는 배타적 한족주의와 대조적으로 장즈중이 어느 정도의 민족 자결에 대한 위구르인들의 열망을 인정한 것은 한 학자로 하여금 그를 '친소'라고 분류하도록 만들었다.[69]

장즈중은 충칭으로 도주한 3명의 위구르 지도자, 즉 무함마드 에민 부그라와 이사 유수프 알프테킨, 마수드 사브리Masud Sabri에게 조언을 구했다. 앞서 보았듯이 부그라는 마드라사 및 남부 신장의 비밀 조직들과 연관되어 있었는데, 그는 1933년 호탄 반란을 이끌었고 반란이 성공한 이후에는 스스로 호탄의 아미르가 되었다. 1933~1934년의 동투르키스탄 공화국의 멸망과 회족 군대의 남부 신장 침공 이후 그는 1943년 충칭으로 가기 전에 인도와 아프가니스탄으로 도주했으며, 충칭에서는 국회에서 신장 대표로 임명되었다. 어릴 적 신장에서 이슬람학 교육을 받았으며 중국 학교에서도 시간을 보냈던(4장 참조) 위구르인 이사 역시 신장 투르크 민족의 자치를 주창하는 사람이었다. 그는 1939년 (국민당 정부의 의회인) 입법원의 신장 의원이 되었다. 충칭에 있던 부그라와 함께 그는 알타이 출판사를 운영하고 종종 신장과 관련한 국민당의 정책을 비판한 투르크 민족주의적 정기 간행물들을 편찬했는데, 그는 신장 주민들의 투르크족 배경과 같은 것들을 강조하고 이 지역을 지칭하는 '투르키스탄'이라는 명칭을 옹호했다. 일리 계곡 출신의 위구르인 마수드는 이스탄불에서 내과 의사로 훈련을 받은 후 1915년 신장으로 돌아와 쿨자에 약국과 몇 개의 학교를 설립했다. 그는 1924년 양쩡신에 의해 체포되었으며 이후에 인도로 도주할 때까지 악수에 설립된 제1동투르키스탄 공화국을 지지했다. 그는 1934년 중국으로 돌아왔으며 자신의 동지 2명과 마찬가지로 국민당에 가담했고 중국 내부의 자치적인 '동투르키스탄'을 옹호하는 글을 썼다.

장즈중은 이 3명의 박식한 위구르인들을 자신의 고문으로 우루무치에 데리고 왔다. 이들은 그가 교육, 출판 및 다른 문화 분야에서 더욱 자유주의적인 정책을 추진하고 정부 기관에서 투르크어를 사용하며 언론, 집회 및 종교의 자유를 보장하도록 이끌었고, 비한족의 자결권에 대한 쑨원의 요구를 언급함으로써 중국 내 신장의 자치를 옹호하는 자신들의 입장을 정당화했다. 이들 모두는 이후 신장 성 연합 정부에서 각료를 역임했다.[70]

연합 정부를 수립하기 위한 협상에서 장즈중의 상대는 성스차이 시기 감옥에 수감되어 있었으며 본래 일리 유역 출신으로 소련에서 교육을 받은 위구르인 아흐메트잔Ahmetjan(에흐메트잔Ähmätjan) 카시미Qasimi였다. 일리 유역에서 발생한 반중국 봉기의 유명한 초기 지도자들 중 대다수가(동투르키스탄 정부의 주석이었던 알리 한 퇴레를 비롯하여) 종교적 인물이기는 했지만, 1945년 봄 무렵에는 이 운동의 통제력이 훨씬 세속적이고 친소적 인물들에게로 넘어갔는데 아흐메트잔 카시미가 이들 중 가장 걸출했다. 실제로, 1년 후 협상이 타결되기 몇 주 전에 알리 한 퇴레는 10년 전의 마중잉을 떠올리게 하듯 소련으로 떠났는데, 이는 아마도 치료를 위해서일 수도 있으나 납치되었을 가능성이 더욱 크다.[71]

국민당과 일리 정부 사이의 협상은 수개월이 걸렸으며 1946년 7월이 되어서야 마침내 협정이 체결되었다. 장즈중은 신임 신장 성 정부의 주석이, 아흐메트잔 카시미는 부주석이 되었다. 양측은 현 참의회 참의원의 직선제에 합의했는데, 이 참의회가 다시 현장(縣長)과 성 의회의 의원들을 선발했다. (일리 집단에 의해 통제되고 있는 북쪽의 3개 지구를 비롯한) 신장의 10개 지구 각각은 신장 성 위원회의 위원들 중 일부를 추천했고 나머지는 난징의 국민당 정부가 임명했다. 성의 고위 관직은 한족, 회족, 위구르족, 카자흐족, 만주족, 몽골족, 타타르족을 비롯한 다양한 민족들 사이에서 분배되었으며, 또한 정치적 노선을 따라 나누어지기도 했는데 그 결과 국민당과 일리 정부의 열성 당원들이 각각 중요한 직책을 차지하게 되었다. 장즈중 역시 궁극적으로는 70 대 30 퍼센트의 비율로 비한족과 한족을 공무원에 임명하는 방향으로 나아가겠다는 데 동의했다. 위구르어와 카자흐어 모두 중국어와 함께 공용어로 선포되었는데 모든 단계의 교육이 모어로 이루어지고 비중국적인 문화 역시 다른 측면에서 진흥될 예정이었다. 협상에서 실질적인 걸림돌은 북부 신장이 어느 정도까지 군사력과 경찰력을 보유할 수 있는가의 문제였다. 결국 일리 집단은 3개 연대가 이론적으로는 남부 신장에 주둔하고 있기는 했으나 무슬림 지휘 하에 6개 연대 약 1만 2000명의 군사를 보유하게 되었다. 장즈중은 명목상 모든 신장 군대의 총사령관이었다.[72]

이 새로운 연합 정부는 다수의 필요한 개혁과 개발 계획을 시행했다. 장즈중은 여전히 수감 중이던 중국 공산당원들을 비롯한 정치범들을 석방했으며, 1946년에는 성스차이의 재임 시기 설립되어 개인 상인들과 부당하게 경쟁하던 성의 수입-수출 전매 회사를 해체시켰다. 중가리아에서 소련의 석유 및 광물 자원 채취가 재개되었고 소련과의 교역도 재개되었다. 장즈중 정부는 일부 지역에서는 가난한 농민들에게 돈을 대여해 주었으며 남부 지역에 주둔하고 있던 국민당 군대를 동원하여 관개 시설을 건설했다. 그는 전임자들의 과중한 징세로 인해 생긴 미납금을 면제해 주었으며 현물로 세금을 징수하는 것을 제한했다. 문화 분야에서는 무슬림과 비무슬림 사이의 통혼을 금지시키고(이는 이전 동투르키스탄의 성원들이 추진했던 규정으로 신장 남부의 무슬림들 사이에서도 인기가 높았다), (성스차이의 시기에 시작된) 각민족문화촉진회(各民族文化促進會)를 부흥시켰는데 이 기관은 위구르, 카자흐 및 키르기스 문화 협회에 보조금을 지급하고 (부르한 셰히디Burhan Shähidi가 편찬한 위구르어-중국어-러시아어 사전과 같은) 투르크어 출판물을 장려했다. 장즈중 치하의 신장 정부는 베이징, 상하이 및 타이베이(臺北)에 가무단을 파견했고 소련식으로 소수 민족의 노래와 춤을 소개하는 방식을 중국에 도입했다. 중국의 연주자들 역시 우루무치를 방문했다.[73]

장즈중은 열린 마음을 가졌다고 칭송받을 수도 있으나 신장의 다른 중국인 지도자들은 그다지 융화적이지 않았으며 더욱이 일리 집단은 독립적인 투르크 국가를 설립하겠다는 자신들의 희망을 완전히 버리지 않았다. 연합 정부의 어느 쪽도 상대방을 진심으로 신뢰하지 않았으며 각기 유리한 자리를 차지하려고 획책했다. 일리 집단은 정치 조직과 신장 전역에서의 선전 활동을 통해, 그리고 국민당은 경찰과 주요 군사 단위들에 대한 통제력을 통해 이를 행했다. 연합 정부의 한계는 1946년 가을의 현 참의회 선거 전초전에서 명확히 드러났는데, 여러 현에서 폭력과 협박이 난무했을 뿐만 아니라 투표가 제대로 이루어지지 못했으며 투표 결과도 공시할 수 없었기 때문에 선거 전초전은 중단될 수밖에 없었다. 농촌 지역에서는 선거 과정이 주민들을 정치화하고 이들이 민주주의적 절차에 익숙해지는 데 도움이 될 수도 있으나 중요한 것은 결국 신장 남부 출신의 투르크인 의원들 중 어느 누구도 성 의회에 참석하지 못했다는 것이다.[74]

연합이 형성된 이후, 연합의 당사자 중 어느 쪽도 연합 협정의 정신 또는 문서에 완전히 부응하지 못했다. 일리 집단은 남부의 7개 지구에서 유언비어를 퍼트렸으며, 국민당의 신장 주재, 특히 중국 군대의 주재에 반대하는 투르크 민족주의자들을 조직했다. 그들은 동투르키스탄 청년연합 Sharqi Türkistan Yashlar Täshkilati이라고 알려진 정당을 통해 이 목적을 달성했다. 이 집단과 이름을 바꾼 후속 단체들은 우루무치, 악수, 카슈가르, 호탄, 하미, 야르칸드, 코를라에서 국민당 조직에 맞설 수 있는 정도까지 급속히 지지자들을 확보했다.[75] 옛 동투르키스탄의 지도자들은 그들의 군사력에 대한 통제력을 유지하고 있었고 북부의 3개 지구에서 국민당 군대를 몰아냈으며, 마나스 강의 교량을 통해 우루무치와 신장 북부 간의 통신을 개시하는 것을 거부했다. 신장의 북부는 독자적인 화폐를 유지했고 사실상 독립적인 정치 체제로 남아 있었다.

신장 남부의 7개 지구에서는 교육 개혁이 느리게 진행되고 있었는데, 위구르어와 다른 투르크어의 원어민 중 학교 교사로서 채용된 사람은 거의 없었다. 비록 비한족과 한족 공무원의 비율을 70 대 30으로 하겠다는 원래의 약속에는 미치지 못했지만, 다수의 한족이 성, 지구, 현 단위의 안락한 국가 공무원 자리에서 해임되었다. 장즈중의 '투르크화' 정책은 따라서 이로 인해 위협을 받고 있던 중국인들과 이것이 여전히 이행되지 않았다고 느끼는 투르크인들 모두에게 분노의 근원이 되었다. 1947년 2월에는 이 문제 및 연합 협정의 조건과 관련된 다른 문제들을 둘러싸고 시위와 대항 시위가 있었다. 장즈중의 융화적 접근법에 반대하던 국민당의 장군 송시렌(宋希濂)은 계엄령을 선포하고 도시에 있는 위구르인 용의자들을 색출하기 위한 파괴적인 호구별 조사에 군인과 경찰을 파견했는데 이것이 긴장을 더욱 격화시켰다.

그사이 명목적으로 연합 정부의 일원이었던 오스만 바투르와 또 다른 카자흐족 지도자 알리 벡 라힘Ali Beg Rahim은 모두 동투르키스탄 공화국과 관계를 끊었는데, 이는 아마도 알리 한 퇴레의 실종과 동투르키스탄 공화국의 친소 경향 때문일 것이다. 오스만과 알리 벡은 유목민 추종자들을 알타이와 톈산으로 인도했고, 이곳에서 그들은 국민당으로부터 암암리에 군사 원조를 받았다. 오스만과 동투르키스탄 공화국 지도자들 사이의 분열을 반영하듯 이와 유사한 불화가 연합 정부 내의 위구르족과 일부 카자흐족 구성원들을 갈라놓았다. 우루무치와 일리의 새로운 조직들은 선전전에 착수했는데 각 측은 상대방의 불성실을 비난했다.[76]

더욱이, 이제 난징으로 물러나 공산당으로부터의 위협에 대처하고 있던 국민당 정부는 장즈중의 문화적 다원주의 또는 일리 집단에 대한 그의 명백히 유화적인 정책을 달가워하지 않았다. 점점 불안정해지는 자신의 지위에 좌절한 장즈중은 반소적인 투르크 민족주의자인 마수드 사브리에게 자리를 물려주고 1947년 5월 사임했다. 마수드가 위구르인이며 신장 투르크 민족의 자치를 공개적으로 옹호해 왔다는 사실에도 불구하고 그가 임명된 것은 빗발치는 반대를 야기했다. 성 의회는 심지어 그의 주석직에 반대하는 결의안을 통과시켰다(마수드는 6월에 의회를 해산시켰다). 이러한 저항의 대부분은 일리 집단과 소련 측으로부터 나왔는데, 소련은 그가 동료 각료인 이사 알프테킨 및 무함마드 에민 부그라와 함께 소련이 장려하는 방식과는 다른 정치적·민족적 모델을 계속해서 신봉해 왔기 때문에 마수드를 당연히 위협 요인으로 간주했다. 수년 동안 이들은 신장의 투르크계 주민들을 위구르, 카자흐, 키르기스, 타타르, 우즈베크 및 기타의 부류로 세분하는 것에 반대해 왔다. 이들은 대신 이 집단들은 모두 투르크족 내지는 투르크어족으로, 단지 방언의 차이와 농경/도시적 삶의 방식을 따르느냐 아니면 목가적 삶의 방식을 따르느냐에 따라 구분될 뿐이라고 주장했다. 소련령 중앙아시아가 구 투르키스탄의 무슬림 투르크 주민들 사이에 경쟁적 민족성을 만들어 내는 정책 위에 수립되었기 때문에 이처럼 투르크족 모두를 포괄하는 정체성을 주장하는 것은 소련의 시각에서 볼 때는 위험한 것이었다. 또한 마수드와 이사, 부그라는 소련에 실질적으로 의존하는 형식적인 '독립'이 아니라 중국 내부에서의 동투르키스탄의 완전한 자치를 적어도 공식적으로는 지지했다.[77]

그러나 이러한 민족주의적 경력에도 불구하고 마수드는 심지어 남부 신장의 일부 위구르인들에게는 잘해야 명목상의 대표, 최악의 경우에는 가장 잔학한 국민당 분자들의 부패한 꼭두각시인 것처럼 보였다. 실제로 마수드의 취임 이후 송시롄 장군과 비서장(秘書長) 류멍춘(劉孟純), 국민당 신장 성 주임 천시하오(陳希豪)의 영향력이 커졌다.[78] 7월 국민당 군대는 일리 집단이 조직하거나 후원했을지도 모르는 투루판, 툭순, 옌치의 소요 사태[투산튀(吐鄯托) 사건][79]를 진압했다. 국민당 정부 역시 오스만 바투르—및 그의 휘하에 있는 1만 5000명의 카자흐인들—에 대한 지지를 강화해 나갔는데, 그는 6월에는 신장-몽골 국경의 알타이 산맥에 있는 베이타(北塔) 산에서 몽골 군대와 충돌했으며 가을에는 북쪽의 청화(承化, 샤라수레Sharasure) 시를 공격했다. 카자흐인들은 들리는 바에 의하면 곧 소련 군대와 기갑 부대에 의해 쫓겨났다고 한다.

1947년 여름에 이르러서는 한 번도 제대로 지켜진 적이 없었던 연합 협정이 빗발치는 상호 비난 속에서 와해되었으며, 아흐메트잔 카시미는 8월 초 쿨자로 돌아왔다. 그는 명목상으로는 신장 성의 부주석이었지만 실제로 그는 동투르키스탄 공화국의 주석이기도 했다. 일부의 자료는 동투르키스탄 공화국의 호칭이 다시 한 번 사용되었으며 공화국의 깃발이 다시 휘날리게 되었다고 기록했다. 정치적으로 동투르키스탄 공화국 내에서 권력은 아흐메트잔의 영향력 아래 있던 신장 보위화평민주동맹(新疆保衛和平民主同盟)이라는 조직을 따라 움직였는데, 이 조직은 동맹이라는 명칭과는 달리 쿨자의 일당 체제를 배후에서 조종하던 정당이었다. 여러 이야기를 종합해 볼 때, 1949년 말 중국 공산당 아래 신장 북부가 남부와 재통합될 때까지 존속한 이 정부는 몇 가지 긍정적인 결과들을 이루어 냈다. 신장 북부의 3개 지구는 중국 내지의 심각한 인플레이션으로부터 격리되어 우루무치 정부로부터 보조금을 받고 소련과의 교역 및 소련이 광업에 투자를 재개한 덕분에 상대적으로 좋은 시절을 보낼 수 있었다. 쿨자 정부는 경제를 안정시키고 규칙적이고 효율적인 세금 제도를 개발하고 더 많은 초등 교육과 더 고급 기술의 훈련을 제공하고 농업 개발을 위해 자금과 종자를 빌려 주었다. 그리고 의료 시설과 신장의 5가지 주요 언어로 된 출판에도 투자했는데, 그 결과 발진티푸스의 비율은 감소하고 식자율은 높아졌다. 1945년 미국 영사의 보고서조차도 동투르키스탄 공화국 체제가 지역적으로는 인기가 높았다고 지적했으며 또한 그 후 이 체제의 인기가 감소했다는 징후도 없다.

우루무치의 국민당 정권은 사정이 달랐다. 일리 지도부와의 공동 통치가 끝난 것이 남부 신장에서 민족적·종족적 긴장을 종식시키지는 않았다. 마수드 정부는 구 연합 정부의 일리 대표자 중 일부를 명단에 남겨 둔 채 새로운 지구 선거를 개최했으며, 위구르족과 비한족의 참여라는 외양을 만들어 내기 위해 내각을 개편했다. 지구의 감찰관이 위구르족일 경우에는 그의 부관은 한족이었으며 감찰관이 한족일 경우에는 그 부관이 위구르족이었다. 위구르족이 장관직을 차지하고 있을 경우에는 차관은 대개의 경우 한족 혹은 회족이었다. [만주족은 청대에 중국식 관료 체제를 통제하는 데 있어서 이와 같은 양두(兩頭) 정치적인 도구를 사용했고, 이와 동일한 체제가 오늘날 중화인민공화국의 신장 위구르 자치구에서도 유지되고 있다.] 분리주의가 아닌 국민당 국가 내에서의 투르크 민족의 자치를 옹호하는 위구르 민족주의자들이 성 의회에 당선되었고 그곳에서 이들은 장즈중 시기의 정책으로 회귀할 것을 주장했다. 이사 알프테킨과 무함마드 에민 부그라는 장관직을 맡고 있었으며 학교와 인쇄 매체를 통해 온건한 민족주의를 장려할 수 있었다. 이들은 결국 마수드와 거리를 두었으며, 특히 마수드가 국민당의 억압과 연관되고 부패 스캔들로 곤경에 빠져 있을 때 그러했다. 그사이 경제는 추락했는데, 심각한 인플레이션으로 인해 거의 쓸모없는 국민당 위안화와 고정 비율로 연동되어 있던 신장 위안화의 신용도가 약화되었다. 상인들과 소비자들은 상품을 매점하고 곡식과 육류, 연료는 부족해져 갔다.[80]

마침내 1949년 1월 난징의 국민당 정부는 마수드 사브리를 악수에 뿌리를 둔 집안 출신으로 카잔에서 태어난 타타르족 부르한 셰히디로 대체했다. 그는 독일과 소련을 여행하고 그곳에서 공부했으며, 성스차이에 의해서 '트로츠키주의자'라는 명목으로 수감되었으나 이후에는 장즈중의 보좌관 중 한 명으로 일했다. 부르한은 신장에서의 국민당과 공산당 통치 사이의 전환기를 주재했다. 그는 국민당의 최신 통화, 즉 금원권(金圓券)을 신장에서 퇴출시키고 신장 위안화를 회복시킴으로써 신장의 재정을 안정시키는 데 어느 정도 성공했으며 투르크 민족주의 조직들의 확장을 허용했다. 그러나 완전한 무역 관계를 재개하기 위한 소련과의 협상을 제외하고는(소련은 성스차이 치하에서 누렸던 무제한적인 접근 권한과 관세 양여를 다시 얻어 내고자 했으나 장제스로부터는 얻어 내지 못했다), 중국에서 공산당의 승리가 신장의 운명을 결정한 외부 세력들을 다시 한 번 재편성하기 전까지 악화되고 있는 경제·정치 상황에서 그가 한 일은 거의 없었다.

제2동투르키스탄 공화국과 소련 통치의 특징

오늘날 일부의 위구르 행동주의자들은 쿨자의 동투르키스탄 공화국을 자신들의 민족주의적 열망의 직접적인 근원—중국의 공산주의자들이 자신들로부터 빼앗아 간 국가—으로서 과감할 정도로 단순 명료하게 묘사하고 있기는 하지만, 이에 대해서는 여전히 불분명하고 모호한 상태로 남아 있는 것들이 많다. 한 가지 예로 제1동투르키스탄 공화국과 마찬가지로 쿨자 체제가 '이슬람' 공화국으로서 출발했는지에 대해서는 불명확하다. 또한 제2동투르키스탄 공화국이 신장을 점령하고 있던 중국인들에 대항하는 위구르인들의 단순한 민족 자결권 투쟁이 아니라 이데올로기적 스펙트럼이 다양하며, 국민당과 소련 간의 정치적·영토적 분열에 의해 투르크 민족주의자들이 분열된 훨씬 복잡한 정세였다는 사실 역시 제1동투르키스탄 공화국을 떠올리게 한다.

제2동투르키스탄 공화국에 대한 역사적 기록들은 라쇼몽과 같은 특징을 가지고 있다. 학자, 국가 및 정치 행위자들은 최초의 반란과 일리 체제의 배후에 실제로 누가 있었는지에 대해서 이견을 보인다. 중화인민공화국의 기록들은 후일 동투르키스탄 공화국의 지도자가 된 몇몇 인물들(특히 중화인민공화국의 저자들이 반란의 격렬한 반한족적 경향에 반대한 것으로 인해 영웅시하고 있는 압둘 케림 아바스Abdul Kerim Abbas)에 대한 중국 공산주의자들의 영향력을 강조한다. 동시에 이들은 은밀히 소련의 역할도 인정하는데, 중화인민공화국의 자료에서 '삼구(三區) 혁명'은 공식적으로 전반적인 중국 혁명의 일부, 즉 소련의 후원을 받아 중국 공산당의 영향력 아래 발생한, '반동적인' 국민당 통치에 대항하는 소요 사태로서 다루어지고 있다.[81] 그 밖의 역사가들은 국민당이 이 사건들에 대해 내놓은 초기의 정치적 해석과 보조를 맞추어 이를—신장에서 영향력을 다시 획득하고 이 지역을 중국으로부터 떼어 놓거나 또는 2차 대전 전후 조약을 협상하는 데 있어 영향력을 얻기 위한 시도의 일환으로서—처음부터 소련이 선동하고 조정한 것으로 보았다. 이러한 학자들은 스탈린의 소행의 증거로서 동투르키스탄 공화국의 정치 프로그램뿐만 아니라 소련의 군사 원조, 소련 고문과 군대의 직접적인 군사 개입을 지적하고 있다.[82] 위구르 민족주의자를 비롯한 나머지 사람들은 동투르키스탄 공화국을 소련의 간계로 인해 제약을 받고 심지어는 세력이 서서히 약화되고 있었던 위구르인들(혹은 동투르키스탄의 투르크 무슬림 주민들)이 민족 자결을 위해 일으킨 지역 주도적인 투쟁으로 묘사했다.[83]

먼저 동투르키스탄 공화국 내의 이슬람에 대해 살펴보면, 반란의 초기 지도부는 분명히 강한 이슬람적 특징을 가진 국가를 건설하고자 했다. 이는 동투르키스탄 공화국의 초기 선언문(310쪽 1944년 11월의 성명서 참조)에서 잘 드러난다. 고위 정부 직책에는 종교 학자인 알리 한 퇴레와 아심 베이 호자Ashim Bey Khoja(이후에는 아심 베이와 안와르 무사 베이Anwar Musa Bey)가 주석과 부주석으로 임명되었으며, 정부 기구의 일부로서 종교위원회가 설치되었고 이슬람식 십일조가 시행되었다.[84] 반면, 정부 강령에 대한 다른 선언서들은 좀 더 세속적인 지향을 암시하고 있다. 여기에는 1945년 1월의 쿨자 선언과 "왜 우리는 투쟁하는가?"라는 제목으로 1944~1945년 동안 유통되었던 전단이 포함되는데, 쿨자 선언은 일리 유역을 막 장악한 동투르키스탄 공화국을 위한 8개의 주요 강령을 나열했다. 비록 강렬한 반국민당 혹은 반한족적 논조가 있기는 하지만 선언문에는 종교에 대한 언급이 없었다. 「왜 우리는 투쟁하는가?」는 중국 통치의 종식과 각 민족들의 상대적 크기에 근거해 정부와 의회에서 비례 대표를 선출함으로써 모든 민족의 평등, 문화·언어·종교적 자유 그리고 "우리의 위대하고 자유를 사랑하는 친구이자 이웃인 소련"과 우호 및 교역 관계를 회복할 것을 요구했다. 유일신의 이름으로 맹세할 것을 한 번 언급한 것을 제외하고는 이 문건 역시 종교적 언어로부터 벗어나 있었으며, 수사학은 오히려 좌익 정치 성명서의 그것이었다. 이 전단은 중국인들을 이교도가 아닌 "파쇼적인 중국인 압제자"라고 공격했다. 2년 뒤 미국 영사관이 수집한 또 다른 소책자[「조국을 위한 투쟁」(1947)]는 호소하는 논조가 종교적이었고 신에 대해 여러 차례 언급했으며 공산주의자들의 특수 용어(이 소책자에서 중국인들은 파시스트가 아니라 "교활한 여우"였다)는 사용하지 않았다.[85]

제2동투르키스탄 공화국은 따라서 제1동투르키스탄 공화국과 마찬가지로 이슬람적 충동과 세속적인 근대화의 충동 모두를 체현하고 있었다. 더욱이 쿨자 체제는 파벌 간의 차이에 따라 이런 충동을 표방했다. 이 운동의 최초 지도자였던 알리 한 퇴레가 1946년 중엽 제거되었고 아흐메트 잔 카시미 휘하의 세속적 파벌(일부의 자료들은 이 사람들을 '진보적'이라고, 나머지 자료들은 '친소적'이라고 불렀다)이 권력을 장악했다. 이 집단의 지도자들 대다수는 소련에서 교육을 받았는데, 벤슨Linda Benson이 지적한 것처럼 신장에서의 제한된 교육적 선택권과 사업과 학업을 위해 러시아/소련으로 여행한 수십 년 동안의 역사를 감안해 볼 때 이는 전혀 이상한 것이 아니었다. 아흐메트잔파는 공개적으로 무슬림이 아닌 몽골족, 만주족 과 러시아인들을 공화국의 시민과 정부의 각료로서 받아들이기 위해 전 력을 다했다. 앞서 보았듯이 이 동투르키스탄 공화국 체제는 대중들의 상 황을 개선하기 위해 노력했으며, 연합 정부가 수립된 이후에도 중국의 통 치에 저항하는 투르크 민족주의 운동을 계속해서 조직했다.

카슈가르에 기반을 둔 1933~1934년의 동투르키스탄 공화국과 쿨자 체제 간의 명확한 차이는 후자와 소련과의 긴밀한 관계에 있었다. 소련의 역할에 대한 의문점은 4가지로 분류될 수 있다. 소련이 동투르키스탄 공 화국의 탄생으로 이어진 1944년 북부 신장에서의 반란을 교사했는가? 소 련이 1944~1945년 국민당 군대와의 전투에서 동투르키스탄 공화국을 지원하기 위해 군사적 원조를 제공하거나 군사적으로 개입했는가? 소련 이 동투르키스탄 공화국 체제를 배후에서 조종했는가? 소련이 신장에 개 입한 목적은 무엇인가?

앞서 언급했듯이 이 문제들은 이 시기의 전문가들 사이에서 논쟁의 초 점이 되고 있으며 그 답변도 소련의 개입을 중요하게 생각하지 않는 것에 서부터 소련의 교사와 조직화가 없었다면 1940년대 북부 신장에서 반란 이나 제2동투르키스탄이 생겨나지 않았을 것이라고 암시하는 것에 이르 기까지 다양하다. 확실한 답은 아마도 소련과 중국의 문서고들이 연구될 때까지 기다려야 하겠지만, 현재 가능한 최선의 연구 성과들은 독립적인 투르크 국가를 건설하는 데 신장 북부 지역도 많은 관심을 가지고 있었을 뿐만 아니라 1944년 11월 이전에 중가리아에서의 소요 사태에 대한 여러 원인들(말 '공납'과 카자흐족들의 무장을 해제시키려는 성스차이의 시도가 여기 에 포함되지만 이러한 것들에만 한정되는 것은 아니다)이 존재했음을 인정했 다. 이러한 관심은 20년에 걸친 신식 교육과 민족주의적 사고, 소련에 있 는 국외 추방 위구르족들과 카자흐족들과의 통신으로부터 생겨났다. 더욱이 오스만 바투르 휘하의 카자흐족들과 닐카에 있는 무슬림 반란 세력들은 결국 국민당을 북부 신장에서 몰아낸 운동을 일으킨 것으로 여겨지고 있다. 종교적 인물로서 알리 한 퇴레가 받은 존경과 이슬람을 슬로건으로 사용한 것이 그가 반란을 장악하고 더 많은 지지자들을 끌어모으는데 도움이 되었다.

그러나 1944년 11월 쿨자에 대한 공격이 소련이 사전에 이에 대한 정보를 가지고 있는 가운데 도시의 안팎에서 조율되었으며, 그 이후 일어난 일리 지구에 모여든 국민당 증원 부대에 대한 군사 원정도 소련의 군사 훈련과 군수품 및 소련의 군사 고문과 군대를 활용했다는 충분한 증거가 있다. 소련은 일리 민족군의 편성, 훈련, 무장 및 전략 계획에 참여했으며 마찬가지로 국민당을 타르바가타이와 아산 지구에서 축출한 오스만 바투르와 데릴한Delilhan 휘하의 카자흐족 게릴라들에게도 고문단과 무기를 제공했다. 소련의 지휘관과 군대 및 항공기가 우쑤와 징허에서 벌어진 주요 전투에 참여했다는 보도도 많다. 화이팅Allen S. Whiting, 포브스, 데이비드 왕David Wang, 루스탐 사드리Roostam Sadri는 이러한 군사 원정과 1945년 9월에 합의된 휴전 조약의 시기가 소련이 얄타 회담과 만주·몽골·신장—소련은 이 지역 모두에서 전략적·영토적·경제적 이해관계를 가지고 있었다—에서의 전후 처리를 결정하기 위한 장제스와의 중소 조약의 협상을 교묘히 조종했던 것과 연관성을 가지고 있다고 지적했다. 따라서 거대한 게임 속에서 신장은 유리한 협상 카드였으며 동투르키스탄 공화국은 장기판의 졸(卒, pawn)이었다.[86]

1945년 9월 소련이 동투르키스탄 공화국의 대표들에게 국민당과의 휴전에 응하고 '동투르키스탄 공화국'이라는 명칭을 버리고 연합 정부를 형성하기 위한 협상에 들어가라고 압박했다는 것이 명백하기는 하지만, 평화 협정 이후 소련 정부가 동투르키스탄 공화국에서 주도권을 가졌다는 증거는 그다지 설득력이 없다. 연합 정부 수립 이후 소련은 동투르키스탄 공화국에서 많은 인력과 무기를 철수시켰다. 연합이 성립한 시점부터 그리고 연합이 붕괴한 이후에도 일리의 대표자들과 노동자들은 정치적으로 조직되어 민족 간의 긴장 관계를 이용했으며, 남부 신장에서의 저항 운동이 국민당 정부, 군대와 경찰에서 중국인들이 계속해서 다수를 점하고 있는 것 그리고 1946년 협약에서 요구된 사회·문화적 개혁이 느리게 진행되는 것 또는 이에 응하지 않는 것에 초점을 맞추도록 했다. 신장 남부에서의 민족 간 긴장과 국민당 체제의 약화가 소련의 이해관계에 어긋나는 것은 아니었지만, 만약 스탈린이 신장의 나머지 지역을 병합하기를 원했다면 그는 동투르키스탄 공화국 군대가 거의 우루무치의 문턱에 이르렀던 1946년에 그렇게 할 수도 있었다. 1946년 여름부터 1949년 말까지 투르키스탄 공화국의 정치적 행보 배후에 있던 추진력은 주로 아흐메트잔 카시미와 동투르키스탄 공화국의 투르크 지도자들이 가진 민족주의적 열망으로부터 나왔다고 보는 것이 합리적일 것이다. 물론 이는 단지 이 지역에서 소련이 가지고 있던 목적이 어느 정도의 한계를 가지고 있었다는 점을 나타내는 것일 뿐 동투르키스탄 공화국 지도부가 실제적인 행동의 자유를 누렸다는 것을 의미하지는 않는다. 동투르키스탄 공화국은 결국 군사적으로나 경제적으로 소련에 종속되어 있었다. 몇몇 역사가들이 지적했듯이, 소련은 멀리 마나스 강까지 북부 신장을 장악하고 있던 동투르키스탄 공화국의 힘으로 1942년 성스차이가 관계를 단절한 이후 처음으로 다시 수중에 넣을 수 있게 된 신장의 석유와 광물 및 목축 제품(특히 모직물)을 계속해서 싼 값에 이용하는 것에 주로 관심을 가지고 있었다. 이는 다양한 방식으로 유지될 수 있었으며 중국 내전의 결과가 명확해질 때까지 관망할 수 있었다. 1945년에는 북부 신장이 상대적으로 분열되어 있는 한, 이 지역에서 소련의 영향력은 또한 몽골에서의 전후 지위와 이보다 더 중요한 만주 및 동북아시아 전반에서의 이해관계를 두고 국민당 정부와 협상하는 데 있어 소련의 입지를 강화시켜 주었다. 이와 대조적으로 소련이 노골적으로 신장 전역을 병합하는 것이나 몽골인민공화국과 같은 위성국가를 만드는 것은 얄타 협정의 조건들을 위반하는 것이었으며 이 문제에 미국이 더 크게 개입할 위험을 무릅써야 했다.

요약하자면 1944년 신장 북부의 3개 지구에서 발생한 반란과 뒤이어 생긴 동투르키스탄 공화국 정부는 지역의 반중국적 정서와 ('범투르크적'이지 않은) 투르크 민족주의적 정서로부터 발생한 것으로, 이 운동은 정치 단체를 돕고 주요 지도자들에 대해 영향력을 행사하면서 군수 물자와 군사 훈련, 고문들을 제공한 소련으로부터 지원을 받았으며, 논란의 여지가 있기는 하지만 소련에 의해 가능해졌으며 또한 통제되었다. 소련은 신장의 위구르족과 카자흐족 및 다른 민족들 사이의 민족주의적 열망을 자신의 목적을 위해 후원하고 이용했으며, 1945년 9월에는 동투르키스탄 민족주의자들의 희망보다는 아시아에서의 소련의 전략적 목표와 관련된 이유로 인해 결정적인 순간에 이를 제지했다.

냉전 기간을 살았던 사람이라면 누구나 동남아시아 혹은 라틴아메리카에서의 반란은 '소련의 계략'이라는 주장에 익숙할 것이다. 비록 이와 같은 비난이 일반적으로 운동을 비합법화하기 위한 목적을 가지고 있기는 했지만, 예리한 관찰자들은 또한 소련의 후원이 있었다는 것이 이러한 운동들 다수가—반식민주의적이건 계급 투쟁적이건 혹은 그 둘 다이건 간에—진심에서 우러나오는 불만과 깊이 간직된 민족주의적 감정으로부터 발생했다는 사실 자체를 부정하지는 않는다는 점을 인정했다. 1940년대 말의 사건들에 대한 일부 견해들, 특히 국민당의 해석을 긴밀히 따르는 견해들에는 '무슬림 반란'을 단순히 소련의 하수인 정도로 격하시키고 기저에 깔린 민족 간 갈등과 보편적인 민족주의적 정서를 무시하는 유사한 경향이 있다. 마찬가지로 이 운동의 초기 단계에 '범투르크적' 혹은 '범이슬람적'과 같은 표현을 붙이는 것 역시 본질을 호도하는 것인데, 왜냐하면 일리의 반란 세력들이 거대한 중앙아시아 투르크 국가를 설립하겠다는 엔베르 파샤Enver Pasha*의 목표를 채택했다거나 신장의 경계 너머로 확장된 연합을 의도했다는 증거가 없기 때문이다. (오히려 국민당의 위구르 지도자들인 이사 알프테킨과 무함마드 에민, 마수드 사브리가 일리 집단보다 더욱 범투르크적이었는데, 이들은 '위구르족', '카자흐족' 등과 같은 범주를 논박하고 대신 신장의 투르크계 무슬림은 단일한 민족이라고 주장했다.) 수십 년에 걸친 중국 정치 체제의 통치 이후 신장 북부의 투르크 주민들이 1944~1945년에 이르러서는 한족들을 학살할 만큼 화가 많이 나 있었다는 것은 이해할 만한 가치가 있는 중요한 사실이다. 이들을 단순히 소련의 도구, 무슬림 광신도 혹은 범투르크주의자라고 부르는 것은 질문에 대해 답변을 하는 것이라기보다는 이를 회피하는 것이다. 마찬가지로 이 운동을 단순히 중국 혁명의 연장이라고 하는 것 역시 똑같이 부정확한 것으로 이 운동의 강렬한 반중국적 추동력과 양립하기 어렵다.

사실상, 신장의 투르크 민족주의자들이 이 지역과 지역의 주민들을 위해 어느 정도의 자치를 이룰 수 있는 최선의 방법은 무엇인가에 대해 서로 다른 생각을 가진 채—신장이 소련과 중국이라는 두 괴물 사이에 끼여 있기 때문에—국민당과 소련 측 모두에 가담했다는 것이 제2동투르키스탄 공화국 시기의 역사를 복잡하게 만든다. 신장의 문화적 다양성에 대해 상대적으로 진보적이었던 중국인 신장 성 주석 장즈중의 출현은 이사 유수프 알프테킨과 마수드 사브리, 무함마드 에민 부그라 같은 인물들

---

* 제정 러시아에 대한 저항으로 시작된 중앙아시아 무슬림들의 독립운동인 바스마치 운동의 지도자.

이 국민당이 결국 배타적 한족주의와 중국에서의 민족적 차이에 대한 부정을 멀리하고 1923년 쑨원에 의해 채택된 정책으로 되돌아갈 것이라는 희망을 가지고 국민당을 따르도록 만들었다.[87] 마찬가지로 우리가 일리 지도자들의 동기에 대해서는 잘 알지 못하며 우리가 알고 있는 것도 대개는 소련과 중국 측 자료에서 여과되어 나온 것이기는 하지만, 이들 역시 무엇보다도 투르크 민족들의 자치를 바랐으며, 다만 국민당 진영에 있는 동료들과는 달리 국민당을 사회주의적 혹은 공산주의적인 발전 경로를 선호했던 소련보다 더 큰 직접적인 위협 요인으로 간주했다는 징후들이 있다. 아흐메트잔 카시미조차도 소련과의 연합에 대해 목적을 위한 수단이라고 간주했으며, 그가 소련과 의견을 달리할 수 있었다는 사실은 다음에서 언급할 제2동투르키스탄 공화국의 대단원으로부터 알 수 있다.

중국 공산당이 신장을 장악하다

부르한 정부는 한시적이면서 타협적인 정권이었다. 만주에서의 패배와 뒤이은 군대의 이반으로 인해 큰 군사적 손실을 입은 국민당 정부와 사기가 꺾인 국민당 군대는 1949년의 대부분 기간 동안 중국 남부에서 공산당 군대를 피해 총퇴각을 하고 있었다. 그사이 1만 2000명의 일리 민족군은 신장에 주둔하고 있던 8만 명의 신장 국민당 군대를 굴복시키기 위해 마나스 강의 바로 북쪽에 있었다. 소련은 자신들이 성스차이와 체결했던 것과 같은(신장에서 소련에게 무관세 무역과 독점적인 광물 채굴권을 부여한) 협약을 맺기 위해 국민당의 잔당들과 협상함으로써 이 상황을 이용하고자 했으나 거래는 결국 수포로 돌아갔다.

신장의 '평화 해방'

1949년 여름까지 펑더화이(彭德懷) 휘하의 인민해방군 제1야전군이 간쑤와 칭하이에 집결했다. 그사이 (최근 중국 공산당으로 이반한) 장즈중은 부르한 및 신장의 국민당 주둔군 사령관 타오즈웨(陶峙岳)와 연락을 주고받기 시작했는데, 그는 이들에게 항복하라고 권고했다. 장제스는 타오즈웨에게 국민당 군대가 파미르 고원 너머로 밀려날 때까지 공산주의자들과 싸우라고 명령했다고 전해지며, 타오즈웨 휘하의 장교 중 일부도 저항할 것을 옹호했으며 심지어는 적과 교전하기 위해 동쪽으로 진군하기를 원하기도 했다. 이와 거의 같은 시기에 스탈린이 신장 역시 외몽골과 마찬가지로 독립 공화국이라고 선포하도록 타오즈웨를 압박했다고 알려져 있는데, 소련은—이후 연방제 형태의 중화인민공화국 일부가 된—이 지역에 인민해방군이 간여하지 않도록 조치를 취했던 것이다.[88] 이와 같은 매력적이지 않은 제안들에 직면하여 타오즈웨는 우선 떠나기를 원하는 국민당군의 장교와 경찰, 정치가 들이 그렇게 하도록 내버려 두었다. 이사 알프테킨과 무함마드 에민 부그라도 영국과 미국의 영사 및 '우루무치의 미국 첩보원' 더글러스 매키어넌Douglas MacKiernan을 비롯한 다른 사람들처럼 이 시기에 떠났다.

영사 서기로 가장하여 중국 공산주의자들에 대한 신장과 소련의 원조를 감시했던 중앙정보부 요원 매키어넌은 문서를 파기하고 1949년 9월 27일 중국 공산당 군대에 의해 점령될 때까지 우루무치(적화)의 영사관을 차차 폐쇄해 나갔다. 그날 저녁 매키어넌은 풀브라이트 재단의 후원을 받은 고고학자 프랭크 베사크Frank Bessac 및 3명의 백계 러시아인들과 함께 하미 북쪽의 바르콜 호에 있는 오스만 바투르의 병영을 향해 출발했다. 그가 "자유를 위해 투쟁하는 친구"라고 묘사한 오스만에게 미국의 실질적인 원조를 제공할 수 있었는지에 대해서는 의문이며 또한 어떠한 원조를 약속했는지에 대해서도 알려져 있지 않지만, 그는 오스만에게 성스차이와 국민당, 동투르키스탄의 통제에 저항했던 것처럼 중국 공산당의 통제에 맞서고자 하는 스스로의 의향을 따르라고 권유했던 것으로 보인다. 매키어넌이 작성한 원래의 기록은 서북쪽의 회족을 비롯한 다양한 무슬림 주민들 사이에서 공산당에 대한 저항을 부추길 의도를 가지고 있었을지도 모른다. 어찌 되었든 떠날 시간이 되었고 10월 중순 매키어넌의 소규모 일행은 카자흐족 가이드와 함께 남쪽으로 출발하여 타클라마칸 사막을 횡단하고 알틴 타그를 넘어 칭하이로 들어갔는데, 그곳에서 톈어 호(天鵝湖)라고 알려진 지역에서 카자흐족과 함께 겨울을 났다. 이듬해 3월 이들은 라싸로 가는 도중에 티베트 고원을 횡단했다. 매키어넌은 달라이 라마의 정부가 미국 국무부로부터 자신이 오는 도중이라는 사실을 듣고 자신의 일행에게 자유로운 통행을 허가하라는 명령을 내릴 수 있도록 하기 위해 미국 정부와 계속해서 통신을 유지했다. 그러나 이 소식은 매키어넌과 그의 일행이 만난 국경 경비대에는 전해지지 않았는데, 경비대가 의심을 품고 신분이 오인된 상황에서 매키어넌과 러시아인 중 2명은 1950년 4월 말 시가르훙 룽Shigarhung Lung에서 총살당하고 참수당했다. 랭글리에 있는 중앙정보부 명예의 벽에 기록된 최초의 무명 영웅은 바로 매키어넌이다.[89]

그사이 타오즈웨는 1949년 9월 하순에 중국 공산당에 전보를 보내 자신이 8만 명의 군대와 함께 항복하겠다고 알렸으며, 부르한은 그 다음 날 그를 따랐다. 마오쩌둥과 주더(朱德)는 그들의 올바른 판단을 축하하는 전보를 보냈으며, 타오즈웨에게 인민해방군이 도착할 때까지 "민족 통합과 지역의 질서를 유지하라고" 압력을 가했다. 10월 중순 왕전(王震)은 인민해방군 부대를 이끌고 신장으로 진입했고, 이들은 아무런 저항 없이 남부 7개의 지구를 장악했다. 인민해방군은 일리 군대를 재조직할 시간을 가지면서 북부 신장으로는 더욱 천천히 진격해 들어왔으며, 유목민들 사이로 작업반을 파견하고 민족 분리주의에 동감한다고 의심되는 군사·정치 지도자들을 숙청했다. 따라서 이미 '혁명'을 경험한 지구들보다는 국민당의 통치 아래 있던 신장의 지역들을 해방시키는 것이 더 손쉬웠다.

중국 공산당, 소련, 동투르키스탄 공화국 그리고 비행기 추락 사고의 미스터리
동투르키스탄 공화국은 중국 공산당에 문제를 야기했으며 공산당 역시 동투르키스탄 공화국에 문제를 가져다주었다. 쿨자의 지도부는 대중들을 향해 자신들의 소련 후원자들과 마찬가지로 막 수립된 마오쩌둥의 정부도 사회주의 협회의 일원이라는 정치적 수사를 사용했다. 신장의 연합 정부가 실질적으로 폐기되기는 했으나 여전히 명목상으로는 존재했으며, 동투르키스탄 공화국 출신의 지도자들도 신장 정부의 각료 명부에 여전히 이름을 올리고 있었다. 1947년 이래 성도로 돌아온 적이 없기는 했으나 아흐메트잔은 쿨자 정부의 주석직을 맡고 있는 시기에도 여전히 엄밀히 말해 신장 성의 부주석이었다. 비록 스탈린이 마오쩌둥에 대해 유보적인 태도를 취하고 있었으나(스탈린은 소련에서 공부한 중국인들을 더 선호하고 농민 계층에 토대를 둔 마오쩌둥의 자생적 혁명 전략에 반대했다), 소련은 중국 혁명의 성공을 반겼으며 동투르키스탄 공화국 역시 중국 공산당의 다가올 승리를 받아들이고 그 대표들과 의견을 교환했다. 아흐메트잔 카시미는 공개적으로 쿨자 혁명 세력이 이전에 가졌던 반중국적 입장을 폐기하고, 심지어는 "독립된 동투르키스탄"을 선언한 것이 "완전히 잘못되고 그릇된 정책"이라고 말했다.[90]

1949년 6월 덩리췬(鄧力群)은 쿨자에서 신장 북부의 정세에 대해 알기 위해 아흐메트잔 카시미, 압둘 케림 아바스, (키르키스족인) 이스하크 벡 Ishaq Beg과 회동했다.[91] 8월 마오쩌둥은 중국 공산당에 적극적으로 반대하지 않는 다양한 당파와 민족 집단의 대표들을 한데 모아서 이들과 새 정부의 연대감을 과시할 목적으로 옛 동투르키스탄 공화국 출신의 대표단을 베이징에서 개최된 전국인민대표대회에 초청했다. 북부 신장의 대표 5명, 즉 아흐메트잔, 이스하크 벡, 압둘 케림 아바스, 카자흐족 데릴한과 중국인 뤄즈(羅志)는 알마티까지 육로로 이동하여 베이징행 비행기에 올랐다. 몇 주 동안 이들로부터 아무런 소식이 없었는데, (인민해방군이 북부 신장을 점령한 후인) 그해 12월 중국 정부는 8월 27일 이들이 탑승한 비행기가 시베리아 바이칼 호 인근의 산기슭으로 추락하여 탑승자 전원이 사망했다고 발표했다. 그사이 세이피딘 에지즈Säypidin Äzizi(사이프 앗 딘 아지즈Saif al-Din 'Aziz/賽福鼎·艾則孜)가 이끄는 새로운 신장 대표단이 선임되고 이 회의에 참석하기 위해 베이징으로 갔는데, 대표단의 구성원들은 북부의 3개 지구 혹은 신장 전역 어느 쪽에서건 자치에 대한 모든 요청을 폐기하겠다는 데 합의했다.[92]

두말할 나위 없이, 신장에 대한 중국 공산당의 야심에 있어 결정적인 순간에 북부 3개 지구에 수립된 자치적 정치 제제의 수뇌부를 교묘히 제거해 버린 이 의심스러운 비행기 추락 사고와 관련하여 많은 음모론이 제기되었다. 많은 사람이 중국 공산당이 비행기를 격추시켰거나 또는 다른 방식으로 비행기의 승객들을 제거했을 것이라고 의심했다. (1955년부터 1956년까지 신장 성 정부의 부주석이었던 아스하트 이스하트Askhat Iskhat는 아마도 아흐메트잔 카시미와 다른 사람들이 중국에 도착하자마자 체포되었을 것이라고 개인적으로 밝혔다.)[93] 쿨자 시 공원에 있는 공식 기념비에서 일리 지도자들을 "혁명의 순교자"라고 과도하게 칭송한 것은 이러한 의혹들을 부추길 뿐이다.

그러나 최근 들어 중앙아시아의 위구르인 망명자들과 러시아의 역사가들, 구소련 국가보안위원회 요원은 스탈린이 자신이 수립하기 위해 많은 노력을 기울였던 일리 체제 청산의 배후에 있었다고 주장했다. 이러한 자료들은 아흐메트잔이 스탈린이 반대했던 결과물인 동투르키스탄 공화국의 자결권을 위해 중국 정부에 로비 활동을 하겠다는 의도를 소련에 명확히 밝혔거나 또는 마오쩌둥과 거래하는 과정에서 이미 가격 흥정을 진행하고 있었을 것이라고 주장했다.[94] 마오쩌둥과 스탈린 모두 아흐메트잔과 동투르키스탄 공화국의 지도자들과 신장의 자치를 향한 이들의 희망을 제거할 동기와 수단 그리고 기회를 가지고 있었다. 또는 단순히 비행기가 추락했을 가능성도 있으며 정확한 답은 어딘가의 문서고에서 기다리고 있을 것이다.

6장

중화인민공화국에서

1950년대~1980년대

❖❖

위구르어 혹은 투르크어로 알려진 투르크계 언어와 그 원형이 되는 방언들은 9세기 이후로 신장에서 여러 형태로 사용되어 왔다. 1200년 동안 이 언어는 여러 가지 형태로 기록되었으며, 위구르어를 위해 채용된 문자의 변화는 이 지역의 역사에서 이정표를 세웠다. 세로로 쓰인 최초의 위구르 문자는 소그드어로부터 그리고 궁극적으로는 아람어로부터 파생된 것이다. 이 문자는 이후 몽골 제국에 의해 그리고 다음으로는 만주와 중가르에 의해 차용되었다. 1000년경부터 신장이 이슬람화되면서 투르크어를 기록하기 위해 페르시아어와 우르두Urdu어와 마찬가지로 아랍어에 기반을 둔 문자가 차용되었으며, 이 문자는 이후 여타의 중앙아시아 지역뿐만 아니라 신장에서도 차용되었고, 차가타이어라고 알려진 대단히 페르시아어화된 투르크 문어를 기록하기 위해 사용되었다. 수정된 아랍 문자가 1000년 동안 현대 위구르어의 선조를 기록하기 위해 사용되었다. 이후 20세기의 가속화된 삶의 속도를 보여 주는 두드러지는 표식으로서 위구르어를 위해 사용된 문자 체계는 1930년대와 1980년대 사이에 네 번이나 개혁되거나 완전히 교체되었다. 1937년과 1954년에 아랍 문자를 개혁한 것은 위구르 문자를 현대 위구르어에 더 적합하게 만들었으나 동시에 이를 아랍어에 기반을 둔 중앙아시아와 중동의 다른 문자들과 구분 지었으며, 더 나아가 신장의 비유목민 무슬림의 주된 정체성인 '투르크인'과 대비되는 '위구르인'을 확립시켰다. 반면 소련은 우즈베크어(위구르어와 대단히 유사하다), 위구르어, 카자흐어 그리고 키르기스어를 위시하여 자신의 영토 내에 있는 투르크 민족들의 언어를 위해 키릴 문자에 기반을 둔 문자를 도입했다. 중국 당국은 이슬람 원전의 매력을 줄이고 소련에서 출판된 과학적이고 교육적인 자료들에 대한 접근성을 높이기를 희망하면서 1956년 신장에서 소련의 예를 따랐다. 이후 1960년 중소 관계에 불화가 생기면서 중국 정부는 키릴 문자를 폐기하고 신장에 있는 투르크 민족을 위해 새로운 문자 체계를 도입했다. 비록 이러한 정서법이 (약간의 특수 문자와 함께) 로마자 알파벳을 사용하기는 했으나, 이는 로마자화라기보다는 병음화(拼音化)라고 보는 편이 옳을 것이다. 즉 이 표기법은 투르크어를 로마자화하는 세계적인 표준을 따르지 않았으며, 오히려 한어병음(漢語拼音), 즉 중국의 중국어 로마자 표기법에 차용된 음성에 문자를 독특하게 할당한 것이었다. (예를 들어, 투르크 연구자들은 전통적으로 x를 구개수 마찰음 'kh'를 나타내기 위해 사용했던 반면 중국의 위구르어 병음에서 이는 'sh'음을 나타낸다. 마찬가지로 q는 무성 구개수 폐쇄음, 즉 '후설음 k'가 아니라 'ch'를 나타낸다.) 이 개혁의 목표는 소련 내 투르크 민족들과의 접촉을 단절시키는 것 외에 중국어 어휘를 투르크 언어에 도입하는 것을 용이하게 함으로써 소수 민족의 '융합과 동화'를 촉진하는 것이었다. 위구르의 어린 학생들이 자신들의 문자와 중국의 병음 모두를 배워야 한다는 것을 생각한다면 정치적인 고려가 가장 크다고 간주할 수는 있겠지만, 이러한 방식으로 혼동을 피하는 것이 어쩌면 교육적 의미가 있을 수도 있다.

1984년 문화 대혁명의 난폭함 이후 찾아온 정치적·문화적 이완기 동안 중국은 공식적으로 위구르어를 위해 조금 수정된 아랍 문자에 기반을 둔 문자를 다시 도입했고, 교육과 출판을 통해 이를 효과적으로 보급했다. 이 문자 체계들에 대한 용어는 혼란스러운데, 아랍 문자에 기반을 둔 새로운 문자는 '옛 문자(코나 예지크kona yäziq)'라고 불렸으며 이전의 병음화된 로마 문자는 '새로운 문자(옝기 예지크)'라고 알려져 있다. 냉소적인 사람들은 이처럼 아랍 문자에 기반을 둔 문자를 다시 정착시킨 것과 마오쩌둥 시기 이후 중국이 서방에 다시 문호를 개방한 것이 시기적으로 일치하며, 따라서 위구르의 어린 학생들이 영어와 로마자에 기반을 둔 다른 언어들을 학습하는 데 우위를 가지려던 시기에 그 가능성을 박탈했다고 지적한다. 그러나 아랍 문자에 기반을 둔 문자 역시 많은 위구르인들이 만족스러워하는 방식으로 위구르의 전통과 잘 어울린다.

가장 최근에 1990년대와 2000년대에 걸쳐 정부의 후원 아래 신장 대학과 해외에 있는 위구르인들 사이에서 컴퓨터 친화적인 위구르어 정서법 표준을 개발하고자 하는 노력들이 있었다. 일례로, 위구르어 컴퓨터 문자Uyghur Kompyutär Yäziqi 체계는 로마자를 사용하지만 보통의 투르크어와 같은 방식으로 음성을 할당하며, 모음에 대해서는 일반적인 워드 프로세싱 및 인터넷 검색 소프트웨어로 키보드 위에서 재생할 수 있는 분음부호만을 차용했다. 이는 우즈베키스탄에서 제안된 새로운 로마자 표기 체계와 유사하다. 어떠한 형태이건 로마자로 표기된 위구르어는 현재 위구르어 이메일과 인터넷 문서에서 점점 더 보편적으로 사용되고 있으며, 중국, 구소련 영역, 유럽, 터키, 중동, 미국 내 위구르인들 사이의 의사소통을 용이하게 하고 있다. 처음은 아니지만 문자 체계의 변화는 세계에서 위구르인들이 차지하는 위상의 변화를 보여 준다.[1]

중화인민공화국 치하에서 위구르어 정서법이 자주 변화한 것은 또한 20세기 후반 중국 공산당 치하에 있던 신장에서의 삶에 대해 무엇인가를 알려 준다. 문자의 공식적인 변화 각각(1956년에는 키릴 문자로, 1960년에는 병음으로, 1984년에는 다시 수정된 아랍 문자로)은 신장과 신장에 거주하는 투르크 민족들에 대한 중국의 정책 변화를 나타낸다. 물론 중국 전역은 마오쩌둥 시기의 변화와 덩샤오핑(鄧小平) 치하에서의 반동으로 인해 혼란에 빠졌으며, 중국의 독자들 또한 어느 정도 자신들의 문자 전통이나 화교들과 단절시킨 새로운 간체자(簡體字)의 공표에 대응해야 했다. 그러나 한족들은 35년 동안 세 번이나 폐기된 사전들과 이전의 출판물들은 보지 않았으며, 문자의 변화가 타인에 의해 강요된 것이라고 생각하지 않았다. 이러한 차이는 중국의 많은 비한족들이 중화인민공화국 통치의 변화를 한족과는 다르게 경험했다는 사실을 상징한다. 중국의 모든 시민이 무분별한 정책과 권력 투쟁으로 인해 고통을 받았지만, 신장의 무슬림은 티베트인들이나 중국에 있는 다른 '소수 민족'들과 마찬가지로 외부인들에 의해 혼란이 찾아왔다고 느끼게 되었다.

통치의 확립과 사회주의의 이행: 1949~1958년

1949년 9월과 10월 신장에 입성한 왕전 치하의 인민해방군 제1야전군은 새로운 지역 정부와 당 조직의 건설을 감독하면서 수년 동안 이 지역을 통치하는 업무를 담당했다. 중국 공산당은 신장과 이 지역의 비한족들에 대한 경험이 거의 없었으며, 많은 비한족 엘리트들 사이에 만연한 소련의 뿌리 깊은 영향력이라는 부가적인 문제에 직면해야 했다. 더욱이, 중국 공산당 세력은 산재해 있는 저항 세력들과 맞서야 했는데 이들 중 일부는 무장을 하고 있었다. 카자흐 지역에서는 오스만 바투르, 알리 벡 하킴Ali Beg Hakim, 자님한Janimhan과 다른 사람들은 중국인들에 대항하는 소수의 추종자들을 이끌고 있었다. 오스만 바투르는 1951년 초반 미국과의 관계에 대한 많은 선전 속에서 체포되고 처형되었으나, 카자흐의 '산적 행위'는 1954년까지 계속되었다.[2] 더구나, 1950년대 초반부터 중반까지 타림 분지 남부의 호탄과 로프 현에서는 무함마드 에민 부그라(5장 참조)와 연계되었다고 알려진 아브디미트Abdimit라는 인물이 지도하는 일련의 저항 운동이 일어났다. 약 300명의 인원들로 이루어진 아브디미트의 조직은 한때 노동 교화 캠프(勞動改造營)를 공격했다. 1954~1956년 남부 신장 전역과 투루판, 쿨자에서는 계획 단계에서 진압되거나 적발된 또 다른 '반혁명 소요'가 있었다. 이러한 소요 역시 아브디미트 조직과 연관되어 있었다고 한다.[3]

중국 정부는 이러한 산발적인 소규모 저항 운동의 배경을 겨냥하여 1949년 12월 새로운 '통일 신장 성 인민 정부'를 공표했으나, 실제로 인민 해방군과 당은 새로운 행정 조직을 수립하는 데 꾸물거렸다. 또한 이들은 처음에는 초당파적 기구가 계속해서 존속하는 것을 용인하는 한편 이후 보다 더 많이 계급적·이념적 다양성을 허용한 '통일 전선'이라는 정책 아래에서 활동했다. 인민해방군의 군사관제위원회(軍事管制委員會)는 많은 기존의 지도자들이 현재 자신의 지위를 유지하도록 하면서 이들과 함께 일했다. 항복한 국민당의 신장 주둔군 병사들과 일리 민족군은 처음에는 인민해방군에 흡수되었으나 이후 폐지되거나 해산되었다(아래의 내용을 참조하라). 더욱이 처음 1년 동안 중국 공산당과 인민 해방군은 소련과의 관계에도 불구하고 약 1만 7000명의 동투르키스탄 공화국의 관리들을 계속해서 관직에 유임시키면서 북부의 삼구에는 비교적 거의 간섭하지 않았다.[4]

1950년대 초반에 이르러 중국은 비한족 당원을 모집하여 기존의 지도자들을 자신들의 사람으로 교체하기 시작했는데, 일부는 당의 대규모 동원 계획에서 행동 대원으로서 인정된 사람들 중에서 선발되었으며 왕전이 "인민의 간부(幹部)를 제조하는 공장"이라고 불렀던 신계급에서 훈련받은 사람들도 있었다.[5] '삼반(三反)' 운동(1951년 말~1952)[6]과 이후 20년에 걸쳐 지속된 다양한 정치 운동 기간 중 발생한 공직자 숙청은 종종 격렬했으며, 중화인민공화국 이전 시기의 투르크 지도자들, 특히 동투르키스탄 공화국과 연관된 사람들 중 다수가 제거되었다. 일례로, 일리 인민군의 옛 장교 중 몇몇은 처형되었고 다른 사람들은 '재교육되었으며,' 또 다른 사람들은 북부 신장 밖으로 전출되었고 그들이 몸담았던 부대는 재조직되었다. 군인의 신분을 유지하고 있던 타오즈웨 사령관을 위시한 국민당 군인들, 특히 건설병단(建設兵團)(아래의 내용을 참조하라)에 복무하게 된 사람들은 상대적으로 잘 지낸 것처럼 보인다.[7]

1950년대 초반 신장 대부분의 지역에서는 지역의 인민 정부를 구성하는 선거를 긴밀히 통제하기 위해 조직된 전국인민대표대회가 직접적인 군사 통제를 대신하게 되었다. (중국의 통제력이 여전히 확고하지 않았던 신장 북부의 카자흐 지역에서는 선거가 1958~1959년까지 연기되었다.) 상당히 많은 비한족 관원들이 이 새로운 정부 조직의 하부를 채웠는데, 예를 들어 시·군의 신임 주석 중 45명이 위구르인이고 13명이 한족이었으며 나머지는 기타 비한족 집단에 속했다. 그러나 비한족들이 지역의 주석직을 맡았던 반면 한족들은 부주석직을 맡았으며 야전군 출신의 한족이 성의 최고위 장관직을 담당했다. 부르한은 큰 영향력은 없었지만 신장 성 주석으로 유입되었다. (그는 또한 중국 이슬람 협회의 초대 의장을 역임했다.)[8] 신장 정부에서 눈에 띄게 부상한 비한족 출신의 또 다른 주요 인물은 성의 부주석이자 신장 민족위원회의 의장이었던 세이피딘 에지즈였다. 그는 소련에서 법률과 정치학을 공부한 위구르인으로, 소련에서 소련 공산당에 가입했으나 1950년에는 중국 공산당으로 소속을 옮겼다. 그는 1944년에는 신장 북부의 동투르키스탄 공화국에서 처음으로, 그리고 이후에는 연합 정부에서 교육부 장관을 지냈다. 베이징에서 열린 제1차 전국인민대표대회에 참석한 이후 그는 다른 민족 위원회와 단체의 일원이 되었다. 그는 민족을 불문하고 신장에서 가장 오래도록 영향력을 유지한 정치가 중 한 명이었다.[9]

토지 개혁

중국 정부가 (중국 전역에서와 마찬가지로) 신장에서 당과 지역 정부의 인원을 모집하기 위해 시도했던 방법 중 하나가 토지 개혁 프로그램을 통한 것이었다. 중화인민공화국 초기의 토지 개혁은 경제적으로나 정치적으로 모두 몇 가지의 목표를 가지고 있었다. 토지 개혁은 가난한 소작인들을 지주들에게 대항하도록 동원하여 소위 지주라고 불리는 토착 엘리트를 약화시키고 소작료를 낮추고 토지를 재분배함으로써 당에 대한 사회 빈곤 계층의 지지를 얻기 위한 것이었다. 또한 대중들이 예전에 자신들을 박해했던 사람들을 공개적으로 비판하는 회의와 재판을 통해 가장 순종적이고도 논리 정연한 참석자들이 조직원들의 눈에 띄게 되었으며, 이들은 이후 이 '행동 대원'들을 당원 및 정부의 간부로서 모집했고 이를 통해 지역에 대한 국가의 영향력을 확대하고 심화시켰다.

그러나 토지의 재분배와 토착 엘리트의 교체는 중화인민공화국 농업 프로그램의 첫 번째 단계에 지나지 않았으며 공평한 토지의 영구 소유 역시 임시적인 결과에 불과했다. 궁극적인 목표는 집단 농업이었는데, 1950년대 전반기에는 중국 전역에서 상이한 속도로 농부들에게 호조조(互助組)*를 형성할 것을 장려했으며 이후에는 단계적으로 이 호조조를 합작사

(合作社)**에 합병시켰다. 마르크스주의와 스탈린주의의 발전 이론은 집단화를 통해 실현된 규모의 경제와 농업의 기계화를 통해 국가가 징수하는, 중국 입안자들—이들은 점차 경쟁이 심화되는 냉전 시기에 중국을 부강하게 만들고자 했다—의 지상 목표인 산업 발전에 전용할 수 있는 재원을 구축할 수 있을 것이라고 여겼다.

인민해방군 작업반은 신장의 토지 개혁 운동을 시행했는데, 이들은 1950년부터 시골 지역을 여행하며 토지·인구 및 관개 시설을 조사하고 '토착 지배자들'과 위구르 지역에서 마찬가지로 대지주였던 이슬람 기구(다음 '이슬람' 부분의 내용 참조)에 대한 재판과 투쟁 집회를 주재했다. 위구르인 농부들은 상당한 혼란과 저항으로 이 프로그램에 반응했으나, 일부의 사람들은 지주와 종교 시설에서 몰수한 토지와 가축, 다른 재산을 최빈곤층에게 나누어 주는 개혁을 환영했다. 1954년 초반까지 1만 1000헥타르(737만 무) 이상이 65만 호에 재분배되었으며, 이듬해까지는 신장의 농부 중 67퍼센트가 호조조에 그리고 5퍼센트가 초급 합작사에 가입했다. 이는 중국 대부분의 지역보다 느린 속도로 이루어진 집단화였다.[10]

토지 개혁과 집단화에 있어 유목 경제는 훨씬 더 어려운 표적이었는데, 이는 신장의 북부에는 중국인들이 거의 거주하지 않았고 유목 경제와 정주 농경 경제 사이에는 근본적인 차이가 있었기 때문이며, 또한 카자흐족과 다른 유목민들 사이에서 두드러졌던 사회 조직의 형태에 기인한 것이었다. 인구가 희박한 초지와 산악 지역의 유목민들 사이에서 토지 소유는 그다지 중요하지 않았으며 가축이 가장 중요했다. 더욱이 개별적인 가족 단위(아울aul, 천막)는 그들의 씨족(우루uru)들이 상당한 정도의 소유권

---

* 약 5~10호의 농가들을 하나로 묶어 개별적인 소유권은 인정하되 노동력, 가축, 농기구를 공동 이용하여 공동 작업을 하도록 만든 조직.
** 협동조합.

과 업무를 공유하고 있었기 때문에 목축에 대한 공동체적 접근에 이미 익숙해져 있었다. 당이 신중했던 또 다른 이유는 자신들의 의지에 반해 강제적으로 집단화된 목축업자들이 가축을 집단적인 (혹은 국가의) 소유로 넘겨주기보다는 잡아먹을 수 있다는 대단히 현실적인 가능성 때문이었다. 이는 큰 충격을 가져다준 1930년대 소련의 카자흐스탄 집단화 과정에서 발생했다. 목축 제품들은 소련으로 수출되는 가장 중요한 물품의 하나였고 핵심 수입품인 산업 설비와 제품의 대금을 지불하기 위해 사용되었기 때문에 이는 심각한 문제였다.

카자흐 씨족에 대한 개혁을 시행하고 씨족 및 종교 지도자들을 없애려고 한 인민해방군 작업반의 최초의 시도는 강렬한 저항에 직면했다. 따라서 1952년 이후 신장 정부는 '개혁' 모델이 유목 생활의 환경에 적합하지 않으며, 어찌 되었든 국가는 반란과 가축의 도살을 촉발시키지 않고는 개혁을 밀고 나갈 수단이 없다는 사실을 암묵적으로 인정하면서, 계급 투쟁을 조장하고 재산을 분할하거나 '토호들'(예를 들어 카자흐 씨족의 지도자들)을 제거하기 위한 시도를 중단했다. 1956년까지 신장 북부의 목축업자들 중 오직 3분의 1만이 호조조에 등록했다. 그럼에도 불구하고 중화인민공화국은 다른 정주 국가들과 마찬가지로 방랑민에 대한 깊은 의혹을 계속해서 품고 있었으며, 궁극적으로는 이들을 더 면밀한 관찰과 통제 아래에 두고자 했다. 중국은 이와 관련해 장려책(건강 관리와 교육, 면세, 과학적인 축산 기술, 현금 지원금과 융자금 그리고 늑대를 제거할 수 있는 엽총까지)을 제공하고, 점진적으로 완전한 유목민들을 반(半)유목 상태로 만듦으로써―중국 정부는 유목민들을 상설 동영지에 정착시키고 이전에 목초지가 펼쳐져 있던 곳에 목장을 세웠으며, 한족과 위구르족, 시버족 농경업자들이 일하고 있는 집단 농장과 유목민들의 합작사를 병합했다―첫 번째 성과를 거두었다. 1957년 말까지는 목축업자의 호구 중 46퍼센트가 초급 합작사에 등록했는데, 이 과정은 대약진 운동(아래의 내용을 참조하라) 기간 중 열광적으로 집단화를 추진하면서 1958년까지 가속화되었고, 그 결과 72 퍼센트가 초급 합작사의 회원이 되었다. 그때까지만 하더라도 '집단 농장' 중 다수는 과거와의 급격한 단절을 의미하는 것은 아니었다. 왜냐하면 이들은 당 간부들의 실용주의적 타협으로서 기존의 우루를 토대로 형성되었기 때문이다.[11]

'자치'가 신장에 찾아오다

소련은 광범위하고 복잡다단한 제정 러시아에 대한 통제권을 확립하면서 구 식민지들과 국가들을 '공화국' 연방으로 묶었다. 중화인민공화국도 언어적으로나 문화적으로 중앙의 핵심 인구와는 다른 광범위한 영토라는 유사한 유산을 청으로부터 물려받았으며, 종족-민족적 차이를 다루기 위해 소련으로부터 '민족'이라는 개념과 다른 이데올로기적 접근법들을 차용했다. 그러나 중국 공산당 지도부는 '공화국'이라는 호칭이 내포하고 있는 연방주의를 피했으며 대신 중국 공산당의 포괄적인 통제 아래 비한족들이 지역과 지방 단위에서 이론적으로 자치를 유지하는 체제를 선택했다. 당은 1949년 9월 열린 전국인민대표대회에서 이 원칙을 입안했다.

북부 신장에서는 이처럼 소련 모델에서 벗어나는 것에 대해 처음에는 다소간의 혼란과 저항이 있었다. 1951년 3월 일리에서는 지역의 '민족' 자치에 대한 문제를 논의하기 위한 공식 협의회가 명백히 소련 중앙아시아 공화국들을 모방한 위구리스탄 공화국을 설립하기 위해 중국 정부의 승인을 얻으려고 했으며, "자치 공화국은 공화국 내의 사무를 관리할 수 있는 권한을 누려야 한다"고 제안했다. 비록 외부의 관찰자에게는 이 제안과 민족 '자치'라는 중국의 공식적인 개념 사이에 별다른 차이가 없는 것처럼 보일 수도 있으나, 당은 그럼에도 불구하고 신장의 인민들이 그 차이가 무엇인지―어느 누구도 자치를 독립으로 오해해서는 안 된다―를 확실히 알도록 하기 위해 수년 동안 활동했다.[12]

중국 정부는 신장 지역에 대한 통제권을 공고히 하게 되자 1953년 봄 '자치' 지역을 설립하기 시작했다. 행정 계층의 최하위 단계[향(鄉)과 구(區)]에서 출발하여 점차 상급 단위로 올라와서 일리와 타르바가타이 및 알타이 현(縣)을 포괄하는 일리 카자흐 자치주가 형성된 1954년에 이르러서는 주(州) 단위에 이르렀다. 1955년 10월에는 이 과정이 성(省) 단위에 이르게 되었으며, 이 지역은 신장 위구르 자치구(新疆維吾爾自治區)로 개명되었다. 세이피딘은 부르한으로부터 신장 위구르 자치구 인민 의회의 의장직을 인계받았으나, 실제적인 권력은 신장 군구(軍區)의 사령관으로서 지역의 최고 군직에서 왕전을 대체하고 중국 공산당 신장 지부의 제1서기와 신장 인민회의의 일원으로서 복무한 왕언마오(王恩茂)의 수중에 있었다.

이러한 자치 지역 뒤에 숨겨진 이론은 비한족들 전반에 대한 중화인민공화국의 정책과 밀접하게 연관되어 있다. 이 정책은 중화인민공화국이 권력을 장악해 나가던 기간과 그 직후의 시기에 개발되었기 때문에, 국민당의 동화 정책과 거리를 두고자 했으며(5장 참조), 또한 주요 변경 지역에서 분리주의가 조성되는 것을 막으려고 노력했다. 1949년 9월에 개최된 전국인민대표대회(동투르키스탄 공화국의 지도부가 참석하려다가 사망한 회의)는 모든 '민족'의 평등을 보장하는 공동 강령을 통과시켰으며, 비한족들이 집중적으로 거주하고 있는 지역은 자치적 지위를 누릴 것이라고 공표했다. 같은 취지로 언어 문제가 1954년 전국인민대표대회에서 채택된 중화인민공화국 초대 헌법에서 다시 등장했다. 새로 설립된 중화인민공화국 정부의 주요 과제 중 하나는 중국의 광범위하고 다양한 민족 지형 중 어떠한 민족을 '소수 민족'―이들은 자치 지역을 특별히 대표하며, 중국어가 아닌 언어를 공식적으로 사용하고, 이 언어로 교육을 받을 수 있

톈산에 있는 하영지에 설치한 유르트 내부의 카자흐족 가족
사진: J. Millward, 1990

고, 고유한 문화적 특징을 개발할 수 있으며, 또한 다른 권리들을 누릴 수
있다—으로 정하는가의 문제였다. 선발 과정에는 이 분야에서 연구 활동
을 한 공식 민족학팀이 간여하고 있었으며, "공통의 문화에서 나타나는
공통의 언어와 영토, 경제 생활 그리고 심리적 기질들을 토대로 형성된,
역사적으로 구성되었으며 변하지 않는 인민들의 공동체"라는 민족에 대
한 스탈린의 정의를 적용했다.[13] 1955년까지 법적인 지위를 신청한 500
여 개의 집단 중 민족사무위원회〔民族事務委員會, 오늘날에는 국가민족사무
위원회(國家民族事務委員會)로 알려져 있다〕는 최종적으로 55개의 '소수 민족'
을 인정했으며, 여기에 한족을 더해 56개의 공식적인 민족을 구성했다.[14]

  신장의 민족 검증 과정에서는 13개의 집단, 즉 위구르족, 한족, 카자
흐족, 회족, 키르기스족, 몽골족, 시버족, 러시아인, 타지크족, 우즈베크
족, 타타르족, 만주족, 다우르Daur족이 소수 민족으로 인정을 받았다(다

른 '민족'들은 추후에 인정을 받게 되었다). 당연히 이 명단은 소련의 영향을 받은 성스차이의 정권과 제2동투르키스탄 공화국 치하에서 법적인 지위를 누리던, 이미 대체로 인정하던 범주를 벗어나지는 않았다. (실질적인 변화는 1949년 이후 일리의 '타란치'들을 위구르족의 범주에 공식적으로 합병시킨 것이다.)

신장의 공식적인 민족 집단 중에서 카자흐족, 키르기스족, 회족, 몽골족, 타지크족, 시버족은 자치현과 자치구, 자치주를 할당받았다. 신장 성 전체는 물론 위구르족이 대다수라는 점을 고려하여 위구르 자치 지역이라고 명명되었다. 실제로 이 체제에서 '자치'란 공인된 다양한 민족의 대표자들이 (일반 투표로 선출되지 않은) 지역의 대표 기구에서 일하며 정부 기관의 직원 및 관리로서 근무하는 것을 의미한다. 중화인민공화국은 지역적·국가적 단계의 교육 기관에서 비한족 간부들을 훈련시키기 위해 모든 노력을 다했다. 그러나 1950년대 중반 신장의 자치현과 자치주는 모두 다수의 민족 집단들(가장 수가 적은 경우가 찹찰Chapchal과 타슈쿠르간에 있는 6개의 서로 다른 민족들이었다)을 포함하고 있었으며, 27개의 자치 단위 중 오직 12개에서만 그 민족의 이름을 따서 자치 단위의 이름을 지은 소수 민족들이 과반수를 이루었다. 더욱이 특정 소수 민족 집단이 가지는 세력은 그 민족의 자치현이 다른 민족의 자치주 내부에 위치하고 있었기 때문에 더욱 제약을 받았는데, 이는 물론 위구르 자치 지역 내부의 전반적인 구조였다. 실제로도 각 자치 지역의 주석은 해당 지역에 있는 인구 통계학적 다수의 일원이었으나 부주석은 한족 출신의 당원이었다. 더욱이 각 '자치' 단위는 그 신장 지부의 장이 대부분 한족인 중앙 정부와 당에 책임을 지고 있었다. 사실상 시안(西安)에 위치한 서북국(西北局) 아래에 있었던 중국 공산당 신장 지부는 이제 베이징에 있는 중앙당의 관료들에게 직접 책임을 지게 되었고, 이렇게 하여 신장 위구르 자치구의 형성 이후에

파미르 고원에 위치한 카라쿨Qaraqul의 키르키스족 모자
사진: J. Millward, 2001

감독은 이전보다 더욱 중앙 집권화되었다. 마지막으로 자치 지역들이 자신들만의 경찰력을 형성하고 있기는 하나, 군사 지휘권은 건설병단과 민병대가 그러하듯이 (다음에서 논의할 것임) 자치 지역 조직의 외부에 있었다. 비록 국가에 의해 공인된 다양한 민족 집단의 일원들이 신장의 각급 정부 조직에 배치되어 있기는 하지만 지방과 지역의 자치 조직 체제가 대다수의 사람들이 '자치'라고 이해하고 있는 것을 구현하는 것은 아니다.[15)]

이슬람

무슬림들은 중국 전역에 거주하고 있다. 베이징과 동해안과 동남해안을 따라, 또한 거의 모든 대도시 지역에 상당한 정도의 무슬림 인구가 있다. 닝샤, 간쑤 그리고 칭하이의 많은 지역에서는 무슬림(회족)만이 거주하는 촌락도 있다. 그러나 오직 신장에서만 중화인민공화국의 지도자들은 해

외와의 강한 연결 고리와 잘 조직된 사제 조직을 가졌으며 중국어를 사용하지 않는 다수의 이슬람 인구를 마주하고 있었다. 중국과 소련에서의 경험이 보여 주듯이 이슬람은 공산주의에 도전하고 공산주의 역시 이슬람에 도전하는데, 이는 두 체제 모두가 영토에 대한 통제권은 물론 사회적, 법적, 이데올로기적, 정치적인 영역에서의 영향력을 두고 경쟁하기 때문이다. 중국 공산당은 원칙적으로는 무신론이기는 하지만 1950년대 초반 신장의 이슬람을 자신의 통제 아래 두기 위한 시도를 비교적 천천히 진행했다. 일례로, 4장에서 논의한 것과 같은 형태의 마크타프와 마드라사의 이슬람식 교육은 1950년대 후반까지 지속되었다. 이와 같은 점진주의는 초기에는 이슬람 민간 지도자들의 협조에 대한 국가적 필요와 민심의 동요를 피하고자 하는 국가적 요구에 기인한 것이었다. 그러나 중앙아시아 전역에서와 마찬가지로 신장의 이슬람은 하나로 통일된 조직체는 아니었다. 공산당은 제도적 이슬람이 사회 전반에 대한 영향력을 두고 국가 및 공산당과 경쟁을 하고 있기는 하지만, 바로 그 잘 조직되어 있다는 특성 때문에 느슨하게 조직된 수피 집단보다 이들을 흡수하는 것이 상대적으로 쉽다는 사실을 알아차렸다. 중화인민공화국의 신장 장악에 대한 주요한 저항이 이슬람이 아닌 카자흐의 족장들로부터, 보다 은밀하게는 세속적이며 소련의 영향을 받은 동투르키스탄 공화국으로부터 일어났다는 사실은 기억할 만한 가치가 있다.

토지 개혁 운동 이전에는 타림 분지 오아시스 전역에 걸쳐 기념비적인 이드 카(Id Kah, 휴일) 모스크에서부터 도시의 금요 모스크와 관리하는 사제가 있는 유명한 성묘, 도시 근교와 전원 지역에 산재해 있는 작은 모스크들 그리고 야산이나 샛길에 있는 작고 외딴 '버려진' 모스크들에 이르기까지 다양한 수준의 모스크와 영묘(마자르)가 수천 개나 있었다. 공산당이 정권을 장악할 당시 카슈가르 주에만 크기가 다양한 1만 2918개에 달하는 모스크가 있었다고 하며, 이 가운데 126개는 카슈가르의 구 무슬림 마을에 있었다. 이슬람의 기관과 사제—1950년대 초반 카슈가르는 300명이 넘는 이맘(아훈드akhund)과 카지 및 다른 성직자들이 있었다—는 조직과 권위를 모두 가지고 있었는데, 십일조와 자선세 그리고 와크프(기부) 토지에서 나오는 임대료를 통해 재원을 조달했다. 신장의 이슬람 제도들은 강력하기는 했지만 비이슬람 국가와의 상호 작용에 익숙해져 있었다. 청은 주요 모스크와 영묘를 후원해 주고, 재직하고 있던 이맘과 영묘 관리자 일부를 승인해 주었으며, 마드라사의 졸업생들을 한족을 위한 중국식 법률 체제와 함께 신장의 위구르인들을 위해 유지되었던 샤리아 법률 체제의 재판관으로서 채용했다. 1911년 이후 신장의 군벌 정권들은 이슬람과 여러 가지 타협을 이루었다. 1930년대 성스차이와 국민당 정부는 위구르 문화 촉진회를 통해 이 지역에 있는 약 7500명의 중·하급 이슬람 사제들에게 곡식과 급여를 지급했으며, 마찬가지로 중국식 법률과 병행하여 샤리아 제도를 대부분의 민사 및 가벼운 형사 사건에 적용하여 이것이 기능하도록 허용했다.[16]

중화인민공화국은 1950~1951년 동안 이슬람 기관이 세금을 징수하는 것을 금지함으로써 영향력을 발휘하기 시작했다. 자발적인 기부가 지속되었고 한동안 모스크들은 와크프 소유 재산에 대한 통제권을 보유했다. 중화인민공화국 정부는 또한 카지로부터 특권과 재원을 박탈하고 샤리아 법정을 폐지했는데, 이는 이슬람의 법체계와 이슬람식 이혼을 폐지함으로써 신장 남부에 있는 이슬람 사회의 심장부를 강타했다. 토착 관습에 대한 양보 중 하나는 새로운 중화인민공화국 혼인법 아래에서 다른 중국 인민들에게 허용되는 것보다 조금 더 낮은 결혼 연령을 위구르인들에게 허용했다는 것이다. 그럼에도 불구하고 중화인민공화국의 처음 10년 동안 새 정권은 조혼을 폐지하고 결혼식의 규모를 줄였으며, (새로운 제도인) 우애 결혼*과 결혼 상대자를 선택함에 있어 정치적인 기준들을 고려하도록 장려하고, 신장 남부에서 위구르 여성들이 부와 지위를 획득하는 보편적인 방식이었던 연속 결혼**에 반대했다.[17]

공산당 시기 이전 신장 남부에서 이슬람의 부 그리고 공동체와의 긴밀한 관계의 주요 원천은 와크피야waqfiya라고 알려진 제도 속에서 관리되었던 토지와 다른 기부 재산들이었다. 와크프 토지 중 일부는 자선 사업과 공공사업(예를 들어 교량과 수로의 유지 같은)에 재원을 제공했고, 일부는 이미 1930년대부터 위구르 문화 촉진회에 의해 준국유화되었으나, 결국에는 이 조직의 부패한 관리들의 개인 손아귀에 들어가게 되었다. 또한 다른 토지들은 개인 소유자 및 기관 소유자 들과 복잡하고도 애매한 관계로 얽혀 있었다. 그러나 1950년 신장의 와크프 토지 중 대부분은 모스크와 마자르, 마드라사에 속해 있었으며, 이 토지의 임대료에서 나오는 수입은 이맘과 이 시설들에 부속된 사람들을 부양하고 건물들의 물리적 정비, 등유, 삿자리와 같은 잡비에 사용되었다.

우동야오Wu Dongyao와 왕지엔핑(王建平)의 연구는 1949년 무렵 신장 남부에 있는 와크피야의 규모와 성격에 대한 정보를 제공한다. 일부 지역에서는 집중도가 더 높기는 했지만, 전반적으로 신장 남부의 총 경작지 중 2퍼센트 정도가 와크피야 보유 재산이었다. 일례로, 카슈가르 구에서는 와크프 토지가 경작지의 2.23퍼센트, 즉 5만 5575무(약 3700헥타르)였고, 그중 1만 6750무(1116헥타르)가 아파크 호자 마자르에 부속되어 있었다. 카슈가르의 동쪽에 있는 이 유명한 아파크 복합군은 녹색 기와로 장식된 성묘를 둘러싼 반구형 영묘와 부속 모스크, 마드라사, 묘지, 입장하

---

* 피임, 합의 이혼, 이혼 후의 부양 의무 면제를 전제로 한 결혼 형태.
** 8~10년마다 배우자를 바꾸는 결혼 형태.

기 전에 세정을 하기 위한 연못으로 이루어져 있다. 〔중국의 구전에서는 청의 건륭제와 연관되어 있는 이 영묘가 때때로 향비(香妃), 즉 건륭제의 후궁이었던 용비(容妃)의 무덤이라고 잘못 알려져 있기도 하다.〕 아파크 호자 마자르의 관리인들은 와크프 토지, 제분소, 가게, 과수원 및 기타 임대 자산에서 나오는 수입을 마자르 자체(11.1퍼센트)와 부속 건물들(11.1퍼센트)을 물리적으로 유지하고 8명의 상주 샤이흐들에 대한 봉급(44.5퍼센트)과 40명의 다른 인원들에 대한 지출(33.3퍼센트)을 지불하는 데 할당했다.

이슬람 기구들의 경제적인 기반을 고려해 볼 때, 임대료의 감소와 토지의 재분배 및 국유화 그리고 집단화는 명백히 남부 신장에 있는 주요 이슬람 기구들의 독립성을 저해했고, 이것이 바로 토지 개혁 프로그램 및 이와 연관된 감조(減租)·반패(反霸)* 운동의 성과이다. 1950~1952년 이후 대다수의 와크프 토지는 가난한 소작인들에게 재분배되었고, 아직 수용되지 않은 토지에 대한 소작료는 줄어들었다. 결과적으로 등유를 살 돈도 없는 일부의 모스크들로 인해 "무슬림들은 언제나 어둠 속에서 기도를 해야 했다.…… 때로 그들은 엎드리다 기도실 벽에 머리를 부딪치기도 했다."[18] 그 결과 지역 정부들이 모스크에 기름과 깔개를 제공하게 되었다.

이와 비슷한 방식으로 사제들에게 인건비를 제공하던 기부 재산을 빼앗은 이후, 국가는 사제들에게 봉급을 지불했으며 이들에게 개인 재산을 포기하고 공공사업에 기부를 하거나 항미원조전쟁(抗美援朝戰爭)**을 지원하라고 강요했다. 또한 당의 조직적 활동을 선전하기 위해 흔히 사회에서 높은 지위를 유지하고 있던 사제들을 이용했는데, 일례로 카슈가르의 전임 카지 이맘이었던 물라 아훈드 할리바트Mullah Akhund Halibat는 신장

---

* 악덕 지주의 죄행을 청산하는 것.
** 미국에 저항하고 조선민주주의인민공화국을 지지하는 전쟁이라는 뜻으로 한국 전쟁을 말한다.

인민회의의 대표로 선출되었다. 평균적으로 이슬람 사제와 이들 가구의 수입이 토지 개혁 시기 동안 감소하기는 했지만, 옝기사르의 사제 19명에 대한 연구에서 실제로 2명은 1949년 이전보다 1954년에 더 높은 연간 수입을 올린 것으로 드러났다. 그러나 대부분의 사람들은 수입이 크게 감소했다. 신장의 이슬람 사제들은 또한 베이징에 본부를 둔 중국 이슬람 협회라는 정부 산하의 행정 조직으로 흡수되었다.

　신장 남부에는 과반수를 점하고 있는 수니파 무슬림 이외에도 타슈쿠르간의 타지크인들 사이에 퍼져 있는 이스마일리파Isma'ilis[19]와 야르칸드의 시아파(Shi'ites, 12대 이맘파를 믿고 있는 17세기 펀자브Punjab 이주민의 후손들) 및 다양한 수피 교단을 위시한 여러 가지 교파가 존재했다. 이러한 교단들은 집합적으로 '이샨ishan'이라고 알려졌는데, 이는 '그들'을 의미하는 페르시아어 단어로부터 유래한 것으로 교조(敎祖)와 예언자의 후손이라고 생각되는 교단의 세습적인 지도자들을 지칭한다. (3장에서 이 신비주의적 교단이 신장에 도입된 것과 특별히 낙슈반디 교단이 획득한 세속적인 권력에 대해 논의했다.) 19세기 중반부터 20세기 중반에 이르는 전쟁과 정치적 격변에도 불구하고 많은 이샨 집단들은 20세기 전반기에도 여전히 활동적이었다.

　이샨 교단은 존경받는 지도자를 중심으로 형성되었는데 때로는 의식이 개최되는 회의장 혹은 예배당 안에 물리적인 중심지를 갖고 있기도 했다. 입회자들은 일련의 복잡한 호흡 운동을 하고 '지크르[dhikr, '념(念)'. 알라의 이름과 특정한 쿠란의 구절 및 다른 경전들을 반복적으로 외치는 것으로 이루어져 있다]를 반복했으며 이샨에 의해 규정된 일련의 규칙들을 준수하는 데 헌신했다. 가장 헌신적인 추종자들은 이샨의 제자가 될 수 있었고, 그는 비전(秘傳)의 지식을 선택된 소수에게만 전해 주었다. 추종자들은 노래와 춤 및 (또는) 북과 수르나이(surnai, 리드가 두 개 있는 피리) 음악을 포함하는 기도 의식을 위해 매주 만났다. 몇 시간 동안 지속되는 이 의식들은 육체적 피로뿐만 아니라 신과의 신비로운 교감을 약속했다. (이샨의 황홀경의 의례에 대해서는 4장에서 기술했다.)

신장에서 이샨 의식의 또 다른 측면은 성스러운 인물을 위한 영묘인 마자르 순례 및 마자르에 대한 숭배였다. 아파크 호자의 마자르 및 야르칸드와 옝기사르에 있는 다른 몇몇 마자르와 같이 큰 마자르들 이외에도, 도시 외곽에는 더 작은 마자르들이 있었다. 일부는 진흙 벽돌로 된 회의장으로, 또 일부는 막대와 깃발 및 천 조각, 야크 혹은 황소의 꼬리, 양의 두개골 및 뼈로 장식된 일반적인 무덤과 다름없는 것으로 이루어져 있으며, 이는 몽골과 티베트에서도 발견되는 고대 내륙 아시아의 풍속과 연속선상에 있다(3장에 있는 타림 분지의 수피즘에 대한 논의와 쿠마르타그에 있는 영묘의 사진을 참조). 사람들은 연중 다양한 시기에 걸쳐 마자르를 방문했는데, 일부의 사람들은 멀리 간쑤와 칭하이에서 오기도 했다. 영묘는 또한 축제와 바자르, 여흥과 숭배, 금식, 명상이 이루어지는 곳이었으며, 풍작과 건강, 행복한 결혼, 아들의 출산, 부와 비, 복수 등을 기원하는 장이었다. 방문객들은 돈이나 음식을 영묘의 관리인들에게, 많은 경우에는 스스로 성인이나 샤이흐에게 기부했다. 이샨의 신도들은 또한 영묘에서 야간 의례를 개최하기도 했다.

마자르와의 연계성에도 불구하고 수피 이슬람은 오히려 항상 다양한 장소에서 이루어지는 인기 있는 활동이었으며 (비록 이 집단들이 상호 배타적인 것은 아니었지만) 수니파 사제들처럼 토지에 구애받지 않았다. 따라서 토지 개혁 운동이 와크프 재산을 보유하고 있던 큰 마자르를 비롯하여 신장 남부에 있는 이슬람 체제의 자치를 약화시키기는 했지만, 이샨 교파는 여전히 활동적이었으며 실제로 1950년대 초반에는 예배당을 열고 대규모 의례에서 새로운 성원들을 가입시키면서 타림 분지 주변의 도시와 시골 모두에서 폭발적인 인기를 누렸다. 중화인민공화국이 수피즘과 이슬람식 교육이 지속되도록 용인한 것은, 단순히 1950년대 초반 신장의 위구르 지역에서 국가와 당이 가진 제한적인 영향력을 보여 주거나 또는 대중적인 종교로서 신장의 수피즘이 사실상 정치적이지 않으며 국가에 직접적인 위협을 끼치지 않는다는 것을 인식했다는 사실을 나타내는 것처럼 보인다. 어쨌든 1950년대 중반, 특히 1958년 종교 개혁 운동의 사전 준비 과정에서 이슬람에 대한 온건한 태도는—이후 20년 동안 중국 사회에서 지속된 급진적인 좌경 정책으로의 광범위한 변화와 맞물려—바뀌기 시작했다.[20]

이주, 정착 그리고 신장의 고유한 제도들

신장에서 중화인민공화국의 정책은 한 가지 중요한 측면에서 건륭제와 그 이후 청 황제들의 정책과 동일하다. 즉, 동부 지방의 인구 압력을 완화하고 변경의 안보를 강화하기 위해 신장에 중국인들을 정착시키려 했다는 것이다. 1950년대 공산당 정치국의 최고 지도자 중 한 명이었던 류사오치(劉少奇)는 변경 지원 계획에서 청의 모델을 부활시켰다. 이 재정착 혹은 식민화 프로그램의 핵심은 중국의 변경 정책에서 오래된 기원을 갖는 군둔(軍屯)이었다. 한, 당, 청을 비롯해 중국계와 비중국계 왕조들은 몽골과 신장의 변경을 따라 군대를 주둔시키고 그들이 스스로 식량을 조달하기 위해 농장에서 일하도록 했다. 이 제도를 중화인민공화국 방식으로 변형시킨 것의 직접적인 선례는 18세기 청이 그들의 둔전 제도 안에 부대 농장과 함께 민간 및 범죄자 식민지를 포괄시킴으로써 옛 모델을 손질한 시기로 거슬러 올라간다(3장 참조).

1949년 이후 신장의 새 식민지 주민 중 최초의 사람들은 정부가 신장에 남겨 둔 8만 명의 전 국민당 주둔군을 비롯한 약 10만 3000명에 달하는 퇴역 군인들이었다. 1950년대 초반부터 이들은 농업, 목축업, 토목 공사, 산업 및 광산업에 동원되었다. 1952년과 1954년 사이에 이들은 신장에서 중국인들의 이주와 재정착을 다루는 주요 기관이 된 생산건설병단〔生産建設兵團, 종종 영어로는 PCC(Production-Construction Military Corps.)라고 약칭된다]으로 재조직되었다. 〔중국어로는 간략히 병단(兵團)이라 불리는] 이 조직은 생산과 군사 훈련을 겸하는("한 손에는 총을 다른 한 손에는 곡괭이를") 한편 토지 개간과 상주를 촉진하기 위해 고안되었다. 병단 조직은 본래는 민간 조직이었지만 인민해방군, 특히 제1야전군과의 연계성을 유지하고 있었을 뿐만 아니라 군대 용어와 다른 군 조직 요소를 여전히 가지고 있었다. 그러나 퇴역 군인들에 더해 1950년대부터 1970년대 중반까지 병단은 수십만 명의 한족 이주민들을 흡수했으며, 죄수들을 서쪽으로 추방하는 청의 관행을 이어받아 수만 명의 수형자들이 신장으로 보내졌다. (원래 이 수치에는 많은 수의 정치범이 포함되어 있었다. 그러나 1976년 이래로는 병단의 감옥들이 긴 형기를 채우기 위해 신장 외부로부터 유입된 상습범들을 수용하는 데 특화되었다.)[21] 병단은 결국 '자치' 지역 혹은 신장 지역 정부의 직접적인 감독 아래 있지 않고 오히려 당과 중앙 정부에만 책임을 지는 높은 수준의 정치 체제가 되었다.

병단은 설립된 직후 서쪽으로 가서 '변경을 개척할' 인력을 적극적으로 모집하기 시작했다. 상하이 지역은 중화인민공화국 탄생 후 첫 10년 동안 단일 지역으로는 가장 많은 중국인들이 신장으로 이주해 간 곳이었다. 부분적으로는 상하이가 너무 과밀했기 때문이고, 또 어느 정도는 1949~1950년 국민당 정권이 상하이 항구를 봉쇄함으로써 상하이의 지도자들이 새로운 동력의 근원을 찾아서 떠났기 때문이다. 이들은 당시 간쑤와 신장을 장악하고 있던 제1야전군을 설득하여 간쑤-신장 경계에 있는 위먼(玉門) 유전에서 상하이로 직접 석유를 보내도록 했고, 상하이-신장 간에는 특수한 관계가 형성되었다. 병단의 모집원들은 상하이의 기술 인력들과 열정적인 젊은이들이 신장으로 가도록 설득하기 위해 지역 정부들와 협력했다. 1950년대부터 1970년대까지 수만 명의 상하이인들과 다른 도시와 성의 사람들이 계약했으며, 의복과 신발, 음식, 신장행 기차표를 받았다(란저우–신장 철도는 1960년에는 하미까지, 그리고 1962년에는 우루무치까지 연결되었다). 많은 사람들이 계속해서 신장에 머물렀다. 상하이와의 특별한 관계의 일환으로 신장은 또한 비교적 높은 비율의 상하이산 공산품을 구매했으며, 또 신장의 물품을 중국에서 가장 크고 가장 도회적인 대도시에 팔기 위해 노력했다. 중국 서북 축산품 회사의 낙관적인 마케팅 담당자들은 상하이의 소비자들에게 신장의 야크 고기가 "소고기보다 낫다!"는 것을 납득시키기 위해 노력했다.[22]

1950년대~1970년대 신장에 온 대다수의 한족 이주자들은 병단에 의해 다시 정착하고 일을 하게 되었다. 이와 같은 인구 유입으로 인해 1954년부터 1957년까지 병단의 인구는 20만 명에서 30만 명으로 증가했으며, 1966년에 이르러서는 다시 그 수가 50만에서 60만으로 늘어났다. 또한 병단은 대약진 운동 기간 동안 기근이 들었던 해인 1959년과 1960년, 1961년에 한족들의 대량 유입—1959년과 1960년에는 각 80만 명 이상의 한족들이, 1961년에는 60만 명 이상의 한족들이 이주했다—이라는 문제를 해결하는 데 도움이 되었으며, 젊은이들이 문화 대혁명 기간 동안 방랑하여 160만 명 이상의 한족들이 신장으로 이주한 1965~1967년에도 이들을 처리하는 데 일조했다. 1975년의 보고서는 45만 명의 도시 젊은이들이 신장에 정착했고, 이로 인해 신장이 마오쩌둥 시기 하방(下放) 프로그램의 가장 큰 목적지 중 하나가 되었다고 주장했다. 신도시인 스허쯔(石河子)는 병단에 의해 건설되었고 그 본부가 되었다.

비록 청대와 마찬가지로 남서쪽에서는 위구르인들이 우위를 보이고 신장의 한족 인구는 여전히 동쪽과 북쪽에 집중되어 있기는 하지만, 병단은 소련과의 국경 인근과 같은 전략적인 지역은 물론 신장 전역에 걸쳐 한족 거주지를 설립했다. (최근의 한족 이주와 다른 민족에 대한 한족의 상대적 인구는 7장에서 다루도록 하겠다.)[23]

병단과 동부 지역 출신으로 신장에 재정착한 한족들은, 마오쩌둥 시기의 표현을 사용하자면, 자연을 길들이고 황무지를 농지로 개간하는 작전의 "돌격 부대"였다.[24] 준군사 조직 아래에 있던 퇴역 군인들과 이들 가운데 있던 옛 국민당 병사들은 사실상 준죄수로서 토지 개간, 댐 건설, 수로의 준설 및 곡물 재배와 같은 노동 집약적인 업무에 종사했다. 이러한 노력으로 인해 신장의 경작지 면적은 크게 증가했다. 1910년대 양쩡신 정부는 64만 8000헥타르에서 70만 1000헥타르 정도의 농지가 있다고 등록했으나, 1949년에는 대략 100만에서 120만 헥타르에 이르는 경작지가 있었다. 1961년에 이르러 신장의 총 경작지는 거의 3배로 증가하여 320만 헥타르가 되었다. 이러한 증가 중 상당한 부분은 면적이 1953년 7만 7183헥타르에서 1961년 82만 265헥타르로 증가한 병단에 기인한 것이었다. 타림 분지에서 오아시스들은 사막으로 뻗어 나갔는데, 지도에 따르면 카슈가르의 오아시스는 1942년과 1962년 사이 이 지역에서 2배로 늘었다. 대부분의 새 농경지는 톈산 북쪽에 있는 초원에서 개척되었다. 1949년 이전에는 대략 26만 9000헥타르의 토지가 일리 구에서 등록되었으나, 1961년에 이르러서는 약 70만 1000헥타르가 이 구에서 경작되었다.[25]

20년간의 문화 대혁명: 1957~1978년

1950년대 초반 중화인민공화국은 무장 저항 세력의 진압, 당과 정부 기관의 수립, 토지 소유 개혁과 새로운 농지 개간, 이슬람 제도의 통제와 같은 기본적인 업무들에 대한 접근 방식에 있어서는 적극적이었지만, 신장의 투르크족과 다른 소수 민족들 및 한족 간의 문화적 차이를 건드리는 정책들은 회피했다. 정책의 모토는 비한족들을 다루는 데 있어 "민주주의를 실천하고" 경제적으로 발전하도록 노력하며 중국의 동부에서 신장까지 정책의 기계적인 적용을 피하고 대신 "지역의 사정"에 적절한 관심을 기울이자는 것이었다.[26] 그러나 1956년경을 기점으로 중국 국내의 정치적·경제적 여건과 중소 관계의 변화로 인해, '마오쩌둥주의' 정책이 류사오치와 덩샤오핑 및 중국 지도부의 다른 사람들에 의해 채택된 더 점진적인 발전 모델을 대체하면서 중국은 좌경화되었다. "계급 투쟁을 대강(大綱)으로 삼는" 시기가 시작되었다.

마오쩌둥주의는 (대약진 시기의) 경제적 혼란과 (무산 계급 문화 대혁명 시기의) 경제·정치·군사적 혼란이라는 에피소드를 차례로 만들어 냈다. 더욱이 사회·문화적 영역에서 이 기간은 청교도적 공산주의, 외국인에 대한 혐오, '봉건적'(구식) 또는 훌륭한 사회주의 시민을 정의하는 규범에서 벗어난 것으로 간주되는 문화 유물과 표현에 대한 거부 등의 풍조로 특징지을 수 있다. 당연하게도 한족들이 장악하고 있는 중화인민공화국의 인구와 지도부로 인해 이와 같은 사회주의적 규범들은 대개 중국적인 규범이었다.[27] 이러한 변화들이 가져온 결과 중 하나는 신장에서 투르크족 및 다른 민족들의 문화가 가진 다양한 측면에 대한 공식적인 억압과 배타성이 높아졌다는 것이다. 신장에서 중화인민공화국의 정책은 동화주의적 색채를 띠고 있었다.

소련과의 긴장

신장을 침입했던 러시아와 소련의 전력, 비한족 지식인들과 간부들에 대한 소련의 영향 그리고 양측이 공유하고 있는 긴 국경으로 인한 중소 관계의 변화는 신장에 특히 막대한 영향을 미쳤다. 1949년 이후 처음 몇 년 동안 중국과 소련의 관계가 우호적이었던 시기에 신장은 계속해서 소련과 긴밀한 관계를 유지할 수 있었다. 중국 공산당은 이 지역의 위구르, 카자흐 및 다른 비한족 지도부의 고위층 인사들을 탈소비에트화하기 위해 활동하면서, (아흐메트잔 카시미의 친소 정당 조직인) 신장 보위화평민주동맹조차도 잠시 동안은 그대로 존치시켰다. 1949년 이후에도 소련은 신장의 주요 무역 상대이자 수출 대상지 그리고 공산품과 기술 이전의 원천으로서 남아 있었다. 그러나 1960년 중소 분열을 야기한 몇 가지 요소들이 신장에서는 처음부터 이미 분명했다. 1950년 모스크바에서 스탈린과 마오쩌둥이 서명한 '중소 우호·동맹 및 상호 원조 조약'에 첨부된 부속 문서에 따라 중소 합자 회사가 신장에 설립되었는데, 이로 인해 소련은 30년 동안 계속해서 중가리아의 석유와 비철 금속을 특별히 이용할 수 있었다. 이러한 조치들은 스탈린이 성스차이 및 동투르키스탄 공화국과 함께 향유했던 협정의 연속이었다. 스탈린은 중국이 정말로 필요로 하는 5년 만기 3억 달러 차관의 대가로서 [외몽골의 독립을 인정할 것과 만주에 있는 뤼순(旅順)과 다롄(大連) 항을 소련이 사용하는 것을 포함한] 여러 이권을 요구했다. 합자 회사들은 마오쩌둥을 몹시 화나게 했기 때문에, 그는 1958년 흐루쇼프Nikita Sergeevich Khrushchev와의 회담에서 신장을 소련의 '반식민지'—그가 혁명 이전 중국에서 유럽 제국주의 세력들이 차지한 이권을 묘사하기 위해 사용했던 것과 동일한 용어—라고 지칭하면서 반복해서 이 합자 회사들을 언급했다. [소련은 1954년 말 지분을 매각하고 회사에서 철수했으며, 이 회사들은 신장유색금속공사(新疆有色金屬公司)와 신장석유공사(新疆石油公司)가 되었다.][28]

중소 긴장의 다른 원인들 중에는 중국의 지도부—이들은 소련의 탈스탈린화에 대해 미리 언질을 받지 못했으며, 또한 오래도록 스탈린을 위대한 공산주의 지도자로서 찬양해 왔다—를 당혹스럽게 만들었던 (1956년 2월) 스탈린에 대한 흐루쇼프의 비판도 포함되어 있었다. 더욱이 마오쩌둥은 소련이 사회주의에 대한 자신의 노선(이는 소련식 모델보다도 더 급속한 농업의 집단화라는 특성을 지니고 있었다)을 비판한 것이나 흐루쇼프가 그의 이상주의적인 대약진 운동을 반대한 국방부장 펑더화이를 지지한 것을 납득하지 못했다. 자본주의 세계에 대한 마오쩌둥의 투쟁적인 언사와 핵전쟁에 대한 그의 무관심은 흐루쇼프를 깜짝 놀라게 했고, 이는 1960년에 이르러서는 개인적인 비난과 소련 기술 고문들의 철수, 양국 사이의 깊은 갈등으로 이어졌다. 1960년대 전반에 걸쳐 4150마일에 달하는 중소 국경 분쟁 지역을 따라 심각한 군사적 충돌이 있었다.

이처럼 점차 고조되는 긴장은 신장에 직접적인 영향을 미쳤다. 당국이 키릴 문자를 토대로 한 위구르 문자를 소련과의 의사소통을 증진하겠다는 분명한 목표를 가지고 1956년에야 도입했지만, 이들은 1957년 말부터 소련의 교과서를 중국에서 제작한 교과서로 교체하기 시작했다.[29] 그리고 '소수 민족' 간부들의 상황은 악화되었다. 다음에서 자세하게 언급하겠지만, 1950년대 후반과 1960년 초반에 일어난 전국적인 캠페인으로 인해 신장에서는 비한족 간부들이 친소 정서를 지녔다는 이유로 신랄하게 공격당했다. 정치적 수사학 분야에서 '지방 민족주의'—비한족적 특색에 대한 옹호, 기근을 유발한 경제 정책에 대한 반대, 노골적인 분리주의 정서에 대한 꼬리표였다—라는 범죄는 소련을 언급하는 용어인 '수정주의'라는 범죄와 연결되었다. 따라서 신장의 종족 민족주의는 외세의 음모 정도로 치부되었다. 소련 측 자료에 나오는 격렬한 반중국적 선전이 이러한 긴장 관계에 덧붙여졌다. 1962년 수만 명의 사람들이 소련 영토로 도망간 것을 비롯하여 북방에서 벌어진 일련의 소요 사건들은 국경 폐쇄 및 소련

고문단의 신장 철수, 이후 수년에 걸친 지속적인 국경 분쟁으로 이어졌다.

1950년대 후반의 캠페인

중소 관계가 뒤틀리면서 중국의 경제 발전 속도 역시 마찬가지로 기대에 부응하는 데 실패했다. 중국의 지도자들은 토지 개혁과 초급 합작사가 산업 발전에 활기를 불어 넣을 잉여물을 생산하기를 희망했는데, 이는 소련의 산업적·군사적 원조가 많은 대가를 필요로 한다는 사실이 명백해지자 더욱 시급한 관심사가 되었다. 경제 성장이 침체된 이유를 이해하고 '인민들'의 참여를 유도하기 위한 노력의 일환으로 마오쩌둥은 얼마 동안 언론의 자유를 허용했다. 1956년 봄 그는 '백화제방 백가쟁명(百花齊放 百家爭鳴)'이라는 슬로건에서 이름을 따온 백화(百花) 운동이라는 전국적인 캠페인을 시작했다. 이 캠페인에서 중국의 지도부는 당과 정부에 대한 대중의 비판을 요구했다. 그러나 그 반응의 양과 강도, 내용은 지도부를 놀라게 했고, 이후 이들은 몇 달 전 자신들이 독려한 비평가들을 비판, 숙청, 처벌하기 위해 백화 운동에 뒤이어 곧 반우파 투쟁을 시작했다.

신장에서 백화 운동과 반우파 투쟁 시기의 언론 보도들은 수년간의 중화인민공화국 통치 후 모든 민족이 가장 심각한 문제라고 느꼈던 것들을 잘 보여 준다. 중국 공산당 당국의 가장 큰 관심사 중 하나는 민족 정책 및 신장의 약속된 '자치'의 실제 이행과 관련하여 비한족 사이에서 광범위하게 불만이 표출되고 있다는 것이었다. 이 불만에는 비한족 자치라는 겉치레에도 불구하고 실질적인 권력을 장악하고 있는 한족 관료들이 거만하고 횡포하다는 것, 지나치게 많은 한족 간부들이 소수 민족을 힘든 일을 하는 사람으로 간주하고 있다는 것, 한족 관리들은 위구르인들을 이해하지 못하며 따라서 위구르인들이 제기한 문제들을 다룰 수 없다는 것, 정당한 비판을 제기한 '소수 민족들'이 '지방 민족주의자'로 낙인찍히고 있다는 것, 비한족 간부들이 능력이 아니라 정치적인 이유로 인해 선발되었으며 한족을 섬기는 '앞잡이'처럼 행동하고 있다는 것, 병단의 '한족 식민지 이주자들'이 신장의 환경을 파괴하고 있으며 비한족들은 강제로 중국어를 배워야 한다는 주장들이 포함되어 있었다. 비평가들은 지방의 공직 모두를 또는 대다수를 비한족으로 채우는 실질적인 자치를 요구했다. 일부의 사람들은 심지어 신장에서 중국인 정착민들과 간부들을 추방할 것과 중국에서 분리된, 아마도 소련에 유착된 채 설립된 독립적인 지역 공산당 내지는 국가를 요구했다. 이러한 비판은 정부의 일원으로부터도 나왔는데, 신장 문화청 청장이자 문학 동맹의 의장인 지아 사미트(Zia Samit/孜牙·賽買提)는 "신장의 운명을 고려해 볼 때 최선의 해결책은 독립이다"라고 제안했다고 한다.[30]

중국의 다른 지역에서와 마찬가지로 1957년의 반우파 투쟁은 당을 비판하는 '우파' 한족 비평가들을 목표로 삼았으며, 또한 11월 말에 이르러 신장에서 이 캠페인은 '지방 민족주의자'에 초점을 맞추었다. 왕언마오와 함께 정풍위원회(整風委員會)의 공동 의장직을 맡고 있던 세이피딘은 공개적으로 옛 동투르키스탄 공화국의 동료들 및 소련과 거리를 두었으며, 백화 운동의 부름에 응한 비한족 간부들, 특히 일리 집단 혹은 소련과 기존에 관계를 갖고 있던 사람들을 숙청했다. 중국 공산당 역사가에 따르면 1612명의 간부들이 '지방 민족주의자'라는 꼬리표를 달게 되었고, 이들 중 92명은 소련으로 도주했다고 한다. 나머지 사람들은 사상 개조를 위해 노동 캠프로 보내졌고, 그곳에서 그들은 1958~1961년 과도한 노동과 기근 및 다른 고난들을 겪었으며 대다수의 사람들은 1970년이 되어서야 사회로 복귀했다.[31]

백화 운동과 반우파 투쟁은 잠재적 반체제 인사들을 매복 공격하는 데는 효과적이었으나 중국의 경제를 발전시키는 데는 아무런 도움도 되지 않았다. 제1차 5개년 경제 계획(1953~1957) 말에는 중국의 많은 소작농 계층이 100~300가구 규모의 고급농업생산합작사(高級農業生産合作社)로 집단화되었으나, 농업 생산은 여전히 산업 발전의 요구를 충족시키기에는 불충분했으며 총체적으로 성장은 지역과 분야에 따라 심각하게 불균형을 이루고 있었다. 백화 운동 시기 폭발한 비판의 목소리는 마오쩌둥으로 하여금 너무 많은 '우파들'이 여전히 영향력 있는 자리에 남아 있으며 이들의 조심스러운 경제 정책이 성장을 늦추고 중국을 혁명의 길에서 벗어나게 한다고 확신하도록 만들었다. 동시에 소련의 고문들과 원조를 잃어버린 것, 소련과의 대립이라는 고조되는 위협은 산업화의 속도와 일부 지역에 산업화가 집중되는 것에 대한 우려를 낳았다. 마오쩌둥은 자력갱생 발전 전략을 통해 이러한 문제들을 수정할 것을 선택했고, 이로 인해 역사상 가장 큰 정책적 오류 중 하나—어떤 사람들은 이를 인류에 대한 범죄라고 불렀다—를 저질렀다.

마오쩌둥은 중국의 성장을 촉발시키려는 노력의 일환으로서 대약진 운동에 착수했다. 그는 이 과정에서 농업과 공업 생산을 합병하여 공산주의로 향하는 역사적 발전 과정을 단축시키고자 했으며, 기술 관료들의 체계적인 계획이나 생산자에 대한 물질적인 유인보다는 막대한 노동력을 동원하고 단순한 의지력에 의존하려고 했다. '전(專)'보다는 '홍(紅)'[32]이 되는 것이 나았기 때문에 이데올로기가 모든 것을 지배했다. 대약진 운동기간 중 중국 정부에 의해 형성된 격앙된 정치 분위기는 성과 지역의 관원들이 예정보다 빠른 일정으로 이전의 합작사보다 15배나 더 큰 3만 명으로 이루어진 인민공사(人民公社)를 형성하도록 만들었다. 공사의 구성원들은 병영으로 이주했으며, 취사 시간을 아끼기 위해 공사 식당에서 밥을 먹고 가정의 취사도구들을 녹여 이 운동의 다른 '지주(支柱)'였던 소규모의 토법(土法)* 철강을 생산하도록 했다. 많은 공사에서 소작농들은 토지를 경작하고 수로를 파거나 공사를 위해 낮에는 산을 옮기고 밤에는 뒷마당에 있는 용광로에서 철을 생산했다. 재산의 공유와 이데올로기적 동기 부여가 유례없는 생산력을 폭발시켜야 했기 때문에 중앙 정부로부터 오는 정치적 신호에 반응한 지도자들은 비현실적인 생산 목표를 설정하고는 이를 달성했을 뿐만 아니라 초과했다고 주장했다. 경제에 대해 시큰둥하게 평가하던 많은 통계학자들과 회계사들 및 기타 지식인 '전문가들'은 반우파 투쟁 중 숙청당했으며, 이로 인해 지도부는 성에서 올라오는 대단히 과장된 보고들을 제대로 평가할 수 없었고 흉작을 대풍작으로 오인하기에 이르렀다. 이상주의적인 계획은 으레 재앙을 초래하기 마련이고 실제로도 재앙이 발생했다. 저장 창고가 이미 수용 능력을 넘어 가득 차 있다는 잘못된 믿음으로 인해 일부 지역에서는 소작농들에게 식당에서 자신들이 원하는 만큼 먹고 작물을 수확하지 않아도 된다고 허락한 터무니없는 중앙의 지령에 의해 재앙이 악화되었다. 반면 운반 체계는 석탄 및 철광의 엇갈린 선적으로 인해 정체되었고, '뒤뜰의 용광로'는 원료를 쓸모없는 쇳조각으로 만들어 버렸기 때문에 낮은 수준의 기술, 분권화 및 비효율적 산업 계획은 엄청난 낭비를 만들어 냈다. 수억 명의 소작농들은 농업, 산업 및 공공사업이 결합된 과업으로 인해 기력이 쇠진했으며, 1959~1962년에는 대약진 운동 정책의 직접적인 결과로서 3000만 명의 사람들이 기근으로 사망했다.

　신장에서 대약진 운동은 중국의 다른 지역과 같은 길을 걸었다. 인민공사가 설립되었고(농경 지역에서는 1958년 10월까지 5836개의 농업 생산 합작사가 562개의 인민공사로 합병되었으며, 이듬해 4월까지는 목축 지역에서도 재산의 공유가 완전히 이루어졌다) 지역들은 야생의 목표물들을 선포했으며

---

* 재래식 기술을 이용한 제련법.

(1958년 우루무치 시 정부는 쥐, 모기, 파리, 참새와 오물을 1년 이내에 박멸하겠다는 계획을 발표했다), 제2차 5개년 경제 계획의 목표는 계속해서 상향 조정되었다.

정치적인 광란은 신장에서도 기근을 만들어 냈다. 최근의 중국 통계에 따르면 1960년 바이청(拜城) 현에서는 지역의 관리들이 '우경 기회주의' 및 '부유한 중산층 소작민의 자본주의적 사고'를 비난하며 현의 창고에 있는 900만 킬로그램의 곡물을 나누어 주는 것을 거부했기 때문에 5000명 이상의 사람들이 기아로 사망했다고 한다. 신허(新和) 현과 쿠차 현, 악수 현에서는 모두 합쳐 적어도 1000명 이상의 수형자들이 아사했고, 적어도 1000명의 죄수들이 병단의 노동 캠프에서 굶어 죽었다. 카슈가르 지역에 있는 현들에서도 굶어 죽는 사건들이 발생했다. 이 지역의 성도인 우루무치조차도 1961년 식량 부족이 한창일 때에는 3일치 분량의 재고만이 남아 있었고, 4400대 트럭 분량의 곡식이 운반되어서 겨우 구제될 수 있었다. 1960년 우루무치의 한족 인구는 47만 7321명이었으며 위구르족 인구는 7만 6496명이었다. 1962년에 이르러 이 수치는 대개 새로 유입된 사람들을 고향으로 돌아가도록 한 정책으로 인해 36만 3554명과 5만 2205명으로 각기 감소했다. 도시 외곽에 있는 주요 철강 공장은 노동자의 3분의 1을 잃어버렸다. 대약진 운동 기간 중 우루무치의 일부 사람들은 때때로 나무껍질을 먹어야 했다. 말할 필요도 없이 주요 산물(채소, 소금, 설탕, 비누, 차, 연료)은 품귀 상태였고 정확하게 배급되었다. 물 역시 엄격하게 배급되었고 우루무치에서 공중목욕탕들은 문을 닫았다. 신장 대학의 학생들은 하루에 한 끼 식사만을 제공받았는데, 몇 년 후 한 졸업생은 1958년부터 1962년에 이르는 시기의 반은 배불렀고 반은 굶주렸다고 회상했다. 그럼에도 불구하고 그는 동쪽에서 우루무치와 신장의 다른 지역으로 들어온 한족 거지들에 비하면 형편이 좋았다. 카자흐족의 목축 경제 역시 고통을 겪었는데, 대약진 운동 전후의 가축 규모에 대한 통계 분석은 1959~1962년 사이 커다란 손실이 있었음을 보여 주며 1958~1965년 동안 가축의 연평균 증가율은 대약진 운동 이전 평균의 4분의 1로 떨어졌다.[33]

대약진 운동 기간 중 신장에서 벌어진 일들이 중국 전체에서 발생한 사건들과 대체로 유사하기는 하지만 신장이 변경에 위치하고 있으며 인구의 반 이상이 '소수 민족'이라는 사실은 신장에서 일어난 일들에 대해 중국 중심부에서와는 다른 중요성을 부여했다. 1958년은 '대한족주의(大漢族主義)'가 '지방 민족주의'만큼이나 자주 공식적으로 비난받던 1950년대 초반의 상대적으로 관용적이고 유연한 접근법과 마오쩌둥 시기 후반의 공격적인 동화주의 사이의 분수령이 되었다. 대약진 운동이 시작할 무렵 백화 운동에 대한 민족주의적 비판에 이어 당은 종교 개혁 운동과 연관된 일련의 반이슬람적 조치를 시작했다. 언론은 이전에는 공식적으로 인정되었던 이슬람의 휴일에 대해 침묵했는데, 이러한 공식적인 침묵은 전면적인 일제단속은 아니더라도 공식적인 입장이 변화했음을 암시한다. 정부는 또한 신장의 무슬림이 성지 순례를 떠나는 것을 승인하지 않았으며, 그들에게 이전에 허용했던 양보를 철회하면서 중국의 다른 지역과 조화를 이루기 위해 신장에서 법적인 결혼 연령을 높였다.[34]

대약진 운동 기간 중의 집단화 움직임은 이전의 토지 개혁 운동 시기보다 더 공격적이고 광범위했다. 신장 북부의 목축 지역에서는 특히 합작사로의 등록이 불완전했고, 목축업자들이 가축에 대한 사실상의 소유를 유지할 수 있도록 해 주는 국영·민영 조직들과 회계 기술로 인해 대부분 그 효과가 미약했다. 더욱이 일부의 지역들은 토지 개혁을 시행하지도 않았다. 1959년까지 정주한 카자흐인들이 합작사와 초기 형태의 공사를 형성한 지역에서도 이 기구들은 여전히 유목민들의 고유한 사회 구조를 해체하지 못했는데, 이 조직들이 몇 개의 우루, 즉 씨족 집단들을 통합하기는 했지만 각각의 집단을 단순히 자신들의 '생산 대대'로 취급했고 회계와 소유가 여전히 이 단계에 머무르고 있었기 때문이다.

그러나 1959~1960년 겨울 대약진 운동이 최고조에 이르렀던 시기에 상황이 변했다. 이때 당의 단체들과 인민해방군, 병단의 노동자들은 공동 체주의를 촉진하고 우파와 부르주아적인 개인주의, 지방 민족주의 및 다른 죄악들을 뿌리 뽑기 위해 카자흐인들에게 '교육' 캠페인을 벌였다. 여러 개의 카자흐 생산 대대를 농업 합작사와 병합하고 회계 단위를 공사 전체의 단계로 끌어올리면서 커다란 공사들이 형성되었고, 따라서 생산 대대(우루)의 의사 결정 능력은 약화되었다. 새로 설립된 공사는 목축 생산을 높이기 위한 방법으로 방목보다는 가축에게 사료용 곡물을 먹여 키우려고 했는데, 이는 가축과 목축민 모두를 한 지역에 정착시키는 정치적으로는 바람직한 부수적 효과를 가져왔다. 법률로 강제된 식당이나 탁아소와 같은 제도들도 유목민들을 정주화시키는 데 마찬가지로 효과적이었다. 더욱이 카자흐인들은 강철을 생산하라는 국가적 사명으로부터도 면제되지 못했다. 많은 카자흐인들은 산업 노동자로 일했으며, 일부는 심지어 초원에서 용광로를 만들고 작동하는 일을 했다. 당시 『인민일보(人民日報)』 기자는 새로운 사회주의적 전원 풍경에 대해 다음과 같이 묘사했다.

우리의 차는 끝없이 펼쳐진 초원 지대 위에 있는 쿠나이스Ku-nai-su 강을 따라 이동했다. 양 떼는 푸른 바다 위의 하얀 구름처럼…… 조용히 풀을 뜯고 있었다. 꼭대기에 눈이 덮인 몇 개의 산을 오른 후, 우리는 갑자기 앞에 펼쳐진 전쟁과도 같은 맹렬한 광경을 발견했다. 즐비하게 늘어선 온풍기와 철을 녹이는 용광로가 검은 연기를 내뿜고 있었다. 광석과 기구를 실은 트럭들은 베틀 위의 북처럼 여기저기 이동했다. 채광 작업의 일부인 암석 발파와 기계 소리는 초원의 침묵을 깨 버렸다. 이것이 일리 카자흐 자치주에 있는 새로운 강

철 도시, 신위안(新源) 강철회사였다.[35]

따라서 재산의 공유화가 목축업자들에게 미친 전반적인 영향은 씨족에 기반을 둔 조직을 더욱 긴밀한 당의 통제로 대체하는 한편 이들을 정주화시키고 가급적이면 많은 사람들을 목축에서 농업과 산업 노동력으로 전환시킨 것이었다. 신장의 관리들은 이 지역에서의 대약진 운동의 비경제적인 목표들, 특히 민족 정책과 관련된 것들에 대해서는 대단히 솔직했다. 일례로, 왕언마오는 1960년 2월 "인민공사 설립의 결과로 소수 민족들이 더욱 긴밀한 접촉과 협조를 하게 되면서 최종적으로는 **모든 민족의 완전한 혼합**으로 이어질 더 큰 동맹이 생길 것이고, 이것이 신장에서 사회주의의 안정적인 발전과 공산주의 건설에 엄청나게 광범위한 중요성을 가질 것이라고 말할 만한 이유가 생겼다"라고 기술했다(강조는 필자).[36] 이처럼 왕언마오의 글에는 사회주의 발전이 중국의 '민족들' 사이의 차이를 불식시킬 것이라는 희망찬 견해가 분명하게 명시되어 있다. 더욱이, 이러한 민족의 융합은 먼 미래에 일어나는 것이 아니라, 대약진 시기의 광란적인 심리 속에서 발생한 다른 모든 사건들과 마찬가지로, 갑작스럽고 대부분의 경우에는 고통스러운 변화를 통해서 급속히 이루어질 것이었다.

소련으로의 대규모 도주와 이타 사건

대약진 시기 신장의 이와 같은 측면—강화된 동화주의 행동 강령—은 북쪽 변경에서 중대한 위기를 초래했다. 앞서 언급했듯이 대약진 운동 기간은 신장에서 한족 이주민이 급증한 시기—1959년과 1961년 사이 하방한 30만 명의 도시 젊은이들과 적어도 89만 명에 달하는 자발적 이주민들이 신장으로 이주했다(후자는 물론 다른 지역의 더 안 좋은 상황을 피해 온 것이었다)—및 중국 공산당이 소련과 결별한 시기와 일치한다. 새로운 철도 노선으로 인해 1960년에는 란저우와 하미가, 1962년에는 란저우와 우루무치가 연결되었는데, 이는 중국인들의 추가적인 이주 물결을 예고하는 것이었다. 새로이 이주한 사람들 중 다수가 하미와 우루무치 사이의 철도 노선을 따라 정착했으며, 다른 사람들은 1958년 대대적인 확장, 특히 우루무치에서 서북 방면으로 뻗어 있는 정착 지대를 향한 확장을 시작하고 있던 병단으로 들어갔다. 새 이주민들은 여러 신흥 기업들과 신장 북부에 있는 병단의 농장에서 일했고 이곳에서는 광활한 목초지가 경작되었다. 이와 같은 인구 유입은 가용 노동력의 공급을 늘렸을 뿐만 아니라 부양 인구의 수도 증가시켰는데, 대약진 운동의 기저에 깔려 있던 터무니없는 가정들이 실현되지 못하자 변화된 이 지역의 인구 통계학적인 균형이 민족 간의 긴장 관계를 조성하게 되었다. (성도인 우루무치를 포함하여) 신장 북부의 한족 지역은 만성적인 곡물 부족에 시달렸으며, 이는 남쪽의 위구르족 지역에서 오는 곡물들로 보충되었다. 신장 전역에 걸쳐 곡물의 부족이 심각해지자 성도인 우루무치와 하미-우루무치를 잇는 철도 노선을 따라 위치한 한족 거주지와 중가리아의 새로운 거류지에 식량을 공급하기 위해 곡물이 계속해서 북으로 운반되었다. 신장은 또한 1960년과 1962년 사이에 약 3만 톤의 곡물을 중국의 다른 성들로 수출했다.[37]

　이러한 대약진 시기의 정책들(반소주의와 반지방 민족주의, 구 동투르키스탄 공화국과 카자흐 지역에 대한 중국 공산당의 침투와 통제 강화, 중국인 이주의 급증, 재산의 공유화 및 산업화, 특히 유목민들 사이에서의 공유화와 산업화와 연관된 경제적 혼란, 농경을 위해 징발된 목초지, 기근 시 곡물 징발에 있어 위구르족 지역에 비해 한족 지역이 눈에 띄게 우선시되었던 것) 중 일부 혹은 전부는 신장 북부에서 큰 불만을 자아냈다. 대약진 운동의 혼란을 크게 다룬 소련의 선전은 확실히 사람들이 더욱 동요하는 데 일조했다. 1962년 4월 수만 명의 난민들이 가축과 물품을 가지고 일리와 타청(타르바가타이) 구에서 도망쳤으며, 5월까지는 대략 6만 명(일부 추산에 따르면 10만 명 이상)의 사람들이 소련으로 갔다. 이 난민들 중에는 다수의 목축민들뿐만 아니라 동투르키스탄 공화국 시절까지 거슬러 올라가는 소련과의 유대 관계를 가지고 있었던 카자흐와 위구르 지식인들(이들은 중국과 소련 간의 명확한 분열이 자신들에게 길조가 아님을 인식하고 있었다)도 포함되어 있었다. 소련의 인구 증가로 판단해 보건대 망명자들 중에는 회족과 다른 집단도 포함되어 있었을 것이다. 5월에 중국 당국은 5개 대대와 21개 중대의 병단 예비대를 파견하여 인민해방군과 함께 국경을 봉쇄함으로써 인구와 동물의 유동을 막도록 했다. 5월 말경 쿨자에서는 외국행 표를 사지 못한 인민들이 버스 정류장에서 폭동을 일으켰다. 중국의 한 보도에 따르면 "소수의 불순분자들"이 "지금이 공산당을 전복하고 중국인이라는 골칫거리를 제거할 시기이다"라고 외치면서 정류장의 수위들과 15명의 군인들을 제압했다고 한다. 무리가 상당히 많아지자(한 중국인 학자는 2000명이라고 기록했다) 이후 군중들은 문서를 탈취하고 기물을 파괴하면서 일리 자치주의 인민위원회와 공산당 사무실을 공격했다. 병단의 농업 제4사단*에서 파견된 군대가 군중들에게 발포함으로써 소요를 진압했다.[38]

국경을 넘는 대이동으로 인해 수 개의 현은 주민들이 거의 사라지게 되었다. 타청 현 인구의 68퍼센트가 달아났고, 이전에는 모두 합쳐 1만 6000명의 인구가 있던 휘청(霍城) 현의 3개 공사에는 단지 3000명만이 남게 되었고 겨우 9가구만이 발전공사(發展公社)에 남았다. 소련과의 선전전에서 타격을 입은 것 이외에도 중국은 이제 거의 비어 버린 서북 변경의 안보 문제에도 직면하게 되었다. 사람들을 대대적으로 이 지역으로 이

---

* 농사사(農四師).

주시켜 버려진 공사들의 농·목축업과 임업을 담당하게 하면서 다시 한 번 이 상황을 타개한 것이 바로 병단이었다. 이후 4년 동안 병단은 일리와 보르탈라Bortala, 타르바가타이 및 알타이 구의 소련 국경을 따라 뻗어 있는 10~30킬로미터에 이르는 지대를 접수했는데, 이 지대의 주요 지점에 위치한 53개의 농장에 인원을 보강했기 때문에 사실상 중국의 카자흐인들과 이들보다는 부유한 소련의 카자흐인들 사이에는 격리 지역이 설치되었다.[39]

대약진 운동의 실패 및 이것이 소수 민족과의 관계에 미친 영향력의 정도가 분명해지자, 중화인민공화국 지도부는 안정을 되찾고 식량의 공급을 확보하기 위해 더 작은 회계 단위로 회귀하고 물질적인 유인을 지급하는 것을 지지하는 한편 재산의 급격한 공유화와 불가능한 생산 목표를 추진하는 것을 포기해야 했다. 국가는 제한적으로나마 사적 소유권과 시장으로 회귀하는 것을 허가했다. 대약진 운동 기간에는 관리들의 선발과 승진에서 정치적 집요함보다는 개인적 능력이 상대적으로 더 중요하게 되었다. 당은 잠시나마 신장의 비한족들이 가진 "고유한 특성"을 제한적으로 관용하는 자세로 돌아갔으며, "민족 혼합"에 대한 계획을 "대단히 긴 역사 기간 이후"로 연장했다. 그럼에도 불구하고 1962년의 대이주와 이타(伊塔) 사건*에 대한 중국 공산당의 공식적인 해명이 정면으로 소련의 교사자들에게 그 책임을 전가했기 때문에, 당은 비한족 간부들에 대해 또 한 번의 숙청을 단행했다.[40]

대약진 운동 기간에는 심각한 변경 문제들이 있었는데, 신장 북부로부터의 대이주 및 소련과의 불화에 더해 티베트 반란과 달라이 라마의 탈출

---

* 1962년 중국 정부가 일리 지역에서 이주를 허락해 달라고 요구하던 시위자들에게 발포한 사건.

(1959), 중국과 인도 간의 국경 충돌(1962)이 그것이다.[41] 노출된 변경 지역에 대한 소련의 위협 상황 속에서, 왕언마오 휘하의 신장 지도부는 대약진 운동 이후의 시기 동안 신장을 정치·경제적으로 정상인 상태로 돌려놓는 데 주로 초점을 맞추었다. 3년 동안 이 지역의 생활 수준이 1949년 이전의 수준 아래로 떨어졌기 때문에 이러한 조치는 불가피한 것이었다.

문화 대혁명

대약진 운동 이후 마오쩌둥은 일선에서 물러나야 했던 반면 다른 사람들은 산산조각 난 경제를 회복시키기 위해 노력했다. 그러나 마오쩌둥은 자신을 비판하는 사람들에 대해 불만을 품고 있었으며, 류사오치와 덩샤오핑에 의해 실시된 온건한 경제 정책에 반대했다. 결과적으로 1965년 말 마오쩌둥은 이러한 정책들에 대한 대중의 맹렬한 반대를 유발시키는 데 여전히 건재한 카리스마를 사용함으로써 권력으로의 복귀를 시도했고, '무산 계급 문화 대혁명'이라고 알려진 시기가 시작되었다. 그는 '홍위병(紅衛兵)'으로 조직된 젊은이들로 하여금 당과 정부의 조직 및 사람들을 공격하도록 했다. 그리고 이들은 이 조직과 사람들이 '자본주의 노선을 채택'하고 다른 해악들도 저질렀다고 비난했다. 표적이 된 고위 관료들은 1966년 초부터 지위를 보존하기 위한 노력의 일환으로 하위 계층의 희생양들을 숙청하면서, 계급 투쟁이라는 동일한 과장된 수사법을 자신들을 공격하는 사람들에게 돌리고 스스로 홍위병 파벌을 조직했다. 이 운동의 극단적인 논조는 오래된 것이나 외국의 것 또는 예술가와 작가, 연기자, 학자, 국민당이나 소련과 예전에 연관되어 있었던 사람들을 비롯하여 이와 관련된 사람들 모두에 대한 공격으로 이어졌다. 이러한 공격의 목표가 된 불운한 대상들은 집이 약탈당하고 좌천되고 공개적으로 굴욕을 겪고 노동 캠프로 내몰렸으며 많은 경우에는 살해당했다. 부모가 추방당한 아이들은 길거리에 방치되었다. 노동자들과 군인들이 참가한 경쟁적인 홍위병 파벌들은 전면 충돌을 벌였다. 1967년 초에 이르러 동족상잔의 혼란이 완전히 통제를 벗어날 지경에 이르자, 마오쩌둥은 인민해방군을 불러들였고 이들은 어느 정도의 질서를 회복시켰다. 결국 군대, 당 그리고 '대중'의 대표자들로 구성된 '혁명위원회'가 당 조직이 산산이 부서진 생산·행정 단위들에 대한 통제권을 장악했다. 홍위병은 해체되었고 수백만의 도시 청년들은 지방으로 보내져 그곳에서 오랜 기간 동안 복무했다.

반면, 마오쩌둥은 덩샤오핑, 주더, 보이보(薄一波)를 비롯한 자신의 경쟁자들과 자신이 이전에 선택한 후계자인 류사오치를 몰락시키고 불명예스럽게 만드는 데 성공했다. (후일 마오쩌둥을 타도하려고 했던) 린뱌오(林彪) 장군, 문화 대혁명이 마침내 종식된 1976년 마오쩌둥의 사망 직후까지 주석과 가까운 관계에 있음을 이용하여 정권을 장악한 마오쩌둥의 아내를 비롯한 급진적인 4인방 등의 새로운 집단이 마오쩌둥의 지원 하에 권력의 자리에 올랐다.

문화 대혁명이 중국 전역에 걸쳐 동일한 일반적인 궤도를 따랐지만 그 특징들은 지역에 따라 달랐다. 이는 신장에서 특히 그러했는데, 1949년 이 지역의 '평화로운 해방'은 옛 제1야전군 장교들이 당과 지역의 행정 및 병단의 주요 지위를 장악해 버리는 유산을 남겼다.[42] 제1야전군 출신인 왕언마오는 1954년까지 지역의 최고 지위를 장악하고 있었으며, 타오즈웨 휘하의 병단 퇴역 군인들 중 핵심 인물들이 그랬듯이 제1야전군의 인적 네크워크도 대체로 그를 지지했다. 1966년 여름 말 과격한 홍위병들이 베이징과 동부의 다른 지역에서 오기 시작했고 그들은 자연스럽게 '지역의 황제'인 왕언마오를 선동의 표적으로 삼았으며, 홍이사(紅二司)라고 알려지게 된 파벌을 형성했다. 이번에는 왕언마오가 이에 대적하는 홍위병 파벌[홍일사(紅一司)]을 간접적으로 조직했으며, 이 지역의 투르크 민족 사이에서 일어날지도 모르는 소요와 소련이 이에 개입할 가능성을 우려하여 분열을 억누르려고 했다. 소수 민족의 "특성"에 대한 그의 강조는 "부르주아적인 반동 노선"이라고 비판받았으며, 우루무치와 베이징의 포스터들은 혁명의 진행을 방해한다는 이유로 신장의 "민족주의자와 종교인들" 및 "반혁명적 분자"를 색출해 냈다.[43]

투쟁에는 상하이와 다른 도시 출신의 쉽게 정치화되는 많은 젊은이들이 최종적으로 머무르는 장소인 병단 역시 포함되었다. 딩성(丁盛) 휘하에 있던 병단의 급진적 파벌들은 병단의 지도자 장중한(張仲瀚)에 저항하기 위해 홍이사에 가입했는데, 딩성은 병단 구성원의 대부분이 국민당 출신이라는 이유를 들어 장중한이 자본주의적 유산을 영속시켰다고 비난했다. (또한 장중한 병단이 추진한 야심찬 경제 사업에 대해서도 "그들은 매음굴을 여는 것 이외에는 아무것도 하지 않았다"고 말했다.) 장중한의 리더십에 대한 딩성의 도전은 스허쯔에서 '1·26 사건'(1967)을 불러왔는데, 이 사건은 병단의 군대가 과격분자들이 점거한 공장에 총알과 수류탄을 발포하여 수십 명[44]이 살해당한 것이다.

이 최초의 무력 충돌과 뒤이은 딩성의 강한 항의는 베이징에 있는 중앙 정부의 주목을 받았다. 2월 7일 마오쩌둥은 "지나치게 천천히 다루어지는 문제들이 있다. 신장의 문제는 조금 더 빨리 해결되어야 한다"라고 말했다. 이들이 주석의 모호한 발언을 정확하게 해석했든 그렇지 않았든 간에 저우언라이(周恩來)와 다른 이들은 신장 당국과 협의하여 신장에서는 '대중 조직'이 권력을 장악하기에는 상황이 무르익지 않았다고 결정하고는 "신장 군구 생산건설병단이 군사적 통제 아래 무산 계급 문화 대혁명을 촉진하라"는 지령을 발표했다. 따라서 군대가 신장의 지역 매체와 행정·경제 조직은 물론 병단까지 접수하게 되었다. 사실상 육군은 홍이사를 견제하기 위해 신장의 당 및 정부 관리들과 협조해야 했으며 어느 정도의 평온이 한동안 널리 퍼졌다.

불행하게도 중앙 정부는 이후 더욱 혼란스러운 신호를 보냈다. 일례로, 총리인 저우언라이는 홍이사와 다른 '조반파(造反派)'*들을 1967년 3월 중순에 있었던 대중 집회에서 배제했다는 이유로 신장 당국을 공개적으로 비판했다. 장칭(江靑)과 그녀의 '문화 대혁명 집단'이 중앙 정부에서 영향력을 얻게 되자, '조반파'에 대한 중앙 정부의 지원이 강화되었다. 같은 해 여름 한 달 동안 중국의 관영 통신사인 신화(新華)는 홍이사의 활동에 대해 우호적으로 보도했다.[45] 이러한 분위기 속에서 인민해방군 자체가 분열했으며 제9공군의 7335부대는 홍이사와 동맹을 맺었다. 딩성은 병단을 장악했는데, 병단의 구성원 중 2000명이 처형당했고 7000명은 '반동주의자'로서 노동 캠프에 보내졌다.[46]

두 주요 파벌은 무장을 했고 1967년에는 600여 회, 1968년에는 700여 회에 걸쳐 격렬한 충돌을 벌였다. 예를 들어, 1967년 7월 딩성은 6000명의 병단 상비군을 5만 명의 병단 노동자들과 함께 우루무치에 파견하여 톈산 식품 공장과 인민광장, 제1사범대학 및 신장 의대 그리고 31개의 다른 근무지들을 공격했다. 이러한 전투는 치명적인 사건으로, 거리의 행인들이 공격을 받은 건물에서 떨어지는 콘크리트로 인해 부상을 입을 정도로 충분히 파괴적이었다. 부상자들로 가득 찬 병원들은 피가 부족하여 총격을 당한 피해자들이 죽도록 내버려 둘 수밖에 없었다.[47]

문화 대혁명 시기의 정쟁들은 삶의 모든 측면에, 심지어는 이 소동을 피하려고 했던 사람들에게도 영향을 미쳤다. 1967년 어느 저녁 대학을 갓 졸업한 타이르Tayir와 레나Rena가 결혼식을 올리고 있을 때 타이르의 직장

---

* 문화 혁명 시기 자본주의 노선을 걷던 당시의 실세들에 반대하여 문화 혁명을 지지하던 사람들.

에서 온 한 무리의 젊은이들이 파티를 방해하고 결혼을 막을 목적으로 나타났다. 문제는 타이르가 일하던 출판사가 왕언마오를 지지하고 있었던 반면 레나가 가르치던 고등학교는 조반파에 속해 있었다는 것이다. 비록 유혈이 흐르지 않았고 두 연인도 결국 결혼했지만, 이 사건은 파벌 간의 적대감이 정쟁과는 거의 무관한 사람들 간의 개인적인 관계에까지 깊이 침투해 있었음을 보여 준다.[48]

신장의 문화 대혁명 기간 중 가장 유혈이 낭자했던 전투들은 카슈가르와 호탄까지도 혼란스럽게 만든 장기간의 무장 투쟁과 더불어 스허쯔와 일리 주, 하미에서 벌어졌다. 인민해방군의 지상 부대는 하미와 우루무치 사이의 철도를 따라 7335부대와 교전을 벌였으며, 파업 중인 철도 노동자와 홍위병도 철도를 봉쇄하고 하미를 포위 공격하며 전투에 참여했다. 이 분쟁이 신장 지역 전체를 중국의 나머지 지역으로부터 고립시킬 우려가 있었기 때문에—이와 같은 사태는 군벌 시기에 발생했는데 중앙의 지도자들은 이를 탐탁지 않게 여겼다—저우언라이는 계속해서 전투원들에게 무기를 내려놓으라고 명령했지만 그 효과는 미미했다. 하미는 로프노르에 있는 핵무기 실험 시설인 '제21기지'에서 육로로 그리 멀지 않은 곳에 위치하고 있는데, 이곳에서 중국은 1967년 6월 최초로 수소폭탄을 폭발시켰다. 홍콩의 신문들에는 급진적인 홍위병들을 제거하기 위한 지원을 제공하지 않는다면 핵 기지를 점령하겠다고 왕언마오가 마오쩌둥을 위협했으며, 이로 인해 군대가 이 시설을 관리하도록 한 1967년 2월의 중앙 지령이 내려졌다는 보도가 실리기도 했다.[49]

신장은 중국에서 군사적 혼란으로부터 헤어 나온 마지막 지역들 중 하나였다. 혁명위원회가 어느 정도의 통제권을 되찾은 1968년 8월과 9월이 되어서야 무장 충돌이 잦아들었다. 충실한 지지자가 없는 새 위원회가 신장 전역에서 생산과 행정 조직을 접수하면서 왕언마오는 이 지역에서 우월한 지위를 상실했다. 더욱이 자신의 옛 상관이었던 펑전(彭眞)과 허룽(賀龍)이 중국의 다른 지역에서 공격을 받고 (제4야전군 출신의) 거물 린뱌오가 부상하면서 제1야전군과의 연고는 그에게 걸림돌이 되었다. 새 신장 혁명위원회의 주임 룽슈진(龍書金)은 린뱌오의 부하였다. 린뱌오는 또한 자신에게 개인적으로 충성하는 제4야전군의 인물들을 신장의 인민해방군에 침투시켰으며, 11월에 이르러 왕언마오는 신장 군구 사령관으로서의 지위를 룽슈진에게 내주었다. 왕언마오는 신장의 언론에서 노골적인 비방의 대상이었으나 연착륙에 성공했다. 그는 중국 공산당 중앙위원회에서 후보위원으로서의 자격을 유지하고 1969년 5월까지 베이징의 공식적인 행사에 계속해서 모습을 드러냈다. 당이 다시 한 번 그의 효용성을 발견한 것이었다.

룽슈진은 마오쩌둥과 린뱌오의 급진적인 경제·정치·문화적 행동 강령들을 추진했는데, 그는 물질적 유인보다는 이데올로기적 유인을 우선시하고 사적인 토지 혹은 가축의 소유를 금지했으며, 또한 신장의 비한족들에게 특히 강한 영향력을 미쳤던 정책인 '사구(四舊)'*를 일소하기 위한 조직적 활동을 발기했다. 룽슈진은 마오쩌둥을 겨냥한 린뱌오의 쿠데타 시도가 실패한 이후 숙청당했다. 이후 수년 동안 세이피딘과 양융(楊勇)의 공동 지도부는 중앙 정부의 지시에 따라 더 온건한 경제적 입장을 취했으며 문화 대혁명이 한창일 때의 무절제함에서도 물러났다.

이 시기의 주요 변화들 중 하나는 병단에 관한 것이었다. 문화 대혁명 시기의 혼란과 젊은이들은 국토를 여행해야 한다는 '대교류(大串聯)'** 속에서 마오쩌둥의 요청을 기화로 많은 한족 청년들이 동쪽으로 다시 돌아

---

* 구문화(舊文化), 구사상(舊思想), 구풍속(舊風俗), 구습관(舊習慣).
** 문화 대혁명 시기 홍위병들이 전국 각처로 나아가 교류했던 것을 지칭.

갔으며 이는 병단 인력의 손실을 낳았다. 문화 대혁명의 초기에 진행된 마오쩌둥주의식 병단의 구조 개혁은 이 군사-통치-생산 조직의 내재된 비효율성을 심화시켰으며, 병단은 1969년에 이르러서는 여하튼 무용지물이 되어 버렸다. 일부의 지도자들은 생산을 방기하고 인민해방군 및 홍위병들과의 군사적 충돌에 가담한 병단 자위대와 노동자들의 열정을 우려했고 이들은 병단에 더 많은 자금을 투자하는 것을 꺼렸다. 도시 출신의 젊은이들이 계속해서 상하이와 동부의 다른 도시들에 있는 집으로 돌아가기 위해 국영 농장과 공장의 군사적인 규율과 빈곤한 상황을 버리고 떠나게 되자 병단의 인구는 급감했다. 1974~1975년에만 병단은 50만 명이상의 노동자들을 잃었으며 생산량도 1971년의 연간 7억 500만 위안에서 3억 5600만 위안으로 감소했다. 이러한 문제들로 인하여 신장 발전의 최전선이 되기 위해 만들어진 병단은 지역 재정의 배수구가 되어 버렸다. 1975년 10월 중앙 정부는 새로 설립된 '신장 농간총국(新疆農墾總局)' 아래 국영 농장과 다른 기업들에 대한 관할권을 주와 신장 지역 당국에 이관하며 생산건설병단을 해체했다.[50]

이러한 혼란 속에서 중앙 정부가 병단에 개입한 것이 아마도 신장에서 문화 대혁명의 경제적 영향력이 다른 성들에 비해 상대적으로 높았던 이유 중 하나였던 것처럼 보인다. 제3차 5개년 경제 계획(1966~1970) 시기동안 산업과 농업의 총 생산이 전국적으로는 9.95퍼센트가량 증가했던 반면 신장에서는 단지 2.98퍼센트 정도만 증가했다. 제4차 5개년 경제 계획(1971~1975) 동안에는 전국적인 증가율은 7.76퍼센트였으나 신장의 증가율은 1.98퍼센트였다. 신장 당 간부학교 교수인 주페이민(朱培民)의 말을 빌리자면 "'무산 계급 문화 대혁명'은 신장의 경제를 붕괴 직전까지 몰고 갔다." 농업, 특히 곡물은 그중에서도 심각한 타격을 받았는데, 신장의 인구가 41.5퍼센트 증가한 10년 동안 겨우 2.2퍼센트만이 증가하여 인구당 농업 생산은 거의 30퍼센트나 감소했다. 신장은 따라서 곡물이 남는 성에서 곡물이 부족한 성이 되었으며 (청대 이래로 중앙의 입안자들에게 이루지 못한 꿈이었던) 지역의 경제적 자급자족이라는 공식적인 정책 목표는 손아귀에서 멀리 빠져나가 버렸다.[51]

신장에서의 다른 문화 혁명

중국과 서구의 자료에 의하면 문화 대혁명 시기의 가장 격렬한 파벌 대립은 신장 동부의 한족들 사이에서 발생한 것처럼 보인다. 실제로 1949년 이후의 신장 역사를 개관하기 위해 중화인민공화국 내에서 출판된 최초의 저작은, 비록 문화 대혁명에 대해 한 장을 할애하고 있기는 하지만, 이 시기 동안의 소수 민족 정책이나 신장의 비한족들에 대해서는 간략하게만 언급하고 있을 뿐이다.[52] 그러나 신장에서 문화 대혁명은 또 다른 얼굴을 가지고 있었다. 대약진 운동과 마찬가지로 문화 대혁명기의 사건들이 가지는 중요성은 비한족 집단들이 주로 거주하는 지역에서는 달랐다.

중국에서 마오쩌둥주의자들의 조직 활동은 변절자로 인식된 비한족에 대한, 그리고 낙후되고 봉건적이며 부르주아적이며 지방 민족주의적인 것으로 간주된 비중국적인 문화들에 대한 배타적인 공격을 수반했다. 1960년대까지 중국 공산당은 '지방 민족주의'뿐만 아니라 '대한족주의' 역시 '관료주의'와 '명령주의', '대중으로부터의 괴리'와 같은 과오들과 연결시키며 이를 비판하는 경향이 있었다. 더욱이 실질적인 권력이 항상 한족의 손에 있기는 했지만, 당은 신장의 하급 관직을 채우기 위해 점점 많은 수의 비한족 간부들을 선발하고 이들을 훈련시키려고 했다. 이러한 경향은 1958년 무렵 변화하기 시작했으며, 민족주의 내지는 민족적 차이에 대한 배려가 '계급 투쟁'에 의해 덮여 버린 1968년부터 신장에서 관직을 가진 비한족의 숫자가 1962년 11만 1500명(이들 중 4만 2000명은 당의 일원이었다)에서 1975년에 이르러서는 8만 명으로 줄어들었다. 급진적인 새 정책들은 1954년 헌법에 정식으로 기술된 원칙인 '소수 민족'들이 집중된 지역에서의 조화와 지역 '자치'라는 개념을 공격했다. 대신 문화 대혁명기의 헌법에서 이 원칙은 "민족 투쟁이 결국 계급 투쟁이라는 문제이다"라고 주장한 마오쩌둥주의식 표현으로 대체되었다.[53]

대약진 기간과 마찬가지로 문화 대혁명 기간 동안 소련과의 국경은 긴장 상태에 있었으며 동투르키스탄 공화국 및 소련과의 역사적 연고는 신장의 비한족 정치 엘리트들에게 불리하게 작용했다. 이미노프Iminov(위구르족, 신장 성 부주석)와 부르한(타타르족, 전임 신장 성 성장)을 비롯한 신장의 대다수 비한족 간부들이 반역죄로 고발당하고 숙청당했다. 부르한은 "신장의 자본주의 3대 반동 노선," 소련식 근대 수정주의와 지방 민족주의의 주요 원인이라는 꼬리표가 붙었다.[54] 한 역사가는 "몇 명의…… 이미노프, 아스하트 이스하트와 안와르 살잔Anwar Saljan을 비롯한 투르키스탄 혁명의 옛 노병들은…… 문화 대혁명 시기 동안 고문당하고 은밀하게 처형당했다"라고 기록했다.[55] 심지어 세이피딘의 집은 고등학생들에 의해 약탈당했다. 신장 혁명위원회가 1968년 통제권을 행사했을 때 위원회의 부주임 9명 중 2명, 즉 세이피딘과 문화 대혁명 기간 동안 승진한 무명의 카자흐족 목축업자 지아Zia만이 비한족이었다. 이후 루지 투르디Ruzi Turdi 그리고 1973년에는 토무르 다와메트Tomur Dawamät가 이들과 함께했는데, 이들은 모두 위구르인이었다. 그럼에도 불구하고 신장에서 경험이 없는 군인들이 계속해서 혁명위원회를 장악했다.

투르크 민족들과 비한족 간부들을 소련의 앞잡이이자 '수정주의자들'이라고 공격한 것이 의심의 여지없이 과장된 것이기는 하지만, 실제로 1960년대 후반과 1970년대 초반에는 소련의 의도를 우려할 만한 이유가 있었다. '신장 소수 민족 피난민군'이라 불리는 부대를 비롯한 소련의 군대들이 한데 모여 변경에서 이루어지는 기동 훈련에 참여했으며 국경에서는 거의 끊임없이 소규모 교전과 침입 및 얼마간의 심각한 충돌이 발생했다. 인민해방군은 소련이 대대적으로 침입할 경우 티베트로 이어지는 도주로를 마련하기 위해 타클라마칸 사막 전역을 가로질러 남으로 흐르는 계절 하천인 호탄 강의 둑을 따라 비포장도로를 건설했다. 더욱이 북부 신장에서의 "단결"에 대한 여론의 지속적인 호소 및 "불화의 씨를 뿌리고" "대연합"을 훼손하고자 하는 시도들에 대한 경고는, 이에 대해 공개적으로 알려진 바는 거의 없지만, 비한족들 사이에서 반중국적인 저항이 있었음을 암시한다. 1969년 초의 확인되지 않은 한 보도에 따르면, 쿨자에서는 소문에 의하면 소련의 지원을 받아 4000명의 위구르인들이 반란을 일으켰다고 한다.[56] 문화 대혁명기 신장의 카자흐인들과 관련하여 편찬된 얼마 되지 않는 자료 중 벤슨과 스반베리Ingvar Svanberg는 1969년 일리 카자흐 자치주에서 가축의 3분의 1이 감소했다고 지적했다. 대약진 시기와 마찬가지로 이는 가축들의 사망 내지는 집단 폐사를 유발한 심각한 혼란이 있었음을 나타내는 것으로, 여기에는 아마도 무장 투쟁과 기상 이변 또는 카자흐스탄으로의 이주가 포함될 것이다.[57]

문화 대혁명 초기의 고조된 사회적 불안과 중앙의 통제력 상실 속에서, 신장의 투르크 민족들이 정치 운동으로부터 멀리 떨어져 있었다면 이는 정말 놀라운 일일 것이다. 그러나 중앙의 지도부 중에서 저우언라이 총리는 적어도 신장의 '소수 민족들'이 정치화되거나 파벌 투쟁에 휘말리지 않도록 하기를 원했던 것처럼 보인다. 1968년 5월 홍위사와 연관된 급진 조직—아이단Aidan(분명히 한족의 이름은 아니다)이라는 인물이 이끌고 있었다—이 수만 명의 비한족들이 참가할 것으로 예상되었던 '왕언마오의 대한족주의 타도 대회'를 계획했다. 이 집회는 투르크 민족들의 지지를 자신의 편으로 끌어들이기 위한 하부 파벌의 노력을 반영하는 것처럼 보이는데, 왕언마오를 대한족주의로 비판하는 것 자체가 사리에 맞지 않기 때문이다. 저우언라이는 이 계획을 듣자마자 신장 군구와 병단 그리고 (홍이사의 후원자인) 인민해방군 3773부대에게 이 조직을 압박하여 회합을 취소시키라는 명령을 내렸으며 결국 그렇게 되었다.[58]

투르크 민족들이 스스로를 조직하고자 했던 시도가 적어도 한 번은 있었던 것으로 보인다. 1990년대 초반의 것으로 추정되는 중국 내부의 간행물은 1949년 이래 가장 심각한 "반혁명 분리주의자들의 음모"가 1968년 2월부터 2년 동안 신장에서 활동한 동투르키스탄 인민혁명당이라고 단언했다. 간략한 보고서에 따르면 동투르키스탄 인민혁명당 조직의 중앙과 지방 사무소들은 당의 헌장과 '횃불, 독립 그리고 톈산 게릴라'라는 제목의 당보(黨報)를 비롯하여 대략 50개의 출판물을 발행했다고 한다. 이 조직은 신장에 세속적이고 공산주의적이며 친소적 경향을 가진 독립된 동투르키스탄 공화국의 수립을 추구했다. 이들은 소련과 몽골에 사절단을 파견하여 무기와 고문단을 요구했으나, 현재 카자흐스탄에 살고 있는 이 운동의 위구르인 참가자에 따르면 소련은 약속했던 원조를 제공하지 않았다고 한다.[59]

모스크의 돼지들

문화 대혁명 시기 동안 동투르키스탄의 독립을 목적으로 한 공개적인 반란과 운동은 아마도 신장의 투르크 민족 중 단지 소수의 사람들과만 직접적으로 관련되어 있었을 것이다. 일부의 사람들은 중국 전역에서와 마찬가지로, 이 시기의 두드러지는 정치화 속에서 자신들의 경력을 펼칠 기회를 발견하기도 했다. 나머지 사람들은 대다수의 중국인들과 마찬가지로, 목숨과 자유 내지는 생계 수단을 잃지 않은 채 정치적 격동과 혼란스러운 이데올로기의 급격한 방향 전환을 피하려고 노력하며 그저 머리를 낮추고 있었다.

바자르에서 개인적으로 장사를 하는 것—공산주의 치하에서는 금지되었다—이 신장의 도시들만큼이나 오래된 생활 방식이었던 많은 위구르인들에게는 평범하게 생활하는 것조차도 어려웠다. (특별한 경우에는 아코디언을 연주하고 사교춤을 즐기는 것이 여전히 허용되었지만) 위구르의 음악과 춤, 결혼의 핵심적인 요소들, 할례 의식 그리고 다른 의례들이 금지되었으며 위구르의 악기는 "봉건적인 것"으로 비난받았다.[60] 지역의 자치, 신장의 특수한 환경에 대한 인정, 신장의 비한족 문화와 관련된 다원성 및 배타적 한족주의에 대한 비난이 정치적으로 옹호될 수 없는 입장이 되어 버렸기 때문에, 민족적 요인은 신장의 문화 대혁명 시기에 고유한 특징을 부여했다. 마오쩌둥의 부인이자 급진적 문화 전문가인 장칭은 소수 민족을 "기이한" 노래와 춤을 가진 "외국의 침략자와 이방인"으로 간주했고, "당신들의 작은 신장이 무엇이 그렇게 특별한가? 나는 당신들이 싫다"고 말했다고 한다.[61]

따라서 문화 대혁명기의 격렬한 군사적·정치적 투쟁이 주로 한족과 연루된 것처럼 보이기는 하지만 신장에서는 문화 대혁명의 문화적 행동 강령이 정면으로 '소수 민족'의 관습을 겨냥하고 있었고 이는 장기간에 걸친 인권 모욕과 침해로 이어졌다. 얼마 동안 신장에서 거주한 한족은 위구르, 카자흐 및 다른 집단들과 어느 정도 친숙했는데, 한족 지도자들은 1958년 이전에는 당이 종교, 예술, 교육 및 다른 문화 제도들을 통제하도록 조치한 시기에도 비한족의 토착 문화 그 자체에는 상대적으로 거의 간섭하지 않았다. 반면 베이징에서 출발한 기차에서 막 내린 홍위병들은 위구르 전통 문화에 대해(또는 이와 관련한 중국의 전통 문화에 대해서도) 거의 알지 못했으며 이를 경시했다. 티베트나 중국 전역에서와 마찬가지로 신장에서도 홍위병들이 비한족들을 박해하는 것이나 문화재를 공개적으로 파괴하고 모독하는 일을 담당했던 것으로 보인다. 쿠란이 소각되고 모스크, 마자르, 마드라사 및 무슬림 묘지들이 폐쇄되고 모독당했으며, 비한족 지식인들과 종교 지도자들이 시위행진과 투쟁 집회에서 모욕당했다. 또한 고유의 의상이 금지되고 젊은 여성의 긴 머리카락이 길거리에서 잘렸다는 많은 보도가 있었다. 그러나 이슬람과 비한족의 문화에 대한 공격은 홍위병이 해산된 이후에도 지속되었다. 물론 당국이 공식적으로 종교적인 휴일을 취소하고 비한족 문화·정치 지도자들을 교화 캠프에 억류하고 반이슬람·반투르크 선전을 유포하는 매체들을 장악했기 때문에, 베이징과 우루무치의 실력자들은 이러한 행위들을 묵인했다.

1980년대 이래로 한족들은 광기의 문화 대혁명기 동안 자신과 가족이 받았던 고통에 대한 수많은 감동적인 이야기들을 출판했다. 비한족 참가자들은 이보다 적게 발표했으나 그들도 마찬가지로 잔학한 사건들에 대해 이야기한다. 카슈가르 인근 엥기샤르 현의 한 마을 출신 위구르인의 최초의 추억 중 하나는 아마도 1970년 혹은 1971년 무렵 그가 처음으로 돼지를 보았던 것에 관한 것이다.

> 몇 마리의 하얗고 검은 돼지들이 사람들이 '모스크'라고 부르는 건물 안에서 사육되었습니다. 벽에는 작은 창문이 하나 있었습니다. 나는 키가 작아서 창문을 통해 돼지들을 볼 수 없었고 누나가 나를 자신의 어깨 위에 올려 주었습니다. 나이가 들면서 나는 우리 지역에 있는 거의 모든 모스크가 돼지우리로 변했다는 사실을 알게 되었습니다. 심지어 위구르의 노래조차도 돼지를 예찬했습니다.[62]

문화 대혁명 시기 동안 중국 전역에 있는 종교 건물들은 다른 용도로, 즉 학교와 박물관 그리고 아마 돼지우리로도 전환되었으며, 신상(神像)은 대개 모독되었다. 1980년대 중반 광둥에 있는 사원의 본당에서 나는 조립된 브론토사우루스와 유사한 공룡의 뼈를 보았는데, 신성한 사원에 공룡의 뼈를 전시한다는 이 사실 자체가 종교에 대한 공산당의 태도를 잘 보여 준다. 불교나 도교 사원에서 돼지를 기르는 것도 나쁘지만 돼지고기를 먹는 것에 대한 이슬람의 금기가 강하다는 점을 감안해 볼 때, 모스크에서 이러한 행위를 하는 것은 더 좋지 않은 일이었다. 따라서 이 이야기는 일반적인 문화 대혁명기의 관행들이 신장에서는 다른 의미를 지니고 있었음을 대표적으로 보여 주는 사례이다.

개혁, 회복 그리고 타협: 1978~1980년대

마오쩌둥이 1976년 사망하고 곧이어 그의 아내를 비롯한 4인방 모두가 권좌에서 실각했다. 마오쩌둥의 직속 후계자인 화궈펑(華國鋒)은 실제로는 덩샤오핑이 두 번째로 복권되어 권력으로 복귀할 때까지의 몇 년 동안만 최고위직을 장악한 대리인에 지나지 않았다. 1978년 말 베이징에서 개최된 제11차 삼중전체회의(三中全體會議)에서 덩샤오핑은 완전히 통제력을 장악했고, 그의 지도 아래 당과 정부는 정치적 안정과 경제 성장 및 정책 결정에 있어 이데올로기적인 접근보다는 실용적인 접근을 강조하는 개혁 프로그램을 시작했다.

중용으로의 회귀?

덩샤오핑이 권력을 공고히 하기 이전에도 화궈펑의 지도 아래 있던 당은 마오쩌둥 시기의 동화주의 정책이 신장의 비한족 사이에서 공산당에 대한 지지를 심각하게 훼손한다는 사실을 인식했다. 화궈펑은 '소수 민족'

지역에 있는 당과 정부의 간부들이 현지어를 배워야 한다—이는 새롭지도 않고 언어적으로도 결실을 맺지 못했지만, 중앙 정부의 변화된 견해를 반영하는 지시였다—고 강조하기 시작했다. 1977년부터 공식적인 자료들은 비한족의 관습에 대한 공식적인 불관용과 소수 민족의 권리에 대한 침해 및 '자치 지역' 체제의 해체를 비롯한 문화 대혁명 시기의 정책들을 비판하기 시작했다. 이러한 폐해들은 문화 대혁명의 다른 측면들과 마찬가지로 대개 린뱌오와 4인방의 책임으로 돌려졌다.

덩샤오핑은 일단 권력에 복귀하자 1950년대 초반의 공식적인 비동화주의 소수 민족 정책으로 회귀할 것을 주장했으며, 일련의 정식 정책과 공고가 공식적인 노선으로 재확립되었다. 1978년에는 중국의 비한족들과 관련된 중앙 정부의 부서인 민족사무위원회(홍위병들의 공격 이후 해체되었다)가 재건되었다. 1980년에는 신장 이슬람 협회가 다시 설립되었으며, 당은 배타적 한족주의 및 지방 민족주의와 싸울 필요성을 역설한 저우언라이의 1957년 연설을 그의 사후에 출판했다. 비한족 지역에서 실질적인 자치를 수립할 것을 다시 요구하고 동화주의 정책을 비난한 (정치국의 일원이자 중국 공산당 내부에서 최고위직 비한족인) 몽골인 울란후Ulanhu를 위시한 다른 지도자들도 이러한 정서에 공감했다. 1980년 작성된 당의 문서는〔후일 신장 지역 당안관(檔案館)에서 발견되었다〕17년 동안의 '극좌' 정책 이후 자치를 비롯한 소수 민족 문제에 대한 당의 생각을 숨김없이 펼쳐 놓았다. 널리 퍼진 배타적인 한족주의를 비난하며 "민족의 지역 자치 및 자치에 대한 권리는 지역(地區)이 아니라 자치를 시행하는 민족 인민들에게 주어져야 한다"고 주장했다. 이 문서는 또한 신장의 지도부에서 한족 간부들이 우위를 점하고 있다는 사실을 비판했으며, 신장이 위구르족 자치구이므로 지역 전체에서 위구르족 간부의 비율이 45퍼센트가 되어야 하며 주로 위구르족들이 거주하는 남부에서는 60퍼센트가 되어야 한다고 주장했다. 이 지역의 다른 민족들은 최소한 15퍼센트에 의해 대표되어야 하며, 이것이 "자치를 충족시킬 것"이라고 덧붙였다.[63]

　1981년 덩샤오핑이 왕언마오를 신장에서 당 제1서기의 지위로 복직시켰을 당시, 왕언마오의 초기 논평은 소수 민족 지역에 대한 당 정책의 이러한 변화를 반영했다. 그는 배타적 한족주의와 지방 민족주의를 동시에 비판했다. 당은 이제 민족들의 융합이 대단히 장기적인 관점에서만 일어날 수 있기 때문에, 소수 민족 지역 및 주민들의 상황과 특성에 대한 적응을 계속할 필요가 있다는 이론적인 입장으로 회귀했다. 1982년의 헌법은 이러한 규정을 반복하고, 문화 대혁명기 동안 삭제된 초기 헌법의 소수 민족의 평등, 권리, 관습 및 정치적·재정적인 자치에 대한 용어 대부분이 복원되었다. 모스크가 다시 열리고 새로운 모스크가 건설되었으며, 신장의 무슬림들은 이슬람 국가들로 더 쉽게 여행할 수 있게 되었다. 이와 같은 조치는 신장에서 이슬람에 대한 제약이 일시적으로 느슨해졌다는 것으로 해석되었다. 신장에 대한 당의 기본적인 정책을 밝힌 1982년의 공식 성명서는 당의 구성원들은 (그리고 대다수의 관리들은) 마르크스주의자이고 따라서 무신론자여야만 하나, 종교가 사회생활의 기본적인 요소인 신장과 같은 지역에서는 이 원칙을 유연하게 적용하는 것을 허가한다고 명시했다. (신장의 무슬림 간부들은 콜린 매케러스Colin MacKerras에게 규정상으로는 금요일 예배에 참석하고 매일 다섯 차례 기도하는 것이 금지되어 있으나, 1990년대 중반에는 단지 느슨하게 시행되었을 뿐이라고 이야기했다.) 마지막으로 1957년 이래 정치적인 이유로 숙청당한 신장의 관리들과 문화계 인사들의 사례들이 대대적으로 재고되면서 수만 명에 달하는 지난날의 "독초(毒草)," "우귀사신(牛鬼蛇神)"* 및 "당에 적대적인 악당들"과 한때 "지방 민

---

* 사회의 온갖 악인들을 지칭하는 말.

족주의자'라고 분류된 신장의 많은 비한족 간부들이 복권되었다.[64]

비한족 지역에서의 중국 공산당의 개혁 노력 중 중요한 사건은 중국 공산당 총서기(이자 덩샤오핑의 추종자인) 후야오방(胡耀邦)이 1980년 6월 티베트를 방문한 것이다. 그는 이 지역의 명백한 빈곤과 파괴에 충격을 받아 소수 민족 지역에서 비한족 간부의 수를 크게 늘려 '자치'라는 이름 아래 현지 사정과 문화에 기반을 둔 교육·문화·재정 개혁을 할 것을 요구하기에 이르렀다.

덩샤오핑은 비한족 지역을 다루기 위해 '지역 자치' 모델을 복구하고 강화하고자 했고, 1980년 8월 개혁에 대한 중요 연설에서 이를 강조했다. 이듬해 열흘에 걸친 신장 여행에서 그는 분리주의와 신장에 공화국을 세우자는 생각에는 반대했으나, 다시 한 번 소수 민족 지역에서 지역 자치의 원칙이 특별법에 정식으로 기술되어야 한다고 강조했다. 전국인민대표회의는 1984년 5월 그 법률을 통과시켰는데, 이는 지방과 지역 당국이 중앙 정부의 법률을 해당 지역에 적용하는 데 있어 현지의 상황을 고려하도록 하면서 헌법에 이미 기술된 지역 자치 조항을 강화한 것이었다. 이 법률은 또한 더 많은 소수 민족 간부를 양성하고 고용할 것(26조)을 요구하고 비한족 문화의 진흥과 비한족 언어로 출판할 것을 장려했으며(38조), 또한 당해 비한족 언어를 자치 지역 혹은 자치구의 주요 행정 언어로 지정할 수 있다(21조)고 명문화했다.[65]

경제 문제에 있어서 현실적인 덩샤오핑 지지파의 정책들은 신장에서, 적어도 거시 경제적인 수준에서는 분명히 성공적이었다. 1980년대 신장의 1인당 생산과 1인당 소득은 전국 평균을 상회했는데, 이는 아마도 신장 성이 대단히 낮은 수준에서 출발했기 때문일 것이다. 1인당 생산·소득에서 신장의 순위는 중국의 27개 성과 자치구 중 거의 바닥에서 10위와 12위로 각각 상승했다. 신장은 생존 위기로부터 벗어났는데, 곡물과 식물

성 유지 작물 및 면화의 생산이 크게 상승했으며 많은 잉여 면화들을 가공을 위해 중국 동부로 나르기 시작했다. 1980년대 초반 신장의 노동 생산성은 광저우 노동자들의 그것과 거의 동등한 상태로, 다른 지역들의 노동 생산성과 비교해 보면 우월했다.[66]

이후 1980년대 베이징과 우루무치의 지도자들은 경제 개혁과 더불어 적어도 자치라는 이념에 대해 어느 정도의 양보가 필요하다고 결정했다. 물론 최종적인 통제력은 당의 한족 인물들의 손아귀에 남아 있었으나, 정부 조직에 있는 비한족 간부 대표의 수와 비한족의 문화적 표현은 어느 정도까지는 증가했다. 덩샤오핑, 후야오방 및 다른 사람들은 신장을 비롯한 다른 변경 지역에서 소수 민족들의 삶의 질을 향상시키는 것이 분리주의에 대한 중요한 억제 수단이라는 관점을 분명히 했으며, 또한 경제 정책의 자유화가 삶의 질을 높일 것이라고 믿었다. 이는 덩샤오핑 지지파의 다른 정책들과 마찬가지로 온건한 입장을 보여 주며, 앞선 정책들과 두드러지는 변화를 나타냈다.

'키타이인들은 집으로 돌아가라!'

그러나 개혁에도 불구하고 문화 대혁명 시기의 과도함은 1980년대 내내 지속된 많은 문제점을 남겼다. 이 중 하나가 신장에 남아 있던 상하이와 베이징 및 다른 지역 출신의 한족 청년들이었는데, 이들 중 대다수는 조국의 이익을 위해 불모의 변경 지역에서 고생하며 자신의 맡은 바 일을 다해 왔고 고향으로 돌아가기를 원했다. 이들 동부 출신의 한족 청년들에게 신장에서의 삶은 고된 것이었다. 조악한 음식과 의료의 부족 및 낙후된 주거지 이외에도 그들은 무지한 관리들의 통제 아래에 있는 병단촌(兵團村)에서 자신들이 버림받았다는 느낌을 받았다. 이들은 신장으로 하방하기 위해 상하이발 기차에 가득 실린 사람들에 관한 소곡(小曲)―"상하이의 아이들은 엉엉 우네. 기차에 오르면 표가 필요 없고 기차에서 내리면 사람이 필요 없네"—과 그 운명을 함께했다.[67]

상하이 시 당국은 1974~1975년 아직 신장에 남아 있던 '지식 청년들'을 위한 일자리가 없었으며 더욱이 이들이 되돌아오는 것을 원하지도 않았다. 신장 정부 역시 노동력을 상실하는 것을 원하지 않았다. 1979년과 1980년 지식 청년들은 공개적으로, 특히 신장의 남부에서 소요를 일으키기 시작했다. 문화 대혁명 말기부터 20세기 말에 이르는 시기 중 신장에서 발생한 가장 큰 대중 운동에서, 상하이와 다른 도시 출신의 5000~6000명에 달하는 '지식 청년들'이 악수에 모여 50일 이상 동안 지역의 당 위원회 행정 사무실을 점거했다. (이는 이후에 있었던 위구르인들의 시위보다 더 크고 오랫동안 지속된 것이었다.)[68] 상하이 출신 지식 청년들(이때에는 이미 더 이상 젊지 않았지만)의 지도자들은 지역 위원회 본부의 확성기를 통해 자신들의 사례를 방송하기 위해 위구르인 통역을 이용했다. 악수의 현지 관리들과 심지어 경찰관조차 숨어 버렸기 때문에 상하이 출신 청년들이 소매치기를 처벌하고 위구르인 부부들을 위해 결혼 증명서를 기입해 주는 것과 같은 지역의 사무까지도 처리했다. 이들은 사실상 악수를 접수했다.[69]

1979년 11월 약 500명의 상하이 출신 사람들—이후 1000명의 사람들이 추가로 합류했다—이 악수의 지역 위원회 본부 밖에 있는 커다란 교차로에서 100일간 단식 투쟁을 벌였다. 이들은 '단식 투쟁'이라고 쓰인 어깨띠를 가슴에 두르고는 누비이불을 뒤집어쓰고 지지자들에 둘러싸인 채 교차로와 눈에 잘 띄도록 세운 세 개의 관의 그늘 아래 있었다. 몇 주 후 당국은 악수에 모인 지식 청년들과 다른 병단에 거주하고 있는 사람들에게 상하이 거주 허가증을 발급해 주는 것에 동의했다. 그러나 상하이 출신 사람들이 정부 청사를 떠난 지 얼마 되지 않아 무장 경찰이 새벽 2시에 현장을 급습하여 운동의 주모자들을 체포했으며, 한동안 이미 발급된 허가증과 다른 문서들을 무효로 했다. 이 운동의 주 대변인이었던 어우양롄(歐陽璉)은 1984년까지 구금되었다.[70]

당국은 결국 식량 부족으로 인해 고통을 받고 게으르고 고압적인 관리들 밑에서 수년 동안 일한 청년들이 정당한 불만을 품고 있었다는 사실을 인정했다. 마침내 1981년 초 베이징에서 열린 신장과 상하이 고위 당국자 회담─자오쯔양(趙紫陽)이 기조연설을 했다─에서 일정한 조건을 충족시킨 청년들만이 시간을 두고 상하이로 돌아올 수 있다는 계획이 수립되었다. 반면 조건을 충족시키지 못한 나머지 사람들은 신장에 남아 있어야 했다.[71]

현재 이용 가능한 정보에 따르면 당국은 문화 대혁명 이후 시기 동안 위구르인들의 직접적인 불만 표현에는 덜 관대했다고 한다. 확실히 1980년대에는 극명한 민족적·종교적 경향을 띤 불안의 징후들이 나타났는데, 우리가 알고 있는 것은 다음과 같은 3개의 범주로 분류된다. 첫 번째 범주는 (경찰의 만행이나 모스크에서 총을 발포한 것과 같은) 사소한 사건들로부터 발생한 시위나 거리 투쟁이 반중국 구호나 이슬람식 구호를 외치는 거친 시위로 변한 사례이다. 두 번째 범주는 중국의 내부 자료와 출판된 자료 모두가 '민족 분리주의 조직'이라고 정의 내린 것으로, 이 중 한 조직은 카슈가르 외곽의 무장 소요 발발에 원인을 제공했으며(7장 참조), 다른 한 조직은 무기를 비축했다고 전해진다. 흥미롭게도 두 번째 범주의 두 개의 조직을 만든 이들은 10대 고등학생들이라고 알려져 있다.

세 번째 범주에는 수차례에 걸쳐 교내의 생활 환경과 인종 차별주의적인 낙서에 대해 불만을 토론하거나 1980년대 후반 민주화를 요구하며 전국적인 학생 동아리에 참여한 대학생들이 포함되어 있다. 이러한 시위에서 학생들이 내세운 일부 슬로건들은 로프노르에서 벌어진 핵 실험(과 이

것이 신장 주민의 건강에 미쳤다고 생각되는 영향), 한족의 신장 이주 그리고 가족 규모를 제한하는 정책이 소수 민족에까지 확대된 것과 같은 대단히 민감한 문제들을 다루었다. 학생들은 또한 '민족들 간의 평등'이라는 공식적인 슬로건을 채택했는데, 이는 현 상황이 불평등하다는 것을 암시했다. 이러한 문제들과 연결되었을 때 '자유'와 '민주주의'에 대한 요구들은, 1980년대 후반 중국 전역의 대학 교내에서 자주 들리기는 했지만, 신장에서는 독특한 민족주의적 색채를 띠게 되었다.

5장에서 언급한 것처럼 20세기 신장에서의 권리 운동 또는 독립 운동은 '이슬람의 성전'이라는 일반적으로 알려진 개념과 잘 들어맞지 않는다. 실패로 끝난 1933~1934년의 동투르키스탄 공화국 선포는 온건한 이슬람식 그리고 자유 민주주의적 목소리를 냈으나, 1940년대에 투르크족 자치 또는 중국으로부터의 독립을 조직한 주된 세력은 친소적이고 세속적이었다. 1950년대에 신장의 이슬람 기구들은 공개적인 저항을 거의 하지 않은 채 중국 공산당에 의한 재산의 국유화와 감독을 받아들였다. 반지방 민족주의 운동과 문화 대혁명에서 나타난 중국의 수사학으로 판단해 보건대, 신장에서 '단결'을 위협하는 주된 요인으로 인식된 것은 이슬람이 아니라 소련과의 연계였다. 이슬람과 그 실천자들은 문화 대혁명 기간 동안 박해를 받았으나, '봉건적인 미신'이라고 폄하되기는 했어도 종교적인 믿음 그 자체가 고위층의 정치적 숙청의 근본적인 이유는 아니었다.

따라서 일부의 위구르 운동이 특히 신장 남부에서, 1980년대 후반 이슬람 공화국에 대한 호소와 함께 중국인들을 '불신자'라고 규탄하면서 이슬람을 대의로서 강조하기 시작한 이유는 명확하지 않다. 문화 대혁명 시기 이슬람에 대한 공격이 이루어진 것이 위구르 문화의 핵심인 종교에 대한 이들의 우려를 높였고, 그 결과 불만을 품은 사람들의 재집결지로서 종교의 위상이 더욱 커졌다는 것이 하나의 설명이 될 수 있을 것이다.

카슈가르 일요 바자르의 가축 매매 구역. 244쪽 사진의 건물과 비교해 보라.
사진: J. Millward, 2001

1979년과 1990년 사이 모스크와 마드라사 수가 늘어난 것은 이 시기 동안 신장에서 이슬람이 부흥했거나 적어도 신규 모스크 건설이 금지되었던 오랜 기간 동안 억압되어 있었던 관심이 표출되었다는 것을 나타낸다. 더욱이 1980년대 전반에 걸쳐 야르칸드는 분명히 이슬람 교육의 지역 중심으로서의 전통적인 위치를 부분적으로나마 회복했으며, 야르칸드의 마드라사에서 종교를 공부하는 학생들의 수는 1979년의 150명에서 10년 후에는 722명으로 늘어났는데, 이들 중 절반 이상이 신장의 다른 지역에서 왔다.[72] (같은 기간 동안 티베트에서는 사원이 반중국 저항 운동의 중심지가 되었다.)

　그러나 1980년대 발생한 모든 민족적인 소요를 그 동기나 표현에 있어서 '이슬람적'이라고 특징지을 수는 없다. 특히 우루무치의 학생들은 무엇보다 민주주의와 환경, 중국인 인구의 유입 및 산아 제한 정책에 관심을 가지고 있었다. 이러한 문제들은 종교적인 관심 그 자체를 반영한다기보다는 오히려 민족으로서 위구르족의 대우와 생존에 대한 관심을 반영한다.

이 장에서는 중화인민공화국이 신장을 통치한 첫 40년 동안 발생한 정치적인 사건들—이 사건들 중 다수는 상당히 격앙된 것이었다—에 초점을 맞추었다. 반면 중국의 공식 출판물들은 '새로운 중국의 건국' 이후의 이 시기를 조금이라도 논의하는 한, 신장의 경제 발전과 개선된 생활 수준에 관한 기록을 강조하는 것을 선호한다. 그들이 이렇게 하는 데는 그럴 만한 이유가 있다. 중국의 다른 지역에서처럼 전반적으로 이 시기에는 교육과 의료, 기간 시설의 건설 및 여성의 권리, 1인당 소득에 있어서 주목할 만한 성과가 있었다.[73] 50년 전에 카슈가르에 살았던 스웨덴의 외교관 군나르 야링Gunnar Jarring은 1978년 다시 그곳에 돌아와 도시가 경험한 근대화에 충격을 받았다.[74] 그러나 1990년 이 지역을 방문한 사람들의 눈에도 신장의 많은 지역은 여전히 전통적이고 거의 활기가 없는 분위기를 간직하고 있었다. 남부 신장에 있는 마을들과 작은 도시들은 수십 년 전의 사진 속의 모습과 거의 변화가 없는 것처럼 보였다. 투루판과 카슈가르, 호탄 혹은 악수와 같은 도시들조차도 새로이 건설된 마오쩌둥 시기의 중앙 광장의 배후에는 혼잡한 자연 도로와 먼지 쌓인 정자나무 아래로 난 구불구불한 샛길, 빽빽한 바자르와 동물들이 끄는 운송 수단이 있는 전통적인 중앙아시아 도시의 느낌을 거의 그대로 유지하고 있었다. 1990년 카슈가르에서는 말방울의 딸랑딸랑 울리는 소리가 오토바이 엔진의 굉음이나 택시의 경적보다 여전히 더 자주 들렸다. 사실상 이와 같은 분위기가 1980년대 중국이 개방된 이후 신장에서 여행 붐이 일어나게 된 주된 이유였다. 성도인 우루무치에서조차 (쿠르반Qurban—1년 동안 자신이 지은 죄를

속죄하기 위해 가축을 바치는 일종의 희생절―축제 전에는) 여전히 길거리에서 양을 볼 수 있으며, 새로 건설된 얼마 안 되는 마천루는 진흙 벽돌로 만들어진 가옥들, 그리고 짙은 노란빛으로 바래져 가는 신고전주의적인 외관 뒤에서, 중앙아시아 전역에 퍼져 있는 건물들과 마찬가지로 우아하게 저물어 가고 있는 소수의 장엄한 소련 시기의 건물들과 함께 공간을 나누고 있었다.

그러나 2000년에는 상황이 변했는데, 신장이 정치적으로 더욱 안정되기는 했지만 1990년부터 2000년까지 신장의 여러 지역은 알아볼 수 없을 정도로 변했다. 신장의 경제 회복 및 주변 국가들과의 상업적·정치적 관계의 재정립, 도시 풍경의 대대적인 개조 그리고 분리주의 문제의 국제화는 다음 장의 주제이다.

7장

중국과 세계 사이에서

1990년대~2000년대

❖❖

2001년 여름 나는 우루무치의 한 소란스러운 교차로 밑에 있는 지하도를 걸어가는 도중에 터널의 한쪽 끝에서 플라스틱 조각 위에 무릎을 꿇고 구걸을 하고 있는 한족 노인과 우연히 마주쳤다. 쉽게 예상할 수 있듯이, 그는 꾀죄죄하게 더러운 면으로 된 옷을 입고 있었으며 연약하고 뼈만 앙상한 팔꿈치는 재킷의 구멍을 뚫고 삐져나와 있었다. 그의 얼마 남지 않은 이빨은 뭉뚝하고 누랬다. 나는 그의 접시에 잔돈을 던져 주었고 계속해서 걸어갔다. 그러다가 그가 신장의 옛날에 대해 알려 줄 흥미로운 이야깃거리를 가지고 있을지도 모른다는 생각에 돌아가서 그와 이야기를 나누기 시작했다. "어르신 신장에 계신 지 얼마나 되셨어요?"라고 물었다.

"지난달부터"라고 그가 대답했다. 그는 중국 중부의 후난 성에서 왔다. 중병이 든 아들의 약을 사기 위해 얼마 되지 않는 저축을 다 써 버렸음에도 불구하고 아들은 세상을 떠났다. 저축한 것도 없고 부양할 자식도 없기 때문에 노인은 부득이하게 구걸을 하게 되었다. "그런데 왜 신장으로 오시게 되었나요?"라고 묻자 그는 드문드문한 앞니를 드러내고 미소 지으며 "저런! 우리는 서북을 개발하고 있어. 그렇지 않나?"라고 간단하게 대답했다.

나이 든 걸인만이 톈산에서 불어오는 바람에 실린 기회를 알아차린 것은 아니었다. 가장 최신의 인구 조사에 따르면 신장의 한족 인구는 1990년과 2000년 사이 32퍼센트나 증가하여 749만 명에 달했다고 한다. 이러한 증가 중 상당 부분은 자연 증가가 아닌 이주 때문이다. (신장에서 한족은 위구르족보다 자연 증가율이 낮으나, 신장의 한족 인구는 1990년과 2000년 사이의 10년 동안 위구르족 인구보다 더 빠른 속도로 증가했다.) 더욱이 공식적으로는 중국의 다른 성에 등록된 75만 명 정도의 사람들이 신장에서 임시 거주하고 있다(427쪽 〈표 1〉 참조).[1]

1990년대와 2000년대의 변화는 우루무치가 내려다보이는 암석의 노출부인 훙산(紅山)에서 1990년과 2004년에 각각 찍은 두 장의 사진에서 잘 드러난다. 1990년 봄 사진의 맨 오른편으로는 공사 중인 홀리데이인 호텔이 보인다. 이는 당시 우루무치의 몇 안 되는 고층 빌딩 중 하나였으나, 2000년대 중반에는 마천루 숲으로 인해 작아 보인다. 새로운 이주민들이 고층 건물을 세우는 건설 노동자와 새 아파트의 주민, 신흥 회사의 고용인 그리고 이들에게 음식을 제공하는 식당 주인과 물건을 공급하는 트럭 운전사, 옷 가게 주인, 유흥을 제공해 주는 가라오케 종업원의 수를 늘렸다. 이와 동일한 이야기가 신장의 다른 도시들에서도, 심지어 남부의 도시들에서도 좀 더 작은 규모로 되풀이되었다. 중국의 다른 지역에서처럼 많은 구식 구역과 심지어는 타림 분지 도시들의 중앙 바자르조차도 재개발 물결에 휩쓸려 신식 쇼핑센터와 아파트로 대체되었다. 동부 출신의 노동자들이 면화와 다른 환금 작물을 재배하기 위해 신장으로 왔기 때문에 농촌 공동체들, 특히 병단 거주지들 역시 1990년대 이래로 확대되었

1990년 훙산에서 본 우루무치의 지평선.
왼쪽의 보그다 산과 오른편 끝의 공사 중인 홀리데이인 호텔을 주목할 것
사진: J. Millward

다.[2] 병단의 농장들은 이제 엄청난 수의 토마토를 재배하고 있으며, 이로 인해 신장의 생산건설병단은 세계 토마토 페이스트 교역의 4분의 1을 담당하게 되었다.[3]

신장의 국제적인 면모는 스카이라인과 함께 높아지고 있다. 한때는 중국 외부에 거의 알려져 있지 않았지만, 인권과 종교적 자유, 테러리즘, 에너지, 중앙아시아에서의 중국의 위상이라는 문제들이 이 지역을 헤드라인은 아니더라도 최소한 인터넷과 인쇄 매체에 오르내리도록 하기 때문에, 신장과 위구르인들은 이제 세계 언론의 보도에 자주 등장하고 있다.

국제적인 발전과 국내 발전이 맞물려 1990년대에 이처럼 가속화된 변화를 만들어냈으며, 이로 인해 중화인민공화국의 지도자들은 신장의 상황을 다시 평가하고 신장과 중국의 다른 지역 및 세계와의 통합을 재촉하는 정책을 채택했다. 이와 같은 발전에서 가장 중요한 것은 1991년 소련

2004년 홍산에서 본 우루무치의 지평선. 카메라의 각도와 초점 거리는 1990년의 사진과 거의 동일하다. 이제는 다른 마천루들로 인해 작아 보이는 구 홀리데이인 호텔이 오른편에 보인다.
사진: J. Millward

의 해체였는데, 이로 인해 19세기 이래 신장에 대한 중국의 통치를 위협하던 국경 바로 너머에 있는 거대한 경쟁자가 제거되었다. 동시에 계속된 중국과 미국 간의 긴장은 신장과 중앙아시아의 석유·천연가스 매장지의 전략적 중요성을 높였다. 신흥 중앙아시아 국가들의 등장과 1980년대 이래 시작된 시장 사회주의에 대한 중국의 실험으로 인해 촉발된 폭발적인 경제 성장은 위구르 기업가들에게 새로운 시장을 개척해 주면서, 이들이 신장에서 중국산 제품을 교역하고 중국 전역에서 통화를 교환하며 중국을 넘어 신흥 중앙아시아 국가들의 투르크족 동업자들에게 사업을 확장할 수 있게 해 주었다.

반면 1980년대 중국 전역에 걸쳐 상대적으로 국가의 통제가 이완되고 민주화 운동이 활발해지면서, 신장에서는 무슬림 민족 집단, 특히 위구르족이 주도하는 시위와 소요가 일어났고 심지어 무장 저항도 발생했다. 이는 1990년대에도 계속되었고 여기에는 국제적인 주목을 받은 대규모의 시위와 폭력 사태도 포함된다. 중앙아시아와 터키, 유럽과 미국에 거주하는 위구르인들은 조직을 결성하고 정치가들에게 로비를 했으며, 전 세계의 청중들에게 효과적으로 자신들의 불만을 표현하기 위해 인터넷을 이용했다. 그 결과 21세기에 신장 지역은, 비록 오언 래티모어가 예견했던 '아시아의 중심축'이 되지는 못했지만, 중국과 아시아, 국제적인 사건에 있어 지난 수 세기 동안보다는 더 큰 영향력을 발휘하게 되었다.

실크로드와 유라시아의 교량

소련 공산당 소속의 장군들과 정치가들이 고르바초프Mikhail Sergeevich Gorbachev를 타도하고 그가 도입한 개혁들을 되돌리고자 한 쿠데타가 실패한 이후, 소련은 1991년 8월 급격하게 해체되었다. 1990년대 초반 일부의 관측자들은 중앙아시아에서 범투르크주의가 다시 부상하거나 적어도 중앙아시아의 정체성을 강조하는 민족주의가 부활할 것이라고 예측했다. 그러나 중앙아시아 공화국들은 가장 마지막으로 소련을 이탈한 지역이었는데, 더욱이 지도자에게 다른 대안이 없을 경우에만 이탈이 일어났다.

구소련령 중앙아시아의 독립이 원심적 민족주의에 의해서 추진된 것은 아니지만, 다른 중앙아시아 민족들의 이름을 딴 국가들(우즈베키스탄, 카자흐스탄, 키르기스스탄, 타지키스탄, 투르크메니스탄)의 등장은 신장에서도 상징적으로 중요한 의미를 가졌다. 이 지역에서는 1990년대 초반까지도 많은 위구르인들이 이런 국가들과 견줄 만한 독립적인 '위구리스탄'이 있어야 한다고 주장했다.[4] 그러나 신장 전역에 걸쳐 범투르크적 이데올로기나 범이슬람적 종족–민족주의 운동이 재현될 것이라는 예측에도 불구하고, 변화된 국제 환경을 가장 잘 활용할 위치에 있었던 것은 바로 중국이었으며 중국은 이를 정말로 재빠르게 해 냈다. 신장은 1950년대 말과 1960년대 중소 간의 긴장이 고조된 이래 전략적인 완충 지대의 지위로 격하되었으며 경제적인 곤경에 몰렸다. 새로운 국제적인 배경에서 중국의 지도자들은 유라시아의 나머지 지역들로 통하는 도관으로서 이 지역을 개방하고, 신장을 중국의 다른 지역들과 더 긴밀하게 통합하기 위해 움직였다.

이미 1980년대에 신장의 직접적인 대외 무역은 대외 무역 규제 자유화와 신장 성 정부의 설립, 병단의 대외 무역 조직으로 인해 3100만 달러에서 4억 3900만 달러로 15배 증가했다. 개선된 우루무치 공항은 국제 항공 서비스를 제공하기 시작했으며, 신장 북부에서도—1990년에는 임시 활주로 부근에 있는 칠판만으로도 쿨자(이닝)로 향하는 몇 안 되는 일일 항공편을 충분히 알릴 수 있었다—새로운 활력이 잘 드러났다. 바로 그 칠판에서 멀지 않은 곳에서는 고유 의상을 입은 민족들을 묘사한 거대한 벽화가 눈 덮인 봉우리의 발치 아래 정기 여객기에서 내리는 승객들을 맞이하고 있었다.

물론 대다수의 물품은 육로로 운반되었으며, 1980년 말 새롭게 다시 개장한 네 곳의 내륙항에 수용되었다. 이 가운데 국제 무역에서 가장 중요한 것은 일리 계곡의 호르고스에 있는, 신장 북부와 카자흐스탄 알마티 사이의 트럭 노선(1983년 재개되었으며 2000년대 중반까지는 완전한 자유 무역 지대가 되도록 계획되었다)이었다. 다른 새 국경 교차로들로는 신장의 남서부와 파키스탄 사이의 카라코람 고속도로(1987), 카슈가르와 키르기스스탄의 비슈케크를 잇는 토루가르트 고개Torugart Pass, 알라타우 고개〔Alatau Pass/아라산커우(阿拉山口)〕를 거쳐 우루무치와 알마티를 잇는 철로—1990년 완공된 이 철로는 유라시아 대륙 철교의 개통이라고 불리며 크게 환영 받았다—가 있었다. 이 가운데 대다수는 오래된 루트로, 이를 대신할 새로운 도로 또는 철도의 건설이 수십 년 전 시작되었으나 정치적인 이유로 지체되어 왔다. 알마티 시 자체도 처음에는 중국과의 무역로에 위치한 러시아의 전초 기지로 형성되었다.[5)]

중국이 중앙아시아 지역에 더 이상 소련 경제가 공급해 주지 못하는 소비재를 공급하고 대신 강철과 금속류, 석유 및 다른 원자재를 수입하기 시작하면서, 1991년 이후 신장과 중앙아시아의 교역은 급속히 확대되었다. 따라서 19세기 중반부터 20세기 중반에 이르기까지 신장과 러시아, 신장과 구소련의 경제 관계의 특색을 이루었던 이 관계는 이제 교묘하게 역전되었다. 1992년 초에 있었던 덩샤오핑의 유명한 '남방담화(南方談話)*'는 이미 충분히 산업화되고 상업화된 지역 너머로 경제 발전을 촉진하겠다는 공산당의 의도를 세계에 알렸다. 이와 발맞추어 그의 '삼연(三沿) 정책'[연해(沿海), 연강(沿江), 연변(沿邊)] 역시 경제 개혁의 과실을 오지와 비한족 지역까지 확대하겠다고 약속했다. 그런 까닭에 신장 당국은 우루무치와 쿨자, 타청과 보러(Bole/博樂)를 '변경 대외 개방 도시'로 선포하고, 리펑(李鵬) 총리는 직접 제1회 우루무치 대외경제무역 박람회의 개회식을 거행했다. 이 박람회는 신장의 대외 무역을 촉진하는 연례행사가 되었다.[6)]

국경 무역에 참여한 기업의 수는 1991년 단 5개였던 것에 비해 1996년에는 300개가 넘었다. 그러나 이러한 기업들의 약 3분의 1이 거대한 병단 조직에 부속되어 있었는데, 그 지사들은 신장 신건공사(新疆新建公司)를 비롯하여 100여 개의 다른 이름으로 알려져 있다. 1990년대 말에 이르면 (2000년에는 총 가치가 23억 달러에 달한다고 알려진) 신장의 수입과 수출의

---

* 덩샤오핑이 1992년 초 중국의 남부 지방을 순회하면서 사회주의에 시장 경제적 요소를 도입한 '중국식 사회주의'의 필요성을 강조한 것.

절반이 신장 대외경제무역공사(新疆對外經濟貿易公司)와 병단의 또 다른 분신인 병단중기실업(兵團中基實業)이라는 이름 아래 신장 성 정부에 의해 좌우되었다. 나머지 절반의 대부분도 다양한 국영 혹은 병단 소유 기업에 의해서 통제되었다. 더욱이 급속한 수출 주도 성장에 더욱이 외국인 투자가 자본을 공급한 동부의 성들과는 달리 1990년대와 2000년대에 신장에서는 외국인의 투자가 거의 없었다.[7] 따라서 신장의 대외 무역은 경제 전반과 마찬가지로 고도로 중앙 집권적이었고 국가가 관리했다.[8]

그러나 경제 자유화와 신장의 대외 무역 확장에는 또 다른 측면이 있었는데, 모든 무역이 국가의 손아귀에 있었던 것은 아니었다. 대단히 많은 '여행 가방' 상인들 또는 보따리 상인들 역시 새로운 국경 횡단의 기회와 자유화된 규정을 이용했다. 위구르인들은 사업을 하기 위해 해외로 나가거나 중국의 동부로 이동했으며, 파키스탄인들과 러시아인들 및 중앙아시아인들은 자신들의 선조들이 18세기부터 20세기 중반까지 그러했던 것처럼 교역을 위해 신장으로 왔다.

이러한 민간 무역의 대부분은 소규모인데다 보고되지도 않았으며, 태환할 수 없는 중앙아시아와 중국 화폐 간의 이윤을 본국으로 송금하기 위해 개인적 네트워크에 의존했다. 그럼에도 불구하고 이 무역은 많은 이윤을 남겼다. 한족과 위구르 상인들은 중국 동부에 있는 제조업의 중심지로부터 가정용품과 운동복 등의 의류, 세계적인 상표의 모조품, 영어가 새겨진 물품들을 가지고 와서는 신장, 특히 카자흐스탄 국경과 인접한 쿨자에서 판매했다. 일부의 위구르 상인들은 쿨자에서 알마티로 갔는데, 이들은 도심 외곽에 위치한 큰 바라홀카Barakholka 바자르에서 이윤을 얻을 수 있었다. 나머지 상인들은 단기 비자로 방문한 우즈베크, 카자흐 및 러시아 상인들에게 물건을 파는 쿨자의 도매 시장에서 일했다. 이들 위구르 상인 중 다수는 1962년의 대규모 이주 이래로 혹은 그 이전부터 카자흐스탄, 키르기스스탄 혹은 우즈베키스탄에 친척들이 있었으며, 이러한 연고로 인해 중앙아시아 공화국들에서 체류하는 것이 훨씬 쉬웠다. 이 때문에 쿨자에 거주하는 많은 위구르인들이 소련 해체 이후의 중앙아시아에서 여전히 공용어로 쓰이는 러시아어를 기꺼이 배웠는지도 모른다. 여러 언어를 사용하는 쿨자의 위구르인들은 한족 판매자와 외국인 구매자 사이의 통역사이자 중개인이라는 핵심적인 지위를 차지했으며, 이들은 러시아어를 사용하는 고객에게 증정하는 '견본〔양핀(樣品)〕'을 지칭하는 중국어 단어에 투르크어의 접미사를 덧붙여 만든 명칭인 '양풍치yangpungchi'라고 알려졌다.

양풍치는 임금 노동자나 영세 도시 상인보다 훨씬 많은 돈을 벌 수 있었다. 실제로 '소련'(중국인들은 여전히 모든 중앙아시아와 러시아 상인들을 18세기와 19세기에 포괄적인 명칭으로 사용되던 '부하라인Bukhran' 내지는 '안디잔인Andijani'이라고 불렀다)과 무역을 하는 것은 관계된 모든 사람들에게 이익이 되었다. 인류학자인 제이 다우처Jay Dautcher는 1990년대 중반 쿨자에서의 현지 조사를 토대로, 한 위구르족 상인이 4500켤레의 양말을 파는 거래에서 한 가정을 3개월 동안 부양하기에 충분한 돈을 벌었다고 보고했다. 더 고도로 자본화된 상인들은 태환할 수 없는 화폐라는 문제를 우회할 수 있도록 사람들에게 도움을 주었다. 이러한 '실력자들'은 알마티에서 의류를 판매한 영세 위구르 상인들이 벌어 온 카자흐스탄의 화폐(텡게 tengge)를 모아서 그곳에서 대량의 강철과 다른 상품들을 구매하는 데 사용했다. 그들은 이후 공식적으로 강철을 중국으로 수입하여 중국의 위안화로 대금을 지급받았으며, 스스로 상당한 이윤을 챙기는 한편 영세 상인들에게도 돈을 갚았다.[9]

1980년대 후반과 1990년대에는 쿨자가 신장의 대외 무역에서 가장 중요한 통로였으나, 다른 도시들도 마찬가지로 이익을 얻었다. 일례로, 카슈가르는 쿤제라브 고개Kunjerab pass를 경유하여 입국하는 파키스탄 상인들의 주요 거점이었다. 카슈가르의 가장 큰 바자르는 여행객들에게는 여흥을, 지역 주민들에게는 필요한 물품을 제공하는 것 이외에도 국제적인 장터가 되었다. 따라서 이 다채로운 시장에서는 민족 공예품과 가축의 우리, 채소를 파는 상인들 말고도 파키스탄에서 쉽게 판로를 찾을 수 있는 신발, 의류, 가정용품 및 다른 소비재들을 파는 노점들을 계속해서 발견할 수 있다.

국내 여행과 임시 거주에 대한 규제의 완화를 통해, 경제 개혁은 위구르 상인들이 중국 내지를 여행하도록 만들었다. 시골에서 온 위구르인들은 값싼 임시 허가증을 구매하면 합법적으로 우루무치나 다른 도시들에 머무를 수 있었으며,[10] 다른 사람들은 더 멀리 가기도 했다. 위구르인들은 베이징, 상하이, 광둥 성 및 다른 대도시들에 체류했고, 이곳에서 신장이나 중앙아시아의 시장으로 운반할 물품을 구매했다. 자전거 바퀴살에 꿰어 숯 위에서 요리한 양념한 양고기 케밥을 판매하는 사람도 있었는데, 이는 많은 한족식 모방품들을 생겨나게 한 거리 음식이었다. 어떤 사람들은 지하 세계의 사업과 연결되었다고 알려진 거대하고 은밀한 위구르인 외환 거래상의 네트워크에 가담했다. 〔중국어 '콰이(塊)'와 '마오(毛)', 문자 그대로는 '1달러와 10센트 정도의 소액을 다루는 사람들'이라는 뜻에서 유래한〕 이 코이모치koymochi들은 정부가 중국 내 외환 거래를 공식적으로 인정하지 않았던 시기 동안에는 상업화된 중국의 새로운 도시 경관에서 늘 볼 수 있었다. 1994년까지 평범한 중국인들은 달러 또는 외환 증서(外彙卷)를 쉽게 손에 넣을 수 없었으나, 위구르인 코이모치는 은행이 이 문서를 거래하지 않았을 때에도 이를 거래하고 은행보다 좋은 시세로 매입했다. 때때로 코이모치들은 은행 정문 계단에서 거래를 하기도 했다.

따라서 중국의 경제 개혁이 시행되고 구소련령 중앙아시아와의 국경 무역이 시작된 이후, 대부분 상대적으로 소규모이기는 했으나 많은 위구르인들은 전국적으로 그리고 국제적으로 유명한 기업가가 되었다. 실제로 닐 암스트롱Neil Armstrong이 달에 착륙했을 때 석쇠에 구운 케밥을 파는 두 명의 위구르인이 이미 거기에 있었다는 유명한 우스갯소리는 위구르 상인들이 중국과 중앙아시아 전역에 널리 퍼져 있었음을 잘 보여 준다.[11]

새로운 경제적·국제적 환경이 가져온 결과 중 하나는 상업에 종사하는 위구르족과 비한족들이 개혁 이전 신장의 위구르족 중산층을 이루었던 소수의 위구르족 교수들과 정치 간부들 및 지식인 계층과 함께 중산층 대열에 합류했다는 것이다. 우루무치에 중심을 둔, 그러나 쿨자와 다른 도시들에도 존재하는, 점점 커져 가는 이 중산층은 중국의 모든 대도시에서 분명히 드러나고 있는 소비 사회에 참여하며—이곳에서는 옝기 메데비예트yengi mädäbiyät, 즉 새로운 문화라고 알려진—여흥과 패션에서 유사한 국제적 취향을 보인다. 이러한 도시 중산층 위구르인들은 시골에 거주하는 위구르인들보다 더 적은 수의 자녀—이 아이들은 대개 중국어 학교에서 교육을 받는다—를 두며 더 세속적인 태도를 가지고 있었다. 이들은 상업뿐만 아니라 교육도 중시하여 대학이나 직업 학교에서의 고등 교육을 위해 기꺼이 수업료를 지불했고, 또한 그럴 만한 능력도 있었다. 이들은 증가하는 한족 중산층과 여러 가지 측면에서 동화되고 있었지만, 위구르의 음악과 춤을 즐기는 것, 더욱 호화로워진 결혼식, 할례 의식 및 인생의 다른 중요 행사, 위구르어의 보존과 위구르족 역사에 대한 동경을 통해 표출되는 위구르인으로서의 강한 정체성을 여전히 보존하고 있었다.[12]

발전

카자흐족 목동인 사이람 베크Sayram Bek는 총서기에게 "우리 마을은 이전에는 산속에 가축들을 방목하곤 했습니다. 4년 전 우리는 마침내 정착하여 살기 위해 이곳으로 내려왔습니다. 이제 저는 50무의 토지를 경작하여 1년에 1만 위안을 벌며, 80마리의 양과 몇 마리의 소를 기릅니다. 삶은 이전보다 훨씬 더 나아졌습니다"라고 말했다.

총서기 장쩌민(江澤民)은 때때로 머리를 끄덕이며 집중해서 들었고, "당신들은 산에서 내려왔나요? 잘했군요. 이곳은 토지가 비옥하니 어느 정도 노력만 하면 당신들은 부유해질 수 있어요"라고 답변했다. 그러고 나서 그는 "당신들은 여전히 이동하는 데 말에 의존하나요?"라고 물었다. 사이람 베크는 머리를 저으며 "우리는 말을 타지 않습니다. 우리는 오토바이를 탑니다"라고 답했다. 장쩌민은 대단히 흡족해하며, "아, 당신들은 오토바이를 타는군요! 편리한가요?"라고 물었고, 목동은 "대단히 편리합니다"라고 답했다. 총서기 장쩌민은 만족한 투로 "당신들의 삶이 나날이 나아지는 것을 보니, 그리고 다양한 민족 집단의 집합체인 당신들이 이렇게 단결되어 있는 것을 보니 대단히 행복합니다. 소수 민족 집거 지역에는 소수 민족의 단결을 잘 이룰 수 있기만 한다면 번영으로는 가는 길의 토대가 있습니다. 여기에 있는 당신들이 이에 대한 좋은 예입니다."

화기애애한 웃음소리가 울려 퍼지고 카자흐족 모자를 쓴 장쩌민은 그를 보기 위해 멀리서 온 소수 민족 형제들과 함께 사진 촬영 포즈를 취했다.[13]

이와 같은 광경은 중국의 정치 문화에서 의식적으로 대단히 중요했는데, 제국 시기의 모범적인 관리들의 이야기에서처럼 마오쩌둥 이래로 모든 공산당 지도자들은 이러한 장면을 연출해 왔다. 이 일화들을 기록한 사진

'민족의 단결'. 우루무치 얼다오차오(二道橋) 바자르의 위구르족 상인과 한족 상인
사진: J. Millward, 1990

속에서 환한 표정을 짓고 있는 인민 혹은 소수 민족의 대표자들은 정치가
들―소수 민족의 모자를 쓰고 바보 같은 표정을 짓고 있다―이 친절한
미소를 짓고 있는 동안 감사한 듯이 두 손으로 지도자의 손을 잡고 있다.
정치 지도자와 인민들의 이러한 만남은 대중에 대한 지도자의 관대한 배
려, 지도자에 대한 대중의 따뜻한 애정을 구체적으로 보여 주는 것이다.
그러나 이처럼 노골적인 선전 활동에 대해, 특히 위의 경우처럼 공산당사
편찬실의 공식 출판물에 등장할 경우, 냉소적인 입장을 유지하는 것은 당
연하다고 할 수 있다. 그러나 이러한 일화들은 현재 공산당의 정당성의
원천이 되는 기본적인 공약, 즉 당은 인민의 삶을 향상시켜야 한다는 것
을 강조한다. 이 과업에 성공했음을 강조하며 이러한 광경을 반복할 때마
다, 당은 인민의 삶을 향상시켜야 한다는 자신들의 약속을 은연중에 반복
하게 되었으며 중국의 사정을 잘 알고 있는 독자들에게는 이들이 이 약속

을 지키는 것에 실패했다는 사실을 부각시킬 위험을 감수해야 했다.

따라서 발전은 중국 공산당의 공식적인 이미지에서 대단히 중요했으며, 신장과 같이 비한족 소수 민족들이 절대 다수이거나 다수인 '소수 민족 집거 지역(民族聚居區)'에서 개발이라는 문제는 훨씬 더 정치적 쟁점이되고 있다. 중국이 한족의, 한족을 위한 민족 국가가 아니라 진정한 다민족 국가인가라는 문제는 대개 소수 민족들이 자원의 개발과 전국에서 벌어지고 있는 개발 프로그램의 실행에서 자신들이 공정하게 대접받는다고느끼는가에 달려 있다.

후발 주자로서의 신장

물론 이는 후야오방의 1980년 티베트 방문과 티베트 및 다른 소수 민족지역의 열악한 환경이 밝혀진 이래(6장 참조) 변경 지역의 발전에 대해 간부들의 관심이 고조되어 왔기 때문이다. 1980년대와 1990년대 신장과 티베트에서 비한족들이 불만과 분리주의를 표출하자 이에 대한 국가의 최초의 대응은 한편으로는 이를 엄히 탄압하고 통제를 강화하는 것이었다. 그러나 다른 한편으로 중국 정부는 개발 노력을 더욱 경주하겠다고 약속했는데, 이들은 경제 발전과 함께 민족주의적 분리주의가 사라질 것이라고 자주 그리고 공개적으로 예상했다. 따라서 1996년 티베트에서 폭탄 공격과 암살 시도가 일어나고 위구르 분리주의자들의 시위와 검거 물결이있은 후, 당 고위 간부 한 명이 영향력 있는 잡지인 『진리 탐구(求實)』에글을 기고하여 "튼튼한 경제와 개선된 물질적·문화적 삶의 기준만이 사회주의의 이점을 보여 줄 수 있으며…… 공산당을 향한 모든 인민의 단결을촉진할 수 있다"고 선언했다.[14] 이러한 노선은 신장 및 비한족들이 절대다수인 지역들을 적극적으로 발전시키겠다는 공약이자 소수 민족들이 몇십 년간의 중화인민공화국의 통치 이후에도 여전히 빈곤의 늪에 빠져 있다는 암묵적인 자인이었다.

몇 년 후인 2003년 백서에서 중화인민공화국 정부는 실제로 신장에서 지속적이고 급속한, 적어도 총체적인 통계 수치상의 성장을 이루는 데 큰 역할을 했음을 과시할 수 있었다. 1950년부터 2001년까지 정부는 신장에 5000억 위안 이상의 고정 자산을 투자하고 수십만 명의 교육받은 인력을 신장으로 이동시켰으며, 또한 막대한 연간 예산 보조금을 제공했다. 같은 기간(1952~2001) 동안 신장의 국내총생산GDP은 43배나 증가했고, 1952년 1인당 국내총생산이 166위안이었던 것에 비해 2001년에는 거의 8000위안에 달했다.[15] 그러나 이 수치들 및 이와 유사한 수치들은 대부분의 성장이 1987년 이후, 특히 1980년대 후반과 1990년대에 가속도를 받아 일어났다는 것을 나타낸다. 전략적인 중요성에도 불구하고 왜 신장은 그토록 늦게 발전한 것일까?

신장의 발전을 촉진한 최초의 중앙 지도자는 사실상 장쩌민이나 덩샤오핑, 마오쩌둥도 아닌 건륭제였다. 3장에서 논의한 것처럼, 18세기 중반 그는 황제로서의 권위를 이용하여 서쪽에 있는 '새로운 영토'의 대부분을 토착 지배자들의 자치적인 지배 아래에 있는 완충 지대로 남겨 두기보다는 이 지역을 개발하여 안정시키자고 주장했다. 그는 많은 투자를 할 만한 가치가 있는 중국 내지와는 달리 신장은 너무나 멀리 떨어져 있고 전략적·환경적·문화적으로 취약하다는 관료들과 지식인 계층의 정서를 반박했다. 앞선 장들에서 언급했듯이 이와 같은 논쟁은 19세기와 20세기에 다양한 형태로 다시 등장했다. 왜냐하면 중국 내지에 기반을 둔 정권들은 신장의 불안, 신장의 국경에 대한 외국의 침입, 그리고 이로 인해 생겨난 압박감을 고려해 볼 때 과연 이 지역을 통치해야 하는가에 대한 딜레마를 늘 고민했기 때문이다.

중화인민공화국 시기 동안, 신장이 중국의 오래된 그리고 양도할 수 없는 일부라는 공식적인 입장은 흔들리지 않았으나, 신장의 전략적 난제에 직면하여 시행된 실제의 정책들은 그다지 확고하지 못한 신념을 반영했다. 이츠하크 시코르Yitzhak Shicor는 신장에서의 중화인민공화국의 군사력 배치에 대한 상세한 분석 보고서를 작성했다. 그의 저작은 1962년 악사이친Aksai Chin에서 인도와의 분쟁이 발생하고 이보다 훨씬 심각한 소련과의 긴장 관계가 지속되고 있었음에도 불구하고, 신장에서의 중화인민공화국의 군대와 무기는 보통 수준으로 배치되었다는 사실을 밝혀냈다. 소련은 1960년대 2700킬로미터에 달하는 신장의 국경을 따라 배치된 자국의 군사력을 두 배로 증강하고 신장과 동북쪽에 있는 중국 영토를 수차례에 걸쳐 침입했으며, 지속적으로 중국의 군대와 충돌하고 망명한 위구르 세력을 후원했다. 그럼에도 불구하고 신장에 있는 중국 군대의 세력은 소련의 침공을 격퇴하기에 필요한 수준 이하에 머물러 있었으며, 중국의 지도자들도 이 사실을 잘 알고 있었다. 소련의 공격 위협이 1980년대 고르바초프의 등장과 중소 관계의 해빙 시기까지 감소하지 않았으나 중국 서북의 군사 사령부는 국경에서 멀리 떨어진 란저우에 있었으며, 입안자들은 신장을 어떠한 대가를 치르더라도 고수해야 하는 조국의 일부라기보다는 주로 소련의 침략을 늦추고 그 보급선을 늘리기 위한 "전략 종심 strategic depth"으로 간주했다.[16]

전략적으로 유용하기만 하다면 신장을 전술적으로 소모할 수도 있는 완충 지대라고 간주한 중국 입안자들의 시각은 이 지역의 발전이 지체된 것을, 또한 반대로 1990년대 신장의 발전이 가속화된 것을 설명해 준다. 이 지역의 통신 기반 시설이 늦게 갖추어진 것이 그 적합한 예이다. 앞서 논의했듯이 무역상의 역사적인 중요성에도 불구하고 출입항들은 1980년대 후반까지 폐쇄되어 있었다. 중국의 동부에서 시작되는 철도 노선이 1962년 멀리 우루무치까지 연결되었으며, 간선 노선은 1984년 코를라까지 확장되었다. 그러나 1990년이 되어서야 신장의 북부가 (알라타우 고개로 이어지는 노선의 완성과 함께) 철도 체계와 연결되었으며, 1999년이 되어서야 카슈가르와 타림 분지의 서부가 전국적인 철도망에 연결되었다. 아마도 더욱 중요한 것은 란저우-우루무치 노선 자체가 1994년까지 단선이었는데, 이는 긴 연착과 현재 복선을 통해 운반되는 양의 3분의 1에 불과한 제한된 선적 용량을 야기했다. 개선된 도로망 역시 1990년대에 크게 확장되었으며, 세계은행World Bank의 차관을 통해 재원이 일부 조달되었다. 가장 주목할 만한 새 도로는 룬타이에서 민펑을 잇는 타클라마칸 사막 고속도로로서, 이는 처음으로 사막의 동단 혹은 서단을 따라 길게 우회하지 않고 일반 자동차로 타림 분지의 북단에서부터 남단까지 직접 여행할 수 있도록 만들었다. (사막 고속도로 이전에는 낙타와 오프로드 자동차만이 사막의 중심부를, 그것도 연말이 되어서야 호탄 강의 말라붙은 바닥을 따라 횡단할 수 있었다. 원래 소련이 침공할 경우 칭하이나 티베트로 퇴각하기 위한 목적으로 만들어졌던 모래 도로는 악수에서 남으로 호탄까지 강둑을 따라 난 능수버들과 버드나무를 지나고 있었다.)[17]

정부의 캠페인과 '일흑일백' 전략

1990년대 중국 정부는 대대적인 캠페인 아래 신장을 발전시키기 위한 노력을 기울이기 시작했다. 우선 1992년의 '서북 개발' 프로그램에 이어, 2000년 3월에는 모두 합쳐 중국 영토의 60퍼센트와 인구의 25퍼센트를 차지하는 신장 및 서부의 몇 개 성과 지역을 대상으로 하는 포괄적인 '서부 대개발'이 시작되었다. (흥미롭게도 그 용어와 개념은 1930년대 국민당에 의해 발의된 '서북 지역으로 오라!(到西北來!)' 프로그램과, 더 일반적으로는 18세기와 19세기 신장의 일부 지역에서 한족의 정착과 토지의 개간을 장려했던 청의 시도들과 부합했다.) '대개발' 프로그램은 덩샤오핑의 개혁 초기에 중국의 입안자들이 분명히 약속한 것, 즉 1980년대 해안 지방의 경제 발전이 우선시되었던 것에 뒤이어 빈곤한 내륙 지역에 대한 투자가 가속화될 것이라는 약속을 이행한 것이었다. 이 계획은 또한 이 지역의 많은 천연 자원을 중국 동부의 역동적인 산업에 효율적으로 활용할 수 있도록 동원하는 것을 목적으로 했다. 이것은 저개발 지역에 대한 정부의 직접 투자 및 중국과 외국 기업들의 투자를 장려하기 위한 유인책 모두를 포괄했다. 이와 같은 물질적인 조치에는 열성적 선전이 수반되었다.[18]

 '대개발' 기금 중 신장에 할당된 몫은 9000억 위안을 상회했고, 대부분은 카슈가르와 키르기스스탄 사이의 철도 노선, 지역의 고속도로 건설, 원격 통신, 수리(水利), 환경 복원, 농경의 확대 및 특히 에너지 자원의 탐사, 채취, 가공 및 운반을 포함한 주요 사업들에 책정되었다.

 총체적인 신장 개발 구호 중 하나는 '일흑일백(一黑一白)'으로, 이는 신장 경제의 양대 기둥으로 간주되는 면화와 석유를 나타내는 것이다. 1980년대 신장은 곡물을 자급자족하게 되었기 때문에 점점 더 많은 토지가 면화 재배에 이용되었다. 1978년에는 5만 5000톤의 면화를 생산했으며 20년 후에는 수확량이 150만 톤에 이르렀다. 1990년과 1997년 사이에만 면화를 재배하는 면적이 두 배가 되었다. 1990년 이래 개발 프로그램 하에서 다수의 수리 사업 계획이 면화 재배를 위한 토지 개간을 지원함으로써, 또는 특히 최근의 대개발 프로그램에서는 이전의 개간으로 인해 생겨난 환경적인 손상을 완화하려 함으로써 면화 생산과 직간접적으로 연관되어 있었다. 신장은 1990년대 초반 중국에서 단일 규모로는 가장 큰 면화 생산지가 되었으며, 2001년에 이르러서는 전국 면화 재배의 25퍼센트를 차지했다. 2005년 175만 톤에 달하는 신장의 면화 수확은 농촌 소득의 40퍼센트를, 일부 지역에서는 70퍼센트의 비율을 차지했다. 면화가 신장의 경제 발전에서 중요한 역할을 담당하고 있는 것처럼 보이기는 하지만,

2004년 신장이 소위 '천연 색상' 면화—흰색 이외의 빛깔로 성장하도록 유전적으로 조작된 면화—의 세계 총 수확량 중 16퍼센트를 생산했기 때문에 신장의 개발 구호 일흑일백 중 '일백(一白)'이라는 슬로건은 더 이상 정확하지 않다.[19] 확인되지 않은 소문에 따르면, 유전자 조작 면화와 일반 면화가 지나치게 가까이에서 함께 재배되는 지역에서는 '천연 색상' 면화가 때때로 다른 면화와 수정되기 때문에 붉은 반점이 있는 흰색 면화나 다른 예기치 못한 혼색(混色)—이는 시장 사회주의 아래에 있는 중국 경제에 대한 적절한 비유이다—이 발생한다고 한다.

신장의 면화 중 약 40퍼센트는 병단의 농장에서 재배되었는데 면화의 재배가 언제나 이윤을 남기는 것은 아니었다. 20세기 말 국제적인 면화 공급 과잉 기간 동안 신장의 면화는 중국 동부의 방적 회사가 해외에서 수입한 면화보다 비쌌고, 결과적으로 막대한 재고가 쌓였다. 위구르족 농부와 한족 농부 모두 손해를 보면서 작물을 재배해야 한다고 불평했다. 청대와 마찬가지로 국가가 징발하는 면화는 신장에서 오늘날의 토지 개간과 이주 정책의 핵심이었으며, 경제적인 목적뿐만 아니라 정치적인 목적도 수행했다.[20]

신장의 석유 역시 내력이 있는 물품이다. 17세기 중반의 중국 기록은 쿠차 서북쪽의 산에서 원유 줄기가 흘러나온다고 보고했다. 희망에 찬 쿠차인들은 이 악취 나는 분비물을 원기를 회복시키는 연고로 이용했다. 청말에 이르러서는 표면으로 용출된 액체가 토착민들에게 알려졌고 등유로 이용되었다. 러시아 개발자들과 신장에 기반을 둔 영사들이 1890년대부터 이 지역들을 조사하기 시작했다. 부분적으로는 외국인들을 저지하기 위해, 그리고 아직까지도 신장의(그리고 중국 대부분의) 기업들의 특징을 이루고 있는 정부-민간 제휴의 초창기 사례로서, 청 정부와 중국 상인들은 1909년 러시아산 장비를 구매하여 신장 북부의 두산쯔(獨山子)에서 최초의 기계화된 유전을 착공하기 위해 공동 경영 회사를 설립했다. 그들은 20미터 아래에서 어마어마한 유정(油井)을 폭발시켜 유전을 발견했으나, 순무인 위안다화가 자금을 빼내어 군사적인 용도로 재분배하고 난 뒤 얼마 지나지 않아 회사는 도산했다. 1920년대 후반 한 중국인 지질학자가 스벤 헤딘의 중국-스웨덴 탐험대와 함께 타림 분지와 투루판 분지에서 석유 매장지를 발견했으며, 1930년대 전반에 걸쳐 영국, 일본, 미국(싱클레어 석유Sinclair Oil)과 독일(지멘스Siemens)이 신장의 석유 매장 가능성을 조사하기 위해 팀을 파견했다. 시추는 성스차이 시기에 본격적으로 시작되었는데, 이 시기 소련의 기술자들은 우쑤 인근에 있는 두산쯔의 유전들을 개발했으며 1940년대에는 이따금씩 이 유전에서 작업했다. 신장 북부의 석유에 대한 소련의 개발은 중화인민공화국이 이 지역을 접수한 이후에도 1954년 소련이 최종적으로 지분을 매각할 때까지 중소 주식회사라는 새로운 이름으로 계속되었다.[21]

어느 정도 외국 석유 회사의 지속적인 투자가 있었기는 하나 중국은 신장 석유 산업의 지속적인 발전을 통제해 왔다. ('검은 기름'이라는 의미의) 카라마이Karamay에 위치한 신장의 주요 유전은 1955년 개발되었으며, 같은 이름의 도시는 신장의 석유 화학 정유 중심지로 성장했다. 지금까지는 석유와 천연가스의 시추 대부분이 신장 북부에서 이루어졌지만 중국(1994년 이래로는 외국) 회사들은 타클라마칸 사막에서의 착공에 따르는 엄청난 어려움에도 불구하고 타림 분지를 집중적으로 탐사하고 있다. 새로운 발견에 대한 주장이 빈번하게 공표되고 있으며, 신장의 석유 매장량에 대한 중국의 추산은 더욱 높아지고 있다. 일례로, 20년간의 탐사가 있은 후인 2005년에는 국영 석유 회사인 시노펙〔Sinopec, 중국석유화공집단공사(中國石油化工集團公司)〕이 타림 분지에서 10억 톤 이상의 원유와 590억 세제곱미터 이상의 천연가스를 발견했다고 공표했는데, 만약 이것이 사실

이라면 지금까지 밝혀진 중국의 총 매장량은 그전보다 3분의 1만큼 증가하게 될 것이다.[22]

신장은 중국이 에너지 안보—1993년 중국이 순수 에너지 수입국이 되었기 때문에 중요 관심사가 되었다—를 추구하는 데 있어 가장 중요한 위치를 차지하고 있다. 중국의 높은 경제 성장률과 더불어 에너지 수입도 급속히 늘어났다(2002~2003년에만 석유 수입이 31퍼센트나 증가했다). 연간 약 2000만 톤에 달하는 생산량은 신장을 중국에서 네 번째로 큰 석유 생산 지역으로 만들었으며, 다음 세기에는 신장이 최대 석유 생산지가 될 것이라고 예상하는 사람들도 있다. 신장은 또한 연간 수십만 세제곱미터의 천연가스를 생산하고 있으며, 더욱이 카자흐스탄의 석유가 유입되는 통로이기도 하다. 2011년에는 연간 2000만 톤까지 수입하겠다는 계획으로, 카자흐스탄의 석유를 철도로 운반하던 것을 대체하기 위해 카자흐스탄 서북부의 아타수Atasu에서 알라타우 고개를 잇는 파이프라인('두 민족 간의 우정의 다리') 공사가 2004년 9월 시작되었다. 외국의 일부 분석가들은 이 파이프라인을 "경제적으로 의심스러운 것"이라고 간주했으나, 중국의 중동산 석유에 대한 높은 의존도를 감안해 볼 때 신장 내부와 중앙아시아로부터의 에너지 수입은 모두 전략적으로 중요하다. 2004년 중국의 석유 수입 중 약 3분의 2, 즉 중동과 아프리카산 석유는 말라카 해협을 통과해야 했는데, 이 지역은 해적 행위와 테러리즘 또는 미국의 봉쇄에 취약했다. 따라서 중국의 지도자들은 더욱 안전한 대륙의 에너지원을 개발하기를 간절히 원했다.[23]

바로 이러한 정치적 계산은 '서부 대개발' 캠페인의 가장 중요한 프로젝트에도 분명히 적용되었는데, 4200킬로미터에 달하는 서기동수(西氣東輸, West-to-East) 파이프라인이 2004년 9월 천연가스를 신장에서 상하이로 운반하기 시작했다. 공식적인 '대개발' 관련 문헌에서 자주 선전되었으며 한때 단일 규모로는 중국에서 가장 큰 외자 유치 프로젝트였던 이 1400억 위안짜리 파이프라인에 대해, 본래 여기에 투자하려고 계획했던 에너지 회사들은 이것이 지나치게 비싸다고 여겼다. 엑슨모빌Exxon Mobil과 로열 더치셸Royal Dutch Shell, 러시아의 가즈프롬Gazprom, 시노펙도 마지막 순간에 제휴 관계를 철회했으며, 이로 인해 (중국 정부가 주식의 반 이상을 소유하는) 페트로차이나PetroChina가 단독 소유주가 되었다. 경제적인 합리성—또는 그것의 결여—이 다시 한 번 문제가 되었다. 신장에서 수송되는 천연가스—2007년까지 그 수송량이 연간 120억 세제곱미터에 달할 것이라고 예상되었다—는 해외에서 수입되는 것보다 45퍼센트나 더 비용이 소요되었고, 이로 인해 천연가스를 연료로 하는 상하이의 공장들이 손해를 보게 되었다. 한 중국인 분석가는 이 파이프라인이 비용은 고려하지 않은 채 주로 서북단의 성장을 촉진하려는 목적으로 추진된, "계획 경제의 특성을 지닌 상업 프로젝트"라고 비판했다.[24]

바로 이와 같은 비판이 신장을 발전시키려는 국가 주도의 시도에 광범위하게 적용될 수 있을 것이다. '서부 대개발' 캠페인을 벌인 지 몇 년이 지난 후에야 신장은 겨우 중국의 다른 성과 지역으로부터 상당한 투자를 유치하기 시작했을 뿐인데, 2004년에는 260억 위안 이상으로 이는 전년도에 비해 42퍼센트나 급등한 것이었다. 신장에 대한 외국의 직접 투자는 2000년대에도 여전히 낮았다(2002년에 겨우 3억 5800만 위안이었다).[25] 사실상 신장의 경제는 중국의 여타 성이나 지역에 비해 중앙 정부와 더욱 긴밀하게 연관되어 있었다. 2000년대 초반에 신장의 산업 중 대다수(2004년에는 대략 80퍼센트 정도)가 여전히 국가 소유로 남아 있었으며, 자본 형성에 있어서도 마찬가지로 높은 비율의 투자(2000년에는 거의 60퍼센트)가 중앙 정부로부터 나왔다. (지역 재정 수입의 절반을 이루는) 석유와 가스 매장량에도 불구하고 신장은 매년 막대한 적자를 보고 있는데, 일반적으로 신장의 지출은 신장 지역 총생산을 120억 위안에서 190억 위안 정도 초과하고 있다. 이와 같은 결손액은 연간 세제 혜택뿐만 아니라 가격 보조금과 빈곤 완화 계획, 신장의 국영 기업에 대한 특별 배당금 및 다른 기제들로 메워졌다. 칼라 위머Calla Wiemer는 1981~2000년 동안 신장 지역 총생산과 지출 사이의 간극—신장으로의 순수 재원 유입량—이 매년 평균 200억 위안, 즉 신장 지역 총생산의 약 20퍼센트를 상회한다고 산출했다. 순수 유입량이 이 기간의 막바지로 가면서 감소하는 것처럼 보이기는 하지만, 그녀의 계산에는 '대개발' 캠페인을 위해 이 지역에 최근 투자된 수천억 위안이 포함되어 있지 않다. 신장이 내륙의 성과 지역 중에서 가장 부유한 곳 중 하나이고 최근의 성장률은 오직 연안에 있는 성들에게만 뒤지지만, 이 지역에 대한 실제 보조금은 중국에서 가장 가난한 지역인 윈난과 구이저우(貴州)에 대한 보조금과 같은 정도로 많았다.[26]

이 모든 것들은 청 제국 정부가 신장에서 정부 기관, 군대와 국영 농장을 계속해서 운영하기 위해 서쪽으로 수백만 량의 은을 매년 보조금으로 보냈던 18세기와 19세기의 정세와 기이할 정도로 닮았음을 다시 한 번 보여 준다(3장 참조). 신장의 에너지 산업과 높은 이윤이 남지 않는 병단의 주도적인 경제적 역할은 중앙 집권화되고 보조금에 의존하는 이 지역 경제의 특징을 어느 정도는 설명해 준다. 그러나 중국 다른 지역에서 사유화와 자유화가 경이적인 성공을 거두었음에도 불구하고 신장이 그토록 통제적인 상태에 머물러 있는 이유는, 결국 이러한 변경 지역에서는 경제적인 효율성보다 중앙 집권화된 통제와 국가 주도의 발전을 일관되게 선택했던 중국 지도부의 정치적인 결정으로 귀착된다.

신장의 발전에 관한 이번 절은 '소수 민족 집거 지역'—신장은 현재 일반적으로 이렇게 불리고 있다—에서 당이 어떠한 방식으로 인민들의 삶을 개선했는가라는 문제로 시작했다. 사실상 신장에 대한 2003년의 백서는 중화인민공화국이 이 지역에서 인민들의 삶을 현저히 개선했다고 주장하기 위해 많은 통계 수치들을 동원했다. 이와 같은 척도 중 하나에 소비가 포함된다. 공식적인 수치에 따르면, 2001년 신장의 농촌 지역에서는 식료품을 사는 데 1978년에 비해 소득의 10퍼센트를 덜 썼다고 한다. 여전히 소득의 절반을 먹는 데 사용했지만, 평균적으로 모든 가정이 자전거 한 대를 소유하기에—안타깝게도 사이람 베크와는 달리 아직 오토바이는 가지지 못했다—충분한 실소득을 지니고 있었다. 마찬가지로 거의 모든 농촌 가정이 텔레비전을 가지고 있었으며, 세탁기와 녹음기는 마을의 몇몇 가정을 빛내 주었다. 신장의 도시 거주민들은 대체로 베이징, 혹은 런던이나 워싱턴에 거주하는 도시 주민들만큼이나 현대 생활의 필수품(컬러텔레비전, 냉장고, 고성능 오디오 장치, 비디오 플레이어, 휴대전화)을 누리고 있다. 모든 부문에 있어서 이러한 내구 소비재의 보급률은 1985년 이래로 몇 배나 증가했다.[27]

그러나 성공적인 발전을 가늠하는 다른 기준도 있을 수 있다. 카자흐족 목축업자들과의 대화에서 총서기 장쩌민은 이 지역에서 공통된 슬로건이자 분리주의 정서와 민족 소요를 은연중에 지칭하는 용어인 '민족 단결'을 언급했다. 그의 발언과 20세기의 마지막 10년 동안의 공식적인 당의 노선에서 신장의 번영은 민족 화합이라는 토대에 의존하고 있었다. 그러나 앞서 언급했듯이 바로 이 기간 동안 당 역시 명확히 민족 화합을 경제 발전의 근간이라고 묘사하면서 경제적인 발전 위에서 신장의 민족 화합이 개선될 것이라는 희망을 분명히 밝혔다. 이로 인해 1900년대 말까지 어느 정도나 신장이 발전했는지에 대해서는 여전히 명확하지 않은 상태로 남아 있다.

2000년 홍콩 대학에서 온 학자가 수행한 의식 조사에 따르면, 우루무치에서 표본을 추출한 위구르인들 중 약 47퍼센트가 개혁 아래에서 삶의 질이 한족의 삶의 질만큼이나 빠른 속도로 상승했다고 믿고 있었으며, 38 퍼센트는 한족보다는 좀 더 천천히 높아졌다고 생각하고 있었다. (한족들 사이의 인식은 거의 거울 이미지와 같은데, 절반은 자신들이 위구르인들과 동등하다고 생각했고 38퍼센트는 위구르인들이 더 빠르게 향상되었다고 믿었다.)[28] 이 연구는 확실히 상대적으로 부유한 도시 위구르인 중산 계층의 형성을 반영하고 있다.

그러나 공식적인 수치를 잘 살펴보면 다른 범지역적 패턴이 있음을 알수 있다. 중화인민공화국은 신장의 민족 집단에 따라 수입의 통계 자료를 분석하지 않았지만, 위머는 민족과 수입 사이의 강한 상호 관계를 발견하기 위해 1인당 국내총생산과 민족 구성에 대한 전국 단위의 수치를 다시 살펴보았다. 특정 지역에 투르크족 인구가 많을수록 이 지역의 1인당 국내총생산은 낮았으며, 베클랭Nicholas Becquelin이 기술했듯이 비한족 인구가 95퍼센트인 남부 신장의 1인당 평균 소득은 신장 전체의 1인당 평균 소득의 절반에 불과했다.[29]

한족은 우루무치를 비롯한 신장 북부와 동북부의 도시들에 집중되어 있는데, 이들은 주로 고소득 전문 직종과 정부 공무원으로 일한다. 신장의 위구르인들은 외국 방문객들에게 자신들이 대규모 프로젝트, 특히 에너지 분야의 프로젝트가 만들어 낸 새로운 직업에서 배제되고 있음을 느낀다고 말했다. 위구르인들은 또한 공통적으로 자신들은 신장 남부의 도시들에서도 흔히 찾아볼 수 있는 건설 현장에서 일할 기회가 없다고 불평했다. 2001년과 2004년 여름 내가 직접 관찰한 바에 따르면, 이드 카 모스크 주변에서 새로운 건물을 짓는 노동자들과 구 카슈가르의 위구르 구역에서 도로를 포장하는 사람들, 호탄의 구 바자르를 철거하고 중심 번화가의 주요 개보수 현장에서 일하는 노동자들 모두가 한족이었으며, 이들은 멀리 떨어진 (파키스탄으로 가는 통로인) 타슈쿠르간에도 있었다. 더욱이 내가 대화를 나누어 본 노동자들은 신장 동쪽에 있는 성들에서 왔다고 말했다. 신장 당 제1서기이자 정치국의 일원인 왕러취안(王樂泉)은 외국 저널리스트에게 "신장의 많은 소수 민족들이 '더럽고 힘들며 고된 일'을 원하지 않는다"고 이야기하면서, 이 상황에 대해 흔히 들을 수 있는 해명을 했다. 쓰촨 출신의 한 노동자가 서방의 기자에게 한 논평은 좀 더 미묘한 이유가 있음을 보여 준다.

"우리는 그들과 의사소통을 할 수가 없어요. 우리는 그들의 언어를 모릅니다"라고 쓰촨 성 출신의 건설 노동자 장비종이 말했다. "우리 쓰촨 사람들은 쌀밥과 돼지고기 그리고 강한 향이 있는 음식을 좋아하지요. 현지의 소수 민족들은 돼지고기를 먹지 않고 쌀밥도 먹지 않아요."[30]

실제로 대다수의 위구르인들은 쌀밥을 좋아하는데, 양고기, 당근과 양파를 넣어 요리한 필라프인 폴루는 중앙아시아 전역에서 유명한 축제 음식이다. 그러나 만약 장비종이 이를 인식할 만큼 충분히 현지의 위구르인들과 의사소통을 할 수 없었다면, 그를 고용한 노조 간부 역시 마찬가지였을 것이다. 토건업자들이 현지인들과 함께 일하는 것보다는 자신과 같은 성 출신의 이주 노동자를 데리고 오는 것이 더 간단하다고 판단한 것이 아닌가 하는 추측을 해 볼 수도 있다. 이는 물론 여러 곳에서 진행되는 개발 프로젝트에서 공통된 문제점이기도 하다. 워싱턴 시는 인접한 버지니아 주와 메릴랜드 주 출신의 토건업자들이 대규모 시영(市營) 프로젝트를 맡으려면 현지의 노동력을 고용하도록 강제한 법률을 통과시켰다.

'공작이 서부로 날아가다': 신장으로의 이주

한족의 신장 이주는 새로운 현상이 아니다. 이용 가능한 최선의 수치와 자료에 근거해 볼 때, 청이 신장을 정복한 지 40년 후인 19세기 초에 신장에는 약 15만 5000명의 한족과 회족이 있었으며, 대략 이 수치의 2배가 넘는 위구르인들이 있었다.[31] 한족 인구는 19세기 중반의 전쟁 기간 동안 급격히 감소했으며, 그 이후 20세기 중반까지 점차적으로 증가했다. 1947년 중화인민공화국이 신장을 접수하기 직전 이 지역에는 인구의 75퍼센트를 차지하는 300만 명 이상의 위구르인들과 5퍼센트가량을 차지하는 약 22만 2000명의 한족이 있었다. 2000년 신장에 있는 749만 명의 한족은 신장의 총 인구 1850만 명의 40.6퍼센트를 차지했는데, 만약 79만 명에 달하는 등록되지 않은 이주민들을 공식적으로 인정된 '유동 인구'로서 한족 인구에 포함시킬 경우에는 43퍼센트를 이루게 된다. 위구르족의 인구(1990년에는 719만 명, 2000년에는 약 835만 명) 역시 1949년 이래 눈에 띄게 증가했지만, 한족의 인구는 더 빠르게 증가했다. 2000년에 이르러 유동 인구를 계산에 넣을 경우에는 한족 인구는 지역 전체의 위구르족 인구와 동일해졌으며, 신장에 주둔하고 있는 군인들을 포함시킬 경우에는 이를 넘어서게 되었다. 〈표 1〉은 1947년부터 2000년까지 신장의 인구 변화를 나타낸다.

우루무치의 주위에는—타청과 같은 북부의 도시들과 심지어는 코를라와 악수에도—한동안 한족 인구가 많기는 했지만, 1990~2000년대 신장의 가장 눈에 띄는 변화 중 하나는 남부 신장의 도시들에서 한족 인구가 증가한 것이었다. 이러한 변화는 마주치는 사람들의 얼굴에서뿐만 아니라 변화한 도시의 풍경에서도 분명히 드러났다. 예를 들어 1999년 카슈가르까지 철도 노선이 연결된 이후, 한족들이 주로 거주하는 휘황찬란하

〈표 1〉 1947~2000년 신장의 다양한 민족 집단의 인구(단위: 100만 명)

(추세선은 제시된 연도의 각 수치를 근삿값으로 계산하여 작성한 것이다.)

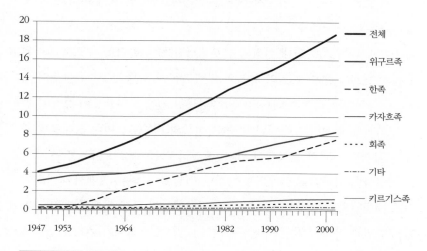

출처: 1947년의 수치는 수베이하이(蘇北海)가 신장 경비 사령부의 연구소와 함께 만든 편찬물에서 제시된 것으로, 류웨이신(劉維新) 등이 편찬한 『신장 민족 사전(新疆民族辭典)』(烏魯木齊: 新疆人民出版社, 1995), 880쪽, 〈1947년 신장 각 민족 인구 통계표〉에서 재인용했다. 필자는 여기에 위구르족 인구를 표시하기 위해 류웨이신의 표에 나와 있는 위구르족과 타란치의 인구를 더했다. 1953~1990년의 수치들은 툽스Stanley W. Toops의 2004년 논문("The Demography of Xinjiang," S. Frederick Starr (ed.), *Xinjiang: China's Muslim Borderland*), p. 246, 표 9.3에 인용되어 있는 중화인민공화국의 인구 통계 결과이다. 또한 국가통계국(國家統計局)의 2003년 자료(『2000年人口普查 中國民族人口資料』), 1권, 표 1, 표 2, 4~6쪽을 참고했다.

고 흰색 타일을 붙인 신식 건물들이 들어찬 구역들이 구 시가지와 11킬로미터 떨어진 기차역 사이에 생겨났는데, 이는 18세기와 19세기에 구 시가지와 청의 군대에 의해 새로이 건설된 요새 사이의 공간을 가득 메우고 있었던 한족 상인들의 거주지를 떠올리게 하는 것이었다. 구 시가지와 신시가지의 경계에 위치한 인민로(人民路) 네거리 인근의 유물라크 셰헤르(Yumulaq Shähär/尤木拉克協海爾) 야시장은 건설 노동자 장비종이 언급한 현실을 반영하고 있었다. 2001년 이 시장은 민족에 따라 구역이 나뉘어 있었는데, 한편에는 술과 돼지고기 요리, 닭다리와 같은 간식을 파는 한족의 수레가 있었고 얼마 떨어지지 않은 다른 한편에는 양고기 케밥과 국수, 폴루를 파는 위구르족의 수레가 있었다.

1990년대와 2000년대 신장의 남부에서 이처럼 놀라운 속도로 진행된 도시의 변화—구형 가옥의 철거와 아파트군의 확장, 도시 중심부의 개조, 옛 공적 공간들의 상업화와 사유화, 구형 천개 바자르들이 보행자 전용 구역과 쇼핑센터로 대체된 것—는 한족의 이주만큼이나 근대화의 중국적·국제적 패턴과 관련되어 있다. 확실히 많은 사람이 이와 같은 대규모 사업들이 기획되고 실행되는 방식을 비판했다. 다른 곳에서와 마찬가지로 개발업자들은 많은 경우 도시의 지도자들과 유착 관계를 맺었으며, 현지 주민과 가게 주인의 희망은 무시해 버렸다.[32] 그러나 이것은 변화해 가는 도시의 속성이기도 했다.

2000년대 초반까지 여전히 국외로 추방된 위구르 반체제 인사들과 외국의 관찰자들 및 적어도 신장에 있는 일부 위구르인들은 서부 대개발 캠페인의 목표 중 하나가 명확하게 한족의 신장 이주를 촉진하기 위한 것이라고 의심했다. 베클랭은 1990년대 말에 이르러 중화인민공화국의 지도자들이 경제 발전만으로는 신장에서 민족 간의 불화와 분리주의적 긴장 관계를 제거할 수 없다고 판단했다고 주장했다. 대신 이들은 안보를 증진시키기 위해 한족 이주라는 수단을 통해 이 지역의 통합을 가속화하는 정책을 선택했다. (3장에서 논의했던 것처럼 청조는 1831년 이와 완전히 동일한 이유로 신장의 남부에서 한족의 거주를 허가하도록 정책을 수정했다.) 베클랭은 한족의 신장 이주〔'공작이 서부로 날아가다(孔雀西部飛)'〕와 서부 대개발 캠페인을 연계시킨 국가민족사무위원회 주임 리더주(李德洙)의 2000년 논설을 지적했다. 이 논설에서 리더주는 서부로 더 많은 정치적 관심과 재정적 투자를 돌림으로써 덩샤오핑의 경제 개혁이 시작된 시기에 발생했던 동남부 연안으로의 인구 유입에 필적할 만한 서부로의 인구 유입이 일어날 것이라고 암시했다. 인구 이동이 경제 발전의 자연스러운 산물이기는 하나, 리더주는 이것이 서부의 도시들에서 비한족 집단의 상대적 인구 감소를 가져올 것이고 따라서 민족 간의 "모순"과 "마찰"을 낳을 것이라고 주장했다. 그럼에도 불구하고 서부의 발전은 전국이 "하나의 커다란 단일시장"으로 변하도록 도왔으며, 이것이 다시 "중화 민족"을 향한 각 민족의 "구심력과 응집력"을 증진시켰다.[33]

1950년대부터 1970년대까지 중화인민공화국은 공식적으로 수백만 명에 달하는 한족을 동부의 성들에서 신장으로 이주시켰는데, 병단을 통해 이들을 수용하고 고용했다. 문화 대혁명 기간 동안 신장으로 보내진 상하이의 젊은이들과 다른 이들이 결국 고향으로 돌아오기는 했으나, 이와 같은 강제적인 이주는 신장에서 한족의 인구가 급속히 증가한 주된 이유였다. 1990~2000년대 정부는 더 이상 직접적으로 많은 사람들에게 신장으로 이주할 것을 지시하지 않았으며 또한 효과적으로 이를 처리할 수도 없었다. 1992년 『중국일보(中國日報)』는 중부에서 막 건설되기 시작한 양쯔강 싼샤(三峽) 댐으로 인해 마을과 도시가 물에 잠길 47만 명에 달하는 사람들을 카슈가르로 이주시키려는 계획을 보도했다. 해당 마을 사람들의 시위와 병단 및 신장 관리들의 불평, 국제적인 항의가 있은 후 정부의 관리들은 이 계획을 포기했다.[34] 그럼에도 불구하고 공식적인 권유와 모집은—일례로, 자발적으로 도급 계약을 체결한 한족 이주민들에게 신장 남부의 토지를 공개적으로 제공하는 방법을 통해—계속되었다.[35]

1990년 신장을 방문하는 동안 장쩌민은 만리장성에 대한 마오쩌둥의 유명한 시구*를 가지고 재담을 했는데, 이 경구에 대한 그의 새로운 버전

---

* "만리장성에 오르지 않고서는 사내대장부라고 할 수 없다(不到長城非好漢)."

은 "신장에 오지 않으면 훌륭한 한족이 아니다(不到新疆, 不好漢)"라는 것이었다.[36] "호한(好漢)"은 보통 '훌륭한 사람'이라는 뜻이지만, 민족적으로 정치화된 신장의 환경에서 이 단어는 좀 더 문자 그대로의 의미*를 가진다. 우루무치에서 본 거지 노인의 희망적 관측에서도 잘 나타나듯이, 정부의 직접적인 유인이 없었음에도 불구하고 1991년 이래 신장의 신흥 도시들의 분위기와 '서부를 개발하자'는 요구는 동부에서 온 수십만 명의 '호한들'에게는 강한 매력이 있었다.

건조 지역과 반건조 지역: 신장의 환경

신장은 환경에 유해한 영향을 미친 사건들과 관련이 있다. 로프노르 지역의 핵 실험 기지에서 방출된 방사능은 일부의 사람들이 주장하는 것처럼 선천적인 장애를 유발하면서 이 지역에 계속해서 잔존했다. 타림 분지에서 거의 면화만을 재배했기 때문에 신장의 농업 경제는 해충 피해에 취약하게 되었다. 야생 박트리아 낙타와 일리의 새앙토끼, 티베트 영양 및 눈표범을 비롯한 이 지역의 자생 생물들은 멸종 위기에 처해 있다.[37] 30개 이상의 탄전(炭田) 지하 깊숙한 곳에서 맹위를 떨치고 있는 화재는 여태까지 30억 톤 이상의 석탄을 소모했다〔최근에 꺼진 류황거우(硫礦溝)의 화재는 130년 동안 타올랐다〕. 미국의 모든 자동차가 1년 동안 만들어 내는 이산화탄소와 같은 양의 이산화탄소를 배출한다고 알려진 중국의 지하 탄전 화재 중 3분의 1이 신장에서 발생했다.[38] 그러나 신장의 인류 생태학과 자연 생태학의 핵심은 누란의 전성기와 마찬가지로 인구와 물 공급 사이의

---

* '훌륭한 한족.'

관계에 좌우된다.

계속된 한족의 이주는 1991년 이후의 신장 역사에서 두드러지는 특징이긴 했지만, 이것이 인구 성장의 유일한 원천은 아니었다. 소수 민족의 수 역시 1990년과 2000년 사이 1.5퍼센트 증가했다. 사실 좀 더 넓은 시각에서 볼 때 근대 전반에 걸쳐 신장의 인구 통계 기록은 중국 전체보다 더 빠른 성장을 보였다. 청의 정복부터 19세기 중반까지 신장의 인구는 6배 증가했는데, 이에 비해 청대 전반(1644~1911) 중국 전체의 인구는 4.5배 증가했다. 마찬가지로 1990~2000년 동안 신장의 연간 인구 성장은 중국 전체의 1.07퍼센트와 대비되는 1.67퍼센트였으며, 1999년 신장의 자연 증가율(인구 1000명당 출생자 수에서 인구 1000명당 사망자 수를 뺀 수치)은 1.28퍼센트인 데 비해 중국 전체는 0.88퍼센트였다.[39] 2000년에는 신장의 인구가 이와 같은 높은 성장률을 계속 유지하여 2015년에는 2347만 명에 달할 것이라고 예측되었다.[40] 따라서 21세기 초 신장은 인구 통계학적인 측면에서는, 국내로부터의 이주 및 위구르족과 다른 비한족들 내부의 높은 자연 증가율로 인해 인구를 보충하는 변경 지대처럼 보였다.

신장의 극심한 건조함으로 인해 이 지역에서 인류의 삶은 언제나 자연 환경에 민감했으며 자연 환경 역시 인류의 삶에 민감하게 반응했다. 신장 북부의 주민들이 근대까지 주로 유목민들이었다는 사실은 지리가 중앙아시아에서 어떠한 방식으로 사회·경제적인 양상들을 형성해 왔는지를 일깨워 준다. 현재 타클라마칸 사막에 매몰되어 있는 고대 도시들 역시 타림 분지에서 인류의 거주를 지탱하는 데 있어 환경, 특히 물의 중추적인 역할을 입증한다.

이러한 배경을 토대로 20세기 후반부 동안 신장의 발전과 동시에 일어난 인구 증가와 토지 개간은 한편으로는 정착과 환경 개발의 초기 패턴이 특히 18세기 이래 지속된 것으로 이해될 수 있으나, 다른 한편으로는 지난 50년 동안 인간이 엄청난 규모로 환경을 변화시켰음을 보여 준다.

신장에서 물, 그리고 물의 개발은 인간과 자연의 근대적 상호 작용의 핵심을 이룬다. 신장을 정복한 직후 점령이라는 엄청난 병참상의 난제를 해결하고자 했던 청의 관리들은 이 지역 전체에 걸쳐 물 공급로를 개선하는 일과 수확물이 청의 군대에 곡물을 공급할 수 있도록 확대된 농업을 뒷받침하기 위해 관개 시설을 크게 확충하는 일에 착수했다. 19세기 초까지 국영 농장과 관련 수리 사업은 신장의 북부와 동부에 집중되었으나, 1830년대부터 청 당국은 남부에도 더 많은 관심을 쏟게 되었다. 1840년대 초 3년간 신장에서 유배 생활을 하는 동안 임칙서는 홀로 80만 무에 달하는 새로운 관개 토지를 계획했는데, 이 가운데 3분의 2는 타림 분지에 있었다. 그는 카레즈부터 주요 운하에 이르기까지 모든 것의 착굴을 감독했다.[41] 사실 흠차대신을 지냈던 임칙서의 신장에서의 수리 사업이 미친 영향력은 논란의 여지가 있지만, 이는 그의 유명한 영국산 아편의 근절만큼이나 심대한 영향력을 미쳤다. 왜냐하면 그는 타림 분지에 대한 집중적인 농경 개발을 시작했으며, 그의 측량이 후대의 농업 개간의 모델이 되었기 때문이다. 학자들은 청의 정복부터 19세기 후반까지 신장의 경작 면적이 1887년에 1148만 190무(대략 76만 6000헥타르)로 10배 이상 증가했다고 추산한다.

신장 성의 건설 이후 수립한 신장 재건 계획에서 좌종당은 농업 투자와 한족의 정착을 통해 신장을 자급자족하고 안정되게 만들 수 있다고 자신 있게 주장한 경세가 공자진의 유명한 글에서 영향을 받았던 것처럼 (4장에서 논의) 초기의 개간 프로그램이 거둔 가시적인 성공에 크게 영향을 받았다. 그럼에도 불구하고 19세기 중반의 반란 중에 방치되었던 토지는 모래밭인 상태에서 복구되기 어렵다는 것이 밝혀졌다. 더욱이, 좌종당이나 뒤를 이은 신장의 한족 총독 모두 20세기 전반에 걸쳐 주요 투자를 위한 자금을 보유하지 못했다. 1910년대까지 경작지는 70만 헥타르를 가까스로 상회했으며, 청대의 최대치로는 되돌아가지 못했다. 그럼에도 불구하고 공자진의 글과 신장에서의 청의 기록은 공식적인 계획에 의해 유도된 대중적인 노력이 건조한 신장조차 번영할 수 있도록, 그리고 많은 새 이주민들을 부양할 수 있도록 만들 수 있다는 사실을 후대의 관리들과 농부들에게 강력하게 보여 주었다. 1930년대까지 경작지는 대략 99만 5000헥타르에 이르렀으며, 1949년에는 100만에서 120만 헥타르 사이였다.[42]

그 이후 병단, 집단 농장 그리고 더욱 최근에는 토지 계약을 하는 개인이 동일한 철학을 따르고 있는데, 이는 자연을 사회주의 건설을 위한—또는 덩샤오핑 이후에는 번영을 이루기 위한—대공세 속에서 당과 대중들에 의해 정복되어야 하는 적으로 간주하는 마오쩌둥주의식 해석과 쉽게 부합하는 것이었다.[43] 대약진 운동 시기의 무절제함과 환경 파괴에도 불구하고 병단은 계속해서 새로운 이주민을 정착시키고 새로운 토지를 개척했다. 1970년대 말 이래 시행된 개혁 정책들 또한 경작지의 확장을 장려했으며, 그 결과 2001년에는 네덜란드의 면적에 해당하는 총 340만 4120헥타르가 개간되었다. 434쪽의 〈표 2〉는 20세기 후반에 얼마나 극적으로 확장이 이루어졌는지를 명확히 보여 준다.

이와 같은 농경지의 급격한 확장은 강수량이 최소인 지역에서 일어났다. 따라서 이는 신장의 분지를 둘러싸고 있는 산맥에서 흘러나오는 하천으로부터 관개 용수를 끌어오는 것에 거의 전적으로 의존했다. 눈 덮인 들판과 빙하에서 흘러내린 물이 유입되는 하천이 우루무치 지역과 투루판 분지 및 면화가 재배되는 신장 남부의 오아시스들뿐만 아니라 비옥한 일리 유역과 북부의 다른 지역들에 있는 마을과 경작지를 부양했다.

그러나 지난 반세기 동안 가장 급격한 환경 변화는 타림 분지에서 일어났다. 타림 수계를 흐르는 빗물은 역사적으로 볼 때 오아시스 지역을

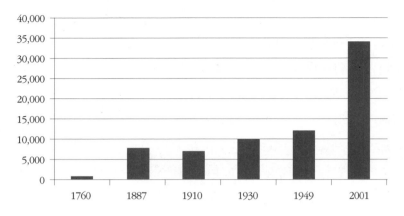

〈표 2〉 1760~2001년 신장의 경작지(단위: km²)

지나면서 이 지역에서 사용된 이후에는 사막으로 직접 흘러 들어가거나 아니면 호탄 강, 야르칸드 강, 악수 강 등으로 이루어진 광범위한 하계(河系)에 합류했는데, 이들이 합류함으로써 1300킬로미터에 달하는 타림 강이 형성되었다(〈지도 1〉 참조). 이러한 하천들과 작은 지류들이 유입되면서 타림 강은 타림 분지의 북단을 따라 서에서 동으로 굽이굽이 흘러간다. 타림 강은 언제나 수로의 변동에 민감했지만, 어떠한 하천도 타클라마칸이라는 거대한 분지를 빠져나가지 못했으며, 언제나 타클라마칸 사막의 동남쪽 끝에 있는 3개의 호수 분지, 즉 로프노르, 카라 코슌Kara-Koshun, 타이테마Taitema 중 하나에서 끝났다. 타림 수계에 합류하는 대부분의 빗물은 계절에 따라 유량이 다른데, 연간 용수량의 60퍼센트에서 95퍼센트 정도가 6월과 9월 사이에 흐른다.

새로운 자본과 노동력 및 근대적 기계 장치가 광범위하게 유입되었음에도 불구하고 20세기 후반 타림 분지에서는 농경이 이 기본적인 수리 구조를 넘어설 방법이 없었다. 농경은 새로운 용수원을 확보하지 못했는데, 지하수원조차도 매년 오아시스의 대수층(帶水層)을 다시 채우는 빗물의 유출과 연결되어 있었다. 인구의 증가와 경작지의 확대는 따라서 동일한 타림 수계를 흐르는 물을 과거보다 더 많이 빼내는 것에 지나지 않았다. 개간 기술자들과 농부들—이들 중 다수는 병단에 소속되어 있었다—은 오아시스와 하천 유역 도처에 수백 개의 제방, 수백 킬로미터에 달하는 운하와 카레즈 및 수백 개의 깊은 관정(管井)을 건설함으로써 타림 수계의 개발을 증대시킬 수 있었다. 결국 이처럼 농업적 이용과 도시에서의 용수 사용이 늘어난 것은, 노출된 관개 수로와 수답(水畓)에서 수분이 증발되고 타림 강의 하류 유역에 닿기도 전에 대부분의 물이 고갈되게 만들었다. 한때 물고기와 새, 멧돼지와 호랑이의 서식지인 갈대숲이 자라는 습지대였던 로프노르는 1964년에 이르러서는 두껍게 굳어 버린 염호가 되었다. 1952년부터 1972년까지 합류한 타림 강과 콩췌 강이 흘러 들어가는 호수였던 타이테마 역시 1972년 다시하이지(大西海子) 저수지를 만들기 위해 타림 강 하류에 댐이 건설되자 마찬가지로 말라 버렸다.

종점 호수들의 건조 외에, 타림 분지의 하천들의 상류에서 물을 많이 사용하게 됨에 따라 일련의 예기치 못했던 결과가 생겨났다. 1970년대에 이르러서는 많은 양의 물이 하류가 아닌 상류로 흘러 들어갔기 때문에 타림 강의 하류 300킬로미터 지역까지는 물이 거의 혹은 전혀 도달하지 않았다. 이로 인해 이 지역 전역에 걸쳐 1950년대에는 지표 아래 3~5미터였던 지하수면이 1980년대에는 11~13미터로 낮아졌다. 이와 같은 현상은 이 지역 국영 농장의 농경을 저해했을 뿐만 아니라 초지 면적을 75퍼센트나 감소시켰으며, 포플러 숲 역시 5만 4000헥타르에서 1만 3000헥타르로 줄어들었다. 예전에는 농경지였던 지역의 3분의 2가 모래로 뒤덮이면서 한때는 타클라마칸 사막의 '녹지 회랑green corridor'이라고 불렸던 곳이 대부분 사막으로 변했다.[44]

인구가 성장하고 토지와 물의 사용이 늘어나면서 타림 분지의 하천과 오아시스를 따라 동일한 결과들이 나타났다. 하천의 흐름이 바뀌고 상류에서 물을 사용하면서 하류에 있는 농부들이 사용할 수 있는 물이 줄어들고 지하수면이 낮아졌으며 수역도 감소했다. 더욱이 높은 증발률과 밭에 물을 대기 위해 물을 가득 채우는 일상적인 관행으로 인해 하류에서 광물 농도가 눈에 띄게 증가했다. 이는 오아시스 외곽에 있는 경작지의 염화를 심화시켰으며, 결국 토지의 질적인 저하 및 방치로 이어졌다. 곡물이나 본래의 자연 식생 모두 이 방치된 토지를 고정시키지 못했기 때문에 토지는 쉽게 침식되었고 바람에 날려 온 사막의 모래들로 뒤덮였다. 원격 탐사 자료에 기초한 처러(策勒) 오아시스에 관한 연구는 1970년대부터 1990년대까지 오아시스의 외곽을 따라 자리한 좋은 경작지 중 8~9퍼센트가 사막과 어느 정도 경작이 가능한 토지가 혼재된 지대로 변했다는 사실을 보여 준다. 오아시스의 수역 면적은 반 이상 줄어들었다. 식목이 전진하는 사구(沙丘)에 대항하여 오아시스 전 지역을 성공적으로 보존했음에도 불구하고 이러한 현상이 발생했다.[45] 처러와 다른 지역에서 오아시스 주변의 사막화는 오아시스의 거주민들이 목재와 땔감으로 사용하기 위해 나무와 잡목림을 베어 내면서 더 악화되었다. 특히 능수버들의 뿌리를 뽑아 버린 것이 큰 타격이었는데, 이는 사막 표면을 단단히 고정하는 안정제를 제거한 것이었다. 트랙터를 이용하여 거대한 뿌리 다발을 뽑아내 오아시스 안으로 옮김으로써, 근대화 이전에는 없었던 방식으로 이러한 관행이 가능해지고 경제적이게 되었다.

인간이 환경을 변화시킨 것은 신장 남부에만 국한되지 않았다. 동쪽으로는 점점 더 많은 투루판의 고대 카레즈 운하가 20세기 전반기에 말라 버렸는데, 2004년에는 1784개 중 겨우 617개만이 작동하고 있었다. 남아 있는 카레즈는 2005년 공식적인 보호를 받게 되었지만 기계화된 심정(深井)으로 인해 투루판 분지 전역에 걸쳐 계속해서 지하수면이 낮아지게 되자 2030년에 이르면 마지막 남은 카레즈까지 말라 버릴 것이라는 예측이 나오고 있다.[46] 북쪽에서는 신장의 곡물 산출량을 높이자는 운동이 목초지를 농지로 빠르게 전환시키는 결과를 가져왔다. 신장 서북의 보르탈라 주에서는 1950년부터 1977년까지 배수지의 인구가 6만 7800명에서 55만 500명으로 급증하고, 이에 따라 농경지와 용수의 사용도 늘어났기 때문에 에비노르[Ebinor, 아이비(艾比) 호]의 면적이 반이나 감소했다. 호수 주변에 서식하던 피복 작물의 감소는 풍식 작용과 모래 폭풍으로 이어졌는데, 1960년대에 이 지역은 2년에 하루 정도 높은 수치의 분진을 겪었을 뿐이었지만 1990년대에는 이러한 날들이 연간 한 달 반 정도나 되었다.

이 지역 전역에 걸쳐, 특히 신장 북부에서 농지의 침식은 1960년대부터 20세기 말까지 약 24만 헥타르에 달하는 방목지의 감소를 가져왔다. 그러나 1949년부터 1998년까지 가축의 수는 1040만 마리에서 4220만 마리로 4배 증가했다. 과다한 방목과 상류의 수로 변경 및 다른 요인들은 이용 가능한 목초지의 약 75퍼센트에서 생산력이 하락하는 결과를 가져왔다. 목초지가 빈약해질수록 토지 단위당 지탱할 수 있는 양의 수도 점점 줄었으며, 약 1000제곱킬로미터의 목초지가 사막화되었다.[47]

신장의 삼림 역시 남벌과 지하수면의 하강으로 인해 그 영역이 점점 감소했다. 타림 강 하류의 배수지에서 포플러 숲의 84퍼센트가 감소했을 뿐만 아니라 타클라마칸 가장자리의 능수버들 덤불도 65~90퍼센트 정도 감소했다. 톈산 동부 사면은 사실상 벌거숭이가 되었으며, 1950년대에는 고도 1200~1400미터였던 톈산 산맥 다른 지역의 수목 생장 한계선은 1700미터 이상으로 후퇴했다. 중가리아 분지에 있는 사사(梭梭) 나무의 거의 70퍼센트가 1958년에서 1982년 사이에 벌목되었으며, 중가리아 분지 남단의 포플러 숲 역시 사라졌다. 수목 피도의 감소는 홍수와 침식의 원인이 되었으며 대기 중의 습도를 낮추었다.[48]

사막과의 전쟁에서는 사막이 승리하고 있다. 신장의 87개 현과 시 관할구 중 53개가 사막화로 인해 피해를 입었다. 사막화로 인한 연간 경제 손실은 2001년에는 25억 위안으로 추산되었다. 1960년대부터 20세기 말까지 국가와 개인의 노력을 통해 개간된 3만 3317제곱킬로미터 중 5분의 1(델라웨어 주보다 더 넓은 지역이다)이 지력의 소모와 용수 공급 부족, 염화 및 사막의 모래에 의한 잠식으로 인해 다시 방치되었다. 녹지대와 바람막이를 조성하기 위한 대규모의 식목 사업에도 불구하고 2001년에 타클라마칸 사막은 매년 172제곱킬로미터씩 확장되고 있다고 추산되었으며, 2004년에는 신장 임업국의 국장이 사막이 연간 400제곱킬로미터씩 증가하고 있다고 발표했다. 신장의 47퍼센트 이상이 '황무지'로 정의되고 있다.[49]

더욱이 인류에 의해 촉발된 이와 같은 건조화는 타림 수계와 신장의 다른 분수계로 유입되는 물의 수위가 실제로는 상승하고 있던 시기에 발생한 것처럼 보인다. 다른 지역과 마찬가지로 이 지역의 연평균 기온은 20세기 동안 전례가 없는 수준까지 상승했다. 지구 온난화의 증거는 쿤룬 산맥 빙하 심층의 산소 동위원소에 대한 연구에서 분명히 드러난다.[50] 더 높아진 연평균 기온으로 인해 중국의 나머지 지역에서는 강수량이 증가하고 있지만 신장에서는 총 강수량이 감소했다(신장은 중국 동부의 기후를 결정짓는 계절풍 시스템의 외곽에 놓여 있다). 그러나 전례 없는 온난화로 인해 지난 몇 십 년 동안 톈산과 쿤룬 산맥 산정의 눈과 빙하가 더 빠르게 녹아내렸으며, 그리하여 1976~1986년 타림 강의 연평균 용수량은 1954~1964년보다 10퍼센트 더 많아졌다.[51] 따라서 20세기 동안 신장의 개발은 과거에 축적되었던 용수의 비축량에 의존해 왔다고 할 수 있다. 가장 최근에 많은 양의 용수가 쌓이게 된 것은 기온이 오늘날보다 현저하게 서늘했던 1400년에서 1900년까지의 일로, 특히 세계적으로도 그리고 신장 지역에서도 기온이 최저점이었던 1420~1520년, 1570~1690년, 1770~1890년까지의 기간 동안에는 산악 지역의 강수량이 최고점에 이르렀다.[52]

최근의 연구들은 빙하가 녹은 물이 늘어남으로써 얻는 이점이 오래도록 지속될 수 없다는 사실을 시사한다. 중국의 저명한 빙하 연구가 야오탄동(姚檀棟)이 이끄는 국제팀은 2004년 쿤룬 산맥을 비롯한 티베트 고원의 빙하가 "매년…… 황허의 전체 수량과 맞먹을 정도"의 속도로 녹아내리고 있다는 결론을 내렸다. 톈산의 빙하 역시 위태로운데, 실제로 중국의 빙하는 2050년까지는 3분의 2가, 21세기 말에 이르면 모두 사라질 것이다. 타림 강을 이루는 주요 지류의 41퍼센트에서 58퍼센트 사이의 수량이 빙하 녹은 물에서 오기 때문에, 신장은 수십 년 이내에 용수 공급이 대부분 감소하는 상황에 직면하게 될 것이다.[53] 반면 2003년 중국 지질조사국은 타클라마칸 사막 아래에서 거대한 지하 저수지를 발견했다고 발표했다. 만약 이 지하 저수지의 규모에 대한 지질조사국의 최초 조사—이들은 지하 저수지의 용량을 양쯔 강 싼샤 댐 배후의 호수와 같은 크기인 360억 세제곱미터라고 추산했다—가 사실이라고 확인된다면, 그리고 이 땅속 깊은 곳에 있는 물을 퍼 올려야 하는 걸림돌이 극복된다면, 이 대수층은 신장의 용수 위기를 완화시키는 데 도움이 될 것이다. 그러나 화석수이기 때문에 이를 개발하는 것 역시 궁극적으로는 제한되어 있다.[54]

지난 반세기 동안 신장에서 생태학적 변화가 가져온 부작용 중 하나는 하늘을 검게 물들이고 재산과 곡식에 피해를 주며 가축들에게 상해를 입히는 카라 부란qara buran, 즉 모래 폭풍이 더 잦아졌다는 것이다. 1980년대에 이 지역에서는 105건의 주요 '풍재(風災)'가 있었는데, 이에 비해 1950년대에는 16건에 불과했다.[55] 중국 북부 전역에 걸친 건조화와 사막화 역시 유사한 현상들을 만들어 내고 있으며, 베이징도 2000년 봄 치명적인 모래 폭풍으로 인해 피해를 입었다. 수도를 뒤덮은 황사 구름은 중국의 지도부가 환경 보호와 복원에 더 많은 노력을 기울이도록 만들었다. 실제로 공개적으로 발표된 서부 대개발 캠페인의 6가지 교의 중 하나가 '생태 환경의 건설 및 보호'였다. 중국의 환경 보호 기구인 국가환경보호총국SEPA(State Environmental Protection Administration)이 캠페인을 이끄는 22개의 정부 기관에 포함되지는 않지만, 대개발 계획은 방호림(防護林)을 계속해서 조성하고 벌목을 방지하는 보호 조치들을 강화시키며 농지를 숲과 목초지로 되돌리기 위한 조치들을 포괄했다. 그러나 대개발 계획과 5개년 경제 계획의 환경 프로그램 중 가장 눈에 띄는 것은 타림 강 유역을 복원하기 위한 주요 기반 시설 사업이었다.[56]

중국의 지도자들은 언제나 기념비적인 수리 사업을 선호했고 역사 전반에 걸쳐 중국의 군주들과 재상들은 치수에 관여해 왔다. 이와 관련하여 영감을 주는 것이 바로 비옥한 생산력과 번영의 시대가 왔음을 알리며 '치수'를 하고 하(夏) 왕조(기원전 2205~기원전 1766)를 개창한 전설상의 군주 우왕(禹王)이었다. 현대의 지도자들은 여전히 전통의 영향력을 실감하는데, 이들은 국민에게 봉사하고 역사에 자신들의 족적을 남기기를 희망한다. 또한 그들은 공산주의가 가진 강한 근대주의적 충동과 소련 입안가들의 과장된 성향으로부터 영향을 받았다. 쑨원은 양쯔 강에 댐을 건설할 것을 계획했으나 성공하지 못했다. "위대한 지도자가 나타나면 황허가 맑아질 것이다"라는 격언에 매료된 마오쩌둥은 황허의 본류에 황허의 막대한 침전물이 하류로 흘러 내려가는 것을 방지할 목적으로 고안된—그러나 재앙을 가져온—거대한 싼먼샤(三門峽) 댐을 건설하는 것을 승인했다. 최근에 들어서는 리펑 총리가 경제적인 타당성과 환경적·사회적 영향력에 대한 국내의 반대와 국제적인 우려에도 불구하고 양쯔 강에 거대한 싼샤 댐을 건설하는 계획을 밀어붙였다.[57]

따라서 중화인민공화국의 지도자들이 중국 서북부에서 물 부족이 심각하다는 것을 깨닫게 되었을 때, 이들이 1990년대에 처음으로 제안한 해결책이 대규모의 용수 이전 계획이었다는 사실은 전혀 놀랍지 않다. 한 계획은 고가(高架) 운하를 통해 싼샤 저수지로부터 건조한 북부로 물길을 돌릴 것을 고안했으며, 또 다른 계획은 양쯔 강과 황허, 그리고 야루짱부(雅魯藏布) 강을 비롯한 티베트 고원의 몇몇 주요 하천의 원류로부터 란저우 또는 신장으로 물길을 돌리는 것을 포함했다. 이 계획의 또 다른 방안은 서북 지역의 물 사용을 위해 매년 400억 세제곱미터의 용수를 야루짱부 강의 지류로부터 황허 상류로 이전하는 것을 제안했다. 이 프로젝트는 30킬로미터의 지하 터널을 파서 싼샤 댐 규모의 3배에 달하는 수력 발전 댐을 건설하는 것이었다. '전문가들'은 이 계획이 인도와 방글라데시에서 해마다 홍수가 발생하는 것을 방지하는 동시에 황허 상류의 불모지를 '녹지로 바꿀' 것이라고 약속했다.

이 장대한 비전에 공감한 사람들은 중국 과학원 이론물리연구소의 전임 부소장이자 중국 최초의 원자 폭탄을 만드는 데 기여한 허쭤슈(何祚庥)와 중국 공산당 중앙당교(中央黨校)의 부교장 공위즈(龔育之)였다. 1996년 전국인민대표대회 전국회의에서 이들은 핵폭발을 이용하여 티베트 고원 아래로 그리고 쿤룬 산맥을 거쳐 야루짱부 강에서 타클라마칸 사막에 이르는 800킬로미터짜리 지하 운하를 팔 것을 제안했다. (야루짱부 강, 즉 브라마푸트라Brahmaputra 강은 남으로 방향을 돌려 인도로 들어가기 전에 시가체Shi-gatse와 라싸와 같은 티베트의 주요 도시를 지나며 티베트 남부를 통과한다.) 허쭤슈와 공위즈는 러시아의 과학자들에 따르면 소련에서는 200회 이상의 조용한 지하 핵폭발이 있었지만 이것이 어떠한 오염도 발생시키지 않았다며 청중들을 안심시켰다. 따라서 이들의 계획은 완료되는 데 50년이 걸리기는 하지만 안전한 것이었다.[58]

중국은 사실상 3단계의 남북 수자원 연결 프로젝트에 착수했는데, 이 계획의 최종 단계는 티베트에 있는 양쯔 강 원류의 물을 황허 상류로 옮기는 것이다. 지금까지는 티베트 남부의 산악 지역으로부터 신장으로 직접 용수를 이전하기 위해 핵을 사용하는 방안과 핵을 사용하지 않는 방안 모두 시행되지 않고 있다. 그럼에도 불구하고 중화인민공화국의 입안자들은 신장에서 환경 피해를 개선하고 물 부족을 완화하기 위한 시도로서 다른 대규모의 수자원 연결 프로젝트를 시행했다. 2000년과 2004년 사이 공학자들과 수리부(水利部)는 콩췌 강과 바그라슈Baghrash 호수[보후(博湖) 또는 보쓰팅(博斯騰) 호]로부터 타림 강으로 6차례에 걸쳐 물을 '유입'시켰는데, 2004년에는 바그라슈 호수로부터 약 3억 세제곱미터의 물을 옮겼다.

신장 북부에서는 2001년에 완공된 운하를 통해 이르티시 강물의 약 10퍼센트가 카라마이의 석유 채굴 센터와 가공 센터로 옮겨졌다. 2004년 당시 공사 중이던 새 운하는 이르티시 강으로부터 남쪽으로 300킬로미터 떨어진 개발 지역으로 더 많은 용수를 전달할 것이다. 주 카자흐스탄 중국 대사인 저우샤오페이(周曉沛)에 따르면, 이 새 운하는 중국이 이용하는 이르티시 강물의 양을 총 유량의 40퍼센트까지 높일 것이라고 한다. 이르티시 강이 자이산 호로 유입되어 카자흐스탄의 중부와 북부에서는 주요 수력 발전소와 공장 및 농업에 이용되고 있고, 또한 수도인 아스타나에 식수를 공급하고 있기 때문에 이 문제는 카자흐스탄에서도 중대한 관심사이다. 이르티시 강은 또한 러시아로도 흘러 들어가는데 이곳에서도 이 강물은 거대 공업 중심지에 필수적이다. 마찬가지로 일리 강은 신장에서 발원하여 카자흐스탄의 거대한 발하슈 호수로 흘러 들어간다. 중국 측에서 일리 강의 물을 더 많이 사용하게 되면서 발하슈 호수가 줄어들었고, 카자흐스탄 의회와 유엔 개발계획UNDP(United Nations Development Programme) 모두 카자흐스탄과 중국이 일리 강의 물을 사용하는 방식을 바꾸지 않는다면 발하슈 호수가 구소련 시기 유량의 60퍼센트를 상실하여 지난 세기 최악

의 생태학적 재앙의 하나를 일으켰던 아랄 해의 전철을 밟을 것이라는 우려를 표명했다.[59]

2000년대 중반에 이르러 신장의 관리들과 대중은 15년 전보다 환경 문제에 대해 더 잘 알게 되었다. '신장의 자연 환경을 보호하자'는 등의 구호를 포고하는 게시판이 신장의 유전자 조작 면화를 광고하는 게시판에서 그리 멀지 않은 우루무치 중심가에 세워졌다. 중국의 지리학자와 수리학자, 생태학자 및 논평가 들은 이 지역에서 계속되는 인구 성장과 지속 가능한 개발 사이의 긴장을 섬세하게 지적하면서 신장의 환경 상태에 대한 놀랄 만한 글들을 발표했다.[60] 신장의 환경에 대한 열정적인 토론은 인터넷 게시판을 뜨겁게 달구었으며, 절수(증발 억제) 장비를 사용하여 관개 시설을 근대화하기 위한 식목 사업과 프로그램은 국제 연합으로부터 찬사를 받았다. 그러나 중화인민공화국의 통신사이자 선전 기관인 신화(新華)의 공식 성명에는 여전히 오래된 군사적 용어들(오아시스에 대한 사막의 '공격', '경작지를 건설하기 위해 모래를 차단한다', '오아시스가 사막으로 진격한다', 숲을 '전선의 녹색 병풍'으로 이용한다)과 개간 운동의 재개를 찬양하는 기사가 남아 있었다.[61] 이러한 공식 성명은 사막을 수목으로 이루어진 장성이 격퇴해야 할 독자적이고 적대적인 침략자로 묘사했으나, 상류의 용수 사용(일부는 방풍림에 수목을 심기 위해 사용되었다)과 하류의 사막화 사이의 연관성에 대해서는 침묵을 지켰다. 이 보고서는 과거의 분별없는 개발 정책이 현재의 문제점들을 낳는 데 일조했다는 사실을 인정했지만, 최근의 느슨한 경제·정치적 분위기에서 활동하는 국가 조직 또는 기업과 개인에 의해 지속된—어쩌면 가속화된—피해에 대해서는 거의 언급하지 않았다. 특히 중국의 공식 출판물은 서부 대개발 프로그램의 이주 친화적인 추동력과 빙하가 녹아 없어지면서 줄어든 신장의 인구 부양 능력에 대한 환경적 제한 사이의 근본적인 모순을 인정하지 않고 있다.

불화와 분리주의

1990년에서 2000년대까지의 시기 동안 영어로 된 자료들은 20세기 초반의 어느 시기보다도 위구르족의 동요와 분리주의를 더 많이 다루었다. 이에 대한 이유는 복잡하다. 분명 제한적인 종교의 부흥뿐만 아니라 앞서 논의한 요인들(소련의 붕괴, 중국의 정치·경제 개혁, 중앙아시아와 신장 사이의 여행의 증가, 한족의 이주 물결, 빠른 경제 성장과 신장 도시들의 재형성) 역시 적대감을 형성하고 행동이나 말로써 불화를 표현하는 것을 자극하거나 촉진했을 것이다. 더욱이 1990년과 1997년 사이에 일어난 몇몇 주요 폭력 사건이 국제적인 관심을 얻게 되었고, 신장에 '화약통', '끓고 있는 냄비'와 같은 별명을 붙이는 것은 겉으로 보기에는 정당했다.

그러나 위구르인들의 분리주의 정서에 대한 높이 쌓여 있는 자료의 배후에는 다른 무엇인가가 있다. 1980년대 이래로 외국의 언론인들은 위구르 이주자들이 거주하는 중앙아시아 국가들뿐만 아니라 신장에 대해서도 (구속이 없었던 것은 아니지만) 유례가 없을 정도로 자유로이 접근할 수 있었다. 인터넷의 도입은 망명 중인 위구르 반체제 인사들에게는 자신들의 목적을 공표할 수 있는 연단을 제공하는 한편 신장에 대한 정보의 수집과 방송을 더욱 용이하게 했다. 최근 들어 중화인민공화국 정부는 반체제 인사들의 이야기에 대항하기 위해 동일한 매체를 사용하기 시작했다. 반면, 팔레스타인과 체첸 공화국의 사건들과 알카에다Al-Qaeda 및 다른 집단들의 테러리스트 전술은 냉전 이후의 분쟁에서 이슬람의 역할에 대한 관심을 집중시켰다. 새뮤얼 헌팅턴Samuel Huntington은 공개적으로 세계화가 '문명의 충돌'을 촉발하고 있다고 주장했으며, '이슬람의 피비린내 나는 국경'이라는 그의 개념이 널리 퍼지게 되었다. 따라서 서구의 많은 언론인과 분석가에게 신장에 대한 접근과 정보가 개선된 바로 그 시기에 위구르 분리주의자들이 조성하는 긴장 관계는 신장과 관련하여 따라가야 할 주된 줄거리가 되었으며, 이러한 분리주의는 일반적으로 대부분의 위구르인들이 가지고 있는 이슬람 신앙에서 유래한 것이라고 생각되었다. 1985년부터 2000년까지 신장에 대한 영자 신문 기사의 헤드라인에 사용된 문구의 표본—"신장의 성전사들," "소요가…… 불타오르다," "중국의 위험지대," "무슬림 분리주의자들이 피비린내 나는 전쟁을 하다," "내부의 적," "공포 분위기"[62]—을 뽑아 보면, 이러한 보도 대부분의 성향을 알 수 있다. 한 학자는 "이 지역이 갈등과 폭력으로 빠져들고 있으며," "분리주의자와 이슬람주의자가 당 내부에서 5번째 기둥"이라고 언급했다.[63] 반면 이 기간 동안 중국의 보도에서는 신장의 투자 전망에 대한 열정적인 확신과 그들이 '범투르크주의/범이슬람주의'라고 부르는 것에 대한, 그리고 2000년대 초반에는 알카에다와 연관된 '동투르키스탄 테러리스트 조직'에 대한 심각한 경고가 엇갈려 나타났다.

정치적 폭력은 심각한 문제이며, 1990년대에는 신장의 안보가 악화되고 앞서 인용한 것과 같은 유형의 수사가 정당화되는 것처럼 보였던 시기가 있었다. 중국 당국과 다른 몇몇 정부는 위구르 분리주의에 대해 당연히 심각하게 우려했다. 그러나 우리가 이 시기에 대한 역사적인 시각을 견지함에 있어 몇 가지 사실은 기억할 만한 가치가 있다. 우선, 1980년대 후반 이래로 어느 시기보다 신장에 대한 잦은 접근과 신장의 사건에 대한 더 많은 보도가 이루어졌다. 이전에는 민족들 간의 관계나 소요 사건에 대해 상대적으로 거의 아는 바가 없었으며(6장 참조), 따라서 1990년대와 2000년대의 집단적 위기감은 아마도 어느 정도는 정보를 더 많이 이용할 수 있게 된 탓일 수도 있다. 둘째로, 더 많은 보도에도 불구하고 정보는 여전히 제한적인 상태였으며, 최근의 민족들 간의 관계와 반중국 정서 및 분리주의자들의 폭력에 대한 자료 중 대부분은 중국 정부 혹은 위구르 망명자들로부터 나온 것이었다. 또한 이 정보 제공자들은 모두 자신들만의 방식으로 기록을 가공할 만한 이유가 있었다. 마지막으로 위구르 분리주의와 연관된 폭력의 수위를 분석할 때에는 균형 잡힌 시각이 요구된다. 2002년 중화인민공화국 국무원이 공개한 테러리즘에 관한 백서는 1990년대에 테러리스트들의 활동으로 인해 162명이 사망하고 440명이 부상을 입었다고 주장했다.[64] 이 문서가 구체적으로 열거한 57건의 살인은 대개 한두 명의 희생자가 포함된 소규모 사건들에서 발생했다. 폭력이 유감스러운 것이기는 하지만, 이것이 신장을 북아일랜드, 르완다, 팔레스타인, 체첸 공화국, 보스니아, 이라크 등 분리주의와 종족-민족주의가 20세기 후반과 21세기 초반 갈등에 불을 지핀 다른 지역들과 필적할 만하게 만드는 것은 아니다. 더욱이 저널리스트들이 이 지역에서 "신장의 성전사," "피비린내 나는 전쟁의 수행"에 관해 글을 쓰고 있는 동안 신장의 1인당 국내총생산은 1990년과 2000년 사이에 매년 중국 전체보다 겨우 1퍼센트 낮은 평균 7.8퍼센트씩 증가하고 있었다는 사실은 주목할 만하다.[65]

폭력

1980년대 정치적 자유화의 결과 중 하나는 이슬람이 어느 정도 부흥했다는 것으로, 이는 인근에 새로운 모스크와 쿠란 학교가 생긴 것에서 분명히 알 수 있다. 1990년 초반의 조사에 따르면 신장에는 1만 명 이상의 학생들을 수용하는 938개의 이슬람 학교가 있었다. 이들 중 250개는 신장 북부에, 나머지는 주로 카슈가르(350개)에 있었는데 호탄, 악수, 야르칸드 및 키질수[Kizilsu/커쯔러쑤(克孜勒蘇)] 키르기스 자치주에도 소수의 학교가 있었다. 야르칸드에는 겨우 36개의 학교만이 있었으나 722명의 학생 중 3분의 2가 신장의 다른 지역 출신이었는데, 이는 야르칸드가 이슬람 학문의 중심지로서의 오랜 명성을 유지했음을 나타내는 것으로 보인다. 공산당은 이 학교들과 이곳에서 공부하는 직업이 없거나 자영업에 종사하는 젊은이들에 대해 우려를 표했으며, 이슬람이 어쩌면 마르크스주의와 경쟁하는 이데올로기로 교습될 수도 있다는 가능성을 걱정했다. 6장에서 논의했던 것처럼, 1980년대 초반의 몇몇 가두시위에서 시위자들은 자신들의 슬로건에서 이슬람을 언급했다. 특히 야르칸드의 종교 기관에 대한 대중적인 인기는 신장 전역에 퍼져 있는 고향으로 돌아간 이들 학교 졸업생들이 지역적인 네트워크를 형성할 가능성을 높였다. (이는 정확히 20세기 초반 카슈가르의 새로운 학교들이 담당했던 역할이었다.)

공산당은 또한 간부와 당의 구성원들, 특히 촌락 단위에 있는 사람들이 당이 '종교 활동'이라고 규정한 행위에 참여하는 것에 대해 점점 더 우려하게 되었다. 이 용어가 정확히 무엇을 의미하는 것인지는 명확하지 않다. 기도와 모스크 예배는 확실히 종교 의식에 포함되었으며, 라마단 동안의 금식, 결혼식과 할례 의식, 사망한 지 한 달 후 이루어지는 철야와 같은 종교적 의식에 참석하는 것 역시 포함될 여지가 있었다. 이러한 의식들은 사람들이 부유해짐에 따라 더욱 화려해졌으며, 또한 위구르의 문화 속에, 특히 시골에서는 깊이 배어 있었다.[66] 어찌 되었든 1990년에 이르러 당은 신장과 같은 '소수 민족 자치 지역'의 종교와 관련하여 자신들이 10년 전에 취했던 자유주의적이고 유연한 입장으로부터 물러났다.

1990년 1월 당국은 야르칸드의 사영(私營) 쿠란 학교를 (그리고 아마 다른 도시들의 학교도 마찬가지로) 폐쇄했으며, 외부 출신 학생들에게는 고향으로 돌아갈 것을 명했다. 중국의 기록에 따르면 야르칸드에 있던 수백 명의 마드라사 학생들(탈리프talip)은 "이슬람을 공부하고 보호하자", "이교도를 타도하자"라고 외치며 시위 행진을 벌였다고 한다. 이 사건은 '탈리프 사건'이라고 불렸다.

훨씬 더 심각한 것은—실제로 이슬람으로부터 영감을 얻은 신장 분리주의와 관련해 중국에 경종을 울리고 신문 기자들의 귀를 번쩍 뜨이게 만드는 데 큰 역할을 한 일화는—1990년 4월에 일어난, '바런 향(巴仁鄕) 반혁명 무장 폭동'이라고 알려진 바런 사건이었다. (카슈가르 남쪽으로 약 10킬로미터 떨어진) 악토[akto/아커타오(阿克陶)] 현의 바런 향은 1984년 '민족단결 모범 단위(民族團結模範單位)'로 지정되었다. 이 명칭은 중국의 지배에 대항한 무장 투쟁의 징후가 나타난 6년 뒤에는 반어적인 것이 되었다. 중국 '내부' 자료들이 밝히고 있듯이,[67] 제이딘 유수프(Zeydin Yusup/則丁·玉素甫)가 이를 주도하고, 동투르키스탄 이슬람당이라고 알려진 한 조직이 악토와 카슈가르 지역의 정부 청사에 대한 일련의 동시다발적인 공격을 계획했다. 1990년 3월부터 시위 계획자들은 모스크에서 그리고 카세트테이프를 통해 돈을 모금하고 전투 준비를 할 것을 요구했다고 한다. 한 보고에 따르면 이들은 현지 시장에서 말을 매점하여 가격이 급등하도록 만들었으며, 카슈가르 사람들에게는 4월 5일에 폐업하라고 말했다고 한다. 무슨 일이 벌어지고 있음을 알게 된 중국 당국은 조사원을 바런으로 파견했고, 이로 인해 이 조직은 어쩔 수 없이 행동을 하게 되었다. 중국의 자료에 따르면 이들은 당시 철도를 폭파시키기 위해 투루판으로 사람을 파견했다고 한다(그들은 시도를 하기 전에 체포되었다). 4월 5일 오전 이슬람의 슬로건을 외치는 약 200여 명의 시위 참가자들이 악토 현과 바런 향의 정부와 공안이 있는 지구를 에워쌌다. 그날 오후 이 지구를 둘러싼 약 300여 명의 사람들이 가담한 대립은 더욱 공격적으로 변했다. 제이딘 유수프를 체포하기 위해 파견된 5명의 경찰관이 붙잡혔고, 이들의 총과 다른 장비들은 탈취되었다. 근처의 다리에서는 사람들이 바런의 무장 경찰이 보낸 2대의 차량을 매복 기습하여 도끼와 칼로 6명의 탑승자를 살해했고 차에 불을 지르기 전에 몇 자루의 총을 빼앗았다.

중국의 기록에 따르면 한밤중에 유수프의 무리들은 그 지구를 바리케이드로 둘러싼 사람들이 안에 보관된 무기를 넘기지 않는다면 공격하겠다는 최후통첩을 보냈다고 한다. 반군들이 지구 내부로 손으로 만든 수류탄을 계속해서 집어 던지면서 총격이 일어났다. 교전 중 제이딘 유수프가 총에 맞았고 포위군들은 달아났다. 신장 남부의 군구에서 온 보병 및 포병 4개 대대가 전 지역을 차단하고 다리를 장악하고 있던 사람들을 쫓아버렸으며 산으로 달아난 16명의 반군을 추격했다. 당시 위구르인 아내와 함께 카슈가르에 거주하고 있던 한 영국인(그는 생계를 위해 마리화나를 팔고 있었다)은 이 사건이 일어난 후 한동안 카슈가르에서 탱크와 제트 전투기, 무장 헬리콥터를 목격했다.[68]

중국의 한 자료에 따르면, 16명의 반군이 전투 중 살해당했으며 508명은 심문을 위해 구류되었고 124명은 체포되었으며 40명은 유죄 판결을 받았고 3명은 처형당했으며 378명은 '교육' 후 석방되었다고 한다. 이 숫자는 확실하지 않을 수도 있는데, 뉴스 매체들은 뒤이어 신장 남부 전역에서 대대적인 검거가 있었음을 보도했고 국제사면위원회Amnesty International는 헬리콥터에서 발포된 박격포와 포격에 의해 살해된 사람들을 포함하여 최대 50명의 사람들이 공안에 의해 살해당했다는 비공식적 정보원의 주장을 발표했다.[69]

아마도 사상자의 수치보다 앞서 언급한 중국 자료에서 공표된 사건의 가담자들로부터 당국이 몰수한 무기의 목록—(4월 5일의 사건 도중에 경찰로부터 빼앗은 15자루를 포함한) 총 16자루, 다양한 종류의 탄환 470발, 토기로 만든 (수제) 수류탄 243개, 폭약 53킬로그램, 폭파용 뇌관 512개, 다양한 크기의 칼 180자루, 오토바이 3대와 말 5필—이 더욱 의미심장할 것이다. 사전 계획과 조직화의 징후를 보였고 상대적으로 폭약(건설 자재에 대한 규제가 느슨하기 때문에 중국에서는 쉽게 입수할 수 있다고 한다)을 갖추었지만, 동투르키스탄 이슬람당은 분명히 소화기를 거의 사용하지 않은 채 중화인민공화국 정부를 공격했다. 여기까지는 바런 사건에 대한 공식적인 기록에서도 알 수 있는데, 이 기록은 총격에 대해 거의 언급하지 않았다. 아마도 이들은 카슈가르와 다른 지역에서 자발적인 대규모 반란을 유도하기를 원했을 것이나 이러한 일은 일어나지 않았다. 또 다른 해석은 정부 관청 주변으로 모여들면서 시위가 시작되었고 교착 상태가 지속되고 나서야 비로소 폭력적으로 변했다고 넌지시 비치고 있다.[70]

중국의 자료들은 이 사건이 오로지 이슬람 신앙과 동투르키스탄 분리주의로부터 발생했다고 암시하면서도 바런 소요 사태의 원인이 되는 불만에 대해서는 침묵하고 있다. 다른 보고서들 및 바런 사건이 일어난 지 몇 달 후 카슈가르에서 필자가 직접 이야기를 나눈 바에 따르면, 근본적인 불만 중 하나는 산아 제한 정책을 소수 민족 가정에도 적용한 것(1988)이었다는 사실을 알 수 있다. 도시에 거주하는 위구르인들은 이제 법적으로는 아이를 2명만, 시골에 거주하는 사람들은 3명만 가지도록 제한되었다. 바런 사건이 있기 직전인 1990년 3월 말 호탄 인근 현에 있는 국가계획출산국에 누군가가 불을 질렀다.[71]

1991년과 1992년에는 또 다른 소규모 조직이 시민들을 대상으로 한 3건의 폭발 사건과 2건의 폭파 미수 사건을 일으켰다. 중국의 보도에 따르면 아블리미트 탈리프Ablimit Talip와 다른 몇 사람이 1991년 2월 28일 쿠차의 버스 터미널 비디오 라운지에 폭탄을 던져 한 명을 살해하고 13명에게 부상을 입혔다고 한다. 1년 후인 1992년 2월 5일에 이들은 춘절 기간 동안 우루무치의 공중 버스에서 2개의 폭탄을 터뜨렸다. 폭탄 하나는 버스가 승객을 다 내려놓은 종점에서 폭발하여 아무도 다치지 않았으나, 다른 폭탄으로 인해 3명이 죽고 15명이 다쳤다. 같은 날 당국은 시한폭탄이 우루무치 극장과 주거 지역에 설치되었으나 폭발하지 않았다고 보고했다. 이 공격의 공모자라고 의심되는 10명의 사람들이 1992년 후반에 체포되었는데, 2명은 체포 과정에서 살해되었다. 이 사건에서 유죄 판결을 받은 5명은 1995년 6월 처형당했다.[72] 2명이 사망하고 6명이 부상을 입은 1993년 6월 17일 농기구 회사 폭발과 부상자가 없었던 써만(色滿) 호텔 (혹은 옆 건물)의 한 동에서 발견된 폭탄을 비롯하여, 1992년 2월과 1993년 9월 사이 카슈가르에서는 서로 관련이 없는 다른 폭탄 테러들이 발생했다.[73]

소문에 의하면 1990년부터 1995년까지 공안들이 1831명을 체포하고 100명이 넘는 "분리주의 반혁명 조직과 불법 조직 및 반동 조직"을 검거했다고 한다.[74] 그러나 이처럼 중국의 안보를 위협하는 테러리스트와 분리주의자들이 많았음에도 불구하고, 1995년 7월이 되어서야 커다란 소요가 다시 발생했고 여기에는 호탄의 주민들이 연루되었다. 중국 당국은 당시 설교 중 시사 문제를 논의했다는 이유로 호탄 바이툴라Baytulla 모스크의 두 이맘을 체포했으며, 이들을 압둘 카윰Abdul Kayum이라는 젊고 카리스마 넘치는 이맘으로 대체했다. 카윰이 여성 권리의 신장을 옹호하기 위한 연설을 시작하자 그 역시 금지된 시사 문제를 제기했다는 이유로 체포되었다. 며칠 후인 7월 7일 군중들은 이맘의 소재에 대한 정보를 요구하며 당과 정부 청사 경내로 모여들었다. 대립은 격렬하게 변했고 정부는 다수의 경찰 기동대를 불렀는데, 이들은 시위자들을 경내에 가두고 최루가스를 사용했으며 이들 중 상당수를 체포하고 구타했다. 공식 보고서는 66명의 관리가 부상을 입었다고 했으나, 시위자들의 사상자 수에 대해서는 어떠한 수치도 제시하지 않았다.[75] 만약 이 사건에 대한 국제사면위원회의 보고가 정확하다면 압둘 카윰이 여성의 권리를 증진시켰다는 이유로 구류되었다는 것은—특히 위구르의 소요가 이슬람 근본주의에서 발생했다는 일반적인 가정에 비추어 볼 때—반어적이다.

또 다른 대규모 시위가 1995년 8월 14일 신장 북부의 쿨자에서 발생했다. 대략 700명에서 800명의 사람들이 경찰과 준군사 부대들이 바리케이드와 저격병, 무장 순찰로 대응하자 도심을 따라 행진했는데, 이 교착 상태는 결국 폭력 없이 해소되었다.[76]

이 시위와 2년 후 발생한 더욱 심각한 쿨자(이닝) 사건(아래의 내용을 참조하라)의 토대가 되었던 것은 쿨자 위구르인들 사이에서 유행했던 눈에 띄는 사회 운동과 이에 대한 국가의 반응이었다. 1994년을 기점으로 쿨자와 인근 마을의 위구르인들은 메슈레프mäshräp라고 알려진 일종의 사교 모임을 조직하기 시작했다. 한때 신장의 여러 지역에서 시행되었던 전통적인 메슈레프는 음악 연주, 희극, 암송 등을 포함하는 친목회를 지칭했다. 다시 부흥한 메슈레프는 남성들의 주된 사교 형태로 굳어져 버린 잦은 밤샘 음주 파티에 대한 일종의 대안으로서, 위구르의 젊은이들을 따라다니는 실직과 알코올 중독, 약물 남용이라는 산적한 위기에 대한 민중들의 대응이었다. 이슬람으로부터 영감을 얻어 개인의 행위에 엄격한 기준을 적용한 새로운 메슈레프 클럽은 음주를 다른 활동들로 대체했으며, 마지막 모임 이후 다시 술을 마신 젊은이에게는 익살스러운 의례적 처벌(물에 흠뻑 적시기와 가벼운 창피 주기)을 가했다. 인기가 높아지자 쿨자와 인근의 메슈레프들은 지역의 주류 판매점에 대한 불매 운동을 벌이는 데 성공했다. 이는 정부 당국의 관심을 끌게 되었고, 당국은 1995년 7월 메슈레프를 금지했다. 이는 공산당이 자신들의 권한 밖에 있는 대중 조직을 용인하지 않기 때문이다. 이에 당황하지 않고 메슈레프는 다시 한 번 젊은이들에게 그들의 에너지를 발산할 수 있는 건강한 배출구를 제공하기 위해 계속해서 도시 전체를 대상으로 하는 축구 대회를 조직했다. 그해 여름 대회가 열리기 며칠 전, 시는 운동장을 군사 훈련용으로 징발하여 대회를 취소시켰다. 이를 분명하게 하기 위해 군인들은 골대를 압수하고 경기장에 탱크를 세워 두었는데, 이러한 조치가 1995년 8월의 평화 시위를 촉발시켰다.[77]

1996년 전반기 동안 정부 또는 중국 이슬람 협회의 위구르인 간부에 대한 3건의 암살 혹은 암살 시도 사건이 있었다. 쿠차 현에 있는 자신의 집에서 3명의 가족과 함께 살해된 한 사람은 촌(村)과 진(鎭)에서 여러 개의 당의 직함을 가지고 있었으며, 제6차 전국인민대표대회에서 대표로 활동했다. 가장 악명 높은 암살 시도는 카슈가르에서 있었는데, 식칼을 든 3명의 사내가 이드 카 모스크에서 기도를 주재하기 위해 가고 있던 원로 이맘인 아롱한 하지Aronghan Haji와 그의 아들을 공격했다. 머리와 손, 등과 다리에 상처를 입은 채 살아남은 아롱한은 신장 정치협상회의 부주석이자 카슈가르 시구(地區) 이슬람 협회의 의장이었다. 또한 이 기간 동안 경찰은 신장 전역에서 위구르인 용의자들과 여섯 차례의 총격전을 벌였다.[78]

이러한 폭력 이외에도 1996년 신장에서는 분명히 상당한 대중적 소요가 있었다. 기록이 명확하지 않고 확인되지 않았으나, 외신은 이해 봄 당국의 억압이 더 강화되었을 뿐만 아니라 시위가 급증했다고 지적했다. 알마티로 망명한 위구르인 지도자 유숩베크 무흘리시Yusupbek Mukhlisi는 폭탄 테러를 자신이 주도했고, 신장에 지하 세포 네트워크가 운영되고 있으며, 1996년 충돌 당시 1만 8000명에 달하는 사람들이 체포되고 부상을 입었다고 단언하는 보도 자료를 발표했다. 그러나 무흘리시는 과장하는 경향이 있었고, 테러리즘에 관한 중화인민공화국의 백서는 그나 그의 조직에 대해 아무런 언급도 하지 않고 있다.[79]

아마도 1996년에 소요가 증가하게 된 것은 3가지의 주요한 정치 발전과 관련이 있을 것이다. 첫 번째는 중국 공산당 정치국 상임위원회가 3월 19일 신장에서의 불법적인 종교 활동과 외국의 영향력에 대해 경고한 비밀 지령(중국 공산당 7호 중앙 문건)을 발표한 것이었다.[80] 두 번째는 4월 26일 상하이 5개국Shanghai Five이라고 불리는 중국, 러시아, 카자흐스탄,

키르기스스탄, 타지키스탄[이후 우즈베키스탄이 포함, 확대되어 상하이협력 기구SCO(Shanghai Cooperation Organization)라고 알려지게 되었다]이 상호 긴장 완화와 안보 조약을 체결한 것이었다. 세 번째는 같은 달 말에 반범죄, 반 분리주의에 대한 첫 번째 '엄중 처벌' 캠페인을 공표한 것이었다(이는 이후 에 더 상세히 다룰 것이다). 많은 "테러리스트, 분리주의자 및 범죄 용의자 들"이 체포된 것—중화인민공화국의 자료는 처음에는 그 수를 1700명이 라고 제시했으나 나중에는 이를 '수천 명'으로 상향 조정했다—은 이 시 기에 분리주의 활동 또는 민족 소요가 증가한 결과라기보다는 체포 및 유 죄 판결의 신속함과 숫자에 정치적 가치를 둔 '엄중 처벌' 캠페인의 결과 일 것이다.[81]

　　신장의 최근 역사에서 (1979~1980년 악수에서 발생한 한족 '지식 청년' 수 천 명의 시위와 단식 투쟁 이래) 두 번째로 큰 규모의 시위이자 문화 대혁명 이래로 가장 격렬한 가두 폭력 투쟁이 1997년 2월 초 쿨자에서 발생했다. 이 사건에 대한 완전히 다른 기록들이 한편에서는 공식적인 중국 자료로 부터, 다른 한편에서는 외신과 인권 기구, 위구르 집단으로부터 흘러 나 왔다. 중화인민공화국의 최초 보고서는 이 사건이 발생했다는 것 자체를 부인한 이후, 이를 "약물 중독자와 약탈범 및 '사회 쓰레기들'이 벌인 구 타, 파괴, 약탈" 사건이라고 불렀다.[82] 1997년 12월의 자료는 수백 명에서 1000명 이상의 "폭도"와 소요 분자가 벌인 조직화된 폭동이라고 기술했다. 1999년 내부 연설에서 신장 당 서기인 왕러취안 역시 "2월 5일 일리에서 발생한 구타, 파괴, 약탈 소요 사건"을 언급했다. 2002년 테러리즘에 대한 중화인민공화국 백서는 한 걸음 더 나아가 이 사건을 "동투르키스탄 이슬 람당과 일부의 다른 테러리스트 조직들에 의해 저질러진…… 중대한 폭 동"이라고 했는데, 이 문건은 2월 5일부터 8일까지 테러리스트들이 이슬 람식 구호를 외치며 7명의 무고한 사람을 살해하고 200명에게 부상을 입

혔으며 30대의 차량을 파괴하고 2채의 가옥을 불태웠다고 주장했다.[83]

당연하게도 국제사면위원회와 중국 외부의 위구르 반체제 조직들의 보고는 중국 측 견해와는 여러 가지 측면에서 다르다. 이들 보고에 따르면 쿨자의 사람들은 1995년 메슈레프가 금지된 것(이 가운데 일부는 비밀리에 운영되었다)과 '엄중 처벌' 캠페인 기간 동안 발생한 체포의 물결—신앙심이 깊은 학생들과 일부의 이맘 및 메슈레프를 비롯한 '불법 조직'의 구성원들이 주된 표적이었다—로 인해 누적된 불만 때문에 2월 5일 거리로 나섰다고 한다. 국제사면위원회가 수집한 증언에 따르면 그해 초 쿨자에는 많은 경찰 병력이 있었다고 한다. 라마단 기간이었던 2월 초 어느 날 경찰이 신실한 2명의 위구르인 학생들을 체포하기 위해 모스크로 모여들었고, 모스크에 있는 다른 사람들이 개입하자 난투가 벌어졌다. 많은 사람들이 체포되었으며 당시 수백 명의 위구르인들이 이 체포와 억압이라고 생각한 다른 사례들에 항의하기 위해 며칠 후인 2월 5일 아침에 행진을 했다. 이들은 깃발을 들고 종교적인 슬로건을 외쳤다. 무장 경찰이 시위자들과 대치했는데, 일부의 시위자들은 경찰이 가한 총격에 맞거나 군중 앞의 지면에 발포된 탄환에 스쳐서 죽거나 부상을 입었다. 그날 오후 이전에 구류된 사람들의 가족과 친구를 포함한 더 많은 시위자들이 거리로 나왔다. 경찰은 이 마지막 물결을 곤봉과 최루가스로 해산시켰으며 또다시 많은 사람들을 구류했다. 국제사면위원회의 정보원들은 이 두 번째 시위에서 많은 아이들이 부상을 입었다고 말했다. 수천 명의 사람들이 증강된 경찰 및 군대 병력과 마주한 채 항의와 소요가 이후 며칠 동안 지속되었고 시골 지역으로 확산되었다. 폭도 중 일부는 경찰에 돌을 던지고 한족을 공격했으며 가게를 약탈하고 차량을 파괴했다. 신장 텔레비전에 방영된 비디오테이프에는 질서 정연한 행진의 모습과 돌을 던지는 청년들과 방패와 경찰봉을 든 경찰들 간의 충돌 모습 모두가 들어 있다. 비디오에 비친 중국 경찰 또는 군인은 기관총을 들고 있었다. 국제사면위원회는 공안들이 시위자들에게 발포를 했다는 비공식적인 주장을 인용했으나, 얼마나 많은 시위자들이 사망했는지에 대한 확실한 추산은 없었다. 2월 8일에 이르러 군인들은 질서를 회복하고 쿨자에 야간 통행 금지령을 내렸는데, 신장의 다른 지역과 연결되는 쿨자의 철도, 항공, 도로가 2주간 봉쇄되었다.[84]

최근에 발생한 가두 충돌 가운데 최악의 사건이 종료된 지 불과 17일 후 단일 규모로는 최악의 테러 사건이 신장에서 발생했다. 1997년 2월 25일 우루무치의 공중 버스에서 3개의 폭탄이 폭발하여 9명이 사망하고 28명이 부상을 입었다. 다른 두 대의 버스에 설치된 장치들은 폭발하지 않았다. 폭발 날짜는 정치적인 의도를 가지고 선택되었는데, 덩샤오핑을 기리는 공식 기념 행사가 그날 베이징에서 열렸다.[85] 이 무렵 언론의 보도는 일반적으로 우루무치의 버스 폭발과 3월 7일 베이징 중심부의 버스에서 발생한 폭발 사건을 연결시켰다. 이러한 주장이 후일 서방의 언론 보도와 학술 논문에 의해 계속해서 재생산되었지만, 신장 위구르 자치구의 주석인 압둘라하트 아브두리시트Abdulahat Abdurishit는 1997년 5월 베이징 폭탄 폭발 사건이 우루무치의 버스 폭발과 연관되어 있다거나 위구르 분리주의자에 의해 저질러졌다는 주장을 부인했으며, '동투르키스탄 테러리스트'에 관한 2002년 중화인민공화국 문건은 베이징 사건을 언급하지 않았다.[86]

국제사면위원회의 정보원들은 쿨자 폭동과 우루무치의 폭탄 폭발 사건 이후 몇 주 동안 그리고 수개월간 시설들의 심각한 과밀을 초래하기에 충분한 수천 건의 체포 및 격리 구금 사례가 있었음을 보도했다. 구타 및 구류 장소 외부에서 2월의 혹독한 날씨에 호스로 물을 뿌리고 다른 기술들을 사용하여 수감자들을 학대하거나 고문한 것으로 의심되는 여러 사건이 있었다. 1997년 2월의 사건들 이후 발생한 전 지역적인 일제 단속은 신장 전역에서 거의 삶의 일상적인 특징이 되었다. 치안은 7월 1일 홍콩이 중화인민공화국의 통치로 반환—신장에서 일종의 항의 내지는 폭력 행위가 수반될 것이라는 소문이 무성했던 사건—될 때까지 확실히 대단히 높은 상태로 유지되었다. 인권 기구들은 일제 소탕이 수백 건의 자의적인 체포로 귀착되었다고 주장했는데, '불법적인 종교 조직들'과 종교 학교 및 정치적 반대자들이 주된 목표였다. 1999년 4월까지 적어도 190건의 사형 집행이 많은 경우 법적 절차를 대강 거친 후 이루어졌다. 우루무치에서 2월 버스 폭발 사건으로 기소된 위구르인 남성 8명의 경우, 국제사면위원회는 신화통신의 보도를 토대로 "1심 법원의 양형 심리와 항소, 재심 과정과 사형 집행의 전 과정이 1997년 5월 16일과 29일 사이 13일 이내에 이루어졌다"고 추산했다. 유죄 판결 이후 종종 공개 재판이 뒤이어 일어났는데, 1997년 4월에는 작은 무리의 구경꾼들—중화인민공화국 자료들은 이들이 수감자들을 구출하려고 했다고 주장했다—이 이러한 집회 이후 행진하는 수감자들에게 다가가려고 하자 쿨자 주민과 경찰 사이에 또 다른 충돌이 발생했다. 군중들을 향해 발포한 경호원들로 인해 더 많은 사람들이 살해당했다.[87]

국가의 대응: 국제적 측면

신장에서의 일제 단속은 21세기까지 지속되었다. 한 가지 측면에서 볼 때 이는 성공적이었는데, 1997년과 2005년 사이에 신장에서는 더 이상 대규모의 정치적 폭력 행위가 발생하지 않았으며 이와 관련하여 큰 시위도 없었다. 테러리즘에 대한 백서는 경제적 목적을 지닌 태업뿐만 아니라 1997년 2월과 2002년 1월 사이에 발생한 위구르인 간부 12명의 죽음과 경찰관의 사망에 대해서도 언급하고 있다. 중국의 자료는 이 기간 동안 공안들이 계속해서 테러리스트 세포들과 불법 조직들을 분쇄하고 무기 공장을 발견했을 뿐만 아니라 중앙아시아로부터 무기를 밀수하려는 시도를 저지했다고 주장했다. 중국 측 관심의 주된 초점은 따라서 중국의 국경 너머로 이동했다.

1990년대 위구르 분리주의자라는 문제가 '국제화'된 데에는 몇 가지 방식이 있었다. 중국의 자료들은 신장의 분리주의자 뒤에 숨어 있는 '외국의 세력'에 대해 오래도록 경고를 해 왔는데, 그들은 특히 위구르 망명자 집단과 특히 터키와 독일에서 활동 중인 (국민당 입법원의 전임 신장 구성원) 이사 유수프 알프테킨과 그의 아들 에르켄Erken의 활동을 지적했다. 중화인민공화국은 또한 간접적으로, 때로는 직접적으로 미국이 분리주의자들을 후원하고 있다고 비난했다. 일례로, 1989년 8월 신장을 시찰했을 당시 공안부 부장 왕팡(王芳)은 "(신장에서) (분리주의자라는) 불안정의 근본적인 원인은 미국과 다른 국가들이 우리의 조국을 분열시키고 전복하려고 한다는 데 있다"라고 발표했다.[88] 그들의 오랜 역사적 기억을 감안해 볼 때, 왜 중국의 지도자들이 미국이 현대 중국으로부터 청대의 취득물을 떼어 내는 데 열중하고 있다고 생각하는지를 이해할 수 있을 것이다. 즉, 그들은 타이완에 대한 미국의 성실한 지원과 중앙정보부가 캄파Khampa족 게릴라들을 티베트에 침투시켰던 사실, 그리고 미 중앙정보부 요원 더글러스 매키어넌이 오스만 바투르와 그 휘하의 카자흐족들이 중화인민공화국의 신장 점령에 맞서 무장 투쟁을 시작하기 직전인 1949년 오스만을 만났던 사실을 기억하는 것이다(5장 참조).

그러나 신장의 개방성이 높아지면서 이 지역의 인권에 대한 국제적 관심이 고조되는 것이 중국 정부에게는 더욱 직접적인 관심사였다. 국제사면위원회와 인권감시단Human Rights Watch, 미국 국무부의 인권 보고서는 모두 신장에서의 일제 단속을 기록하기 시작했다. 1990년대부터 위구르족의 인권 문제와 더불어 신장의 분리주의라는 문제는 국제적인 차원으로 확대되었다.

이러한 정치적인 문제들 이외에도 현실적인 안보 위협이 신장의 외부에서 일어나고 있었다. 실제 세부 사항과 그 규모가 불분명하기는 하나 위구르인 집단들은 해외에서 정치 조직과 일부 군사 훈련에 참여하고 있었다. 중국 측 자료는 1994년까지 신장 남부에 비밀 훈련 캠프가 있었으며, 이것이 이후 중국의 압박으로 인해 해외로 이전했다고 주장한다. 1990년대에는 이따금씩 일종의 무기 훈련이 카자흐스탄과 키르기스스탄, 아프가니스탄에서 계속되었던 것처럼 보인다. 중국은 또한 파키스탄에서의 위구르인들의 활동에 대해서도 우려했다.[89]

이러한 위협들에 대한 중국의 반응은 새로운 외교적 과제였는데, 중국은 높아지고 있는 경제적인 영향력과 함께 중앙아시아에서 크게 그 영향력을 신장하고 있었다. 1996년 중국, 러시아, 카자흐스탄, 키르기스스탄, 타지키스탄을 대표하는 관리들이 상하이에서 모여 구소련 시기부터 지속된 국경 분쟁을 해결하고 상호 안보 문제를 다루며 경제 협력을 촉진하기 위한 느슨한 연합체인 '상하이 5개국'의 형성을 발표했다. 국경 문제는 재빠르게 해결되었고, 또한 이 지역에서의 이슬람 과격주의에 대한 높아지는 우려와 아마도 아프가니스탄 탈레반 정권의 영향으로 인해 안보가 가장 중요한 의제로 부상했다. 1999년 타슈켄트에서는 우즈베키스탄의 대통령인 이슬람 카리모프Islam Karimov를 노린 일련의 폭탄 공격이 있었으며, 2001년에는 중국과 직접 국경을 접하고 있지는 않지만 우즈베키스탄도 여기에 가입했다. 이 연합체는 그 뒤 상하이협력기구로 이름을 바꾸었다. 이후 상하이협력기구는 한때 소련의 지배 아래 있었던 발트 해 국가들을 포괄하려는 나토(NATO, 북대서양조약기구)의 확장을 적극적으로 지지한 미국의 영향력에 상징적인 정치적 평형추 역할을 하는 한편, 주로 군사 협조와 반테러 노력에 전념했다. 장쩌민 주석은 상하이협력기구를 단도직입적으로 '상하이 조약'이라고 불렀는데, 이 명칭은 냉전 시기 유럽의 나토에 맞서는 소련의 대항마였던 바르샤바 조약을 의식적으로 모방한 것처럼 보인다.

상하이협력기구의 후원 아래 중국은 비슈케크에 연합 반테러리즘 센터를 설립하는 한편 키르기스스탄에 군사 원조를 제공했으며 회원국들과 합동 군사 훈련을 실시했다. 다변적 안보 기구로서 상하이협력기구는 중국의 초기 대외 정책으로부터는 벗어나 있었으나, 중국의 관심을 중앙아시아로 돌리는 데 성공했으며 마침내는 러시아의 영향력까지도 희생시켜 이 지역에서 중국의 영향력을 강화시켰다. 이제 이 기구는 좀 더 광범위한 지역적, 심지어는 국제적인 중요성을 가지게 된 것처럼 보인다. 몽골은 이 기구에서 입회국 자격을 받았으며, 2005년에는 인도, 파키스탄 그리고 이란이 각기 회원국 자격을 얻고자 했다. 미국은 2005년까지는 여전히 이 기구와 직접적으로 관계를 가지지 않았으나 계속해서 이를 주목하고 있었다. 따라서 이 기구는 대다수의 중국 국영 농장의 사업체들과 함께, 당대 이래 파미르 고원 너머의 중앙아시아에서 중국의 세력이 가장 크게 확장되었다는 것을 나타냈다. 그러나 상하이협력기구에서 중국의 첫 번째 목표는 중앙아시아로 중국의 세력을 진출시키는 것이 아니라 해외에 있는 위구르인 반체제 인사들과 잠재적인 투사들을 처리하는 것이었다.[90]

중국 정부의 관점에서 볼 때, 이 기구는 이 임무를 멋지게 성공시켰다. 회원국들은 중앙아시아 신흥 국가들의 지도자에게 선택지를 제공했는데, 일부의 시사 문제 해설자들은 이를 '위구르 카드의 활용'이라고 불렀다. 중앙아시아의 정부들은 중화인민공화국과의 우호적인 관계와 안보 협조 및 원조, 그리고 카자흐스탄의 경우에는 많은 이윤이 남는 석유 무역에 대한 보답으로 자신들의 국가에서 위구르인들의 활동 범위를 크게 제약했다. 카자흐스탄과 키르기스스탄에서 지속되어 온 위구르인들의 군사 훈련은 1990년대 중반에 이르러서는 분명히 종료되었고, 중앙아시아의 국가들 역시 오랫동안 거주해 온 위구르 시민과 최근의 이주자 및 일시 체류자 모두로부터 정치적 집회와 공정한 법률 절차에 대한 권리를 박탈했다. 1990년대 중반부터 카자흐스탄과 키르기스스탄은 중국 정부의 요청에 따라 위구르인 용의자들을 중국으로 송환하기 시작했다. 2000년대 초반에 이르러서는 위구르 '문화 협회'만이 중앙아시아 국가들에서 합법적으로, 그것도 정부의 세심한 감독 아래에서 활동할 수 있었고 위구르 정치 조직은 금지되었다. 간단히 말해, 구소련 시기 동안 소련 정부는 소련 내에 있는 위구르인들에 대한 어느 정도의 지원과 공식적인 호의가 정치적으로 이익이 된다고 판단한 반면, 소련 해체 이후 카자흐스탄과 키르기스스탄, 우즈베키스탄 정부는 새로운 이해관계에 따랐다.

파키스탄이 이 기구의 회원국은 아니지만, 중국은 1990년대에 파키스탄 정부에게 위구르 상인들이 운영하는 시장을 폐쇄하고 종교 학교에서 위구르 학생들을 쫓아내도록 압력을 가할 수 있었다. 불행하게도 이 학생들은 파키스탄 마드라사를 졸업한 학생들을 따라 아프가니스탄으로 갔으며, 그곳에서 일부의 학생들은(일부 보도에서는 수백 명, 중국 측 주장에 따르면 2000~3000명) 결국 탈레반의 병사가 되었다. 위구르인들이 군사 훈련을 받지 않을 것이라는 다짐을 받기 위해 주 파키스탄 중국 대사 루슈린 (陸樹林)은 2000년 12월 칸다하르Kandahar에서 탈레반의 지도자인 물라 무함마드 오마르Mullah Muhammad Omar를 만났다. 무함마드 오마르는 군사 훈련을 받지 않을 것이라고 보장하는 대신 아프가니스탄의 탈레반 정권에 대한 국제 연합의 제재에 중국이 반대해 줄 것을 원했으나, 아프리카의 미국 대사관에 대한 1998년 알카에다의 폭탄 테러에서 기인한 이 제재 조치를 막는 것을 중국이 그다지 내켜 하지 않았기 때문에 중국-아프가니스탄 회담은 어떠한 성과도 내지 못했다. 위구르인들 중 일부는 탈레반과 연합하여 아프간 북부 동맹군Afghan Northern Alliance에 맞서 싸웠으며, 다른 사람들은 소문에 의하면 알카에다와 연계된 조직인 우즈베키스탄 이슬람 운동Islamic Movement of Uzbekistan에 가담했다고 한다.[91]

워싱턴과 뉴욕에 대한 알카에다의 9·11 공격은 신장에서의 반테러리즘 정책과 중국의 새로운 외교 위상의 기저를 이루고 있던 근본적인 토대를 바꾸어 버렸다. 미국의 대응은 중국에게 딜레마를 제공했는데, 9·11 이후 처음 몇 주 동안 중국은 새로운 상황을 신중하게 고려했다. 미국이 주도하는 아프가니스탄에서의 전쟁이 한편으로는 탈레반을 제거하고 아마도 아프가니스탄에서 위구르인들을 훈련하는 캠프들을 폐쇄할 것이지만, 이는 또한 미군을 정확히 중국의 배후에 배치시킬 것이었다. 사실상 아프가니스탄 침공을 준비하는 과정에서 미국은 상하이협력기구를 철저히 무시하고 중국의 입장에서는 전략적인 재앙인, 기지와 착륙에 대한 권리를 향후 무제한 연장하는 개별 조약을 중앙아시아 국가들과 체결했다. (2006년까지 미군은 우즈베키스탄 정부의 요청에 따라 우즈베키스탄 기지를 떠나야 했으며, 키르기스스탄으로부터도 떠나 달라는 정부의 압력에 직면했다.)

결국 9·11에 대응하는 과정에서 중국의 지도자들은 자신들이 가진 위구르 카드를 활용했으며, 이를 신장의 분리주의에 대한 중화인민공화국의 공식적이고도 널리 알려진 입장을 뒤집기 위한 기회로 이용했다. 분리주의 운동으로 인해 신장에서 고조된 긴장에 대한 중화인민공화국의 초기 접근 방법은 당이 제공한 삶의 개선에 감사하며 환하게 미소 짓는 소수 민족들의 이야기와 이미지를 만들어 내는 한편, 대부분의 정보를 은폐하고 눈에 보이지 않는 '외세'의 후원을 받은 소규모의 사악한 분리주의자 핵심 집단들만을 비난함으로써 이 긴장을 최소화하는 것이었다. 1990년대 말 신장 당국은 신장에서의 폭력을 더욱 공개적으로 논의하기 시작했다. 일례로, 1999년 3월 신장 위구르 자치구 주석 압둘라하트 아브두리시트는 1990년대에 수천 건의 폭발과 암살 및 여타의 사건들이 있었다고 주장했다.[92] 그러나 2000년대 초반 간부들은 발언을 자제했는데, 이는 아마도 공개적인 발언이 서부 대개발 캠페인 하에서의 신장의 발전에 미칠 영향력을 우려했기 때문인 것처럼 보인다. 따라서 2001년 9월 2일 우루무치 무역 박람회에 참여한 중국과 외국 기업의 대표자들을 맞이하면서 신장 당 서기 왕러취안은 압둘라하트 아브두리시트와 함께 신장의 상황이 "역사상 그 어느 때보다도 좋다"고 밝혔다. 그들은 분리주의를 언급하는 한편, "사회는 안정되고 사람들은 평화롭고 만족스럽게 살아가며 일하고 있다"고 강조했다. 왕러취안은 신장에서는 밤의 유흥이 새벽 2시에서 3시까지 지속된다고 열변을 토했다. (그러나 신장의 간부들은 시계를 베이징 시간에 맞추어 놓기 때문에 실제로는 밤 12시 혹은 1시에 해당한다.)[93]

이로부터 9일 후 발생한 9·11 공격과 미국의 반응은 신장의 분리주의에 대한 수사학적인 접근법의 수정을 요구했다. 2001년 말에 이르러서는 새로운 패러다임이 명확해졌는데, 이는 2002년 1월 말 중화인민공화국 국무원 브리핑실이 배포한 "'동투르키스탄' 테러리스트 세력들은 처벌을 면하기 힘들다('東突恐怖勢力難脫罪責)"라는 제목의 문건에 잘 정리되어 있다. 이 문서는 '동투르키스탄'이라는 개념의 이데올로기적 기원을 "중국을 분할하려는 의도를 가진 옛 식민주의자들"의 음모에서 찾으면서 중국의 신장 지배에 대한 저항의 역사를 개관하고 있다. 그러고 나서 1990년대의 폭력적 행위를 목록으로 만들고 신장의 내부와 외부에서 활동하는 몇몇 집단의 일람표를 만들었는데, 이 문서의 표현 방식은 신장 분리주의에 관한 중화인민공화국의 국제적 위상에서 생겨난 2가지 변화를 대변한다. 첫째, 그것은 분명하게 현재 "'동투르키스탄' 테러리스트"라고 불리는 것과 국제적인 이슬람 테러리즘을 연결시켰으며, 또한 오사마 빈 라덴Osama bin Laden과 알카에다를 수차례에 걸쳐 언급했다. '동투르키스탄'과 '테러리즘' 모두 신장의 분리주의에 대한 초기 문서에서 일반적으로 사용되던 용어는 아니었다. 1996년부터 1999년까지의 당 내부 문건에서는 '민족분리주의자(民族分裂主義分子)'와 '적'이라는 용어가 표준이었으며, '테러리스트' 혹은 '테러리즘'이라는 용어는 보이지 않았다.[94] '동투르키스탄'이라는 명칭은 신중하게 검증된 역사적인 맥락을 제외하고는 금기시되었는데, 2002년 이후에야 공식적인 자료들이 이를 그대로 인용하여 사용하기 시작했다. 둘째, 이 문건은 ("'동투르키스탄' 세력들"과 같은) 일반 명사들을 자주 사용함으로써 문건에 나열되어 있는 1990년대 200건의 테러리스트 활동과 162명의 사망 모두가 단일하고 통합된 테러리스트 조직의 소행이라는 뉘앙스를 암시하지만, 이 문서를 자세히 읽을 경우 그렇지 않다는 사실을 알 수 있다.[95]

국제 언론 내에도 어느 정도 회의적인 시각이 있기는 했지만, 신장의 테러리스트 문제에 대한 문건들은 간단하면서도 극적인, 즉 알카에다와 연결되어 있는 단일한 위구르 테러리스트 조직이 중국과 미국 모두에 대항하고 있다는 이야기를 만들어 냈다. 2002년 8월 베이징의 미국 대사관에서 미 국무부 대변인이 동투르키스탄 이슬람 운동East Turkestan Islamic Movement(ETIM)을 알카에다와 연결된 그리고 미국의 이익을 위협하는 국제 테러리스트 조직으로 미국이 지정했다고 공표함으로써 미국 정부는 부주의하게도 이러한 인상을 강화시켜 버렸다. 동투르키스탄 이슬람 운동은 2002년 중국이 발표한 문건에 이름을 올린 조직 중 하나였으나 그 문건에서는 특정 폭력 행위의 원흉으로 지목되지는 않았다. 익명의 미국 정부 측 정보원은 미국이 이를 지목한 것은 아프가니스탄에서 미군에게 사로잡힌 위구르인 수감자들을 관타나모에서 심문한 결과에 근거한 것이라고 밝혔다. 이 정보에 따르면 이 조직이 키르기스스탄의 미국 대사관을 폭파하려고 계획했다고 한다. 그러나 이처럼 중국 측 주장을 독자적으로 확인했음에도 불구하고 미국의 대변인은 공개 성명에서 중화인민공화국이 발행한 2002년 문건의 표현을 그대로 차용했으며, 특히 동투르키스탄 이슬람 운동이 1990년대 발생한 200건의 테러 행위와 162명의 사망 및 440명의 부상에 책임이 있다고 비난했다. 중화인민공화국의 문건 자체는 이들이 알카에다와 연관되어 있다고 강조하기는 했지만, 이를 신장의 특정한 사건과 연관시켜서 언급하지는 않았다. 미국의 관리들이 개인적으로 대변인의 실수를 인정하기는 했지만 국무부는 이를 공개적으로 정정하지 않았으며, 미국의 성명에 뒤이은 중화인민공화국의 언론 보도들은 미국이 동투르키스탄 운동을 전면적으로 테러리스트 조직으로 명시했다고 공표함으로써 미국의 실수를 이용했다.[96]

1990년대에 신장에서 발생한 정치적 폭력 행위의 기록을 더욱 신중하게 평가한 문건은 이 문제와 관련하여 단일한 조직을 비난하지 않았음은 물론이거니와 통일된 움직임이 있었다고 기술하지도 않았다. 오히려 위의 조사에서 알 수 있듯 10년 동안 일련의 사건과 공격이 있었는데, 이들 중 일부는 지위, 직업 혹은 민족에 상관없이 무작위로 사람들을 공격했다는 점에서 분명히 테러였으나 그 밖의 것들은 무작위가 아니었으며 도리어 신중하게 목표를 정한 정치적 살인이었고, 나머지는 계획된 공격이라기보다는 폭력적으로 변한 항의의 성격이었다. 2000년대에는 어떠한 위구르 조직도 공개적으로 신장 혹은 중앙아시아에서의 군사적 혹은 폭력적 행위를 인정하지 않았다.[97] 결국, 제한된 정보를 토대로 판단하는 것이 어렵기는 하지만 신장에서의 폭력은 1997년부터 2005년까지 점차 줄어든 것처럼 보인다.[98]

국가의 대응: 국내 정책의 변화

새로운 국제 환경과 1990년부터 신장의 소요에 대한 중화인민공화국의 대응의 다른 측면은 비한족 집단, 특히 위구르인들과 관련된 국내 정책과 대중들의 태도에서 일어난 광범위한 변화였다. 이러한 변화는 몇 가지 측면에서 1940년대, 1950년대 후반~1970년대, 그리고 1980년대 초반에 보였던 정책의 변화와 비견될 만한데, 이는 앞서 언급한 한족의 신장 이주 외에도 종교, 교육, 문화적 표현 및 신장 정부와 당 간부들의 민족 구성에 대한 공식 정책의 개혁 또는 재해석을 포괄했다. 따라서 이러한 변화는 1950년대 이래로 정착된 민족 체제의 근간을 재고하도록 만들었으며, 이는 이 체제가 의지하는 자치 및 민족과 같은 주요 용어들의 미묘하지만 불길한 재정의를 수반했다. 문화 대혁명 시기의 위구르 문화에 대한 배타적 공격보다는 훨씬 덜 극단적이지만 이와 같은 변화의 전반적인 목표는 1980년대 초반의 다양성에 대한 상대적인 관대함과 관용을 완전히 뒤집어 버리는 통합주의적이고 심지어는 동화주의적인 것이었다.

이 새로운 경향에 대한 암시는 1996년 최초의 '엄중 처벌' 캠페인이 시작되기 한 달 전에 중국 공산당 중앙위원회에서 발간한 문건에서 분명히 드러난다. '7호 문건'이라고 알려진 이것은 현재 "미국에 의해 주도된 국제적인 반혁명 세력"들이 원조하는 "민족 분리주의" 및 "불법적인 종교 활동"이라고 불리는 것으로부터 오는 위협에 직면하여, 신장의 안보에 대해 정치국 상임위원회가 제시한 일련의 제안을 포함하고 있다. 이 문제들을 전형적인 "극소수의 민족 분리주의자와 범죄자들"에게 전가하기는 했으나, 그럼에도 불구하고 대개 시급한 문제로서 신장의 종교에 초점을 맞추었다. 또한 이 문건은 모스크 건설과 신앙심이 깊은 학생들, 특히 말단 지부 수준의 간부와 당의 구성원 및 학생들의 종교적 신념과 행동을 엄중히 통제할 것을 주장했다. 이 문건은 "종교적 세력의 손아귀에 떨어진 촌락 단위의 조직들"을 언급했으며, "공산당원과 간부들은 마르크스주의 유물론자이며 따라서 종교를 믿어서도 종교 활동을 해서도 안 된다"고 경고했다. 중국 헌법 특유의 용어에 따르면, 시민들은 2가지의 종교의 자유—종교를 믿을 권리와 믿지 않을 권리—를 가지고 있다. 1990년대 당의 선전 활동은 당의 구성원들과 학생들은 오직 하나의 자유, 즉 종교를 믿지 않을 자유만을 향유할 수 있다는 전체주의적인 입장을 밝혔다. 이는 종교가 사회생활의 중요한 부분인 중국의 일부 지역에서 당 무신론에 대한 규정을 유연하게 해석할 수 있도록 한 1982년의 정책을 뒤집은 것이었다(6장 참조).[99]

당이 촌락의 간부들을 의심했다는 사실은 이 문건의 또 다른 제안을 통해 한층 확실해졌다. 조국의 단결에 헌신하는 소수 민족 간부를 더 많이 훈련시키는 것 이외에 "간부 구조를 개선하기 위해" 인민해방군과 병단 출신의 "당 간부와 군인들"을 현과 향 단위에 배치시키라고, 다시 말해 신장의 하부 단위에서 한족 간부의 비율을 높이라고 명했다. 마찬가지로 "신장을 사랑하는 많은 수의 한족 간부를" 훈련시키고 "이들을 신장에 재배치시키라고" 권고했는데, 실제로 이는 "지속적으로 인재를 신장으로 유입하는" 정책을 수립한 것이었다. 이러한 권고는 1980년대에 이미 내부적으로 인정되었던 문제인 신장의 교육받은 한족 간부들과 기술자들의 두뇌 유출에 대한 대응이었다. 1980년부터 1990년까지 거의 1만 명의 간부들—이들의 93퍼센트가 한족이었다—이 신장을 떠나 더욱 편안한 삶과 안전, 더 나은 보수 및 자녀들을 위한 더 나은 교육을 기대할 수 있는 동부로 갔다.[100]

7호 문건은 또한 신장의 교육에 대한 당의 우려를 표현했다. 문맹을 퇴치하기 위해 1950년대부터 소수 민족 정책은 자치구에서 주요 비한족 언어로 교육하는 것을 승인했고 심지어는 장려했다. 신장에서 위구르어 교육은 초등학교부터 대학 과정까지 가능했다. 그러나 "학교를 조사하고 조직하라는" 7호 문건의 지령과 "민족 분리주의를 조장하고 종교적 사고를 선전하는" 교사 및 교과서에 대한 경고들은 당의 지도자들 스스로가 위구르어 교육 체제에 대한 충분한 통제력을 가지고 있지 못하다고 느꼈음을 보여 준다. 이 문건은 또한 대외 문화 교류와 방문 외국 교사들에 의한 교습을 엄중히 제한하라고 명령했으며, 위구르인 학생이 해외에서 공부하는 것을 허가할 때 심지어 자비로 공부할 경우에도 태도와 정치적 배경을 최우선으로 고려하도록 했다. 신장을 실크로드와 유라시아의 새로운 육교의 중추로서 장려하는 동안에도, 정부가 신장의 청년들에게 외국과의 접촉 및 교육적 교류를 제한했다는 사실은 반어적이다.

'엄중 처벌' 캠페인 아래 범죄자들과 분리주의 집단들을 체포하기 위한 노력을 강화하는 것에 더해, 1996년의 7호 문건은 1990년대 신장 소수민족들 사이의 문화 영역에 대한 전면적인 통제를 집대성했다. 이러한 통제는 종교와 교육 문제에서 특히 명백했다. 종교적 인물과 교사들은 "애국적인 재교육" 과정과 당 공작조의 감시를 거쳤으며, 정부는 성지 순례를 떠나는 사람들에게 교부하는 허가증의 수를 제한했다. 예배를 관할하는 새로운 규정이 제정되었음을 보여 주는 기록이 남아 있는데, 기도 시간을 알릴 때 확성기를 사용할 수 없었으며 오전 9시 이전의 기도는 금지되었고, 기도는 모스크 안쪽에 알맞은 수의 사람들로만 제한되어 예배자들이 축일 기도 시간에 모스크 외부의 광장까지 넘쳐나는 전통적인 관습은 금지되었다. 미성년자들이 종교 활동에 참여하는 것을 금지하는 규제들은 (중국의 다른 지역에서는 그렇지 않았지만) 신장에서는 엄격하게 시행되었는데, 18세 이하의 출입을 금지한다는 것을 알리는 간판이 신장 모스크들의 출입구 위에 등장했다. 대학생들은 기도와 라마단 기간 동안 금식하거나 여성의 경우 머리 스카프를 착용하는 것이 공산주의와 모순되며 이러한

관습들을 지속한다면 추방될 것이라는 이야기를 들었다.[101]

정부는 또한 신장의 역사를 더욱 정력적으로 규제하기 시작했다. 공공 캠페인에서 비판을 받고 1991년 가택 연금을 당한 투르군 알마스Turghun Almas의 역사 관련 저작들을 금지하면서 1990년대가 시작되었다. 더 관용적이었던 1980년대에 출판된 알마스의 저작들은 한 왕조가 최초의 식민지를 건설하기 이전의 고대 신장에 위구르인들을 배치한 역사관을 제의한 것으로 유명했는데, 이는 신장과 위구르인들을 중국 역사의 일부로 포함시켜 자신들이 신장의 토착민이라는 위구르인들의 주장을 부인하는 공식적인 역사 해석과 배치되는 것이었다. 알마스와 다른 위구르 학자들 및 역사 소설가들의 작품과 사상이 계속해서 은밀하게 유통되는 동안, 국가의 후원을 받은 중요 역사 편찬 사업이 1990년대 전반에 걸쳐 신장의 근본적인 중국성Chineseness에 대한 공식 노선을 선전하는 새로운 교육적, 대중적, 학술적인 역사 저작들의 흐름을 만들어 냈다.[102] 정부는 『카슈가르 일보(喀什日報)』가 330권의 금서 목록을 공표한 2002년 봄 상징적으로 역사에 대한 단속을 더욱 강화하겠다는 의도를 내비추었다. 이 금서 목록에는 투르군 알마스의 작품뿐만 아니라 수년 전 정부의 승인을 얻어 출판된 위구르 장인 기술에 관한 것을 포함한 다른 많은 출판물이 포함되었다. 수천 권의 금지된 저작이 카슈가르에서 수거되어 공개적으로 불태워졌다.[103]

관광지조차도 역사적 메시지의 강화를 반영했는데, 카슈가르에는 1세기에 자신을 연회로 초대한 왕을 살해하고 이 도시를 정복한 한의 장군 반초(1장 참조)를 기념하는 비가 세워졌다. 투루판에서는 수공타(蘇公塔, 술레이만 모스크)의 외관이 변화되었다. 건륭제는 18세기 청의 신장 정복에 토착 지배자인 아민 호자가 협력한 것을 기념하기 위해 우아한 사만조 스타일의 첨탑과 모스크를 건설했다. 모스크는 한때 포도덩굴로 덮인 정자들과 진흙 벽돌로 지은 집들 사이에 있는 작은 언덕 위에 있었는데, 2004년에 이르러 커다란 주차장과 정원이 더해졌고 관광객들은 아민 호자의 커다란 최신식 동상을 지나서 모스크에 다가갈 수 있었다. 중국 황제의 칙령을 받고 있는 그의 손과 눈은 간청하는 자세로 위를 향하고 있었다. 1990년대와 2000년대 위구르인 학생들과 관광 가이드들은 자신들이 느꼈던, 의구심을 가지고 있기는 했지만 공식적인 역사관에 순응하라는 압력에 대해 자주 이야기했다.

2000년대 초반 신장의 문화 정책에서 잠재적으로 가장 중요한 변화는 모든 학생의 중국어 숙련도와 식자 수준을 높이기 위한 다언어 교육 체제의 개혁이었다. (신장에서 시행되고 있던) 소수 민족 우대 정책과 마찬가지로 중국어 이외의 언어(신장에서는 위구르어, 소규모로는 카자흐어, 몽골어, 시버어, 키르기스어, 러시아어가 포함됨)를 이용한 교육은 중국어를 사용하지 않는 학생들에게 이점을 제공하기는 하지만 딜레마를 야기했다. 조기 중국어 몰입 교육을 시행하지 않았다는 것은 논란의 여지가 있기는 하지만 초등학교에 다니는 비한족 학생들에 도움을 주고 민족 문화를 진흥했던 반면, 이후 신장 혹은 중국의 다른 지역에서 고등교육 기관에 진학하고 전문직을 추구하기를 원하는 학생들에게는 불리하게 작용했다.[104] 이 지역의 최고 대학인 신장 대학은 오래도록 두 부류—중국어와 위구르어를 각기 이용한 교습—의 교수진을 유지했다. 2002년 정부는 이듬해부터 위구르 문학을 제외한 모든 수업이 중국어로 이루어져야 한다고 명령했으며, 위구르어로 강의를 하는 데 익숙해진 교수들에게는 표준어를 다시 공부하기 위해 1년의 시간이 주어졌다. 비슷한 시기에는 하미(쿠물)의 위구르어 학교들이 중국어를 사용하는 학교들과 병합되었다고 보도되었다. 해외에 있는 위구르인 집단들은 이러한 개혁을 위구르어를 말살하기 위한 시도로 소개했으며, 당시 신장 당 서기 왕러취안의 발언은 확실히 중국어 이외의 언어들에 대한 경멸적인 태도를 나타냈다. 그는 소수 민족의 자질을 함양하기 위해서는 중국어 교육으로 변화하는 것이 필요하다고 밝혔다. 그는 이에 대한 이유로 "소수 민족들의 언어는 수용 능력이 대단히 작고 근대 과학과 기술에 관한 표현들을 제대로 나타낼 수 없어서 이 분야에 대한 교육은 할 수 없기 때문에 결국 21세기의 사회와 보조를 맞출 수 없다"는 점을 들었다.[105] 사실상, 19세기 후반부터 20세기 중반까지 러시아로부터 차용한 과학 용어들을 위구르어와 다른 투르크계 언어에 도입함으로써 이 언어들 내에도 영어와—따라서 국제적인 과학 용어와—대단히 유사한 라틴 문자로 된 기술 용어들이 존재하게 되었다.

그럼에도 불구하고 중국어에 대한 탄탄한 지식은 중화인민공화국의 모든 시민에게 중요했으며, 중국에서 발행한 공식 보고서는 신장 교육 개혁의 목표가 반체제 인사들이 주장하는 것처럼 위구르어를 없애는 것이 아니라 저학년 시기부터 중국어를 자주 사용함으로써 위구르어를 이용한 초등학교 교습 체제를 두 가지 언어를 사용하는 교육 체제로 전환하는 것이라고 주장했다. 명망 있는 국가 공무원직을 가진 한 위구르인 교수는 교육 개혁이 자신의 자녀에게 영향을 미친다고 설명했다. 그녀의 설명에 따르면 새로운 제도는 결국 위구르어 하나만을 이용하는 교습을 중국어와 위구르어 두 가지 언어를 이용하는 교습으로 대체한 것으로, 이는 두 가지 언어를 사용하는 미국의 학교들과 유사한 것으로 그녀에게는 긍정적인 발전이었다고 한다. 이 목표를 위해 2004년 신장 당국은 두 개 언어를 사용하는 5만 5000명의 교사를 양성하겠다는 계획을 발표했다.[106] 그 동기와 범위가 무엇이건 간에 이러한 교육 개혁은 신장에 있는 다수의 비한족들이 중국어를 거의 이해하지 못했던 20세기 후반부터 변화를 예고했다.

따라서 개발 프로젝트와 마찬가지로 공식적인 역사 편찬과 교육 개혁의 목적은 신장을 중국의 다른 지역들과 더욱 밀접하게 통합하는 것이었다. 실제로, 21세기 초에 이르러 중국의 지도자들과 이데올로기 연구자들이 반세기 이전에 시행된 비한족과 그 지역에 대한 정책들에 점차 불안감을 느꼈다고 믿을 만한 증거가 있다. 6장에서 논의했듯이 제도가 1950년대 처음 시작되었을 당시 55개의 공식 '소수 민족'을 인정하고 이 민족들이 집중되어 있는 지역에 있는 향, 지구(地區), 주 및 구에 '자치' 단위를 만들었다. 국가의 문화 기구들은 소수 민족 언어로 된 언어학·문학·역사 관련 출판물들을 편찬하고 예술학교와 유사 기관에서 소수 민족의 고유한 음악과 무곡 형식을 집대성하고 진흥함으로써 각 소수 민족에 대한 정의를 강화했다.

1950년대에 이 체제는 동화주의적인 국민당보다 공산당이 소수 민족 문제에 더욱 호의적이라고 묘사함으로써 선전 목적을 수행했다. 소수 민족 거주지를 제멋대로 개편하고 실제적인 권력은 당 간부의 손아귀에 둠으로써 신장 위구르 자치구가 중앙의 지령으로부터 멀리 벗어나지 못하도록 했다. 그럼에도 불구하고 '민족 자치'라는 유용한 모호함은 신장을 비한족 문화의 공간으로 규정했으며, 때때로는, 특히 1950년대 초 혹은 1980년대 초에, 중앙 정책을 유연하게 시행하는 것과 '배타적 한족주의'에 저항하는 비한족들을 공식적으로 후원하는 것까지도 정당화했다.

중앙아시아의 공화국들을 소비에트 연방으로부터 탈퇴하도록 이끈 것이 민족주의 그 자체는 아니었지만, 소련은 스탈린이 정의 내린 바로 그 민족 경계를 따라 분열되었다. 중국의 헌법은 소련과 달리 중국의 '소수 민족 자치구'에 분리권을 부여하지 않았다. 그럼에도 불구하고, 50여 년간 중화인민공화국의 소수 민족 정책은 이어 붙인 중국 민족 구조의 갈라진 틈을 지우기보다는 오히려 부각시켰다. 1999년 코소보에 인권과 무슬림 소수 민족의 자결이라는 명분으로 미국이 주도하는 나토가 개입한 것은 신장의 불안정성이라는 전략적 함의를 우려하던 중국의 지도자들에게 오싹함을 느끼게 했다. 2000년 중국변강사지연구센터(中國邊疆史地研究中心)의 주임이자 신장에 대해 많은 글을 쓰는 마다정(馬大正)은 자치라는 개념에 대한 흥미로운 재해석으로 소수 민족 정책에 대한 중국 내부의 논쟁에 대응했다. 그는 소수 민족 정책 혹은 신장의 자치 시행에 대한 논의가 일어날 때마다 많은 사람들, 특히 소수 민족 동지들이 대표성이라는 문제, 즉 비한족들이 신장 전체 인구에서 차지하는 비율에 비해 한족보다 관직을 적게 차지하고 있다는 사실을 즉시 제기한다고 기술했다. 이러한 비율에 대한 논의는 신장에서 오래된 문제인데, 마다정이 이를 언급하지는 않지만 이 문제는 실제로 1940년대의 국민당 통치기까지 거슬러 올라간다. 신장 지도부의 '토착화'는 1950년대에 약속되었으며, 비평가들은 1980년대 초, 즉 문화 대혁명 이후의 개혁 시기 동안 다시 이 문제를 제기했다.[107] 그러나 마다정은 '민족 지역 자치'라는 문구가 단일 민족의 손아귀에 있는 지배권으로 이해되어서는 안 되며, 오히려 지역 내 모든 민족에 의한 공동 통치(區域內民族共治)로서 이해되어야 한다고 주장했다. 또한 단일 민족에 의한 자치는 이와 같은 공동 통치로 가는 길에 있는 하나의 단계에 불과하며, 신장과 같이 민족 구성이 다양한 지역에서 자신의 집단에만 배타적으로 초점을 맞추는 것은 과도하고 불화를 일으킬 뿐이다. 따라서 대단히 합리적인 것처럼 들리기는 하지만, 마다정의 주장은 50년에 걸친 민족 이론의 전제를 뒤집어 버리는 것이었다.[108]

마다정은 자신의 주장을 개인적인 의견으로 제시했으며 이것이 지도부에 어떠한 영향을 미쳤는지는 불분명하다. 그러나 2000년대 초 당의 이론가들은 이미 이와 동일한 방향으로 민족 체제의 기본적인 개념들을 수정하고 있었다. 이를 보여 주는 징후 중 하나가 공식적 영역에서 '민족'이라는 용어를 영어로 번역하는 과정에서 생겨난 변화였는데, 스탈린식 민족 이론과 정책을 반영하는 'nationality'라는 기존의 번역 대신 중화인민 공화국의 공식적인 자료들은 'ethnic'이라는 용어를 채택했다. 일례로 'Nationalities Affairs Commission'*는 'Ethnic Affairs Commission'이 되었으며, 2005년 2월 발표된 백서는 '중국 소수 민족을 위한 지역 자치 Regional Autonomy for Ethnic Minorities in China'라는 제목을 달고 있었다.[109] 이처럼 사장된 스탈린식 민족 정책으로부터 이탈함으로써 중국은 일거에 이데올로기적으로 성가신 '다국적 국가multi-national state'로부터 미국과 같은 '다민족 국가multi-ethnic state'로 변모했다. 본래의 중국어 용어가 변하지 않은 채로 남아 있기는 했으나, 새로운 영어 번역은 사실상 위구르인과 티베트인 및 다른 민족들을 (영어에서는 자결권과 아마도 국민 국가를 암시하는) '국민'의 지위로부터 민족 (그리고 국가에 포함된sub-national) 집단의 지위로 격하시켜 버렸다. 1990년대 폭력 사건의 여파 속에서 자치와 민족에 대한 재해석은 카슈가르로의 철로 확장만큼이나 명백히 신장에 대한 중화인민공화국의 통합주의적 접근법을 잘 보여 준다.

민족 간의 관계와 미묘한 불화

1990년대의 간헐적인 폭력 사건들이 2000년대에 이르러서는 차차 감소하는 것처럼 보였으나 각 민족들, 특히 위구르족과 한족 사이의 개인적 관계들은, 거의 드물기는 하지만 그런 관계가 있다고 하더라도, 1990년대 초기보다 더욱 긴장된 상태였다. 이러한 긴장은 공공연한 항의 혹은 억압 행위보다는 일상적인 방식으로 더욱 자주 발생했으나, 그럼에도 불구하고 쉽게 알아차릴 수 있었다.

민족 간의 결코 조화롭지 못한 관계를 보여 주는 징후들은 1990년대에

---

* 민족사무위원회.

서 2000년대에 이미 분명히 드러났다. 신장의 많은 한족들, 특히 최근에 신장에 온 사람들은 종종 위구르 및 다른 소수 민족들에 대해 두렵고도 경멸적인 또는 정형화된 이미지를 가지고 있었으며, 이러한 견해들을 공개적으로 표출하는 것에 대해 거리낌이 없었다. 일례로, 외국인 여행객들은 위구르인들이 칼을 소지하고 있으며 부주의한 사람들로부터 금품을 강탈한다는 주의를 듣고 동시에 위구르인들이 '노래와 춤에 능하다'는 사실을 알게 되었다. 1990년 텐츠(天池, 텡그리 쾰Tengri köl)를 방문했을 때 필자는 카메라를 향해 달려던 카자흐 아이들의 사진을 찍었는데, 이는 한 무리의 한족 관광객들을 깜짝 놀라게 했다. 그들은 "당신은 왜 이 아이들의 사진을 찍는 거죠? 애들은 카자흐족 아이들이에요"라고 말했다. 또 다른 여행에서 나는 한족 버스 운전기사가 10대 카자흐족 아이를 고용한─우루무치까지 무료로 버스를 타는 것에 대한 대가로 보였다─버스를 탔다. 카자흐족 아이가 운전사를 돕다가 작은 실수를 하자 한 한족 대학생은 자신의 친구들과 다른 승객들을 대신해 눈을 뒤룩거리더니 크게 "카자흐족!"이라고 투덜거렸다.

언어상의 차이로 인해 민족 간의 갈등은 많은 경우 교육 분야에서 분명히 드러나는데, 신장 대학 부속 중국어 과정 초등학교에서 1학년을 담당하는 한 한족 교사는 신학년 자신의 학생의 반이 소수 민족이라는 것을 알게 되자 실망감을 표시했다. "그 아이들은 그들만의 학급이 있어요. 왜 그들이 그리로 갈 수 없죠?"라고 그녀는 말했다.[110] 비방은 의식되지 않은 상태에서도 일어났는데, 나는 한족이 선의를 가지고 전문직의 위구르인에 대해 "위구르인치고는 중국어를 잘한다"고 칭찬하는 것을 들었다. 그럼에도 불구하고 의도되었건 그렇지 않건 간에, 이와 같은 발언들은─그리고 그 사례들은 몇 배나 더 많다─신장의 소수 민족과 관련된 한족의 보편적인 편견을 보여 준다. 이러한 편견은 신장의 소수 민족들을 한족보다 낮은 점수로 대학에 입학시키는 정부의 정책과 관행—한족들은 이에 큰 불만을 가지고 있었다—그리고 중앙 정부가 빈곤하고 낙후된 신장에 지급하는 수혜를 강조하는, 발전이라는 수사학에 의해 강화되었다. 1950 년대에 선전 기관들은 주기적으로 한족을 '큰형' 민족, 소수 민족은 '동생' 민족이라고 불렀다.[111] 이러한 용어들이 더 이상 공개적으로 사용되고 있지는 않지만, 그 용어들의 젠체하는 메시지는 여전히 앞서 인용한 장쩌민과 카자흐족 목동 사이의 대화에서처럼 사적이고 공식적인 담론 속에 스며들어 있다. 중국어 교육이 "소수 민족의 자질을 함양하고" 이들이 "21 세기의 사회와 보조를 맞출" 수 있도록 하기 위해 필요하다는 왕러취안의 최근 발언도 유사한 예이다.[112]

실질적인 권력을 한족 당 서기의 손아귀에 남겨 둔 '자치' 제도와 위구르인 거주자보다 한족 이주민을 더 이롭게 하는 것처럼 보이는 빠른 경제 발전, 정치 조직과 유사한 것이나 정부 비판에 대한 끊임없는 단속, 종교에 대한 국가 규제의 심화, 중국 중심적 역사 서술의 강력한 강제, 정부와 사법 체계가 한족에게 유리하다는 보편적인 의식, 한족 이웃들에 널리 퍼진 배타주의에 직면하여 위구르인들은 다양한 방식으로 대응해 왔다. 앞서 상세히 소개한 공개적인 항의는 상대적으로 드물어졌으며 일상적인 저항이나 이의 제기와 같은 조용한 형태가 더욱 일반적이 되었다. 예를 들어, 필자는 위구르인 정보원으로부터 한족들은 계산적이며 더럽고 문란하다—한족들이 돼지와 함께 살고 주변 여기저기에 쓰레기를 뿌리는 것을 좋아한다—는 이야기를 들었다. 위구르인들은 개인적으로는 한족을 수 세기나 된 용어인 '키타이'라고 부른다. 이 용어는 본래 거란족을 지칭하는 것으로, 이는 중국을 지칭하는 러시아어 단어와 유럽어 '카타이 Cathay'라는 단어의 어원이자 오늘날 중앙아시아의 투르크계 언어에서 중국을 지칭하는 표준 용어이다. 그럼에도 불구하고 중국 당국은 이를 경멸적인 것이라고 인식하고 금지해 버렸는데, 위구르인 학생들 사이에서는 이 용어가 계속해서 사용되었다. 1990년대 말 호탄의 상황을 조사하면서 '안정 공작조'는 이 지역 3772권의 저학년 교과서에서 마오쩌둥의 초상화가 찢겨져 나간 사실—문자 그대로 분리주의적 행위이다!—을 발견했다. 한 학생의 설명이 더욱 가관이었는데, 마오쩌둥이 키타이의 우두머리이므로 그는 4년 동안 줄곧 해 온 것처럼 새 교과서에서 그 사진을 찢어냈다는 것이었다.[113] 이 위구르 학생에게 마오쩌둥 주석은 그저 한 명의 중국인일 뿐이었다.

홍콩 출신의 한 학자는 신장의 한족-위구르족 관계의 상태를 정량화하려는 시도를 해 왔다. 위구르인 응답자들이 민감한 문제에 대해 솔직하게 대답하는 것을 내켜 하지 않았음에도 불구하고, 2000년 우루무치에서 거의 400명의 한족과 위구르족을 대상으로 한 그의 조사는 두 공동체 사이에 대단히 깊은 골이 있음을 밝혀냈다. 표본에 있는 위구르인 중 절반이 중국어를 능숙하게 구사했음에도 불구하고 단지 32퍼센트만이 한족과 위구르족이 결혼할 수 있다고 생각했다. (사실 두 집단 간의 실제 통혼율은 이보다 훨씬 낮았으며 한족과 위구르족이 교제하는 경우도 극히 드물었다.)[114] 더 많은 비율의 위구르인 응답자들이 중국 시민이라는 것(88퍼센트)보다는 위구르인이라는 것(91퍼센트)과 신장의 주민이라는 사실(95퍼센트)에 자부심을 느낀다고 대답했으며, 위구르인들 중 겨우 43퍼센트(반면 한족은 72퍼센트)만이 신장이 고대부터 중국의 일부였다는 사실을 "강하게 믿는다"고 답변했다. 한족과 위구르족 응답자의 절반이 개혁개방이 두 집단 모두의 삶의 질을 "거의 같게" 향상시켰다는 사실에는 동의했지만, 거의 40퍼센트에 달하는 위구르인들이 자신들의 삶의 질은 한족보다 더 느리게 향상되고 있다고 믿었으며, 과반수의 위구르인들은 한족과 위구르족 사이에 심각한 소득 불균형이 있다고 생각했다. 중화인민공화국 선전 활동의 주안점에 대해 53퍼센트의 위구르인들은 민족 분리주의가 "신장 안보의 위협"이라는 데 동의하지 않았거나 그 여부를 "판단하기 힘들다"고 생각했다. 당연히 한족 응답자의 81퍼센트는 이 주장에 동의했다. 마지막으로 각 공동체의 상당히 높은 비율의 사람들이 자신들의 민족 집단이 상대보다 더 영리하고 청결하다고 믿었다.[115]

신장에서 연구를 하고 있는 다른 학자들은 대안 역사와 정치적 농담, 통속어, 우의적인 노래들을 통해 위구르인들이 불만을 표출하는 다양한 방식을 밝혀내기 위해 당대의 위구르 문화를 살펴보았다. 1990년대 신장에서 유행하던 한 농담에서 장쩌민은 [1989년 5~6월 톈안먼(天安門) 광장에서 학생들을 지지했다는 이유로 실각한] 자오즈양을 만났다. 장쩌민은 부주석 자리를 제공하여 자오즈양을 복권시키겠다고 제안했는데, 자오즈양은 화를 내며 "나는 위구르인이 아니오!"라고 고함을 질렀다. 이 농담은 '신장 위구르 자치구'에서 위구르인들이 최고위직을 차지하지 못하고 2인자의 자리만을 채웠을 뿐이라는 잘 알려진 사실을 비꼰 것이다.[116]

위구르인 가수들은 검열을 피하여 강력한 정치적 성명을 내기 위해 신중하게 노래 안에서 은유를 선택했다. 일례로, 위구르 민요 가수인 오메르잔 알림Ömärjan Alim은 너무 오래 머물러 폐를 끼치고 있는 손님과 번식력 있는 암탉이 살기 위해 밖에서 아등바등하고 있는 동안 닭장을 차지해 곡식을 먹고 있는 불임인 닭에 대해 노래했다. 이 노래에 대한 다양한 해석이 가능한데, 한 해석에 따르면 출산에 대해 엄격한 제약을 받고 있는 한족들이 다산이 가능한 위구르족들을 몰아낸 불임인 닭이라고 한다. 이러한 노래들은 싼 값에 복제된 카세트테이프를 통해 널리 유통되어 큰 인기를 누렸다. 일부의 은폐된 정치적 표현들은 한족이나 정부가 아니라 위구르인들 자신과 위구르 문화의 일부 측면을 비판했다. 예를 들어, "도끼자루는 언제나 나무로 만들어진다"는 속담은 신장에서 중화인민공화국의

통치가 언제나 위구르인 지원 인력에 의존하고 있다는 사실을 은밀하게 지적했다.[117]

신장에서 개인이 누릴 수 있는 사적 독립에 대한 아마도 가장 간단하면서도 보편적인 주장에는 자신의 시계를 베이징 표준시보다 2시간 느린 신장 시간에 맞출 수 있다는 것이 포함된다. 광대한 동서의 길이에도 불구하고 중국에는 오직 하나의 시간대만이 있는데, 이는 중국의 황제가 역법과 연대기적 문제에 관한 의례적 권위를 가지고 있었던 제국 시대를 모방한 것이었다. 신장의 관계(官界)와 대부분의 한족들은 중국 전역과 마찬가지로 베이징 시간을 따른다. 그러나 이 지역의 비한족 주민들은 공식적인 통일성에도 불구하고 사실상 신장 시간을 고수한다. 이는 저항 행위이기도 하지만 그렇게 함으로써 신장의 주민들이 (8시 혹은 9시가 아니라) 아침 6시 혹은 7시에 일어나 (오후 2시~4시가 아닌) 정오경 점심(취실뤼크 타마크chüshlük tamaq, 정오 식사)을 먹을 수 있었기 때문에 어쩌면 편익 중 하나일 수도 있다.[118]

21세기 초의 중국령 투르키스탄

세계화의 상징으로서 패스트푸드 체인은 이제 진부하고 식상한 것이 되어 버렸다. 그럼에도 불구하고 세계의 새로운 지역에 이들이 진출했다는 것은 세계화의 전조라기보다는 이 지역이 이미 세계와 얼마나 통합되었는지를 보여 주는 지표로서 주목할 만하다. 우루무치에 있는 켄터키프라이드치킨[KFC, 컨더지(肯德基)/켄타키Kentakiy] 매장은 신장 최초의 국제적인 패스트푸드 체인점이다. 이곳의 모회사인 윰 브랜드Yum Brands는 신장에 깃발을 꽂기 전에, 허가, 수요 및 공급, 노동력 관리, 회계 표준, 품질 관리

등과 같은 문제 모두를 만족스럽게 해결해야 했다. 이러한 전제 조건 외에도 이 매장의 출현은 여전히 지역 단위에서의 다른 변화들을 나타냈다. 신식 대바자르 쇼핑센터—켄터키프라이드치킨은 이곳의 주요 입점자였다—은 최근까지 위구르인 지구의 핵심이자 도시의 상업 중심지였으며 점심 식사를 위해 사람들이 즐겨 찾는 장소였던 구식 얼다오차오(二導橋) 바자르를 대체했다. 활기차기는 하지만 얼다오차오 바자르는 소란스럽고 어수선하며 비상구가 없어 화재 시 위험한 건물이기도 했다.

우루무치의 '켄터키화'는 21세기 초 신장에 대한 중요한 사실—세계 그리고 중국과의 통합은 유사하면서도 대부분 빠져나올 수 없는 과정이다—을 강조한다. 좋건 나쁘건 간에 21세기 초 신장은 두 가지 모두가 한창 진행되고 있었다.

이번 장에서는 여전히 진행 중인 여러 사건과 21세기 초에 이르는 10년간의 경향을 요약하려고 했다. 이는 어떤 의미에서는 카슈가르를 향해 질주하는 기차를 철로 옆에 바짝 붙어서 스케치하려는 것과 같을 것이다.

그러나 이 그림의 전반적인 윤곽은 충분히 뚜렷하다. 어떠한 측면에서 1980년대 이래 신장의 변화는 중화인민공화국 시기에 이미 규정된 방향을 따른 것이며, 심지어 일부의 변화는 18세기와 19세기 동안 청에 의해 도입된 것이기도 하다. 그러나 변화의 속도는 가속되었다. 이 지역에 대한 통치가 중앙 정부로부터 계속해서 값비싼 보조금을 요구하기는 했지만, 신장의 경제는 확장되어 왔다. 지역의 인구는 주로 이주를 통해 빠르게 성장했는데, 과거의 강제적인 이주와는 달리 최근의 이주는 자발적인 것이었다. 신장의 자원 개발은 토지가 개간되고 수로를 통해 용수가 공급되면서 그리고 석유와 가스가 추출되면서 어느 때보다 빠른 속도로 진행되고 있다.

우루무치의 얼다오차오 바자르에서 양의 허파와 내장을 파는 노점상
사진: J. Millward, 1990

몇 가지 점에서 1990년대와 2000년대에 이루어진 많은 발전은 새로운 것이었다. 첫째, 신장의 환경 수용력은 그 한계에 도달했을 수도 있다. 이용 가능한 용수의 효율적인 사용이 어느 정도의 생태학적 복원과 더 이상의 성장을 가능하게 해 줄 수 있고 이용되지 않은 대수층에는 여전히 화석수가 있을 수도 있지만, 이 지역의 발전은 지난 50년과 같은 방종한 방식으로는 지속될 수 없다. 신장의 주민들은 빙하라는 수원이 사라지고 있기 때문에 용수의 급격한 공급 감소에 잘 대처해야 할 것이다.

둘째, 현재 신장에 대한 중국의 지배력은 이전 어느 시기보다 더욱 공고하다. 소련의 소멸과 러시아의 영향력 축소로 인해, 중앙아시아에서 한때 정치적, 경제적 이익을 위해 신장의 문제에 손을 대려고 했고 그럴 능력이 있었던 제국의 오랜 경쟁자가 사라졌다. 중앙아시아에 있는 새로운 미국 기지들에도 불구하고 신장에서부터 파미르 고원 저편까지 새로운 대척점은 없다. 사실 중국은 중앙아시아 전역에서 부상하고 있는 경제·외교적 지도자이다. 중국의 송유관은 카자흐스탄까지 뻗어 있고, 중국산 제품은 중앙아시아의 바자르를 채우고 있으며, 알마티의 인터넷 카페에 있는 컴퓨터에서는 중국어 소프트웨어를 찾아볼 수도 있다.

셋째, 국제적 환경의 변화와 함께 중국에서 신장이 차지하는 위상과 신장, 그리고 세계는 변해 왔다. 역사적으로 오랜 기간 동안 신장은 막다른 골목보다는 교차로였던 경우가 더욱 많았다. 지난 1000년의 후반기 대부분 동안, 특히 중소 관계가 수십 년간 얼어붙은 기간 동안 이 지역은 상대적으로 동떨어져 있었지만 지금은 더 이상 변두리가 아니다. 소련의 붕괴는 중국의 입안가들에게 사회 기반 시설 투자를 통한 신장과 중국의 통합 강화에 대해 청신호를 보냈다. 개혁 정책과 개선된 교통망은 마찬가지로 외국과 더욱 손쉽게 접촉할 수 있도록 이 지역을 개방했다. 더욱이, 이러한 접촉은 교역에만 국한된 것은 아니었다. 신장 내부로 유입되고 외부로 유출되는 정보의 흐름을 감시하고 통제하려는 정부의 노력에도 불구하고, 이 지역의 사람들은 중앙아시아와 세계의 어딘가에 있는 사람들과 점점 더 활발하게 의사소통을 하고 있다. 국외로 추방당한 반체제 인사들과 국제적 대중 매체, 인권 단체들은 신장으로부터 정기적인 보고들을 받고 이를 출판했다. 이들 정보원이 제공한 쿨자 사태와 같은 사건에 대한 정보로 공식적인 중화인민공화국의 입장에 이의를 제기할 수 있었다.

이 시기 중국의 통치에 대해 일부 비한족 집단이 가지고 있는 적대심과 저항은 그 자체로서는 전혀 새로운 것이 아니다. 그러나 이에 대한 공식적인 접근법은 몇몇 참신한 발전을 보여 주었다. 중국의 선전 활동이 주장하고 이에 대해 미국이 암묵적으로 동의하고 있듯이, 위구르 분리주의가 테러리즘적인 방법 및 급진적인 이슬람 의제를 채택하고 있는 조직들과 어느 정도나 연결되어 있는지는 앞으로 두고 볼 일이다. 그러나 신

장에서 일제 단속이 일어난 반면 중국의 다른 지역에서는 표현의 자유가
어느 정도 신장된 것처럼, 신장을 '전 세계적 테러와의 전쟁'의 전장이라
고 새로이 표현한 것은 중화인민공화국의 기존 관행에서 벗어난 것이었
다. 마찬가지로 21세기 초 중국의 지도자들은 1950년대 초 중국 공산당이
세웠던 민족 자치 제도에서 이탈하는 것처럼 보였다. 이러한 '자치'가 언
제나 면밀히 보호받았던 것은 아니지만, 2000년대 초 당은 비한족 집단과
소수 민족이 인구의 반 이상을 점하고 있는 중화인민공화국 내 지역들에
부여한 특별한 지위의 기초가 되는 자신들의 이전 이론과 전제를 의심하
는 것처럼 보였다. 따라서 새로운 세기의 시작점에서 신장은 중국과 세계
모두에서 새로운 위치를 차지하게 되었다.

결론

줄타기

❖❖

지난 4000년 동안 많은 민족이 신장의 오아시스와 초원 및 산악 지대에 거주했거나 이곳들을 지나갔으며, 유명한 민족 중 일부는 이 책의 페이지를 스쳐 지나갔다. 저명한 신장의 인사들의 명부는 기원전 2000년경 미라가 된 '누란의 미녀'—한 바구니의 곡물과 함께 매장된, 가축을 돌보던 여성—로부터 시작될 것이다. 여기에는 또한 청 황제와의 결혼이 민족 화합과 국민 저항을 상징하게 되었던 향비(香妃) 혹은 이파르한Iparhan이라고 알려진 후대의 미인이 포함될 수도 있다.

신장과 그 너머에서 신앙을 번역하고 전파하고 널리 여행한 법현, 쿠마라지바, 현장, 자말 앗 딘, 이스하크 왈리 호자, 아파크 호자와 같은 종교 지도자들과 마찬가지로 모험가들인 장건과 마르코 폴로, 벤투 데 고에스도 우리의 명단을 수놓는다. 무명이기는 하지만 유형의 제품을 교역한 수많은 상인, 특히 잘 알려지지는 않았지만 중앙아시아와 중국 북부의 문화에 깊은 흔적을 남겼으며 곳곳에 존재했던 소그드 상인들에게도 찬사를 보내야 할 것이다.

1세기에 승리를 거둔 한의 장군 이광리와 반초는 당대의 고선지와 청대의 만주인 조혜(兆惠)와 같은 후대의 정복자와 마찬가지로, 장거리 원정으로 인해 목록에 포함될 것이다. 엘리트들과 주민들이 여타의 민족적·종교적 공동체를 형성하고 있던 타림 분지의 농경 도시들을 지배하기 위해, 민족적으로 복잡한 유목 부족 연합체를 동원했던 투르크의 칸과 위구르의 이디쿠트, 카라한조의 카간, 카라 키타이의 구르칸, 차가타이가 및 오이라트의 칸 역시 목록에 오를 것이다.

일부의 지도자들은 통치를 위해 종교를 동원하기도 했는데, 고대 타림 분지의 군주들은 번영을 구가하는 소승 불교와 대승 불교 도시 국가들을 지배했으며, 중세의 위구르 엘리트들은 마니교와 불교, 네스토리우스 기독교를 후원했고, 카라한조의 사투크 부그라 칸과 몽골의 투글루크 티무르는 많은 신하들을 데리고 이슬람교로 개종한 것으로 유명하다.

이 지역의 학자들 중에는 카라한조의 투르크 군주를 계몽하기 위하여 이란-이슬람의 전통을 참고한 저작을 쓴 유수프 하스 하지브와 마찬가지로, 마흐무드 카슈가리가 (셀주크 투르크 치하의 바그다드에서 집필한) 투르크어-아랍어 사전으로 인해 눈에 띈다. 타타퉁아 및 쿠르구즈와 같은 중세 코초 위구르의 지식 계층은 나이만과 몽골의 왕자들을 교육하고 몽골 제국에 효율적인 문자를 제공하면서 교사나 행정가로서 도시의 세련됨을 궁정에 빌려 주었다. 훨씬 뒤, 사업가이자 자본가인 무사바요프 형제는 신장에서 근대적 교육 운동을 시작하기 위해 제정 러시아령 중앙아시아와 오스만 제국 및 유럽으로부터 모델을 차용했다. 이 학교에서 가르친 새로운 사상들은 사산된 카슈가르의 동투르키스탄 공화국의 창시자를 비롯한 신장의 민족주의자 일부에게 영감을 주었다. 10년 후 아흐메트잔 카시미는 북부 신장의 투르크족 국가가 소련과 국민당, 중국 공산당 사이에서 위태롭게 그리고 일시적으로 균형을 잡도록 사회주의를 이용했다.

이러한 인물들은 신장 자체만큼이나 문화적으로 복잡하다. 이들은 여행을 통해 멀리 떨어진 여러 곳들과 사회들을 연결시키거나, 다양한 혈통, 사상, 신앙, 충성심과 언어를 자신들 내부에 융합시켰다. 그들은 이 지역 역사의 특징을 이루는 매개성betweenness, 조우 그리고 중첩을 체현했다. 신장은 유목민과 농민이, 중앙아시아와 페르시아, 투르크, 중국의 언어와 문화가, 러시아/소련과 청/중화인민공화국의 영역이, 불교와 이슬람교, 공산주의 지배 이데올로기가 접촉하는 공간이었다. 이러한 접촉은 때로는 격렬했으며, 때로는 상호 적용이라는 특징을 지니고 있었다.

필자는 결론으로서 신장의 오랜 역사에 대한 개관을 현재의 세 인물에 대한 소개로 마무리하려 한다. 이 저명한 중국령 투르키스탄인들 각각은 앞서 나열한 역사적 인물들과 유사한 특징들을 지니고 있지만, 21세기에 이들의 행동과 명성의 범위는 전임자들을 능가한다. 21세기 초 신장은 단순히 실크로드의 간선들 사이에 또는 중국과 이슬람 혹은 러시아 사이에 놓여 있지 않다. 이 지역은 세계와 연결되어 있으며, 확대된 문화·경제·정치적 관계는 그들의 모국어가 무엇이든 간에 신장 주민들의 삶을 형성하고 있다.

'모든 위구르인의 어머니': 라비예 카디르[1]

패션 디자이너, 사업가, 자수성가한 백만장자, 전국인민대표대회 전 일원, 무슬림, 박애주의자, 마약 퇴치 운동가, 유명한 양심수, 망명자이자 두 번 결혼하여 11명의 아이들을 둔 어머니인 라비예 카디르Rabiyä Qadir는 결코 평범한 여성이 아니다.

라비예[2]는 1970년대 초반 신장 남부의 악수에서 은밀히 옷을 꿰매고 팔면서 사업 경력을 초라하게 시작했는데, 당시에는 이러한 사업이 불법이었다. 그녀는 체포되어 비판을 받자 집에서 빨랫감을 받아 세탁일을 했으나, 곧 다시 사업에 뛰어들었고 이번에는 토끼와 양가죽 모자를 팔았다. 문화 대혁명 이후 라비예는 중국 동부의 성들로 사업 여행을 떠났고, 그곳에서 그녀는 중국의 빈약한 유통 체계를 십분 활용하여 실크 스카프와 셔츠, 카세트플레이어를 구매하여 이를 신장으로 몰래 가지고 들어와 되팔려고 했다. 당국은 그녀를 체포하고 물품을 몰수했으며 몇 배나 되는 벌금을 부과했으나, 그녀는 광둥에서 국수를 팔아 1980년대 초 우루무치에서 청과물 가게와 작은 음식점을 열기에 충분한 종잣돈을 벌었다. 그녀는 요식업으로 우루무치의 한 지역에 140개의 노점이 있는 시장을 건설할 수 있을 정도의 돈을 벌었는데, 이곳에서 그녀는 수입품, 즉 당시 위구르 여성들에게 대단히 인기가 있었던 쑤저우(蘇州)산 담수 진주를 팔았으며 다른 상인들에게도 장소를 임대해 주었다. 이때부터 그녀의 사업은 급속히 번창했고 그녀는 우루무치의 명소가 된 7층짜리 백화점을 건설했다. 그녀는 또한 문학 교수이자 비평가인 시디크 루지(로지)Sidiq Ruzi(Rozi)와 재혼을 했는데, 그녀는 그가 정부를 교묘히 비판하는 글을 출판했다는 이유로 수감되어 있던 동안 그에게 적극적으로 구애했다. 시디크는 지식인이었고 그녀는 단 5년 동안의 교육을 받았고 6명의 자녀를 가진 상인이었지만, 그는 그녀의 마음씨에 매료되었다.

신장과 중앙아시아의 국경이 다시 열리고 소련이 붕괴되었을 당시, 라비예는 새로운 무역 기회를 활용하기에 이상적인 위치에 있었다. 그녀는 사업을 서쪽으로 확대하고 자신이 경험했던 것에 주의하면서, 19세기 후반과 20세기 초 위구르 상인들과 사업가들의 행로를 따랐다. 그녀는 카자흐스탄에 가죽 공장을 설립했으며 우루무치에는 새 가게를 열었다.

이 시기 많은 위구르인들은 이 지역의 바자르에서 팔기 위해 소량의 중국 제품을 카자흐스탄과 키르기스스탄으로 운반하며 국경 무역에 종사하고 있었다. 국경 무역 상인보다 더 고도로 자본화된 라비예는 자신도 이익을 얻으면서 이들의 환전 문제를 해결해 줄 수 있었다. 중앙아시아의 통화들은 중국의 위안화로 즉시 태환되지 않았다. 탐욕스러운 국경 수비대를 지나 국경을 넘어 중국으로 달러를 가지고 오는 것은 불법이었고 위험했다. 라비예와 다른 대상인들은 수익을 본국으로 보내기 위한 또 다른 방법을 개발했는데, 그들은 소상인들 다수의 이윤을 하나로 모아 원자재에 대한 수요가 큰 중국에서 팔 철강과 면화, 구리를 대규모로 매입했다 (1993년에 그녀는 1만 3000톤의 철강을 수입했다). 중국에서 수입한 물품을 매각하자마자 그녀는 곧 위구르인 국경 상인들에게 위안화로 다시 돈을 지불했다.[3]

라비예는 우루무치에서 2개의 백화점을, 그리고 이곳저곳에서 다른 사업을 운영하면서 중앙아시아 전역과 터키, 심지어는 영국에서도 사업을 전개했다. 그녀는 백만장자가 되었으며 소수 민족에 대한 덩샤오핑의 개혁을 선전하는 상징으로서 중국 언론의 중국어판, 위구르어판, 영어판에 등장했다. 그녀는 공산당에 소속되지 않은 개인과 단체의 모임인 전국인민대표대회의 구성원이 되었다. 1994년 9월 그녀는 『월스트리트 저널 *Wall Street Journal*』 1면에 등장했으며, 이듬해 빌 게이츠Bill Gates와 워런 버핏 Warren Buffet이 중국을 여행하는 동안 이들과 만났다. 라비예는 국제 연합이 후원하는 베이징 주재 국제여성회의International Women's Conference의 대표로도 일했다. 그녀는 또한 자선 사업에도 참여했으며, 재정적 어려움에 처한 평범한 위구르인들을 잘 만나 주고 기꺼이 도와주었다는 이유로 위구르인들 사이에서 민족적 영웅이 되었다. 라비예는 "우리 민족이 직업을 찾을 수 없다"는 이유로, 실직한 농부들을 백화점에 있는 그녀의 사무실에 고용했다. 또한 그녀는 사회적 문제, 특히 약물과 알코올 남용에 점점 더 관심을 가지게 되었다. 이러한 문제들은 가까이에서도 충분히 확인할 수 있었는데, 그녀는 자신의 건물과 시장의 매점에서도 약물과 알코올을 남용하는 위구르 젊은이들을 찾아볼 수 있었다. 라비예는 붉은 깃발에 흰색 글씨를 쓴 슬로건을 내걸고 헤로인 퇴치 캠페인을 시작했다. 이 캠페인에서 그녀는 정부의 역할을 대신했으며 정부가 흔히 사용하는 수사학을 차용했다. 그사이, 그녀의 남편은 위구르어 잡지에 이 문제에 대한 사설을 기고했다.

그 직후 라비예는 미국의 음주 운전 반대 어머니회Mothers Against Drunk Driving를 본뜬 모임인 천 명의 어머니회Thousand Mothers Association를 설립하고 이들의 관심과 비슷한 사회적 문제들을 해결하는데 전념했다. 정부 외곽의 조직을 줄곧 의심했던 중국 공산당은 계속해서 이러한 활동을 주시했다. 1996년 시디크 루지는 미국으로 추방당했고, 그곳에서 그는 신장에서의 중국의 정책과 위구르인들의 처우를 비판하며 '미국의 소리Voice of America'와 '자유 아시아 라디오Radio Free Asia'의 위구르어 프로그램에 글을 기고하기 시작했다. 당으로부터 남편과 공개적으로 인연을 끊을 것을 요구 받았지만 라비예는 이를 거절했다. 그녀는 또한 1997년 쿨자(이닝) 사건의 위구르인 희생자들 중 일부에게 돈을 기부했다. 당국은 이후 라비예가 외국으로 여행하는 것을 금지했으며 전국인민대표대회에서 그녀를 제명했다.

1999년 인권 문제를 조사하는 미국 의회 대표단이 우루무치에 도착했고 이들은 라비예 카디르와의 만남을 요청했다. 그러나 그녀가 이들을 만나러 가는 길에 공안이 그녀를 구류했다. 체포될 당시 그녀는 아마도 미국 대표단을 위해 준비한 정치범의 명단을 가지고 있었을 것이다. 이후 당국은 그녀가 신장 지역 신문의 기사를 오려서 미국에 있는 남편에게 보넘으로써 국가의 기밀을 누설했다는 죄목으로 그녀를 공식적으로 기소했다. 2000년 3월 그녀는 징역 8년형을 선고받았다.

역설적이게도, 이 유명 인사의 구류와 기소는 당이 피하고자 했던 신장 문제의 '국제화' 과정을 촉진했다.[4] 백만장자 사업가가 정치범으로 변해 버린 이 사안은 그간 중국 내 소수의 반체제 작가들 또는 학자들만이 얻을 수 있었던 국제적 관심을 받게 되었다. 국제 인권 조직과 일부 국가의 정부는 사안을 지켜보고 석방을 위해 자신들이 로비를 해야 하는 정치범의 목록에 라비예 카디르를 추가했다. 미국 의회는 라비예에 대한 증언을 청취하고 결의안을 발표했으며,[5] 그녀의 사안은 신장과 위구르인들의 인권을 둘러싼 불만에 대해 전례 없는 공식적·대중적 관심을 만들어 냈다. 2004년 라비예는 노르웨이의 라프토 기념상Rafto Memorial Prize*을 수상했다. 의심의 여지없이 이 사안에 대한 높은 관심 때문에 중화인민공화국은 2005년 3월 미 국무부 장관 콘돌리자 라이스Condoleeza Rice가 베이징에서의 회담을 위해 도착하기 직전에 라비예 카디르를 3년 일찍 석방했다. 라비예는 곧 그녀의 남편 및 5명의 자녀들과 재결합하기 위해 미국으로 건너갔다.

그녀가 석방된 지 불과 며칠 뒤 미국에 도착해서 찍은 첫 번째 사진에서, 라비예는 부드러운 순교자적인 분위기를 간직한 채 헝클어진 흰머리에 피곤하고 다소 당황한 모습이었다. 그러나 며칠 후 그녀의 외양은 완전히 다르게 바뀌었다. 그녀는 언론 인터뷰를 하고 의원들을 방문하며 자신의 석방을 위해 힘써 준 후원자들 앞에 모습을 드러내면서 워싱턴 곳곳을 분주하게 돌아다니는 동안, 머리카락을 새까맣게 물들이고 말쑥한 정장 차림의 전문적이고도 활기찬 모습을 보였다. 자신의 아이들에게 둘러싸

---

* 노르웨이의 인권 운동가인 토롤프 라프토Thorolf Rafto 교수를 기념하여 제정된 국제 인권상.

인 채로 군중과 국제사면위원회 및 미국 국무부 직원들에게 연설을 했을 때, 라비예는 눈물을 흘리면서도 냉정을 유지했다. 그녀는 청중에게 자신이 "모든 위구르인들의 어머니"라고 말했으며 그곳에서 그녀가 이러한 호칭을 지니는 것에 이의를 제기하는 사람들은 거의 없다고 했다. 그러나 그녀는 미국에 온 반면 800만 명의 위구르인들은 여전히 신장에 거주하고 있다는 사실은 변함이 없다.[6]

먼 서쪽의 동화 같은 성공: 쑨광신

신장에서 가장 부유한 사람의 일대기는 가장 부유한 여성의 그것과 대체로 유사한 경로를 따른다. 두 백만장자는 비천한 신분에서 성공했고 신장의 지리와 중국의 경제 개혁 및 소련의 붕괴를 이용했으며, 우루무치의 랜드마크를 세웠고 국내와 국제 언론의 관심을 끌면서 거의 신화적인 명망을 얻었다. 그러나 그들의 이력은 매우 다르기도 하다.

쑨광신(孫廣信)은 1962년 산둥(일부의 자료는 신장이라고 한다)에서 출생했다. 그에 관한 일부 이야기에 따르면, 그는 인민해방군에서 보낸 9년 동안 모은 400달러를 가지고 사업을 시작했다고 한다. 그는 안후이(安徽) 성에서 군사 학교를 졸업하고 우루무치 사관학교의 장교로서 신장으로 오기 전에는 1979년의 중국-베트남 전쟁에 참여했다. 또 다른 설에 따르면 쑨광신의 종잣돈은 일본인 면화 상인으로부터 빌린 5만 달러였는데, 쑨광신은 그를 위해 신장에서 중국 동부로 되돌아가는 철도 운송 문제를 수완을 발휘하여 처리해 주었다고 한다. 어찌 되었든 쑨광신의 첫 번째 큰 성공은 라비예와 마찬가지로 요식업에서였다. 그러나 그의 음식점은 초라한 국수 가게는 아니었다. 쑨광신의 광둥주가(廣東酒家)는 매일같이

3000킬로미터 떨어진 해안으로부터 공수해 온 신선한 해산물을 전문으로 했는데, 이는 1989년 우루무치에서는 정말로 참신한 것이었다. 이처럼 고급 소비자를 겨냥한 가게는 당시 신장에서는 터무니없는 것처럼 보였으나, 이 사업은 한족의 전입 추세와 함께 높아진 신선한 해산물에 대한 수요를 충족시켰다. 해산물이 대단히 비쌌기 때문에 해산물 음식점은 씀씀이가 큰 중국인 사업가들과 관리들이 즐겨 찾았다. 우루무치의 석유와 부동산 시장이 회복되자, 쑨광신은 곧 인맥을 형성하고 계약을 체결할 수 있는 장소를 만들었다. 이들에게 값비싼 생선 요리를 대접함으로써 그는 도시의 석유업자 및 은행가들 사이에서 인맥을 공고히 했다. 식당 경영인으로서의 성공을 바탕으로, 쑨광신은 이후 일련의 여흥 사업들—신장에서 최초의 가라오케 바와 디스코테크, 수영장, 볼링장을 개장했다고 한다—에서 성공을 거두었다.

사업이 커지면서 쑨광신은 기업의 고위직에 다수의 전직 군 장교들을 고용했다. 군대의 인맥과 요식업을 통해 얻은 관계들은 1990년대 후반 그가 더 큰 사업으로 옮겨 갈 때, 즉 구소련으로부터 석유 시추 장비를 수입하여 이를 중국의 국영 기업에 되팔 때 여러모로 편리했다. 1993년 당국과의 분쟁이 있은 후—당시 그는 뇌물 공여 혐의로 기소되었다—쑨광신은 관계(官界)의 인맥을 쌓는 일에 더욱 주력했는데, 이러한 관행은 향후 그의 사업에서 주된 특징이 되었다. 그는 자신의 회사 내에 공산당 지부를 만들고 이를 이끌게 하기 위해 국영 기업에서 당 서기를 빼내갔다. 개인 기업에 인민위원회를 도입한 것은 많은 사람들을 놀라게 했고, 중국 공산당은 관련된 당 서기를 거의 제명하다시피 했다. 그러나 당과 거대 자본가 사이의 협력이 이후의 추세가 되고 사실상 마르크스-레닌주의에 대한 장쩌민의 핵심적 제안에 포함되자(그는 2001년 '3개 대표' 이론을 공표하면서 사업가들이 사회의 가장 생산적인 세력을 구성한다는 이유로 이들에게 당에 가입하도록 권유했다), 이러한 움직임은 선견지명이 되었다. 어찌 되었든 1995년 쑨광신이 '10명의 가장 뛰어난 중국 청년(全國十大傑出青年)' 중 한 명으로 공식적으로 인정된 것은 이전에 뇌물 수수 혐의로 기소되었다는 오점을 지워 버렸다.

그의 이력의 다음 단계는 건축 자재, 특히 석재를 판매한 것이었다. 합작 기업에 제공되는 세제 특혜를 누리기 위해 그는 홍콩의 파트너와 제휴하여 1994년 광후이 석재 회사(廣彙石材有限公司)를 설립했다(2000년 광후이는 상하이 증권 교역소에 이름을 올렸다). 이 회사는 건설 자재로부터 부동산 개발로 자연스럽게 행보를 바꾸었고, 이 사업은 그가 굴착한 석재의 판로를 개척하는 데 도움이 되었다. 다시 한 번 쑨광신의 타이밍은 완벽했는데, 1990년대 부동산은 신장의 경제에서 가장 역동적인 분야 중 하나였으며 그는 구조 조정 중인 중국 경제에 의해 주요 거물로 탈바꿈할 기회를 잡았다. 그는 은행 대출금과 자신의 자산으로 거래 자금을 조달하며 톈산 신발 공장, 5·1 목재 공장, 신장 전문 자동차 공장 및 신장 주방 용품 공장을 위시하여 파산한 국영 기업들을 매입하기 시작했다. 2000년대 초까지 광후이는 중국의 다른 어떤 개인 기업보다 더 많은 수의 국영 기업을 인수했다. 이 회사는 이러한 자산의 매입을 "국영 기업체의 개혁에 동참하며 열정적으로 사회에 보답한다", "지역 정부의 부담을 크게 경감한다"는 애국적인 표현으로 묘사했다. 1950년 왕전의 지휘 아래에 있던 인민해방군이 건설하여 한때 서북 지방 최대의 트랙터 제조 회사였던 역사적인 10월 트랙터 공장을 쑨광신이 취득하자, 『인민일보』는 광후이가 2억 위안을 투자하여 공장에 "기술 혁신을 가져올 것"이라고 보도했다.

그러나 쑨광신은 다른 생각을 가지고 있었다. 그는 공장을 폐쇄하고 기계를 폐품으로 매각했으며, 그 부지에 '붉은 10월 화원(紅十月花園)'이라는 최고급 신식 아파트 단지를 세웠다. 그가 취득한 대다수의 다른 공장도 동일하게 바뀌었으며, 시 정부 역시 그에게 다른 노른자 부지에 대한 개발권을 주었다. 쑨광신은 결국 우루무치 부동산 시장의 60퍼센트에 해당하는 약 37개의 공동 주택 단지와 몇 개의 오피스 타워를 소유하게 되었다. 쑨광신이 이 일을 해낼 수 있었던 것은 이윤이 남지 않는 기업이라는 골칫덩어리로부터 신장 정부를 벗어나게 해 주었고 또한 계속해서 지역의 관리들을 고용했기 때문이다. 일례로, 그는 자신이 제법 많이 필요로 하는 철거 허가증을 발부하는 지역 관청의 장에게 고문료를 지급했다.

2000년대 초에 이르러 쑨광신은 극적인 신분 상승을 이루었으며, 그의 광후이 그룹은 '서부 신화'라고 불렸다. 군인이었을 당시 배웠던 규율을 신뢰하며 종종 새벽 3시까지 일한다고 알려진 쑨광신에게 신화적인 분위기가 배어들었다. 지금도 그는 때때로 농구를 하고 술을 마시러 가거나 자신의 할리 데이비슨 오토바이를 타고 도시 주변을 돌면서 휴식을 취한다고 밝혔다. 쑨광신은 매년 『포브스Forbes』지가 선정하는 중국에서 가장 부유한 사업가 명단에 이름을 올렸는데, 그는 수년간 연속해서 10위 이내에 들었으며 개인 자산의 순수 가치가 36억 위안이었던 2002년에는 전국에서 3위를 차지했다. 광후이 그룹은 2만 명이 넘는 사람들을 고용했고, 우루무치에서 거둬지는 세금의 10퍼센트를 납부했다. 처음으로 주식을 공개한 2000년과 2003년 사이에는 세 차례에 걸쳐 주식을 크게 매각했다. 쑨광신은 『워싱턴포스트Washington Post』지의 특파원에게 "광후이가 거대한 국영 기업체처럼 기능하고 안정을 담보한다는 측면에서 우리의 사회적 기능은 유례가 없다. 다만 우리가 돈을 벌고 있다는 것이 가장 큰 차이다"[7]라고 말했다.

그러나 광후이 그룹은 또한 한 중국인 기자가 "사회적 모순"이라고 불렀던 것을 야기했다.[8] 쑨광신의 접근법이 지닌 문제점은 광후이가 국영 기업을 싼값에 매입하면서 공장에서 이전에 일하던 노동력도 승계한다는 것이다. 광후이는 이 노동자 모두를 다른 사업장에서 받아들이거나 공동 주택 단지의 수위로 일하게 한다고 주장했으나, 많은 노동자들이 사실상 얼마 되지 않는 퇴직 수당을 받고 해고당했으며 모든 노동자들은 옛 국영 직장 아래에서 보장되었던 퇴직금과 의료보험 혜택을 상실했다. 해고당한 수천 명의 노동자들은 1997년 쿨자 사건 이래 신장에서 가장 큰 규모였을지도 모를 시위를 벌이며, 2001년 후반과 2002년 수차례에 걸쳐 항의 행진을 했다. 더욱이, 광후이는 우루무치의 부동산 시장을 독점함으로써 하도급 업자들에게 대금을 지급하기도 전에 그들이 공사를 완료하고 대금으로 현금 대신 신축 건물 일부 세대의 소유권을 받으라고 강요할 수 있었다. 그 결과, 현금이 궁해진 하도급 업자들은 직원들에게 돈을 지급하는 것을 미루었고 돈을 받지 못한 직원들 중 일부는 마찬가지로 거리로 나섰다.

쑨광신 자신의 재정 상태도 완전히 장밋빛은 아니었다. 광후이와 우루무치의 다른 개발업자들도 우루무치에 많은 신식 고급 주택을 건설했다. 일부 분석가들은 2000년대 초반부터 중반까지 대개는 우루무치의 시민들의 구매 능력이 없었기 때문에 광후이가 건설한 건물에 있는 세대의 60퍼센트가 비어 있는 상태일 것이라고 추정했다. 중국의 한 탐사 보도 기자는 2003년의 어느 날 밤 단지 내 고층 아파트 건물의 창문을 통해 비치는 얼마 되지 않는 불빛들을 관찰하며, '붉은 10월 화원'을 살펴보았다. 이 기자는 광후이가 부동산에서 큰 채무를 지고 있음에도 불구하고 광후이 그룹에 속한 다양한 자회사들 사이의 내부 거래를 토대로 이윤을 부풀려 공시함으로써 외관상 건전한 수익성을 유지하고 있다고 주장했다. 일례로, 광후이 석재 회사는 화강암과 대리석 및 다른 자재들을 회사의 부동산 개발 분야에 팔아서 전체 판매 수익의 50퍼센트를 거두어들였다고 한다. 우루무치 주택 당국과 일부의 은행가들은 이처럼 광후이의 실제 시장

점유율이 그렇게 높지 않은 것에 대해 걱정했으며 광후이의 대출금 상환 능력을 의심했다고 전해진다.[9]

이와 같은 의구심에 충분한 근거가 있었던 그렇지 않았던 간에 쑨광신의 야심은 억제되지 않고 계속되었다. 2000년대 초 그는 2개의 거대한 신규 사업에 뛰어들었다. 첫 번째 사업은 중국 서부와 중앙아시아의 시장에 건설 자재를 공급할 대규모 도매 유통 센터였는데, 광후이는 이 사업에 진출하면서 포화 상태의 건설 자재 시장을 이미 장악하고 있던 거대 기업 화링주식회사(華凌有限公司)와 대결을 벌이게 되었다. 2002년에 착수한 두 번째 사업은 액화 천연가스를 신장의 유전에서부터 중국 동남부의 시장으로 운송하겠다는 계획이었다. 이전에는 중국의 민간 업체가 에너지 분야에서 이와 같은 역할을 수행한 적이 없었음에도 불구하고, 쑨광신은 천연가스 수송관을 통해 가스가 공급될 예정인 상하이 및 기타 지역들로는 진출하지 않겠다는 약속을 하고 고위층의 허가를 얻었다. 실제로, 신장 제1서기인 왕러취안은 직접 기공식에 참여했으며 "광후이와 이번 사업에 대한 정부의 지지는 의심의 여지가 없다"라고 약속했다. 또한 쑨광신이 거두어들인 이윤에 대한 세금은 수송관으로 인한 세입과는 달리 몇몇 성 사이에서 분배되는 것이 아니라 신장 성에만 지불될 예정이었다. 그럼에도 불구하고, 그는 철도 수송에 대한 승인을 얻지 못했고 더 많은 비용이 드는 트럭으로 천연가스를 운송해야 했다. 천연가스의 가격은 높은 운송비로 인해 부풀려졌고 광둥, 푸젠(福建) 또는 다른 해안 시장에서 경쟁력을 갖지 못했는데, 이 지역에서는 호주산 액화 천연가스의 가격이 30퍼센트나 더 저렴했다. 2005년까지 광후이는 중국 중부와 서부의 시장을 개척했다. 신장이 멀리 떨어져 있다는 것은 신화적 입지를 가진 기업가에게도 변함없는 사실이었다.[10]

줄 위의 애국자: 아딜 호슈르

중국 민족 정책의 특징 중 하나는 중화인민공화국 내의 소수 민족의 공연 전통을 후원하고 소개하는 것이었다. 1950년대 이래로 정부는 베이징과 지역의 중심에 위치한 학술 센터에서 다양한 민족의 예술을 수집하고 집대성하며 교정하고 재현했다. 중국 전역에 있는 예술 학교와 문화관에서는 비한족 소수 민족 공연자들이 한때는 직접적인 사제 관계 혹은 부모 자식 관계를 통해서만 전승되던 음악과 춤의 변형된 형태를 훈련받았다. 신장에서는 춤과 무캄muqam이라고 알려진 위구르 전통 모음곡이 이러한 과정의 중심을 이루었다.[11] 전통 의상을 입고 노래를 부르며 춤을 추는 신장 사람들은 어디에서나—음식점과 잡지, 식품 포장재, 텔레비전, 웹사이트, 여행자의 연회, 실크로드 무대쇼, 스포츠 행사의 개막식, 국제 예술 사절단, 〈와호장룡(臥虎藏龍)〉과 같은 영화에서 그리고 플로리다의 디즈니월드에서 불과 몇 마일 떨어진 스플렌디드 차이나 테마파크Splendid China theme park에서도—찾아볼 수 있다. 중국 소수 민족의 이와 같은 다채로운 이미지들은 국내 소비와 국제 소비를 위해 중국을 다민족 국가로서 묘사하는 데 도움을 주었다.

다와즈Dawaz, 즉 위구르 곡예술은 국가의 문화적 조직으로부터 음악이나 춤 분야 보다는 더 독립적으로 존재했다. 현재 탁월한 위구르인 곡예사들은 여전히 오래된 곡예사 가문의 후손들로서 이들 대부분은 국가가 관리하는 전문학교에서가 아니라 극단 내에서 아주 어렸을 적부터 훈련을 받았다. 한때는 유랑 곡예사들에 의해 주로 바자르나 영묘의 제례에서 공연되었던 다와즈는 그 지역적 특색을 상실하지 않았다. 여러 개의 기네스 세계 기록을 보유하고 있는 중국 최고의 줄타기 예술가인 아딜 호슈르Adil Hoshur가 이끄는 극단은 대도시뿐만 아니라 먼지가 자욱한 농촌 공동체,

촌락과 오아시스의 마을에서 하루에 2차례에서 3차례에 걸쳐 공연을 하며 아직도 1년에 몇 달씩 여행을 하고 있다. 이들은 낡은 버스, 덜커덕거리는 장비들이 뒤에 겹겹이 쌓여 있는 트럭을 타고 함께 다닌다. 아딜[중국어 전사인 아디리우쇼우얼(阿迪力·吾守爾)을 본떠 때로는 아흐딜리Ahdili라고 기록되기도 한다]은 중국의 다른 영웅들과 마찬가지로 오늘날 자신의 지위를 얻기 위해 많은 어려움을 견뎌 냈다. 그는 다와즈로 유명한 가문의 6대손으로 1971년 (카슈가르 지구의) 옝기샤르에서 태어났다. 처음에는 그의 아버지가 아들이 이 위험한 직업에 종사하는 것을 꺼려했음에도 불구하고, 아딜은 너무나 혹독해서 발바닥에 영원히 홈이 패인다고 소문난 연습을 참아 내며 5살의 나이에 줄에 올랐다. 그는 1985년 처음으로 대중의 인정을 받게 되었는데, 그 당시 그는 신장 위구르 자치구 설립 13주년을 기념하는 축하 행사에서 공연을 했다. 그러나 유명한 중국 웹사이트에 발표된 프로필에 따르면 아딜은 지역에서 받는 찬사만으로는 만족하지 못했다고 한다. "영원히 예술의 매력을 보유하기 위해 그는 톈산을 넘고 위먼관을 건너 심지어는 국경도 넘기로 결심했다."[12]

위구르의 다와즈를 국제화하겠다는 아딜의 목표는 몇 년 후 끔직한 좌절을 맛보았다. 1990년 상하이에서 공연하던 중 줄이 갑자기 툭 끊어졌다. 19살이었던 아딜은 21미터 높이에서 떨어졌고 뼈가 17개나 부러졌다. 부상으로 인해 오른손은 불구가 되었으며 오른팔의 뼈들이 다시 붙었을 때는 팔이 더 이상 똑바로 펴지지 않았다. 병원에서 두 달을 보내고 세 달 동안 회복을 한 이후, 자신의 공연 프로그램을 수정해야 했지만—더 이상 물구나무를 설 수 없었기 때문에 한 손 물구나무를 터득해야 했다—그는 또 다시 줄에 올랐다.

아딜은 한족 코치와 함께 일하면서 다와즈 공연 목록에 새로운 기술들을 추가했다. 줄 위에서 앞뒤로 그리고 옆으로 걷거나 뛰는 것 이외에도 외바퀴 자전거를 타거나 의자 위에서 균형을 잡았으며 조는 흉내를 내거나 눈가리개를 착용했고, 양철로 된 차 쟁반을 발에 묶고 줄 위를 걸어 다녔다. 이러한 곡예는 그가 1995년 중국 곡예 경연 대회에서 1등상을 수상하는 데 도움을 주었다. 그는 또한 말레이시아와 태국, 일본 등 해외를 방문하기 시작했다.

그러나 같은 해 아딜의 야망은 상하이에서의 추락만큼이나 뼈아픈 충격을 받았다. 캐나다 곡예사 제이 코크런Jay Cochrane이 줄을 타고 양쯔 강의 싼샤를 성공적으로 횡단한 것이었다. 아딜은 오래도록 이 유명한 국가적 명소에서 공연을 하기를 원했으나 이를 실현할 자금이 부족했다. 그러나 코크런이 그를 앞질렀기 때문에 아딜은 그 묘기를 코크런의 기록인 53분보다 빠르게 재현하겠다고 결심했다. 그는 2년 후 이를 해냈는데 당시 그는 협곡 위에 놓인 400미터짜리 줄을 14분도 안 되어 건넜다. 중국의 언론은 외국과의 경쟁에서 승리한 것에 기뻐하며 아딜을 '하늘의 왕'이라고 불렀다.

이후 몇 년 동안 아딜은 더 많은 기록을 경신했으며 중국의 다른 중요한 장소들에서 공연을 했다. 2000년에 그는 안개가 자욱한 헝산(衡山)의 두 봉우리 사이에 매달린, 안개에 젖어 축축하고 바람에 흔들리는 줄을 건넜다. 2002년 5월 코크런이 수립한 다른 기록을 경신하기 위해, 아딜은 베이징 동부의 진하이(金海) 호수 위에 있는 줄과 작은 무대에서 22일을 지냈는데, 하루에 평균 5시간 정도 줄 위에서 공연을 하면서 비바람과 복부의 팽만감, 물집과 고독을 견뎌 냈다. 이 3주 동안 그의 유일한 대인 접촉은 덮개를 씌운 작은 무대에 설치된 휴대용 컴퓨터를 통해 자신의 아내와 이메일을 주고받은 것이었다. 2003년 8월 아딜은 충칭 시의 톈컹(天坑) 계곡 위 밧줄에서 머리로 균형을 잡았다. 그해 12월 광둥의 산터우(汕頭)에 있는 두 개의 건물 사이의 480미터짜리 줄 위를 걸었으며, 이로써

1년 반 전 코크런이 타이완의 가오슝(高雄)에서 수립한 기록을 경신했다. 아딜은 또한 상하이와 다른 도시들에 있는 마천루에서도 공연을 했다. 그는 이제 공중 곡예 한 회당 80만 위안에 이르는 고액의 공연료를 받을 수 있다. 홍콩의 한 기부자가 출연한 100만 위안으로 아딜은 인간 능력의 한계에 도전하는 사람들을 후원하는 아흐딜리 재단Ahdili Foundation을 설립했다. 또한 그는 제10기 전국인민대표대회의 대표가 되었다.

아딜은 여전히 더욱 극적이고 애국적인 묘기들을 계획하고 있다. 2002년 이래 그는 만리장성의 두 망루 사이에 걸린 줄을 횡단하는 것에 대해 이야기해 왔으며, 세계 최고 수준의 공중 곡예사들에게 그곳에서 자신과 겨루어 보자고 신청했다. 두 망루가 2008미터 떨어져 있기 때문에, 이 행사는 2008년 베이징 올림픽의 열기를 고조시키겠다는 의도였다. 그는 나이아가라 폭포 위를 건너는 것을 고려하고 있으나, 그의 가장 큰 야심은 2004년 기자에게 이야기했듯이 타이완 해협을 횡단하는 것이다.

만약 아딜이 중국의 영웅이라면 그는 위구르의 슈퍼히어로인데, 그는 심지어 저명한 문학가인 마흐무드 카슈가리와 유수프 하스 하지브, 압두레힘 오트쿠르Abdurehim Otkur와 함께 거명되기까지 한다. 불행하게도 위구르인 명사들은 중국인 명사들과는 여전히 거북한 상태이다.

2001년 6월 카슈가르 시 당국은 관광 사업을 촉진하기 위해 3일에 걸친 행사를 계획했는데, 다와즈와 위구르 전통 레슬링, 무캄 공연 및 메슈레프(여기에서는 풍자극을 지칭한다)가 이번 행사의 주요 이벤트였다. 물론 행사의 주연은 카슈가르 출신의 명사 아딜 호슈르여야 했다. 그는 구 카슈가르의 중심이었던 이드 카 모스크 앞의 역사적인 광장에서 큰 규모의 공연을 하기로 되어 있었다. 인근 마을의 사람들은 소형 오토바이, 말과 당나귀가 이끄는 수레를 타고 카슈가르로 몰려들었는데, 이들의 숫자가 어림잡아 10만 명으로 늘어나자 당국은 깜짝 놀랐다. 행진과 첫째 날의

신장에서 줄타기 공연을 하고 있는 아딜 호슈르
사진: Deborah Stratman

다와즈 공연 이후 카슈가르 시 정부는 행사를 취소했고, 아딜의 이드 카 공연에 앞서 군중을 해산시켰다. 대단히 실망스러운 일이었지만, 아딜은 대개 거대한 위구르 군중을 끌어모았기 때문에 이러한 공연 취소가 드문 일은 아니었다.[13]

2004년 초 아딜은 또다시 자신이 미묘한 줄타기에 참여하고 있음을 깨닫게 되었다. 그는 캐나다 중국인 협회Canadian Chinese Association로부터 초청을 받아 13명의 신장 출신 곡예단과 함께 캐나다를 여행했다. 극단이 토론토에 머무르고 있을 때 극단의 일원 중 7명이 경호원들을 피해 종적을 감추고 정치적 망명을 요청했다. 2명의 여성을 포함한 캐나다의 위구르 망명자들이 극단의 한족 관리자로부터 정치적·종교적 억압 및 성적 학대를 받았던 것에 대해 진술하는 동안 아딜은 나머지 5명의 곡예사들과 함께 고향으로 돌아왔다. 그사이 중국의 언론은 망명 요청자들이 상대적으로 어린 나이에도 불구하고 모두 "중국 대학의 부교수들과 비교해 보았을 때" 명망 있고 많은 보수를 받는 직업을 가지고 있다고 지적했다. 신장의 당 서기 왕러취안은 이들이 해외의 분리주의자들에게 속아 망명한 것이라고 주장하며 곡예사들의 귀환을 공개적으로 요구했다. 왕러취안은 이들의 "실수"가 용서될 것이라고 약속했다. 아딜 또한 망명자들과 관련한 성명서와 함께 이들에게 직접 성명서를 발표했는데, 이들 대부분은 그가 어린 시절부터 알아 왔고 수년간 함께 공연했던 사람들이었다. "노부모와 사랑스러운 자식들, 상냥하고 아름다운 아내가 이들의 귀환을 간절히 원하고 있다. 신장은 그들을 길러 준 고향이며 직업적 성취의 장이다."[14]

신장은 여러 민족의 고향이며 여러 역사의 무대였다. 신장이 특정 집단을 위한 배타적인 무대가 아니라 그곳에서 살아가고 있는 모두를 위한 공동의 고향이라는 사실에 서로 다른 민족들이 동의할 수 있는지의 여부는 이들이 이 지역의 역사를 어떠한 방식으로 이해하고 활용할 것인지에 달려 있다. 또한 이 문제는 서로 다른 민족들이 현재와 미래를 어떻게 이해하는지, 서로를 그리고 신장의 환경을 어떻게 다룰 것인지에 의해 더욱 좌우될 것이다. 미래의 영웅들은 민족 간의 분열을 봉합할 뿐만 아니라 신장, 중국 그리고 세계 사이의 거리를 좁힐 수도 있을 것이다. 그러나 이를 위해서 그들은 균형 감각을 유지해야 한다.

신장의 역사 연대표

	남부 신장 (타림과 투루판 분지, 파미르 고원과 쿤룬 산맥)	북부 신장 (중가리아 분지, 톈산 산맥과 알타이 산맥)	인근 지역
구석기 시대: 현전* 300만~2만 년	구석기 시대의 석재, 박편과 불을 사용했던 흔적이 남아 있음 거의 알려져 있지 않은 시기		
현전 2만~1만 5000년	다습한 환경 수렵 채집자 간단한 타제 석기		
현전 1만~4000년	잘 만들어진 석기: 화살촉, 칼날 채색 토기 식량 재배, 가공한 곡물 농경과 수렵·채집이 혼재된 형태의 거주 흔적		인접한 신석기 문화들과 연계된 정도에 대해서는 알려져 있지 않음
기원전 2000년~1200년	거주자들은 인도유럽어(토하라어, 이란어) 사용자로 추정됨 서방에서 기원한 밀, 양, 낙타 작은 동기(銅器), 직물, 도자기, 장신구, 농기구		중앙유라시아 초원의 유목민들이 철기와 함께 동쪽으로 이주 페르가나와 아프가니스탄에서 유래한 농업 기술
기원전 1200년~500년	서방에서 유목민들의 이주와 목마(牧馬) 유목민과 농민 사이의 복잡한 상호 작용 철기, 채광(採鑛), 제련 동물 형태의 장신구 '프리지아 모자' '누란의 미녀'(기원전 약 1800년에서 1600년 사이)와 다른 미라들 기원전 650년부터 북방에 사카(塞)족 출현		북중국보다 신장에서 먼저 철기 등장
기원전 6세기~ 기원전 2세기	타림 분지의 오아시스 도시들에 토하라어 사용자가 거주했을 것으로 보임 타클라마칸의 미라들	오손(烏孫) 월지(月氏)(토하라어 사용자?) 알타이 지역에 원시 흉노, 흉노족	진(秦)의 지배 아래 북중국 평원에 중화제국 성립 한(漢)이 그 뒤를 이음
기원전 3세기~ 기원전 1세기 중엽	(기원전 162년부터) 바그라슈 호수 인근에 흉노가 도부(都尉) 설치 (기원전 120년부터) 흉노와 한이 투루판과 타림 분지 오아시스	오손 흉노	몽골에서 흉노의 우세: 월지를 공격하여 일리 유역에서 아무다리야로 축출(기원전 162년)

---

* Before the Present. 1950년을 원년으로 삼는 연대.

	들에 대한 통제권을 놓고 격돌 기원전 103~기원전 102년: 이 광리(李廣利)가 한혈마(汗血馬) 를 얻기 위해 페르가나 원정		월지는 쿠샨 왕조 개창
기원전 1세기 중엽	한이 도호부(都護府)와 둔전(屯 田)을 설치	오손 중가리아와 몽골: 흉노가 남부와 북부로 분열, 남흉노는 한과 연합	
1세기~2세기 중엽	8년~60년대: 자치적이고 교전 중인 도시 국가들, 오아시스 도시 에 거주하는 토하라어 및 이란어 사용자들에 대한 흉노의 영향력 70년대~102년: 반초(班超)의 지휘 아래 한의 공세 및 통치 107~125년: 북흉노의 통치 127~150년: 반용(班勇)의 지휘 아래 한이 오아시스 통치	오손 북흉노	8~25년 사이의 한의 공 백기 이후 후한(後漢)이 뒤를 이음(25~221년)
150년~3세기 말엽	남부 타림 분지에 대한 쿠샨 제국의 영향력 인도어인 카로슈티 문자로 된 공식 문서 및 동전 불교가 타림 분지 내로 진입, 불교 경전의 번역	오손 흉노	박트리아에 기반을 둔 쿠샨 제국이 불교와 함 께 인도 북부에서 타림 분지 내부로 불교가 전 파되는 것을 진흥
3세기경~ 5세기 중엽	고창(高昌)이 일반적으로 북중 국에 기반을 둔 국가들의 통제 혹은 영향력 아래에 있으면서 문화적으로 중국화되고 이후 유연(柔然)에게 합락됨 3~4세기경: 지속되는 중국의 영향력, 로프노르 지역에 둔전 설치 중국의 사절단과 때로는 군사 원정 오아시스의 도시 국가들은 일반 적으로 토착 엘리트에 의해 독 립적으로 통치됨. 인도어 문서 오아시스의 주민들은 인도유럽 어 사용	오손	한의 멸망 이후, 북중국 은 일련의 소규모 왕조 에 의해 통치됨. 이들 중 일부는 내륙 아시아계였 으며 다수의 왕조가 불 교를 진흥했음 4세기 중반부터 몽골에 서 유연이 부상

	불교의 번영, 쿠마라지바(343~413년), 키질 석굴 소그드인들의 상업 네트워크		
5세기 중엽~ 6세기 중엽	에프탈Hephtalites이 멀리 투루판까지 타림 분지의 오아시스들을 통치 소그드인들의 상업 네트워크가 확장됨		에프탈이 소그디아나와 (옛 쿠샨의 영토인) 박트리아에 근거지를 둠(450~560년)
6세기 중반~ 7세기경	560년: 돌궐 제국이 에프탈을 멸망시킴	560년: 돌궐 제국이 유연을 대체 583년: 돌궐 제국이 동서 돌궐 제국으로 분열 서돌궐 제국은 (583년부터) 중가리아를 통치	수(隋, 581~618년): 중국을 재통일
7세기	630년: 당(唐)이 동돌궐 제국과 연합하여 타림 분지로 진격. 처음에는 투루판에, 이후에는 쿠차에 안서도호부(安西都護府)를 설치 소그드인들이 실크로드 무역을 지배 651~657년: 서돌궐이 타림 분지를 장악 657년: 당이 서돌궐 제국을 장악. 멀리 중앙아시아, 아프가니스탄, 동북 이란에까지 수비대를 설치 670~693년: 티베트 제국이 당을 타림 분지에서 축출 690년대~730년대: 타림 분지의 지배를 둘러싼 당, 티베트 및 투르크계 부족 간의 경쟁 관계	돌궐과 당	당(唐, 618~906년) 당은 최전성기(657~662년)에 트란스옥시아나, 아프가니스탄 및 동북 이란에도 수비대를 두었음 8세기 아랍이 박트리아, 페르가나, 소그디아나로 진격 파미르 고원을 둘러싼 티베트와 아랍의 경쟁 관계
8세기	당이 (730년부터) 통치를 회복 744~751년: 고선지(高仙芝)가 파미르와 페르가나에서 원정을 벌임 751년: 탈라스 강 전투, 당이 아랍과 투르크계 부족의 연합	당이 이시크쿨까지 세력을 확장하며 통치를 회복 755년: 당의 퇴각	744년: 위구르가 몽골의 오르콘 강 유역에 칸국을 수립. 소그드인 중개인들과 고문들이 신흥 국가에서 중요한 역할을 담당

	군에게 패함 755년: 당의 퇴각		755~762년: 안록산(安祿山)의 난. 소그드인들이 개입 762~763년: 위구르의 카간이 마니교로 개종
9세기~12세기	840년: 코초/비슈발리크에 위구르 국가 수립, 14세기경까지 지속 티베트 제국의 붕괴, 호탄의 독립 9세기경: 카라한조가 타림 분지 서부(카슈가리아)를 장악 (960년경부터) 카라한조가 이슬람으로 개종 1000년경: 카라한조가 호탄을 정복	카를루크, 키르기스 카라한조	840년: 위구르가 오르콘 강 유역에 세운 국가는 키르기스에게 멸망 간쑤와 칭하이에서 탕구트의 부상 (930년부터) 남부의 위구르 국가들을 병합 1000년: 카라한조가 사만조를 멸망시키고 트란스옥시아나를 차지 1125년: 북중국에서는 만주족이 세운 금(金)이 거란족이 세운 요(遼)를 멸망시킴
12세기	(1142년부터) 카라 키타이가 위구르 제국과 카라한조의 이전 영토를 장악		카라 키타이가 신장, 아프가니스탄의 북부, 트란스옥시아나를 장악
13세기 초	1209년: 코초 위구르국이 몽골의 칭기즈칸에게 복속 1211년: 쿠출루크가 카라 키타이 제국의 통치권 강탈 1216~1218년: 몽골이 신장을 정복 1227~1251년: 대칸인 우구데이와 연합한 차가타이조가 남부와 북부 신장을 장악		1227년: 칭기즈칸의 사망. 제국이 4개의 칸국으로 분열 우구데이(1229~1241년 재위)가 대칸이 됨 대칸 구유크(1246~1248년 재위)
13세기 후반부	1251~1259년: 신장이 대칸 뭉케의 통제 아래 놓임 1260~1271년: 몽골와 중국에 각각 기반을 둔 칸들이 통치권을 두고 투쟁 1271년: 카이두(우구데이조)가 허수아비 차가타이 칸을 통해 신장과 트란스옥시아나를 장악		대칸 뭉케 (1251~1259년 재위) 대칸 쿠빌라이 (1260~1294년 재위)

14세기	1301년: 카이두 사망. 이후 일련의 차가타이 칸들이 통치 1340년경: 차가타이 칸국이 트란스옥시아나와 모굴리스탄으로 분열 (1340년부터) 두글라트 부(部)가 허수아비 차가타이조를 통해 모굴리스탄과 타림 분지 통치 1350년경: 투글루크 티무르가 이슬람으로 개종 1390년대: 흐즈르Khizr가 위구리스탄(투루판 분지)을 정복하고 이 지역을 차가타이조의 지배 아래 둠 차가타이조의 칸들, 두글라트 부의 아미르들		1330년대부터 서(西)차가타이 칸국이 이슬람화됨 명(明, 1368~1644) 티무르(1370~1405년 재위)
15세기	차가타이조의 칸들, 두글라트 부의 아미르들 유누스 칸(1462~1481년 재위)이 모굴리스탄과 투루판 지역을 다시 통합	오이라트 부(중가리아의 북동부) 유누스 칸(모굴리스탄, 투루판에서 중가리아의 서부와 발하슈 호수까지의 지역) 톈산, 이시크쿨, 파미르의 키르기스	1408년: 불교 승려들이 이끄는 투루판의 사절단이 명으로 감 더 많은 사절단과 교역이 트란스옥시아나의 티무르조와 이루어짐 낙슈반디 교단이 트란스옥시아나에서 세력을 얻음
16세기	차가타이조의 칸들, 두글라트 부의 아미르들 카슈가르의 사이드 칸(1514~1533년 재위)이 투루판과 모굴리스탄을 통치하고 있던 형제 만수르 칸(1503~1543년 재위)과 화해 알티샤르(타림 분지)와 모굴리스탄(중가리아)에서는 통일성이 유지됨 타림 분지 일대에서 설교를 하던 이스하크 호자(1599년 사망)가 이스하키야를 설립	오이라트 부, 카자흐족 톈산의 키르기스	1500~1599년: 우즈베크 왕조(샤이바니조) 트란스옥시아나의 마흐두미 아잠(1461~1542년)
17세기~ 18세기 중엽	호자들이 알티샤르에서 권력을 장악 1603년: 벤투 데 고에스Bento de Goes가 인도에서 야르칸드로, 다시 간쑤로 여행 유수프 호자(1653년 사망)와 아파크 호자(1694년 사망)가 아파키야를 설립 아파키야와 이스하키야 간의 경쟁 관계	중가르(오이라트 부) 갈단이 중가르의 칸이 됨 (1671~1697년 재위) 체왕 랍탄(1697~1727년 재위) 갈단 체링(1727~1745년 재위) 1745년: 중가르의 골육상잔	5대 달라이 라마 (1617~1682년) 1640년: 몽골-중가르 쿠릴타이 1688년: 중가르가 외몽골을 침입 1691년: 할하 몽골이 청(淸)에 합류 1717년: 중가르가 티베트에 개입 청이 티베트를 침입

시기			
	1678~1680년: 중가르가 타림 분지와 투루판 분지를 정복		1723년: 중가르가 트란스옥시아나를 침공
18세기 중엽~19세기 중엽	1750년대: 청이 신장을 정복 1765년: 오십(烏什) 반란 1771년: 토르구트의 귀환 1826년: 자한기르의 카슈가리아 침공 1830년: 유수프의 지휘 아래 코칸드 칸국이 침입 1831년: 청이 타림 분지에 영구적인 한족(漢族) 거주지를 허락함 1832년: 청과의 협약으로 카슈가르에서 코칸드는 치외 법권과 관세 수취권을 인정받음 1847·1852·1855·1857년: 호자의 기습		페르가나에서 코칸드가 부상 1850~1864년: 중국의 중부와 남부에서 태평천국(太平天國) 운동 발생 1862년: 간쑤에서는 통간(회족[回族])의 반란 1860년대: 러시아가 서투르키스탄으로 진출
19세기 후반부	1864년: 통간(회족)과 위구르 반란 1865~1871년: 야쿱 벡이 타림 분지와 우루무치를 정복 1873~1874년: 영국 사절단이 야르칸드와 카슈가르 방문 1876~1878년: 좌종당(左宗棠)과 유금당(劉錦棠) 휘하의 상군(湘軍)이 남부 신장을 재정복 1884년: 신장의 건성(建省), 유금당이 초대 총독이 됨 1885년: 후세인 무사 베이가 아르투시에 초등학교를 개교	1851년: 중소(中蘇) 쿨자 조약 1864년: 타란치 칸 휘하의 일리 유역 1871년: 러시아가 일리 유역을 침공 1879년: 리바디아 조약(비준되지 않음) 1881년: 상트페테르부르크 조약. 중국은 일리 유역의 대부분을 수복하는 대신 러시아에 교역상의 양보를 함	1884~1885년: 베트남을 둘러싼 중국-프랑스 전쟁
20세기 초	1912년: 양쩡신(楊增新)이 권력을 장악 1924년: 통상 조약으로 신장에 러시아 영사관 6개 설립 1928년: 양쩡신이 암살되고 진수런(金樹人)이 총독이 됨 1931년: 하미 반란 1932~1933년: 투루판 및 신장 전역에서 반란이 발생 1933년: 성스차이(盛世才)가 우루무치에서 통솔권을 장악 1933~1934년: 카슈가르에서 동투르키스탄 공화국이 선포됨(11~2월) 1944년: 국민당이 성스차이를 권력에서 제거 1944년: 삼구(三區) 혁명, 북부 신장에서 동투르키스탄 공화국이 선포됨 1946년: 연합 정부가 공표됨 1949년: 중국 공산당이 신장에서 권력을 장악		1900년: 북중국에서 의화단 운동 발생 1904년: 시베리아 횡단 철도 완공 1911년: 청의 멸망 1917~1922년: 러시아 혁명과 내전 1928년: 북벌(北伐), 국민당이 중국을 장악 1929년: 투르키스탄-시베리아 철도 완공 1945~1949년: 중국 내전

20세기 후반부	1952~1954년: 해체된 국민당 군대로 생산건설병단이 조직됨	1950년: 인민해방군이 티베트에 진입
	1955년: 신장 위구르 자치구 수립을 공표	1951~1952년: 중화인민공화국에서 삼반(三反) 운동 실시
	1962년: 신장 북부의 이타(伊塔) 사건	
	1966~1968년: 문화 대혁명 기간 동안 신장에서 무장 파벌 투쟁 발생	1956: 백화(百花) 운동과 뒤이은 반우파 투쟁
	1968년 (9월): '혁명위원회'가 신장에서 질서를 회복, 왕언마오(王恩茂)의 실각	1958~1962년: 중화인민공화국 대약진 운동 시행
	1979~1980년: 악수 사건, 5000~8000명의 한족 지식 청년들이 악수의 당 사무실 점거	1966~1976년: 무산 계급 문화 대혁명
	1990년: 바런(巴仁) 사건	1978년: 덩샤오핑(鄧小平)이 완전히 권력 장악
	1997년: 쿨자[이닝(伊寧)] 사건, 우루무치의 버스 폭탄 테러	1980년: 후야오방(胡耀邦)의 티베트 여행
	2000년: 서부 대개발 운동이 시작됨	1991년: 소련의 붕괴
		1996년: 상하이 5개국의 성립, 2001년에 상하이 협력기구로 개칭

주

서문

1) (옮긴이) 원문은 "car me bar"로 문법에 맞는 영어 표현은 "a bar in the car"이다. 이것은 즉 차를 개조하여 그곳에서 술을 파는 가게를 의미한다. 친절하게도 이메일을 통해 이 내용을 설명해 주신 저자 밀워드 교수에게 감사의 말을 전한다.

1장

1) Owen Lattimore, *Pivot of Asia: Sinkiang and the Inner Asian Frontiers of China and Russia*(Boston: Little, Brown and Company, 1950). 매카시Joseph McCarthy의 래티모어Owen Lattimore에 대한 마녀사냥에 관해서는 Robert P. Newman, *Owen Lattimore and the 'Loss' of China*(Berkeley and Los Angeles, CA: University of California Press, 1992)를 보라.

2) 스벤 헤딘Sven Hedin 탐험대의 일원이었던 과학자들은 최초의 화석들을 발견했고 이를 티엔샤노사우루스Tienshanosaurus라고 명명했다. http://www.gwu.edu/~clade/faculty/clark/china.html(2005년 5월 5일 방문)에서 James Clark and Xu Xing, "Dinosaurs from Xinjiang, China"를 참조하라.

3) Zhao Songqiao and Xia Xuncheng, "Evolution of the Lop Desert and the Lop Nor," *Geographical Journal* 150(1984), p. 311; Arie S. Issar (ed.), *Climate Changes during the Holocene and Their Impact on Hydrological Systems*(Cambridge University Press, 2003).

p. 63, 105.

4) 2000년도 중화인민공화국 전국 인구 조사에 따르면 (홍콩과 마카오를 제외한) 중국 본토의 총 인구는 12억 6583만 명이다(「2000年第五次全國人口普査主要數据公報」, no. 1」, 2002년 1월 23일 중화인민공화국 국가통계국의 웹사이트 www.p2000.gov.cn에서 다운로드). 동일한 인구 조사는 임시로 신장에 거주하는 79만 명을 포함하여 신장의 인구가 1925만 명에 달한다고 밝혔다(FBIS(Foreign Broadcast Information Service, 외국 방송 청취팀) CPP(China Program Product) 20010517000151을 통해 보도된 2001년 4월 3일자 『新疆日報』].

5) Zhao Songqiao and Xia Xuncheng, "Evolution of the Lop Desert and the Lop Nor," p. 320. 학자들은 누란이 방기된 시점이 4세기와 5세기 초 사이라고 보고 있다(Étienne de la Vaissière, *Histoire des marchands Sogdiens*, Bibliothèque de l'Institut des Hautes Études Chinoises, vol. 32(Paris: Collège France, Institut des Hautes Études Chinoises, 2004), pp. 113~114].

6) 일부 지역에서 지하수의 염도는 리터당 4그램을 초과하는데, 피의 염분은 리터당 약 1.6그램이며 해수의 경우는 리터당 30그램 정도이다. 국제연합대학과 알레포에 위치한 국제건조지역농업연구센터가 후원한 'New Approaches to Water Management in Central Asia' 워크숍의 회의록에 실린 Zhou Hongfei, Song Yudong and Hu Shunjin, "Irrigated Agricultural and Sustainable Water Management Strategies in the Tarim Basin"(1999), p. 131, 135를 참조. 낙타의 오줌을 비롯한 다양한 액체의 상대적인 염도에 관해 도움을 준 조지타운 대학 생물학·화학부의 덕 이글스Doug Eagles, 스티브 핸넘Steve Hannum, 세라 피셔Sara Fisher, 스티븐 싱어Steven Singer에게 감사의 말을 전한다.

7) 야생 낙타에 관해서는 John Hare, *The Lost Camels of Tartary: A Quest into Forbidden China*(London: Abacus, 1998) 참조. 영국에 본부를 둔 야생낙타보호재단은 가축화된 낙타와 유전학적으로 구별되는 야생 낙타를 보호하기 위해 로프노르 자연 보호 구역을 만드는 일에 중국 및 국제 환경 단체와 함께 일하고 있다.

8) A. P. Okladnikov, "Inner Asia at the Dawn of History," Dennis Sinor (ed.), *The Cambridge History of Early Inner Asia*(Cambridge University Press, 1990); 陳戈, 「史前時期的新疆」, 余太山 主編, 『西域通史』(中州: 中州古跡籍出版社, 1996), pp. 3~4[천거(陳戈)의 논문명은 옮긴이가 보충한 것임].

9) (옮긴이) 저자는 '무상(Musang/木桑)'이라고 표기했으나 이는 중석기 시대 대표적 유적 가운데 하나인 무레이(Mulei/木壘)'의 오기인 것으로 보인다.

10) 陳戈, 「史前時期的新疆」, pp. 4~9; John W. Olsen, "Digging beneath the Silk Road," *Natu-ral History*, 101, no. 9(1992. 9), p. 30.

11) Wang Binghua, "A Preliminary Analysis of the Archaeological Cultures of the Bronze Age in the Region of Xinjiang," F. Hiebert and Nicola Di Cosmo (eds.), *Between Lapis and Jade: Ancient Cultures of Central Asia*, special issue of *Anthropology and Archaeology of Eurasia*, 34, no. 4(1996. 봄), pp. 67~86[Nicola Di Cosmo, *Ancient China and its Enemies: The Rise of Nomadic Power in East Asian History*(Cambridge University Press, 2002), p. 47, n. 11에서 재인용].

12) Nicola Di Cosmo, *Ancient China and its Enemies: The Rise of Nomadic Power in East*

Asian History, pp. 27~28.

13) Nicola Di Cosmo, *Ancient China and its Enemies: The Rise of Nomadic Power in East Asian History*, p. 29.

14) Nicola Di Cosmo, *Ancient China and its Enemies: The Rise of Nomadic Power in East Asian History*, p. 71; Nicola Di Cosmo, "Ancient Xinjiang between Central Asia and China," *Between Lapis and Jade: Ancient Cultures of Central Asia*, pp. 96~98.

15) 맬러리 J. P. Mallory와 메어 Victor Mair는 케우리굴 Qäwrighul 묘지에서 발굴된 미라들—이 중 '누란의 미녀'는 가장 오래된 것 중 하나이다—을 기원전 1800년과 기원전 1000년대 사이의 것으로 추정했다[*The Tarim Mummies*(London: Thames and Hudson, 2000), p. 140]. 마용(馬雍)과 왕빙후아(王炳華)는 그 묘지를 기원전 7세기부터 기원전 1세기 사이의 것으로 보았다["The Culture of the Xinjiang Region," János Harmatta (ed.), *History of Civilizations of Central Asia*, vol. II, *The Development of Sedentary and Nomadic Civilization, 700 BC to AD 250*(Paris: Unesco, 1994), pp. 211~212].

16) Nicola Di Cosmo, "Ancient Xinjiang between Central Asia and China"; 陳戈,「史前時期的新疆」, pp. 10~31; Ma Yong and Wang Binghua, "The Culture of the Xinjiang Region"; Elizabeth Wayland Barber, *The Mummies of Ürümchi*(New York and London: Norton, 1999), 4장.

17) J. P. Mallory and Victor Mair, *The Tarim Mummies*, pp. 268~269, 294, 317~381; Elizabeth Wayland Barber, *The Mummies of Ürümchi* 참조.

18) Nicola Di Cosmo, "China on the Eve of the Historical Period," Michael Loewe and Edward Shaughnessy (eds.), *The Cambridge History of Ancient China: From the Origins of Civilization to 221 B.C.*(Cambridge University Press, 1999), pp. 941~944; Elizabeth Wayland Barber, *The Mummies of Ürümchi*, pp. 33~34; J. P. Mallory and Victor Mair, *The Tarim Mummies*, p. 220.

19) 토하라어는 브라흐미 Brahmi라고 알려진 인도 문자에서 크게 A형과 B형 2개의 방언으로 분화되었으며, 이 언어로 쓰인 문서들은 기원전 1000년기 후반의 것으로 추정된다. 학자들은 월지(月氏)가 토하라어의 사용자인지의 여부에 대해 의견을 달리하고 있다. 예를 들어 맬러리와 메어(*The Tarim Mummies*), 나라인 A. K. Narain("Indo-Europeans in Inner Asia," *Cambridge History of Early Inner Asia*)은 둘 사이의 연관성을 지지하고 있으나, 에노키 Enoki 등(K. Enoki, G. A. Koshelenko and Z. Haidary, "The Yueh-chih and their Migrations," *History of Civilizations of Central Asia*)은 월지가 이란어 사용자인 사카(스키타이)라고 생각했다.

20) 치롄(祁連) 산맥은 현재에는 남쪽에서 간쑤 회랑의 경계를 짓고 있는 산맥을 가리키는 것이지만, 고대에는 아마도 월지 영역의 좀 더 이북의 경계를 암시하는 톈산(天山) 산맥을 지칭했을 것이다[Peter B. Golden, *An Introduction to the History of Turkic Peoples*(Wiesbaden: Harrassowitz, 1992), p. 50].

21) 많은 학자들이 월지가 쿠샨 왕국을 구성하는 가장 주된 민족이었다고 생각하고 있지만 이 문제 역시 이견의 여지가 있다. 어쨌든, 쿠샨 제국의 행정 언어는 토하라어가 아니라 일반적으로 그리스 문자로 기록되었던 동부 이란계 언어였다(Peter B. Golden, *An Introduction to the History of Turkic Peoples*, pp. 55~56).

22) A. K. Narain, "Indo-Europeans in Inner Asia." 타림 분지의 미라, 월지, 토하라인, 쿠샨의 연관성에 대한 포괄적인 논의와 이와 관련된 문제들은 바버E. W. Barber와 맬러리 및 메어의 저작에서 확인할 수 있다(Elizabeth Wayland Barber, *The Mummies of Ürümchi*; J. P. Mallory and Victor Mair, *The Tarim Mummies*). 토하라 A어로 작성된 문서들은 투루판에서 카라샤르에 이르는 종교 유적들에서 발견되어 왔으며, 토하라 B어는 투루판 분지에서 서쪽으로 악수와 그 너머에 이르는 더 넓은 지역에서 나타났다. 몇몇 언어학자는 제3의 언어인 토하라 C어가 누란에서 니야에 이르는 타림 분지의 남쪽 가장자리를 따라 사용되었다고 생각했으나 이러한 가정은 단지 인도어계 언어인 카로슈티로 작성된 문서에서 이따금 토하라어에서 차용한 단어들이 발견된다는 사실에 근거할 뿐이다.

23) 1999년 〈사막의 미라의 수수께끼〉라는 제목의 디스커버리 채널 특별 프로그램 인쇄 광고는 할리우드 영화 〈미라〉의 클라이맥스 장면과 마찬가지로 '체르첸의 사내'라고 알려진 미라의 얼굴이 사막에서 떠오르는 장면을 내보냈다. 광고의 자막은 "이 얼굴이 어떻게 역사를 변화시킬 것인가?"라고 쓰여 있었는데, 카발리 스포르자Luigi Luca Cavalli-Sforza는 타클라마칸 미라 중 일부는 "틀림없이 푸른 눈과 갈색 머리를" 가지고 있었다고 기술했다〔*Genes, Peoples and Languages*, Mark Seielstad (trans.)(New York: North Point Press, 2000), p. 100〕. 그러나 내가 사진들에서 그리고 건조된 실물을 직접 본 미라들은 비록 황(黃)이라는 중국어 단어가 갈색에서 노란색에 이르는 색의 범위를 망라하고 있기 때문에 미라의 머리카락에 적용될 수도 있으나 영어에서 금발이라고 부르기에는 너무 진한 머리카락을 가지고 있었다. 마찬가지로, 내가 법의학 인류학자는 아니지만 어떠한 미라이건 안구의 부드러운 조직은 보존되어 있지 않으며 어떤 경우에든 눈이 감겨져 있기 때문에 푸른 눈을 가지고 있었는지는 의문이다. 분명히 어느 누구도 '누란의 미녀'를 비롯하여 가장 유명한 타클라마칸 미라들의 사진에서 눈의 색을 확신할 수는 없다. 만약 타클라마칸에 크고 부드러운 푸른색의 눈을 가진 미라가 있었다면 이들의 사진들은 이미 출판되었을 것이다.

24) 최초의 인도유럽인들은 기원전 2000년경 그리스에 도착했지만 토하라인들은, 만약 그들이 아파나시에보 문화나 중국 동부 신석기 문화의 주민이었다고 한다면, 이보다 이른 시기 중앙아시아로부터 동쪽으로 이주했을 것이다(A. K. Narain, "Indo-Europeans in Inner Asia," p. 154). 최초의 타클라마칸 미라들을 '북유럽인'이라고 생각하는 학자들은 이들을 3800년 이전—대다수의 유럽인들이 인도유럽어를 사용하기 이전—의 것으로 추정한다.

25) Theodore G. Schurr, "Tracking Genes across the Globe," *American Scientist Online* (2001. 1~2). 슈어Theodore G. Schurr는 헴필Brian E. Hemphill의 두개골 측정 연구를 인용했다.

26) James A. Millward, "Coming Onto the Map: 'Western Regions' Geography and Cartographic Nomenclature in the Making of Chinese Empire in Xinjiang," *Late Imperial China*, 20, no. 2(1999. 12), pp. 61~98.

27) An Jiayao, "The Art of Glass along the Silk Road," James C. Y. Watt (ed.), *China: Dawn of a Golden Age, 200-750 AD*(New York: Metropolitan Museum of Art and New Haven, CT: Yale University Press, 2004), pp. 57~66. Liu Xinru, *Ancient India and Ancient China: Trade and Religious changes, AD 1-600*(Delhi: Oxford University Press, 1988), pp. 18~22 곳곳에는 과도하게 높이 평가된 로마와 한 사이의 관계는 실제적인 증거가 부족하며 지중해와 중국 사이의 대부분의 접촉은 해로를 통해 우선 인도로, 그 다음에 육로를 통해 신장과 중국으로 이어졌다는 주장들이 제시되어 있다.

28) Peter B. Golden, *An Introduction to the History of Turkic Peoples*, p. 57.

29) 중국의 국가들과 초기 북방 민족들 간의 관계 및 사마천의 저작에 대해 디 코스모Nicola Di Cosmo는 자신의 명저 *Ancient China and its Enemies: The Rise of Nomadic Power in East Asian History*에서 흉노 연합은 중국의 국가들〔연(燕), 조(趙), 진(秦)〕이 북방으로 팽창함으로써 촉발된 위기의 결과로서 생겨났다고 주장했다. 중국의 국가들은 농부들을 유목민의 약탈로부터 보호하기 위해서가 아니라 영토가 팽창되고 세력이 확장됨에 따라 새로이 정복한 영토를 지키기 위해 최초의 장성(長城)을 건설했다. 통일 이후의 진을 비롯한 중국의 국가들은 전차를 끄는 데뿐만 아니라 점차적으로 많은 기병을 선발하기 위해서도 필요한, 그리고 이후 중국 군사력의 핵심적인 요소가 되어 버린 말을 키울 수 있는 초지를 얻기 위해 북쪽으로 팽창했다. 그러나 이 지역은 고정 관념과는 다르게 농경과 목축이 혼합된 경제생활을 하던 북방 민족들 — 이는 헤로도토스가 기술한 혹해 이북의 스키타이인들과 대단히 유사하다 — 의 농경 기지 역할을 했다. 이 지역의 상실은 위기를 불러왔는데, 묵특(冒頓)은 이를 이용하여 다양한 부족으로 이루어진 자신의 강력한 정치적 연합체를 형성했다. 따라서 중국의 북방으로의 확장과 장성의 축조는 존재하는 유목민의 위협을 방어하기 위한 의도가 아니었지만, 이는 흉노라는 강적이 탄생하는 데 기여했다.

30) Nicola Di Cosmo, "Ancient Xinjiang between Central Asia and China," p. 96.

31) Nicola Di Cosmo, *Ancient China and its Enemies: The Rise of Nomadic Power in East Asian History*, pp. 193~195, 210~217의 논의를 참조.

32) 위타이샨(余太山)은 장건(張騫)이 알타이를 넘어 이르티시 강을 따라 서쪽으로 간 후 발하슈 호 남쪽 가장자리를 지나 페르가나에 이르렀다고 주장했다(余太山, 「漢代西域」, 『西域通史』, pp. 49~51. 위타이샨의 논문명은 옮긴이가 보충한 것임). 장건의 사행(使行)에 대한 주요 자료는 『사기(史記)』 「대완전(大宛傳)」과 『한서(漢書)』 「서역전(西域傳)」이다.

33) A. F. P. Hulsewé and M. A. N. Loewe, *China in Central Asia: The Early Stage: 125 BC-AD 23*(Leiden: E.J. Brill, 1979), p. 49. 지명은 병음으로 표기했다(원문에는 지명이 모두 병음으로 표기되어 있으나 번역을 하는 과정에서 좀 더 익숙한 한자음으로 표기했다 — 옮긴이).

34) Chiang Kai-shek, *China's Destiny*, Wang Chung-hui (trans.)(New York: Macmillan, 1947), p. 4, 11. 이 책의 옮긴이는 민족 융합에 관한 이 단락이 개정판에서 수정되었다고 지적했지만, 표현은 다르나 원본도 동일한 주장을 하고 있다.

35) Ma Yong and Sun Yutang, "The Western Regions under the Hsiungnu and the Han," *History of Civilizations of Central Asia*, p. 240. 方英楷, 『新疆屯墾史』(上·下冊)(烏魯木齊: 新疆青少年出版社, 1989)와 趙予征, 『新疆屯墾』(烏魯木齊: 新疆人民出版社, 1991) 또한 참조.

36) 『後漢西』 卷77 「列傳」 第77 〈班超〉(실제로 반초의 열전은 『후한서』 권 77이 아니라 권 47에 해당한다 — 옮긴이); 範曄 編, 『後漢書』(臺北: 啓明書局, 1961), 2卷, p. 317; René Grousset, *The Empire of the Steppes: A History of Central Asia*, Naomi Walford (trans.), reprint edition(New Brunswick, NJ: Rutgers University Press, 1997)〔1970〕, p. 45. 여기에서 그루세는 "Trois généraux chinois de la dynastie des Han," *T'oung Pao*(1906)에 실린 샤반느Chavannes의 『후한서』 「반초 열전」의 번역을 인용했다.

37) 한과 흉노(匈奴)와의 투쟁에 대한 모든 기록은 『한서』, 『후한서』, 『사기』에 토대를 두고 있

다. 나는 대체로 이 자료들을 토대로 한 Yü Ying-shih, "Han Foreign Relations," Denis Twitchett and John K. Fairbank (eds.), *The Cambridge History of China*, vol. 1, *The Ch'in and Han Empires, 221 BC-AD 220*(Cambridge University Press, 1986), pp. 372~462; A. F. P. Hulsewé and M. A. N. Loewe, *China in Central Asia: The Early Stage: 125 BC-AD 23*; William Samolin, *East Turkestan to the Twelfth Century*(The Hague: Mouton, 1964)의 2차 연구를 참고했다.

38) T. Burrow, *A Translation of the Kharosthi Document from Chinese Turkestan*(London: The Royal Asiatic Society, 1994); Ma Yong and Sun Yutang, "The Western Regions under the Hsiungnu and the Han," pp. 234~235.

39) 실크로드 무역과 불교는 많은 연구와 근래 접할 수 있는 몇몇 책의 주제가 되어 왔는데, 대표적인 예로 Richard C. Foltz, *Religions of the Silk Road: Overland Trade and Cultural Exchange from Antiquity to the Fifteenth Century*(New York: St Martin's Press, 1999)와 Francis Wood, *The Silk Road: Two Thousand Years in the Heart of Asia*(Berkeley and Los Angeles, CA: University of California Press, 2002) 참조.

40) 디 코스모는 특히 『사기』에 잘 나타나 있듯이 한과 흉노 사이의 관계가 '평화에서 전쟁으로' 변한 이유에 대해 논의했다(Nicola Di Cosmo, *Ancient China and its Enemies: The Rise of Nomadic Power in East Asian History*, 6장).

41) Étienne de la Vaissière, *Histoire des marchands Sogdiens*, pp. 65~67.

42) 法顯, 『佛國記: 卽三十國記』. 이 부분은 필자의 번역이다. 영어 번역본은 H. A. Giles (trans.), *The Travels of Fa-hsien(399-414 A.D) or Record of the Buddhistic Kingdom*, reprint edition(Westopt, CT: Greenwood Press, 1981)(Cambridge University Press, 1923) 참조. [이 부분에 대한 번역은 『불국기(佛國記)』의 해당 부분을 참고하여 적절하게 수정했다. 『佛國記: 卽三十國記』, 釋法顯 撰(北京: 中華書局, 1991), p. 1― 옮긴이].

43) Mutsumi Hoyanagi, "Natural Changes of the Region along the Old Silk Road in the Tarim Basin in Historical Times," *Memoirs of the Research Department of the Toyo Bunko*(The Oriental Library) 33(1975), pp. 95~96; Arie S. Issar (ed.), *Climate Changes during the Holocene and Their Impact on Hydrological Systems*, p. 68; 鍾巍·舒强·熊黑鋼, 「塔裏木盆地南緣尼雅剖面的孢粉組合及其對曆史環境演化的反應」, 熊黑鋼 主編, 『新疆資源環境與可持續發展』(烏魯木齊: 新疆大學出版社), pp. 3~5.

44) Étienne de la Vaissière, *Histoire des marchands Sogdiens*, p. 112.

45) Christopher Atwood, "Life in Third-Fourth Century Cadh'otha: A Survey of Information Gathered from the Prakrit Documents found North of Minfeng(Niyä)," *Central Asiatic Journal*, 35(1991), nos 3-4, pp. 161~199.

46) 法顯, 『佛國記: 卽三十國記』, p. 3. 자일스H. A. Giles의 영어 번역본 *The Travels of Fa-hsien (399-414 A.D) or Record of the Buddhistic Kingdom*, pp. 5~6 참조. (이 부분에 대한 번역은 『불국기』의 해당 부분을 참고하여 적절하게 수정했다― 옮긴이).

47) 『晉書』 卷97, p. 8a. William Samolin, *East Turkestan to the Twelfth Century*, p. 50에 인용, 번역되어 있다. 마지막 문장은 필자가 번역한 것이다. [이 부분에 대한 번역은 『진서(晉書)』 「사이열전(四夷列傳)」 중 구자국(龜玆國)에 관한 부분을 참고하여 적절하게 수정했다. 『晉書』 卷97 「四夷列傳」(北京: 中華書局, 1997), p. 2543 ― 옮긴이].

48) M. Louis Hambis, et al., *L'Asie Centrale: histoire et civilizaion*(Paris: l'Imprimerie Nationale, 1977), p. 91; Prabodh Chandra Bagchi, *India and China: A Thousand Years of Cultural Relations*, reprint, based on second revised edition(Calcutta: Saraswat, 1981), pp. 42~45.

49) 2001년 9월부터 2002년 7월까지 스미소니언Smithsonian 박물관의 아서 새클러Arthur M. Sackler 갤러리에서 열린 'The Cave as Canvas: Hidden Images of Worship along the Silk Road' 전시회의 안내 책자에서 발췌한 것이다. 朱英榮·韓翔, 『龜玆石窟』(烏魯木齊: 新疆大學出版社, 1990)도 참조하라.

50) Étienne de la Vaissière, "Soghdians in China: A Short History and Some New Discoveries," *The Silk Road*(publication of the Silk Road Foundation, www.silkroadfoundation.org에서 볼 수 있다) 1, no. 2(2003. 12), p. 25.

51) 편지들은 1907년 오렐 스타인M. Aurel Stein에 의해 발견되었다. 이 편지들의 실제 연대에 대해서는 논란이 있지만 대부분의 학자들은 313~314년이라는 데 의견의 일치를 보인다. 이 시기의 소그드인 네트워크와 편지들에 대해서는 Étienne de la Vaissière, *Histoire des marchands Sogdiens*, pp. 43~67, 117~122를 참조하라. 네 통의 소그드 편지에 대한 심스 윌리엄스Nicholas Sims-Williams의 새로운 영어 번역은 실크로드와 관련된 다른 주요 텍스트들과 함께 실크로드 시애틀의 웹사이트 http://depts.washington.edu/uwch/silkroad/texts/sogdlet(2005년 5월 5일 접속)에 게시되어 있다.

52) (옮긴이) 필자가 Türk라고 표기한 이 민족의 이름을 우리에게 좀 더 친숙한 용어인 돌궐 이라는 명칭으로 옮길 것이다. 아울러 이들이 세운 유목 제국의 호칭으로 필자는 East Khaghanate와 West Khaghanate 또는 East Türk와 West Türk를 사용하고 있으나 동돌궐 제국과 서돌궐 제국 또는 동돌궐과 서돌궐로 각각 통일하고자 한다.

53) (옮긴이) 필자는 계속해서 '연연(蠕蠕, '징그럽게 꿈틀거리는 벌레'라는 의미로 중국인들이 경멸하는 투로 부르는 명칭)'이라는 호칭을 사용하고 있으나 옮긴이는 '유연(柔然)'이라는 좀 더 친숙한 용어를 사용하고자 한다.

54) 에프탈Hephtalites은 그리스와 중국의 사료에 다양한 명칭으로 등장하는데, 그중에는 에프 탈과 이것이 변형된 형태뿐만 아니라 활(滑), 훈Hyôn/Hun과 같은 호칭들이 있으며, 일부의 학자들은 이들이 바르Var 혹은 아바르Avar(6세기 중앙아시아로부터 동유럽으로 이주해 그 곳에서 새로운 왕국을 건설한 유목 민족으로서, 이들이 에프탈의 일파인지 아닌지에 대해 서는 확실하지 않다—옮긴이)와 관련되어 있다고 생각하고 있다. 에프탈은 일부의 이란 계 성원과 흉노의 잔당으로(그러므로 이들은 '훈족'이다) 구성되었다고 여겨진다(Dennis Sinor, "The Establishment and Dissolution of the Türk Empire," *Cambridge History of Early Inner Asia*, p. 301).

55) William Samolin, *East Turkestan to the Twelfth Century*, pp. 52~58.

56) (옮긴이) 유연도 돌궐과 마찬가지로 몽골 계통의 민족이었다. 르네 그루쎄 지음, 김호동· 유원수·정재훈 옮김, 『유라시아 유목제국사』(사계절, 2002), 114쪽.

57) 아르실라Arshila를 아사나사이(阿史那社爾)와 동일 인물로 보는 것에 관해서는 Christopher I. Beckwith, *The Tibetan Empire in Central Asia: A History of the Struggle for Great Power among Tibetans, Turks, Arabs and Chinese during the Early Middle Ages*(Princeton University Press, 1987), 부록 C 참조.

58) 예를 들어, 譚其驤 主編, 『中國曆史地圖集』, 5卷(上海: 中國地圖出版社, 1982~1987), pp. 32~ 33 및 벤틀리Jerry H. Bentley와 치글러Herbert Ziegler의 유명한 세계 지도 교과서는 바로 이 4년 동안의 기간으로 당의 영토를 표시하고 있다[*Traditions and Encounters: A Global Perspective on the Past*(New York: McGraw Hill Higher Education, 2000), p. 329].

59) 북정(北庭)/비슈발리크의 위치에 대해서는 Shimazaki Akira, "On Pei-t'ing(Bisbaliq) and K'o-han Fu-t'u-ch'eng," *Memoirs of the Research Department of the Toyo Bunko*, 32(1974)를 참조하라. 오렐 스타인은 1914년 폐허가 된 도시를 조사했다[M. Aurel Stein, *Innermost Asia: Detailed Report of Explorations in Central Asia, Kan-su and Eastern Iran*, 4 vols., reprint edition(New Delhi: Cosmo, 1980)(Oxford: Clarendon Press, 1928), vol. 2, p. 560 이하].

60) Christopher I. Beckwith, *The Tibetan Empire in Central Asia: A History of the Struggle for Great Power among Tibetans, Turks, Arabs and Chinese during the Early Middle Ages*, pp. 38~39; Denis Twitchett, (ed.), *The Cambridge History of China*, vol. 3, *Sui and T'ang China, 589~906, part 1*(Cambridge University Press, 1979), pp. 224~228, 279~280; William Samolin, *East Turkestan to the Twelfth Century*, pp. 59~60.

61) 『舊唐書』, 198卷, p. 5304. 벡위스Christopher I. Beckwith의 *The Tibetan Empire in Central Asia: A History of the Struggle for Great Power among Tibetans, Turks, Arabs and Chinese during the Early Middle Ages*, 38쪽에 실린 번역문을 참조했다(다만 웨이드 자일스 Wade-Giles 표기를 병음으로 바꾸었다). Christopher I. Beckwith, *The Tibetan Empire in Central Asia: A History of the Struggle for Great Power among Tibetans, Turks, Arabs and Chinese during the Early Middle Ages*, pp. 28~38. [이 부분의 번역은 필자의 영어 번역과 『구당서(舊唐書)』의 원문을 대조하여 적절히 수정했다. 『舊唐書』卷198, 「西戎列傳」 (北京: 中華書局, 1997), p. 5304—옮긴이].

62) Christopher I. Beckwith, *The Tibetan Empire in Central Asia: A History of the Struggle for Great Power among Tibetans, Turks, Arabs and Chinese during the Early Middle Ages*, pp. 53~55; William Samolin, *East Turkestan to the Twelfth Century*, pp. 61~64.

63) (옮긴이) 돌궐 제국에 다시금 부흥을 가지고 온 인물은 [중국 사료에는 묵철(默啜)이라고 등장하는] 카파카 카간(691~716년 재위)으로 그는 튀르게슈의 칸 사갈(沙葛, 706~711 년 재위)의 저항을 분쇄하고 튀르게슈 부족을 복속시켰다. 따라서 튀르게슈 부족 아래에 서 서돌궐 제국이 부흥했다는 필자의 기술은 정확하지 않다(르네 그루쎄 지음, 『유라시아 유목제국사』, 177쪽).

64) Christopher I. Beckwith, *The Tibetan Empire in Central Asia: A History of the Struggle for Great Power among Tibetans, Turks, Arabs and Chinese during the Early Middle Ages*, pp. 87~88.

65) 이 지역과 군사 원정에 대해서는 오렐 스타인[*Ruins of Desert Cathay*, 2 vols., reprint edition(New York: Dover Publication, 1987)[1912], pp. 52~72]이, 그리고 가장 최근에는 수전 휏필드Susan Whitfield["The Soldier's Tale," *Life Along the Silk Road*(Berkeley, CA: University of California Press, 1999)]가 기술했다.

66) 카를루크Karluk는 이전에는 동돌궐의 지배 아래 있었던 부족으로, 재건된 동돌궐 제국을 타도하기 위해 위구르 및 바스밀 부족과 연합했다. 그 후 그들은 바스밀을 없애기 위해 위

구르와 동맹을 맺었다. 744년 위구르가 스스로 카간국을 세우자 카를루크 서쪽의 중가리아로 이동하여 당이 튀르게슈 연합을 쫓아냈기 때문에 비어 있던 이 지역으로 들어갔다.

67) Denis Twitchett (ed.), *The Cambridge History of China*, vol. 3, *Sui and T'ang China, 589~906, part 1*, pp. 426, 433~435; William Samolin, *East Turkestan to the Twelfth Century*, pp. 64~67. 실제로 '탈라스 전투'는 탈라스 시에서 몇 마일 떨어진 아틀라흐에서 벌어졌다(Christopher I. Beckwith, *The Tibetan Empire in Central Asia : A History of the Struggle for Great Power among Tibetans, Turks, Arabs and Chinese during the Early Middle Ages*, p. 139, 주 188).

68) Étienne de la Vaissière, *Histoire des marchands Sogdiens*, pp. 195~203; Étienne de la Vaissière, "Soghdians in China : A Short History and Some New Discoveries," p. 26.

69) 당대의 호구 조사, 토지 대장, 요역(徭役)을 상세히 기술한 막대한 양의 문서가 서양, 일본, 중국의 고고학자들에 의해 투루판 지역에서 수집되었다. Yamamoto Tatsuro and Dohi Yoshikazu (eds.), *Tun-huang and Turfan Documents Concerning Social and Economic History*, part II : Census Registers, in two volumes A(notes and transcription) and B(photo-reproduced texts)(Tokyo : Tôyô Bunko, 1984~1985)를 참조하라.

70) Étienne de la Vaissière, *Histoire des marchands Sogdiens*, p. 162.

71) Ibn Khaldun, *The Muqaddimah : An Introduction to History*, Franz Rosenthal (trans.), N. J. Dawood (ed. and abr.), Bollingen Series(Princeton University Press, 1969)[1377], 2장.

72) Peter Perdue, *China Marches West: The Qing Conquest of Central Eurasia*(Cambridge, MA: The Belknap Press of Harvard University Press, 2005), pp. 532~536.

2장

1) (옮긴이) 저자는 이슬람이 중앙아시아에서 신장으로 '서쪽으로westward' 확대되었다고 서술했으나 이는 '동쪽으로'의 오기인 것으로 보인다.

2) René Grousset, *The Empire of the Steppes: A History of Central Asia*, pp. 100~101; William Samolin, *East Turkestan to the Twelfth Century*, p. 60.

3) 스텝 제국들이 흔히 그러하듯이 위구르의 구성 및 그 지배 계층의 배경에 대한 세부적인 사실들은 복잡하며, 현존하고 있는 자료를 바탕으로는 확실히 단정하기 어렵다. 예를 들면 위구르와 밀접하게 연관된 여러 가지의 명칭이 있다. 위구르 카간국의 위구르인들의 조상인 고차(高車)인들은 중국 기록에는 철륵(鐵勒)이라는 이름으로 알려진 부족 연합체의 일원이었다. 철륵은 돌궐의 '반항적인 가신'이 되었는데 철륵 연합에서 걸출한 부족의 명칭이었던 '위구르'[원흘(袁紇), 위흘(韋紇)]라는 단어가 이들을 지칭하는 집합적 용어 역할을 하게 되었을 수도 있다. 중국의 자료들 역시 이 연합을 구성(九姓)이라고 불렀는데 이는 "몽골에 있던 위구르 칸국과 이후 각지에 흩어진 위구르 국가 모두"를 가리키기 위해 무슬림 자료에서 차용한 투르크어 단어 '토쿠즈 오구즈Toqquz Oghuz'에 해당한다. 그러나 '토쿠즈 오구즈'라는 용어의 본래 의미 자체가 위구르 칸국의 위구르 지배 씨족 또는 840년 이후 신장의 북동부에 설립된 위구르 정치 체제의 지배 집단을 포괄하는 것인지 아니

면 배제하는 것인지에 대해서는 의문의 여지가 있다(Peter B. Golden, *An Introduction to the History of Turkic Peoples*, pp. 156~158). 8세기에 제작된 동돌궐 제국의 오르콘 비문에서 '토쿠즈 오구즈'는 콕 튀르크의 정치적 외연보다는 더 넓은 부족적인 개념에서의 투르크 민족을 의미한다—돌궐 제국의 정치적 지배를 받아들이지 않았던 토쿠즈 오구즈 부족도 있었다—는 식으로 사용되었다. 오르콘 비문은 위구르 부족에 대해서는 '위구르'라는 용어를 별도로 사용했다. 마흐무드 카슈가리Mahmud Kashgari 이전의 무슬림 저자들에게는 '토쿠즈 오구즈'가 '위구르'와 동의어였으나 카슈가리는 '위구르'라는 용어를 사용했다. 이 문제에 대한 자세한 논의는 Vladimir Minorsky (trans.), *Hudûd al-'Âlam, 'the Regions of the World': A Persian Geography, 372AH-982AD*, second edition, C. E. Bosworth (ed.), E. J. W. Gibb Memorial series, 11(London: Luzac, 1970), pp. 264~271; Vladimir Minorsky (trans.), "Tamim ibn Bahr's Journey to the Uyghurs," *The Turks, Iran and the Caucasus in the Middle Ages* (London: Variorum Reprints, 1978), vol. 1, pp. 285~290 참조.

4) Peter B. Golden, *An Introduction to the History of Turkic Peoples*, p. 168〔홍호(洪皓)의 『송막기문(松漠紀聞)』을 인용〕.

5) 몽골어인 카라발가순Qarabalghasun으로도 알려져 있다(Peter B. Golden, *An Introduction to the History of Turkic Peoples*, p. 171, 주 1).

6) Étienne de la Vaissière, *Histoire des marchands Sogdiens*, pp. 278~279; Vladimir Minorsky (trans.), "Tamim ibn Bahr's Journey to the Uyghurs," p. 283.

7) Étienne de la Vaissière, *Histoire des marchands Sogdiens*, pp. 200~203.

8) (옮긴이) 필자는 퀼 테긴Kül Tegin을 돌궐 제국의 카간이라고 서술했으나 그는 뵈귀Bögü 카간을 죽이고 정권을 장악한 이후 제위를 자신의 형인 빌게Bilge 카간에게 양보했고 제위에 오른 적이 없었다. 퀼 테긴 비문에 대한 상세한 내용은 정재훈, 『위구르 유목제국사, 744~840』(문학과지성사, 2005), 46쪽, 주 16 참조.

9) 오르콘 비문은 Kemal Silay, *An Anthology to Turkish Literature*, Indiana University Turkish Studies, 15(Bloomington, IN: University of Indiana Press, 1996), pp. 1~10에 인용되어 있다. 이 비문에 대해서는 다음의 주 19를 참조.

10) Ata-Malik Juvaini, *Genghis Khan: The History of the World Conqueror(Tâ'rîkh-i Jahângushâ(1260))*, J. A. Boyle (trans. and ed.), with a new introduction by David O. Morgan(Manchester University Press, 1958)(Unesco, 1997), p. 61.

11) Christopher I. Beckwith, *The Tibetan Empire in Central Asia: A History of the Struggle for Great Power among Tibetans, Turks, Arabs and Chinese during the Early Middle Ages*, pp. 155~172; Peter B. Golden, *An Introduction to the History of Turkic Peoples*, pp. 163~164; Colin MacKerras, "The Uighurs," *The Cambridge History of Early Inner Asia*, pp. 317~342; 薛宗正·馬國榮·田衛疆 編, 『中國新疆古代社會生活史』(烏魯木齊: 新疆人民出版社, 1997), pp. 325~326. 일부 학자들에 따르면 투루판/비슈발리크/쿠차에 최종적으로 정착하게 된 일군의 위구르인들은 위구르 왕족이 아니라 토쿠즈 오구즈였는데, 이들은 키르기스의 공격을 피해 서방으로부터 도망쳐 왔으며 이후 위구르인들의 디아스포라와 거의 동시에 발생한 티베트 세력의 붕괴로 인해 비게 된 톈산 이남 지역으로 이동한 부족이었다고 한다. 그러므로 이와 같은 견해에 따르면 무슬림 자료들이 투루판에 기반을

둔 정치 체제를 '토쿠즈 오구즈'라고 지칭한 것은 정확하다고 할 수 있는 반면, 중국의 자료들은 이들을 '위구르'라고 불렀다. 어쨌든 신장 동북부의 위구르 시대에는 이란인, 토하라인, 여타의 비위구르 투르크인, 중국인 및 아마도 일부의 몽골인까지도 포함한 다양한 집단이 이 지역의 지배 계층과 피지배 계층으로 동화되었다(Peter B. Golden, *An Introduction to the History of Turkic Peoples*, pp. 164~165).

12) W. Barthold, *Turkestan Down to the Mongol Invasion*, Tatiana Minorsky (trans.), 3rd edition, E. J. W. Gibb Memorial series(London: Luzac, 1968)[1900], p. 387.

13) 남성의 머리 모양에 대해서는 M. Louis Hambis et al., *L'Asie Centrale: histoire et civilization* (Paris: l'Impimerie Nationale, 1977), p. 145, 도판 65, 70, 87(설명은 p. 116, 152)과 삽화(설명은 p. 152)를 참조.

14) 薛宗正·馬國榮·田衛疆 編, 『中國新疆古代社會生活史』, pp. 327~334, 337~340.

15) 『宋史』, 脫脫等 撰(臺北: 洪氏出版社, 1975), 卷490, 〈高昌〉. 이 부분의 번역은 필자의 것으로, 이 중국 사신은 왕연덕(王延德)이다. 이 단락의 프랑스어 번역을 다시 영어로 번역한 것이 Svat Soucek, *A History of Inner Asia*(Cambridge University Press, 2000), p. 79에 인용되어 있다. [이 부분에 대한 번역은 『송사(宋史)』 卷490 「외국열전(外國列傳)」 중 '고창(高昌)'에 관한 부분을 참고하여 적절히 수정했다. 『宋史』 卷490 「外國列傳」(北京: 中華書局, 1997), pp. 14111~14112 — 옮긴이].

16) Vladimir Minorsky (trans.), *Hudûd al-'Âlam, 'the Regions of the World': A Persian Geography, 372AH-982AD*, pp. 94~95, 주 12.

17) Nicholas Sims-Williams, "Sogdian and Turkish Christians in the Turfan and Tun-Huang Manuscripts," Alfredo Cadonna (ed.), *Turfan and Tun-Huang, The Texts: Encounter of Civilizations on the Silk Route*(Firenze: Leo S. Olschki Editore, 1992). 위구르에 대한 주요 2차 저작에는 Annemarie von Gabain, *Das uigurische Königreich von Chotscho 850~1250*(Berlin: Akademie-Verlag, 1961)와 *Das Leben im uigurischen Königreich von Qočo, 850~1250*(Weisbaden: Harrassowitz, 1973)이 있다.

18) 탕구트에 대해서는 Ruth W. Dunnell, *The Great State of White and High: Buddhism and State Formation in Eleventh Century Xia*(Honolulu, HI: University of Hawai'i Press, 1996) 참조.

19) 몽골의 오르콘 지역에서 발견된 석비에 룬 문자인 돌궐 문자로 새겨진 이 8세기의 텍스트들은 제1돌궐 제국의 흥기와 멸망, 그리고 바스밀과 위구르 및 카를루크에 의해 전복되기 전까지 돌궐 제국을 부흥시킨 칸들의 업적에 대해 기록하고 있다.

20) 카라한조의 기원에 대해서는 바르톨트W.(V. V.) Barthold의 '야그마Yaghma 가설'과 프리차크 O. Pritsak의 '카를루크 이론'이 대립하고 있는 상태로 복잡하며 논쟁의 여지가 있다[Michal Biran, "Qarakhanid Studies: A View from the Qara Khitai Edge," *Cahiers D'Asie Centrale*, 9(2001), pp. 81~82]. 카라한조를 구성한 부족에는 아마도 잔존하고 있던 튀르게슈와 카를루크를 비롯하여 야그마, 치길 및 투구시가 포함되었을 것이다. 이 문제에 대한 주요 저작에는 바르톨트[*Four Studies on the History of Central Asia*, Vladimir and Tatiana Minorsky (trans.)(Leiden: E. J. Brill, 1956~1962), vol. 1("A Short History of Turkestan"과 "History of Semirechyé"가 포함되어 있다)과 *Encyclopaedia of Islam*, first edition(1913~1942), 'Karluk' 항] 그리고 프리차크["Von den Karluk zu den Karachaniden,"

Zeitschrift der Deutschen Morgenländischen Gesellschaft, 101(1951), pp. 270~300]의 것이 있다. 여기에서 필자는 Peter B. Golden, *An Introduction to the History of Turkic Peoples*, pp. 214~216과 Peter B. Golden, "The Karakhanids and Early Islam," *The Cambridge History of Early Inner Asia*, pp. 348~351의 내용을 주로 따랐으며 William Samolin, *East Turkestan to the Twelfth Century*도 참고했다.

21) Michal Biran, "Qarakhanid Studies: A View from the Qara Khitai Edge," p. 78.

22) H. W. Bellew, *Kashmir and Kashghar: A Narrative of the Journey of the Embassy to Kashghar in 1873~1874*(London: Trubner, 1875), pp. 308~309.

23) Peter B. Golden, "The Karakhanids and Early Islam," pp. 214~215; William Samolin, *East Turkestan to the Twelfth Century*, pp. 78~80; W. Barthold, *Turkestan Down to the Mongol Invasion*, pp. 254~256; W. Barthold, *Four Studies on the History of Central Asia*, 1장, p. 20.

24) Mirza Muhammad Haidar Dughlat, *A History of the Moghuls of Central Asia, being the Tarikh-i Rashidi of Mirza Muhammad Haidar, Dughlat*, N. Elias (ed.), E. Denison Ross (trans.)(New York: Barnes & Noble, 1972)[1895], p. 287, 주 1. 또한 이 문제에 대해 개방적인 입장을 취하는 W. Barthold, *Turkestan Down to the Mongol Invasion*, p. 254와 이러한 해석에 중요한 증거를 제공하는 Peter B. Golden, *An Introduction to the History of Turkic Peoples*, pp. 196~199, 201— 여기에서 (앞서 인용한 유명한『후두드 알 알람 *Hudud al-'Alam*』을 비롯한) 이슬람의 지리학자에 대한 특별한 언급을 찾아볼 수 있다— 을 참조하라.『후두드 알 알람』의 내용을 따르고 있는 M. Louis Hambis, et al., *L'Asie Centrale: historie et civilizaion*, p. 24와 비교해 보라.

25) 웨이량타오(魏良弢)와 류잉성(劉迎胜)의 입장을 다룬 간략한 논의에 대해서는 Michal Biran, "Qarakhanid Studies: A View from the Qara Khitai Edge," p. 79 참조.

26) Mahmûd al-Kashgharî, *Compendium of the Turkic Dialects[Divanu lugat-it-Türk* (Arabic/Turkic)], R. Dankoff and J. Kelly (trans.), 3 vols.(Cambridge, MA: Harvard University Press, 1982~1985)[1072~1077], vol. 1, parts 1-3. 마흐무드 카슈가리의 간략한 전기는 Svat Soucek, *A History of Inner Asia*, pp. 87~91에서 찾을 수 있다.

27) Yûsuf Khâss Hâjib, *Wisdom of Royal Glory(Kutadgu Bilig): A Turko-Islamic Mirror for Princes*, Robert Dankoff (trans.)(University of Chicago Press, 1983)[1069], pp. 1~35에 실린 단코프Robert Dankoff의 "Introduction" 참조.

28) 薛宗正·馬國榮·田衛疆 編,『中國新疆古代社會生活史』, p. 373. 여기에서는 張廣達·榮新江,「敦煌"瑞像記", 瑞像圖及其反映的于闐」,『于闐史叢考』을 인용하고 있다. 호탄의 왕은 카라한 조와 전쟁을 벌였던 시기를 기술하며 970년 둔황의 제후들에게 편지를 썼는데, 이 편지의 영어 번역은 H. W. Bailey, *Khotanese Texts*(1964), vol. 2, pp. 125~129에 수록되어 있다. Michal Biran, "Qarakhanid Studies: A View from the Qara Khitai Edge," p. 86, 주 19에서 재인용.

29) Michal Biran, "'Like a Might Wall': The Armies of the Qara Khitai," *Jerusalem Studies in Arabic and Islam*(Hebrew University of Jerusalem, Faculty of Humanities) 25(2001), p. 68.

30) Michal Biran, "'Like a Might Wall': The Armies of the Qara Khitai," pp. 67~68.

31) Michal Biran, "'Like a Might Wall': The Armies of the Qara Khitai," p. 46.

32) 魏良弢,「唐末, 宋, 遼, 金時期的西域」, 余太山 主編,『西域通史』, p. 309.

33) Michal Biran, "'Like a Might Wall': The Armies of the Qara Khitai," pp. 49~50.

34) 마흐무드 카슈가리는 자신의 11세기 투르크어 방언사전에서 "위구르인들은 순수한 투르크어 및 그들끼리 사용하는 또 다른 언어를 가지고 있다"라고 지적했는데, 아마도 이 다른 구어(口語)는 토하라어를 지칭하는 것으로 보인다[Mahmûd al-Kashgharî, *Compendium of the Turkic Dialects[Divanu lugat-it-Türk* (Arabic/Turkic)], vol. 1, p. 83].

35) Karl A. Wittfogel and Feng Chia-sheng, "Appendix V: Qarâ-Khitâi," *History of Chinese Society: Liao*(907~1125), transaction of the American Philosophical Society, new series, vol. 36(Philadelphia, PA: American Philosophical Society, 1949); 余太山 主編,『西域通史』; 紀宗安,『西遼史論 耶律大石研究』(烏魯木齊: 新疆人民出版社, 1996)

36) Karl A. Wittfogel and Feng Chia-sheng, "Appendix V: Qarâ-Khitâi," *History of Chinese Society: Liao*(907~1125), pp. 667~668[高昌偰氏家譜(Chronicle of the Xie Family of Gaochang)를 인용]. 주바이니Ata-Malik Juvaini의 이야기에서는 탑이 카라 키타이 관원의 머리 위로 무너졌다고 한다[*Genghis Khan: The History of the World Conqueror(Tâ'rìkh-i Jahân-gushâ[1260])*, pp. 44~45]. 이슬람 자료에서는 관원의 이름이 'Shaukem,' 'Shawkam' 등으로 기록되어 있으나(일례로, W. Barthold, *Turkestan Down to the Mongol Invasion*, p. 362), 이는 중국식 호칭인 소감(少監, shaojian)이 와전된 것이다.

37) Thomas T. Allsen, "The Yüan Dynasty and the Uighurs of Turfan in the 13th Century," Morris Rossabi (ed.), *China Among Equals: The Middle Kingdom and its Neighbors, 10th~14th Centuries*(Berkeley, CA: University of California Press, 1983), pp. 247~248.

38) 쿠출루크는 분명히 자신이 마음대로 사용할 수 있는 공성 병기나 코끼리를 가지고 있지 않았다(Michal Biran, "'Like a Might Wall': The Armies of the Qara Khitai," p. 66).

39) Ata-Malik Juvaini, *Genghis Khan: The History of the World Conqueror(Tâ'rìkh-i Jahân-gushâ[1260])*, pp. 63, 71~73.

40) W. Barthold, *Turkestan Down to the Mongol Invasion*, pp. 401~403; René Grousset, *The Empire of the Steppes: A History of Central Asia*, pp. 233~236.

41) (옮긴이) 울루스ulus는 당시 특정한 지배자에 의해 통합된 정치적 단위를 지칭하는 용어로 사용되었는데, 그 개념에는 '영지·토지'가 포함되어 있기는 하지만 일차적인 의미는 '인민(人民)'이라는 뜻이다. 특히, 현재 우리가 편의상 차가타이 칸국이라고 표기하는 정치 체제는 당시의 페르시아 사료에는 '차가타이 울루스' 내지는 그 통치자의 이름을 붙여 '알구의 울루스' 혹은 '바라크의 울루스'라고 기록되어 있다[김호동,「몽골제국과 "대원"」,『역사학보』192(2006), 234~240쪽].

42) 위구리스탄이 차가타이 울루스에 포함되었는지의 여부에 대해서는 자료마다 의견을 달리하고 있다. 칭기즈칸이 제국을 분봉한 이후의 시기에 대해 가장 완벽하게 그리고 시기적으로 가장 인접하여 기술한 주바이니는 위구르의 이디쿠트가 처음에는 대칸에게 직속(直屬)한 채 스스로 통치했다고 기술하고 있다. 이후 위구리스탄은 차가타이 칸국 내로 편입되었다. Thomas T. Allsen, "The Yüan Dynasty and the Uighurs of Turfan in the 13th Century," pp. 248~250 참조.

43) (옮긴이) 이와 같은 6가지 요구 조건이 바로 '육사(六事)'로, 이는 몽골 제국이 주변의 국가들에게 신속(臣屬)의 표시로서 행할 것을 요구한 일종의 의무 조항이었다. 육사와 관련된 자세한 사항은 김호동, 『몽골 제국과 고려』(서울대학교출판부, 2007), 92~98쪽을 참조하라.

44) (옮긴이) 다루가darugha는 '도장을 찍다'라는 뜻의 몽골어 동사로서 이 관직을 담당하고 있는 사람들은 다루가치darughachi(chi는 사람을 나타내는 몽골어 접미사. 한자로는 達魯花赤)라고 불리는 것이 일반적이다. 몽골 제국은 정복한 지역을 통치하기 위해 다루가치들을 두었는데, 투르크어의 바스카크basqaq와 페르시아어의 샤흐나shahna, 몽골어의 다루가치는 모두 동일한 관직을 지칭한다. 다루가치의 업무, 특징, 중국에서의 다루가치의 활동에 관한 가장 자세한 연구로는 Elizabeth Endicott-West, *Mongolian Rule in China*(Cambridge, Mass.: Harvard University Press, 1989)가 있다.

45) Thomas T. Allsen, "Mahmud Yalavač(?~1254), Mas'ud Beg(?~1289), 'Ali Beg (?~1280); Bujir(fl. 1206~1260)," Igor de Rachewiltz, Hok-lam Chan, Hsiao Ch'i-ch'ing and Peter W. Geier (eds.), *In the Service of Khan: Eminent Personalities of the Early Mongol-Yüan Period(1200~1300)*(Weisbaden: Harrassowitz, 1993), pp. 122~134.

46) (옮긴이) 'Golden Horde'(황금 군단)라는 영어 표현은 칭기즈칸의 장남 주치와 그 후손들이 장악한 정치 체제를 가리키는 것으로, 한국에서는 '킵차크 칸국' 또는 '금장(金帳) 칸국'이라는 용어들을 더 보편적으로 사용하고 있다. 앞서 주 41에서 언급했듯이 이 정치 체제를 지칭하는 가장 정확한 표현은 '주치 울루스' 내지는 '바투의 울루스'이겠지만 아직까지 이러한 표현은 많은 독자들에게 생소하므로 여기에서는 좀 더 익숙한 '금장 칸국'이라는 용어를 사용하겠다.

47) (옮긴이) 이것이 바로 유명한 탈라스 쿠릴타이로서, 이 쿠릴타이에는 카이두와 바라크 그리고 금장 칸국의 수장인 뭉케 티무르의 대리인인 그의 숙부 베르케체르가 참석했다. 이 쿠릴타이의 결과 트란스옥시아나에서 나오는 재원의 3분의 2는 바라크에게로, 나머지 3분의 1은 절반씩 카이두와 뭉케 티무르에게 각각 귀속되었다. 또한 바라크는 이듬해(1270) 봄 자신이 호라산Khorasan을 침공할 것이라는 계획을 밝혔고 카이두로부터 지원을 약속받았다. 종래에는 이 탈라스 쿠릴타이를 통해 카이두가 쿠빌라이에 대적하는 또 다른 대칸으로 선출되었다는 견해가 지배적이었지만, 최근에 들어서는 탈라스 쿠릴타이에서 카이두가 대칸으로 추대된 적이 없으며 또한 카이두는 결코 스스로 대칸임을 자인한 적이 없다는 견해가 설득력을 얻고 있다. 탈라스 쿠릴타이와 관련된 자세한 논의는 Michal Biran, *Qaidu and the Rise of the Independent Mongol State in Central Asia*(Surrey: Curzon, 1997), pp. 19~36 참조.

48) Thomas T. Allsen, "The Yüan Dynasty and the Uighurs of Turfan in the 13th Century," p. 261.

49) 이 용어는 P. D. Buelle, "Činqai(ca. 1169~1252)," *In the Service of Khan: Eminent Personalities of the Early Mongol-Yüan Period(1200~1300)*, p. 95에서 차용한 것이다.

50) Thomas T. Allsen, "The Yüan Dynasty and the Uighurs of Turfan in the 13th Century," pp. 266~267.

51) 주바이니는 친카이Chinqay를 위구르인이라고 했지만 중국의 자료들은 그를 케레이트Kereit라고 기록했다. 뷰얼P. D. Buell은 그가 아마도 중국과 몽골의 변경 지역 출신으로, 문화적으

로는 투르크화된 집단인 옹구트 부족에 속한 케레이트라는, 네스토리우스 기독교를 신봉하는 씨족 출신일 것이라고 주장했다[P. D. Buelle, "Činqai(ca. 1169~1252)," pp. 96~97].

52) W. Barthold, *Turkestan Down to the Mongol Invasion*, pp. 474~475; Ata-Malik Juvaini, *Genghis Khan: The History of the World Conqueror(Tấ'ỳkh-i Jahân-gushâ[1260])*, vol. 2, 28~29장; P. D. Buelle, "Činqai(ca. 1169~1252)," pp. 102~104.

53) Thomas T. Allsen, "The Yüan Dynasty and the Uighurs of Turfan in the 13th Century," pp. 254~261.

54) 별도로 표기하는 경우를 제외하고는 차가타이 시기 투르키스탄에 대한 이전의 기술들은 주로 W. Barthold, *Turkestan Down to the Mongol Invasion*, 5장(이 장에는 미노르스키 Vladimir Minorsky의 번역이 추가되었다)과 René Grousset, *The Empire of the Steppes: A History of Central Asia*, pp. 326~345에 의거했다.

55) (옮긴이) 필자가 언급한 호자Khwajas파(派)란 중앙아시아에서 큰 영향력을 얻었던 낙슈반디 교단Naqshbanidyya을 지칭하는 것인데, 자말 앗 딘Jamal ad-Din이 과연 낙슈반디 교단에 소속되었는지는 분명치 않으며 도리어 그는 어떠한 교단에도 소속되지 않았을 가능성이 크다[김호동, 「모굴汗國의 초기 무슬림 성자들」, 『역사학보』 119(1998), 8~11쪽].

56) 중앙유라시아 초원의 이슬람화에서 이와 같은 시합이 갖는 중요성에 대해서는 Devin DeWeese, *Islamization and Native Religion in the Golden Horde: Baba Tükles and Conversion to Islam in Historical and Epic Tradition*(University Park, PA: Pennsylvania State University Press, 1994) 참조.

57) Mirza Muhammad Haidar Dughlat, *A History of the Moghuls of Central Asia, being the Tarikh-i Rashidi of Mirza Muhammad Haidar, Dughlat*, vol. 1, pp. 14~15.

58) Mirza Muhammad Haidar Dughlat, *A History of the Moghuls of Central Asia, being the Tarikh-i Rashidi of Mirza Muhammad Haidar, Dughlat*, vol. 1, p. 52; Hafiz Abru(Shihabu'd-Din 'Abdullah bin Lutfullah Al-Khwafi), *A Persian Embassy to China, Being an Extract from Zubdatu't Tawarikh of Hafiz Abru*, K. M. Maitra (trans.), reprint edition(New York: Paragon, 1970)[1422], pp. 12~13(85~86); Morris Rossabi, "Ming China and Turfan, 1406-1517," *Central Asiatic Journal*, 16, no. 3(1972), pp. 210~212.

59) (옮긴이) 저자는 이 인물의 이름을 미르자 알렉산더Mirza Alexander라고 표기했으나 그의 정확한 이름은 '알렉산더'의 페르시아어 호칭인 미르자 이스칸다르Mirza Iskandar이다.

60) Mirza Muhammad Haidar Dughlat, *A History of the Moghuls of Central Asia, being the Tarikh-i Rashidi of Mirza Muhammad Haidar, Dughlat*, pp. 38~39, 51~52; René Grousset, *The Empire of the Steppes: A History of Central Asia*, pp. 422, 425~426; W. Barthold, *Four Studies on the History of Central Asia*, pp. 141~144. 페르시아어 역사서인 『자파르나메Zafarname』의 '중국' 상인에 대한 이 언급이 명에서 온 중국인을 지칭하는 것인지 아니면 단순히 이슬람의 자료에서 때로는 여전히 '키타이'라고 언급되던 옛 위구리스탄 출신의 동방인을 가리키는 것인지는 불분명하다. 만약 이들이 명의 국경 밖에서 활동하던 한족들이라고 한다면 그들 역시 이론상으로 사신들에 의해 헌상되는 '조공'의 형태로만 해외 무역이 허용되는 명의 법률 밖에 있었다. 일례로, 흐즈르 호자Khizr Khwaja는 1391년 무렵 난징에 있는 명의 궁정과 사신 및 선물을 교환했다. 魏良弢, 「明代及清初之西

域」,『西域通史』, p. 376(웨이량타오의 논문명은 옮긴이가 보충한 것임).

61) 알테 세헤르altä shähär 또는 '여섯 도시'(카슈가르, 야르칸드, 호탄, 악수, 우시 투루판, 코를라)에서 파생된 '알티샤르'라는 용어는 '카슈가리아'와 동의어이다.

62) (옮긴이) 현재 '킵차크 칸국' 또는 '금장 칸국'이라는 용어로 알려진 정치 체제는 사실 여러 개의 울루스로 구성되어 있었는데, 이 중 가장 대표적인 것이 바로 금장 칸국(킵차크 칸국)과 백장(白帳) 칸국이다. 금장 칸국은 주치의 둘째 아들인 바투의 울루스를, 백장 칸국은 주치의 큰아들인 오르다의 울루스를 각각 지칭하는 것이다. 오르다Orda는 주치 가문의 최연장자이기는 했으나 몸이 병약하여(그의 이름 역시 그가 주로 천막Ordu에만 기거했기 때문에 붙여진 것이라고 한다) 가문의 대소사에 큰 영향력을 발휘하지 못했고 칸의 자리 역시 바투가 장악하게 되었다. 이처럼 주치 울루스 내에서 바투와 그 후손들의 세력이 가장 강력했고 칸의 자리 역시 이들 가문에 의해서 대체로 독점되었기 때문에 여러 개의 울루스로 구성된 주치 울루스가 '킵차크 칸국' 또는 '금장 칸국'이라고 알려지게 된 것이다.

63) (옮긴이) 쥐즈Jüz는 백(百)을 의미하는 것으로 키시 쥐즈Kishi Jüz는 소(小)오르다를, 오르타 쥐즈Orta Jüz는 중(中)오르다Orda를, 울루 쥐즈Ulu Jüz는 대(大)오르다를 각기 의미한다(르네 그루쎄 지음,『유라시아 유목제국사』, 667쪽, 주 7).

64) 초창기 카자흐의 역사에 대한 간략한 논의는 Martha Brill Olcott, *The Kazaks* (Stanford, CA: Hoover Institution Press, 1987)와 Svat Soucek, *A History of Inner Asia*, pp. 195~197에서 확인할 수 있다.

65) Joseph F. Fletcher, "China and Central Asia, 1368-1884," John King Fairbank (ed.), *The Chinese World Order: Traditional China's Foreign Relations*(Cambridge, MA: Harvard University Press, 1968).

66) 로사비Morris Rossabi는 투루판과 명의 관계를 교역 및 외국과의 관계에 대한 명의 기본적인 입장과 이러한 입장들이 야기한 문제들과 연관지어 논의했다(Morris Rossabi, "Ming China and Turfan, 1406-1517"). 제국의 우월성에 대한 중국 측 주장의 수사학과 실제에 대해서는 Joseph F. Fletcher, "China and Central Asia, 1368-1884" 참조.

67) "Tributum은 로마의 세금을 지칭하는 라틴어 단어(또 다른 것은 vectigalia이다)로서 기원전 167년 이후 로마의 시민들과 로마의 시민이 아닌 사람 모두를 포함하여 지역의 주민들이 로마에 바치는 직접세를 나타내기 위해서 독점적으로 사용되기 시작했다.…… Tribute는 현금 또는 현물로 징수된 토지세나 인두세 중 하나였다. 현물세에는 물론 이집트에서 온 곡물들도 포함된다.…… 공물로서 바쳐진 곡물은 또한 시칠리아와 아프리카에서 중요한 세금이었다"(Allison Futrell, 개인적인 서신). 따라서 Tribute는 역사적으로는 제국이 정복 지역에 부과한 무거운 세금을 지칭하는 것이다. 반면 중국적인 맥락에서 '공(貢)'은 그 원산지를 대표하되 금전적인 가치는 상당히 낮은 상징적인 선물들 — 예를 들어 투루판의 과일 잼과 같이 — 로 이루어져 있었다. 또한 국가만이 '공'을 바치는 것도 아니었는데 중국의 관원들 및 명과 청의 다른 백성들도 황제에게 '공'을 바쳤다. '황제에 대한 선사품'이 아마도 덜 오해를 불러일으키는 번역일 수 있다. 서구의 학자들은 계속해서 '공'을 'tribute'라고 번역함으로써 무의식중에 이러한 특정한 형태의 의례화된 외교와 교역에 참여하게 된 국가들을 중화 제국이 지배했다는 (또는 적어도 영향력을 행사했다는) 수사학을 지지하게 되었다. 이러한 문제는 신장뿐만 아니라 사절단들이 공을 바쳤던 동남아시

아, 한국, 오키나와 및 다른 국가들에도 적용된다. 이에 대한 더 많은 논의는 John E. Wills, Jr., "Tribute, Defensiveness, and Dependency: Uses and Limits of Some Basic Ideas about Mid-Ch'ing Foreign Relations," *American Neptune*, 48(1988), pp. 225~229 와 "How We Got Obsessed with the 'Tribute System' and Why It's time to Get Over it," paper presented at the panel "Rethinking Tribute: Concept and Practice," Annual Meeting of the Associations for Asian Studies(1995. 4) 및 James L. Hevia, *Cherishing Men from Afar: Qing Guest Ritual and the Macartney Embassy of 1793*(Durham, NC: Duke University Press, 1995) 참조.

68) 蘇北海·黃建華, 『哈密吐魯番維吾爾王曆史』(烏魯木齊: 新疆大學出版社, 1993), p. 154.

69) Mirza Muhammad Haidar Dughlat, *A History of the Moghuls of Central Asia, being the Tarikh-i Rashidi of Mirza Muhammad Haidar, Dughlat*, vol. 1, pp. 97~98; W. Barthold, *Four Studies on the History of Central Asia*, pp. 147~148. 그 사제는 페르시아어를 사용하는 정주 중앙 아시아인이라는 뜻으로 '타지크인'이라는 용어를 사용한 것이다.

70) Morris Rossabi, "Ming China and Turfan, 1406-1517." 유누스Yunus에 대한 로사비의 논의는 Morris Rossabi, *China and Inner Asia: From 1368 to the Present Day*(London: Thames and Hudson, 1975) 참조.

71) (옮긴이) 『라시드사(史)』의 저자인 미르자 하이다르Mirza Muhammad Haidar Dughlat의 생애와 이 책의 구성 및 내용에 대한 자세한 논의는 김호동, 「미르자 하이다르(1500-1551)와 『라시드史』」, 『동양사학연구』 68(1999) 참조.

72) Mirza Muhammad Haidar Dughlat, *A History of the Moghuls of Central Asia, being the Tarikh-i Rashidi of Mirza Muhammad Haidar, Dughlat*, vol. 2, p. 134; W. Barthold, *Four Studies on the History of Central Asia*, p. 153. '야르칸드 칸국(葉爾羌汗國)'의 중국식 용법에 대해서는 魏良弢, 『葉爾羌汗國史綱』, 邊疆史地叢書(哈爾濱: 黑龍江敎育出版社, 1994), pp. 2~6 참조.

73) Morris Rossabi, "Ming China and Turfan, 1406-1517." Hiroshi Watanabe, "An Index of Embassies and Tribute Missions from Islamic Countries to Ming China (1368-1466) as Recorded in the Ming *Shih-lu* Classified According to Geographic Area," *The Memoirs of the Toyo Bunko*, 33(1975) 또한 참조하라.

74) C. Wessels, *Early Jesuit Travellers in Central Asia, 1603-1721*(The Hague: Martinus Nijhoff, 1924), p. 25. 고에스Bento de Goes의 일지는 분명히 그가 사망한 이후 채무자들에 의해 파기되었다. 우리가 그의 여행에 대해 알고 있는 바는 고에스로부터 받은 편지와 고에스의 여행 동료와 면담한 내용을 토대로 작성한 예수회 수사 마테오리치Matteo Ricci의 기록에서 얻은 것이다.

75) L. Gllagher (trans.), *China in the Sixteenth Century: The Journals of Matthew Ricci, 1583-1610*(New York: Random House, 1953), pp. 513~515. Isenbike Togan, "Inner Asian Muslim Merchants at the Closure of the Silk Routes in the Seventeenth Century," Vadime Elisseeff (ed.), *The Silk Road: Highways of Culture and Commerce*(Paris: Unesco, 1998), p. 256에서 재인용.

76) P. M. Holt, Ann K.S. Lambton and Bernard Lewis (eds.), *The Cambridge History of Islam*(Cambridge University Press, 1970), p. 471, 483. 직접 인용문은 Andre Gunder

Frank, *ReOrient: Global Economy in the Asian Age*(Berkeley and Los Angeles, CA: University of California Press, 1998), p. 118에서 발췌했다. 이와 같은 논쟁은 바르톨트로부터 시작된 것으로 보인다. Scott Levi, "India, Russia and the Eighteenth-Century Transformation of the Central Asian Caravan Trade," *Journal of the Economic and Social History of the Orient*, 42, no. 4(1999), p. 523 참조.

77) Morris Rossabi, "The 'Decline' of the Central Asian Caravan Trade," James Tracy (ed.), *The Rise of Merchant Empires*(Cambridge University Press, 1990), p. 352, 356; Andre Gunder Frank, *ReOrient: Global Economy in the Asian Age*, pp. 119~120. 토간Hsenbike Togan은 논문 제목("Inner Asian Muslim Merchants at the Closure of the Silk Routes in the Seventeenth Century")에도 불구하고 17세기 전반에 걸쳐 중국과 중앙아시아 사이에 진행 중이던 교역에 대한 많은 사례들을 제시하는데, 이는 무역의 쇠퇴라기보다는 재구성을 시사하는 것이다. 실제로 우리는 중가르 칸국이 청 및 티베트와 상당한 규모의 교역을 하기 위해 타림 분지와 트란스옥시아나 출신의 무슬림 상인들을 고용했으며 청이 타림 분지와 중가리아를 정복한 이후 교역이 더욱 확장되었다는 사실을 알고 있다(3장 참조).

78) '과(跨)생태적trans-ecological'이라는 용어는 David Christian, "Silk Roads or Steppe Roads? The Silk Roads in World History," *Journal of World History*, 11, no. 1(2000)에서 차용했다.

79) Robert Sabatino Lopez, "China Silk in Europe in the Yuan Period," *Journal of the American Oriental Society*, 72, no. 2(1952. 4~6).

80) Morris Rossabi, "The 'Decline' of the Central Asian Caravan Trade," pp. 362~363.

3장

1) Joseph F. Fletcher, "Integrative History: Parallels and Interconnections in the Early Modern Period, 1500-1800," Joseph F. Fletcher, *Studies on Chinese and Islamic Central Asia*, Variorum Collected Studies Series(Aldershot: Variorum (XI), 1995)〔*Journal of Turkish Studies*, 9(1985)에 실린 논문의 서식과 페이지수를 재설정하여 출판〕; James A. Millward, "Contextualizing the Qing: The Return of the Torghuts and the End of History in Central Eurasia," Lynn Struve (ed.), *Untaming the Frontier: Interdisciplinary Perspective on Frontier Studies*(Tucson, AZ: University of Arizona Press, 2004).

2) 陳誠, 『西域番國記』, 楊建新 編注, 『古西行記選注』(寧夏: 寧夏人民出版社, 1987), pp. 292~293에서 발췌 인용.

3) Mirza Muhammad Haidar Dughlat, *A History of the Moghuls of Central Asia, being the Tarikh-i Rashidi of Mirza Muhammad Haidar, Dughlat*, vol. 1, p. 58.

4) 야사위파Yasawiyya는 12세기부터 트란스옥시아나와 세미레체의 투르크인들 사이에서 적극적인 포교 활동을 벌였고, 우즈베크인과 모굴리스탄의 모굴들 사이에서 영향력을 얻었다. 15세기부터 낙슈반디 교단, 특히 아흐라르계Ahraris 및 주이바르계Juybaris 수피들이 활동을 벌이기 시작하면서 샤이바니조 우즈베크인들 사이에서 큰 영향력을 갖게 되었고 재화도 얻게 되었다. 다음에서 살펴보겠지만, 낙슈반디 교단의 각 계파 역시 15세기부터

키르기스인들 사이와 타림 분지에서 포교 활동을 벌였다.

5) Joseph F. Fletcher, "Confrontation between Muslim Missionaries and Nomad Unbelievers in the Late Sixteenth Century: Notes on Four Passages from the 'Diyâ' al-qulûb," *Studies on Chinese and Islamic Central Asia*, vol. 5, pp. 171~172[원래는 Walter Heissig (ed.), *Tractata Altaica*(Weisbaden: Harrassowitz, 1976)에 수록].

6) Joseph F. Fletcher, "The Mongols: Ecological and Social Perspectives," *Harvard Journal of Asiatic Studies*, 46(1986), pp. 43~45.

7) Hamada Masami, "Supplement: Islamic Saints and their Mausoleums," *Acta Asiatica: Bulletin of the Institute of Eastern Culture*(Tokyo: Tôhô gakkai, 1978), 34, pp. 43~45.

8) 하미 부근 투요크(Tuyoq 또는 Tuyok) 마을에 있는 한 동굴 영묘는 또 다른 예이다. 케이블Mildred Cable과 프렌치Francesca French는 돌무더기인 오보obo 위에 놓인 막대기, 야크의 꼬리, 뿔, 털로 장식된 "7인의 잠자는 자들의 동굴"과 그 인근을 묘사했다[*The Gobi Desert*, reprint edition(London: Virago, 1984[1942]), pp. 195~197].

9) Mirza Muhammad Haidar Dughlat, *A History of the Moghuls of Central Asia, being the Tarikh-i Rashidi of Mirza Muhammad Haidar, Dughlat*, vol. 1, p. 11; 玄奘, 『大唐西域記』, 卷12, 「瞿薩旦那國」; Hamada Masami, "Supplement: Islamic Saints and their Mausoleums," pp. 81~83. 자말 앗 딘과 아르샤드 앗 딘의 후손들은 자말 앗 딘의 출원지인 로브 카타크Lob Katak에서 이름을 따 카타키파Katakis라고 알려져 있으며 쿠차에서 번성했다.

10) 낙슈반디 교단이 후일 샤리아 중심주의와 수피즘을 융합하는 18세기의 개혁 조류를 주창했으며, 이를 통해 수피의 신비주의 전승 모두를 광범위한 지역으로 보급했다는 플레처Joseph F. Fletcher의 주장은 파격적이었다("Naqshbandiyya in Northwest China," *Studies on Chinese and Islamic Central Asia*, pp. 2~4). 그가 별세한 후 출간된 신장 및 중국의 낙슈반디 교단에 관한 이 논문은 플레처 말기 연구 가운데 최고봉에 해당하며, 이 논문에서 그는 중국 내 근세 이슬람의 움직임의 영향에 대한 직접적인 증거를 제시한다. 알티샤르의 낙슈반디 세력의 득세에 관한 부분은 별도의 언급이 없는 한 대체로 플레처의 연구를 바탕으로 한 것이다.

11) Joseph F. Fletcher, "Naqshbandiyya in Northwest China," p. 6; Svat Soucek, *A History of Inner Asia*, p.140에는 아흐라르 호자Ahrar Khoja의 일생이 간단히 기술되어 있다.

12) Mirza Muhammad Haidar Dughlat, *A History of the Moghuls of Central Asia, being the Tarikh-i Rashidi of Mirza Muhammad Haidar, Dughlat*, vol. 1, p. 127.

13) Joseph F. Fletcher, "Naqshbandiyya in Northwest China," p. 5.

14) M. Alexandre Papas, "L'Islam en Asie Centrale: etude d'une grande confrerie soufie du Turkestan Oriental, la Naqshbandiyya Âfâqiyya," Ph. D. dissertation(Paris: École des Hautes Études en Science Sociales, 2004), pp. 152~153; Thierry Zarcone, "Soufis d'Asie centrale au Tibet aux XVIe et XVIIe siècles," *Cahiers d'Asie Centrale*, special issue on "Inde-Asie centrale: Routes du commerce et des idées"(Aix-en-Provence: Edisud), 1-2(1996)도 참조하라.

15) Joseph F. Fletcher, "Integrative History: Parallels and Interconnections in the Early Modern Period, 1500-1800," pp. 25~27.

16) 아파크 호자Afaq Khoja와 달라이 라마 및 갈단Galdan의 교섭에 대한 사료는 무함마드 사디크

카슈가리 Muhammad Sadiq Kashghari의 『타즈키라이 호자간 *Tazkira-i Khwajagan*』이다. R. B. Shaw, "The History of the Khojas of Eastern-Turkestan(1897), summarised from the Tazkira-i Khwajagan of Muhammad Sadiq Kashghari," N. Elias (ed.), *Journal of the Asiatic Society of Bengal*, LXVI, part 1의 부록. Thierry Zarcone, "Sufism from Central Asia among the Tibetans in the 16-17th Centuries," *The Tibet Journal*(Dharamsala, India), 20, no. 3(1995)("Soufis d'Asie centrale au Tibet aux XVIe et XVIIe siècles"은 이 논문의 프랑스어 증보판이다).

17) Henry G. Schwarz, "The Khwâjas of Eastern Turkestan," *Central Asiatic Journal*, 20, no. 4(1976), pp. 275~280. 중국 측 사료는 신장의 낙슈반디 교단의 파벌에 대해 다소 부정확하게 흑모(黑帽)와 백모(白帽)라는 용어를 사용하고 있다. Joseph F. Fletcher, "The Nashbandiyya in Northwest China," p. 10, 주 3 또한 참조하라.

18) Peter Perdue, *China Marches West: The Qing Conquest of Central Eurasia*, p. 305.

19) (옮긴이) 저자는 '서쪽으로westward'라고 표현했는데, 이는 '동쪽으로'의 오기인 것으로 보인다.

20) Peter Perdue, *China Marches West: The Qing Conquest of Central Eurasia*는 중가르 국가의 기념비적인 역사를 내륙 아시아에서 발흥하고 있던 청과 러시아 세력의 맥락 속에서 서술하고 있다. 필자는 특히 pp. 102~106, 304~307의 서술을 특히 참고했다. Peter Perdue, "Military Mobilization in Seventeenth- and Eighteenth-Century China, Russia and Mongolia," *Modern Asian Studies*, 30, no. 4(1996); Peter Perdue, "The Qing Empire in Eurasian Time and Space: Lessons from the Galdan Campaigns," Lynn Struve (ed.), *The Qing Formation in World-Historical Time*(Cambridge, MA: East Asia Research Center, Harvard University, 2004)도 참조하라.

21) Peter Perdue, *China Marches West: The Qing Conquest of Central Eurasia*, pp. 202~203.

22) Henry G. Schwarz, "The Khwâjas of Eastern Turkestan," pp. 281~282.

23) Henry G. Schwarz, "The Khwâjas of Eastern Turkestan," p. 277, 주 40과 p. 282, 주 59. 4만 8000이라는 수치는 R. B. Shaw, "The History of the Khojas of Eastern-Turkestan, summarised from the Tazkira-i Khwajagan of Muhammad Sadiq Kashghari"에서 언급한 무함마드 사디크 카슈가리의 『타즈키라이 호자간』의 수치를 재인용한 것이다. 슈워츠 Henry G. Schwarz는 Maurice Courant, *L'Asie centrale aux XVIIe et XVIIIe siècles: Empire Kalmouke ou empire mantchou?*(Lyon: Annales de l'université de Lyon, N.S., fasc. 26, 1912), p. 51, 주 4와 Chokan Chingisovich Valikhanov, *Sobranie Sochinenii*, A. Kh. Margulan (ed.), 5 vols.(Alma Ata: Izd-vo Akademii nauk Kazakhskoi SSSR, 1961)에서 제시된 수치에는 심각한 오산과 과장이 있다고 지적했다. 청이 중가르의 징세액을 과장했을 가능성도 있지만 그 수치는 쿠랑Maurice Courant이 언급한 40만 온스보다는 자릿수가 하나 적다. James A. Millward, *Beyond the Pass: Economy, Ethnicity and Empire in Qing Xinjiang, 1759-1864*(Stanford University Press, 1998), p. 54; 王希隆, 「淸代西域」, 『西域通史』, p. 420에는 중가르의 조세 수입에 대한 청 측 기록이 인용되어 있다(왕시룽(王希隆)의 논문명은 옮긴이가 보충한 것임).

24) 王希隆, 「淸代西域」, p. 426. 여기에서는 베이징의 청 문서고에 보관되어 있는 1739년 군기

처(軍機處)의 상주문을 인용하고 있다. Joseph F. Fletcher, "Naqshbandiyya in Northwest China," p. 35.

25) '위구르'라는 용어는 18세기까지는 이러한 의미로 사용되지 않았다. 오히려 중국 측 자료는 이러한 사람들을 단순히 무슬림(回子)이라고 불렀으며, 이들은 스스로를 자신들이 거주하는 도시의 명칭을 따서 부르거나(카슈가르리크Kashgarliq, 쿠차리크Quchaliq, 호탄리크 Khotanliq), 보다 일반적으로는 무살만musalman(무슬림)이라고 불렀다. 필자는 여기에서 위구르라는 용어를 이주한 타란치들뿐만 아니라 타림 분지와 투루판 분지의 투르크계 무슬림들을 지칭하기 위해 사용했다. 이 시기에 위구르라는 용어를 사용하는 것은 위구르라는 용어가 현재의 의미로 사용되기 한 세기 전이었기 때문에 다소 시대착오적인 것이기는 하지만 편의를 위한 것이다.

26) James A. Millward, *Beyond the Pass: Economy, Ethnicity and Empire in Qing Xinjiang, 1759-1864*, p. 29; 林永匡·王熹, 『清代西北民族貿易史』(北京: 中央民族學院出版社, 1991), pp. 82~130에서는 더 많은 문서 자료와 함께 일반적인 기록이 제시되어 있다.

27) Peter Perdue, *China Marches West: The Qing Conquest of Central Eurasia.* 특히 pp. 518~520 참조.

28) Peter Perdue, *China Marches West: The Qing Conquest of Central Eurasia*, pp. 282~287, 직접 인용은 p. 285에서 발췌.

29) Laura Newby, *The Empire and the Khanate: A Political History of Qing Relations with Khoqand, c.1760-1860*, Brill's Inner Asian Library, no. 16(Leiden and Boston, MA: Brill, 2005), pp. 22~26의 내용은 파미르 고원 너머로 청이 진출한 것을 다룬 영어로 된 문헌 가운데 가장 훌륭하다.

30) '무슬림 지역[회부(回部)]'이라는 용어는 북부 신장을 지칭하는 '준부(準部, 중가리아)'와 대비되는 개념이다. '준(準)'이라는 글자는 '준가얼(準葛爾)', 즉 중가르를 줄인 것으로 '준부'라는 지명은 따라서 청이 그 존재를 용인한 거의 유일한 중가르의 흔적일 것이다. 청의 관례는 또한 신장을 3개의 '로(路)', 즉 북로(北路), 남로(南路), 동로(東路, 우루무치, 투루판과 하미가 포함되어 있었다)로 나누었다. 이 체계는 필자가 이 책에서 중가리아, 타림 분지 및 투루판 분지라는 용어로 신장을 분류했던 것과 그 취지가 같다.

31) 티베트에서 청의 세력은 중국 및 청 치하 내륙 아시아의 다른 지역에서처럼 포괄적이지 않았으며, 19세기의 대부분 동안에는 단순히 명맥을 유지하는 데 그쳤다. 티베트에 주둔하던 청의 관리들과 군대의 수는 두 차례의 주목할 만한 군사 개입 시기를 제외하고는 최소한에 머물렀다.

32) Kim Hodong, *Holy War in China: The Muslim Rebellion and State in Chinese Central Asia, 1864-1877*(Stanford University Press, 2004), pp. 10~11[이 책은 『근대 중앙아시아의 혁명과 좌절』(사계절, 1999)이라는 제목으로 한국에서 먼저 출간되었다 — 옮긴이].

33) 청의 신장 통치 전반에 대해서는 James A. Millward, *Beyond the Pass: Economy, Ethnicity and Empire in Qing Xinjiang, 1759-1864*; 王希隆, 「淸代西域」를 참조하라. 백 제도에 대해서는 佐口透, 『18-19世紀東トルキスタン社會史研究』(東京: 吉川弘文館, 1963); 苗普生, 『伯克制度』(烏魯木齊: 新疆人民出版社, 1995); James A. Millward and Laura Newby, "The Qing and Islam on the Western Frontier," Pamely Kyle Crossley, Helen Siu and Donald Sutton (eds.), *Empire at the Margins: Ethnicity and Frontier in Early Modern China*

(Berkeley, CA: University of California Press, 1995) 참조.

34) 魏源,『蕩平準部記』. 方英楷,『新疆屯墾史』, 下冊, p. 605에서 재인용.

35) (회족을 포함한) 신장의 중국계 인구 및 다른 청대 인구 통계 수치에 대해서는 James A. Millward, *Beyond the Pass: Economy, Ethnicity and Empire in Qing Xinjiang, 1759-1864*, p. 54, pp. 271~272, 주 21 참조. 7장('공작이 서부로 날아가다')의 인구 이주에 대한 논의 역시 참조하라.

36) 趙予征,『新疆屯墾』, pp. 111~121. 신장의 농업 개발에 대해서는 중국 내에 많은 연구 성과가 있다. 개괄적인 내용에 대해서는 James A. Millward, *Beyond the Pass: Economy, Ethnicity and Empire in Qing Xinjiang, 1759-1864*, p. 54, pp. 270~271, 주 15; Dorothy V. Borei, "Beyond the Great Wall: Colonization and Agricultural Development in Northern Xinjiang, 1760-1820," Jane Kate Leonard and John R. Watt (eds.), *To Achieve Security and Wealth: The Qing Imperial State and the Economy, 1644-1911* (Ithaca, NY: Cornell University Press, 1992); Dorothy V. Borei, "Ethnic Conflict and Qing Land Policy in Southern Xinjiang," Robert J. Anthony and Jane Kate Leonard (eds.), *Dragons, Tigers, and Dogs: Qing Crisis Management and the Boundaries of State Power in Late Imperial China*(Ithaca, NY: Cornell University Press, 2002) 참조.

37) 제국주의 자체뿐만 아니라 '식민 통치기' 이후에 대한 연구라는 비교적 새로운 분야까지도 아우르는 제국주의에 대한 연구는, 비록 청의 제국주의에 대한 것은 그 양이 그렇게 많지 않지만, 유럽의 제국주의에 대한 것은 그 양이 대단히 방대하다. 일례로 Edward W. Said, *Orientalism*(New York: Pantheon, 1978); Mary Louise Pratt, *Imperial Eyes: Travel Writing and Transculturation*(London and New York: Routledge, 1992); Matthew H. Edney, *Mapping an Empire: The Geographical Construction of British India, 1765-1843*(University of Chicago Press, 1997); Thomas Richards, *The Imperial Archive: Knowledge and the Fantasy of Empire*(London and New York: Verso, 1993) 참조.

38) Laura Hostetler, *Qing Colonial Enterprise: Ethnography and Cartography in Early Modern China*(University of Chicago Press, 2001); James A. Millward, "A Uyghur Muslim in Qianlong's Court: The Meaning of the Fragrant Concubine," *Journal of Asian Studies*, 53, no. 2(1992. 5); James A. Millward, "Coming Onto the Map: 'Western Regions' Geography and Cartographic Nomenclature in the Making of Chinese Empire in Xinjiang," *Late Imperial China*, 20, no. 2(1999. 12); Joanna Waley-Cohen, "Commemorating War in Eighteenth-Century China," *Modern Asian Studies*, 30(1996).

39) Pamela K. Crossley, "Thinking about Ethnicity in Early Modern China," *Late Imperial China*, 11, no. 1(1990. 6); Evelyn S. Rawski, "Re-envisioning the Qing: The Significance of the Qing Period in Chinese History," *Journal of Asian Studies*, 55, no. 4(1996).

40) William T. Rowe, *Saving the World: Chen Hongmou and Elite Consciousness in Eighteenth-Century China*(Stanford University Press, 2001), 12장.

41) Kim Hodong, *Holy War in China: The Muslim Rebellion and State in Chinese Central Asia, 1864-1877*, p. 69.

42) 七十一,『西域記』, 6卷,「烏什叛亂紀略」. 阿拉騰奧其爾(Altan Ochir),『清代伊犁將軍論稿』(北京: 民族出版社, 1996), p. 31에서 재인용.

43) James A. Millward, *Beyond the Pass: Economy, Ethnicity and Empire in Qing Xinjiang, 1759-1864*, pp. 124~125. 출간된 청의 사료와 현대의 2차 저작에는 우시 투루판 반란에 대한 많은 기록이 있지만, 반란을 촉발시킨 정확한 사건에 대해서는 의견이 분분하다. 阿拉騰奧其爾(Altan Ochir), 『淸代伊犁將軍論稿』, pp. 30~33에는 이와 관련된 신중한 2차 기술을 확인할 수 있다. 알탄Altan Ochir은 사건을 윤색하지 않았으나 현장의 청 관리들에게는 동정적인 입장을 보였는데, 그는 학살의 책임을 건륭제에게 돌렸으며 이러한 취지로 건륭제의 칙령을 인용했다.

44) Kim Hodong, *Holy War in China: The Muslim Rebellion and State in Chinese Central Asia, 1864-1877*, pp. 20~21. (20쪽의) 직접 인용문은 호젠트Khojent의 지배자 파딜 비Fadil Bi가 아프가니스탄의 아흐마드 샤Ahmad Shah에게 보낸 편지의 내용과 관련된 발리하노프Chokan Chingisovich Valikhanov의 기록에서 차용했다. 호자와 청 치하의 카슈가리아에 코칸드Khoqand가 개입한 것에 대한 나의 기술은 중국 측 사료와 일본어와 영어로 된 2차 저작은 물론 페르시아어, 투르크어, 러시아어로 된 자료들에 기반한 김호동의 뛰어난 저술에 의존한 것이다.

45) Clifford M. Foust, *Rhubarb: the Wondrous Drug*(Princeton University Press, 1992).

46) 김호동의 *Holy War in China: The Muslim Rebellion and State in Chinese Central Asia, 1864-1877*, p. 22에 따르면, 청은 자한기르Jahangir를 가택 연금시키기 위해 코칸드에 돈을 지불했다고 한다. 그러나 뉴비Laura Newby는 학자들이 청의 보상금이라고 해석한 것이 실제로는 베이징에서 돌아온 교역 대상이었으며, 카슈가르에서 지속된 교역 이외에도 청은 코칸드가 주기적으로 더 많은 돈벌이가 되는 '조공' 사절을 베이징으로 보내도록 허가했다고 주장했다(*The Empire and the Khanate: A Political History of Qing Relations with Khoqand, c.1760-1860*, pp. 58~61).

47) 필자는 청의 공문서 자료를 토대로 1830년의 침입을 둘러싼 사건들을 *Beyond the Pass: Economy, Ethnicity and Empire in Qing Xinjiang, 1759-1864*, pp. 211~216에 상세히 기술했다.

48) 벽창(壁昌)의 이 발언은 굴원(魏源)의 『성무기(聖武記)』에 인용되었으며[『聖武記』, 重印版, 近代中國史料叢刊, 102卷(臺北: 文海出版社, 1992), 1輯, pp. 196~197], 김호동 역시 이를 번역하고 인용했다(*Holy War in China: The Muslim Rebellion and State in Chinese Central Asia, 1864-1877*, p. 27). 필자는 김호동의 영문 번역에서 연호(年號)를 서력(西曆)으로 대체했다.

49) James A. Millward, *Beyond the Pass: Economy, Ethnicity and Empire in Qing Xinjiang, 1759-1864*, p. 226. 이 부분에 대한 내용은 베이징의 중국제일역사당안관(中國第一歷史檔案館)에 소장된 은특형액(恩特亨額)의 상소문을 기초로 했다.

50) James A. Millward, *Beyond the Pass: Economy, Ethnicity and Empire in Qing Xinjiang, 1759-1864*, p. 100, 표 8, 3장.

51) Laura Newby, *The Empire and the Khanate: A Political History of Qing Relations with Khoqand, c.1760-1860*은 청의 공문서 자료와 영국, 러시아 및 중앙아시아의 자료에 대한 철저한 연구를 토대로 청과 코칸드의 관계에 대해 영어로 쓴 가장 최신의, 자세한 서술을 제시한다.

52) Laura Newby, *The Empire and the Khanate: A Political History of Qing Relations with*

Khoqand, c.1760-1860, pp. 192~199.

53) Joseph F. Fletcher, "The Heyday of the Ch'ing Order in Mongolia, Sinkiang and Tibet," John King Fairbank (ed.), *The Cambridge History of China*, vol. 10, *Late Ch'ing, 1800-1911, part 1*(Cambridge University Press, 1978), pp. 375~395. 청과 코칸드의 관계에 대해서는 Joseph F. Fletcher, "Ch'ing Inner Asia," *The Cambridge History of China*, vol. 10, *Late Ch'ing, 1800-1911, part 1*, pp. 58~90 ; 潘志平, 『中亞浩罕國與淸代新疆』(北京 : 中國社會科學院, 1991) 참조.

54) H. W. Bellew, *Kashmir and Kashghar : A Narrative of the Journey of the Embassy to Kashghar in 1873~1874*, pp. 81~83. 왈리 한Wali Khan이 자신이 강가에 쌓아 올린 두개골 무더기에 '과학적 탐험가'인 아돌프 슐라겐트바이트Adolphe Schlagentweit의 두개골을 쌓아 올렸다는 사실은 중국령 투르키스탄에서의 사건을 주시하던 유럽인들을 크게 격분시켰다.

55) Kim Hodong, *Holy War in China : The Muslim Rebellion and State in Chinese Central Asia, 1864-1877*, pp. 29~32.

56) Kim Hodong, *Holy War in China : The Muslim Rebellion and State in Chinese Central Asia, 1864-1877*의 2장은 주로 러시아와 무슬림 사료에 기초하여 가장 상세하게 내용을 기술하고 있다.

57) Kim Hodong, *Holy War in China : The Muslim Rebellion and State in Chinese Central Asia, 1864-1877*, pp. 66~71.

58) Kim Hodong, *Holy War in China : The Muslim Rebellion and State in Chinese Central Asia, 1864-1877*, p. 85.

59) 다시 한 번 말하지만, 김호동의 저작은 이 시기에 대한 최고의 자료이다(*Holy War in China : The Muslim Rebellion and State in Chinese Central Asia, 1864-1877*, 3장). 별도로 표기하지 않는 이상 야쿱 벡에 대한 필자의 논의는 그의 책을 기반으로 한 것이다.

60) H. W. Bellew, *Kashmir and Kashghar : A Narrative of the Journey of the Embassy to Kashghar in 1873~1874*, pp. 303~304에서 직접 인용했으며, 야쿱 벡의 궁정에 대한 묘사는 같은 책 pp. 295~301과 Robert Shaw, *Visits to High Tartar, Yarkand and Kashgar* (London : John Murray, 1871), pp. 260~262를 참조했다.

61) (옮긴이) 야쿱 벡 정권의 지방 행정 조직은 기본적으로 '성(省, vilâyat)' - '읍(믐, kent)' - '촌락(村落, muhalla 혹은 yâz)'으로 구분되었지만, 이 같은 행정과 관련된 명칭이 엄격하게 적용되었던 것은 아니었다. '성'에는 하킴이라 불리는 지방 장관이 파견되었으며, 그를 보좌하기 위해 1인의 이시카카ishîkâghâ[부(副)하킴], 다수의 야사울yâsâwûl 등의 관리들을 두었다. 이와 관한 자세한 내용은 김호동, 『근대 중앙아시아의 혁명과 좌절』, 196~207쪽을 참조하라.

62) (옮긴이) 필자는 카디 라이스Qadi Ra'is를 "종교 재판관religious judge"이라고 번역했으나, 김호동은 이를 총경(總警)이라고 표현했다. 야쿱 벡 정권의 사법 계통 관료에 대한 자세한 설명은 김호동, 『근대 중앙아시아의 혁명과 좌절』, 206~207쪽을 참조하라.

63) H. W. Bellew, *Kashmir and Kashghar : A Narrative of the Journey of the Embassy to Kashghar in 1873~1874*, pp. 324~335, 373.

64) H. W. Bellew, *Kashmir and Kashghar : A Narrative of the Journey of the Embassy to*

Kashghar in 1873~1874, 7장.

65) Sir T. D. Forsyth, *Report of a Mission to Yarkand in 1873, Under Command of Sir T.D. Forsyth, K.C.S.I., C.B., Bengal Civil Service, with Historical and Geographic Information Regarding the Possessions of the Ameer of Yarkund*(Calcutta : The Government Press, 1875), p. 36.

66) H. W. Bellew, *Kashmir and Kashghar: A Narrative of the Journey of the Embassy to Kashghar in 1873~1874*, pp. 354~355. 1870년대 신장을 방문한 영국인들도 공통적으로 이러한 정서를 언급했다. 이들의 객관성에 대해 의문을 제기할 수도 있으나 이들은 야쿱 벡 정권을 비하할 만한 명확한 이해관계를 가지고 있지 않았는데, 영 제국 정부는 러시아의 진출을 막기 위해 야쿱 벡 정권이 동투르키스탄에 완충국을 수립할 수 있기를 희망했다.

67) H. W. Bellew, *Kashmir and Kashghar: A Narrative of the Journey of the Embassy to Kashghar in 1873~1874*, p. 376.

4장

1) 회족 반란에 대해서는 Jonathan Lipman, *Familiar Strangers: A Muslim History in China* (Seattle, WA: University of Washington Press, 1997); Chu Wen-djang, *The Moslem Rebellion in Northwest China, 1867-1878: A Study of Government Minority Policy*(The Hague: Mouton, 1966); Lanny Fields, *Tso Tsung-t'ang and the Muslims: Statecraft in Northwest China, 1868-1880*(Kingston, ON: The Limestone Press, 1978) 참조.

2) Immanuel C. Y. Hsü, "The Great Policy Debate in China, 1874: Maritime Defense vs. Frontier Defense," *Harvard Journal of Asiatic Studies*, 25(1965); Immanuel C. Y. Hsü, "The Late Ch'ing Reconquest of Sinkiang: A Reappraisal of Tso Tsung-T'ang's Role," *Central Asiatic Journal*, 12, no. 1(1968); 曾問吾, 『中國經營西域史』(重印版, 烏魯木齊: 新疆維吾爾自治區地方志總編室, 1986[1936]).

3) John King Fairbank, Edwin O. Reischauer and Albert Craig, *East Asia Tradition and Transformation*(Boston, MA: Houghton Mifflin, 1978), p. 600; S. C. M. Paine, *Imperial Rivals: China, Russia and their Disputed Frontier*(Armonk, NY: M.E. Sharpe, 1996), pp. 141~142.

4) Immanuel C. Y. Hsü, "The Late Ch'ing Reconquest of Sinkiang: A Reappraisal of Tso Tsung-T'ang's Role," pp. 53~60; 片岡一忠, 『淸朝新疆統治硏究』(東京: 雄山閣, 1991), pp. 182~183.

5) Kim Hodong, *Holy War in China: The Muslim Rebellion and State in Chinese Central Asia, 1864-1877*, pp. 166~167; 王希隆, 「淸代西域」, p. 480.

6) Kim Hodong, *Holy War in China: The Muslim Rebellion and State in Chinese Central Asia, 1864-1877*, pp. 170~171; 曾問吾, 『中國經營西域史』, p. 375.

7) Kim Hodong, *Holy War in China: The Muslim Rebellion and State in Chinese Central Asia, 1864-1877*, pp. 167~169. 무슬림 측의 사료들도 부하들을 매질한 이후 야쿱 벡이

살해당한 것인지 아니면 자연적인 원인으로 인해 사망한 것인지에 대해 의견이 분분하다. 야쿱 벡의 병세(그는 사망하기 몇 시간 전에 기억과 말을 잃어버렸다고 한다)는 뇌일혈로 보인다.

8) Kim Hodong, *Holy War in China: The Muslim Rebellion and State in Chinese Central Asia, 1864-1877*, p. 178.

9) 王希隆, 「清代西域」, p. 484; 片岡一忠, 『清朝新疆統治硏究』, pp. 150~151.

10) H. W. Bellew, *Kashmir and Kashghar: A Narrative of the Journey of the Embassy to Kashghar in 1873~1874*, pp. 266, 270~271, 311~315, 381.

11) 王希隆, 『清代西北屯田硏究』(蘭州: 蘭州大學出版社, 1990), p. 190.

12) 劉錦棠, 『劉襄勤公奏稿』, 重印版, 吳豐培 序, 中國文獻珍本叢書(北京: 書目文獻出版社, 1986[1898]), 3卷, p. 44b; 苗普生, 『伯克制度』, p. 74.

13) 左宗棠, 『左文襄公全集』, 50卷 「尊旨統籌全局折」〔馮家升·程溯洛·穆廣文 編著, 『維吾爾族史料簡編』, 上·下冊(北京: 民族出版社, 1981), 下冊, p. 484에서 재인용〕. 片岡一忠, 『清朝新疆統治硏究』, p. 155 참조.

14) 王希隆, 「清代西域」, p. 484; 片岡一忠, 『清朝新疆統治硏究』, p. 128. 신장 성의 건설에 관한 정책 토론과 그 과정에 대한 카타오카 카즈타다(片岡一忠)의 연구는 대단히 상세한데, 다음의 내용은 대체로 그의 저서 『清朝新疆統治硏究』를 기초로 했다.

15) 片岡一忠, 『清朝新疆統治硏究』, pp. 151~155.

16) Sean R. Roberts, "Uyghur Neighborhoods and Nationalism in the Former Sino-Soviet Borderland: An Historical Ethnography of a Stateless Nation on the Margins of Modernity," Ph. D. dissertation(University of Southern California, 2003), 2장, 주 41에서 러시아의 역사가들을 인용하고 있다.

17) S. C. M. Paine, *Imperial Rivals: China, Russia and their Disputed Frontier*, pp. 132~134, 특히 pp. 136~137 참조. 페인S. C. M. Paine의 이러한 결론은 협상 기간 동안 숭후(崇厚)와 청 조정 사이에 교환되었던 서신 중 일부를 비롯하여 중요한 문서들이 베이징의 문서 기록에서 제거되었다는 사실에 의해 더 강화된다(p. 146, 주 31). 이 내용을 Immanuel C. Y. Hsü, *The Ili Crisis: A Study of Sino-Russian Diplomacy, 1871-1881*(Oxford University Press, 1965), 2장의 숭후에 대한 일반적인 혹평이나 紀大椿 主編, 『新疆歷史百問』(烏魯木齊: 新疆美術攝影出版社, 1997), pp. 134~135의 숭후에 대한 인물 묘사와 비교해 보라.

18) 1884년 러시아의 군 보고서에 기초한 이 수치는 인구의 약 80퍼센트에 해당하는 타란치 4만 5000명과 퉁간 5000명을 포함하는 것이다(Sean R. Roberts, "Uyghur Neighborhoods and Nationalism in the Former Sino-Soviet Borderland: An Historical Ethnography of a Stateless Nation on the Margins of Modernity," 2장). 이에 더해 약 2만 명의 카자흐족들 또한 이주했는데, 1890년대에 이르러서는 양측 국경에 거주하는 위구르족(타란치)의 수가 거의 비슷해졌다. 일리의 위구르족 공동체와 소련에서의 이들의 체험에 대해서는 Sean R. Roberts, "Uyghur Neighborhoods and Nationalism in the Former Sino-Soviet Borderland: An Historical Ethnography of a Stateless Nation on the Margins of Modernity" 참조.

19) Immanuel C. Y. Hsü, *The Ili Crisis: A Study of Sino-Russian Diplomacy, 1871-1881*, pp.

187~193; S. C. M Paine, *Imperial Rivals: China, Russia and their Disputed Frontier*, p. 163. 王希隆,「清代西域」, pp. 482~483 참조.

20) 王希隆,「清代西域」, pp. 482~483. 해당 지도는 譚其驤 主編, 『中國歷史地圖集』, 8卷, 52~53번 지도이다.

21) 『李文忠公全書』 17卷(片岡一忠, 『淸朝新疆統治硏究』, p. 133, p. 146, 주 16에서 재인용).

22) 片岡一忠, 『淸朝新疆統治硏究』, pp. 135~136.

23) 타이완의 총독직은 1885년 말 설치되었으며, 이로써 완전한 군현제식 행정 체제로의 전환이 시작되었다. 청 조정은 2년 후 공식적으로 타이완 성의 건설을 선포했다.

24) 일례로 Liu Kwang-ching and Richard Smith, "The Military Challenge: The North-west and the Coast," John K. Faribank and Kwang-ching Liu (eds.), *Cambridge History of China*, vol. 11, *Late Ch'ing, 1800-1911, part 2*(Cambridge University Press, 1980), p. 242 또는 "서역(신장)에서 청의 정책은 군사적으로는 한의 정책보다 훨씬 약했으며 정치적으로는 당의 정책보다 열등했다"는 오언 래티모어의 잘못된 평가를 참조하라(Owen Lattimore, *Pivot of Asia: Sinkang and the Inner Asian Frontiers of China and Russia*, p. 46).

25) 片岡一忠, 『淸朝新疆統治硏究』, p. 141, p. 147 주 34에서 재인용.

26) 王希隆,「淸代西域」, pp. 484~485, 487; 片岡一忠, 『淸朝新疆統治硏究』, pp. 173~175, 275~277.

27) 카타오카는 신장 성의 관료들과 후난 지역 출신자들과의 상관관계를 상세히 분석한 통계 자료를 제시한다(片岡一忠, 『淸朝新疆統治硏究』, pp. 246~259, 263~296, 270~271).

28) 片岡一忠, 『淸朝新疆統治硏究』, pp. 171~173, 205~212.

29) "是吏而非官." 左宗棠, 『左文襄公全集』(1888~1897)(臺北: 文海出版社, 1968), 書牘, 21卷(片岡一忠, 『淸朝新疆統治硏究』, p. 170, p. 180 주 47에서 재인용).

30) C. D. Bruce, "Chinese Turkestan," *Proceedings of the Royal Central Asian Society*(London), 1907년 4월 28일(British Library, Oriental and India Office Collection, P/V954), pp. 12~13.

31) Hamada Masami, "La transmission du mouvement nationalists au Turkestan oriental (Xinjiang)," *Central Asian Survey* 9(1990), pp. 28~29; 左宗棠, 『左文襄公全集』, 奏稿, 56卷, pp. 22b~25a. 직접 인용문은 「辦理新疆善後事宜折」, p. 22b에서 인용.

32) 신장 지역 문서고, 문서번호 15-11-53(GX5.6). 이 부분에 인용된 이 문서들과 다음의 문서들은 투루판 지역의 관리들이 보낸 것이다. 이 기록은 신장 지역 문서고 장서목록 #Q15-11에 등록되어 있다.

33) 片岡一忠, 『淸朝新疆統治硏究』, pp. 202~204. 카타오카는 204쪽에서 『한회합벽(漢回合壁)』의 삽화를 제시하고 있다.

34) 신장 지역 문서고 15-11-51(GX5.2), 2번째 문서 묶음.

35) 신장 지역 문서고 15-11-309(GX 12.9.25).

36) 신장 지역 문서고 15-11-255(GX 10.12).

37) 袁大化 修, 王樹枬·王學曾 纂, 『新疆圖志』(1923年 東方學會鉛印 影印)(上海: 上海古籍出版社, 1992[1910]), 38卷, p. 4; 片岡一忠, 『淸朝新疆統治硏究』, pp. 204~205, 323~324; Hamada Masami, "La transmission du mouvement nationalists au Turkestan oriental

(Xinjiang)," pp. 30~31.

38) 이 일화는 Hamada Masami, "La transmission du mouvement nationalists au Turkestan oriental(Xinjiang)," p. 31; 片岡一忠, 『淸朝新疆統治硏究』, p. 323에 인용된 것으로, 두 저작은 서로 다른 원본으로부터 이 일화를 발췌했으나 이들 모두는 이사 유수프 알프테킨Isa Yusuf Alptekin이 직접 한 이야기를 토대로 했다. 다만, 판본에 따라 약간의 세부적인 내용들은 상이하다.

39) 片岡一忠, 『淸朝新疆統治硏究』, pp. 309~327; Hamada Masami, "La transmission du mouvement nationalists au Turkestan oriental(Xinjiang)," pp. 31~32; C. P. Skrine and Pamela Nightingale, *Macartney at Kashgar: New Light on British, Chinese and Russian Activities in Sinkiang, 1890-1918*(Oxford University Press, 1987), p. 162.

40) 직접 인용문은 Adeeb Khalid, *The Politics of Muslim Cultural Reform: Jadidism in Central Asia*(Berkeley, CA: University of California Press, 1998), p. 26에서 발췌한 것이며, 러시아-현지인 학교에 대해서는 이 책의 pp. 157~160을 참조하라. 1880년대부터 러시아 정부가 투르키스탄에 러시아-현지인 학교를 설립하려고 하자 지역의 주민들은 중국령 투르키스탄에서와 완전히 동일한 방식으로 저항했다. 신장의 마크타프maktap에 대한 일반적인 배경 지식은 Ildikó Bellér-Hann, "The Written and the Spoken: Literacy and Oral Transmission Among the Uyghur," *Anor*, 8(2000), pp. 44~48을 참조하라. 중국 공산당이 정권을 장악하기 직전 카슈가르 지역의 이슬람식 교육에 대해서는 Wang Jianping, "Islam in Kashgar in the 1950s"(연도 미상, 미출간 원고)를 참조하라.

41) 이 단락은 주로 Ildikó Bellér-Hann, "The Written and the Spoken: Literacy and Oral Transmission Among the Uyghur," pp. 48~55를 토대로 했다.

42) 片岡一忠, 『淸朝新疆統治硏究』, pp. 166~167, 182~188.

43) 片岡一忠, 『淸朝新疆統治硏究』, pp. 189~194의 상세한 분석에 기초한 것이다.

44) (옮긴이) 필자는 이 지명을 Buchang Cheng이라고 표기했으나 한자 병음 표기에 따르면 Puchang Cheng이라고 표기되어야 옳을 것이다. 이 도시의 연혁과 위치에 대한 자세한 내용은 賴小云, 「淸末塔里木河下游蒲昌城相關問題考述」, 『西域硏究』(2006년 1期)를 참조하라.

45) 陶模, 『陶勤肅公奏議』, 重印版(1914), 吳豊培 主編(北京: 全國圖書館文獻縮複制中心出版, 1987), 2卷 pp. 9~10, 3卷 pp. 10~11〔華立, 『淸代新疆農業開發史』, 邊疆史地叢書 5卷(哈爾濱: 黑龍江敎育出版社, 1994), pp. 215~218에서 재인용〕.

46) 물론 오늘날 위구르 민족주의자들의 시각에서 볼 때, 이들의 조상에는 9세기부터 13세기까지 신장의 동부를 통치하고 이곳에 정착한 유목 위구르인들과 10세기에서 12세기까지 신장의 서부와 북부를 장악한 카라한조도 포함된다.

47) 華立, 『淸代新疆農業開發史』, p. 218; 劉錦棠, 『劉襄勤公奏稿』, 12卷, p. 38b, 大淸會典 光緒版, 17卷, 戶部의 수치들을 인용했다. 19세기 초의 신장 전체나 혹은 대단위 소지역들의 인구에 대한 구체적인 수치는 없으나, 화리(華立)는 먀오푸성(苗普生)이 산출한 증가율을 토대로 1831년 신장 남부에는 62만 명의 사람들(대다수는 위구르인들)이 있었다고 추산했다(華立, 『淸代新疆農業開發史』, pp. 147~148).

48) 宋伯魯, 『新疆建置志』(1907), 1卷; 袁大化 修, 王樹枏·王學曾 纂, 『新疆圖志』 43-44卷(華立, 『淸代新疆農業開發史』, p. 219에서 재인용).

49) C. D. Bruce, "Chinese Turkestan," pp. 14~16; C. P. Skrine and Pamela Nightingale,

Macartney at Kashgar: New Light on British, Chinese and Russian Activities in Sinkiang, 1890-1918, p. 143.

50) C. P. Skrine and Pamela Nightingale, *Macartney at Kashgar: New Light on British, Chinese and Russian Activities in Sinkiang, 1890-1918*, p. 156; 片岡一忠, 『淸朝新疆統治硏究』, pp. 333~337. 曾問吾, 『中國經營西域史』, pp. 406~411도 참조하라.

51) 曾問吾, 『中國經營西域史』, pp. 750~751; 片岡一忠, 『淸朝新疆統治硏究』, pp. 278~280.

52) 厲聲, 『新疆對蘇(俄)貿易史 1600-1900』(烏魯木齊: 新疆人民出版社, 1993); Joseph F. Fletcher, "Sino-Russian Relations, 1800-62," *The Cambridge History of China*, vol. 10, *Late Ch'ing, 1800-1911, part 1*, pp. 330~331.

53) 『籌辦夷務始末』(咸豐朝), 1851-61(1930, 청 궁정의 필사본에 의거), 重印版, 8冊(北京: 中華書局, 1979), 11卷, pp. 414~418 중 1855년 10월 1일 찰랍분태(扎拉芬泰)의 상주문과 1855년 10월 25일 영수(英秀)의 상주문을 참조; Joseph F. Fletcher, "Sino-Russian Relations, 1800-62," p. 331. 중화인민공화국의 공식적 견해에 대해서는 新疆社會科學科學院歷史硏究所 編, 『新疆簡史』, 3卷(烏魯木齊: 新疆人民出版社, 1980~1987), 卷2, pp. 26~34; 紀大椿 主編, 『新疆歷史百問』, pp. 118~121 참조.

54) Kim Hodong, *Holy War in China: The Muslim Rebellion and State in Chinese Central Asia, 1864-1877*, pp. 127~128.

55) 片岡一忠, 『淸朝新疆統治硏究』, pp. 234~238.

56) 王希隆, 「淸代西域」, p. 385. '병합'의 시기를 1759년보다는 1884년으로 잡는 것에 대해서는 위구르 인권 연합Uyghur Human Rights Coalition 홈페이지 http://www.uyghurs.org/who.htm(2000년 8월 17일 접속)에 게시된 "Who Are the Uyghurs"라는 논문을 참조하라.

57) 청 중기 신장과 위구르족에 대한 중국의 민족지학적·문학적 표현 방식의 사례에 대해서는 Laura Newby, "The Chinese Literary Conquest of Xinjiang," *Modern China*, 25, no. 4(1999. 10) 참조. 중국의 역사와 제국주의적 행동 강령이 신장 여행기와 지도 제작법에 어떠한 영향을 미쳤는지에 대해서는 James A. Millward, "Coming Onto the Map: 'Western Regions' Geography and Cartographic Nomenclature in the Making of Chinese Empire in Xinjiang" 참조.

58) C. P. Skrine and Pamela Nightingale, *Macartney at Kashgar: New Light on British, Chinese and Russian Activities in Sinkiang, 1890-1918*, p. 18에서 직접 인용.

59) Gunnar Jarring, *Matters of Ethnological Interest in Swedish Missionary Reports from Southern Sinkiang*(Lund: CWK Gleerup, Scripta Minora Regiae Societatis Humaniorum Litterarum Lundensis, 1979-80: 4), p. 14.

60) 1904년경 체르첸에서는 암반이 바자르의 상품 매상의 20퍼센트를 차지했다(C. D. Bruce, "Chinese Turkestan," p. 14).

61) (옮긴이) 이샨ishan은 페르시아어에서 3인칭 복수인 '그들'이라는 뜻이지만 신장에서는 수피 공동체의 장이라는 특별한 의미를 가지게 되었다.

62) Gunnar Jarring, *Matters of Ethnological Interest in Swedish Missionary Reports from Southern Sinkiang*, pp. 17~18에서 직접 인용한 것으로, 야링Gunnar Jarring은 1907년에서 1925년까지 선교사들이 작성한 보고서들을 차용했다. 악기의 사진은 周菁葆, 『絲綢之路的音樂文化』(烏魯木齊: 新疆人民出版社, 1987), pp. 413~415에 실려 있다. 소괄호 ( ) 안의

주해는 야링의 것이며 대괄호 〔 〕 안의 설명은 필자의 것이다. 1988년 민족 음악학자인 진 듀어링Jean During은 야르칸드에서 이루어지는 이와 유사한 수피 혹은 이샨의 찬송 의식에 대해 기록했다〔*The Silk Road: a Musical Caravan*, two-CD set(Washington, DC: Smith-sonian Folkways, 2002), disc 2, track 19, "Zikr"〕. 20세기 초 카슈가르에서의 삶에 대한 위의 내용은 Gunnar Jarring, *Return to Kashgar: Central Aisan Memoirs in the Present* (Durham, NC: Duke University Press, 1986); Gunnar Jarring, *Matters of Ethnological Interest in Swedish Missionary Reports from Southern Sinkiang*; C. P. Skrine and Pamela Nightingale, *Macartney at Kashgar: New Light on British, Chinese and Russian Activities in Sinkiang, 1890-1918*, pp. 17~20. 파리 기메 박물관Musèe Guimet의 펠리오Pelliot 사진 컬렉션과 스톡홀름 국립문서보관소에 있는 사무엘 프렌네 동투르키스탄 컬렉션Samuel Fränne Ötturkestan Samling의 사진들, 특히 민속 축제에 대한 147번 사진들에 기초한 것이다. 이 사진들 중 일부는 1930년대의 것이며, 나머지 것들은 1905년에서 1907년 사이에 선교 사인 구스타프 라켓Gustaf Raquette이 촬영한 것으로, 이후 카슈가르의 스웨덴 선교사들은 이 사진들의 원판으로부터 새로운 판본을 만들어 냈다.

63) 片岡一忠, 『清朝新疆統治硏究』, p. 289에서 재인용.

64) 曾問吾, 『中國經營西域史』, p. 532.

65) (옮긴이) 저자는 쑨원(孫文)이라는 이름 대신 그의 자(字) 일선(逸仙)을 광둥어로 표기한 쑨얏센(孫逸仙)을 썼으나 한국의 독자들에게 더욱 친숙한 쑨원이라는 이름으로 바꾸었다.

66) 曾問吾, 『中國經營西域史』, p. 533; 片岡一忠, 『清朝新疆統治硏究』, p. 342.

67) 우루무치와 일리에서 일어난 반란의 배경과 사건에 대한 위의 내용은 曾問吾, 『中國經營西域史』, pp. 527~542; 片岡一忠, 『清朝新疆統治硏究』, pp. 301~304, 333~338; 新疆社會科學硏究院歷史硏究所 編, 『新疆簡史』, 卷2, pp. 307~316에서 인용했다.

68) (옮긴이) 저자는 이 인물의 이름을 Yang Hongyou라고 표기했으나, 위안다화(袁大化)에 의해 신장 도독(都督)으로 추천되고 위안스카이(袁世凱)로부터 승인을 받아 부임하는 도중에 살해된 인물은 카슈가르의 도윤(道尹)이었던 위안훙유(袁鴻佑)이다.

69) 片岡一忠, 『清朝新疆統治硏究』, pp. 384~356; Andrew D. W. Forbes, *Warlords and Mus-lims in Chinese Central Asia: a Political History of Republican Xinjiang, 1911-1949* (Cambridge University Press, 1986), pp. 11~13.

70) 片岡一忠, 『清朝新疆統治硏究』, pp. 357~358.

71) Ibrahim Niyaz(伊卜拉欣·尼雅孜), 「阿圖什縣伊克莎克鄕開辦近代新學敎育的情況」, 『新疆文史資料選輯』 13輯(烏魯木齊: 新疆人民出版社, 1985), pp. 80~81. 니야즈Ibrahim Niyaz는 후세인Hüsäyin Musa Bay Haji이 학교를 설립한 해를 1883년이라고 했으나, 최근 출간된 위구르어 2차 자료는 1885년을 설립 연도로 제시했다〔Mirähmät Seyit, Yalqun Rozi and Ablikim Zordun, *Mämtili äpändi*(Urumchi: Shinjang Uniwersiteti näshriyati, 1997); Ibrahim Alip Tekin (ed.), *Hüsäyniyä rohi: Täklimakandiki oyghinish*(Urumchi: Shinjang xälq näshriyati, 2000)〕. 니야즈는 또한 케말Ahmed Kemal이 1907년(다른 자료들에서는 1914년) 카슈가르에 도착했으며, 1925년에도 카슈가르 지역에 있었다고 했다(그는 1920년 무렵 오스만 제국으로 송환되었다). 따라서 니야즈가 제시한 연도는 대체로 부정확하다.

72) Ibrahim Niyaz, 「阿圖什縣伊克莎克鄕開辦近代新學敎育的情況」, pp. 85~86.

73) Hamada Masami, "La transmission du mouvement nationalists au Turkestan oriental

(Xinjiang)," pp. 35~40; Ibrahim Niyaz, 「阿圖什縣伊克莎克鄉開辦近代新學教育的情況」, pp. 85~86.

74) Hamada Masami, "La transmission du mouvement nationalists au Turkestan oriental (Xinjiang)," pp. 34~35. 40쪽에 인용된 아흐메드 케말의 비망록에서 직접 인용.

75) 麥吉特·艾布扎爾, 「憶一九二0年烏魯木齊創辦新學的片斷」, 『新疆文史資料選輯』 13輯(烏魯木齊: 新疆人民出版社, 1985), pp. 78~79.

76) Ibrahim Muhiti(易卜拉音·穆依提), 「回憶啓蒙運動的先驅者買合蘇提·穆依提」, 『新疆文史資料選輯』 13輯, pp. 91~96.

77) Adeeb Khalid, *The Politics of Muslim Cultural Reform: Jadidism in Central Asia*, pp. 173~176.

78) Hamada Masami, "La transmission du mouvement nationalists au Turkestan oriental(Xinjiang)," p. 38.

79) Ibrahim Muhiti(易卜拉音·穆依提), 「回憶啓蒙運動的先驅者買合蘇提·穆依提」, p. 94.

80) 일례로 후세인 무사 베이 하지와 바하우둔베이Bahawudunbay의 형제 오뷜헤센Obülhäsän은 제1동투르키스탄 공화국 정부에서 농상업 대신을 역임했다. 필자는 이 인물이 1913년 아르투시 학교의 교사를 물색하기 위해 이스탄불에 갔던 바로 그 아불 하산Abu'l Hasan인지는 확정하지 못했다[Ibrahim Alip Tekin (ed.), *Hüsäyniyä robi: Täklima-kandiki oyghinish*, p. vi의 사진]. 앞서 언급한 부르한Burhan Shähidi 이외에도 1947~1949년 국민당 신장 성 주석을 역임한 마수드 사브리Mas'ud Sabri도 한때는 범투르크주의 사상으로부터 많은 영향을 받은 사립학교에서 가르쳤다[新免康, 「東トルキスタン共和國(1933~34年)に關する一考察」, 『アジア アフリカ言語文化研究』, 通号 46-47(1994), p. 3].

5장

1) Max Everest-Phillips, "The Suburban King of Tartary," *Asian Affairs*(Royal Society for Asian Affairs), 21, no. 3(1990)은 셸드레이크Khalid Sheldrake의 이야기를 전하고 있다.

2) James Moore, "Chronology of Gurdjieff's Life," *Gurdjieff Studies*, http://www.gurdjieff. org.uk/gs9.htm(2005년 7월 20일 접속).

3) '중국 신장 위구르 자치구에 대한 기술과 여행'이라는 국회 도서관 주제명 목록 아래에서 책을 검색해 보면, 초기의 기사들이 종종 신장Sinkiang, 투르키스탄 및 카슈가리아와 같은 이름 아래 분류되어 있긴 하지만, 괜찮은 도서관에서는 많은 저작을 찾을 수 있을 것이다. 직접 경험을 토대로 한 19세기 후반부터 20세기 중반까지의 기록에는 다음과 같은 저작이 있다.
   H. W. Bellew, *Kashmir and Kashghar: A Narrative of the Journey of the Embassy to Kashghar in 1873~1874*; Mildred Cable, *George Hunter, Apostle of Turkestan* (London: China Inland Mission, 1948); Mildred Cable and Francesca French, *The Gobi Desert*; Elanor Holate Lattimore, *Turkestan Reunion*(New York: John Day Company, 1934); Peter Fleming, *News from Tartary: A Journey from Peking to Kashmir*, reprint edition (London: Futura, 1983)(London: Jonathan Cape, 1936); Fernand Grenard

(ed.), *J. L. Dutreuil de Rhins, Mission scientifique dans la Haute Asie*, 3vols.(vols. 2~3 ed. Grenard)(Paris: E. Leroux, 1897~1898); Sven Hedin, *My Life as an Explorer*(New York: Boni & Liveright, 1925); Sven Hedin, *Across the Gobi Desert*(London: Routledge, 1931); Sven Hedin, *The Flight of 'Big Horse': The Trail of War in Central Asia*, F. H. Lyon (trans.)(New York: E.P. Dutton, 1936); Sven Hedin, *The Silk Road*(New York: E.P. Dutton, 1938); Sven Hedin, *The Wandering Lake*(London: Routledge, 1940); A. N. Kuropatkin(Aleksei Nikolaevich), *Kashgaria*(Calcutta: Thacker, 1882); Owen Lattimore, *High Tartar* (Boston: Little, Brown and Company, 1930); Ella K. Maillart, *Turkestan Solo: One Woman's Expedition from the Tien Shan to the Kizil Kum*, John Rodker (trans.)(New York: Putnam's, 1935); Eugene Schuyler, *Turkistan: Notes of a Journey in Russian Turkistan, Khokand, Bukhara, and Kuldja*(New York: Scribners, 1877); Robert Shaw, *Visits to High Tartar, Yarkand and Kashgar*; C. P. Skrine, *Chinese Central Asia* (London: Methuen, 1926); Sir M. Aurel Stein, *Sand-buried Ruins of Khotan: Personal Narrative of a Journey of Archaeological and Geographical Exploration in Chinese Turkestan*(London: Hurst and Blackett, 1904); Sir M. Aurel Stein, *Ruins of Desert Cathay*; Sir M. Aurel Stein, *On Ancient Central-Asian Tracks: Brief Narrative of Three Expeditions in Innermost Asia and North-western China*(London: Macmillan, 1933); Eric Teichman, *Journey to Turkestan*(London and Stoughton, 1937), Reprinted with introduction by Peter Hopkirk(Hong Kong, Oxford and New York: Oxford University Press, 1988); Chokan Chingisovich Valikhanov, *Sobranie Sochinenii.*

카말Ahmad Kamal의 *Land without Laughter*(New York: Scribners, 1940)는 1930년대 신장 남부로 여행한 것에 대한 대단히 윤색되기는 했지만(그렇다고 날조된 것은 아니다) 생생한 기록이며, 프로코슈Frederic Prokosch의 *The Sven who Fled*(New York and London: Harper & Brother, 1937)는 동일한 장소와 시간을 무대로 한 스파이 소설이다. 흡커크 Peter Hopkirk의 *Foreign Devils on the Silk Road: The Search for the Lost Cities and Treasures of Chinese Central Asia*(London: John Murray, 1980)는 20세기 초 신장의 유럽인 고고학 탐사가들에 대한 흥미로운 연대기이며, 댑스Jack Autrey Dabbs의 *History of the Discovery and Exploration of Chinese Turkestan*(The Hague: Mouton, 1963)은 동일한 주제에 대해 더욱 학문적으로 접근했다.

최근의 기행문으로는 다음과 같은 저작들이 있다. Robert Davies, *Perfection She Dances: A True Story of Love, Drugs and Jail in Modern China*(Edinburgh: Mainstream Publishers, 2001)(2002년 *Prisoners 13498: A True Story of Love, Drugs and Jail in Modern China*라는 제목으로 재출간); Gunnar Jarring, *Return to Kashgar: Central Aisan Memoirs in the Present*; Jan Myrdal, *The Silk Road: A Journey from the High Pamirs and Ili through Sinkiang and Kansu*, Ann Henning (trans.)(New York: Pantheon, 1979); Vikram Seth, *From Heaven Lake: Travels through Sinkiang and Tibet*(New York: Vintage Books, 1983); Stuart Stevens, *Night Train to Turkistan: Modern Adventures along China's Ancient Silk Road*(New York: Atlantic Monthly, 1988).
4) Aitchen Wu(Wu Aizhen), *Turkestan Tumult*, reprint edition(Hong Kong: Oxford Uni-

versity Press, 1984)(London: Methuen, 1940); C. P. Skrine, *Chinese Central Asia*, pp. 59~61; Owen Lattimore, *Pivot of Asia: Sinkang and the Inner Asian Frontiers of China and Russia*, pp. 52~64, 직접 인용은 p. 59의 것이다. 또한 양쩡신에 관해서는 비록 성인전(聖人傳) 같은 인상을 주기는 하지만 유용한 자료인 Richard Yang, "Sinkiang under the Administration of Yang Tseng-hsin, 1911-1928," *Central Asiatic Journal*, no. 4(1961)을 참조하라.

5) 楊增新, 『補過齋文讀』6卷〔陳慧生, 『民國新疆史』(烏魯木齊: 新疆人民出版社, 1999), p. 157, 주 3에서 재인용〕.

6) (옮긴이) 저자는 이 연회에 대해 교육부ministry of education에서 열린 음력설〔춘절(春節)〕연회Chinese New Year's banquet라고 했으나, 부르한은 이 연회가 교육부가 아닌 이당(二堂)에서 원소절(元宵節), 즉 정월 대보름에 열렸다고 기록했다〔包爾漢(Burhan Shähidi), 『新疆五十年』(北京: 文史資料出版社, 1984), p. 35〕.

7) 陳慧生, 『民國新疆史』, pp. 156~159. 이 사건에 대한 가장 생생한 기사는 그날 저녁 연회에 참석한 목격자로부터 이야기를 전해 들은 우아이천(吳靄宸)이 남긴 기록이다(*Turkestan Tumult*, pp. 43~44). 그는 샤딩(夏鼎)과 리인(李寅)만이 연회에서 살해되었다고 기록했다. 래티모어는 셰빈(謝彬)이 연회에 참석했다고 기록했으나, 그는 처형이 이루어질 당시 우루무치에 있지 않았다〔Owen Lattimore, *Pivot of Asia: Sinkang and the Inner Asian Frontiers of China and Russia*, p. 53, 주 12; 謝彬, 『新疆遊記』, 民國叢書 第2編 87(歷史地理類)(上海: 上海書店, 1990〔1925〕), p. 135〕.

8) Andrew D. W. Forbes, *Warlords and Muslims in Chinese Central Asia: a Political History of Republican Xinjiang, 1911-1949*, pp. 21~28.

9) 신장의 전신 체계 발전에 대해서는 陳慧生, 『民國新疆史』, p. 171, 주 2 참조.

10) Muhammad Amin Bughra, *Sherqi Turkistan Tarikhi*(Kabul, 1940), p. 375; Nabijan Tursun, "Chinese Control over Xinjiang in Theoretical and Comparative Perspective," Frederic Starr (ed.), *Xinjiang: China's Muslim Borderland*(Armonk, NY and London: M.E. Sharpe, 2002)의 준비 원고에 기고한 논문〔이 판본이 출판되지는 않았지만 이 논문의 많은 자료들은 필자와 함께 집필한 "Political History and Strategies of Control, 1884-1978," Frederic Starr (ed.), *Xinjiang: China's Muslim Borderland*에 수록되어 있다〕에서 재인용. 陳慧生, 『民國新疆史』, pp. 172~181.

11) 陳慧生, 『民國新疆史』, pp. 162~163. 통계치는 『중국 연감(中國年鑑)』에서 인용했다.

12) 陳慧生, 『民國新疆史』, p. 164, 183.

13) 白振聲·鯉淵信一 主編, 『新疆現代政治社會史略』(北京: 中國社會科學出版, 1992), pp. 122~124; Owen Lattimore, *Pivot of Asia: Sinkang and the Inner Asian Frontiers of China and Russia*, pp. 58~59; Andrew D. W. Forbes, *Warlords and Muslims in Chinese Central Asia: a Political History of Republican Xinjiang, 1911-1949*.

14) Linda Benson and Ingvar Svanberg, *China's Last Nomads: The History and Culture of China's Kazaks*(Armonk, NY: M.E. Sharpe, 1998), pp. 61~63.

15) (옮긴이) 부르한은 안넨코프Annenkov와 그의 군대가 우루무치 난량(南梁)의 커다란 병영 안에 머물렀다고 기록했다(『新疆五十年』, p. 38).

16) Andrew D. W. Forbes, *Warlords and Muslims in Chinese Central Asia: a Political Histo-*

ry of Republican Xinjiang, 1911-1949, pp. 28~29; Owen Lattimore, *Pivot of Asia : Sinkang and the Inner Asian Frontiers of China and Russia*, p. 59; 厲聲, 『新疆對蘇(俄)貿易史 1600-1900』, p. 324(Linda Benson and Ingvar Svanberg, *China's Last Nomads : The History and Culture of China's Kazaks*, p. 64에서 재인용); 陳慧生, 『民國新疆史』, pp. 189~200.

17) 陳慧生, 『民國新疆史』, pp. 203~208에는 양쩡신의 재임 기간 동안 농경 지역과 목축 지역 모두에서 발생한 소규모 반란들이 나열되어 있는데, 이 반란들은 대부분 지역 관리들의 과중한 세금과 강제 노역 및 기타 부담에 대한 반발이었다.

18) Aitchen Wu(Wu Aizhen), *Turkestan Tumult*, pp. 46~52; 陳慧生, 『民國新疆史』, pp. 210~217.

19) 1930년대의 반란은 영어로 된 역사 저작들에서 많이 다루어져 왔다. 가장 포괄적이고 일반적으로 믿을 만한 기록은 포브스Andrew D. W. Forbes의 책이다(*Warlords and Muslims in Chinese Central Asia : a Political History of Republican Xinjiang, 1911-1949*). 1933~1934년의 동투르키스탄 공화국에 대한 신멘 야스시(新免康)의 저작은 이것이 호탄의 통제를 받는 극단적 이슬람 국가라는 포브스의 해석을 수정했다〔東トルキスタン共和國(1933~34年)に關する一考察〕. 전쟁에 휘말려 든 역사가들 혹은 신장의 여행객들이 저술한 다른 기록들로는 다음과 같은 책들이 있다.

　　Lars Eric Nyman, *Great Britain and Chinese, Russian and Japanese Interests in Sinkiang, 1918-1934*(Stockholm : Esselte Studium, 1977); O. Edmund Clubb, *China and Russia : The Great Game*(New York : Columbia University Press, 1971); Allen S. Whiting and Sheng Shih-ts'ai, *Sinkiang : Pawn or Pivot*(East Lansing, MI : Michigan State University Press, 1958); Owen Lattimore, *Pivot of Asia : Sinkang and the Inner Asian Frontiers of China and Russia*; Mildred Cable and Francesca French, *The Gobi Desert*; Aitchen Wu(Wu Aizhen), *Turkestan Tumult*; Eric Teichman, *Journey to Turkestan*; Peter Fleming, *News from Tartary : A Journey from Peking to Kashmir*; Sven Hedin, *The Flight of 'Big Horse' : The Trail of War in Central Asia*.

　　중국 측 기록들도 많이 있는데, 이 중 특히 흥미로운 것이 包爾漢Burhan Shähidi, 『新疆五十年』으로 이는 그가 후일 신장에서 중요한 정치적 인물이 되었기 때문이다. 이번 장에서 군사·정치적 사건에 대한 필자의 서술은 별도로 표기하는 경우를 제외하고는 포브스의 저서와 신멘 야스시의 논문 그리고 탕용차이(湯永才)의 편저〔湯永才 主編, 『馬仲英在新疆』, 『新疆文史資料』 26輯(烏魯木齊: 新疆人民出版社, 1994]에 수록된 논문을 주로 참고했다.

20) Peter Fleming, *News from Tartary : A Journey from Peking to Kashmir*, p. 253.

21) 謝彬, 『新疆遊記』, p. 78, 80; James A. Millward, *Beyond the Pass : Economy, Ethnicity and Empire in Qing Xinjiang, 1759-1864*, p. 288, 주 46 역시 참조하라.

22) Mildred Cable and Francesca French, *The Gobi Desert*, pp. 132~145.

23) Andrew D. W. Forbes, *Warlords and Muslims in Chinese Central Asia : a Political History of Republican Xinjiang, 1911-1949*, pp. 42~46; 陳慧生, 『民國新疆史』, pp. 243~247.

24) (옮긴이) 부르한에 따르면 이 인물은 지역의 주둔군 중대장인 장궈후(張國琥)였다고 한다 (『新疆五十年』, p. 128).

25) 일례로 陳慧生, 『民國新疆史』, pp. 248~249를 참조하라.

26) 포브스에 따르면 마중잉(馬仲英)은 이전부터 은밀하게 하미 반란에 연루되어 있었으며, 따라서 이 군벌과 우연히 만났다는 율바르스Yulbars의 기록은 가능성이 낮다고 한다(*Warlords and Muslims in Chinese Central Asia: a Political History of Republican Xinjiang, 1911-1949*, pp. 53~54).

27) Howard Boorman, *Biographical Dictionary of Republican China*, 5vols.(New York and London: Columbia University Press, 1967), vol. 2, pp. 463~464에는 마중잉의 간략한 전기가 실려 있는데, 이 시기에 대해 저술하고 있는 모든 저자들은 세부적인 내용은 차이가 있지만 그의 이력을 다루고 있다. Andrew D. W. Forbes, *Warlords and Muslims in Chinese Central Asia: a Political History of Republican Xinjiang, 1911-1949*; Mildred Cable and Francesca French, *The Gobi Desert*; Sven Hedin, *The Flight of 'Big Horse': The Trail of War in Central Asia*; Lars Eric Nyman, *Great Britain and Chinese, Russian and Japanese Interests in Sinkiang, 1918-1934*; 陳慧生, 『民國新疆史』; Yuan Dirui, 「馬仲英軍事活動編年」, 湯永才 主編, 『馬仲英在新疆』 참조.

28) Bay Aziz(Bai-ai-ze-zi/巴衣艾則孜), 「吐魯番農民暴動」, 湯永才 主編, 『馬仲英在新疆』, pp. 55~60; 新免康, 「東トルキスタン共和國(1933~34年)に關する一考察」, pp. 5~6. 우아이천(吳藹宸)을 따라 투루판에서의 반란을 거의 전적으로 회족 문제로만 다룬 포브스의 저서도 참조하라(*Warlords and Muslims in Chinese Central Asia: a Political History of Republican Xinjiang, 1911-1949*, p. 72).

29) Erkin Alptekin, "The Uighurs," http://www.taklamakan.org/erkin/aliptekin.com에서 2002년 5월 17일에 다운로드. 이 논문 혹은 이와 유사한 논문들은 다른 사이트에도 자주 인용되거나 교차 링크되어 있다. 이 논문은 또한 Erkin Alptekin, "The Uyghurs," *Journal of the Institute of Muslim Minority Affairs*, 8, no. 2(1987. 7)로 출간되었다.

30) Lars Eric Nyman, *Great Britain and Chinese, Russian and Japanese Interests in Sinkiang, 1918-1934*, p. 75, 78.

31) Andrew D. W. Forbes, *Warlords and Muslims in Chinese Central Asia: a Political History of Republican Xinjiang, 1911-1949*, pp. 105~106; Sven Hedin, *The Flight of 'Big Horse': The Trail of War in Central Asia*, p. 10. 陳慧生, 『民國新疆史』, p. 253은 국민당의 대표가 진수런(金樹人)에 대한 음모에 가담했다고 주장한다. 진수런은 신장에서 겨우 탈출하여 시베리아를 거쳐 중국으로 귀환했으며, 그곳에서 국민당 정부에 의해 유폐되었다.

32) 포브스는 이 티무르라는 인물을 쿠차의 토착 지도자라고 했으나(*Warlords and Muslims in Chinese Central Asia: a Political History of Republican Xinjiang, 1911-1949*, p. 73), 신멘 야스시는 그를 투루판의 막수드 무히티Maqsud Muhiti의 비밀 조직과 연관시켰다[新免康, 「東トルキスタン共和國(1933~34年)に關する一考察」, p. 6]. 티무르를 투루판 반란의 지도자들 중 하나라고 언급한 바이 아지즈Bay Aziz의 논문도 참조하라[Bay Aziz(Bai-ai-ze-zi), 「吐魯番農民暴動」].

33) 新免康, 「東トルキスタン共和國(1933~34年)に關する一考察」, p. 6. 이 문제에 대해 다른 시각을 가지고 있는 Andrew D. W. Forbes, *Warlords and Muslims in Chinese Central Asia: a Political History of Republican Xinjiang, 1911-1949*, pp. 83~87 또한 참조하라.

34) (옮긴이) 바스마치Basmachi 운동은 20세기 초 중앙아시아의 무슬림들이 제정 러시아 시기부터 이어져 온 소련의 억압에 반대하여 일으킨 운동으로, 이슬람의 보호와 현지 무슬림

의 독립을 기치로 내걸었다. 바스마치라는 단어의 뜻과 그 운동의 전개에 대해서는 우덕 찬, 『중앙아시아史 개설』(부산외국어대학교출판부, 1998), pp. 179~185를 참조하라.

35) O. Edmund Clubb, *China and Russia : The Great Game*, pp. 280~284.

36) 包爾漢(Burhan Shähidi), 『新疆五十年』, p. 188; 陳慧生, 『民國新疆史』, p. 299.

37) Muhämmät Imin Qurban, "Qäshqär tarixidiki Fewral pajiäsi," *Shinjiang Tarix Matiri alliri*(Urumchi: Shinjang Hälq Näshriyati, 1983), 12, pp. 167~181〔新免康, 「東トルキスタン共和國(1933~34年)に關する一考察」, p. 38에서 재인용〕.

38) 왜 마중잉이 불과 몇 달 전 자신의 군대를 독가스로 공격했던 소련의 보호를 받으려 했는지는 여전히 불분명한 상태이다. 마중잉의 행동에 대해 개연성 있는 설명과 국경을 넘은 후의 활동에 대해 제시하고 있는 기록 중 필자는 상세한 내용을 기록하고 있는 출처를 토대로 한 저작들의 내용을 주로 참고했다. Yuan Dirui, 「馬仲英軍事活動編年」, pp. 228~250, 특히 pp. 249~250; Peter Fleming, *News from Tartary : A Journey from Peking to Kashmir*, p. 306은 마중잉의 사진을 묘사하고 있다. Andrew D. W. Forbes, *Warlords and Muslims in Chinese Central Asia: a Political History of Republican Xinjiang, 1911-1949*, p. 126 또한 참조하라.

39) 일부의 사람들이 '퉁가니스탄Tungganistan'이라고 불렀던 이 지역을 여행한 것이 피터 플레밍Peter Fleming의 저서 *News from Tartary: A Journey from Peking to Kashmir*의 주된 내용을 이루고 있다.

40) Information Office of the State Council of the PRC(國務院新聞辦公室), "'East Turkistan' Terrorist Forces Cannot Get Away with Impunity"(2002. 1. 21)(www.china.org.cn에서 2002년 1월 25일 다운로드); Andrew D. W. Forbes, *Warlords and Muslims in Chinese Central Asia: a Political History of Republican Xinjiang, 1911-1949*, pp. 83~89의 도처에서 인용.

41) 신옌 야스시의 논문은 *Shärqi Türkistan Hayati*(동투르키스탄의 생활), *Erkin Türkistan*(자유 투르키스탄)과 *Istiqlal*(독립)과 같은 인쇄물들을 세밀하게 읽고 작성된 것이다(新免康, 「東トルキスタン共和國(1933~34年)に關する一考察」). *Istiqlal*(독립)은 동투르키스탄 공화국의 헌법을 실었는데, 스웨덴의 학자인 군나르 야링이 보관한 이 자료들은 룬드 대학에 보관되어 있다. 미국 국회 도서관에는 이 컬렉션 일부의 마이크로필름이 있다.

42) 위구르인들이 1933~1934년의 국가를 언급할 때 나타나는 불명확함은 현재에도 지속되고 있다. 앞서 인용한 Erkin Alptekin의 "The Uyghurs" 중의 구절은 "독립적인 이슬람 동투르키스탄 공화국"이라고 부르고 있으며, 이는 웹사이트 www.taklamakan.org와 인쇄물(Erkin Alptekin, "The Uyghurs")로 출판되었다. 그러나 헤이그에 본부를 둔 '이름 없는 국가와 국민기구Unrepresented Nations and People's Organization(UNPO)' 웹사이트의 동투르키스탄 관련 페이지에는 동일한 구절이 "이슬람"이라는 단어 없이 기재되어 있다(www.unpo.org/member/eturk/eturk.html, 2002년 5월 20일에 접속).

43) 新免康, 「東トルキスタン共和國(1933~34年)に關する一考察」; Abduqadir Haji, "1933-37-yilighichä Qäshqär, Khotan, Aqsularda Bolup otkän wäqälär," *Shinjang tarix materiyalliri*, no. 17(1986), pp. 60~62; 陳慧生, 『民國新疆史』, p. 283.

44) 이 부분은 파타Gholamidin Pahta와의 인터뷰를 통해 정보를 얻은 투르순Nabijan Tursun이 필자와 개인적인 연락을 주고받던 중 알려 준 내용을 토대로 했다.

45) 新免康, 「東トルキスタン共和國(1933〜34年)に關する一考察」, pp. 7〜9, 15.

46) 新免康, 「東トルキスタン共和國(1933〜34年)に關する一考察」, pp. 11〜13.

47) *Istiqlal*에 실린 헌법의 복사본이 룬드 대학 도서관의 야링 컬렉션, 참고 문헌 번호 PKF 1933.1에 소장되어 있다. 이 참고 문헌의 위치를 알려준 필사본 관리 부소장 니칸데르Eric Nicander 씨에게 감사의 말을 전한다. 신멘 야스시의 논문은 이 헌법을 분석했다(新免康, 「東トルキスタン共和國(1933〜34年)に關する一考察」).

48) 이 시기에 대한 세밀한 연구에서 왕커(王珂)와 신멘 야스시 모두 영국이 원조를 했다는 어떠한 증거도 발견하지 못했다. 게다가 신멘 야스시는 사비트 다물라Sabit Damulla와 동투르키스탄 독립협회가 1933년 9월과 10월에 동투르키스탄 공화국을 구상하고 있는 동안, 피츠모리스Fitzmorris가 9월 25일 카슈가르를 떠났고 그의 후임인 톰슨 글로버Thompson-Glover는 10월 29일이 되어서야 도착했기 때문에 카슈가르에는 주재 중인 영국 총영사가 없었다고 지적했다[新免康, 「東トルキスタン共和國(1933〜34年)に關する一考察」, pp. 29〜30].

49) Linda Benson, *The Ili Rebellion: The Moslem Challenge to Chinese Authority in Xinjiang, 1944-1949*(Armonk, NY and London: M.E. Sharpe, 1990), pp. 21〜22; 陳慧生, 『民國新疆史』, p. 297; Andrew D. W. Forbes, *Warlords and Muslims in Chinese Central Asia: a Political History of Republican Xinjiang, 1911-1949*, p. 136, pp. 144〜152; Owen Lattimore, *Pivot of Asia: Sinkang and the Inner Asian Frontiers of China and Russia*, p. 75.

50) 陳慧生, 『民國新疆史』, p. 299.

51) Sun Yat-sen, *Sun Yat-sen, his Political and Social Ideals: A Sourcebook*, Leonard Shih-lien Hsu (ed.)(Los Angeles, CA: University of Southern California Press, 1933), p. 165, 168; Chiang Kai-shek, *China's Destiny*, p. 40, pp. 29〜43 역시 참조하라.

52) Justin Jon Rudelson, *Oasis Identities: Uyghur Nationalism along China's Silk Road*(New York: Columbia University Press, 1997), p. 149. 개인적인 의견 교환에서 투르순은 나에게 러시아가 근대의 민족을 위해 위구르라는 용어를 다시 이용했다는 것을 알려 주었다. Nabijan Tursun, "Chinese Control over Xinjiang in Theoretical and Comparative Perspective" 또한 참조하라.

53) Linda Benson and Ingvar Svanberg, *China's Last Nomads: The History and Culture of China's Kazaks*, p. 67.

54) Linda Benson, *The Ili Rebellion: The Moslem Challenge to Chinese Authority in Xinjiang, 1944-1949*, p. 31.

55) 陳慧生, 『民國新疆史』, pp. 292〜296; Nabijan Tursun, "Chinese Control over Xinjiang in Theoretical and Comparative Perspective."

56) Nabijan Tursun, "Chinese Control over Xinjiang in Theoretical and Comparative Perspective," pp. 31〜76. 그는 봉기 중 살해당한 사람들의 숫자에 대해서는 소련의 학자 나렌바예프A. Narenbayev를 인용했다. Andrew D. W. Forbes, *Warlords and Muslims in Chinese Central Asia: a Political History of Republican Xinjiang, 1911-1949*, pp. 135〜144; Linda Benson, *The Ili Rebellion: The Moslem Challenge to Chinese Authority in Xinjiang, 1944-1949*, p. 27; 白振聲·鯉淵信一 主編, 『新疆現代政治社會史略』, p. 344.

57) Linda Benson, *The Ili Rebellion: The Moslem Challenge to Chinese Authority in Xinjiang, 1944-1949*, p. 28; Andrew D. W. Forbes, *Warlords and Muslims in Chinese Central Asia: a Political History of Republican Xinjiang, 1911-1949*, pp. 157~162; Nabijan Tursun, "Chinese Control over Xinjiang in Theoretical and Comparative Perspective," pp. 37~38; Owen Lattimore, *Pivot of Asia: Sinkang and the Inner Asian Frontiers of China and Russia*, p. 74.

58) Allen S. Whiting and Sheng Shih-ts'ai, *Sinkiang: Pawn or Pivot*, p. 98(화이팅Whiting의 분석에 의거); Owen Lattimore, *Pivot of Asia: Sinkang and the Inner Asian Frontiers of China and Russia*, p. 79, 106; Linda Benson, *The Ili Rebellion: The Moslem Challenge to Chinese Authority in Xinjiang, 1944-1949*, pp. 38~39(괄호 안의 내용은 p. 39에서 인용).

59) 陳慧生, 『民國新疆史』, p. 381; Owen Lattimore, *Pivot of Asia: Sinkang and the Inner Asian Frontiers of China and Russia*, pp. 83~84; 白振聲·鯉淵信一 主編, 『新疆現代政治社會史略』, p. 395.

60) Linda Benson, *The Ili Rebellion: The Moslem Challenge to Chinese Authority in Xinjiang, 1944-1949*, p. 46; 陳慧生, 『民國新疆史』, p. 385; Andrew D. W. Forbes, *Warlords and Muslims in Chinese Central Asia: a Political History of Republican Xinjiang, 1911-1949*, pp. 163~170.

61) 미국 영사 워드Robert Ward에 관한 이야기는 David D. Wang, *Under the Soviet Shadow: The Yining Incident, Ethnic Conflicts and International Rivalry in Xinjiang, 1944-1949*(Hong Kong: The Chinese University Press, 1999), pp. 89~90에서 재인용. Andrew D. W. Forbes, *Warlords and Muslims in Chinese Central Asia: a Political History of Republican Xinjiang, 1911-1949*, p. 167; 陳慧生, 『民國新疆史』, p. 385.

62) Linda Benson and Ingvar Svanberg, *China's Last Nomads: The History and Culture of China's Kazaks*, pp. 33~34; James A. Millward, "The Qing Trade with the Kazakhs in Yili and Tarbagatai, 1759-1852," *Central and Inner Asian Studies* VIII(1992).

63) Linda Benson, *The Ili Rebellion: The Moslem Challenge to Chinese Authority in Xinjiang, 1944-1949*, pp. 36~37; 陳慧生, 『民國新疆史』, pp. 384~385; Owen Lattimore, *Pivot of Asia: Sinkang and the Inner Asian Frontiers of China and Russia*, p. 156.

64) Andrew D. W. Forbes, *Warlords and Muslims in Chinese Central Asia: a Political History of Republican Xinjiang, 1911-1949*, pp. 170~176; Roostam Sadri, "The Islamic Republic of Eastern Turkestan: A Commemorative Review," *Journal(Institute of Muslim Minority Affairs)*, 5, no. 2(1984. 7), p. 301.

65) 번역문은 미국 영사의 보고서에 동봉되어 있던 것으로, Linda Benson, *The Ili Rebellion: The Moslem Challenge to Chinese Authority in Xinjiang, 1944-1949*, p. 45에서 재인용했다.

66) Andrew D. W. Forbes, *Warlords and Muslims in Chinese Central Asia: a Political History of Republican Xinjiang, 1911-1949*, pp. 186~190; Roostam Sadri, "The Islamic Republic of Eastern Turkestan: A Commemorative Review," p. 306.

67) 포브스(*Warlords and Muslims in Chinese Central Asia: a Political History of Republican*

Xinjiang, 1911-1949, pp. 193~195)와 데이비드 왕David D. Wang(*Under the Soviet Shadow: The Yining Incident, Ethnic Conflicts and International Rivalry in Xinjiang, 1944-1949*, pp. 69~70) 모두 이 협약들을 마나스 강에서 동투르키스탄 공화국이 공세를 멈춘 것과 연관시켰다.

68) 『新疆日報』(1947년 8월 14일자)(Andrew D. W. Forbes, *Warlords and Muslims in Chinese Central Asia: a Political History of Republican Xinjiang, 1911-1949*, pp. 199~200 에서 재인용).

69) David D. Wang, *Under the Soviet Shadow: The Yining Incident, Ethnic Conflicts and International Rivalry in Xinjiang, 1944-1949*, pp. 69~70, 230, 413.

70) Linda Benson, *The Ili Rebellion: The Moslem Challenge to Chinese Authority in Xinjiang, 1944-1949*, pp. 52~53. 이 인물들에 대한 더욱 상세한 전기와 국민당과의 관계에도 불구하고 이들의 경력을 위구르 민족주의자로서 옹호한 것에 대해서는 Linda Benson, "Uyghur Politicians of the 1940s: Mehmet Emin Bugra, Isa Yusuf Alptekin and Mesut Sabri," *Central Asian Survey*, 10, no. 4(1991)를 참조하라.

71) 사드리Roostam Sadri는 알리 한 퇴레Ali Khan Töre가 소련의 지프차로 끌려 들어가는 것을 자신의 가족이 보았다고 기술했는데, 퇴레는 소련인 '고문들'의 모든 훈령을 따르는 것을 그다지 내켜 하지 않았다고 전해진다(Roostam Sadri, "The Islamic Republic of Eastern Turkestan: A Commemorative Review," pp. 308~309).

72) (1946년 6월 6일자 부칙이 딸린) 1946년 1월 평화 협정의 본문은 Linda Benson, *The Ili Rebellion: The Moslem Challenge to Chinese Authority in Xinjiang, 1944-1949*, 부록 A 에 실려 있다. Linda Benson, *The Ili Rebellion: The Moslem Challenge to Chinese Authority in Xinjiang, 1944-1949*, pp. 55~61; Andrew D. W. Forbes, *Warlords and Muslims in Chinese Central Asia: a Political History of Republican Xinjiang, 1911-1949*, pp. 190~193 역시 참조하라.

73) Andrew D. W. Forbes, *Warlords and Muslims in Chinese Central Asia: a Political History of Republican Xinjiang, 1911-1949*, pp. 196~199; 白振聲·鯉淵信一 主編, 『新疆現代政治社會史略』, pp. 439~442.

74) Linda Forbes, *The Ili Rebellion: The Moslem Challenge to Chinese Authority in Xinjiang, 1944-1949*, pp. 77~82, 114.

75) 白振聲·鯉淵信一 主編, 『新疆現代政治社會史略』, pp. 442~443.

76) Linda Benson, *The Ili Rebellion: The Moslem Challenge to Chinese Authority in Xinjiang, 1944-1949*, pp. 83~118, 151~152; Andrew D. W. Forbes, *Warlords and Muslims in Chinese Central Asia: a Political History of Republican Xinjiang, 1911-1949*, pp. 201~204.

77) Roostam Sadri, "The Islamic Republic of Eastern Turkestan: A Commemorative Review," p. 310, 318(신판의 경우는 pp. 61~62); Linda Benson, *The Ili Rebellion: The Moslem Challenge to Chinese Authority in Xinjiang, 1944-1949*.

78) Linda Benson, *The Ili Rebellion: The Moslem Challenge to Chinese Authority in Xinjiang, 1944-1949*, pp. 129, 154~155.

79) (옮긴이) 저자는 이 소요 사태가 투루판, 톡순 그리고 옌치(焉耆)에서 발생했다고 했으나,

부르한은 투루판, 산산(鄯善), 톡순에서 무장 폭동이 발생했다고 기록했다[包爾漢(Burhan Shähidi), 『新疆五十年』, p. 322]. 이 세 지역은 현재의 행정 구역 하에서는 투루판 지구에 속하는 인접 지역으로 투산튀(吐鄯托)는 각 지명의 앞 글자(즉 吐·鄯·托)를 조합하여 만든 것이다. 물론 산산과 옌치는 동일 지역이 아니며 따라서 산산을 옌치로 기록한 것은 저자의 실수인 것으로 보인다.

80) Linda Benson, *The Ili Rebellion : The Moslem Challenge to Chinese Authority in Xinjiang, 1944-1949*, pp. 129, 155~166.

81) 新疆社會科學科學院歷史研究所 編, 『新疆簡史』, 卷3, p. 353; 陳慧生, 『民國新疆史』, pp. 385~386; 陳延琪, 「新疆三區革命政府經濟工作述評」, 劉志霄 主編, 『中國維吾爾曆史文化硏究論叢』, 1輯(烏魯木齊: 新疆人民出版社, 1998), pp. 275~276 또한 참조하라.

82) David D. Wang, *Under the Soviet Shadow: The Yining Incident, Ethnic Conflicts and International Rivalry in Xinjiang, 1944-1949*; 張大軍, 『新疆風暴七十年』, 12冊(臺北: 蘭溪出版社, 1980). 포브스는 반란에서 소련이 중요한 역할을 했으며 또한 소련이 이 반란을 어느 정도는 배후에서 조종했다고 생각했으나, 1940년대 이 지역에는 반란을 일으키고 중국의 통치를 배제하고자 하는 열망이 있을 만한 충분한 지역적인 요인이 있었다고 인정했다(*Warlords and Muslims in Chinese Central Asia: a Political History of Republican Xinjiang, 1911-1949*).

83) Linda Benson, *The Ili Rebellion : The Moslem Challenge to Chinese Authority in Xinjiang, 1944-1949*; Roostam Sadri, "The Islamic Republic of Eastern Turkestan : A Commemorative Review," p. 315. 중국어, 영어 및 러시아어로 쓰인 쿨자 동투르키스탄 공화국에 대한 사료와 연구의 역사문헌학적 조사에 대해서는 David D. Wang, *Under the Soviet Shadow: The Yining Incident, Ethnic Conflicts and International Rivalry in Xinjiang, 1944-1949*, pp. 3~19를 참조하라.

84) 陳延琪, 「新疆三區革命政府經濟工作述評」, p. 286.

85) 쿨자 선언은 Andrew D. W. Forbes, *Warlords and Muslims in Chinese Central Asia: a Political History of Republican Xinjiang, 1911-1949*, p. 183에 수록되어 있다. 미국 영사의 자료에서 인용한 「왜 우리는 투쟁하는가?」의 영어 번역문은 Linda Benson, *The Ili Rebellion : The Moslem Challenge to Chinese Authority in Xinjiang, 1944-1949*, 부록 E, pp. 200~206에 실려 있다.

86) Andrew D. W. Forbes, *Warlords and Muslims in Chinese Central Asia: a Political History of Republican Xinjiang, 1911-1949*, pp. 193~195; Allen S. Whiting and Sheng Shih-ts'ai, *Sinkiang: Pawn or Pivot*, pp. 98~112. '졸(卒, pawn)'이라는 단어는 화이팅의 저서 제목에서 차용한 것이다. 데이비드 왕은 국민당 자료와 비공식적 혹은 덜 알려진 중화인민공화국의 자료로부터 소련의 개입에 대한 증거들을 수집했다. 소련이 일리 반란과 동투르키스탄 공화국을 조정했다는 그의 주장이 (소련은 단지 '원조'를 제공했을 뿐이라는) 공식적인 중화인민공화국의 입장과 어긋나는 것이기는 하지만, 이는 많은 중화인민공화국의 역사가들이 개인적으로 인정하고 있는 것과 크게 다르지 않다(David D. Wang, *Under the Soviet Shadow: The Yining Incident, Ethnic Conflicts and International Rivalry in Xinjiang, 1944-1949*, 특히 5~7장). (러시아어와 위구르어 자료 및 목격자들의 증언에 의거한) 사드리의 기록은, 동투르키스탄 공화국 군대는 마나스 강에서 진격을 멈추고 신

장 남부의 악수로 퇴각하라는 스탈린의 명령을 비롯하여 쿨자 반란에 소련이 개입한 것에 대해 상세히 기술했다. 사드리는 동투르키스탄 공화국 지지자들에게 호의적이다(Roostam Sadri, "The Islamic Republic of Eastern Turkestan: A Commemorative Review").

87) Linda Benson, "Uyghur Politicians of the 1940s: Mehmet Emin Bugra, Isa Yusuf Alptekin and Mesut Sabri."

88) Andrew D. W. Forbes, *Warlords and Muslims in Chinese Central Asia: a Political History of Republican Xinjiang, 1911-1949*, p. 220. 화이팅은 1955년에 익명의 "믿을 만한 소식통"으로부터 스탈린의 제안에 대해 알게 되었다(Allen S. Whiting and Sheng Shih-ts'ai, *Sinkiang: Pawn or Pivot*, pp. 117~118).

89) Ted Gup, *Book of Honor: Cover Lives and Classified Deaths at the CIA*(New York: Doubleday, 2000), 1장; 2002년 6월 17일 베사크Frank Bessac와 나눈 개인적인 의사 교환; Frank Bessac(버크James Burke가 구술을 기록), "This was the Trek to Tragedy," *Life*, 30(1950. 11) 역시 참조하라. 신장 공산당 학교의 교수인 중국의 한 소식통에 따르면, 매키어넌Douglas Mackiernan은 중화인민공화국의 통치에 저항하던 인물들인 자님 한Janim Khan 과 율바르스뿐만 아니라 오스만 바투르Osman Batur 배후의 "꼭두각시 조종자"였다고 한다〔朱培民, 『20世紀新疆史研究』(烏魯木齊: 新疆人民出版社, 2000), p. 237〕.

90) Roostam Sadri, "The Islamic Republic of Eastern Turkestan: A Commemorative Review," p. 311(러시아 측 자료로부터 아흐메트잔 카시미Ahmetjan Qasimi의 전집을 인용).

91) 덩리췬(鄧力群)은 이후 신장 인민정부 문화·교육위원회 주임(1950~1953)과 『홍기(紅旗)』의 편집장(1960~1964)을 역임했고, 1980년대에는 중국 공산당 12기 중앙위원으로 선출되었다. Wolfgang Bartke, *Biographical Dictionary and Analysis of China's Party Leadership, 1922-1928*(Munich, London and New York: K.G. Saur, 1990), p. 31.

92) Andrew D. W. Forbes, *Warlords and Muslims in Chinese Central Asia: a Political History of Republican Xinjiang, 1911-1949*, pp. 221~223; 陳慧生, 『民國新疆史』, p. 443.

93) Roostam Sadri, "The Islamic Republic of Eastern Turkestan: A Commemorative Review," p. 313. 아스하트 이스하트Askhat Iskhat는 문화 대혁명 기간 중 처형되었다.

94) Nabijan Tursun, "Chinese Control over Xinjiang in Theoretical and Comparative Perspective"(Antonov A, "Serategicheskoe partnerstvo v deystvii"를 재인용, http://www.online.ru/sp/chronicle에서 1999년 다운로드); Hashir Wahidi et al., "Masud äpändi Häqqidä Häqiaät," *Yängi Hayat*(Alma Ata), 1991년 9월 3, 5, 7, 10, 12, 14, 17, 19, 21일 자에 연재.

6장

1) Reinhard F. Hahn, *Spoken Uyghur*(Seattle, WA and London: University of Washington Press, 1991), pp. 91~96; Donald H. McMillen, *Chinese Communist Power and Policy in Xinjiang, 1949-1977*(Boulder, CO: Westview Press, 1979), p. 116; "Til yeziq," http://www.misiran.com/uyghurlar/til_yezip/index.htm(2002년 7월 17일 다운로드, 현재 이용 불가); 컴퓨터 정서법 체제의 도표는 http://www.misiran.com/uyghurlar/

til_yeziq/uiy_ elipbe.htm.

2) Linda Benson and Ingvar Svanberg, *China's Last Nomads: The History and Culture of China's Kazaks*, p. 87.

3) 1950년대 중국 공산당 지배에 맞선 저항에 관해서는 다음의 저작들을 참조하라. 李澤 等, 「新疆民族分裂主義研究」, 楊發仁 主編, 『泛伊斯蘭主義·泛突厥主義研究』(烏魯木齊: 新疆社會科學院, 1994), pp. 164~239; 張玉璽, 「新疆解放以來反對民族分裂主義的鬥爭及其曆史經驗?」, 楊發仁 主編, 『泛伊斯蘭主義·泛突厥主義研究』(이 논문은 원문 그대로 Zhang Yumao, "Anti-separatism Struggle and its Historical Lessons since the Liberation of Xinjiang"이라는 제목으로 영어로 출간되었다. 위구르 미국 협회Uyghur American Association에 의한 영어 번역과 웹 출판은 www.taklamakan.org/erkin/Chinese/trans.htr에 있다), pp. 331~363; 馬大正, 『國家利益高於一切: 新疆穩定問題的觀察與思考』(烏魯木齊: 新疆人民出版社, 2003), p. 32 이하. 겨우 300여 명의 사람들만이 관련되어 있다는 점을 감안해 볼 때 중국 측 자료와 마찬가지로 딜런Michael Dillon 역시 이 사건들을 지나치게 중요하게 다루고 있다[*Xinjiang: China's Muslim Far Northwest*(London: Routledge Curzon, 2004)].

4) George Moseley, *A Sino-Soviet Cultural Frontier: The Ili Kazakh Autonomous Chou* (Cambridge, MA: East Asian Research Center, Harvard University, 1966), p. 26. 1970년대 중반까지의 신장의 정치사에 대한 나의 기본적인 서술은 주석을 단 경우를 제외하고는 주로 Donald H. McMillen, *Chinese Communist Power and Policy in Xinjiang, 1949-1977*에 의거했다.

5) 朱培民, 『20世紀新疆史研究』, p. 241.

6) (옮긴이) 삼반(三反)이란 국가 기관 공작원의 '세 가지 해악(三害, 독직, 낭비, 관료주의)'에 반대하는 운동이었는데, 이 운동을 전개하면서 공작원의 4~5퍼센트가 숙청당했다고 한다. 삼반 운동과 함께 진행되었으면서 이보다 더 큰 의미가 있었던 것이 바로 오반(五反) 운동으로, 이는 '오독(五毒, 뇌물 수수 행위, 탈세, 국가 자재의 절도, 부실 공사, 국가 경제 정보 유출)'에 대한 규탄 운동이었다. 오반 운동에는 노동자, 직원, 점원의 대부분이 참가하여 상하이 등 9개 도시의 민간 상공업자 중 무려 76퍼센트가 숙청되었다[오쿠무라 사토시 지음, 박선영 옮김, 『새롭게 쓴 중국 현대사: 전쟁과 사회주의의 변곡』(소나무, 2001), pp. 141~142].

7) Roostam Sadri, "The Islamic Republic of Eastern Turkestan: A Commemorative Review," p. 313[A. G. Yakovlev, *Nasionalno-Osvoboditelnoe Dvizheniev Sintsiane* (Moscow: Izdatelstvo Akademii Nauk S.S.S.R., 1955), pp. 175~177과 그 이하를 인용했다). Linda Benson and Ingvar Svanberg, *China's Last Nomads: The History and Culture of China's Kazaks*, p. 134.

8) Howard Boorman, *Biographical Dictionary of Republican China*, vol. 1, pp. 3~6.

9) 딜런(Michael Dillon, *Xinjiang: China's Muslim Far Northwest*)과 맥밀런(Donald H. McMillen, *Chinese Communist Power and Policy in Xinjiang*, 1949-1977)은 세이피딘 Säypi-din Äzizi의 생애에 대한 몇 가지 세부적인 사실에 대해 의견을 달리하고 있다. 즉 전자는 그가 타르바가타이 출신이라고 했으나 후자는 아르투시 출신이라고 했으며, 또 전자는 그가 모스크바에서 공부했다고 보았으나 후자는 타슈켄트에서 공부했다고 보았다.

10) Donald H. McMillen, *Chinese Communist Power and Policy in Xinjiang, 1949-1977*,

pp. 131~136.

11) Linda Benson and Ingvar Svanberg, *China's Last Nomads: The History and Culture of China's Kazaks*, pp. 113~116, 134~135; George Moseley, *A Sino-Soviet Cultural Frontier: The Ili Kazakh Autonomous Chou*, p. 45.

12) 朱培民, 『20世紀新疆史研究』, p. 335.

13) J. V. Stalin, "Marxism and the National Question," *Works*(Moscow: Foreign Languages Publishing House, 1953), vol. II, p. 307〔Colin MacKerras, *China's Minorities: Integration and Modernization in the Twentieth Century*(Hong Kong: Oxford University Press, 1994), p. 141에서 재인용〕.

14) June Teufel Dreyer, *China's Forty Millions: Minority Nationalities and National Integration in the People's Republic of China*(Cambridge, MA: Harvard University Press, 1976), pp. 95~98; Colin MacKerras, *China's Minorities: Integration and Modernization in the Twentieth Century*, pp. 141~143. 중화인민공화국의 정책 이론과 실행에 대한 일반적인 논의에 관해서는 Stevan Harrell (ed.), *Cultural Encounters on China's Ethnic Frontiers*(Seattle, WA: University of Washington Press, 1995); Dru C. Gladney, *Muslim Chinese: Ethnic Nationalism in the People's Republic*(Cambridge, MA: Council on East Asian Studies, Harvard University Press, 1991)을 참조하라.

15) June Teufel Dreyer, *China's Forty Millions: Minority Nationalities and National Integration in the People's Republic of China*, pp. 104~106; Donald H. McMillen, *Chinese Communist Power and Policy in Xinjiang, 1949-1977*, pp. 44, 68~69; Linda Benson and Ingvar Svanberg, *China's Last Nomads: The History and Culture of China's Kazaks*, pp. 99~100; Gardner Bovingdon and Nabijian Tursun, "Contested Histories," *Xinjiang: China's Muslim Borderland*.

16) 1950년대 신장의 이슬람에 관한 이 부분은 Wang Jianping, "Islam in Kashgar in the 1950s"(연도 미상, 미출간 원고)의 여러 부분을 요약한 것이다. 그가 제시하는 정보는 우동야오wu Dongyao의 연구에서 제시된 공문서 자료와 1950년대 실시된 조사로부터 얻은 것이다.

17) William C. Clark, "Convergence or Divergence: Uighur Family Change in Urumqi," Ph.D dissertation(University of Washington, 1999), pp. 209~216.

18) Wang Jianping, "Islam in Kashgar in the 1950s," p. 8(우동야오의 연구를 인용).

19) (옮긴이) 이슬람의 시아파 중 7대 이맘파로 중세 이슬람 지역에서는 '암살자단'이라는 별칭으로 유명했다. 마르코 폴로의 『동방견문록』에는 7대 이맘파의 수장이 "산상의 노인"이라는 명칭으로 등장했다.

20) 이상의 부분은 주로 Wang Jianping, "Islam in Kashgar in the 1950s"에 의거했다. Donald H. McMillen, *Chinese Communist Power and Policy in Xinjiang, 1949-1977*, p. 115 역시 참조하라.

21) Donald H. McMillen, *Chinese Communist Power and Policy in Xinjiang, 1949-1977*, pp. 56~57; James D. Seymour, "Xinjiang's Production and Construction Corps and the Sinification of Eastern Turkestan," *Inner Asia*, 2, no. 2(2000), pp. 172~175. 청대 신장으로의 유형에 대해서는 Joanna Waley-Cohen, *Exile to Mid-Qing China: Banishment to*

Xinjiang, 1758~1820(New Haven, CT: Yale University Press, 1991)을 참조하라. 신장과 기타 지역에 있는 중화인민공화국의 정치범 수용소에 대해서는 James D. Seymour and Richard Anderson, *New Ghosts, Old Ghosts: Prisons and Labor Reform Camps in China*(Armonk, NY and London: M.E. Sharpe, 1998), 3장 참조.

22) Lynn T. White III, "The Road to Urumchi: Approved Institutions in Search of Attainable Goals during Pre-1968 Rustication from Shanghai," *The China Quarterly*, no. 79(1979. 9), pp. 487~492.

23) Donald H. McMillen, *Chinese Communist Power and Policy in Xinjiang, 1949-1977*, pp. 61~66; James D. Seymour, "Xinjiang's Production and Construction Corps and the Sinification of Eastern Turkestan," pp. 174~175, 184; Emily Hannum and Yu Xie, "Occupational Differences between Han Chinese and National Minorities in Xinjiang, 1982-1990," *Demography*, 35(1998), p. 324, 표 1; Thomas P. Bernstein, *Up to Mountains and Down to the Villages: The Transfer of Youth from Urban to Rural China*(New Haven, CT: Yale University Press, 1977), p. 27, 표 4; Calla Wiemer, "The Economy of Xinjiang," *Xinjiang: China's Muslim Borderland*, pp. 168~169. 개개의 병단(兵團) 지역에 대한 기술은 趙予征, 『新疆屯墾』, pp. 265~311, 면지의 지도를 참조하라.

24) 마오쩌둥 시기 자연에 대한 군사적인 접근에 관해서는 Judith Shapiro, *Mao's War against Nature: Politics and Environment in Revolutionary China*(Cambridge University Press, 2001)를 참조.

25) Harold J. Wiens, "Cultivation Development and Expansion in China's Colonial Realm in Central Asia," *Journal of Asian Studies*, 26, no. 1(1966. 11), pp. 75~77, p. 81 표 4, pp. 84~85; 趙予征, 『新疆屯墾』, p. 332.

26) Donald H. McMillen, *Chinese Communist Power and Policy in Xinjiang, 1949-1977*, pp. 86~88.

27) Stevan Harrell (ed.), *Cultural Encounters on China's Ethnic Frontiers*, 서론; Dru C. Gladney, "Representing Nationality in China: Refiguring Majority/Minority Identities," *Journal of Asian Studies*, 53, no. 1(1994. 2).

28) Andrew D. W. Forbes, *Warlords and Muslims in Chinese Central Asia: a Political History of Republican Xinjiang, 1911-1949*, p. 226; Donald H. McMillen, *Chinese Communist Power and Policy in Xinjiang, 1949-1977*, pp. 34~35; Vladislav M. Zubok (ed.), "The Khrushchev-Mao Conversations 31 July-3 August 1958 and 2 October 1959" (2001)(online archive of the Cold War International History Project, Woodrow Wilson International Center For Scholars, CWIHP Dossier No. 2, 2002년 3월 5일 http://cwihp.si.edu/files/zubok-mao.htm에서 다운로드), p. 19, pp. 27~28. 흐루쇼프가 마오쩌둥에게 정말로 소련을 "붉은 제국주의자"라고 간주하고 있는지를 묻자 마오쩌둥은 "스탈린이라는 이름을 가진 사람이 있었는데, 그는 뤼순 항을 차지했으며 신장과 만주를 반식민지로 만들어 버렸고 또한 4개의 합자 회사를 만들었습니다. 이것들이 모두 그의 훌륭한 행동이었습니다"라고 빈정거리며 대답했다. 흐루쇼프는 잠시 후 "당신은 스탈린을 변호했고, 내가 스탈린을 비판했다는 이유로 나를 비난했습니다. 그리고 이제는 당신이 스탈린을 비난하고 있기 때문에 당신 역시 비난을 받아야 합니다"라고 답했다. 이에 대해 마오쩌둥은

"당신은 다른 일로 (그를) 비판했습니다"라고 대답했다〔Vladislav M. Zubok (ed.), "The Khrushchev-Mao Conversations 31 July-3 August 1958 and 2 October 1959," pp. 29~30〕.

29) Donald H. McMillen, *Chinese Communist Power and Policy in Xinjiang, 1949-1977*, p. 92.

30) Donald H. McMillen, *Chinese Communist Power and Policy in Xinjiang, 1949-1977*, pp. 92~94, 117; Linda Benson and Ingvar Svanberg, *China's Last Nomads: The History and Culture of China's Kazaks*, p. 136; 朱培民, 『20世紀新疆史研究』, p. 335.

31) Roostam Sadri, "The Islamic Republic of Eastern Turkestan: A Commemorative Review," p. 315; 朱培民, 『20世紀新疆史研究』, pp. 351~352.

32) (옮긴이) 중국 현대사에서 '홍(紅)'이란 인적·사상적 방면에서 혁명 사상에 기반한 계급 투쟁을 통해 잔존해 있는 자산 계급 및 그들의 문화적 요소를 제거하려는 정치를 우선시 하는 세력의 사회 발전 노선인 데 반해, '전(專)'은 사회 경제적인 방면에서 경제와 기술을 바탕으로 생산력을 확충해서 사회주의의 물질적 토대를 공고히 하려는 '실사구시'적 정치 세력의 사회 발전 노선이었다. 문화 대혁명 시기 이러한 '전'과 '홍'의 길항 관계는, '전'은 객관적인 조건 아래에서 종합적·균형적인 시각을 견지하며 적극적이면서도 안정적으로 경제를 발전시켜야 한다는 반모진론(反冒進論)의 형태로, '홍'은 더 빨리 약진하는 방식의 발전을 해야 한다는 약진론(躍進論)의 형태로 나타났다〔尹輝鐸, 「中國 大躍進運動 전후 社會主義 경제건설논쟁에서 드러난 現代史像 反冒進論(專)과 躍進論(紅)의 길항 관계를 중심으로」, 『역사학보』 182(2004), 158~159쪽〕.

33) 朱培民, 『20世紀新疆史研究』, pp. 280~281, 290, 293~295. 대약진 운동 기간 중 신장에서 아사한 사람들에 대해 그가 제시한 수치는 추산을 낮추어 잡은 것으로 보인다. 나무껍질 을 먹은 것에 관해서는 1998년 6월 우루무치에서 회족 식당 주인과 개인적으로 이야기를 주고받았다. 1960년과 1962년의 인구 수치에 대해서는 William C. Clark, "Convergence or Divergence: Uighur Family Change in Urumqi," pp. 77~78에 의거했으며, 그는 지역 의 당 역사위원회에서 1994년 제작한 시 관보인 烏魯木齊市黨史地方志編纂委員會 編, 『烏魯木齊市志』(烏魯木齊: 新疆人民出版社, 1994)를 인용했다. William C. Clark, "Convergence or Divergence: Uighur Family Change in Urumqi," pp. 112~113; Linda Benson and Ingvar Svanberg, *China's Last Nomads: The History and Culture of China's Kazaks*, p.117, 표 4.2; George Moseley, *A Sino-Soviet Cultural Frontier: The Ili Kazakh Autonomous Chou*, p. 105. 가축의 규모에 대한 분석은 중화인민공화국이 대약진 운동 기간 중에는 통계를 발표하지 못했기 때문에 복잡하게 되었다.

34) Linda Benson and Ingvar Svanberg, *China's Last Nomads: The History and Culture of China's Kazaks*, p. 136.

35) Linda Benson and Ingvar Svanberg, *China's Last Nomads: The History and Culture of China's Kazaks*, p. 135; George Moseley, *A Sino-Soviet Cultural Frontier: The Ili Kazakh Autonomous Chou*, 7장. 인용문은 George Moseley, *A Sino-Soviet Cultural Frontier: The Ili Kazakh Autonomous Chou*, pp. 96~97에 번역된 『인민일보(人民日報)』 1959년 6월 21일자, 「초원 위의 강철 도시」라는 기사를 인용한 것이다.

36) Wang Enmao, "Long Live the People's Commune," *People's Daily*(1960년 2월 5일자)

주 557

(George Moseley, *A Sino-Soviet Cultural Frontier: The Ili Kazakh Autonomous Chou*, p. 77에서 재인용).

37) Donald H. McMillen, *Chinese Communist Power and Policy in Xinjiang, 1949-1977*, pp. 122~123; George Moseley, *A Sino-Soviet Cultural Frontier: The Ili Kazakh Autonomous Chou*, pp. 105-106; 朱培民, 『20世紀新疆史研究』, p. 285, 287, 289.

38) Linda Benson and Ingvar Svanberg, *China's Last Nomads: The History and Culture of China's Kazaks*, p. 104; Donald H. McMillen, *Chinese Communist Power and Policy in Xinjiang, 1949-1977*, pp. 122~123, 157~162; George Moseley, *A Sino-Soviet Cultural Frontier: The Ili Kazakh Autonomous Chou*, pp. 108~109; 趙予征, 『新疆屯墾』, p. 212.

39) 趙予征, 『新疆屯墾』, pp. 212~213; George Moseley, *A Sino-Soviet Cultural Frontier: The Ili Kazakh Autonomous Chou*, p. 112.

40) Donald H. McMillen, *Chinese Communist Power and Policy in Xinjiang, 1949-1977*, p. 48, 96, pp. 149~150.

41) 카슈미르 북부에서 벌어진 인도와의 전쟁은 중국이 승리하여 분쟁 지역을 병합하는 것으로 끝났다(현재 카슈가르와 라싸Lhasa를 잇는 도로는 이 악사이친Aksai Chin 지역을 통과한다).

42) 맥밀런(*Chinese Communist Power and Policy in Xinjiang, 1949-1977*)은 주로 한족 지역에 초점을 맞추어 신장에서의 문화 대혁명에 대해 자세하게 기술한다. 달리 주석을 단 경우를 제외하고 다음의 내용은 사실상 그의 서술을 따랐다.

43) Donald H. McMillen, *Chinese Communist Power and Policy in Xinjiang, 1949-1977*, pp. 185~186; June Teufel Dreyer, *China's Forty Millions: Minority Nationalities and National Integration in the People's Republic of China*, p. 214. 이 문단의 마지막 인용구는 베오그라드 라디오Belgrade Radio를 인용한 드라이어June Teufel Dreyer의 책에서 재인용한 것이다. 나머지 인용구들은 맥밀런의 책에서 차용했다.

44) James D. Seymour, "Xinjiang's Production and Construction Corps and the Sinification of Eastern Turkestan," p. 177. 드라이어는 100명이 사망하고 500명이 부상을 입었다고 했다(*China's Forty Millions: Minority Nationalities and National Integration in the People's Republic of China*, p. 214). 주페이민(朱培民)은 26명이 사망하고 74명이 부상을 입었다고 기록했는데(『20世紀新疆史研究』, p. 312), 신장에서의 문화 대혁명 중 대규모의 무력 충돌로 발생한 사상자에 대한 그의 총 수치(사망 700명, 부상 5000명)는 대체로 낮은 것처럼 보인다[朱培民, 『20世紀新疆史研究』, p. 316. 딩성(丁盛)과 그가 '매음굴'에 관해 언급한 것은 p. 321을 참조하라].

45) (옮긴이) 좀 더 정확히는 1967년 8월 16일부터 9월 18일까지 17차례에 걸쳐 신장 홍이사(紅二司)의 활동에 대해 보도했다고 한다(朱培民, 『20世紀新疆史研究』, p. 311).

46) James D. Seymour, "Xinjiang's Production and Construction Corps and the Sinification of Eastern Turkestan," pp. 175~179; 朱培民, 『20世紀新疆史研究』, pp. 310~313.

47) William C. Clark, "Convergence or Divergence: Uighur Family Change in Urumqi," p. 79.

48) William C. Clark, "Convergence or Divergence: Uighur Family Change in Urumqi," pp. 219~220.

49) Donald H. McMillen, *Chinese Communist Power and Policy in Xinjiang, 1949-1977*, pp. 215~216; William C. Clark, "Convergence or Divergence: Uighur Family Change in Urumqi," p. 79; 朱培民, 『20世紀新疆史研究』, p. 316. 로프노르에 있는 핵 시설에 대해서는 Yitzhak Shichor, "The Great Wall of Steel: Military and Strategy in Xinjiang," *Xinjiang: China's Muslim Borderland*, pp. 146~147을 참조하라.

50) James D. Seymour, "Xinjiang's Production and Construction Corps and the Sinification of Eastern Turkestan," p. 176, pp. 179~181; Calla Wiemer, "The Economy of Xinjiang," pp. 169~170.

51) 朱培民, 『20世紀新疆史研究』, p. 314, 316.

52) 朱培民, 『20世紀新疆史研究』, p. 323.

53) 이 수치는 신화통신을 인용한 Linda Benson, "Education and Social Mobility among Minority Populations in Xinjiang," *Xinjiang: China's Muslim Borderland*, p. 211에서 차용한 것이다. Donald H. McMillen, *Chinese Communist Power and Policy in Xinjiang, 1949-1977*, p. 298, pp. 294~295의 표, 매케러스Colin MacKerras도 동일한 주장을 하고 있다(*China's Minorities: Integration and Modernization in the Twentieth Century*, p. 152).

54) June Teufel Dreyer, *China's Forty Millions: Minority Nationalities and National Integration in the People's Republic of China*, p. 216(1968년 9월 5일 우루무치 라디오를 인용); 朱培民, 『20世紀新疆史研究』, p. 315.

55) Roostam Sadri, "The Islamic Republic of Eastern Turkestan: A Commemorative Review," p. 317.

56) Donald H. McMillen, *Chinese Communist Power and Policy in Xinjiang, 1949-1977*, p. 206, 241(1969년 1월 20일자 *Hong Kong Star*를 인용), pp. 255~256; Roostam Sadri, "The Islamic Republic of Eastern Turkestan: A Commemorative Review," pp. 316~317. 1992년 나는 학술회의의 일환으로서 타클라마칸 사막을 가로지르는 이 모래투성이 길을 운전해서 지나갈 일이 있었다.

57) Linda Benson and Ingvar Svanberg, *China's Last Nomads: The History and Culture of China's Kazaks*, pp. 139~140.

58) 朱培民, 『20世紀新疆史研究』, p. 323.

59) 李澤 等, 「新疆民族分裂主義研究」, pp. 209~210. 이 운동에 대한 더 자세한 내용은 중국 내부의 자료를 인용한 Michael Dillon, *Xinjiang: China's Muslim Far Northwest*, pp. 57~58을 참조하라.

60) William C. Clark, "Convergence or Divergence: Uighur Family Change in Urumqi," p. 220.

61) Donald H. McMillen, *Chinese Communist Power and Policy in Xinjiang, 1949-1977*, p. 298.

62) 이 부분은 2002년 3월 에르킨Erkin과 나눈 개인적 대화를 토대로 한 것이다.

63) 馬大正, 『國家利益高於一切: 新疆穩定問題的觀察與思考』, pp. 184~186.

64) Michael Dillon, "Xinjiang: Ethnicity, Separatism and Control in Chinese Central Asia," *Durham East Asian Papers*, 1(Dept. of East Asian Studies, University of Durham,

1995), p. 18; Colin MacKerras, *China's Minorities: Integration and Modernization in the Twentieth Century*, p. 113, pp. 154~155, p. 202; William C. Clark, "Convergence or Divergence: Uighur Family Change in Urumqi," pp. 82~83; Donald H. McMillen, *Chinese Communist Power and Policy in Xinjiang, 1949-1977*, p. 298, 303; 朱培民, 『20世紀新疆史研究』, pp. 350~352.

65) 朱培民, 『20世紀新疆史研究』, pp. 336~337; Colin MacKerras, *China's Minorities: Integration and Modernization in the Twentieth Century*, pp. 155~156. 법률의 원문은 『中和人民共和國法律彙編, 1979-1984』(北京: 人民出版社, 1985)에 실려 있다. 이 법률의 2001년 개정판은 http://www.people.com.cn/GB/Paper464/2813/396689.html(『人民日報』 온라인, 2002년 8월 1일 다운로드)에서 볼 수 있다.

66) 朱培民, 『20世紀新疆史研究』, pp. 343~344.

67) 歐陽璉, 「阿克蘇事件始末」, 劉小萌 編, 『中國知青口述史』(北京: 中國社會科學出版社, 2004), p. 455(이 구절의 원문은 "上海娃子呱呱叫, 上火車不要票, 下了火車沒人要"이다 — 옮긴이).

68) 주페이민은 8000명이라는 수치를 제시했으나(『20世紀新疆史研究』), 어우양롄(歐陽璉)은 5000~6000명이라고 했다(「阿克蘇事件始末」).

69) 歐陽璉, 「阿克蘇事件始末」, p. 473.

70) 歐陽璉, 「阿克蘇事件始末」, p. 488, 496.

71) 朱培民, 『20世紀新疆史研究』, pp. 354~356은 이 사건에 대해 개괄적으로 기술하고 있다.

72) 馬大正, 『國家利益高於一切: 新疆穩定問題的觀察與思考』, pp. 13~14.

73) 위머Calla Wiemer는 경제 관련 기록들을 분석하고 통계치를 제시했다("The Economy of Xinjiang"). 이 시기 동안의 『신장 연감(新疆年鑑)』 또한 참조하시오. 공식적인 중국의 입장에 대해서는 Information Office of the State Council of the PRC, "History and Development of Xinjiang"(Beijing: New Star Publishers, 2003)(2004년에는 이 백서가 중국 인터넷 뉴스 센터www.china.org.cn나 중화인민공화국 대사관 웹사이트에서 온라인으로도 이용할 수 있게 되었다), pp. 20~25 또는 王拴乾 編, 『輝煌新疆』(烏魯木齊: 新疆人民出版社, 2003)를 참조하라.

74) Gunnar Jarring, *Return to Kashgar: Central Asian Memoirs in the Present*.

7장

1) Department of Population, Social, Science(원문 그대로임) and Technology Statistics of the National Bureau of Statistics of China(國家統計局 人口和社會科技統計司) and Department of Economic Development of the State Ethnic Affairs Commission of China(國家民族事務委員會 經濟發展司)(eds.), *Tabulation on Nationalities of 2000 Population Census of China*(『2000年人口普查 中國民族人口資料』), 2 vols.(北京: 民族出版社, 2003), vol. 1, 표 1~2, pp. 4~26(병음의 한자 표기는 옮긴이의 것); Bruce Gilley, "'Uighurs Need Not Apply': Bejing's 'Go West' Development Campaign is Unlikely to Benefit most Uighurs," *Far Eastern Economic Review*, 23(2001. 8); Nicolas Becquelin, "Staged Development in Xinjiang," *China Quarterly*, 178(2004. 6), p. 369.

2) 신장 당 제1서기이자 정치국의 일원이었던 왕러취안(王樂泉)은 2004년 기자들에게 토마토와 면화 수확을 위해 100만 명의 노동자들이 다른 성에서 신장으로 왔으며, 그들 중 일부는 신장에 머무르기로 결정했다고 말했다. Tim Johnson, "Throngs of Migrants Flooding China's Silk Road Cities," KansasCity.com(*Kansas City Star online*), 2004년 9월 22일, http://www.kansascity.com/mid/kansascity/news/world/9732496.htm?1c(2004년 10월 25일 접속). (기사의 원 제목은 "Throngs of Migrants Flooding China's ancient Silk Road Cities"이다 — 옮긴이).

3) "Tomato Paste Exports Hit New High," *China Daily*, 2005년 7월 15일판, www.china-view.cn(2005년 7월 17일 접속).

4) Sean R. Roberts, "A 'Land of Borderlands': Implications of Xinjiang's Trans-border Interactions," *Xinjiang: China's Muslim Borderland*, p. 229.

5) Calla Wiemer, "The Economy of Xinjiang," pp. 170~172; Sean R. Roberts, "A 'Land of Borderlands': Implications of Xinjiang's Trans-border Interactions," pp. 218~220.

6) 朱培民, 『20世紀新疆史研究』, p. 343; Michael Dillon, *Xinjiang: China's Muslim Far Northwest*, p. 45.

7) Calla Wiemer, "The Economy of Xinjiang," p. 187.

8) Calla Wiemer, "The Economy of Xinjiang," p. 172, pp. 185~186. Information Office of the State Council of the PRC, "History and Development of Xinjiang," p. 24. 신장의 경제에 대한 연구에서 위머는 신장의 경제가 여전히 주로 계획 경제이고, 현저하게 국가가 소유하고 운용하며 손실이 날 경우에는 재정을 조달하는 형태라고 강조했다.

9) Jay Todd Dautcher, "Folklore and Identity in Uighur Community in Xinjiang China," Ph. D. dissertation(University of California at Berkely, 1999), 4.2장. 다우처Jay Todd Dautcher의 민족지는 단순히 상업만이 아니라 쿨자 위구르 사회의 다양한 측면에 대한 매혹적이고도 흥미로운 관찰이다. 로버츠Sean Roberts는 알마티에서의 현지 조사를 토대로 국경을 넘나들며 거주하고 일하는 위구르인들의 역사와 민족지를 제시했다("Uyghur Neighborhoods and Nationalism in the Former Sino-Soviet Borderland: An Hisotrical Ethnography of a Stateless Nation on the Margins of Modernity").

10) William C. Clark, "Convergence or Divergence: Uighur Family Change in Urumqi," p. 86.

11) 中共新疆維吾爾自治區委員會黨史研究室 編, 『當代新疆風雲』(烏魯木齊: 新疆人民出版社, 2002), p. 264; Jay Todd Dautcher, "Folklore and Identity in Uighur Community in Xinjiang China," p. 281 참고.

12) 인류학자인 클라크William Clark는 이처럼 급속하게 변화하는 도시 환경 속에서의 위구르 가족 체제의 변화에 초점을 맞추어 1990년대에 우루무치에서 현지 조사를 실시했다("Convergence or Divergence: Uighur Family Change in Urumqi").

13) 中共新疆維吾爾自治區委員會黨史研究室 編, 『當代新疆風雲』, pp. 340~341.

14) "Economic Improvement Only Antidote to Separatism: Chinese Official," 1996년 10월 2일 AFP. 그 간부는 내몽골 당 서기인 류밍주(劉明祖)이다.

15) Information Office of the State Council of the PRC, "History and Development of Xinjiang," p. 20, 49. 이 백서의 중국어판과 영어판은 http://news.xinhuanet.com/zheng

fu/2002_11/22/content_638035/htm에서 볼 수 있다. 왕슈안치엔(王拴乾)의 2003년 편저는 이 백서의 논의를 확대한 것이다(王拴乾 編, 『輝煌新疆』).

16) Yitzhak Shichor, "The Great Wall of Steel: Military and Strategy in Xinjiang." 바로 이 내용이 시코르Yitzhak Shichor의 저작에서 가장 뛰어난 장의 주된 결론으로서, 이 장은 로프노르의 핵 시설과 신장에 위치한 미 중앙정보부CIA와 인민해방군의 공동 정찰 기지, 그리고 신장의 노새를 무자히딘Mujahidin에게 공급함으로써 아프간의 반소련 저항 운동을 원조하겠다는 미국의 계획을 비롯하여, 신장의 안보 문제들과 관련된 풍부한 정보를 담고 있다.

17) 최근의 교통 발달에 관한 자료에 대해서는 中共新疆維吾爾自治區委員會黨史硏究室 編, 『當代新疆風雲』, pp. 22~23; 王拴乾 編, 『輝煌新疆』, pp. 110~114 참조. 필자는 운 좋게도 1992년 중국변강사지연구센터(中國邊疆史地硏究中心)가 주관한 여행에서 스벤 헤딘 재단의 대표자들 및 한 무리의 중국인 학자들과 함께 호탄 강 루트를 따라 여행할 수 있었다. 학자팀은 두 마리 암양을 대동하고 사막을 건넜고 이 양을 도중에 잡아먹었다.

18) 서부 대개발 프로그램에 대한 전반적인 기술은 Hongyi Harry Lai, "China's Western Development Program: Its Rationale, Implementation and Prospects," *Modern China*, 28, no. 4(2002. 10); Nicolas Becquelin, "Staged Development in Xinjiang," pp. 358~364 또한 참조하라. 류종이(陸宗義)와 리저우웨이(李周爲)의 2001년 저작은 신장과 관련된 서부 대개발 프로그램의 경제 전략적 측면에 대한 논문들을 공식적으로 편찬한 것이다[陸宗義·李周爲 編, 『西部大開發與新疆經濟發展戰略』(烏魯木齊: 新疆人民出版社, 2001)].

19) Nicolas Becquelin, "Xinjiang in the Nineties," *China Journal*, 44(2000. 7), p. 81; Information Office of the State Council of the PRC, "History and Development of Xinjiang," p. 21; 張建疆, 「新疆農業和農村經濟結構調整的思路」, 『西部大開發與新疆經濟發展戰略』; "China Xinjiang Cotton Crop at 1.75 Mln T 2004," *Xinjiang News*, www.xjnews.com.cn (2005년 1월 25일 China News Digest를 통해 접속).

20) 면화 생산이 재배자가 아닌 정부에게 이득이 되며, 애초에는 한족의 신장 이주를 증대시키기 위한 수단으로 계획되었다는 주장에 대해서는 Nicolas Becquelin, "Xinjiang in the Nineties," pp. 80~83을 참조하라.

21) 鄧紹輝, 「近代新疆石油工業述略」, 『新疆大學學報: 哲學社會科學版』, 20, 2期(1992), pp. 52~54. 또한 이 논문집의 4장을 참조하라.

22) Michael Dillon, *Xinjiang: China's Muslim Far Northwest*, pp. 39~40; "Sinopec Oil Discovery Could Lift China Reserves by Third," *Oilvoice*, 2005년 1월 4일(www.oilvoice.com, 2005년 1월 4일에 접속).

23) Nicolas Becquelin, "Staged Development in Xinjiang," p. 365; N. J. Watson, "Central Asia: China's Looming Presence," *Petroleum Economist*, 2004년 10월 11일, p. 18; "Head of China Oil Co. Hails Project Launch," *Associated Press*, 2004년 9월 29일.

24) 그 분석가는 *China Business Daily*에 기고한 리푸용Li Fuyong으로, 그의 글은 글로벌 뉴스 와이어Global News Wire를 거쳐 2004년 10월 6일자 『더 스탠다드 The Standard』에 실린 Pamela Pun, "High Prices Fuel Row at 140b Yuan Gas Pipeline"에 인용되었다. Gladys Tang, "Pipeline Defections Put Heat on Sinopec," *Hong Kong Standard*, On-line edition, 2004년 9월 1일.

25) "Development of Western Region Brings Xinjiang Ample Business Opportunities," *Peo-*

ple's Daily Online, 2004년 10월 28일. 이는 신장 위구르 자치구 경제합작사무소에서 공개한 수치에 의거한 것이다. Nicolas Becquelin, "Staged Development in Xinjiang," p. 362.

26) Calla Wiemer, "The Economy of Xinjiang," pp. 173~176. 이와 동일한 논의에 대해서는 Nicolas Becquelin, "Staged Development in Xinjiang," p. 362 역시 참조하라. 두 학자는 모두 중앙 집권화되고 국가 주도적인 신장의 경제에 대해 충분한 통계학적 증거들을 제시했다. 사우트먼 Barry Sautman 역시 신장은 중국의 "내부 식민지"가 아니라고 주장하기 위해 보조금에 대해 동일한 의견을 제시했다["Is Xinjiang an Internal Economy?," *Inner Asia*, 2, no. 2(2001)].

27) Information Office of the State Council of the PRC, "History and Development of Xinjiang," p. 20, pp. 30~31.

28) Herbert S. Yee, "Ethnic Relations in Xinjiang: A Survey of Uyghur-Han Relations in Urumqi." *Journal of Contemporary China*, 12, no. 36(2003. 8), p. 443.

29) Calla Wiemer, "The Economy of Xinjiang," pp. 177~178; Nicolas Becquelin, "Staged Development in Xinjiang," p. 372.

30) Tim Johnson, "Throngs of Migrants Flooding China's Silk Road Cities," *Kansas City Star Online*(KansasCity.com, Knight Ridder Newspapers), 2004년 9월 22일.

31) 진서(鎭西)와 적화(迪化, 우루무치), 신장의 두 주에 있는 한족과 회족 이주민에 대한 1787년 인구 조사에 따르면, 한족이 가장 집중적으로 거주하고 있던 이 지역에는 11만 4348명이 거주했다고 한다[宮中檔乾隆朝奏摺, vol. 67, p. 264에 수록된 건륭 53년 2월 9일, 늑보(勒保)의 상주문]. 1803년의 지방지 자료들을 연구한 현대의 학자 왕시룽은 신장의 북부와 동북부로 이루어진 '북로(北路)'에서 15만 5000명 이상의 한족들이 토지를 개간했다고 추산했다(『淸代西北屯田硏究』, p. 179). 그 당시 한족과 회족은 타림 분지의 도시들에 영구히 정착하는 것이 허가되지 않았으며, 불과 수백 명의 중국인 상인들이 남부에 체류하고 있었을 뿐이다. 왕시룽이 제시한 수치는 따라서 신장에 있는 중국인 총 인구를 합리적으로 추산한 것으로, 1787년의 수치와 부합한다. 1818년 출간된 (그러나 그 이전에 시행된) 위구르 인구에 대한 청의 인구 조사에 따르면 일리와 타림 분지의 오아시스와 그 인근 마을에는 6만 3767가구의 위구르인들이 있었다고 한다. 평균적인 가계 구성원의 수를 5명이라고 가정해 본다면, 대략 32만 명의 위구르인들이 있었다는 계산이 나온다. 당시에는 우루무치와 북부의 새 거류지에는 위구르인들이 거의 없었기 때문에 32만이라는 수치를 19세기 초 신장 위구르 인구의 최소 추정치로 받아들일 수 있을 것이다.
　이러한 인구 조사들은 조세를 위해 시행되었기 때문에 의심의 여지없이 그 수가 실제보다 적을 것이다. 더욱이 투루판과 하미의 한족과 회족 그리고 위구르족 인구는 어떠한 수치에도 포함되어 있지 않다. 반면 위구르 가계 구성원의 수를 5명이라고 추산한 것은 부정확할 수도 있다. 1761년 청의 인구 조사는 위구르족 가계(5만 9581)와 개인(20만 8390)의 수를 모두 헤아렸는데, 이는 평균적인 가계 구성원의 수가 위에서 제시한 5명이 아니라 3.5명이라는 것을 나타낸다[Ning Chia, "The Li-Fan Yuan in the Early Ch'ing Dynasty," Ph.D. dissertation(The Johns Hopkins University, 1991), p. 134에 인용된 『대청회전(大淸會典)』]. 그럼에도 불구하고 이 수치들은 신장에서 청의 최전성기에 이 집단들이 상대적으로 어느 정도의 인구를 가지고 있었는지에 대해 대략적인 정보를 제공해 준다. 청의 공문서와 출판 자료들의 전문을 인용한 이 추정치에 대한 더 상세한 논의는 James A. Mill-

ward, *Beyond the Pass: Economy, Ethnicity and Empire in Qing Xinjiang, 1759-1864*, p. 271, 주 21 ; James A. Millward, "Historical Perspective on Contemporary Xinjiang," *Inner Asia*, 2, no. 2(2000)를 참조하라. 原新,「維吾爾族人口問題綜合研究」,『新疆大學學報 : 哲學社會科學版』, 22(1994), pp. 1~2 또한 참조하라.

32) 이와 같은 결론은 2004년 여름 카슈가르와 호탄의 도시 주민들과 나누었던 대화에 근거한 것이다. 보도까지 포함된 신장의 공적 공간의 사유화에 대해서는 Jay Todd Dautcher, "Folklore and Identity in Uighur Community in Xinjiang China," p. 234를 참조하라.

33) 李德洙,「西部大開發與民族問題」,『求實』, 11期(2000년 6월 1일), p. 24. 베클랭 Nicolas Becquelin 은 리더주(李德洙)의 주장을 한족의 전입을 통해 비한족 주민들을 희석하자고 하는 "노골 적인" 요구로서 이해했으며, '응취화(凝聚化)'라는 용어를 "균질화(均質化, homogenisa-tion)"라고 번역했다. 베클렝의 주장처럼 노골적이지는 않았으나 리더주는 이 미묘한 문제 에 대해 언급하긴 했으나 서부의 도시들에서 소수 민족의 상대적 인구 감소를 한족 이주 의 목표가 아닌 뜻하지 않은 결과일 뿐이라고 설명했으며, 또한 소수 민족의 절대적 인구 는 계속해서 증가할 것이라고 강조했다. 리더주는 소수 민족들의 "균질화"가 아닌 중화 민 족을 향한 그들의 응취력―이 용어는 응집력이라고 번역될 수 있을 것이다―을 언급했 는데, 이는 물론 대단히 미묘한 차이다.

34) Robert Barnett, "Outrage at Resettlement in Xinjiang," *South China Morning Post*, 1992 년 12월 9일 ; Human Rights Watch, "Xinjiang, China's Restive Northwest : Press Back-grounder," *Human Rights Watch World Report 2000, China and Tibet*; "China Says Huge Dam Worth the Price," UPI, 1996년 8월 19일. 인권감시단 Human Rights Watch 은 이 보 고서에서 댐 건설로 인한 피난민 중 일부가 결국에는 병단에 의해 1999년부터 신장에 이 주하게 되었다고 밝혔다.

35) Nicolas Becquelin, "Xinjiang in the Nineties," pp. 76~77.

36) 中共新疆維吾爾自治區委員會黨史研究室 編,『當代新疆風雲』, p. 337.

37) 야생 낙타를 보호하기 위한 중국과 국제적인 노력에는 1999년 신장 동남쪽에 6만 5000제 곱킬로미터의 아얼진산(阿爾金山) 로프노르 자연 보호구를 만든 것이 포함된다. John Hare, *The Lost Camels of Tartar : A Quest into Forbidden China*(London : Abacus, 1998) 와 www.wildcamels.com을 참조하라. 이 동물이 밀렵자들로부터 받는 위협을 한 편의 대 중 영화가 극화한 이후 중국은 2002년 칭하이에 호실(Hoh Xil, 티베트 영양) 자연 보호구를 만들었다. Wang Ying, "Plight of Antelope Tied Web of Survival"(원문 그대로), 2004년 10월 29일. "Ili Pikas on NW Mountains Endangered," *Xinhuanet*, 2005년 2월 14일.

38) "China's Biggest Cotton Zone Hit by Pests," *People's Daily Online*, 2001년 9월 13일 ; "Xinjiang Vows to Quell Underground Coal Fires," *Xinhuanet*, 2004년 11월 3일, www.chinaview.net을 경유. (덴버에서 열린) 미국 과학진흥협회 American Association for the Advancement of Science의 2003년 연례 회의에서 발표한 연구자들은 "중국의 화재를 소화하는 것만으로도 미국의 모든 자동차가 1년 동안 배출하는 이산화탄소를 감소시킬 수 있다"고 말했다["China Extinguishes 130-year-old Fire," *The World News*(호주의 공영 방송인 특 수방송사업 Special Broadcasting Service에서 제공되는 웹 기반 뉴스), 2004년 6월 11일, http://www9. sbs.com.au/theworldnews/region.php?id=98319&region=2(2004년 11월 9일에 접속)].

39) Stanley W. Toops, "The Demography of Xinjiang," *Xinjiang: China's Muslim Borderland*, pp. 247~248; National Bureau of Statistics, PRC, "Major Figures of the 2000 Population Census(no. 1)," www.sfpc.gov.cn 2002년 3월 28일(2005년 2월 28일에 접속).

40) "Xinjiang Sees Annual Population Growth of 340,000," *People's Daily Online*, 2000년 6월 9일.

41) Yan Shaoda, 「林則徐和新疆的水利與屯田事業」, 穀苞 編, 『林則徐在新疆』(烏魯木齊: 新疆人民出版社, 1989), p. 182.

42) 華立, 『淸代新疆農業開發史』, pp. 262~263; 方英楷, 『新疆屯墾史』, 下冊, p. 767을 참조하라. Harold J. Wiens, "Cultivation Development and Expansion in China's Colonial Realm in Central Asia," pp. 75~77, p. 81 表 4, pp. 84~85; 趙予征, 『新疆屯墾』, p. 332; 片岡一忠, 『淸朝新疆統治硏究』, pp. 189~194.

43) Judith Shapiro, *Mao's War against Nature: Politics and Environment in Revolutionary China*.

44) 呂昕·朱瑞君·羅雲强, 「新疆人口, 水資源, 生態環境與可持續發展」, 熊黑鋼 主編, 『新疆資源環境與可持續發展』(烏魯木齊: 新疆大學出版社, 2001), p. 101; 崔建永·鍾巍, 「塔里木河流域人類活動與環境效應」, 『新疆資源環境與可持續發展』, p. 206. 루신(呂昕) 등은 타림 강 하류 포플러 숲의 현재 면적을 1만 6400헥타르라고 제시했다.

45) 熊黑鋼 主編, 『新疆資源環境與可持續發展』에 수록된 丁建麗·塔西甫拉提·特依拜·劉傳勝, 「基於遙感策勒綠洲土地覆蓋動態變化硏究」 및 亞力坤·塔石·塔西甫拉提·特依拜, 「利用植被蓋度圖象對綠洲環境質量變化的評價硏究」를 참조하라.

46) "2,000-year-old Irrigation System in Xinjiang May Disappear in 25 Years," *Xinhuanet*, 2004년 12월 20일.

47) 呂昕·朱瑞君·羅雲强, 「新疆人口, 水資源, 生態環境與可持續發展」, p. 100, 102; "Traffic Flows Where River Once Did," *South China Morning Post*, 2002년 7월 19일자; Nicolas Becquelin, "Staged Development in Xinjiang," p. 370, 주 70에서 재인용.

48) 呂昕·朱瑞君·羅雲强, 「新疆人口, 水資源, 生態環境與可持續發展」, p. 101.

49) 呂昕·朱瑞君·羅雲强, 「新疆人口, 水資源, 生態環境與可持續發展」, pp. 101~102; 「新疆沙漠化土地每年以400平方公裏速度擴展」, 『新華網』, 2004년 1월 9일.

50) L. G. Thompson, "Ice Core Evidence from Peru and China," Ramond S. Bradley and Phlip D. Jones (eds.), *Climate Since A.D. 1500*, revised edition(London and New York: Routledge, 1995), 수치 27.19; Yao Tandong, Yafeng Shi and L.G. Thompson, "High Resolution Record of Paleoclimate since the Little Ice Age from the Tibetan Ice Cores," *Quaternary International*, 37(1997).

51) 崔建永·鍾巍, 「塔里木河流域人類活動與環境效應」, p. 207.

52) Yao Tandong, Yafeng Shi and L.G. Thompson, "High Resolution Record of Paleoclimate since the Little Ice Age from the Tibetan Ice Cores"; L. G. Thompson, "Ice Core Evidence from Peru and China"; Jean M. Grove, *The Little Ice Age*(London: Routledge, 1989), pp. 227~228.

53) "Glaciers Fading Away in Xinjiang," *Xinhuanet*, 2004년 11월 9일; "China warns of 'Ecological Catastrophe' from Tibet's Melting Glaciers," 2004년 10월 5일자 AFP; 崔建

永·鍾巍,「塔里木河流域人類活動與環境效應」, p. 207.

) "China Finds Three Gorges-Sized Reservoir in Xinjiang Desert," *Xinhuanet*, 2003년 2월 8일.

55) 呂昕·朱瑞君·羅雲强,「新疆人口, 水資源, 生態環境與可持續發展」, p. 102.

56) Elizabeth Economy, "China's Go West Campaign: Ecological Construction or Ecological Exploitation," *China Environment Series*(Woodrow Wilson International Center for Scholars, 2002), no. 5, p. 1, 6; "Forest Belt Built at Junggar Basin," *Xinhua News Agency*, 2001년 1월 12일; "China Curbs Expansion of Deserts in Xinjiang," *Xinhua News Agency*, 2002년 7월 10일.

57) Judith Shapiro, *Mao's War against Nature: Politics and Environment in Revolutionary China*, p. 23, pp. 48~51.

58) Hongyi Harry Lai, "China's Western Development Program: Its Rationale, Implementation and Prospects," p. 453; "Chinese Experts Propose Diverting Tibetan River to Arid Regions," AFP, 1997년 4월 18일자; "Nuclear Blasts Proposed for China's Greenery Project," *Kyodo News Service*(*Japan Economic Newswire*), 1996년 4월 20일.

59) "China Gives Go-Ahead to Kazakh Transborder River Survey," Kazakhstan Commercial Television report, 2001년 6월 26일, BBC World Monitoring을 통해 방송; Antonine Blua, "Central Asia: China's Mounting Influence, Part 3: Xinjiang's Thirst Threatens Kazakh Water Resources," *Radio Free Europe/Radio Liberty*, 2004년 11월 18일, http://www.rferl.rog/featuresarticle/2004/11/78161e31-612b-4f88-8acf-b46fcfd088c2.html.

60) 呂昕·朱瑞君·羅雲强,「新疆人口, 水資源, 生態環境與可持續發展」.

61) 高峰,「新疆塔克拉瑪幹沙漠: "圍沙造田"的試驗場」,『新華』, 2004년 6월 17일자;「新疆沙漠化土地每年以400平方公裏速度擴展」,『新華網』, 2004년 1월 9일자를 예로 들 수 있다.

62) 헤드라인에 '신장'이라는 단어를 포함한 '일반 뉴스'와 '주요 신문'의 범주를 선택한 렉시스넥시스Lexis-Nexis의 검색 결과를 모은 것이다. 이 검색(2005년 3월 17일)으로 얻은 180개의 검색 결과─다소의 중복을 포함─중 73개의 기사는 위구르인들의 분리주의, 테러리즘 혹은 이에 대한 우려와 관련되어 있었다. 이를 제외한 가장 빈번한 주제는 신장의 개발, 사업 및 지진이었다. 물론 신장을 다루는 많은 기사들이 헤드라인에 지역의 이름을 사용하지 않기 때문에, 이는 제한적으로 표본을 추출한 것에 지나지 않는다.

63) Michael Dillon, *Xinjiang: China's Muslim Far Northwest*, p. 86, 99. 딜런의 저서는 1980년대와 1990년대의 폭력 사건에 대해 주로 중국의 자료들을 이용하여 상세한 내용을 전개한다.

64) Information Office of the State Council of the PRC, "'East Turkistan' Terrorist Forces Cannot Get Away with Impunity."

65) Calla Wiemer, "The Economy of Xinjiang," p. 162; Nicolas Becquelin, "Xinjiang in the Nineties," p. 68. 신장과 중국의 성장률 간의 차이는 주로 1인당 수치를 낮추는 신장의 높은 인구 성장률에 기인하는 것이었다.

66) 馬大正,『國家利益高於一切: 新疆穩定問題的觀察與思考』, pp. 13~15. 위구르족의 고유한 의식(儀式)과 1990년대에 이것이 부흥한 것에 대해서는 William C. Clark, "Convergence or Divergence: Uighur Family Change in Urumqi"를 참조하라.

67) 리쩌(李澤)와 張玉璽의 글이 수록된 양파런(楊發仁)의 편저(『泛伊斯蘭主義, 泛突厥主義研究』)와 마다정(馬大正)의 2003년 저서(『國家利益高於一切: 新疆穩定問題的觀察與思考』)는 '내부용'이라고 분류되었지만, 그럼에도 불구하고 이들은 중국 외부에서 널리 유포되었다. 마다정의 저서에는 국제 표준 도서 번호도 있다. 더욱이 널리 보급되고 공개적으로 이용할 수 있는 기록들〔일례로, 劉漢太·都幸福 主編, 『中國打擊"東突"報告』(烏魯木齊: 新疆人民出版社, 2003)〕은 중화인민공화국 국무원 브리핑실이 2002년 발간한 "'East Turkistan' Terrorist Forces Cannot Get Away with Impunity"라는 글과 마찬가지로 가장 폭력적인 사건들에 대해 똑같은 이야기를 전달한다. 따라서 이러한 '내부' 자료들은 정부의 비밀 내부 문건이라기보다는 공인된 공식판으로서 다루어져야 한다.

68) 李澤 等, 「新疆民族分裂主義研究」, pp. 210~211; 張玉璽, 「新疆解放以來反對民族分裂主義的鬥爭及其曆史經驗?」, pp. 6~7, 10, 19; Robert Davies, *Perfection She Dances: A True Story of Love, Drugs and Jail in Modern China*, pp. 77~79; 馬大正, 『國家利益高於一切: 新疆穩定問題的觀察與思考』, pp. 56~59.

69) 사상자의 숫자는 馬大正, 『國家利益高於一切: 新疆穩定問題的觀察與思考』, p. 62에서 인용. 이 책은 몇 쪽 뒤에서 바런(巴仁) 사건과 연관되어 1990년 동투르키스탄 이슬람당의 구성원 377명이 체포되었다고 밝혔다. Amnesty International, *People's Republic of China: Gross Violations of Human Rights in the Xinjiang Uyghur Autonomous Region*(London: Amnesty International, 1999), p. 64.

70) 馬大正, 『國家利益高於一切: 新疆穩定問題的觀察與思考』, p. 59; Amnesty International, *People's Republic of China: Gross Violations of Human Rights in the Xinjiang Uyghur Autonomous Region*, pp. 41~43.

71) William C. Clark, "Convergence or Divergence: Uighur Family Change in Urumqi," p. 131; 馬大正, 『國家利益高於一切: 新疆穩定問題的觀察與思考』, p. 15.

72) Information Office of the State Council of the PRC, "'East Turkistan' Terrorist Forces Cannot Get Away with Impunity" 중 '폭발Explossions'이라는 제목이 붙은 항목 참조. Catherine Sampson, "Bombers Raise Chinese Fears," *The Times*(London), 1992년 2월 22일; 馬大正, 『國家利益高於一切: 新疆穩定問題的觀察與思考』, pp. 59~62.

73) Information Office of the State Council of the PRC, "'East Turkistan' Terrorist Forces Cannot Get Away with Impunity" 중 '폭발'이라는 제목이 붙은 항목 참조. Michael Dillon, "Xinjiang: Ethnicity, Separatism and Control in Chinese Central Asia," pp. 24~25; 馬大正, 『國家利益高於一切: 新疆穩定問題的觀察與思考』, p. 11.

74) 馬大正, 『國家利益高於一切: 新疆穩定問題的觀察與思考』, pp. 62~63.

75) Amnesty International, *People's Republic of China: China's Anti-Terrorism Legislation and Repression in the Xinjiang Uighur Autonomous Region*(London: Amnesty International, 2002), pp. 13~17.

76) Jay Todd Dautcher, "Public Health and Social Pathologies in Xinjiang," *Xinjiang: China's Muslim Borderland*, pp. 286~287. 1995년 4월 쿨자에서 발생한 사건에 대한 딜런의 기록은 과장된 것처럼 보이는데(Michael Dillon, *Xinjiang: China's Muslim Far Northwest*, pp. 68~69), 그는 5만 명의 시위자와 10만 명의 노동자가 참가한 파업 및 정부 상점을 약탈한 차량 40대의 반란군 행렬 그리고 수백 명의 사상자들이 있었다고 주장

했다. 만약 이 이야기가 사실이라면 이 사건은 분명 1949년 이래 신장에서 발생한 가장 큰 규모의, 가장 중대한 폭동이어야 하지만, 이는 홍콩의 한 자료에서만 보도되었다. 테러리즘에 대한 2002년 국무원의 보고서는 이 사건에 대해 언급하지 않았다. 마다정은 1995년 8월 쿨자에서 발생한 '불법 시위'에 대해서는 간략하게 언급했지만 4월의 사건에 대해서는 아무것도 언급하지 않았다(馬大正, 『國家利益高於一切: 新疆穩定問題的觀察與思考』, p. 62). 딜런이 묘사한 것처럼 큰 사건이, 특히 카자흐스탄에 대단히 인접하여 발생한 사건이 보도되지 않았다고 생각하기는 어렵다. 또한 중화인민공화국 당국이 1995년 쿨자 인근에서 발생한 폭력 사태는 완전히 은폐하려고 시도한 반면, 바런과 1997년 쿨자 사건은 공개한 이유 역시 분명하지 않다. 인류학자 다우처는 1995~1996년 쿨자에 있었지만, 딜런이 묘사한 것과 같은 규모의 사건에 대해서는 알지 못했다.

77) Jay Todd Dautcher, "Public Health and Social Pathologies in Xinjiang," pp. 69~74. 메슈레프mäshräp에 대해서는 Sean R. Roberts, "Negotiating Locality, Islam, and National Culture in a Changing Borderlands: The Revival of the *Mäshräp* Ritual among Young Uighur Men in the Ili Valley," *Central Asian Survey*, 17, no. 4(1998); Jay Todd Dautcher, "Folklore and Identity in Uighur Community in Xinjiang China," 5장을 참조하라.

78) 馬大正, 『國家利益高於一切: 新疆穩定問題的觀察與思考』, pp. 69~74. Information Office of the State Council of the PRC, "'East Turkistan' Terrorist Forces Cannot Get Away with Impunity" 중 '암살Assassinations'이라는 제목이 붙은 항목 참조.

79) 유숩베크 무흘리시Yusupbek Mukhlisi에 관해서는 James A. Millward, *Violent Separatism in Xinjiang: A Critical Assessment*(Washington, DC: East-West Center Policy Studies, 6, 2004), p. 25를 참조하라.

80) 중국 공산주의선전 대항위원회Committee Against Chinese Communist Propaganda(CACCP)와 위구르 망명자 정보원에 의해 www.caccp.org/conf/doc7.html에 영어로 번역되어 공표되었다.

81) Information Office of the State Council of the PRC, "'East Turkistan' Terrorist Forces Cannot Get Away with Impunity" 중 '암살'이라는 제목이 붙은 항목 참조. "Beijing Alert over Frontier Uprisings," AFP, 1996년 5월 19일자; "China Defends Crackdown on Separatists," UPI, 1996년 8월 19일자; Andre Grabot, "The Uighurs-Sacrificed on Central Asia's Chessboard," AFP, 1996년 4월 25일자.

82) BBC의 세계방송조사Survey of World Broadcasts에 발췌된 1997년 2월 11일자 『명보(明報)』의 A6 페이지를 인용한 Jay Todd Dautcher, "Public Health and Social Pathologies in Xinjiang," p. 248.

83) Information Office of the State Council of the PRC, "'East Turkistan' Terrorist Forces Cannot Get Away with Impunity" 중 '소요와 폭동을 조직하고 공포 분위기를 조성Organising disturbances and riots and creating an atmosphere of terror'이라는 제목이 붙은 항목 참조. 馬大正, 『國家利益高於一切: 新疆穩定問題的觀察與思考』, p. 93. 마다정의 책에 실린 기사는 이 사건이 1997년 12월에 발생했다고 기록하고 있다. 王樂泉, 「王樂泉書記在和田地區穩定工作會議上的講話」, 1999년 8월 24일, 인터넷을 통해 중국 외부에 유포됨.

84) Amnesty International, *People's Republic of China: Gross Violations of Human Rights in the Xinjiang Uyghur Autonomous Region*, pp. 17~19, 64~65. 이 비디오는 위구인 시위자들에게 호의적인 사운드트랙과 함께 (뉴욕에 있는) 동투르키스탄 국립연구센터Eastern

Turkestan National Research Center에 의해 유포되었다. 그러나 한족 사상자에 대한 카메라의 위치와 초점은 비디오의 원본이 중화인민공화국 정부에 의해 촬영되었다는 사실을 은연중에 보여 준다.

85) Information Office of the State Council of the PRC, "'East Turkistan' Terrorist Forces Cannot Get Away with Impunity" 중 '폭발'이라는 제목이 붙은 항목 참조.

86) 폭탄 폭발에 관한 기사들은 처음에는 1997년 3월 9일 DPA(Deutsch Presse-Agenteur) 통신사와 로이터Reuter 통신에 의해 보도되었다. 1997년 8월 홍콩 신문이 미 중앙정보부로부터 자금 지원을 받은 위구르 분리주의자가 베이징 버스 폭발 사건을 저질렀다고 주장하는 기사를 발표했다("China Reportedly Links CIA, Xinjiang Separatists to Bombing," *Ming Pao*, 1997년 8월 10일자. 1997년 8월 13일 BBC의 세계방송조사를 통해 보도). 베이징 폭탄 공격 사건에 관한 오류들이 재생산되는 사례에는 John Pomfret, "Separatists Defy Chinese Crackdown: Persistent Islamic Movement May Have Help from Abroad," *Washington Post*, 2000년 1월 25일자; Matthew Forney, "Xinjiang: One Nation-Divided," *Time*, 159, no. 11(2002); Justin Jon Rudelson and William Jankowiak, "Acculturation and Resistance: Xinjiang Identities in Flux," *Xinjiang: China's Muslim Borderland*, p. 317이 포함된다. 아브두리시트Abdulahat Abdurishit의 부인은 외국 방송 청취팀FBIS을 통해 1997년 131번째로 전송된 "China: Xinjiang 'Separatists' Said Not Behind Bejing Bombing," AFP(홍콩) 1997년 5월 11일자에 수록되어 있다.

87) Amnesty International, *People's Republic of China: Gross Violations of Human Rights in the Xinjiang Uyghur Autonomous Region*, pp. 23~25 이하, 44~50, 54~64, 55에서 직접 인용. "Beijing Police on Alert for Xinjiang Separatists," AFP, 1997년 10월 9일자; "Separatists Kill At Least 22 in China Attacks," AFP, 1997년 10월 9일자; Human Rights Watch, "Xinjiang, China's Restive Northwest: Press Backgrounder" 역시 참조하라.

88) Michael Dillon, *Xinjiang: China's Muslim Far Northwest*, pp. 61~62에서 직접 인용.

89) 2003년에 필자는 비슈케크Bishkek에 위치한 위구르 문화 협회Ittipaq의 회장인 로지 무함마드Rozi Muhammad로부터 1995년경 일부의 위구르인 청년들이 군사 조직을 이루고 키르기스스탄의 산악 지대에서 무기 훈련에 참여하고 있다는 이야기를 들었다. 그들은 이후 체포되었다. 미국 정부는 (중국 측 자료가 주장한 것만큼 많은 숫자는 아니지만) 쿠바의 관타나모 만에 위치한 자신들의 수용 시설에 있는 22명의 위구르인 수감자들을 구류함으로써 위구르인들이 탈레반Taliban 혹은 알카에다Al Qaeda와 함께 훈련하고 있다는 중국 측 이야기를 암묵적으로 승인했다. 미국 정부는 이들을 수용하려고 하는 중국을 제외한 다른 국가들을 수년 동안 물색한 이후 2006년 5월 이 위구르인 중 5명을 알바니아에 놓아 주었다.

90) John Daly, "'Shanghai Five' Expands to Combat Islamic Radicals," *Janes Terrorism and Security Monitor*, 2001년 7월 19일자, http://www.janes.com/security/international_security/news/jtsm/jstm010719_1_n.shtml을 통해 접속. Martin Sieff, "Analysis: China Boosts Presence in Central Aisa," UPI, 2004년 9월 24일자.

91) David Murphy and Susan V. Lawrence, "Beijing Hopes to Gain from US Raids on Afghanistan: a US-led Assault Could Cure a Headache for China," *Far Eastern Economic Review*, 2001년 10월 4일자, p. 18.

92) Nicolas Becquelin, "Xinjiang in the Nineties," p. 87; AFP(홍콩), 1999년 3월 11일자.

FBIS-CHI(중국)-1999-0311, "Governor Says Xinjiang Suffering Separatist Violence," 1999년 3월 11일자. 이 수치는 분명히 테러리즘에 관한 중화인민공화국 국무원 브리핑실의 문건에서 제시한 수치와 일치하지 않는다.

93) Bao Lisheng, "Chinese Officials Say Not Much Terrorism in Xinjiang," *Da Gong Bao*, 2001년 9월 2일자(Uyghur-L 인터넷 리스트 서브를 통해 영문 번역본이 발표되었음).

94) 제7호 문건[「中央政治局常委會關於維護新疆穩定的會議紀」, 『中共中央』(1996) 7號 文件, 1996년 3월 19일](이하 '1996년 7호 문건'으로 지칭 — 옮긴이)과 1999년 9월 호탄의 안정과 관련된 회의에서 신장의 지역 지도자들이 한 몇몇 연설에서 테러리즘과 테러리스트라는 용어 대신 민족 분리주의라는 용어가 사용되었다.

95) Information Office of the State Council of the PRC, "'East Turkistan' Terrorist Forces Cannot Get Away with Impunity."

96) Phlip P. Pan, "US Warns of Plot by Group in W. China," *The Washington Post*, 2002년 8월 29일자, A27면.

97) 이전에는 두 조직이 중국과의 무장 투쟁에 참여할 계획을 발표했는데, 이들은 유숩베크 무홀리시의 동투르키스탄 통일혁명전선 United Revolutionary Front of East Turkestan(URFET)과 위구르 해방 기구 Uyghur Liberation Organization(ULO)였다. 동투르키스탄 통일혁명전선은 1970년대에는 소련의 지원을 받았고 1990년대에 들어서는 호전적이고도 입증되지 않은 일련의 언론 보도들을 발표하였으나 1990년대 말에 이르러서는 더 이상 활동하지 않게 되었다. 위구르 해방 기구는 2000년 봄 키르기스스탄에서 중국인 사업가를 납치하고 중국 대표단을 공격했는데, 이 조직의 리더인 하시르 와히디 Hashir Wahidi는 1998년 자신의 집에서 신원 미상의 암살자로부터 공격을 받은 지 한 달 후 78세의 나이로 사망했다. 이 조직들과 중앙아시아에 있는 다른 위구르 과격주의 단체라고 의심되는 것들에 대해서는 James Millward, *Violent Separatism in Xinjiang: A Critical Assessment*, pp. 22~28을 참조하라.

98) 이 문제에 대한 더 많은 논의는 James Millward, *Violent Separatism in Xinjiang: A Critical Assessment*를 참조하라.

99) 1996년 7호 문건; Gardner Bovingdon, "The Not-So-Silent Majority: Uyghur Resistance to Han Rule in Xinjiang," *Modern China*, 28, no. 1(2002), 2장.

100) 1996년 7호 문건; 馬大正, 『國家利益高於一切: 新疆穩定問題的觀察與思考』, pp. 18~21.

101) Matthew Forney, "Xinjiang: One Nation-Divided," *TIMEasia.com*, 2002년 3월 25일자.

102) 신장의 역사 편찬에 관한 탁월한 논의는 Gardner Bovingdon and Nabijian Tursun, "Contested Histories," 특히 pp. 361~368을 참조하라. 또한 투르군 알마스 Turghun Almas에 대해서는 Justin Jon Rudelson, *Oasis Identities: Uyghur Nationalism along China's Silk Road*, pp. 157~159를 참조하라.

103) "Uyghur America Association Statement on Book Burning," 2002년 6월 5일 인터넷을 통해 배포. Cindy Sui, "China Orders to End to Instruction in Uighur at Top Xinjiang University," AFP, 2002년 5월 28일자.

104) 부모들이 직면한 어려운 선택과 민카오한(民考漢, 중국어로 시험을 보는 소수 민족) 현상에 대한 논의는 Linda Benson, "Education and Social Mobility among Minority Populations in Xinjiang"; Joanne Smith, "Four Generations of Uyghurs: The Shift towards

Ethno-political Ideologies among Xinjiang's Youth," *Inner Asia*, 2(2000), pp. 195~224 를 참조하라.

105) Cindy Sui, "China Orders End to Instruction in Uighur at Top Xinjiang University," AFP, 2002년 5월 28일자; "China Imposes Chinese Language on Uyghur Schools," *Radio Free Asia*, 2004년 3월 16일; 2002년 8월 3일자 FBIS-CHI-2002-0307 속의 2002년 8월 2일자 *Wen Wei Po*〔문회보(文匯報)〕(홍콩)에 인용된 왕러취안의 발언. ,

106) "Xinjiang to Train 55,000 Bilingual Teachers in 8 Years," *Xinhuanet*, 2004년 12월 12일 자.

107) Gardner Bovingdon, "Strangers in their Own Land: The Politics of Uyghur Identity in Chinese Central Asia," Ph. D dissertation(Cornell University, 2002), 2장. 마다정이 우루무치의 서고에서 발견했고 그가 대단히 비판적 입장을 보였던 1980년의 당 문건은, 신장 남부에서는 간부의 60퍼센트가 위구르인이어야 하며 나머지 15퍼센트는 다른 소수 민족 출신이어야 한다고 제안했다(馬大正, 『國家利益高於一切: 新疆穩定問題的觀察與思考』, pp. 184~186). 이는 1980년에 소수 민족의 대표성을 높일 것이기 때문에 추구해야 할 목표로서 제안되었다. 다른 한편으로 1999년 호탄 안정 공작조에 대한 연설에서 왕러취 안은 호탄 지역의 향(鄕) 단위에서는 한족 간부 3분의 1과 소수 민족 간부 3분의 2라는 가이드라인을 설명했으며, 마찬가지로 이것이 "하룻밤 사이에 달성될 수 없는" 목표라고 지적했다(王樂泉, 「王樂泉書記在和田地區穩定工作會議上的講話」, pp. 7~8). 연설문의 원 문에는 왕러취안의 연설 당시 한족 간부와 소수 민족 간부의 비율이 명확하게 나와 있지 는 않았지만 비한족 간부들이 아직 3분의 2에 도달하지 못했다는 내용이 암시적으로 나 와 있다.

108) 馬大正, 『國家利益高於一切: 新疆穩定問題的觀察與思考』, pp. 187~188.

109) Nicolas Becquelin, "Staged Development in Xinjiang," p. 359, 주 3.

110) William C. Clark, "Convergence or Divergence: Uighur Family Change in Urumqi," p. 153.

111) Gardner Bovingdon, "The Not-So-Silent Majority: Uyghur Resistance to Han Rule in Xinjiang," 3장.

112) 2002년 8월 3일, FBIS-CHI-2002-0307 속의 2002년 8월 2일자 *Wen Wei Po*(홍콩)에 인용 된 왕러취안의 발언.

113) 王樂泉, 「王樂泉書記在和田地區穩定工作會議上的講話」, p. 8, 10. 또한 Gardner Boving-don, "The Not-So-Silent Majority: Uyghur Resistance to Han Rule in Xinjiang," 3장에 인용된 농담─이 농담에서 위구르인 학생들은 교실에 있는 공산주의 영웅의 초상화를 우스꽝스러운 방식으로 오인했다─을 참조하라. 결정적인 대목은 이 학생들이 마오쩌둥 의 초상화가 누구를 묘사한 것이냐고 질문을 받자 "한족이요!"라고 대답한 것이다.

114) William C. Clark, "Convergence or Divergence: Uighur Family Change in Urumqi." 2002년 한 저널리스트가 정부 조직에 깊이 개입되어 있는 현대적이고 교양이 있으며 부 유한 위구르인 부부의 결혼식에 참여했다. 군사 학교의 정치학 교사인 신랑과 국가안전 국에서 일하는 신부는 150명의 하객을 초청했는데, 하객의 대부분은 이 두 정부 조직 출 신이었다. 그러나 한족은 단 한 명도 없었다(Matthew Forney, "Xinjiang: One Nation-Divided").

115) Herbert S. Yee, 2003, "Ethnic Relations in Xinjiang: A Survey of Uyghur-Han Relations in Urumqi," pp. 437~444.

116) Gardner Bovingdon, "Strangers in their Own Land: The Politics of Uyghur Identity in Chinese Central Asia," 3장; Gardner Bovingdon, "The Not-So-Silent Majority: Uyghur Resistance to Han Rule in Xinjiang" 또한 참조하라.

117) Joanne Smith, "Barren Chickens, Stray Dogs, Fake Immortals and Thieves: Coloniser and Collaborator in Popular Uyghur Song and the Quest for National Unity"(2003)(뉴욕에서 열린 아시아 연구 협회Association for Asian Studies의 연례 회의에서 발표된 보고서), pp. 4~5; Jay Todd Dautcher, "Reading out of Print: Popular Culture and Protest on China's Western Frontier," Timothy Weston and Lionel Jensen (eds.), *China Beyond the Headlines*(New York: Rowman and Littlefield, 2002), p. 286.

118) 시간대와 관련된 정책에 대한 훌륭한 조사는 Gardner Bovingdon, "Strangers in their Own Land: The Politics of Uyghur Identity in Chinese Central Asia," 7장을 참조하라.

결론

1) (옮긴이) 그녀의 생애에 대한 더욱 자세한 내용은 최근 한국어로 번역된 전기를 참조하라. 레비야 카디르·알렉산드라 카벨리우스 지음, 이덕임 옮김, 『하늘을 흔드는 사람』(열음사, 2009).

2) 현대 위구르인들의 관습에서는 이름으로 사람을 지칭하는 것이 통례이다.

3) 위구르 상인들이 사용한 송금 방식에 대해서는 Jay Todd Dautcher, "Folklore and Identity in Uighur Community in Xinjiang China," p. 287을 참조하라.

4) 중국 공산당 중앙위원회가 발행한 1996년 7호 문건은 당과 정부가 "무슨 수를 쓰더라도 외부의 분리주의 세력이 이른바 '동투르키스탄' 문제를 국제적으로 만드는 것을 막아야 한다"고 주장했다〔「中央政治局常委會關於維護新疆穩定的會議紀」, 『中共中央』(1996)〕.

5) 106대 의회 두 번째 회기의 상원 공동 결의문. "중화인민공화국 정부는 라비예 카디르와 그녀의 비서 그리고 아들들을 즉시 석방해야 하며, 이들이 원한다면 미국으로 이주할 수 있도록 허가해야 한다는 의회의 의향을 표방한다."

6) 라비예 카디르에 대한 인물 소개는 다음과 같은 출처들로부터 발췌한 것이다. Jay Todd Dautcher, "Public Health and Social Pathologies in Xinjiang," pp. 289~292; William C. Clark, "Convergence or Divergence: Uighur Family Change in Urumqi," pp. 191~192; Sean R. Roberts, "A 'Land of Borderlands': Implications of Xinjiang's Trans-border Interactions," p. 224, p.423 주 33; Michael Dillon, "Rebiya Kadeer's Imprisonment Focuses Global Attention on Xinjiang," *Central Asia-Caucasus Institute Analyst*, 2000년 9월 13일자. 이 내용은 또한 다음의 보도 자료에도 의존했다. Kathy Chen, "Rags to Riches Story: How Rebiya Kader Made her Fortune-Muslim Chinese Trader Defied Poverty and Convention, Her Husband and Police," *Wall Street Journal*, 1994년 9월 21일자, p. A1; "Xinjiang Women Active in Market Economy," *Xinhuanet*, 1996년 3월 3일자; Erick Eckholm, "Prominent Chinese Muslim Secretly Sentenced to 8 Years," *New York Times*,

2000년 3월 11일자.

7) John Pomfret, "Chinese Capitalists Gain New Legitimacy: Ties to State Pay Off for Some Ventures," *Washington Post*, 2002년 9월 29일자, p. A01.

8) 謝九, 「中國三號富豪孫廣信的財富眞相」, 『新財經』, 2003년 12월 2일자, Sina Caijing congheng(http://finance.sina.com.cn)을 통해 2005년 4월 13일 접속.

9) 謝九, 「中國三號富豪孫廣信的財富眞相」.

10) 쑨광신(孫廣信)에 대한 소개는 4개의 새로운 기사들에 주로 기초했다. 謝九, 「中國三號富豪孫廣信的財富眞相」; 湯涵婷, 「福布斯富豪孫廣信廣彙LNG礎壁外資縮回千公裏」, 『東方早報』, 2005년 3월 15일자, http://finance.sina.com.cn(Sina Caijing congheng을 통해 2005년 4월 13일에 접속); John Pomfret, "Chinese Capitalists Gain New Legitimacy: Ties to State Pay Off for Some Ventures"; Mark O'Neil, "The King of Xinjiang: Business Genius or Carpetbagger?," *South China Morning Post*, 2004년 1월 17일자, p. 11. 필자는 또한 다음과 같은 기사들도 참조했다. "Xinjiang's Richest Man to Ship LNG from Far-West Region to East," *South China Morning Post*, 2002년 4월 5일자; "Sun Guangxin 2003 Rich List Position: no. 8," http://www.hurun.net/detm(2004년 7월 1일 접속); "Sun Guangxin," http://www.forbes.com/global/2002/1111/058.html(2004년 7월 1일 접속); 「孫廣信: 攻其最弱」, 『中國經濟周刊』, 2004년 8월 3일자, http://finance.sina.com.cn(Sina Caijing congheng을 통해 2005년 4월 15일에 접속).

11) 위구르 음악에 대한 국가의 승인에 대해서는 Nathan Light, "Slippery Paths: The Performance and Canonization of Turkic Literature and Uyghur Muqam Song in Islam and Modernity," Ph. D. dissertation(Indiana University, 1998); Sabine Trebinjac, *Le pouvoir en chantant, l'art de fabriquer une musique chinoise*, vol. 1(Nanterre: Société d'ethnologie, 2000)을 참조하라.

12) 「阿迪力·吾守爾」, 『搜狐學園』, 2004년 6월 19일, http://campus.sohu.com/2004/06/19/53/arl(2005년 4월 16일 접속)(이 부분의 원문은 "要想永葆藝術魅力, 就要走出天山, 走出玉門關, 甚至走出國門"으로 이에 대한 번역은 원문을 감안하여 적절히 수정했다 — 옮긴이).

13) 필자는 며칠 후 카슈가르에 있는 동안 이 행사의 취소에 대해 알게 되었다. 그러나 행사의 과정은 아딜의 극단과 함께 여행한 스트레이트먼Deborah Stratman을 통해 확인되었다.

14) 왕리취안과 아딜의 발언은 BBC Monitoring International Reports를 통해 보도된 2004년 2월 7일자 『중국신문사(中國新聞社)』의 "China's Xinjiang Head Urges Acrobat Defectors in Canada to Return"라는 제목의 기사를 인용한 것이다. 2001년 6월 22일 열린 카슈가르의 다와즈 축제에 대한 정보는 『중국신문사』 보도를 참조한 "Kashgar to Hold Dawaz Festival," *Uyghur Information Service*, 2001년 5월 7일자뿐만 아니라 이 행사가 있은 지 며칠 후 우연히 필자가 머물렀던 카슈가르에서 개인적으로 나누었던 대화에 기초한 것이다. 이 외에도 아딜 호슈르에 대한 소개는 일반적으로 다음의 자료들에 의거했다. "China Adventurers Scale New Heights," *China Daily*, 2005년 10월 7일자; "Tightrope Walk in Beijing Breaks Guinness World Record," *China Daily*, 2002년 5월 8일자; Sun Ming, "Daredevil Issues Challenge to World's Tightrope Elite," *Beijing Today*, 2002년 5월 31일자, vol. 55, www.ynet.com을 통해 2003년 7월 23일 접속; Wang Lei, "Ahdili: The Prince of Tightrope Walking," *China Political*, 2002년 8월, www.china-pictorial.com(2003년 7월

23일 접속); "Tightrope Walker Breaks Record in Shantou," *Shenzhen Daily*, 2003년 12월 19일자, *People's Daily Online*, http://english.peopledaily.com.cnl을 경유(2005년 4월 15일 접속); Daniel Kwan, "Defectors Urged to Return to Xinjiang," *South China Morning Post*, 2004년 2월 8일자, p. 6; Nicholas Keung, "We Had No Rights : Acrobats," *Toronto Star*, 2004년 2월 8일자; "More on the Acrobat Defectors," *Radio Free Asia*, 2004년 2월 24일자;「阿迪力·吾守爾」,『搜狐學園』, 2004년 2월 24일자, http://campus. sohu.com/2004/06/19/53/article220615344.shtml(2005년 4월 16일 접속). 그에 더해 필자는 아딜 호슈르에 관한 스트레이트먼의 영화〈하늘의 왕들Kings of the Sky〉(2004)(68분, 컬러와 흑백, 디지털 비디오, Pythagoras Films www.pythagorasfilm. com)을 참조했다. 필자는 4개월 동안 아딜잔Adiljan의 극단과 함께 여행한 스트레이트먼과 개인적으로 의견을 나눌 수 있었던 것에 대해 고맙게 생각한다.

참고문헌[*]

1. 영어 연구서 및 자료

Abduqadir Haji, 1986, "1933-37-yilighichä Qäshqär, Khotan, Aqsularda Bolup otkän wäqälär [Events during 1933-37 in Kashgar, Khotan and Aqsu]," *Shinjang tarix materiyalliri*, no. 17.

Allsen, Thomas T., 1983, "The Yüan Dynasty and the Uighurs of Turfan in the 13th Century," Morris Rossabi (ed.), *China Among Equals: The Middle Kingdom and its Neighbors, 10th~14th Centuries*, Berkeley, CA: University of California Press, pp. 243-280.

————, 1993, "Mahmud Yalavač (?~1254), Mas'ud Beg (?~1289), 'Ali Beg (?~1280); Bujir (fl. 1206~1260)", Igor de Rachewiltz, Hok-lam Chan, Hsiao Ch'i-ch'ing and Peter W. Geier (eds.), *In the Service of Khan: Eminent Personalities of the Early Mongol-Yüan Period (1200~1300)*, Weisbaden: Harrassowitz, pp. 122-134.

Alptekin, Erkin, 1987, "The Uyghurs," *Journal of the Institute of Muslim Minority Affairs*, 8, no. 2(7월), pp. 302-310.

Amnesty International, 1999, *People's Republic of China: Gross Violations of Human Rights in the Xinjiang Uyghur Autonomous Region*, London: Amnesty International.

---

[*] 밀워드 교수는 구미권에 출판된 자료와 영어로 번역된 중국 자료를 참고했으나 한국어판에서는 한국 독자들의 이해를 위해, 중국과 일본의 자료와 연구서의 경우 역자가 원서를 찾아 서지정보를 한자로 표기했다.

─────, 2002, *People's Republic of China: China's Anti-Terrorism Legislation and Repression in the Xinjiang Uighur Autonomous Region*, London: Amnesty International.

─────, 2005, "China: Remembering the Victims of Police Brutality in Gulja, Xinjiang on 5-6 February 1997," Public Statement, 2005년 2월 4일.

An Jiayao, 2004, "The Art of Glass along the Silk Road," James C.Y. Watt (ed.), *China: Dawn of a Golden Age, 200-750 AD*, New York: Metropolitan Museum of Art and New Haven, CT: Yale University Press, pp. 57-66.

Atwood, Christopher, 1991, "Life in Third-Fourth Century Cadh'otha: A Survey of Information Gathered from the Prakrit Documents found North of Minfeng(Niyä)," *Central Asiatic Journal*, 35, nos 3-4, pp. 161-199.

Bagchi, Prabodh Chandra, 1981, *India and China: A Thousand Years of Cultural Relations*, reprint, based on second revised edition, Calcutta: Saraswat.

Bailey, H.W. 1970, "Saka Studies: The Ancient Kingdom of Khotan," *Iran. Journal of the British Institute of Persian Studies*, 8(1970), pp. 65-72.

─────, 1971, "The Kingdom of Khotan," *Papers on Far Eastern History*, 4(1971), pp. 1-16. ,

Barber, Elizabeth Wayland, 1999, *The Mummies of Ürümchi*, New York and London: Norton.

Barfield, Thomas J., 1989, *The Perilous Frontier: Nomadic Empires and China*, Oxford and Cambridge, MA: Basil Blackwell.

Barthold, V.V. [W. Barthold], 1956~1962, *Four Studies on the History of Central Asia*, Vladimir and Tatiana Minorsky (trans.), Leiden: E.J. Brill, vol. 1 ("A Short History of Turkestan" 과 "History of Semireche"가 포함되어 있음).

Barthold, W., 1968 [1900], *Turkestan Down to the Mongol Invasion*, trans. Tatiana Minorsky, 3rd edition, E.J.W. Gibb Memorial series, London: Luzac.

Bartke, Wolfgang, 1990, *Biographical Dictionary and Analysis of China's Party Leadership, 1922-1928*, Munich, London and New York: K.G. Saur.

Beckwith, Christopher, I., 1987, *The Tibetan Empire in Central Asia: A History of the Struggle for Great Power among Tibetans, Turks, Arabs and Chinese during the Early Middle Ages*, Princeton University Press.

Becquelin, Nicolas, 2000, "Xinjiang in the Nineties," *China Journal*, 44(7월), pp. 65-90.

─────, 2004, "Staged Development in Xinjiang," *China Quarterly*, 178(2004년 6월) ["China's Campaign to 'Open Up the West': National, Provincial and Local Perspectives"에 대한 특별호], pp. 358-378.

Bellér-Hann, Ildikó, 2000, "The Written and the Spoken: Literacy and Oral Transmission Among the Uyghur," *Anor*, 8.

Bellew, H.W., 1875, *Kashmir and Kashghar: A Narrative of the Journey of the Embassy to Kashghar in 1873~1874*, London: Trubner.

Bello, David, 2000, "Opium in Xinjiang and Beyond", Timothy Brook and Bob Tadashi (eds.), *Opium Regimes: China, Britain and Japan, 1839-1952*, Berkeley, CA: University of California Press, pp. 127-151.

Benson, Linda, 1990, *The Ili Rebellion: The Moslem Challenge to Chinese Authority in Xinjiang, 1944-1949*, Armonk, NY and London: M.E. Sharpe.

————, 1991, "Uyghur Politicians of the 1940s: Merchant Emin Bugra, Isa Yusuf Alptekin and Mesut Sabri," *Central Asian Survey*, 10, no. 4, pp. 87-113.

————, 2004, "Education and Social Mobility among Minority Populations in Xinjiang," S. Frederick Starr (ed.), *Xinjiang: China's Muslim Borderland*, Armonk, NY and London: M.E. Sharpe, pp. 190-215.

Bentley, Jerry, H. and Herbert Ziegler, 2000, *Traditions and Encounters: A Global Perspective on the Past*, New York: McGraw Hill Higher Education.

Bernstein, Thomas P., 1977, *Up to Mountains and Down to the Villages: The Transfer of Youth from Urban to Rural China*, New Haven, CT: Yale University Press.

Bessac, Frank (James Burke에게 한 담화를 토대로 기술), 1950, "This was the Trek to Tragedy," *Life*, 30(1950년 11월), p. 130.

Biran, Michal, 2001, "Qarakhanid Studies: A View from the Qara Khitai Edge", *Cahiers D'Asie Centrale*, 9(2001), pp. 77-89.

————, 2001, "'Like a Mighty Wall' : The Armies of the Qara Khitai," *Jerusalem Studies in Arabic and Islam* (Hebrew University of Jerusalem, Faculty of Humanities) 25(2001), pp. 44-91.

Boorman, Howard, 1967, *Biographical Dictionary of Republican China*, New York and London: Columbia University Press.

Borei, Dorothy, V., 1992, "Beyond the Great Wall: Colonization and Agricultural Development in Northern Xinjiang, 1760-1820," Jane Kate Leonard and John R. Watt (eds.), *To Achieve Security and Wealth: The Qing Imperial State and the Economy, 1644-1911*, Ithaca, NY: Cornell University Press, pp. 21-46.

————, 2002, "Ethnic Conflict and Qing Land Policy in Southern Xinjiang," Robert J. Anthony and Jane Kate Leonard (eds.), *Dragons, Tigers, and Dogs: Qing Crisis Management and the Boundaries of State Power in Late Imperial China*, Ithaca, NY: Cornell University Press, pp. 273-301.

Bovingdon, Gardner, 2002, "The Not-So-Silent Majority: Uyghur Resistance to Han Rule in Xinjiang," *Modern China*, 28, no. 1, pp. 39-78.

————, 2002, "Strangers in their Own Land: The Politics of Uyghur Identity in Chinese Central Asia", Ph. D dissertation, Cornell University.

———— and Nabijian Tursun, 2004, "Contested Histories", S. Frederick Starr (ed.), *Xinjiang: China's Muslim Borderland*, Armonk, NY and London: M.E. Sharpe, pp. 353~374.

Bretschneider, E., 1967, *Mediaeval Researches from Eastern Asiatic Sources*, reprint edition, New York: Barnes & Noble.

Bruce, C.D., 1907, "Chinese Turkestan," *Proceedings of the Royal Central Asian Society* (London), 1907년 4월 28일 (British Library, Oriental and India Office Collection, P/V954).

Buell, P.D., "Činqai(ca. 1169~1252)", Igor de Rachewiltz, Hok-lam Chan, Hsiao Ch'i-ch'ing and Peter W. Geier (eds.), *In the Service of Khan: Eminent Personalities of the Early Mongol-Yüan Period (1200~1300)*, Weisbaden: Harrassowitz, pp. 95-111.

Bughra, Muhammad Amin, 1940, *Sherqi Turkistan Tarikhi* [History of East Turkestan], Kabul.

Burrow, T., 1940, *A Translation of the Kharosthi Document from Chinese Turkestan*, London: The Royal Asiatic Society.

Cable, Mildred, 1948, *George Hunter, Apostle of Turkestan*, London: China Inland Mission.

———— and Francesca French, 1984 [1942], *The Gobi Desert*, reprint edition, London: Virago.

Cavalli-Sforza, Luigi Luca, 2000, *Genes, Peoples and Languages*, Mark Seielstad (trans.), New York: North Point Press.

Chavannes, Edouard, 1913, *Documents Chinois Decouverts par Aurel Stein*, Oxford University Press.

Chia, Ning, 1991, "The Li-Fan Yuan in the Early Ch'ing Dynasty," Ph.D. dissertation, The Johns Hopkins University.

Chiang Kai-shek, 1947, *China's Destiny*, Wang Chung-hui (trans.), New York: Macmillan.

Christian, David, 2000, "Silk Roads or Steppe Roads? The Silk Roads in World History", *Journal of World History*, 11, no. 1, pp. 1-26.

Chu Wen-djang, 1966, *The Moslem Rebellion in Northwest China, 1867-1878: A Study of Government Minority Policy*, The Hague: Mouton.

Chung, Chien-Peng, 2002, "China's 'War on Terror': September 11 and Uyghur Separatism", *Foreign Affairs* (2002년 7-8월).

Clark, William C., 1999, "Convergence or Divergence: Uighur Family Change in Urumqi," Ph.D dissertation, University of Washington.

Clubb, O. Edmund, 1971, *China and Russia: The Great Game*, New York: Columbia University Press.

Courant, Maurice, 1912, *L'Asie centrale aux XVIIe et XVIIIe siècles: Empire Kalmouke ou empire mantchou?*, Lyon: Annales de l'université de Lyon, N.S., fasc. 26.

Crossley, Pamela K., 1990, "Thinking about Ethnicity in Early Modern China," *Late Imperial China*, 11, no. 1(6월), pp. 1-31.

Dabbs, Jack Autrey, 1963, *History of the Discovery and Exploration of Chinese Turkestan*, The Hague: Mouton.

Dautcher, Jay Todd, 1999, "Folklore and Identity in Uighur Community in Xinjiang China," Ph. D. dissertation, University of California at Berkely.

————, 2002, "Reading out of Print: Popular Culture and Protest on China's Western Frontier," Timothy Weston and Lionel Jensen (eds.), *China Beyond the Headlines*, New York: Rowman and Littlefield.

————, 2004, "Public Health and Social Pathologies in Xinjiang," S. Frederick Starr (ed.), *Xinjiang: China's Muslim Borderland*, Armonk, NY and London: M.E. Sharpe, pp.

276-295.

Davies, Robert, 2001, *Perfection She Dances: A True Story of Love, Drugs and Jail in Modern China*, Edinburgh: Mainstream Publishers (2002년 *Prisoners 13498: A True Story of Love, Drugs and Jail in Modern China*라는 제목으로 재출간)

De La Vaissière, Étienne, 2003, "Soghdians in China: A Short History and Some New Discoveries," *The Silk Road* (publication of the Silk Road Foundation, www.silkroad foundation.org을 통해 접속 가능) 1, no. 2(2003년 12월), pp. 23-27.

──────, 2004, *Histoire des marchands Sogdiens*, Bibliothèque de l'Institut des Hautes Études Chinoises, vol. 32, Paris: Collège France, Institut des Hautes Études Chinoises.

Debaine-Francfort, C., 1988-9, "Archéologie du Xinjiang, des origines aux Han," part I, *Paléorient*, 14, no. 1(1988), pp. 5-27; part II, *Paléorient*, 15, no. 1(1989), pp. 183-213.

Department of Population, Social, Science [원문 그대로] and Technology Statistics of the National Bureau of Statistics of China (國家統計局 人口和社會科技統計司) and Department of Economic Development of the State Ethnic Affairs Commission of China (國家民族事務委員會 經濟發展司) (eds.), 2003, *Tabulation on Nationalities of 2000 Population Census of China* (2000年人口普查 中國民族人口資料), 2 vols., 北京: 民族出版社.

DeWeese, Devin, 1994, *Islamization and Native Religion in the Golden Horde: Baba Tükles and Conversion to Islam in Historical and Epic Tradition*, University Park, PA: Pennsylvania State University Press.

Di Cosmo, Nicola, 1996, "Ancient Xinjiang between Central Asia and China," F. Hiebert and Nicola Di Cosmo (eds.), *Between Lapis and Jade: Ancient Cultures of Central Asia*, special issue of *Anthropology and Archaeology of Eurasia*, 34, no. 4(1996년 봄), pp. 87-101.

──────, 1999, "China on the Eve of the Historical Period," Michael Loewe and Edward Shaughnessy (eds.), *The Cambridge History of Ancient China: From the Origins of Civilization to 221 B.C.*, Cambridge University Press.

──────, 1999, "State Formation and Periodization in Inner Asian History", *Journal of World History*, 10, no. 1, pp. 1-40.

──────, 2002, *Ancient China and its Enemies: The Rise of Nomadic Power in East Asian History*, Cambridge University Press.

Dillon, Michael, 1995, "Xinjiang: Ethnicity, Separatism and Control in Chinese Central Asia," *Durham East Asian Papers*, 1, Dept. of East Asian Studies, University of Durham.

──────, 2004, *Xinjiang: China's Muslim Far Northwest*, London: Routledge Curzon.

Document No. 7, 1996, Chinese Communist Party Central Committee of the Political Bureau of the Chinese Communist Party, 1996년 3월 19일. Committee Against Chinese Communist Propaganda 및 다른 반체제 그룹들이 인터넷을 통해 유포(www.caccp.org).

Dreyer, June Teufel, 1976, *China's Forty Millions: Minority Nationalities and National Integration in the People's Republic of China*, Cambridge, MA: Harvard University Press.

Dunnell, Ruth W., *The Great State of White and High: Buddhism and State Formation in*

Eleventh Century Xia, Honolulu, HI: University of Hawai'i Press.

Economy, Elizabeth, 2002, "China's Go West Campaign: Ecological Construction or Ecological Exploitation", *China Environment Series* (Woodrow Wilson International Center for Scholars), no. 5, pp. 1-12.

Edney Matthew H., 1997, *Mapping an Empire: The Geographical Construction of British India, 1765-1843*, University of Chicago Press.

Emmerick, R.E., 1979, *A Guide to the Literature of Khotan*, Tokyo: The Reiyukai Library.

Enoki, K, G.A. Koshelenko and Z. Haidary, 1994, "The Yueh-chih and their Migrations," János Harmatta (ed.), *History of Civilizations of Central Asia,* vol. II, *The Development of Sedentary and Nomadic Civilizations: 700 B.C. to A.D. 250*, Paris: Unesco, pp. 171-189.

Everest-Phillips, Max, 1990, "The Suburban King of Tartary," *Asian Affairs* (Royal Society for Asian Affairs), 21, no. 3, p. 324.

Fairbank, John King, Edwin O. Reischauer and Albert Craig, 1978, *East Asia Tradition and Transformation*, Boston, MA: Houghton Mifflin.

Fields, Lanny, 1978, *Tso Tsung-t'ang and the Muslims: Statecraft in Northwest China, 1868-1880*, Kingston, ON: The Limestone Press.

Fleming, Peter, 1983 [1936], *News from Tartary: A Journey from Peking to Kashmir*, reprint edition, London: Futura [1936, London: Jonathan Cape].

Fletcher, Joseph F., 1968, "China and Central Asia, 1368-1884," John King Fairbank (ed.), *The Chinese World Order: Traditional China's Foreign Relations*, Cambridge, MA: Harvard University Press.

————, 1978, "Ch'ing Inner Asia," John King Fairbank (ed.), *The Cambridge History of China*, vol. 10, *Late Ch'ing, 1800-1911, part 1*, Cambridge University Press, pp. 35-106.

————, 1978, "Sino-Russian Relations, 1800-62," John King Fairbank (ed.), *The Cambridge History of China*, vol. 10, *Late Ch'ing, 1800-1911, part 1*, Cambridge University Press, pp. 318-350.

————, 1986, "The Mongols: Ecological and Social Perspectives," Harvard Journal of Asiatic Studies, 46, pp. 11-50.

————, 1995 [1976], "Confrontation between Muslim Missionaries and Nomad Unbelievers in the Late Sixteenth Century: Notes on Four Passages from the 'Diyâ' al-qulûb," Fletcher, Joseph F., *Studies on Chinese and Islamic Central Asia*, Variorum Collected Studies Series, Aldershot: Variorum(V), pp. 167-174 (초판은 Walter Heissig (ed.), 1976, Tractata Altaica, Weisbaden: Harrassowitz에 수록).

————, 1995a, "Naqshbandiyya in Northwest China," Fletcher, Joseph F., *Studies on Chinese and Islamic Central Asia*, Variorum Collected Studies Series, Aldershot: Variorum(XI), pp. 1-4.

————, 1995b, "Integrative History: Parallels and Interconnections in the Early Modern Period, 1500-1800," Fletcher, Joseph F., *Studies on Chinese and Islamic Central Asia,*

Variorum Collected Studies Series, Aldershot; Variorum (X) (*Journal of Turkish Studies*, 9[1985]에 실린 논문의 서식과 페이지수를 다시 설정하여 출판한 것임).

Foltz, Richard C, 1999, *Religions of the Silk Road: Overland Trade and Cultural Exchange from Antiquity to the Fifteenth Century*, New York: St Martin's Press.

Forbes, Andrew D.W., 1986, *Warlords and Muslims in Chinese Central Asia: a Political History of Republican Xinjiang, 1911-1949*, Cambridge University Press.

Forney, Matthew, 2002, "Xinjiang: One Nation-Divided," *Time*, 159, no. 11(2005년 3월 25일).

Forsyth, Sir T.D., 1875, *Report of a Mission to Yarkand in 1873, Under Command of Sir T.D. Forsyth, K.C.S.I., C.B., Bengal Civil Service, with Historical and Geographic Information Regarding the Possessions of the Ameer of Yarkund*, Calcutta: The Government Press.

Foust, Clifford M., 1992, *Rhubarb: the Wondrous Drug*, Princeton University Press.

Frank, Andre Gunder, 1998, *ReOrient: Global Economy in the Asian Age*, Berkeley and Los Angeles, CA: University of California Press.

Gabain, Annemarie von, 1961, *Das uigurische Königreich von Chotscho, 850~1250*, Berlin: Akademie-Verlag.

─────, 1973, *Das Leben im uigurischen Königreich von Qočo, 850~1250*, Weisbaden: Harrassowitz.

Giles, H.A. (trans.), 1981 [1923], *The Travels of Fa-hsien (399-414 A.D) or Record of the Buddhistic Kingdom*, reprint edition, Westport, CT: Greenwood Press [1923, Cambridge University Press].

Gilley, Bruce, 2001, "'Uighurs Need Not Apply': Beijing's 'Go West' Development Campaign is Unlikely to Benefit most Uighurs," *Far Eastern Economic Review*, 23(2001년 8월)

Gladney Dru C., 1991, *Muslim Chinese: Ethnic Nationalism in the People's Republic*, Cambridge, MA: Council on East Asian Studies, Harvard University Press.

─────, 1994, "Representing Nationality in China: Refiguring Majority/Minority Identities," *Journal of Asian Studies*, 53, no. 1(2월), pp. 92-123.

─────, 2004, "Responses to Chinese Rule: Patterns of Cooperation and Opposition," Frederick Starr (ed.), *Xinjiang: China's Muslim Borderland*, Armonk, NY and London: M.E. Sharpe, pp. 375-396.

Golden, Peter B., 1990, "The Karakhanids and Early Islam," Dennis Sinor (ed.), *The Cambridge History of Early Inner Asia*, Cambridge University Press, pp. 343-370.

─────, 1992, *An Introduction to the History of the Turkic People*, Wiesbaden: Harrassowitz.

Grenard, Fernand (ed.), 1897-8, *J. L. Dutreuil de Rhins, Mission scientifique dans la Haute Asie*, 3 vols (vols 2-3 ed. Grenard), Paris: E. Leroux.

─────, 1900, "La légend de Satok Boghra Khan et l'histoire," *Journal Asiatique* (Paris), 1900년 1-2월, pp. 5-79.

Grousset René, 1997 [1970], *The Empire of the Steppes: A History of Central Asia*, Naomi Walford (trans.), reprint edition, New Brunswick, NJ: Rutgers University Press.

Grove, Jean M., 1989, *The Little Ice Age*, London: Routledge.

Gup, Ted, 2000, *Book of Honor: Cover Lives and Classified Deaths at the CIA*, New York: Doubleday.

Hafiz Abru (Shihabu'd-Din 'Abdullah bin Lutfullah Al-Khwafi), 1970 [1422], *A Persian Embassy to China, Being an Extract from Zubdatu't Tawarikh of Hafiz Abru*, K.M. Maitra (trans.), reprint edition, New York: Paragon.

Hahn, Reinhard F., 1991, *Spoken Uyghur*, Seattle, WA and London: University of Washington Press.

Hamada Masami, 1978, "Supplement; Islamic Saints and their Mausoleums," *Acta Asiatica: Bulletin of the Institute of Eastern Culture*, Tokyo: Tôhô gakkai, 34, pp. 79-105.

————, 1990, "La transmission du mouvement nationalists au Turkestan oriental (Xinjiang)," *Central Asian Survey* 9, no. 1, pp. 29-48.

Hambis, M. Louis et al., 1977, *L'Asie Centrale: historie et civilization*, Paris: l'Imprimerie Nationale.

Hannum, Emily and Yu Xie, 1998, "Occupational Differences between Han Chinese and National Minorities in Xinjiang, 1982-1990", *Demography*, 35, pp. 323-333.

Hare, John, 1998, *The Lost Camels of Tartary: A Quest into Forbidden China*, London: Abacus.

Harrell Stevan (ed.), 1995, *Cultural Encounters on China's Ethnic Frontiers*, Seattle, WA: University of Washington Press.

Harris, Rachel, 2002, "Cassettes, Bazaars and Saving the Nation: The Uyghur Music Industry in Xinjiang, China," Tim Craig and Richard King (eds.), *Global Goes Local: Popular Culture in Asia*, Vancouver, BC and Toronto, ON: University of British Columbia Press, 2002.

Hedin, Sven, 1925, *My Life as an Explorer*, New York: Boni & Liveright.

————, 1931, *Across the Gobi Desert*, London: Routledge.

————, 1936, *The Flight of 'Big Horse' : The Trail of War in Central Asia*, F.H. Lyon (trans.), New York: E.P. Dutton.

————, 1938, *The Silk Road*, New York: E.P. Dutton.

————, 1940, *The Wandering Lake*, London: Routledge.

Hevia, James L., 1995, *Cherishing Men from Afar: Qing Guest Ritual and the Macartney Embassy of 1793*, Durham, NC: Duke University Press.

————, 2003, *English Lesson: The Pedagogy of Imperialism in Nineteenth-Century China*, Durham, NC: Duke University Press.

Hiebert, F. and Nicola Di Cosmo (eds.), *Between Lapis and Jade: Ancient Cultures of Central Asia*, sepcial issue of *Anthropology and Archaeology of Eurasia*, 34, no. 4(1996년 봄).

Hopkirk, Peter, 1980, *Foreign Devils on the Silk Road: The Search for the Lost Cities and Treasures of Chinese Central Asia*, London: John Murray.

Hostetler, Laura, 2001, *Qing Colonial Enterprise: Ethnography and Cartography in Early*

Modern China, University of Chicago Press.

Hoyanagi, Mutsumi, 1975, "Natural Changes of the Region along the Old Silk Road in the Tarim Basin in Historical Times," *Memoirs of the Research Department of the Toyo Bunko* (The Oriental Library) 33(1975), pp. 85-113.

Hsü, Immanuel C.Y., 1965, "The Great Policy Debate in China, 1874: Maritime Defense vs. Frontier Defense," *Harvard Journal of Asiatic Studies*, 25(1965), pp. 212-228.

―――, 1965, *The Ili Crisis: A Study of Sino-Russian Diplomacy, 1871-1881*, Oxford University Press.

―――, 1968, "The Late Ch'ing Reconquest of Sinkiang: A Reapprisal of Tso Tsung-T'ang's Role," *Central Asiatic Journal*, 12, no. 1(1968), pp. 50-63.

Hulsewé, A.F.P. and M.A.N. Loewe, 1979, *China in Central Asia: The Early Stage: 125 BC-AD 23*, Leiden: E.J. Brill.

Human Rights Watch 2000, "Xinjiang, China's Restive Northwest: Press Backgrounder," *Human Rights Watch World Report 2000, China and Tibet.*

Huntington, Ellsworth, 1919, *The Pulse of Asia: A Journey in Central Asia Illustrating the Geographic Basis of History*, Boston: Houghton Mifflin.

Ibn Khaldun, 1969 (1377), *The Muqaddimah: An Introduction to History*, Franz Rosenthal (trans.), N.J. Dawood (ed. and abr.), Bollingen Series, Princeton University Press.

Issar, Arie S. (ed.), 2003, *Climate Changes during the Holocene and Their Impact on Hydrological Systems*, Cambridge University Press.

Jagchid, Sechin, 1989, *Peace, War, and Trade along the Great Wall: Nomadic-Chinese Interaction through Two Millennia*, Bloomington, IN: Indiana University Press.

Jarring, Gunnar, 1951, *Materials to the Knowledge of Eastern Turki: Tales, Poetry, Proverbs, Riddles, Ethnological and Historical Texts from the Southern Parts of Eastern Turkestan, with Translation and Notes*, Lund: Ethnological and Historical Texts from Guma.

―――, 1975, "Gustav Raquette and Qasim Akhun's Letters to Kamil Efendi," *Ethnological and Folkloristic Materials from Southern Sinkiang*, ed. and trans. with explanatory notes, Lund: CWK Gleerup (Scripta Minora Regiae Societatis Humaniorum Litterarum Lundensis, 1975-6: 1).

―――, 1979, *Matters of Ethnological Interest in Swedish Missionary Reports from Southern Sinkiang*, Lund: CWK Gleerup (Scripta Minora Regiae Societatis Humaniorum Litterarum Lundensis, 1979-90: 4).

―――, 1986, *Return to Kashgar: Central Asian Memoirs in the Present*, Durham, NC: Duke University Press.

―――, 1991, *Prints from Kashgar: The Printing Office of the Swedish Mission in Eastern Turkestan, History and Production with an Attempt at a Bibliography*, Stockholm: Svensca Forskningsinstitutet i Istanbul.

Johnson, Tim, 2004, "Throngs of Migrants Flooding China's Silk Road Cities," KansasCity.com (Kansas City Star online), 2004년 9월 22일, http://www.kansascity.com/mld/

kansascity/news/world/9732496.htm?1c(2004년 10월 25일 접속).

Juvaini, Ata-Malik, 1997 [1958], *Genghis Khan: The History of the World Conqueror (Tā'rīkh-i Jahân-gushâ[1260])*, trans. and ed. J.A. Boyle, with a new introduction by David O. Morgan, Manchester University Press and Unesco [1958, Manchester University Press].

Kamal, Ahmad, 1940, *Land without Laughter*, New York: Scribners.

Khalid, Adeeb, 1998, *The Politics of Muslim Cultural Reform: Jadidism in Central Asia*, Berkeley, CA: University of California Press.

Kim, Hodong, "The Muslim Rebellion and the Kashghar Emirate in Chinese Central Asia, 1864-1874," Ph.D. dissertation, Harvard University.

————, 2004, *Holy War in China: The Muslim Rebellion and State in Chinese Central Asia, 1864-1877*, Stanford University Press.

Kuropatkin, A.N. (Aleksei Nikolaevich), 1882, *Kashgaria*, Calcutta: Thacker.

Lai, Hongyi Harry, 2002, "China's Western Development Program: Its Rationale, Implementation and Prospects," *Modern China*, 28, no. 4(10월), pp. 432-466.

Lattimore, Elanor Holgate, 1934, *Turkestan Reunion*, New York: John Day Company.

Lattimore, Owen, 1930, *High Tartary*, Boston: Little, Brown and Company.

————, 1950, *Pivot of Asia: Sinkiang and the Inner Asian Frontiers of China and Russia*, Boston: Little, Brown and Company.

————, 1988 [1940], *Inner Asian Frontiers of China*, reprint edition, Hong Kong: Oxford University Press.

Le Coq, Albert von, 1928, *Buried Treasures of Chinese Turkestan: An Account of the Activities and Adventures of the Second and Third German Turfan Expeditions*, Anna Barwell (trans.), London: G. Allen & Unwin.

Lei Shao, Karl Stattegger, Wenhou Li and Brend J. Haupt, 1999, "Depositional Style and Subsidence History of the Turpan Basin (NW China)," *Sedimentary Geology*, 128, nos 1-2, pp. 155-169.

Levi, Scott, 1999, "India, Russian and the Eighteenth-Century Transformation of the Central Asian Caravan Trade," *Journal of the Economic and Social History of the Orient*, 42, no. 4, pp. 519-548.

Light, Nathan, 1998, "Slippery Paths: The Performance and Canonization of Turkic Literature and Uyghur Muqam Song in Islam and Modernity," Ph. D. dissertation, Indiana University.

Lipman, Jonathan, 1997, *Familiar Strangers: A Muslim History in China*, Seattle, WA: University of Washington Press.

Liu, Kwang-ching and Richard Smith, 1980, "The Military Challenge: The North-west and the Coast," John K. Fairbank and Kwang-ching Liu (eds.), *Cambridge History of China*, vol. 11, *Late Ch'ing, 1800-1911, part 2*, Cambridge University Press, pp. 202-273.

Liu Xinru, 1988, *Ancient India and Ancient China: Trade and Religious changes, AD 1-600*, Delhi: Oxford University Press.

————, 1996, *Silk and Religion: An Exploration of Material Life and the Thought of Peo-*

ple, AD 600-1200, Delhi: Oxford University Press.

Lopez, Robert Sabatino, 1952, "China Silk in Europe in the Yuan Period", *Journal of the American Oriental Society*, 72, no. 2(4월-6월).

Ma Yong and Sun Yutang, 1994, "The Western Regions under the Hsiung-nu and the Han," János Harmatta (ed.), *History of Civilizations of Central Asia*, vol.II, *The Development of Sedentary and Nomadic Civilizations: 700 BC to AD 250*, Paris: Unesco, pp. 227-246.

MacKerras, Colin, 1990, "The Uighurs," Dennis Sinor (ed.), *The Cambridge History of Early Inner Asia*, Cambridge University Press, pp. 317-342.

─────, 1994, *China's Minorities: Integration and Modernization in the Twentieth Century*, Hong Kong: Oxford University Press.

─────, 1995, *China's Minority Cultures: Identities and Integration since 1912*, Melbourne: Longman and New York: St Martin's Press.

Mahler, Jane Gaston, 1959, *The Westerners among the Figurines of the T'ang Dynasty of China*, Rome: Instituto italiano per il Medio ed Estremo Oriente.

Mahmûd al-Kashgharî, 1982~5 [1072~7], *Compendium of the Turkic Dialects [Divanu lugat-it-Türk* (Arabic/Turkic)], R. Dankoff and J. Kelly (trans.), 3 vols., Cambridge, MA: Harvard University Press, vol. 1, parts 1-3.

Maillard, Monique, "Essai sur la vie materielle dans l'oasis de Tourfan pendant le haut moyen âge," *Arts Asiatique*, 29(1973), pp. 3-185.

Maillart, Ella, K., 1935, *Turkestan Solo: One Woman's Expedition from the Tien Shan to the Kizil Kum*, John Rodker (trans.), New York: Putnam's.

Mallory, J.P. and Victor Mair, 2000, *The Tarim Mummies*, London: Thames and Hudson.

McMillen, Donald H., 1979, *Chinese Communist Power and Policy in Xinjiang, 1949-1977*, Boulder, CO: Westview Press.

Millward, James A., 1992, "The Qing Trade with the Kazakhs in Yili and Tarbagatai, 1759-1852," *Central and Inner Asian Studies*, VIII, pp. 1-41.

─────, 1992, "A Uyghur Muslim in Qianlong's Court: The Meaning of the Fragrant Concubine", *Journal of Asian Studies*, 53, no. 2(5월), pp. 427-458.

─────, 1998, *Beyond the Pass: Economy, Ethnicity and Empire in Qing Xinjiang, 1759-1864*, Stanford University Press.

─────, 1999, "Coming Onto the Map: 'Western Regions' Geography and Cartographic Nomenclature in the Making of Chinese Empire in Xinjiang," *Late Imperial China*, 20, no. 2(12월), pp. 61~98.

─────, 2000, "Historical Perspective on Contemporary Xinjiang," *Inner Asia*, 2, no. 2, pp. 121-135.

─────, 2004a, *Violent Separatism in Xinjiang: A Critical Assessment*, Washington, DC: East-West Center Policy Studies, 6.

─────, 2004b, "Contextualizing the Qing: The Return of the Torghuts and the End of Hisotry in Central Eurasia", Lynn Struve (ed.), *The Qing Formation and World Time*,

Berkeley, CA; University of California Press.

———, 2005, "The Advent of Modern Education on the Sino-Central Asian Frontier: Xinxue vs usul-i jadid," B.J. Parker and L. Rodseth (eds.), *Untaming the Frontier: Interdisciplinary Perspectives on Frontier Studies*, Tucson, AZ: University of Arizona Press.

——— and Laura Newby, 2006, "The Qing and Islam on the Western Frontier," Pamely Kyle Crossley, Helen Siu and Donald Sutton (eds.), *Empire at the Margins: Ethnicity and Frontier in Early Modern China*, Berkeley, CA: University of California Press.

Minorsky, Vladimir (trans.), 1970, *Hudûd al-'Âlam, 'the Regions of the World': A Persian Geography, 372AH-982AD*, second edition, ed. C. E. Bosworth, E. J. W. Gibb Memorial series, 11, London: Luzac.

———, 1978, "Tamim ibn Bahr's Journey to the Uyghurs," *The Turks, Iran and the Caucasus in the Middle Ages*, London: Variorum Reprints.

Mirza Muhammad Haidar Dughlat, 1972 [1985], *A History of the Moghuls of Central Asia, being the Tarikh-i Rashidi of Mirza Muhammad Haidar, Dughlat*, N. Elias (ed.), E. Denison Ross (trans.), New York: Barnes & Noble.

Molla Musa Sairami, 1988 [1903], *Tarixi Äminiyä*, modern Uyghur edition, Mähämät Zunun (ed.), Urumchi: Shinjang xälq näshriyati.

Moseley, George, 1966, *A Sino-Soviet Cultural Frontier: The Ili Kazakh Autonomous Chou*, Cambridge, MA: East Asian Research Center, Harvard University.

Myrdal, Jan, 1979, *The Silk Road: A Journey from the High Pamirs and Ili through Sinkiang and Kansu*, Ann Henning (trans.), New York: Pantheon.

Narain, A.K, 1990, "Indo-Europeans in Inner Asia," Dennis Sinor (ed.), *Cambridge History of Early Inner Asia*, Cambridge University Press.

Newby, Laura, 1999, "The Chinese Literary Conquest of Xinjiang," *Modern China*, 25, no. 4(1999년 10월), pp. 451-474.

———, 2005, *The Empire and the Khanate: A Political History of Qing Relations with Khoqand, c.1760-1860*, Brill's Inner Asian Library, no. 16, Leiden and Boston, MA: Brill.

Newman, Robert P, 1992, *Owen Lattimore and the 'Loss' of China*, Berkeley and Los Angeles, CA: University of California Press.

Nizam oul-Moulk (Nizâm al-Mulk), 1893, *Siasset Namêh, Traité de Gouvernement composé pour le Sultan Melik-Châh par le Vizir Nizâm oul-Moulk*, Charles Schefer (trans.), Paris.

Olcott, Martha Brill, 1987, *The Kazaks*, Stanford, CA: Hoover Institution Press.

Olsen, John W, 1992, "Digging beneath the Silk Road," *Natural History*, 101, no. 9(9월), p. 30.

Paine, S.C.M, 1996, *Imperial Rivals: China, Russia and their Disputed Frontier*, Armonk, NY: M.E. Sharpe.

Papas, M. Alexandre, 2004, "L'Islam en Asie Centrale: etude d'une grande confrerie soufie du Turkestan Oriental, la Naqshbandiyya Âfâqiyya," Ph. D. dissertation, École des

Hautes Études en Science Sociales, Paris.

Pelliot, Paul, 1930, "Notes sur le 'Turkestan' de M. W. Barthold," *T'oung Pao*, 27(1930), pp. 12-56.

People's Republic of China State Council Information Office(國務院新聞辦公室), 2002, "'East Turkistan' Terrorist Forces Cannot Get Away with Impunity." 2002년 1월 21일 (www. china.org.cn에서 1월 25일 다운로드)

─────, 2003, "History and Development of Xinjiang," Beijing: New Star Publishers. 2004 년에는 이 백서가 중국 인터넷 뉴스 센터 www.china.org.cn나 중화인민공화국 대사관 웹사이트에서 온라인으로도 이용할 수 있게 되었다.

Perdue, Peter, 1996, "Military Mobilization in Seventeenth- and Eighteenth-Century China, Russia and Mongolia," *Modern Asian Studies*, 30, no. 4(1996), pp. 757-793.

─────, 2004, "The Qing Empire in Eurasian Time and Space: Lessons from the Galdan Campaigns," Lynn Struve (ed.), *The Qing Formation in World-Historical Time*, Cambridge, MA: East Asia Research Center, Harvard University.

─────, 2005, *China Marches West: The Qing Conquest of Central Eurasia*, Cambridge, MA: The Belknap Press of Harvard University Press.

Pratt, Mary Louise, 1992, *Imperial Eyes: Travel Writing and Transculturation*, London and New York: Routledge.

Pritsak, O., "Von den Karluk zu den Karachaniden," *Zeitschrift der Deutschen Morgenländischen Gesellschaft*, 101(1951), pp. 270~300

Prokosch, Frederic, 1937, *The Sven who Fled*, New York and London: Harper & Brother.

Rawski, Evelyn S., 1996, "Re-envisioning the Qing: The Significance of the Qing Period in Chinese History," *Journal of Asian Studies*, 55, no. 4, pp. 829-850.

Reeves, Richard W., Charles F. Hutchinson and John W. Olsen, 1990, "Agricultural Development in China's Arid West: Variations in Some Familiar Themes," T.C. Tso (ed.), *Agricultural Reform and Development in China: Achievements, Current Status, and Future Outlook*, Beltsville, MD: Ideals, pp. 339-350.

Richards, Thomas, 1993, *The Imperial Archive: Knowledge and the Fantasy of Empire*, London and New York: Verso.

Roberts, Sean R., 1998, "Negotiating Locality, Islam, and National Culture in a Changing Borderlands: The Revival of the Mäshräp Ritual among Young Uighur Men in the Ili Valley," *Central Asian Survey*, 17, no. 4(1998), pp. 673-699.

─────, 2003, "Uyghur Neighborhoods and Nationalisms in the Former Sino-Soviet Borderland: An Historical Ethnography of a Stateless Nation on the Margins of Modernity," Ph. D. dissertation, University of Southern California.

─────, 2004, "A 'Land of Borderlands': Implications of Xinjiang's Trans-border Interactions," Federick Starr (ed.), *Xinjiang: China's Muslim Borderland*, Armonk, NY and London: M.E. Sharpe, pp. 216-237.

Rossabi, Morris, 1972, "Ming China and Turfan, 1406-1517," *Central Asiatic Journal*, 16, no. 3, pp. 206-225.

————, 1975, *China and Inner Asia: From 1368 to the Present Day*, London: Thames and Hudson.

————, 1990, "The 'Decline' of the Central Asian Caravan Trade," James Tracy (ed.), *The Rise of Merchant Empires*, Cambridge University Press, pp. 351-370.

Rowe, William T., 2001, *Saving the World: Chen Hongmou and Elite Consciousness in Eighteenth-Century China*, Stanford University Press.

Rowland, Benjamin, Jr., 1964-5, "Art along the Silk Roads: A Reappraisal of Central Asian Art," *Harvard Journal of Asiatic Studies*, 25(1964-5).

Roy, Olivier, 2000, *The New Central Asian: The Creation of Nations*, London: I.B. Tauris.

Rudelson, Justin Jon, 1997, *Oasis Identities: Uyghur Nationalism along China's Silk Road*, New York: Columbia University Press.

———— and William Jankowiak, 2004, "Acculturation and Resistance: Xinjiang Identities in Flux", S. Frederick Starr (ed.), *Xinjiang: China's Muslim Borderland*, Armonk, NY: M.E. Sharpe.

Sadri, Roostam, 1984, "The Islamic Republic of Eastern Turkestan: A Commemorative Review," *Journal (Institute of Muslim Minority Affairs)*, 5, no. 2(1984년 7월), pp. 294-319.

Said, Edward W., 1978, *Orientalism*, New York: Pantheon.

Samolin, William, 1964, *East Turkestan to the Twelfth Century*, The Hague: Mouton.

Sautman, Barry, 2001, "Is Xinjiang an Internal Economy?," *Inner Asia*, 2, no. 2, pp. 239-271.

Schurr, Theodore G, 2001, "Tracking Genes across the Globe," *American Scientist Online* (2001년 1-2월). 이 논문은 Luigi Luca Cavalli-Sforza의 2000년 저서 *Genes, Peoples and Languages*, New York: North Point Press에 대한 리뷰로 http://www.americanscientist. org를 통해 2004년 12월 2일에 접속했다.

Schuyler, Eugene, 1877, *Turkistan: Notes of a Journey in Russian Turkistan, Khokand, Bukhara, and Kuldja*, New York: Scribners.

Schwarz, Henry G., 1976, "The Khawâjas of Eastern Turkestan," *Central Asiatic Journal*, 20, no. 4, pp. 266-296.

————, 1992, *An Uyghur-English Dictionary*, Bellingham, WA: Center for East Asian Studies, Western Washington University.

Seth, Vikram, 1983, *From Heaven Lake: Travels through Sinkiang and Tibet*, New York: Vintage Books.

Seyit, Mirähmät, Yalqun Rozi and Ablikim Zordun, 1997, *Mämtili äpändi* [Mr Mämtili], Urumchi: Shinjang Uniwersiteti näshriyati [新疆大學出版社].

Seymour, James D., 2000, "Xinjiang's Production and Construction Corps and the Sinification of Eastern Turkestan," *Inner Asia*, 2, no. 2, pp. 171-193.

———— and Richard Anderson, 1998, *New Ghosts, Old Ghosts: Prisons and Labor Reform Camps in China*, Armonk, NY and London: M.E. Sharpe.

Shapiro, Judith, 2001, *Mao's War against Nature: Politics and Environment in Revolutionary China*, Cambridge University Press.

Shaw, R.B., 1897, "The History of the Khojas of Eastern-Turkestan, summarised from the Tazkira-i Khwajagan of Muhammad Sadiq Kashghari," N. Elias (ed.), *Journal of the Asiatic Society of Bengal*, LXVI, part 1.

Shaw, Robert, 1871, *Visits to High Tartary, Yarkand and Kashgar*, London: John Murray.

Shichor, Yitzhak, 2004, "The Great Wall of Steel: Military and Strategy in Xinjiang," S. Frederick Starr (ed.), *Xinjiang: China's Muslim Borderland*, Armonk, NY and London: M.E. Sharpe, pp. 120-160.

Shimazaki Akira, "On Pei-t'ing (Bisbaliq) and K'o-han Fu-t'u-ch'eng," *Memoirs of the Research Department of the Toyo Bunko*, 32(1974), pp. 99-114.

Silay, Kemal, 1996, *An Anthology to Turkish Literature*, Indiana University Turkish Studies, 15, Bloomington, IN: University of Indiana Press.

Sims-Williams, Nicholas, 1992, "Sogdian and Turkish Christians in the Turfan and Tun-Huang Manuscripts," Alfredo Cadonna (ed.), *Turfan and Tun-Huang, The Texts: Encounter of Civilizations on the Silk Route*, Firenze: Leo S. Olschki Editore.

Sinor, Dennis (ed.), 1990, *The Cambridge History of Early Inner Asia*, Cambridge University Press.

────, 1990, "The Establishment and Dissolution of the Türk Empire," Dennis Sinor (ed.), *Cambridge History of Early Inner Asia*, Cambridge University Press, pp. 285-316.

Skrine, C.P., 1926, *Chinese Central Asia*, London: Methuen.

──── and Pamela Nightingale, 1987, *Macartney at Kashgar: New Light on British, Chinese and Russian Activities in Sinkiang, 1890-1918*, Oxford University Press.

Smith, Joanne, 2000, "Four Generations of Uyghurs: The Shift towards Ethno-political Ideologies among Xinjiang's Youth," *Inner Asia*, 2(2000), pp. 195-224.

────, 2003, "Barren Chickens, Stray Dogs, Fake Immortals and Thieves: Coloniser and Collaborator in Popular Uyghur Song and the Quest for National Unity." 뉴욕에서 열린 아시아 연구 협회Association for Asian Studies의 연례 회의에서 발표된 보고서.

Smithsonian Folkways, 2002, *The Silk Road: a Musical Caravan*, two-CD set, Washington, DC: Smithsonian Folkways.

Soucek, Svat, 2000, *A History of Inner Asia*, Cambridge University Press.

Steensgaard, Niels, 1975, *The Asian Trade Revolution of the 17th Century: The East India Companies and the Decline of the Caravan Trade*, University of Chicago Press.

Stein, Sir M. Aurel, 1904, *Sand-buried Ruins of Khotan: Personal Narrative of a Journey of Archaeological and Geographical Exploration in Chinese Turkestan*, London: Hurst and Blackett.

────, 1933, *On Ancient Central-Asian Tracks: Brief Narrative of Three Expeditions in Innermost Asia and North-western China*, London: Macmillan.

────, 1980 [1928], *Innermost Asia: Detailed Report of Explorations in Central Asia, Kansu and Eastern Iran*, 4 vols., reprint edition, New Delhi: Cosmo [1928, Oxford: Clarendon Press].

────, 1987 [1912], *Ruins of Desert Cathay*, 2 vols., reprint edition, New York: Dover

Publication.

Stevens, Stuart, 1988, *Night Train to Turkistan: Modern Adventures along China's Ancient Silk Road*, New York: Atlantic Monthly.

Stratman, Deborah, 2004, "Kings of the Sky," 68분, 컬러와 흑백, 디지털 비디오, Pythagoras Films(www.pythagorasfilm.com).

Sun Yat-sen, 1933, *Sun Yat-sen, his Political and Social Ideals: A Sourcebook*, Leonard Shih-lien Hsu (ed.), Los Angeles, CA: University of Southern California Press.

Teichman, Eric, 1937, *Journey to Turkestan*, London: Holder and Stoughton. Reprinted with introduction by Peter Hopkirk, 1988, Hong Kong, Oxford and New York: Oxford University Press.

Tekin, Ibrahim Alip (ed.), 2000, *Hüsäyniyä rohi: Täklimakandiki oyghinish* [The Husayni Spirit: Awakening of the Taklamakan], Urumchi: Shinjang xälq näshriyati [新疆人民出版社].

Togan, Isenbike, 1998, "Inner Asian Muslim Merchants at the Closure of the Silk Routes in the Seventeenth Century," Vadime Elisseeff (ed.), *The Silk Road: Highways of Culture and Commerce*, Paris: Unesco.

Thomas, F.W., 1930, "Tibetan Documents Concerning Chinese Turkistan," *Journal of the Royal Asiatic Society* (1930), pp. 47-97, 251-300.

Thompson, L.G., 1995, "Ice Core Evidence from Peru and China," Ramond S. Bradley and Phlip D. Jones (eds.), *Climate Since A.D. 1500*, revised edition, London and New York: Routledge, pp. 517-548.

Toops, Stanley W., 2004, "The Demography of Xinjiang," S. Frederick Starr (ed.), *Xinjiang: China's Muslim Borderland*, Armonk, NY and London: M.E. Sharpe, pp. 241-265.

Trebinjac, Sabine, 1990, "Musique ouigoure de Chine: de l'authenticité à la folklorisation," *l'Asie centrale et ses voisins: influences réciproques* (Actes du colloque escas III), Paris: INALCO; Institut des langues et civilisations orientales, pp. 227-238.

————, 2000, *Le pouvoir en chantant, l'art de fabriquer une musique chinoise*, vol. 1, Nanterre: Société d'ethnologie.

Tsai, Tsung-te, 1998, "The Music and Tradition of Qumul Muqam in Chinese Turkestan," Ph.D. dissertation, University of Maryland.

Tursun, Nabijan, 2002, "Chinese Control over Xinjiang in Theoretical and Comparative Perspective," Frederic Starr (ed.)의 *Xinjiang: China's Muslim Borderland*, Armonk, NY and London: M.E. Sharpe의 예비 원고에 기고한 논문. 비록 이 판본이 출판되지는 않았지만 이 논문의 많은 자료들은 필자와 함께 집필하여 이 책에 실린 "Political History and Strategies of Control, 1884-1978"에 수록되어 있다.

Twitchett, Denis (ed.), 1979, *The Cambridge History of China*, vol. 3, *Sui and T'ang China, 589-906, part 1*, Cambridge University Press.

Tyler, Christian, 2004, *Wilde West China: The Taming of Xinjiang*, Piscataway, NJ: Rutgers University Press.

Valikhanov, Chokan Chingisovich, 1961, *Sobranie Sochinenii* [Collected Works], A. Kh.

Margulan (ed.), 5 vols., Alma Ata: Izd-vo Akademii nauk Kazakhskoi SSSR.

Veselovskii, Nikolai Ivanovich, 1898, "Badaulet Iakub-bek Atalyk kashgarskii," *Zapiski Vostochnogo otdeleniia Imperatorskogo Russkogo arkheologicheskogo obshchestva* [Letters of the Eastern Department of the Imperial Russian Archeological Society], 11.

Waley, Arthur, 1931, *The Travels of an Alchemist, The Journey of the Taoist Ch'ang-Ch'un from China to Hindukush at the Summons of Chingiz Khan, Recorded by his Disciple Li Chih-ch'ang*, tr. with an introduction by Arthur Waley, London: Routledge.

Waley-Cohen, Joanna, 1991, *Exile to Mid-Qing China: Banishment to Xinjiang, 1758~1820*, New Haven, CT: Yale University Press.

─────, 1996, "Commemorating War in Eighteenth-Century China," *Modern Asian Studies*, 30, pp. 869-899.

Wang Binghua, 1996, "A Preliminary Analysis of the Archaeological Cultures of the Bronze Age in the Region of Xinjiang," F. Hiebert and Nicola Di Cosmo (eds.), *Between Lapis and Jade: Ancient Cultures of Central Asia*, special issue of *Anthropology and Archaeology of Eurasia*, 34, no. 4(1996년 봄), pp. 67~86.

Wang, David D., 1999, *Under the Soviet Shadow: The Yining Incident, Ethnic Conflicts and International Rivalry in Xinjiang, 1944-1949*, Hong Kong: The Chinese University Press.

Wang Jianping, 연도 미상, "Islam in Kashgar in the 1950s," 미출간 원고.

Watanabe, Hiroshi, 1975. "An Index of Embassies and Tribute Missions from Islamic Countries to Ming China (1368-1466) as Recorded in the Ming Shih-lu Classified According to Geographic Area," *The Memoirs of the Toyo Bunko*, 33, pp. 285-347.

Wessels, C., 1924, *Early Jesuit Travellers in Central Asia, 1603-1721*, The Hague: Martinus Nijhoff.

White, Lynn T. III, 1979, "The Road to Urumchi: Approved Institutions in Search of Attainable Goals during Pre-1968 Rustication from Shanghai," *The China Quarterly*, no. 79(9월), pp. 481-510.

Whitfield, Susan, 1999, *Life Along the Silk Road*, Berkeley, CA: University of California Press.

Whiting, Allen S. and Sheng Shih-ts'ai, 1958, *Sinkiang: Pawn or Pivot*, East Lansing, MI: Michigan State University Press.

Wiemer, Calla, 2004, "The Economy of Xinjiang," S. Frederick Starr (ed.), *Xinjiang: China's Muslim Borderland*, Armonk, NY and London: M.E. Sharpe, pp. 163-189.

Wiens, Harold J., 1966, "Cultivation Development and Expansion in China's Colonial Realm in Central Asia," *Journal of Asian Studies*, 26, no. 1(11월), pp. 67-88.

─────, 1969, "Change in the Ethnography and Land Use of the Ili Valley and Region, Chinese Turkestan," *Annals of the Association of American Geographers*, 59, no. 4(1969년 12월), pp. 753-775.

Wills, John E., Jr., 1988, "Tribute, Defensiveness, and Dependency: Uses and Limits of Some Basic Ideas about Mid-Ch'ing Foreign Relations," *American Neptune*, 48, pp. 225-229.

—————, 1995, "How We Got Obsessed with the 'Tribute System' and Why It's time to Get Over it." 1995년 4월 개최된 미국의 아시아 연구협회Associations for Asian Studies의 연례회의 "Rethinking Tribute: Concept and Practice"의 패널들에게 제출된 논문.

Wittfogel, Karl A. and Feng Chia-sheng, 1949, "Appendix V: Qarâ-Khitâi," *History of Chinese Society: Liao (907~1125)*, transaction of the American Philosophical Society, new series, vol. 36, Philadelphia, PA: American Philosophical Society.

Wu, Aitchen (吳靄宸), 1984 [1940], *Turkestan Tumult*, reprint edition, Hong Kong: Oxford University Press [1940, London: Methuen].

Yamamoto Tatsuro and Dohi Yoshikazu (eds.), 1984~5, *Tun-huang and Turfan Documents Concerning Social and Economic History*, part II: Census Registers, in two volumes A (notes and transcription) and B (photo-reproduced texts), Tokyo: Tôyô Bunko.

Yan Shaoda, 1989,「林則徐和新疆的水利與屯田事業」, 穀苞 編,『林則徐在新疆』, 烏魯木齊: 新疆人民出版社, pp. 182-193.

Richard Yang, 1961, "Sinkiang under the Administration of Yang Tseng-hsin, 1911-1928," *Central Asiatic Journal*, no. 4, pp. 270-316.

Yao Tandong, Yafeng Shi and L.G. Thompson, 1997, "High Resolution Record of Paleoclimate since the Little Ice Age from the Tibetan Ice Cores," *Quaternary International*, 37(1997), pp. 19-23.

Yee, Herbert S., 2003, "Ethnic Relations in Xinjiang: A Survey of Uyghur-Han Relations in Urumqi," *Journal of Contemporary China*, 12, no. 36(8월), pp. 431-452.

Yü Ying-shih, 1986, "Han Foreign Relations," Denis Twitchett and John K. Fairbank (eds.), *The Cambridge History of China*, vol 1. *The Ch'in and Han Empires, 221 BC-AD 220*, Cambridge University Press, pp. 377~462.

Yule, Henry, *Cathay and the Way Thither, 1913-4*, revised edition by Henri Cordier, 4 vols., London: John Murray.

Yûsuf Khâss Hâjib, 1983 [1069], *Wisdom of Royal Glory* (Kutadgu Bilig): *A Turko-Islamic Mirror for Princes*, Robert Dankoff (trans.), University of Chicago Press.

Zarcone, Thierry, 1995, "Sufism from Central Asia among the Tibetans in the 16-17th Centuries," *The Tibet Journal* (Dharamsala, India) 20, no. 3(1995), pp. 96-114.

—————, 1996, "Soufis d'Asie centrale au Tibet aux XVIe et XVIIe siècles," *Cahiers d'Asie Centrale*, special issue of "Inde-Asie centrale: Routes du commerce et des idées," Aix-en-Province: Edisud, 1-2(1996), pp. 325-344.

Zhao Songqiao and Xia Xuncheng, 1984, "Evolution of the Lop Desert and the Lop Nor," *Geographical Journal* 150, pp. 311-321.

Zhou Hongfei, Song Yudong and Hu Shunjin, 1999, "Irrigated Agricultural and Sustainable Water Management Strategies in the Tarim Basin," 국제연합대학과 알레포에 위치한 국제건조지역 농업연구센터가 후원한 'New Approaches to Water Management in Central Asia' 워크숍의 회의록에 수록.

Zubok, Vladislav M. (ed.), 2001, "The Khrushchev-Mao Conversations 31 July-3 August 1958 and 2 October 1959," online archive of the Cold War International History Pro-

ject, Woodrow Wilson International Center For Scholars, CWIHP Dossier No. 2 (2002
년 3월 5일 http://cwihp.si.edu/files/zubok-mao.htm에서 다운로드 받음).

2. 중국어·일어 연구서 및 자료

歐陽璉, 2004,「阿克蘇事件始末」, 劉小萌 編,『中國知靑口述史』, 北京 : 中國社會科學出版社, pp.
    445-529.

紀大椿 主編, 1997,『新疆歷史百問』, 烏魯木齊 : 新疆美術攝影出版社.

紀宗安, 1996,『西遼史論 ─ 耶律大石硏究』, 烏魯木齊 : 新疆人民出版社.

Niyaz, Ibrahim〔伊卜拉欣·尼雅孜〕, 1985,「阿圖什縣伊克莎克鄕開辦近代新學敎育的情況」,『新疆
    文史資料選輯』13輯, 烏魯木齊 : 新疆人民出版社, pp. 80-87.

譚其驤 主編, 1982~7,『中國歷史地圖集』, 1-8卷, 上海 : 中國地圖出版社.

陶模, 1987 [1914],『陶勤肅公奏議』, 1914, 重印版, 吳豊培 主編, 北京 : 全國圖書館文獻縮微複制中
    心出版.

鄧紹輝, 1992,「近代新疆石油工業述略」,『新疆大學學報 : 哲學社會科學版』, 20, 2期(1992), pp.
    52-58, 71.

厲聲,「新疆俄國貿易圈硏究」, 西域史論叢編輯組 編,『西域史論叢』, 第三輯, 烏魯木齊 : 新疆人民出
    版社, pp. 420-480.

─────, 1993,『新疆對蘇(俄)貿易史 1600-1900』, 烏魯木齊 : 新疆人民出版社.

─────, 1995,『中俄伊犁交涉史』, 烏魯木齊 : 新疆人民出版社.

呂昕·朱瑞君·羅雲强, 2001,「新疆人口, 水資源, 生態環境與可持續發展」, 熊黑鋼 主編,『新疆資源
    環境與可持續發展』, 烏魯木齊 : 新疆大學出版社, pp. 100-103.

劉錦棠, 1986 [1898],『劉襄勤公奏稿』, 重印版, 吳豊培 序, 中國文獻珍本叢書, 北京 : 書目文獻出版
    社.

劉小萌 編,『中國知靑口述史』, 北京 : 中國社會科學出版社.

劉維新 等, 1995,『新疆民族辭典』, 烏魯木齊 : 新疆人民出版社.

劉漢太·都幸福 主編, 2003,『中國打擊"東突"報告』, 烏魯木齊 : 新疆人民出版社.

陸宗義·李周爲 編, 2001,『西部大開發與新疆經濟發展戰略』, 烏魯木齊 : 新疆人民出版社.

李德洙, 2000,「西部大開發與民族問題」,『求實』, 11期(2000년 6月 1일), pp. 22-25.

李澤 等, 1994,「新疆民族分裂主義硏究」, 楊發仁 主編,『泛伊斯蘭主義, 泛突厥主義硏究』, 烏魯木
    齊 : 新疆社會科學院, pp. 164-239.

林永匡·王熹, 1991,『淸代西北民族貿易史』, 北京 : 中央民族學院出版社.

馬大正, 2003,『國家利益高於一切 : 新疆穩定問題的觀察與思考』, 烏魯木齊 : 新疆人民出版社.

麥吉特·艾布扎爾, 1985,「憶一九二0年烏魯木齊創辦新學的片斷」,『新疆文史資料選輯』13輯, 烏魯
    木齊 : 新疆人民出版社, pp. 78-79.

苗普生, 1995,『伯克制度』, 烏魯木齊 : 新疆人民出版社.

Muhiti, Ibrahim〔易卜拉音·穆依提〕, 1985,「回憶啓蒙運動的先驅者買合蘇提·穆依提」,『新疆文史
    資料選輯』13輯, 烏魯木齊 : 新疆人民出版社, pp. 91-100.

潘志平, 1991,『中亞浩罕國與淸代新疆』, 北京 : 中國社會科學院.

方英楷, 1989,『新疆屯墾史』, 上·下冊, 烏魯木齊: 新疆靑少年出版社.

白振聲·鯉淵信一 主編, 1992,『新疆現代政治社會史略』, 北京: 中國社會科學出版.

範曄 編, 1961,『後漢書』, 臺北: 啓明書局

謝九, 2003,「中國三號富豪孫廣信的財富眞相」, 2003년 12월 2일자『新財經』, Sina Caijing con-
　　gheng http://finance.sina.com.cn을 통해 2005년 4월 13일 접속.

謝彬, 1990 [1925],『新疆遊記』, 民國叢書 第2編 87(歷史地理類), 上海: 上海書店.

薛宗正·馬國榮·田衛疆 編, 1997,『中國新疆古代社會生活史』[Social History of Ancient Xin-
　　jiang], 烏魯木齊: 新疆人民出版社.

蘇北海·黃建華, 1993,『哈密吐魯番維吾爾王歷史』, 烏魯木齊: 新疆大學出版社.

新疆社會科學科學院歷史研究所 編, 1980-7,『新疆簡史』, 3卷, 烏魯木齊: 新疆人民出版社.

新免康,「新疆ムスリム反亂(1931～34年)と秘密組織」,『史學雜誌』, 99, no. 12(1990년 12월),
　　pp. 1-42.

――――, 1994,「東トルキスタン共和國(1933~34年)に關する一考察」,『アジア·アフリカ言語文
　　化研究』通号46-47, 30주년 기념호, 東京外國語大學アジア·アフリカ言語文化研究所.

阿拉騰奧其爾(Altan Ochir), 1996,『淸代伊犁將軍論稿』, 北京: 民族出版社.

亞力坤·塔石·塔西甫拉提·特依拜, 2001,「利用植被蓋度圖象對綠洲環境質量變化的評價硏究」, 熊
　　黑鋼 主編,『新疆資源環境與可持續發展』, 烏魯木齊: 新疆人民出版社.

楊建新 編注, 1987,『古西行記選注』, 寧夏: 寧夏人民出版社.

楊發仁 主編,『泛伊斯蘭主義, 泛突厥主義硏究』, 烏魯木齊: 新疆社會科學院.

余太山 主編, 1996,『西域通史』, 中州: 中州古跡籍出版社.

王樂泉, 1999,「王樂泉書記在和田地區穩定工作會議上的講話」, 1999년 8월 24일, 인터넷을 통해
　　중국 외부에 유포.

王希隆, 1990,『淸代西北屯田硏究』, 蘭州: 蘭州大學出版社.

袁大化 修, 王樹枏·王學曾 纂, 1992 [1910],『新疆圖志』, 1923년 東方學會鉛印本 影印, 上海: 上海
　　古籍出版社.

原新, 1994,「維吾爾族人口問題綜合硏究」,『新疆大學學報: 哲學社會科學版』, 22(1994), pp. 1-19.

魏良弢, 1994,『葉爾羌汗國史綱』, 邊疆史地叢書, 哈爾濱: 黑龍江敎育出版社.

張建疆, 2001,「新疆農業和農村經濟結構調整的思路」, 陸宗義·李周爲 編, 2001,『西部大開發與新
　　疆經濟發展戰略』, 烏魯木齊: 新疆人民出版社.

張大軍, 1980,『新疆風暴七十年』, 12冊, 臺北: 蘭溪出版社.

張玉璽, 1994,「新疆解放以來反對民族分裂主義的鬥爭及其歷史經驗?」, 楊發仁 主編,『泛伊斯蘭主
　　義·泛突厥主義硏究』, pp. 331-363. 이 논문은 원문 그대로 Zhang Yumo, "Anti-sepa-
　　ratism Struggle and its Historical Lessons since the Liberation of Xinjiang"이라는 제목
　　으로 영어로 출간되었다. 위구르 미국 연합Uyghur American Association은 이를 영어로 번역
　　하여 웹에 게시했다. www.taklamakan.org/erkin/Chinese/trans.htr.

丁建麗·塔西甫拉提·特依拜·劉傳勝, 2001,「基於遙感策勒綠洲土地覆蓋動態變化硏究」, 熊黑鋼 主
　　編,『新疆資源環境與可持續發展』, 烏魯木齊: 新疆大學出版社, pp. 180-188.

趙予征, 1991,『新疆屯墾』, 烏魯木齊: 新疆人民出版社.

鍾巍·舒强·熊黑鋼,「塔裏木盆地南緣尼雅剖面的孢粉組合及其對歷史環境演化的反應」, 熊黑鋼 主
　　編,『新疆資源環境與可持續發展』, 烏魯木齊: 新疆大學出版社, pp. 1-6.

佐口透, 1963, 『18-19世紀東トルキスタン社會史研究』, 東京: 吉川弘文館.

左宗棠, 1968 [1888-1897] 『左文襄公全集』, 臺北: 文海出版社.

朱培民, 2000, 『20世紀新疆史研究』, 烏魯木齊: 新疆人民出版社.

朱英榮・韓翔, 1990, 『龜玆石窟』, 烏魯木齊: 新疆大學出版社.

周菁葆, 1987, 『絲綢之路的音樂文化』, 烏魯木齊: 新疆人民出版社.

中共新疆維吾爾自治區委員會黨史研究室 編, 2002, 『當代新疆風雲』, 烏魯木齊: 新疆人民出版社.

中共中央, 1996, 「中央政治局常委會關於維護新疆穩定的會議紀」, 中共中央 (1996) 7號 文件, 1996 년 3월 19일.

曾問吾, 1986 [1936], 『中國經營西域史』, 重印版, 烏魯木齊: 新疆維吾爾自治區地方志總編室.

陳延琪, 「新疆三區革命政府經濟工作述評」, 劉志宵 編, 『中國維吾爾曆史文化研究論叢』, 第1輯, 烏 魯木齊: 新疆人民出版社.

陳慧生, 1999, 『民國新疆史』, 烏魯木齊: 新疆人民出版社.

崔建永・鍾巍, 2001, 「塔里木河流域人類活動與環境效應」, 熊黑鋼 主編, 『新疆資源環境與可持續發 展』, 烏魯木齊: 新疆大學出版社, pp. 205-211.

湯永才 主編, 1994, 『馬仲英在新疆』, 『新疆文史資料』26輯, 烏魯木齊: 新疆人民出版社.

片岡一忠, 1991, 『清朝新疆統治研究』, 東京: 雄山閣.

包爾漢(Burhan Shähidi), 1984, 『新疆五十年』, 北京: 文史資料出版社.

馮家升・程溯洛・穆廣文 編著, 1981, 『維吾爾族史料簡編』, 上・下冊, 北京: 民族出版社.

華立, 1994, 『清代新疆農業開發史』, 邊疆史地叢書 5卷, 哈爾濱: 黑龍江教育出版社.

『宋史』, 1975, 脫脫等 撰, 臺北: 洪氏出版社.

『烏魯木齊市志』, 1994, 烏魯木齊市黨史地方志編纂委員會 編, 烏魯木齊: 新疆人民出版社.

『籌辦夷務始末』(咸豐朝), 1851-61, 1979〔1930, 청(淸) 궁정의 필사본에 의거], 重印版, 8冊, 北 京: 中華書局.

도판 목록

찾아보기

신장의 역사
유라시아의 교차로

2013년 1월 30일 1판 1쇄
2018년 6월 29일 1판 3쇄

지은이 | 제임스 A. 밀워드
옮긴이 | 김찬영 · 이광태

편집 | 엄정원 · 조건형 · 진승우
디자인 | 백창훈
제작 | 박흥기
마케팅 | 이병규 · 양현범 · 이장열

출력 | 블루엔
인쇄 | 천일문화사
제책 | 책다움

펴낸이 | 강맑실
펴낸곳 | (주)사계절출판사
등록 | 제406-2003-034호
주소 | (우)10881 경기도 파주시 회동길 252
전화 | 031) 955-8588, 8558
전송 | 마케팅부 031) 955-8595 편집부 031) 955-8596
홈페이지 | www.sakyejul.co.kr **전자우편** | skj@sakyejul.co.kr
페이스북 | facebook.com/sakyejul **트위터** | twitter.com/sakyejul
블로그 | skjmail.blog.me

값은 뒤표지에 적혀 있습니다.
잘못 만든 책은 구입하신 서점에서 바꾸어 드립니다.

사계절출판사는 성장의 의미를 생각합니다.
사계절출판사는 독자 여러분의 의견에 늘 귀 기울이고 있습니다.

ISBN 978-89-5828-660-8 93920

이 도서의 국립중앙도서관 출판시도서목록(CIP)은
e-CIP 홈페이지(http://www.nl.go.kr/ecip)와
국가자료공동목록시스템(http://www.nl.go.kr/kolisnet)에서 이용하실 수 있습니다.
(CIP제어번호: CIP2013000236)